国际商务学科精品建设教材

国际经济学

王怀民　主　编
王洪庆　屈浩峰　副主编

对外经济贸易大学出版社
中国·北京

图书在版编目（CIP）数据

国际经济学/王怀民主编. —北京：对外经济贸易大学出版社，2014.1（2019.11 重印）
国际商务学科精品建设教材
ISBN 978-7-5663-0937-2

Ⅰ.①国… Ⅱ.①王… Ⅲ.①国际经济学－高等学校－教材 Ⅳ.①F11－0

中国版本图书馆 CIP 数据核字（2013）第 309568 号

国际经济学

王怀民 **主 编**
责任编辑：赵 昕

对 外 经 济 贸 易 大 学 出 版 社
北京市朝阳区惠新东街 10 号 邮政编码：100029
邮购电话：010－64492338 发行部电话：010－64492342
网址：http://www.uibep.com E-mail：uibep@126.com

三河市少明印务有限公司印装 新华书店经销
成品尺寸：185mm×260mm 23.25 印张 538 千字
2014 年 1 月北京第 1 版 2019 年 11 月第 6 次印刷

ISBN 978-7-5663-0937-2
印数：11 501－12 500 册 定价：42.00 元

编写人员名单

主　编　王怀民

副主编　王洪庆　屈浩峰

编　委　王怀民　王洪庆　屈浩峰

陈　军　丁　明　郭界秀

前　　言

河南财经政法大学经济类专业是较早开设国际经济学课程的院校之一，这一方面得益于河南财经政法大学西方经济学课程深入、系统的教学，为学生顺利学习国际经济学课程打下了坚实基础，另一方面得益于一支不断补充新生力量的国际经济学教学团队。他们在河南财经政法大学省级特色专业（国际经济与贸易专业，2007）、国家级特色专业（国际经济与贸易专业，2010）、省级精品课程（国际经济学，2007）申报过程中都作出过重要贡献。该团队部分成员曾经多次参加过国际经济学教材的编写，结合多年的教学经验重新编写一本高水平的国际经济学教材是本书作者近年来的共同愿望。

本书是在广泛参阅国内外有关教材的基础上编写的。全书共分十八章，其中前十一章除绪论外都为国际贸易部分，包括古典国际贸易理论、标准国际贸易理论、新古典国际贸易理论、新贸易理论、经济增长与国际贸易、贸易保护理论、关税壁垒、非关税壁垒、国际区域经济一体化和国际要素流动；后七章为国际金融部分，包括、汇率与汇率制度、国际收支与国际收支平衡表、汇率决定理论、国际收支调节理论、开放经济条件下的宏观经济政策、国际货币体系、区域货币一体化理论与欧洲货币体系等。

为了增强本书的可读性和启发性，全书配有大量的专栏。这些专栏或是背景介绍，或是案例分析，或是对有关问题的进一步阐释，专栏的内容有利于读者拓展视野。每章所列的思考练习题力求灵活多样，以启发读者进一步思考；关键术语和小结方便读者了解全书内容。本书还增加了新赫克歇尔—俄林模型、次优理论等内容，使本书的内容更加充实。

本书由河南财经政法大学多年讲授国际经济学课程的主讲教师共同编写。王怀民教授担任主编，王洪庆副教授、屈浩峰副教授协助对全书进行了统稿工作。具体写作分工如下：第一、十二、十四章由王怀民编写；第二、三、四、五章由王洪庆编写；第六、十八章由丁明编写；第七、八、九章由郭界秀编写；第十、十一、十七章由屈浩峰编写；第十三、十五、十六章由陈军编写。

本书的出版得到了对外经济贸易大学出版社李晨光老师的大力支持，谨表示诚挚的谢意。由于主客观条件的限制，本书难免存在不足之处，恳请专家同仁及读者批评指正。

编　者

目　　录

第一章　导　论

国际经济学今天的地位，源自两件事，一件是1999年教育部将国际经济学定为高等院校经济类专业的核心课程，另一件是绝大部分院校将国际经济学作为世界经济专业和国际贸易学专业硕士研究生初试或面试课程。当然，国际经济学在我国的发展也是与我国的改革开放以及加入世界贸易组织分不开的。在我国由封闭转向开放的当下，即便是没有系统学习过经济学的国人，在谈论起汇率、贸易摩擦等问题时都头头是道，可见人们对国际经济学内容的重视和喜爱程度。那么，什么是国际经济学呢？

一、国际经济学的研究对象及内容

国际经济学是一门研究国际经济活动和国际经济关系的学科，解释各个国家或地区之间经济联系的内在机制。国际经济学所涉及的内容大多直接或间接与人们的生活相关。比如：国人关心的何时可以买到免税的瑞士手表？到国外旅游或者留学的费用是不是下降了？改革开放以后我们对外贸易为什么增长这么快？对外贸易可以拉动经济增长吗？改革开放后我国的对外贸易对经济增长的贡献有多大？欧盟为什么要对我国的光伏产品开展双反调查？如何看待雨后春笋般的区域经济一体化协议？人民币为什么会升值？它对我国的出口、就业和经济增长有怎样的影响？美日为何要实行量化宽松政策？为何招致其他国家的反对？谁是世界通货膨胀的罪魁？等等。这一系列问题都是国际经济学所要研究的。

国际经济学包括微观国际经济学和宏观国际经济学两部分，国际贸易学和国际金融学分别是微观国际经济学和宏观国际经济学的核心内容。

国际贸易学部分包括国际贸易理论与国际贸易政策。国际贸易理论主要有传统贸易理论（Traditional Trade Theory）、新贸易理论（New Trade Theory）和新新贸易理论（New-New Trade Theory）。传统贸易理论是指研究产业间贸易的贸易理论，分为古典贸易理论（亚当·斯密和其之后边际革命之前的贸易理论，如绝对优势理论和比较优势理论，约翰·穆勒（1848）的相互需求理论等）、早期新古典贸易理论（边际革命之后、H—O理论之前的贸易理论）和现代新古典贸易理论（H—O理论及以此为基础的比较优势理论，包括H—O理论、HOV模型、HOS定理、斯托尔帕—萨缪尔森定理、里昂惕夫悖论及其解释，动态国际贸易理论如希克斯关于经济增长与国际贸易的关系，雷布津斯基定理、弗农的产品生命周期理论、波特的国家竞争优势理论等）。新贸易理论是指20世纪80年代以来，以保罗·克鲁格曼为代表的一批经济学家提出的一系列关于国际贸易的原因、国际分工的决定因素、贸易保护主义的效果以及最优贸易政策的新思想和新观点。起初新贸易理论旨在用实证的方法解释贸易格局，填补传统贸易理论无法解释发达国家间广泛存在的产业内贸易的逻辑空白，后来发展成为以规模经济和非完全竞争市场为两大支柱的完整的经济理论体系。21 世纪国际贸易理论的最新进展主要体现为异质企业贸易模型（trade models with heterogeneous firms，简称 HFFM）和企业内生边界模型（endogenous boundary model of the firm）在国际贸易中的广泛使用。国际学界对贸易模式和贸易流量的解释，已经日渐进入到企业层次的微观研究，这些研究将原来的 CES 偏好假设放松为异质企业的假设，并且运用企业层面数据展开实证分析。一些学者将关于异质企业贸易模型和企业内生边界模型的理论称为“新新贸易理论”。国际贸易政策包括关税政策和非关税壁垒等。

国际金融学部分包括国际金融理论与国际金融政策。国际金融理论主要包括国际收支理论和汇率理论。国际收支理论是国际金融的重要基础理论之一，它起源于 15 至 16 世纪重商主义时期，20 世纪 30 至 40 年代后，在经济学界先后出现了弹性调节理论、乘数论、吸收分析论、货币论等有关国际收支学说。这些学说的出现各有独自的历史背景，为各国国际收支失衡的调节提供了一定的理论依据。汇率理论是研究货币的对外价格——汇率的决定及其变化的理论，分为传统汇率理论和现代汇率理论。传统汇率理论包括铸币平价理论、购买力平价理论、利率平价理论和汇兑心理说等，现代汇率理论包括 Mundell——Fleming 的不变价格货币模型（引入了国际贸易和资本流动的 IS-LM 模型）、弹性价格货币模型、粘性价格货币模型等。开放经济条件下的宏观经济政策主要分析开放经济中内外部均衡的冲突及其政策搭配、汇率政策、财政政策、货币政策的效果及其运用等一系列问题。

二、国际经济学的特点

国际经济学是西方经济学的重要组成部分，既与其他相关学科有密切的联系，又有自己明显的特点。

（一）国际经济学与西方经济学的关系

西方经济学在学科体系上分为微观经济学和宏观经济学两大部分，国际经济学在学科体系上也分为微观部分（国际贸易学）和宏观部分（国际金融学）两大部分。在内容上，国际经济学的微观部分所研究的稀缺资源配置问题实际上属于西方经济学中微观经济学的范围；国际经济学的宏观部分所研究的货币机制、国际货币关系以及宏观经济政策等问题，也基本上属于西方经济学的范围。研究和学习国际经济学要用到西方经济学的分析方法，因此，要学好国际经济学就要首先学好西方经济学。

国际经济学作为一门相对独立的理论经济学科，有其更加具体的研究内容。我们知道，西方经济学的微观经济学部分是以单个经济单位作为研究对象，分析单个生产者、单个消费者的经济活动，研究单个生产者的产量、成本、使用的生产要素数量和利润如何确定，生产要素供应者的收入如何决定，单个商品的效用、供给量、需求量和价格如何确定等。国际经济学的微观部分——国际贸易学主要研究国际贸易的起因与利益分配，以及贸易政策的理论依据与经济影响，所涉及的主要内容包括贸易理论、贸易政策及贸易与经济增长的关系等。西方经济学的宏观经济学部分主要研究社会总体的经济行为及其后果，主要包括总需求和总供给理论、失业和通货膨胀理论、经济周期与经济增长理论、开放经济理论及宏观经济政策等内容。国际经济学的宏观部分——国际金融学主要研究国际货币金融关系，揭示国际货币流通与国际资金融通的基本规律。从全球视角来看，国际金融学研究国际间货币金融关系和运行；从一国视角来看，国际金融学研究经济开放中对外货币金融关系和活动，包括国际收支与国际储备、外汇、汇率与外汇交易，国际货币制度与国际金融机构等。

（二）国际经济学与世界经济学的关系

国际经济学与世界经济学同属理论经济学。国际经济学和世界经济学都研究国际贸易关系与国际金融关系、世界经济一体化、区域经济一体化、国际货币制度、国际金融机构与国际贸易机构等。

但是，国际经济学与世界经济学也有明显的区别。首先，理论基础不同。国际经济学的理论基础主要是西方经济学，而世界经济学的理论基础主要是马克思主义的政治经济学。其次，研究对象不同。国际经济学的研究对象是国家间的国际经济关系，而世界经济学的研究对象则侧重于国际生产关系和国别经济。再次，研究内容不同。国际经济学主要研究国际贸易理论与政策和国际金融理论与政策两大部分，而世界经济学除了研究上述内容外，还研究世界市场问题、国别地区经济问题、科技革命与世界经济发展问题等。

（三）国际经济学与国际贸易学和国际金融学的关系

在西方，国际经济学与国际贸易学和国际金融学有着非常密切的关系。通行的国际经济学教材在体系结构安排上都包括国际贸易学与国际金融学两大部分。国际经济学与国际贸易学和国际金融学的主要区别在于，国际经济学侧重于运用经济学原理来分析国际经济关系中的现象与政策，侧重于纯理论和抽象模型的研究，而国际贸易学和国际金融学除了研究国际经济关系中的现象与政策外，还研究一些具体的业务。按西方经济学和经济论文分类法，国际经济学是一门理论经济学，而国际贸易学和国际金融学则属于应用经济学。

三、国际经济学的学习方法

国际经济学是西方经济学的重要组成部分，要学好国际经济学，就必须先学好西方经济学，要适应西方经济学中分析各种理论所使用的图示方法，不然，如果西方经济学基础不扎实，或者对图示分析方法不适应，将会给国际经济学的教和学带来很大的困难。

国际经济学是一门成功运用数学方法研究国际经济活动和国际经济关系的学科。数学具有方法的抽象性和逻辑的严密性，数学的成功应用，使得国际经济学能够抽象地表述经济变量，建立经济模型，建立起一个环环相扣、相互关联、逻辑严密的国际经济理论体系。正因如此，学习国际经济学还要求学生具有较熟练的高等数学知识。国际经济学也是一门集理论探讨与实际应用于一体的学科，其理论是几百年来经济学家和活动实践家对国际经济活动实践的深刻理解与规律总结，反过来也在指导着国际经济实践活动，其理论也在国际经济实践活动中不断发展。如果能运用国际经济学的理论和方法去分析某些相关的经济现象，对加深理解国际经济学和提升分析问题、解决问题的能力必定会有助益。

第二章　古典国际贸易理论

学习目标

通过本章学习，了解重商主义的基本观点和政策建议，重点掌握斯密的绝对优势贸易理论和李嘉图的相对比较优势贸易理论。

关键术语

重商主义　绝对优势　相对比较优势　生产可能性曲线　无差异曲线

国际贸易理论是国际经济学的重要组成部分之一，是开放经济条件下的微观经济学。古典贸易理论是全部贸易理论的基础，特别是相对比较优势贸易理论，在当今的国际贸易实践中仍起着很大的指导作用，而相对比较优势贸易理论的产生须由绝对优势贸易理论而上溯至重商主义。因此本章将依次介绍重商主义、绝对优势贸易理论和相对比较优势贸易理论，初步探讨国际贸易产生的原因和动机。

第一节　重商主义

一、重商主义的基本观点

重商主义（Mercantilism）是指在1500－1750年这一时期内存在于欧洲的经济思想的总和，我们不能将它划归为一个正式的思想流派，它只是有关国内经济活动和国际贸易相互作用的一些相同观点的总结，这些观点支配着那段时期的经济思想和政策制定。重商主义者的核心思想是一国财富的多少反映在其所拥有的贵金属上（如金、银），因此，重商主义的基本观点有以下三个方面：

（1）金银是财富的唯一形态，一国拥有金银的多寡代表着该国的富裕程度。

（2）对外贸易是获取额外贵金属的主要源泉，因而是增加一国财富的重要途径。

（3）增加国民财富的贸易政策应该是多卖少买乃至不买，主张借助国家权力垄断对外贸易。

以上是重商主义者的基本观点，但是在具体贸易政策重心上，不同时期重商主义者的政策主张则有所不同，由此而使重商主义的发展呈现出了早期与晚期两个阶段。

二、重商主义的政策主张

早期的重商主义流行于15世纪到16世纪中叶，其代表人物主要是英国的约翰·海尔斯（John Hales）。这一时期的重商主义者坚持认为，国内贸易不会增加一国的货币或“财富”，一国的所有进口都会减少它所积累的货币或“财富”，而所有的出口都会增加它所积累的货币或“财富”，因此早期重商主义者贸易政策主张的鲜明特征是：强调限制进口甚于鼓励出口，禁止金银输出。由于早期重商主义者特别强调金属货币余额，因此又被称为重金主义或货币差额论。

晚期重商主义流行于16世纪中叶到17世纪末，其代表人物主要是托马斯·孟（Thomas Mun）。这一时期的重商主义者认为，既然出口能够增加国民财富，那么就应该鼓励哪些可以增强本国未来出口能力的进口，因此晚期重商主义者贸易政策主张的鲜明特征是：强调鼓励出口甚于限制进口，为了实现扩大出口的目的，赞成短期内适当输出金银。由于晚期重商主义者强调贸易差额甚于货币差额，因此又被称为贸易差额论。

三、对重商主义的简评

无论是早期的重商主义，还是晚期的重商主义，都把货币看作是财富的唯一形态，把货币多寡看作是衡量国家富裕程度的唯一标准，并将对外贸易看做是一种非互利的“零和博弈”（Zero-Sum Game），即一国的贸易所得是以另一国的贸易所失为代价的。这种观点现在来看显然是错误乃至荒谬的。18世纪中叶，大卫·休谟（David Hume，1711－1776）首次利用货币数量论给重商主义以毁灭性的批判，大卫·休谟认为货币并非财富的唯一化身，因此并非衡量一国财富的尺度，货币或金银数量的多寡只能决定一国的价格水平，而一国真正财富的多寡取决于“劳动产品的储备”。继休谟之后，亚当·斯密更是给予重商主义以系统的清理，甚至连“重商主义”这个称谓也是斯密给加上去的，因为重商主义的主张者或实践者从未如此自谓过。

重商主义作为现代经济学的开端，其在经济贸易发展进程中起到了一定的积极作用，提出了贸易顺差和贸易逆差的概念，并为18世纪末和19世纪初形成的国际贸易一般理论奠定了基础，同时它的理论和政策主张也促进了商品经济和工场手工业的发展。

第二节 亚当·斯密的绝对优势贸易理论

18世纪后半叶，随着工业革命和工业经济时代的到来，被尊为古典经济学说创始人和奠基人的英国经济学家亚当·斯密（A. Smith，1723－1790）对建立在重金主义财富观基础上的重商主义贸易观点进行了无情的批判，提出了他的绝对成本优势贸易理论，开创了科学贸易学说的先河。

一、亚当·斯密的社会分工学说

亚当·斯密认为，衡量一国富裕程度的主要标准不是看其所拥有的金银的多寡，而是要看其社会拥有的工农业产品总量水平的高低，这是对重商主义财富观的否定，因而增加一国社会财富的根本途径在于提高社会拥有的劳动产品的总量。

1776 年，亚当·斯密在其划时代巨著《国民财富的性质和原因的研究》（即《国富论》）中提出，增加国民财富有两条基本途径：一是提高劳动生产率；二是增加劳动者的人数。斯密认为，在经济社会体制和经济资源以及技术水平保持不变的情况下，劳动生产率的提高可以通过劳动分工的途径得以实现。在亚当·斯密看来，劳动分工有三点好处：第一，无限重复单一的工作能增加技巧的熟练性；第二，避免了因工作经常变更而耽误的时间；第三，工人专心于一种工作，有益于发明和改进机器。因此，一个国家通过社会分工就会提高该国的劳动生产率，从而提高该国产品的产量，增加该国的社会财富，同时通过产品交换就能最大程度的满足每个人的需求。据此，斯密提出了他的社会分工学说，他在《国富论》中这样写道："如果一件东西在购买时所费的代价比在家里生产时所花费的小，就永远不会想要在家里生产，这是每一个精明的家长都知道的格言。裁缝不想制作他自己的鞋子，而是向鞋匠购买。鞋匠不想做他自己的衣服，而雇裁缝裁制。"

那么，国与国之间的社会分工能否增加一国的社会财富呢?《国富论》中又这样写道："在每一个私人家庭的行为中是精明的事情，那么这种行为，对一个国家来说不是件愚蠢的事情，如果外国能以比我们自己制造还便宜的商品供应我们，我们最好就用我们有利地使用自己的产业生产出来的物品的一部分来向他们购买。"由此可见，国际分工是一国内部社会分工的延伸或继续，是一国内部社会分工向国际领域扩展和社会化大生产发展的必然结果，也是一国增加社会财富的重要途径。以下我们来具体介绍亚当·斯密的绝对优势贸易理论。

二、绝对优势贸易理论的前提假设

（1）1 种生产要素劳动，2 个国家和 2 种可贸易产品。

（2）劳动要素在国内可自由流动，但不能跨国流动。

（3）两国在不同产品上的生产技术不同，存在着劳动生产率上的绝对差异。

（4）规模报酬不变，市场是完全竞争的，产品的价格等于产品的平均生产成本，不考虑运输成本等任何贸易费用。

（5）两国之间的贸易是平衡的。

三、绝对优势贸易理论的基本观点

亚当·斯密认为一国的财富取决于其生产能力，即生产最终产品和劳务的能力，而不是其所拥有的贵金属水平，因此增加一国财富的重要途径就是提高该国的生产能力，在经济资源和科学技术水平一定的情况下，提高生产能力的途径就是通过社会分工来提高劳动生产率。斯密根据一国内部不同职业之间的分工互利原理（专业化劳动分工与交换能够最大限度地增加自己的利益和国家的财富），将社会分工推广到国与国之间，从而提出了绝对优势贸易理论。

1776年，亚当·斯密在其划时代的经济学巨著《国富论》一书中提出并阐述了绝对优势理论（Theory of Absolute Advantage）。该理论的核心思想是：国际贸易并非零和博弈，即贸易是互利的，并非损人利己的，国际分工和国内分工一样都可以增加本国的财富，而互利贸易的基础是国与国在不同商品的生产上存在绝对成本差异。因此，这个学说也决定了斯密的贸易政策主张是自由贸易。

四、绝对优势贸易理论的例证

现在我们看一个关于绝对成本论的例子，X、Y两产品的劳动生产率如表2－1所示。

表2－1　　绝对成本论分析

	X产品的劳动生产率	Y产品的劳动生产率	绝对优势产品
A国	6单位/小时	4单位/小时	X产品
B国	1单位/小时	5单位/小时	Y产品

表2－1表明，1小时的劳动量在A国可以生产6单位的X产品，在B国只能生产1单位的X产品，显然在X产品的生产上A国具有绝对的成本优势。绝对成本优势指不同国家同一产品生产成本（或劳动生产率）的比较，如果该产品在A国的生产成本低于（或劳动生产率高于）在B国的生产成本（或劳动生产率），则称该产品在A国有绝对成本优势；相反，则称该产品在B国有绝对成本优势。另一方面，显然在Y产品的生产上B国具有绝对的成本优势。现在假设A国将国内资源全部用来生产X产品，B国将国内资源全部用来生产Y产品，然后通过交换来获取各自所需的Y产品和X产品，我们分析一下，看两国是否能够同时获得贸易利益？

X、Y两产品交换比例的确定：对于A国来说1小时可以生产6单位的X和4单位的Y，因此A国出口6单位X的话必须换回至少4单位的X，否则不如在国内生产有利可图，因此X与Y的交换比例为$6X>4Y$；同理对于B国来说，X与Y的交换比例为$5Y>1X$。因此使两国同时获利的交换条件为$2/3<X/Y<5$。

现假定A、B两国X、Y两种产品的交换比例为1:1，则A国用6单位的X交换B国6单位的Y，则A国可获利2单位的Y（$6Y-4Y$）。6单位的Y在B国生产需要1.2小时的工作量，1.2小时的工作量在B国只能生产1.2单位的X，所以B国获利4.8单位的X（$6X-1.2X$）。

以上证明了亚当·斯密的绝对优势贸易理论，即国际贸易并非是“零和博弈”，而是可以实现“双赢”的。

需要注意的是，在亚当·斯密看来，如果一个国家在所有商品的生产上都具有绝对成本优势，也就是说另外一个国家在所有商品的生产上都具有绝对成本劣势的时候，那么这两个国家是不能开展互惠贸易的。

五、对绝对优势贸易理论的简评

亚当·斯密的绝对成本优势贸易理论首次运用劳动价值论科学地解释和论证了国际贸易的基础和好处，国际贸易并非一个“零和博弈”，而是可能使贸易双方实现“双赢”的，因此亚当·斯密的贸易理论有力地抨击了传统重商主义的谬论，结束了种商主义对于贸易学说的长期统治，其贡献和意义十分重大。

亚当·斯密的绝对成本优势贸易理论自身也存在着很大的局限性，它所主张的互惠贸易前提条件（要求各国都必须有自己的在生产成本上占据绝对优势的产业部门）过于苛刻，只能解释现实中的一部分国际贸易现象，而不能解释当一个国家在所有生产部门都处于绝对劣势的情况下，仍可以进行互惠贸易的现象。后来，李嘉图在劳动价值论的基础上进一步发展了斯密的贸易理论，提出了一个更为科学也更具一般性的相对成本优势贸易学说。

第三节　李嘉图的相对比较优势贸易理论

一、相对比较优势贸易理论的提出

大卫·李嘉图（David Ricardo）在其1817年出版的《政治经济学及赋税原理》一书中，运用两国家、两产品的分析模型发展了斯密的绝对成本优势贸易理论，提出了决定国际贸易的基础是相对比较优势而不是绝对优势这一命题。该理论认为两国间开展国际分工和互惠贸易，只需两国各自在不同生产部门具有生产成本的相对优势就可以了，即相对比较优势贸易理论（Theory of Comparative Advantage）。该理论大大放宽了斯密绝对成本优势贸易理论关于开展国际分工和互惠贸易的前提条件，从而也更为科学和更具一般性，成为一个经典的贸易学说，为日后贸易理论的进一步深入研究奠定了一个科学的理论基础。

二、相对比较优势贸易理论的前提假设

（1）假定只有1种生产要素劳动、2种商品以及2个规模既定的国家。

（2）两种产品生产的劳动成本均固定不变，即劳动成本不随产量的变化而变化，每种产品的国内价格取决于劳动成本。

（3）国内劳动要素具有同质性，可以在两生产部门间自由流动，因此劳动要素的价格在不同行业都是相等的，劳动要素不能跨国流动。

（4）两国的同类产品具有同质性，实行自由贸易，不存在贸易政策和其他的人为限制，并且不考虑运输成本等任何贸易费用。

（5）充分就业和完全竞争的市场（包括要素市场和产品市场）。

（6）不同国家之间存在着技术水平的差异，但各国的技术水平都是既定的。

三、相对比较优势贸易原理的基本内容

李嘉图相对比较优势贸易理论的核心思想用一句话来概括就是："两利相权取其重，两弊相衡取其轻"。李嘉图认为，如果两个国家的生产力水平不相等，假设A国生产的两种产品成本均低于B国，则A国在两种产品的生产上均处于绝对优势，而B国在两种产品的生产上则均处于绝对劣势，但两国间仍然存在着互利的国际分工和贸易的可能性。因为两国相对劳动生产率的差异并不是在任何商品上都是同等的，处于绝对优势的A国，选择其中优势最大的产品生产，而处于绝对劣势的B国，选择其中劣势较小的产品生产，双方通过交换，均可获得贸易利益，也就是说，只要两种产品在两国的相对劳动成本存在差异，两国就存在进行互惠贸易的基础。因此李嘉图的相对比较优势原理是依照相对成本的差别来实行国际分工的一种自由贸易理论。

四、相对比较优势贸易原理的例证

现在我们看一个关于相对比较优势论的例子，X、Y两产品的劳动生产率如表2-2所示。

表2-2　相对比较优势论分析

	X产品的劳动生产率	Y产品的劳动生产率	比较优势	相对比较优势
A国	6单位/小时	4单位/小时	X产品（6/4）	Y产品
B国	2单位/小时	1单位/小时	X产品（2/1）	X产品

表2-2表明，A国在X、Y两种产品的生产上均具有绝对成本优势，B国在X、Y两种产品的生产上均处于绝对成本劣势，在斯密看来，这两个国家之间不会发生互惠贸易。另外，A、B两国均在X产品的生产上具有比较优势，比较优势指同一个国家不同产品生产成本（或劳动生产率）的比较，生产成本较低（或劳动生产率较高）的产品具有比较优势。尽管A、B两国均在X产品的生产上具有比较优势，但这种比较优势的程度是不同的，从表中可以看出，A国X产品是Y产品成本优势的1.5倍，而B国X产品是Y产品成本优势的2倍，因此从A、B两国X产品的比较优势来看，B国在X产品的生产上更具比较优势，也就是说，B国在X产品的生产上具有相对比较优势，相对比较优势指两个国家同一产品比较优势的比较。同理，A国在Y产品的生产上具有相对比较优势。因此李嘉图认为A国专门生产Y产品，B国专门生产X产品，然后通过交换，两国均可获利。

交换条件（贸易条件）的确定：对A国来说，4个单位的Y必须要换回至少6个单位的X，才能使A国在交换中获利，即$4Y > 6X$；对于B国来说，2个单位的X必须要换回至少1个单位的Y，才能使B国在交换中获利，即$2X > Y$。所以交换条件必须满足：$1/2 < X/Y < 2/3$，即1个单位的X至少换回1/2单位的Y，且最多换回2/3单位的Y，才能使贸易两国同时获利。

假设贸易条件为$X/Y = 0.6$，即1个单位的X交换0.6个单位的Y，如果B国用2

个单位的 X 交换 A 国 1.2 单位的 Y，则 B 国获利 0.2 单位的 Y（1.2Y－1Y）；1.2 单位的 Y 在 A 国生产需要 0.3 小时，0.3 小时可生产 1.8 单位的 X，则 A 国获利 0.2 单位的 X（2X－1.8X）。

以上证明了李嘉图的相对比较优势贸易理论，相对斯密的绝对优势贸易理论而言，该理论大大放宽了两国进行互惠贸易的前提条件，即只要两种产品在两国的相对劳动成本（或相对劳动生产率）存在差异，两国就存在进行互惠贸易的基础。

五、相对比较优势贸易理论的图形解释

（一）生产可能性曲线

生产可能性曲线（Production Possibility Curves，简称 PPC）表示一个国家在充分有效使用其所有资源时所能生产的各种数量商品的组合。生产可能性曲线的形状取决于各种商品生产的机会成本。所谓机会成本是指为了多生产一单位某种产品（例如玉米）而必须放弃的其他产品（例如小麦）的产量，如玉米的机会成本可表示为：

$$\text{玉米的机会成本} = \frac{\text{减少的小麦产量}}{\text{增加的玉米产量}}$$

玉米的机会成本是小麦产量变动量与玉米产量变动量的比值，因此从几何概念上来讲，正好是生产可能性曲线的斜率。机会成本可以保持不变，可以递增，也可以递减，因此生产可能性曲线就可能是直线、凹向原点或凸向原点的曲线（见图 2－1）。

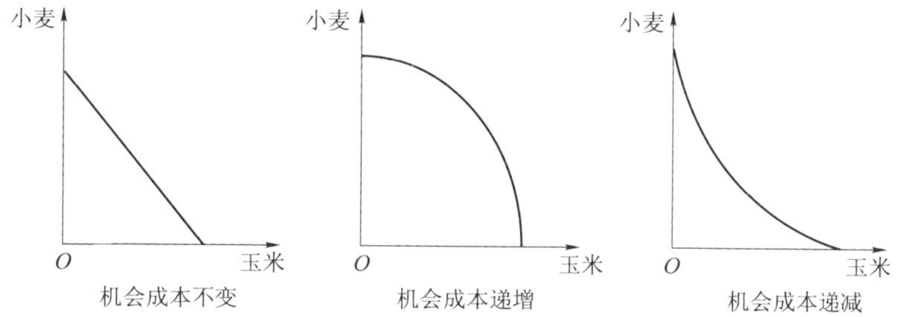

图 2－1　不同机会成本下的生产可能性曲线

机会成本不变是指只有一种要素投入且该要素的生产率固定不变的情况，即该要素的生产率不随产量的变化而变化。假设生产小麦和玉米只需要土地，每亩土地可以生产 1 吨小麦和 2 吨玉米，且土地的生产率不随产量的变化而变化，则玉米的机会成本将固定为 0.5。

机会成本递增是指每种产品的生产都需要两种或两种以上的投入要素，且存在要素的边际产量递减的情况。

机会成本递减是指规模报酬效应大于要素边际产量递减效应的情况，即规模越大成本越低。

（二）社会无差异曲线

消费无差异曲线表示的是这一曲线上的任何商品组合都给消费者带来同样的满足程度，消费无差异曲线的位置反映了消费者的偏好。社会无差异曲线（Community

Indifference Curves）反映的是一国的平均消费偏好，如果无差异曲线的位置偏向小麦，表示该国大多数消费者偏好于小麦，如果无差异曲线的位置偏向玉米，表示该国消费者总体上比较喜欢玉米。另外，离原点越远的无差异曲线代表越高的消费水平和效用水平。

（三）相对比较优势贸易理论的图形解释

根据李嘉图贸易理论的前提假设可知，只有一种劳动投入要素，且劳动生产率固定不变，因此任何一种产品的机会成本都固定不变，生产可能性曲线为一直线。假设有A、B两个国家，贸易前各自生产X、Y两种产品，且A国在X产品的生产上有相对比较优势，B国在Y产品的生产上有相对比较优势。

如图2－2所示，（a）图中AA_1代表贸易前A国的生产可能性曲线，同时也代表A国的消费可能性曲线，因为贸易发生前A国生产的产品全部由国内消费者消费，U_A代表贸易前A国的社会无差异曲线，则U_A与AA_1的切点C_A为贸易前A国的生产均衡点和消费均衡点。（b）图中BB_1代表贸易前B国的生产可能性曲线，同时也代表B国的消费可能性曲线，U_B代表贸易前B国的社会无差异曲线，则U_B与BB_1的切点C_B为贸易前B国的生产均衡点和消费均衡点。

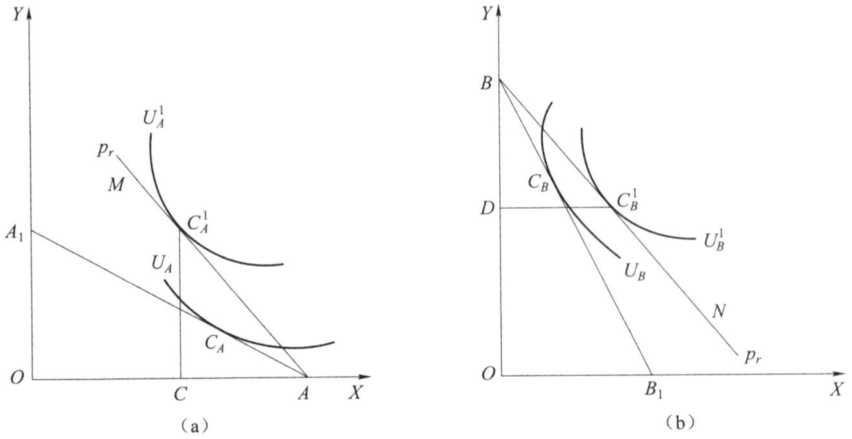

图2－2 A、B两国在完全分工和贸易下的生产消费分析

实行完全的国际分工和贸易后，A国将专门生产X产品，B国将专门生产Y产品，因此A国的生产均衡点将由贸易前的C_A点移到A点，B国的生产均衡点将由贸易前的C_B点移到B点。假设两国发生互惠贸易的贸易条件（即一单位X所能交换的Y的数量）为p_r，则在（a）图中AM线（其斜率的绝对值等于p_r）为A国的消费可能性曲线，p_r和A国的社会无差异曲线U_A^1的切点C_A^1为A国贸易后的消费均衡点，同理在（b）中BN线（其斜率的绝对值等于p_r）为B国的消费可能性曲线，C_B^1为B国贸易后的消费均衡点。

三角形CAC_A^1为A国的贸易三角形，AC表示A国出口X产品的数量，CC_A^1表示A国进口Y产品的数量。三角形BDC_B^1为B国的贸易三角形，DC_B^1表示B国进口X产品的数量，BD 表示 B 国出口 Y 产品的数量。显然有 $AC = DC_B^1$，$CC_A^1 = BD$，即 A 国出口 X 产品的数量等于 B 国进口 X 产品的数量，A 国进口 Y 产品的数量等于 B 国出口 Y 产品的数量。

显然，通过完全分工和国际贸易后，A、B 两个国家均在更高的社会无差异曲线上达到了消费均衡，故国际贸易同时提高了两个国家的福利水平。

六、相对比较优势贸易理论的实践检验

李嘉图提出的相对比较优势贸易理论，是从劳动生产率的相对差异来解释国际贸易发生原因的，那么，这一理论在多大程度上解释了国际贸易的实践活动呢？理论同历史一样，都是以片面性的形式而实现自身发展的，都不可避免地具有时代的局限性。因此，评价一种理论，并不在于它是否具有“片面性，局限性”，而在于它是否具独创性、深刻性和对现实的解释能力。

关于李嘉图模型，一直到 20 世纪 50 年代，才有经济学家对之进行验证，最具有代表性的是麦克杜格尔（G. D. A. Mac Dugall），他在 1951 年以 1937 年美英两国 25 个行业的劳动生产率和出口数据为例，考察了美国与英国劳动生产率差异与出口量之间的相关关系。根据麦克杜格尔的估计，在 1937 年，美国的平均工资水平是英国的两倍，如果美国某些行业的劳动生产率超过英国对应行业劳动生产率的两倍，那么美国这些行业的生产成本将低于英国，具有比较优势。（表中仅有 20 个部门的结果）

表 2-3　　美英两国比较优势的实证分析①

产品	美国劳动生产率/英国劳动生产率	美国出口/英国出口
1. 毛织品	1.4	0.000 4
2. 人造黄油	1.2	0.03
3. 服装	1.3	0.04
4. 啤酒	2.0	0.06
5. 人造丝	1.4	0.09
6. 水泥	1.1	0.09
7. 棉花	1.5	0.1
8. 人造纺织品	1.5	0.2
9. 焦炭	1.9	0.2
10. 针织品	1.8	0.33
11. 鞋袜	1.4	0.33
12. 油毡	1.9	0.33
13. 卷烟	1.7	0.5

① 史自力．国际经济学．郑州大学出版社，2002. 41.

续表

产品	美国劳动生产率/英国劳动生产率	美国出口/英国出口
14. 纸	2.2	1.0
15. 机械	2.7	1.5
16. 玻璃器皿	2.4	4
17. 汽车	3.1	4.3
18. 生铁	3.6	5
19. 收音机	3.5	8
20. 罐头	5.2	3.5

麦克杜格尔的检验结果显示，当美国与英国的劳动生产率之比大于2时，两国相应出口之比大于1，说明美国在这些行业具有比较优势；当两国的劳动生产率之比小于2时，两国的出口之比小于1，说明英国在这些行业具有比较优势。从而证明了劳动生产率和出口间的正相关关系。

后来的学者斯特恩（R. M. Stern）于1962年用1950和1959年资料，巴拉萨（B. Balassa）于1963年用50年代前的资料，分别对李嘉图模型进行了检验，都得到了与麦克杜格尔相同的结果，从而为李嘉图模型提供了有力的证据。

七、对相对比较优势贸易理论的简评

大卫·李嘉图大大放宽了斯密贸易学说的苛刻前提条件，科学地发展了斯密的绝对成本优势贸易理论，即他证明了各国通过出口相对成本较低（而非绝对成本低）的产品，进口相对成本较高（而非绝对成本高）的产品就可以实现互惠贸易，提高世界总的福利水平。因此，该理论为世界更大范围地开展国际贸易奠定了理论基础，是世界上第一个较具一般性的贸易学说，因而成为国际贸易理论的基石。

尽管该贸易理论在很大程度上被经验证明了，但它仍存在一些不足。首先，该理论的前提假设仍然十分苛刻，并不符合国际贸易现实，如完全竞争的市场，规模收益不变，要素不能跨国流动等，都与当今世界的实际情况相去甚远。其次，各国根据比较优势原则，将完全专业化生产，这与现实有较大的出入，现实中，各国都会生产一些与进口商品相替代的产品，恐怕没有一个国家在国际贸易中进行完全专业化生产。最后，他假定了而不是解释了比较优势，虽然解释了劳动生产率的差异如何引起国际贸易，但没有进一步解释造成各国劳动生产差异的原因，同时，该理论虽然证明了国际分工和国际贸易能给参与国带来利益，但并没有研究具体贸易条件的确定问题，因此也就无法回答贸易利益的分配问题。关于具体贸易条件的确定问题由后继学者约翰·穆勒来进行弥补。

专栏2-1

蜡烛工的请愿

在重商主义哲学盛行时期，保护主义蔓延，被激怒的法国经济学家 Frederic Bastiat（1801－1851 年），通过以子之矛攻子之盾的方法压倒了保护主义者。巴斯底特在 1845 年虚构的法国蜡烛工人请愿的故事中，最成功地打击了贸易保护主义。现摘录如下：

我们正在经受着无法容忍的外来竞争，他看来有一个比我们优越得多的生产条件来生产光线，因此可以用一个荒谬的低价位占领我们整个国内市场。我们的顾客全都涌向了他，当他出现时，我们的贸易不再与我们有关，许多有无数分支机构的国内工业一下子停滞不前了。这个竞争对手不是别人，就是太阳。

我们所请求的是，请你们通过一条法令，命令关上所有窗户、天窗、屋顶窗、帘子、百叶窗和船上的舷窗；一句话，所有使光线进入房屋的开口、边沿、裂缝和缝隙，都应当为了受损害的工厂而关掉。这些值得称赞的工厂使我们以为已使我们的国家满意了，作为感激，我们的国家不应当将我们置于一个如此不平等的竞争之中……仅仅因为或部分因为进口的煤、钢铁、奶酪和外国的制成品的价格接近于零，你们对这些商品的进口就设置了很多限制，但为什么，当太阳光的价格整天都处于零时，你们却不加任何限制，任它蔓延？如果你们尽可能减少自然光，从而创造对人造光的需求，哪个法国制造商会不欢欣鼓舞？如果我们制造更多的蜡烛，那就需要更多的动物脂，这样就会有更多的牛羊，相应，我们会见到更多人造草场，肉、毛、皮和作为植物生产基础的肥料。

案例评析：

比较优势原理指一国可以专门生产、出口它的绝对劣势相对小一些的商品（这是其有比较优势的商品），同时进口其绝对劣势相对大的商品（这是其有比较劣势的商品）。通过专业化分工，各国生产其具有比较优势和较高生产率的产品，提高了有限资源的利用率，使世界福利增大，通过贸易使得各国获利。

案例中当时盛行贸易保护主义，认为进口产品会威胁本国产业，进口限制可以保护国家利益。因此政府应当鼓励出口，不主张甚至限制商品的进口。而比较优势理论有力的压倒了贸易保护主义者。巴斯底特在 1845 年虚构的法国蜡烛工人的故事更有力的打击了贸易保护主义。太阳可以看作是能高效生产太阳光的厂商，生产成本为 0。由于有了这个“厂商”使得国内“太阳光”厂商失去了国内市场，倘若没有太阳，国内会生产并出口人造光。根据贸易保护主义，太阳光威胁到了国内人造光市场，应该禁止使用太阳光。但事实上没有一个国家会禁止使用太阳光，而自己进行生产。原因就在于根据比较优势理论，该国应该进口其具有比较劣势的太阳光。一国的资源是有限的，该国停止生产“太阳光”会节约资源生产具有比较优势的其他商品。从而提高整个国家的福利。

来源：保罗·克鲁格曼（Paul Krugman）著，海闻 蔡荣等译《国际经济学》2002 年 4 月第 1 版，第 28 页。

本章小结

1. 重商主义者认为货币是一个国家财富的唯一形态，因此国际贸易是一种“零和博弈”，即一个国家在国际贸易中的获利必然是其他国家在国际贸易中利益的损失，因此重商主义者强调贸易顺差，推崇实行政府严格管制的贸易保护政策。重商主义者的观点和政策主张后来受到了古典经济学家的严厉批判。

2. 亚当·斯密认为决定一国财富的多寡不在于其所拥有的货币数量的多少，而是取决于这个国家的生产能力，即所能生产的最终商品和劳务的总和，因此亚当·斯密从国际分工能够提高贸易国生产效率的角度证明了国际贸易并非“零和博弈”，而是可以实现“双赢”的，从而提出了绝对优势贸易理论。该理论认为，如果两个国家分别在不同的生产部门拥有生产成本的绝对差异，那么这两个国家就存在互惠贸易的基础，从而为自由贸易提供了理论依据。但是，该理论的前提条件过于苛刻，限制了其对现实的解释力。

3. 大卫·李嘉图在修正亚当·斯密绝对优势贸易理论前提的基础上，从更一般意义上，论证了各国进行互惠贸易的基础不是绝对优势，而是相对比较优势，即只要两个国家在同种商品生产上存在比较优势的差异，两个国家就存在互惠贸易的基础，从而可以同时改善两贸易国的福利，为更大规模地开展自由贸易提供了理论依据。但该理论对比较优势产生的根源和具体贸易条件的确定还无法作出很好的解释。

大卫·李嘉图贸易理论的图形解释使我们更加清晰的认识到国际贸易并非“零和博弈”，通过贸易使贸易国双方都在更高的社会无差异曲线上达到了消费均衡，即国际贸易可以提高贸易国的福利水平。

麦克杜格尔对大卫·李嘉图贸易模型验证的结果，正如李嘉图所假定的那样，是建立在劳动生产率的相对差异之上的。

思考练习题

1. 简述重商主义。

2. 试述绝对优势贸易理论的主要内容，并对该理论作出评价。

3. 试述相对比较优势贸易理论的主要内容，并用简单数字进行分析。

4. 辨析绝对优势、比较优势、相对比较优势的概念。

5. 你认为比较优势理论在今天能否作为我国对外经济贸易发展的指导思想？简述理由。

6. 比尔盖茨先生无论在编写软件还是打字速度上都强于他的秘书。比尔盖茨先生编写软件的速度是秘书的N倍，打字的速度是秘书的2倍。由于比尔盖茨在编写程序和打字上都强于其秘书，他是否应该自己来完成全部的工作，以节省下每天付给秘书的20美元薪水（据说比尔盖茨如果掉了100美元，他是不会弯腰去捡的，因为弯腰的5秒钟会使他丧失1万美元）。试用学过的贸易理论来解释比尔盖茨先生是否要自己做编写软件和打字的全部工作。

7. 假设世界上有4个国家，中国、美国、法国、泰国，4国都生产大米和小麦两种产品，4 个国家大米、小麦的单位产品劳动投入情况如下表所示：

各国大米、小麦的单位产品劳动投入

国家	大米	小麦
中国	9	6
法国	5	2
美国	2	0.5
泰国	8	8

根据李嘉图的比较优势原理：

(1) 计算各国大米的相对成本，并判断出哪个国家在大米生产上最具有比较优势(或具有相对比较优势)，哪个国家在小麦生产上最具有比较优势（或具有相对比较优势)？

(2) 如果国际市场上大米的相对价格是 3，那么，中国是否具有出口大米的比较优势？

8. 假设某一国家拥有 20 000 万单位的劳动，X、Y 两种产品的单位产出所要求的劳动投入分别为 5 个单位和 4 个单位，该国在国际贸易中实行完全分工，贸易条件为 1 单位的 X 交换 2 个单位的 Y，该国进口量为 2 000 个单位。试确定该国的生产可能性方程和出口量，并在图中画出贸易三角形。

9. “世界上一些最贫穷的国家找不到什么产品出口，在这些国家里，没有一种资源是充裕的。不用谈资本，也不用说土地，在一些又小又穷的国家，甚至连劳动也不充裕”。请对这段话进行经济学评价。

第三章　国际贸易的标准理论

学习目标

通过本章学习，了解封闭经济、开放经济条件下经济均衡的求解方法，重点掌握贸易利益的分解和利用贸易提供曲线求均衡贸易条件。

关键术语

贸易条件　生产可能性曲线　机会成本递增　一般均衡　局部均衡　贸易利益　贸易提供曲线　国际均衡价格

本章所介绍的内容都是基于产品生产机会成本递增的，首先介绍一国在封闭经济和开放经济下如何利用生产可能性曲线和无差异曲线来确定该国的生产均衡点和消费均衡点，以及贸易后该国福利水平的变化，并在此基础上进一步分析贸易利益的分解，最后介绍确定国际贸易均衡价格的提供曲线法和局部均衡法。

第一节　封闭经济和开放经济的均衡

一、贸易条件

贸易条件（Terms of Trade）被定义为一种商品所能兑换另一种商品的比例，通常用一单位出口商品可以兑换多少单位的进口商品来表示，或者用一个国家出口产品价格与进口产品价格的比值来表示。实际上这两种表示方法是一样的，比如说，A 国出口商品 X 的价格是 4 美元，进口商品 Y 的价格是 1 美元，则出口商品价格与进口商品价格的比值为：

$$P_X/P_Y = 4/1 = 4$$

P_X为 A 国出口商品 X 的价格，P_Y为 A 国进口商品 Y 的价格，由于 A 国出口商品的价格是其进口商品价格的 4 倍，所以 A 国出口 1 单位 X 商品，可以进口 4 单位的 Y 商品，所以以下等式成立：

$$P_X/P_Y = \Delta Y/\Delta X = 4$$

ΔX 为 A 国的出口改变量，ΔY 为 A 国的进口改变量。

如果该国一单位出口产品所换回的进口产品数量增多了，我们就说该国的贸易条件改善了，该国在国际贸易中获得的利益就会增加；如果该国一单位出口产品所换回的进口产品数量减少了，我们就说该国贸易条件恶化了，该国在国际贸易中获得的利益就会减少。可见，贸易条件实质上反映的是贸易利益在各国之间的分配问题。在两国模型中，一个国家的贸易条件正好是其贸易伙伴国贸易条件的倒数。

在现实世界中，一个国家的进出口往往涉及多种商品，因此贸易条件又指一国在一定时期（如一年）内，出口商品价格指数与进口商品价格指数的比值，其计算公式为：

$$T(\text{贸易条件指数}) = \frac{\text{出口商品价格指数}}{\text{进口商品价格指数}} \times 100$$

机会成本等于相对价格，比如说，一个手机的价格是 2 000 元，一个 MP3 的价格是 1 000 元，则手机相对 MP3 的相对价格是 2 000/1 000 =2，也就是说，买一个手机的机会成本就是放弃了买 2 个 MP3 的机会，即手机的机会成本 =2，等于手机对 MP3 的相对价格。

二、机会成本递增下的生产可能性曲线

在李嘉图贸易模型中，假设只有劳动一种要素投入且劳动的生产率固定不变，因此产品生产的机会成本固定不变，从而一个国家的生产可能性曲线是一直线。但在现实世界中，一种商品的生产往往需要两种或两种以上的要素投入，且一国产品生产的机会成本是递增的，因此一国的生产可能性曲线不再是一条直线，而是凹向原点的曲线，如图 3 -1中的 AA_1 所示。

假设一个国家生产 X、Y 两种产品，产品生产的机会成本递增是指随着 X 产品（Y 产品）产量的增加，一国再多生产 1 单位 X 产品（Y 产品）所必须放弃的 Y 产品（X 产品）的产量将会越来越多。生产可能性曲线上任一点切线斜率的绝对值 $|dY/dX|$ 表示的是 X 产品的机会成本，由于 X 产品的机会成本递增，因此随着 X 产品产量的增加，$|dY/dX|$ 越来越大。同理，由于 Y 产品的机会成本递增，随着 Y 产品产量的增加，$|dX/dY|$ 也会越来越大。因此，当一个国家产品生产的机会成本递增时，该国的生产可能性曲线必须凹向原点。

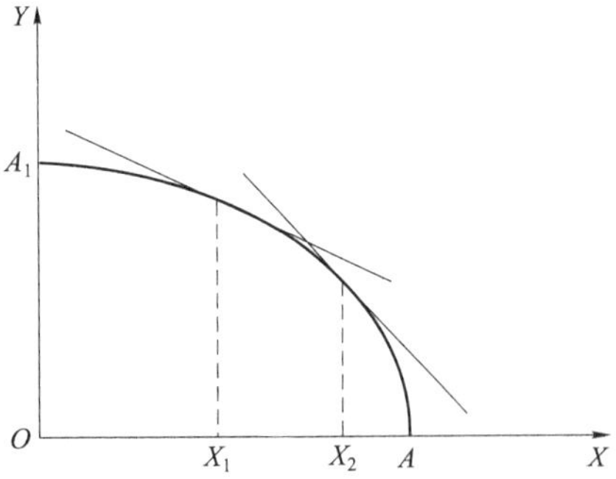

图 3 -1 机会成本递增下的生产可能性曲线

三、封闭经济下的生产—消费均衡分析

假设 A、B 两个国家分别生产 X 和 Y 两种产品，且 X 和 Y 产品的机会成本递增。

图 3 -2 中，(a)、(b) 分别描述了 A、B 两国在封闭经济下的生产—消费均衡。AA_1、BB_1 分别为 A、B 两国的生产可能性曲线，曲线上的任意一点表示该国在既定的技术水平下，充分有效利用现有资源所能生产的两种产品最大产量的组合。显然，在封闭

经济条件下，生产可能性曲线也是该国的消费可能性曲线。那么，该国应该在哪一点上进行生产和消费呢？根据消费者的效用最大化理论，消费均衡点必须使该国消费者的效用达到最大，因此，消费均衡点必须由该国的消费可能性曲线和社会无差异曲线共同来确定。在既定的技术水平和经济资源条件下，一个国家的生产可能性曲线是唯一的，而其社会无差异曲线却有无数条，如图中分别画出了 A 国的三条无差异曲线 U_A^1、U_A^2、U_A^3 和 B 国的三条无差异曲线 U_B^1、U_B^2、U_B^3，但只有一条社会无差异曲线与既定的生产可能性曲线（消费可能性曲线）相切，切点表示该国资源的最有效利用和社会福利的最大化，因此该切点就是该国的生产—消费均衡点，如 C_A 点和 C_B 点分别为封闭经济下 A、B 两国的生产—消费均衡点。

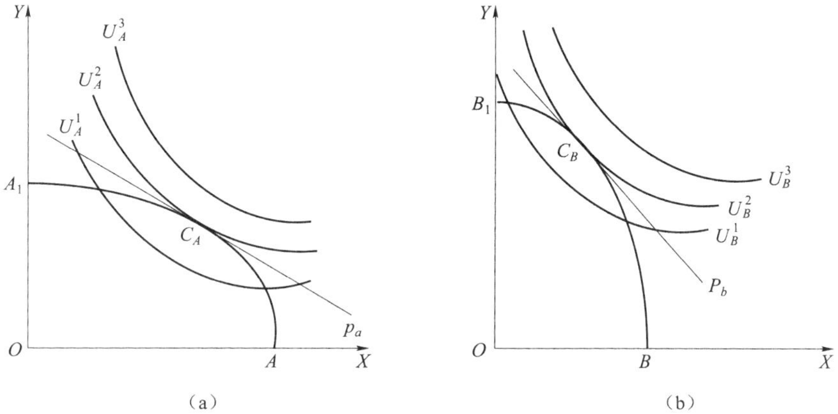

图 3－2 封闭经济下的生产—消费均衡

过切点 C_A 可以得到与 AA_1 曲线和 U_A^2 曲线同时相切的切线，假设该切线斜率的绝对值为 p_a，由于生产可能性曲线上任一点切线斜率的绝对值代表的是封闭经济下 X 商品的机会成本，因此，p_a 也是 A 国在封闭经济下国内 X 商品的均衡相对价格。同理，假设过 C_B 点与 BB_1 曲线和 U_B^2 曲线同时相切的切线斜率的绝对值为 p_b，则 p_b 为 B 国在封闭经济下国内 X 商品的均衡相对价格。

由图形可知 $p_a < p_b$，也就是说，A 国生产 X 产品的机会成本要小于 B 国生产 X 产品的机会成本，因此 A 国在 X 产品的生产上有相对比较优势，B 国在 Y 产品的生产上有相对比较优势，所以两国存在互惠贸易的基础。

四、开放经济下的生产—消费均衡分析

假设 A、B 两个国家分别生产 X 和 Y 两种产品，且 X 和 Y 产品的机会成本递增。

图 3－3 中，(a)、(b) 分别描述了开放经济下 A、B 两国的生产—消费均衡。贸易前，A 国的生产—消费均衡点为 C_A^1，X 产品的相对价格为 p_a；B 国的生产—消费均衡点为 C_B^1，X 产品的相对价格为 p_b。显然，$p_a < p_b$，所以 A 国在 X 产品的生产上有相对比较优势，B 国在 Y 产品的生产上有相对比较优势。在开放经济条件下，A、B 两国将实行不完全分工，因为随着机会成本的增加，进一步的专业化生产一种产品将会使该

产品逐渐丧失原有的相对比较优势。因此两个国家同时生产 X、Y 两种产品，但 A 国主要生产并出口 X 产品，进口 Y 产品，B 国主要生产并出口 Y 产品，进口 X 产品。

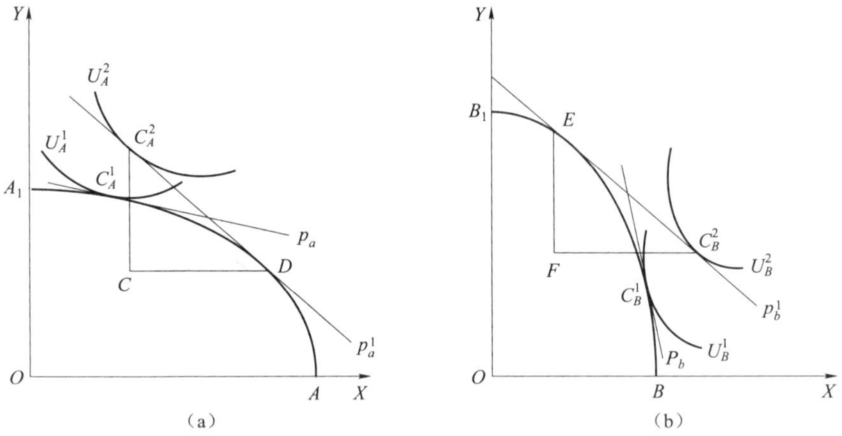

图 3-3 开放经济下的生产—消费均衡

实行不完全分工后，A 国的生产均衡点将由封闭条件下的 C_A^1 沿着 AA_1 曲线逐渐向右下方移动，即放弃一部分 Y 的生产，将资源转向 X 的生产，同时，A 国 X 产品的生产机会成本逐渐增加。同理，实行不完全分工后，B 国的生产均衡点将由封闭条件下的 C_B^1 沿着 BB_1 曲线逐渐向左上方移动，即放弃一部分 X 的生产，将资源转向 Y 的生产，同时，B 国 X 产品的生产机会成本逐渐减小。当 A 国 X 产品的机会成本增加到 p_a^1，B 国 X 产品的机会成本减小到 p_b^1，且 $p_a^1=p_b^1$ 时，两国 X 产品的国内相对价格和国际相对价格相等。此时，A 国的生产均衡点为 D，B 国的生产均衡点为 E。假设直线 DC_A^2 与 U_A^2 曲线相切于 C_A^2 点，由于 DC_A^2 线为贸易后 A 国的消费可能性曲线，U_A^2 线为社会无差异曲线，所以 C_A^2 为贸易后 A 国的消费均衡点。同理，C_B^2 为 B 国贸易后的消费均衡点。$\triangle CDC_A^2$ 为 A 国的贸易三角形，$\triangle FC_B^2E$ 为 B 国的贸易三角形，显然，$\triangle CDC_A^2 \cong \triangle FC_B^2E$，即两国的贸易三角形全等，$CD=FC_B^2$，即 A 国出口 X 的数量等于 B 国进口 X 的数量，$CC_A^2=FE$，即 A 国进口 Y 的数量等于 B 国出口 Y 的数量。

从图中可以明显看出，通过国际分工与贸易后，两国各自的生产均衡点和消费均衡点发生分离，A、B 两国均在较高的无差异曲线上达到了消费均衡，也就是说，通过对外贸易能够使两国消费者的消费组合超过国内生产可能性曲线的限制，达到较高的社会福利水平。

第二节 贸易利益的分解

由上节可知，贸易双方通过分工生产和交换，均可从贸易中获得额外的贸易利益，为了更清楚地理解贸易利益的来源，本节以 A 国为例来介绍贸易利益的分解。

贸易利益在理论上可以被分解为来自贸易的利益和来自分工的利益。来自贸易的利益是指假定在资源配置不变、产出量和产出结构均不变的情况下，一部分产品以国际市场价格而非国内市场价格进行贸易时，所获得的额外利益，即假定未进行专业分工生产，但有贸易发生时，单纯从贸易中获得的利益。来自分工的利益是指按照国际市场价格进行交易时，会导致国内生产资源在部门间重新配置，进行专业化分工，这种仅由生产分工所带来的利益即为来自分工的利益。

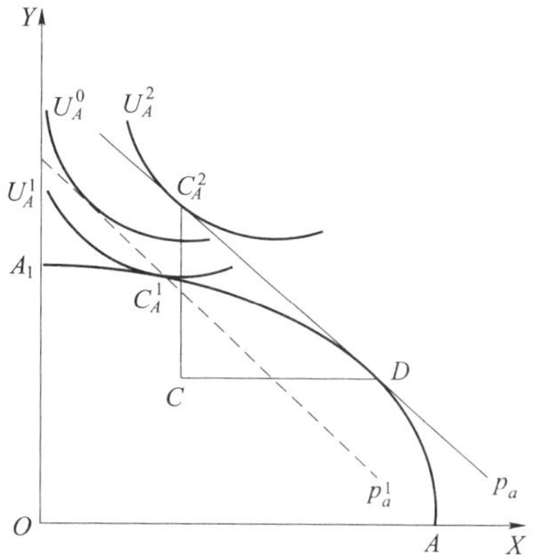

图 3－4　贸易利益的分解

图 3－4 表示 A 国开放经济下的生产—消费均衡，显然，A 国从贸易中所获得的总额外福利为 $U_A = U_A^2 - U_A^1$，根据来自贸易的利益的定义，过分工生产前 A 国的生产均衡点 C_A^1 作 p_a 的平行线 p_a^1，设与 p_a^1 相切的无差异曲线为 U_A^0，则 U_A^0 所代表的效用减去 U_A^1 所代表的效用即为来自贸易的利益，显然，这部分利益是由于产品在消费领域更有效的配置产生的。U_A^2 所代表的效用减去 U_A^0 所代表的效用即为来自分工的利益，显然，这部分利益是由于生产资源在生产领域的更有效配置产生的。

第三节　国际均衡贸易价格的确定

李嘉图的比较优势贸易理论系统阐述了贸易发生的条件和互惠性，并给出了贸易条件取值的可能区间，但没有说明国际均衡贸易条件是如何确定的。国际贸易条件在一定程度上决定了一个国家在国际贸易中所获得的贸易利益，因此国际贸易均衡价格的确定对贸易国来说是非常重要的问题。关于均衡贸易条件的确定，通常用到的有提供曲线分析法和供给曲线、需求曲线分析法。

一、两国提供曲线分析法

提供曲线（Offer Curves）也称为相互需求曲线（Reciprocal Demand Curves），实际上是用新古典分析方法对穆勒相互需求方程的图解，因此它的实质就是相互需求曲线。提供曲线反映的是一国在不同的国际贸易条件下，为了进口一定数量的商品而愿意提供的出口商品的数量，显然，提供曲线包含了供给和需求两方面的因素。两个国家提供曲线的交点所确定的相对价格，即为两种商品的均衡国际价格，即均衡贸易条件。

提供曲线分析法实际上是一种一般均衡分析法，一国贸易提供曲线可以根据该国的生产可能性曲线和消费无差异曲线推导出来，这里假定 A 国在 X 产品的生产上具有相对比较优势，B 国在 Y 产品的生产上具有相对比较优势，同时假定 A、B 两国实行的是不完全分工，即 A 国主要生产 X，并出口 X 进口 Y，B 国主要生产 Y，并出口 Y 进口 X。

（一）A 国提供曲线的推导

如图 3－5 所示，（a）图中，*OX* 轴代表 A 国 X 产品的产量和消费量，*OY* 轴代表 A

国 Y 产品的产量和销售量，AA_1曲线代表 A 国的生产可能性曲线。（b）图中，OX 轴代表 A 国 X 产品的出口量，OY 轴代表 A 国 Y 产品的进口量。

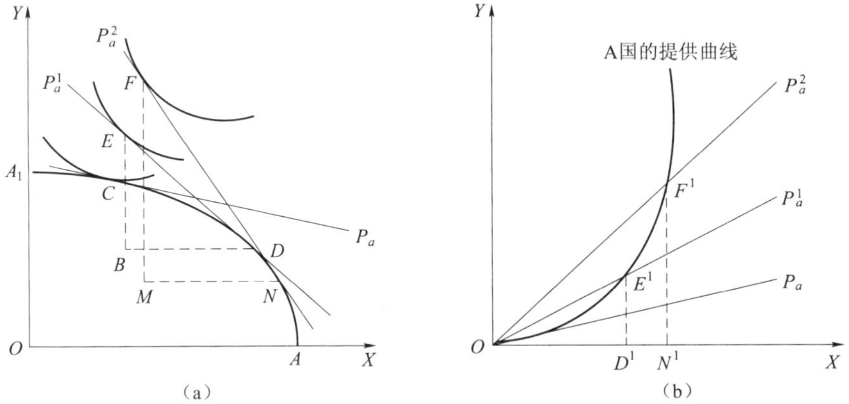

图 3-5　A 国提供曲线的推导

假定 A 国在封闭经济下生产—消费均衡点为 C，X 产品的相对价格为 P_a，即 1 单位 X 产品交换 Y 产品的数量。显然，当贸易条件等于 P_a时，A 国不出口 X 产品，因此也不进口 Y 产品，相应地，在（b）中作一条射线使其斜率等于 P_a，此时 A 国出口 X 和进口 Y 的数量均为 0，根据提供曲线的定义，原点 O 即为提供曲线上的一个点。只有当出口 1 单位 X 产品换回 Y 产品的数量高于 P_a时，A 国才会出口 X 进口 Y，假定国际贸易条件为 P_a^1，且 $P_a^1>P_a$，则由（a）图可知，此时由于国际分工和贸易，A 国将在 D 点进行生产，在 E 点消费，显然 A 国出口 BD 单位的 X 产品，进口 BE 单位的 Y 产品，相应地，在（b）图中作一条射线使其斜率等于 P_a^1，并在 OX 轴上取一点 D^1，使 OD^1等于 A 国出口 X 产品的数量 BD，过 D^1点作 OX 轴的垂线交这条射线于 E^1，则 E^1点为提供曲线上的一点。同理，当贸易条件为 P_a^2时，可在（b）图中找出提供曲线上的另外一个点 F^1。依次类推，可以在不同的贸易条件下，在（b）图中找到无数个这样的点，将这些点依次连接起来所得到的曲线即为 A 国的提供曲线。

（二）B 国提供曲线的推导

如图 3-6 所示，（a）图中，OX 轴代表 B 国 X 产品的产量和消费量，OY 轴代表 B 国 Y 产品的产量和消费量，BB_1曲线代表 B 国的生产可能性曲线。（b）图中，OX 轴代表 B 国 X 产品的进口量，OY 轴代表 B 国 Y 产品的出口量。

假定 B 国在封闭经济下的生产—消费均衡点为 C，X 产品的相对价格为 P_b，即 1 单位 X 产品交换 Y 产品的数量。显然，当贸易条件等于 P_b时，B 国不出口 Y 产品，因此也不进口 X 产品，相应地，在（b）中作一条射线使其斜率等于 P_b，此时 B 国出口 Y 和进口 X 的数量均为 0，根据提供曲线的定义，原点 O 即为提供曲线上的一个点。只有当进口 1 单位 X 产品所需出口的 Y 产品的数量小于 P_b时，B 国才会出口 Y 进口 X，假定国际贸易条件为 P_b^1，$P_b^1<P_b$，则由（a）图可知，此时由于国际分工和贸易，B 国将在 E 点进行生产，在 D 点消费，显然，B 国出口 EG 单位的 Y 产品，进口 GD 单位的 X

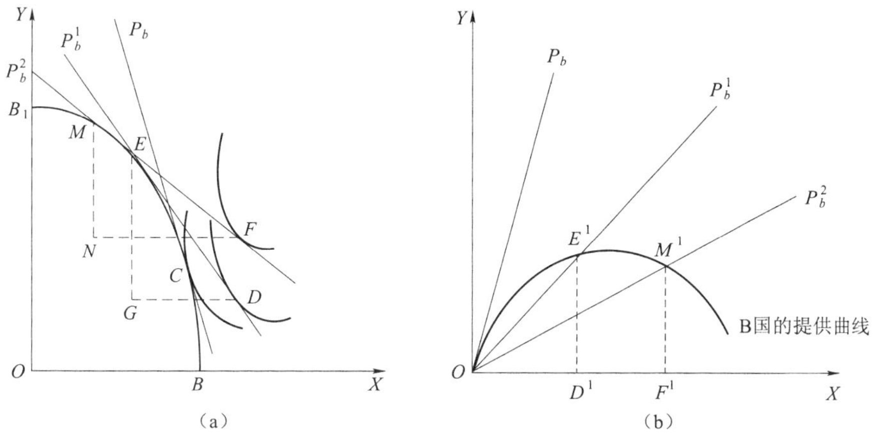

图 3－6　B 国提供曲线的推导

产品，相应地，在（b）图中作一条射线使其斜率等于 P_b^1，并在 OX 轴上取一点 D^1，使 OD^1 等于 B 国进口 X 产品的数量 GD，过 D^1 点作 OX 轴的垂线交这条射线于 E^1，则 E^1 点为提供曲线上的一点。同理，当贸易条件为 P_b^2 时，可在（b）图中找出提供曲线上的另外一个点 M^1。依次类推，可以在不同的贸易条件下，在（b）图中找到无数个这样的点，将这些点依次连接起来所得到的曲线即为 B 国的提供曲线。

（三）均衡贸易条件的确定

如图 3－7 所示，OX 轴代表 A 国出口 X 产品的数量或 B 国进口 X 产品的数量，OY 轴代表 A 国进口 Y 产品的数量或 B 国出口 Y 产品的数量，P_a 和 P_b 分别为 A、B 两国在封闭经济下国内 X 产品的相对价格，即 1 单位 X 产品交换 Y 产品的数量。显然，能够使 A、B 两国在贸易中均获利的国际相对价格（1 单位 X 交换 Y 的数量）必须大于 P_a 小于 P_b。A 国提供曲线和 B 国提供曲线的交点所确定的国际交换价格 P^* 即为国际均衡贸易条件，因为，此时 A 国出口的 X 的数量（OX^*）恰好等于 B 国进口的 X 的数量（OX^*），A 国进口的 Y 的数量（OY^*）恰好等于 B 国出口的 Y 的数量（OY^*）。

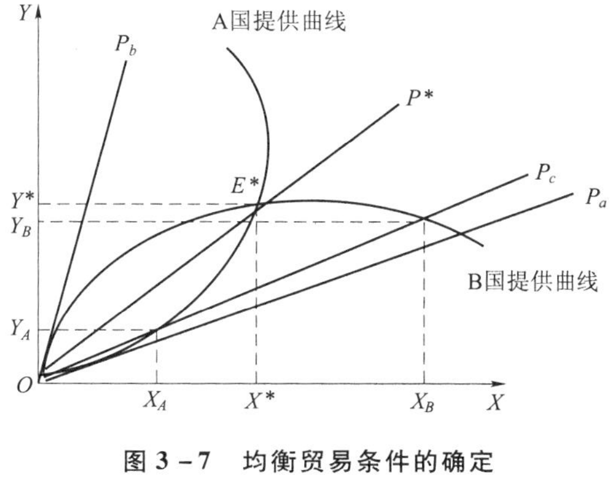

图 3－7　均衡贸易条件的确定

如果国际贸易条件不是均衡贸易条件，则市场机制本身会自动调节使之达到均衡贸易条件，假设国际贸易条件为 P_c，且 $P_a < P_c < P^*$，则此时，A 国愿意出口的 X 为 OX_A，B 国愿意进口的 X 为 OX_B，显然 X 产品在国际市场上供不应求；同时，A 国愿意进口的 Y 为 OY_A，B 国愿意出口的 OY_B，显然 Y 产品在国际市场上供过于求。因此，在国际市场上 X 产品的相对价格就会上升，即非均衡贸易条件 P_c 会逐渐变大直至等于 P^*。同理，当非均衡贸易条件大于 P^* 小于 P_b 时，国际市场上 X 产品供过于求，Y 产品供不应求，因此 X 产品的相对价格就会下降，即非均衡贸易条件会逐渐变小直至等于 P^*。

二、局部均衡分析法

局部均衡分析法主要是采用供给曲线和需求曲线来分析国际均衡贸易条件是如何确定的。

假定 A 国在 X 产品的生产上具有相对比较优势，B 国在 Y 产品的生产上具有相对比较优势，则开放经济下，A 国出口 X 产品，B 国进口 X 产品。

如图 3－8 所示，（a）图代表的是 A 国 X 产品市场情况，P_{EA} 为封闭经济下 A 国产品市场达到均衡时 X 产品的相对价格，S_A 线为国内 X 产品的供给曲线，D_A 线为国内 X 产品的需求曲线。在开放经济下，如果国际市场上 1 单位 X 产品所能换回 Y 产品的数量多于国内 1 单位 X 交换 Y 产品的数量，则 A 国将增加 X 产品的生产，减少 Y 产品的生产，用 X 产品去交换 B 国的 Y 产品，同时，由于 X 产品相对价格的上升，A 国将减少 X 产品的消费，对于国内市场来说，会导致 X 产品供过于求，国内供给量大于消费量部分将出口到 B 国。

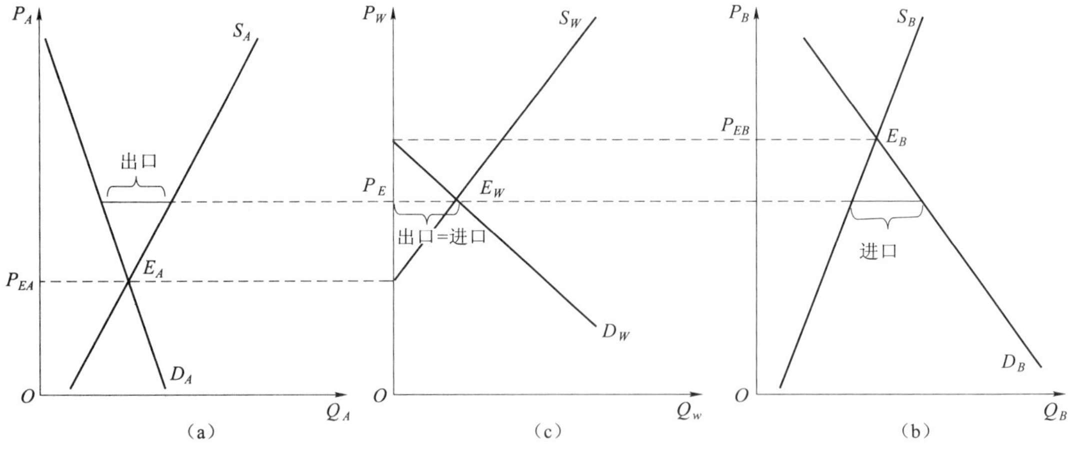

图 3－8　确定贸易条件的局部均衡分析法

（b）图代表的是 B 国 X 产品市场情况，P_{EB} 为封闭经济下 B 国产品市场达到均衡时 X 产品的相对价格，S_B 线为国内 X 产品的供给曲线，D_B 线为国内 X 产品的需求曲线。在开放经济下，如果 B 国在国际市场上进口 1 单位 X 产品所需出口的 Y 的数量小于国内 1 单位 X 产品交换 Y 产品的数量，则 B 国将减少 X 产品的生产，增加 Y 产品的生产，采取出口 Y 产品进口 X 产品的方式来满足国内市场对 X 产品的需求，同时由于

X 产品相对价格的下降，B 国将增加 X 产品的消费，需求大于供给部分则从 A 国进口。

（c）图代表的是国际市场上 X 产品的均衡情况，S_W表示的是国际市场上 X 产品的供给曲线，D_W表示的是国际市场上 X 产品的需求曲线。当 A 国愿意出口的 X 产品的数量恰好等于 B 国愿意进口的 X 产品的数量时，国际市场上 X 产品将达到均衡状态，所确定的国际交换价格即为均衡贸易条件，如图中的 P_E，也是国际市场上 X 产品的供给曲线和需求曲线的交点所确定的 X 产品的相对价格。

本章小结

1. 贸易条件是指一种商品所能兑换的另一种商品的比例，通常指一单位出口商品可以兑换多少单位的进口商品，如果这个兑换比例提高了，我们就说该国的贸易条件改善了，该国在国际贸易中获得的利益就会提高，如果这个比例降低了，我们就说该国贸易条件恶化了，该国在国际贸易中获得的利益就会减少。

2. 封闭经济下，当一国两产品市场达到均衡状态时，该国的生产均衡点和消费均衡点重合；开放经济下，当国内市场和国际市场都达到均衡状态时，国内的生产均衡点和消费均衡点将发生分离，且两国的福利水平均比封闭经济下有所提高。

3. 贸易利益在理论上可以被分解为来自贸易的利益和来自分工的利益，来自贸易的利益是因产品在消费领域的更有效配置而得到的额外福利，来自分工的利益是因资源在生产领域的更有效配置而得到的额外福利。

4. 国际贸易均衡价格的确定主要有提供曲线法和局部均衡法，但这两种方法的实质都是用新古典分析方法对穆勒相互需求方程的图解，只是分析方法不同。

思考练习题

1. 简述贸易条件的定义，并举例说明贸易条件和机会成本的关系。

2. 简述来自贸易的利益和来自分工的利益，并作图分析。

3. 简述贸易提供曲线，并以 A 国出口 X 产品，进口 Y 产品为例作图说明。

4. 两产品市场的相对均衡价格和单产品市场的绝对均衡价格决定机制是否相同？请分析说明。

第四章　新古典贸易理论

学习目标

通过本章学习，掌握要素禀赋贸易理论、斯托尔珀—萨缪尔森定理和要素价格均等化定理的基本观点、证明过程及政策含义，灵活运用要素禀赋理论及其拓展内容解释里昂惕夫之谜。

关键术语

要素禀赋　要素丰裕度　要素密集度　H—O 理论　里昂惕夫之谜　S—S 理论　H—O—S 理论

斯密的绝对成本优势理论和李嘉图的比较成本优势理论均假设只有劳动一种生产要素，并将国际贸易产生的原因归结为劳动生产率的绝对差异和相对差异，即认为劳动生产率的差异是造成生产成本差异的唯一源泉，忽视了其他生产要素的作用，因此，古典贸易理论无法用来分析两种及两种以上生产要素同时作用的情况。然而，在现实生活中，生产绝不是只靠一种生产要素进行的，尤其是在工业革命以后，社会生产中所使用的资本等要素起到越来越重要的作用，在这种情况下，经济理论也随之发展，产生了从机会成本、要素丰裕度和要素密集度等方面来解释国际贸易成因的要素禀赋理论称为赫克歇尔—俄林理论（H—O 理论），开创了国际贸易理论新古典分析的先河。之后，斯托尔珀、萨缪尔森等人在 H—O 理论的基础上又提出了贸易对收入分配产生长期影响的斯托尔珀—萨缪尔森定理（S—S 定理）和要素价格均等化定理（H—O—S 定理）。

埃利·赫克歇尔（Eli Heckscher）、伯尔蒂尔·俄林（Bertil Ohlin）、保罗·萨缪尔森（Pal Samuelson）等人对新古典国际贸易理论体系的建立和完善作出了重要贡献，此后，新古典国际贸易理论被用来分析许多经济问题，并获得长足发展。

第一节　赫克歇尔—俄林定理

20 世纪 30 年代，瑞典经济学家伯尔蒂尔·俄林出版了《地区间贸易和国际贸易》一书，提出了生产要素禀赋理论，用在相互依赖的生产结构中的多种生产要素理论，代替了李嘉图的单一生产要素理论。由于俄林在其著作中采用了他的老师埃利·赫克歇尔的主要论点，因此，生产要素禀赋理论也被称为赫克歇尔—俄林模型（H—O 理论）。

赫克歇尔和俄林理论的产生源于对斯密和李嘉图理论的质疑。在斯密和李嘉图的模型中，技术差异是各国生产成本差异的主要原因。可是，到了20世纪初，技术传播非常迅速，尤其在欧美，国家之间的生产技术非常接近，可是产品成本差异仍然很大，国际贸易也以更快的速度发展。赫克歇尔认为，除了技术差异外，一定还有其他原因决定各国在不同产品上的比较优势，而其中最重要的是各国生产要素的禀赋（生产要素拥有状况）不同，以及在产品生产中使用的要素比例（产品的要素密集度）不同。在H—O理论中，赫克歇尔和俄林主要是用一国的要素丰裕度和产品的要素密集度来解释比较优势的，因此，在介绍H—O定理之前有必要先了解和掌握要素丰裕度和要素密集度的概念。

一、要素丰裕度

要素丰裕度（Factor Abundance）是指一国某种生产要素的相对丰裕程度，在考虑两种生产要素情况下，短期来看，可将一国拥有两种生产要素的相对比例看成固定不变的，称为一国的要素丰裕度。要素丰裕度不同，不是指某种生产要素在两个国家的绝对水平不同，而是指两种生产要素量的比例在两个国家是不同的。

要素丰裕度的计量可以采用实物法和价格法来确定。

（1）实物法。就是用一定时期一国人均资本存量来衡量的方法。假定A、B两国均使用劳动（L）和资本（K）两种投入生产产品，若 $T_K^A/T_L^A > T_K^B/T_L^B$（$T$ 表示总量），（即A国的人均资本存量大于B国的人均资本存量，则说明A国相对B国来说，资本相对丰裕，劳动相对稀缺，因此，称A国是资本相对丰裕国，B国是劳动相对丰裕国，同时也说明了国家的要素禀赋状况，要素禀赋指的是这个国家是劳动丰裕国还是资本丰裕国。须指出的是，两种经济资源的计量单位必须是统一的，这样才具有可比性。

（2）价格法。就是用两种生产要素的相对价格来衡量的方法。若 $P_K^A/P_L^A > P_K^B/P_L^B$（$P$ 表示要素绝对价格），这说明A国资本的相对价格高于B国，也就是说，A国相对B国来说，资本相对稀缺，劳动相对丰裕，因此，称A国是劳动相对丰裕国，B国是资本相对丰裕国。

实物法是一种相对的数量关系，仅仅考虑了要素供给因素，而价格法不仅考虑了要素的供给，还同时考虑了要素的需求，影响生产要素需求的因素主要有两个方面，一是生产技术的变化；二是消费偏好的变化。生产技术的变化和消费偏好的变化都会改变生产要素的相对价格，因此，当两国的生产技术和消费偏好相同时，这两种方法衡量的结果是一致的。如果两国的生产技术和消费偏好不同，运用不同的方法衡量出的国家的要素丰裕情形可能不同，如若两国需求偏好不同，则可能会出现一国劳动相对供给高于另一国，但由于该国需求偏好于劳动密集型产品，由此产生对劳动的相对需求大于另一国，使得该国的劳动价格反而高于另一国的情况。

必须指出的是，在短期内，一国的要素存量可认为是固定不变的，而在长期内则不可能是不变的，因此，在实践中，多用人均资本存量来衡量一国的要素丰裕度。

二、要素密集度

要素密集度（Commodity Factor Intensity）是针对产品而言的，在考虑两种生产要素情况下，它是指生产每单位某种商品所需的两种生产要素的最优投入比例。当两种要素为资本（K）和劳动（L）时，用生产每单位某种商品所需的资本与劳动的最优投入比例（K/L）表示。

如图 4－1 所示，假设 X 部门的生产函数为 $Q_X = f(L,K)$，且其等产量曲线凸向原点。则根据生产理论，当产量为 Q_X 时，其要素的最优投入取决于等产量曲线和等成本线的切点 E，X 产品的要素密集度为 K_X/L_X。

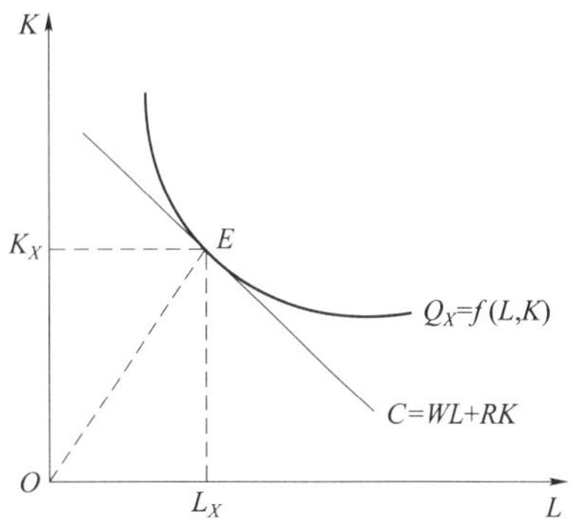

图 4－1　产品的要素密集度

假设两种产品 X、Y，都使用资本（K）和劳动（L）两种生产要素生产，其生产中所使用的资本—劳动最优投入比例分别为 K_X/L_X 和 K_Y/L_Y，如果有 $K_Y/L_Y > K_X/L_X$，则称 Y 为资本密集型产品，X 为劳动密集型产品。

要准确理解要素密集度的概念，应从以下几个方面把握：

（1）要素密集度是针对产品而言的，这是区别于要素丰裕度的，要素丰裕度是针对一个国家而言的。

（2）要素密集度是一个相对的概念，只有同其他产品进行比较时才具有实际意义。而且只有在不同产品、同量纲条件下才具有可比性。单纯针对一种产品而言，其要素密集度会随着度量单位的不同而无法确定。

（3）产品的要素密集度随着要素相对价格的变化而变化。每个国家都倾向于使用在本国相对便宜的要素生产产品，当要素相对价格发生变化时，生产同种商品的要素投入比例也会随之变化，甚至发生要素密集度逆转的情况。因此，可以更精确地说，只有在任何相对价格条件下，一种产品的生产都比另一种产品的生产更密集地使用某种生产要素时，才能认为该商品为该要素的密集型产品。

（4）生产同种商品的要素密集度在不同国家可能不同。例如，生产大米在泰国主要靠劳动，是劳动密集型产品，而在美国则主要靠资本和技术，属于资本密集型产品，这主要是由于两国劳动和资本的使用成本存在相对差异造成的。

三、要素丰裕度、要素密集度与生产可能性曲线

受要素丰裕度和要素密集度的双重影响，一国的生产可能性曲线会发生变化。假设 A 国是劳动丰裕国，B 国是资本丰裕国，X 为劳动密集型产品，Y 为资本密集型产品。

图 4－2 表示受要素丰裕度和要素密集度双重影响的生产可能性曲线。AA_1 表示 A 国的生产可能性曲线，BB_1 表示 B 国的生产可能性曲线。由于 A 国劳动相对丰裕，资本相对短缺，B 国资本相对丰裕，劳动相对短缺，因此 A 国生产劳动密集型产品 X 的机

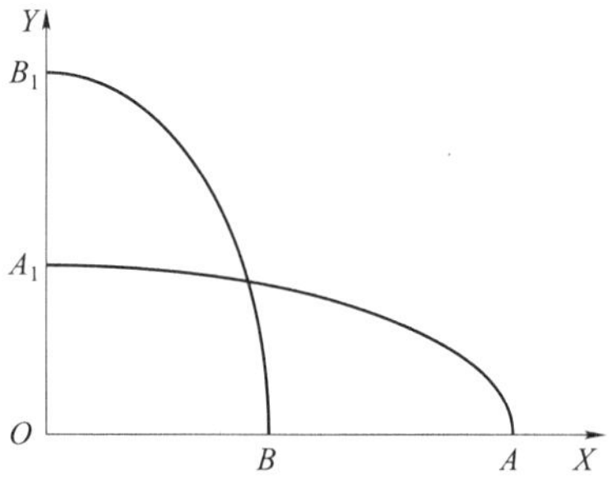

图4-2 受要素丰裕度和密集度双重影响的生产可能性曲线

会成本就会比B国生产劳动密集型产品X的机会成本低，由于生产可能性曲线上任一点切线的斜率的绝对值代表的就是X产品的机会成本，因此，生产相同数量的X产品，A国X的机会成本将小于B国X的机会成本，所以，A国的生产可能性曲线偏向X轴，B国的生产可能性曲线偏向Y轴。

这种生产可能性曲线的相对形状差异，及其背后的要素禀赋不同是进行国际贸易的基础，也是进行新古典国际贸易理论分析的前提和重要工具。

四、H—O理论

（一）基本假设

（1）2×2×2模型。即两个国家（A、B），两种产品（X、Y），两种生产要素（K、L）；

（2）在两个国家中，均生产X和Y，商品X是劳动密集型产品，商品Y是资本密集型产品，且产品的密集型不会发生逆转；

（3）两国的要素丰裕度不同，资本和劳动的数量均不会发生变化，这意味着两国的生产可能性曲线形状不同；

（4）两国生产技术相同，且给定不变。意味着同种产品在不同国家的生产函数相同，即投入同样数量的生产要素，生产同等数量的同种商品；

（5）在两个国家中，两种商品的生产都是规模报酬不变的；

（6）生产要素在国内可以自由流动，但不能跨国流动；

（7）两国消费者具有相同的需求偏好，这意味着两国的社会无差异曲线完全相同；

（8）两国的产品市场和要素市场都是完全竞争的；

（9）自由贸易，不存在运输成本，没有关税及其他贸易壁垒，无政府干预；

（10）贸易平衡，即每一国的总进口量等于其总出口量；

（11）资源充分利用，即两国在贸易前后其生产均衡点总是落在其生产可能性边界上。

这些假设基本是我们在古典分析那里所熟知的，所不同的是前面四个假定。前四个假定是H—O定理的关键性假定，突破了古典分析的局限，考虑了各国的要素禀赋和产品的要素密集度差异。这正是区别于古典贸易理论的关键，也是解释贸易成因和贸易结构的基础。

（二）基本内容

赫克歇尔和俄林认为，两国同种产品的相对价格差异主要取决于两国要素禀赋的不同（要素丰裕度不同）。其推理的逻辑思路如下：商品的相对价格差异是产生国际贸易的直接原因，而商品相对价格差异是由生产成本的相对差异造成的；生产成本之所以存在差异是因为生产要素的相对价格不同；而生产要素的相对价格差异则是由于其要素禀赋不同造成的。这种逻辑思路倒过来推理，可图示如下：

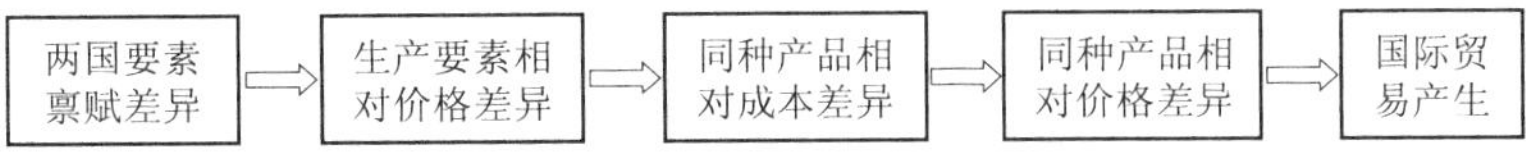

图 4－3 H—O 定理逻辑思路

可见，按照 H—O 定理的逻辑推理，两国要素禀赋的不同是国际贸易产生的重要基础。一国的比较优势产品是使用本国相对丰裕要素生产的产品，因此，一国应从自身的要素禀赋状况出发，生产并出口本国相对丰裕要素密集型的产品，进口本国相对稀缺要素密集型的产品。具体来讲，H—O 理论基本观点和主要内容可表述如下：

劳动丰裕国拥有生产劳动密集型产品的比较优势，应该生产并出口劳动密集型产品；资本丰裕国拥有生产资本密集型产品的比较优势，应该生产并出口资本密集型产品；两国分工生产和贸易，均可获得比封闭条件下更多的收益。

（三）定理的证明

假设 A、B 两个国家使用资本（K）和劳动（L）两种生产要素生产 X、Y 两种产品，且 A 国是劳动丰裕国，B 国是资本丰裕国，X 为劳动密集型商品，Y 为资本密集型商品。在 H—O 理论的假设前提下，用图 4－4 可说明 H—O 定理。

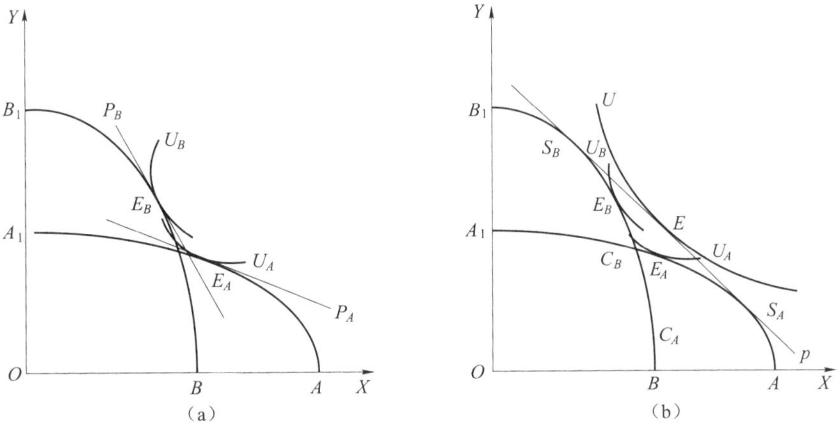

图 4－4 赫克歇尔—俄林模型

（a）图为封闭经济下，A、B 两国的生产—消费均衡情况。AA_1、BB_1分别为 A、B 两国的生产可能性曲线，由于假设 A 国是劳动丰裕国，X 为劳动密集型产品，所以 AA_1 偏向于 X 轴，同理，BB_1偏向于 Y 轴。由于没有开展国际贸易，A、B 两国自产自销，两国各自的生产均衡点和消费均衡点重合，A 国的生产—消费均衡点为 E_A（A 国的无差异曲线和其生产可能性曲线的切点），达到的效用水平为 U_A。B 国的生产—消费均衡点为 E_B（B 国的无差异曲线和其生产可能性曲线的切点），达到的效用水平为 U_B。过 E_A点所作切线的斜率的绝对值为 p_A，则 p_A即为 A 国 X 产品的相对价格。同理可知，p_B 为 B 国 X 产品的相对价格。显然有 $p_A < p_B$，因而，A 国在 X 产品生产上具有相对比较优势，B 国在 Y 产品生产上具有相对比较优势。

(b) 图为两国开展贸易后的生产—消费均衡情况。由于 $p_A \neq p_B$，因此两国存在互惠贸易的基础，$p_A < p_B$表明 A 国将出口 X，进口 Y，B 国将出口 Y，进口 X。假设国际均衡贸易条件为 p，则 $p_A < p < p_B$。开展贸易之后，A 国将在 S_A点进行生产，在 E 点消费，出口 X 产品 S_AC_A单位，进口 Y 产品 EC_A单位。B 国则在 S_B点进行生产，在 E 点消费，出口 Y 产品 S_BC_B单位，进口 X 产品 EC_B单位。其中 A 国出口 X 产品的数量等于 B 国进口 X 产品的数量，A 国进口 Y 产品的数量等于 B 国出口 Y 产品的数量，即 $S_AC_A = EC_B$，$S_BC_B = EC_A$。显然，两国各自的消费均衡点和生产均衡点发生分离，各自的效用水平均达到了比封闭状态下更高的水平 U。

这说明两国要素禀赋的差异，会导致两国同种产品相对价格的不同，进而促使互惠贸易的产生，且劳动丰裕国出口劳动密集型的产品，资本丰裕国出口资本密集型的产品。

五、里昂惕夫之谜

H—O 理论创立以后，逐渐被西方经济学界普遍接受，后经若干经济学家的解释和论证，其理论体系不断完善，被人们认为是继李嘉图比较成本学说之后贸易理论史上的又一个里程碑。根据要素禀赋论，只要知道一个国家的要素禀赋状况，就可推断出这个国家的贸易走向，二次战后许多经济学家纷纷利用经验数字对 H—O 理论模型进行验证，企图进一步从实证角度证明这一理论的正确性。

一般认为，美国资本充裕，科技发达，劳动力成本相对较高，按照 H—O 理论，美国应该生产并出口资本密集型产品，进口劳动密集型产品。1951 年美国经济学家里昂惕夫（W. Leontief）利用美国 1947 年的投入—产出表首次对 H—O 理论进行实证检验，希望能得出美国出口资本密集型产品，进口劳动密集型产品的经验结果。由于当时美国进口外国产品的数据不全，不得不用当时美国进口替代品的资本密集度来代替进口产品的资本密集度，并且认为这种替代不会对检验结果造成太大的影响。然而里昂惕夫得到的结果却令人震惊：美国进口替代品的资本密集度反比美国出口商品的资本密集度高出大约 30%，即使考虑到数据替代带来的误差，但这一结果仍然令人费解。这意味着，美国出口的是劳动密集型商品，而进口的却是资本密集型商品。这一实证结果与 H—O 理论的推断结果完全相反，这种由里昂惕夫发现的 H—O 理论与美国贸易实践的巨大背离现象，称为“里昂惕夫之谜”。

“里昂惕夫之谜”引起了西方经济学界的极大兴趣，围绕这个悖论，西方学者进行了大量研究，从不同角度提出了解释，深化了对要素禀赋理论的认识。归纳起来，这种解释性的研究主要有两类：一类是关于里昂惕夫实证结果的分析法的讨论；另一类是对 H—O 定理的检讨。在后一类讨论中，有的学者侧重于对要素禀赋理论的补充，即在原有要素禀赋理论的基础上加入其他一些里昂惕夫未曾考虑的因素；有的学者则干脆另辟蹊径，从其他途径去解释国际贸易，有些甚至提出了新的国际贸易基础。针对里昂惕夫之谜，下面是几种具有代表性的解释：

（一）人力资本说

这种观点认为，生产要素禀赋理论假定各国的同一种生产要素都是同质的，没有任何差异，然而实际上每种生产要素都不可能完全相同，各国生产要素禀赋不仅有数量上的差异，还有质量上的差异，忽略要素质量的差异，就很难对贸易格局作出合理的解释。里昂惕夫自己在进行解释时，实际上提出了劳动力非同质问题，他认为，悖论产生的原因在于：美国工人比其他国家工人拥有更熟练的技术和更高的劳动生产率，美国工人的劳动效率和技能大约要比其他国家高 3 倍，也就是说，运用同样多的资本，美国工人可以多产出 3 倍，若以“有效劳动”单位来衡量，那么，美国就是劳动相对丰裕国，资本相对稀缺国家了，里昂惕夫之谜也就不存在了。美国之所以有较高的劳动生产率，是因为工人受过良好的教育和培训，进行了较高的人力资本投资。

（二）自然资源说

一些经济学家认为，里昂惕夫的计算只局限于两种生产要素（资本和劳动），忽视了其他要素如土壤、矿藏、森林等自然资源的影响。各国自然资源的种类和数量存在很大差异，这将直接影响产品中的资本——劳动比率，这是因为许多生产过程都是既需要使用自然资源（如采矿业、钢铁业、农业等），又需要使用大量实物资本的。美国对许多自然资源的进口依赖性很强，若考虑自然资源的影响，实际上美国进口的是其稀缺的自然资源，而不是资本。里昂惕夫自己也指出，在分析 1951 年美国的贸易结构时，如果排除自然资源行业，则这个悖论就不存在了。

（三）要素密集度逆转说

在要素禀赋理论的基本模型中，假定了在任何要素价格条件下，要素密集度都不会发生逆转，即若在一种要素价格比率下，一种商品较之另一种商品是资本密集型的，那么它在所有的要素价格比率下都是资本密集型的，但在现实中，要素密集度是可能会发生逆转的。假定最初美国的进口替代部门生产的是劳动密集型的产品，出口部门生产的是资本密集型的产品，当劳动的相对价格提高时，美国进口替代部门和出口部门都会用相对便宜的资本来替代劳动，如果进口替代部门资本对劳动的替代弹性大于出口生产部门资本对劳动的替代弹性，那么美国进口替代部门生产的产品就可能由原来的劳动密集型产品变成资本密集型产品，从而会得出美国出口劳动密集型产品，进口资本密集型产品的结果，这个悖论就不存在了。要素密集度逆转的情况可用图 4－5 进行说明。

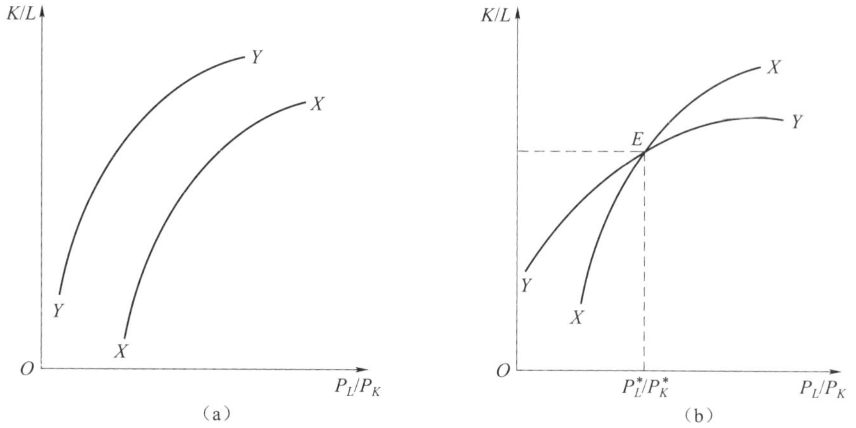

图 4－5　要素密集度逆转

（a）要素密集度不发生逆转；（b）要素密集度发生逆转

图4－5中，横轴 P_L/P_K 表示劳动的相对价格，纵轴 K/L 表示 X、Y 两种产品的要素密集度，*XX* 曲线表示 X 产品的要素密集度和劳动相对价格之间的关系，*YY* 曲线表示 Y 产品的要素密集度和劳动相对价格之间的关系。

图（a）反映的是要素密集度不发生逆转的情况。随着劳动相对价格的提高，X、Y 产品部门都将使用资本去替代劳动，但因两部门资本替代劳动的弹性相同，无论劳动的相对价格是多少，Y 产品相对于 X 产品来说始终是资本密集型产品，X 产品相对于 Y 产品来说始终是劳动密集型产品。

图（b）反映的是要素密集度发生逆转的情况。随着劳动相对价格的上升，X、Y 两产品部门都将使用资本去替代劳动，但由于 X 产品部门资本替代劳动的弹性大于 Y 产品部门，当劳动的相对价格大于 P_L^*/P_K^* 时，Y 产品的资本—劳动比率开始小于 X 产品的资本—劳动比率，即 Y 产品相对于 X 产品来说，将由资本密集型产品转变为劳动密集型产品，X 产品相对于 Y 产品来说，将由劳动密集型产品转变为资本密集型产品。因此，两部门会由于要素替代弹性的不同，使产品的要素密集度发生逆转。

（四）需求偏好差异说

在 H—O 定理中，由于假设了两国的需求偏好相同，所以国家贸易形态只取决于要素禀赋差异，与需求无关。但在现实中，决定国际贸易的因素既可能来自供给方面，也可能来自需求方面，并且贸易各国的需求偏好往往是不相同的。当一国对于某一商品享有生产上的比较优势，但由于其国民在消费上又特别地偏好该商品时，就会使原来依据 H—O 定理所决定的进出口方向发生改变。在这种情况下，里昂惕夫之谜就很容易这样解释了：虽然美国的资本比较充裕，但如果美国消费者特别偏好资本密集型商品，在其消费结构中，资本密集型商品占据绝大部分的比重，因此，消费偏好的力量使美国将劳动密集型的产品出口到国外，把资本密集型产品留在国内消费。

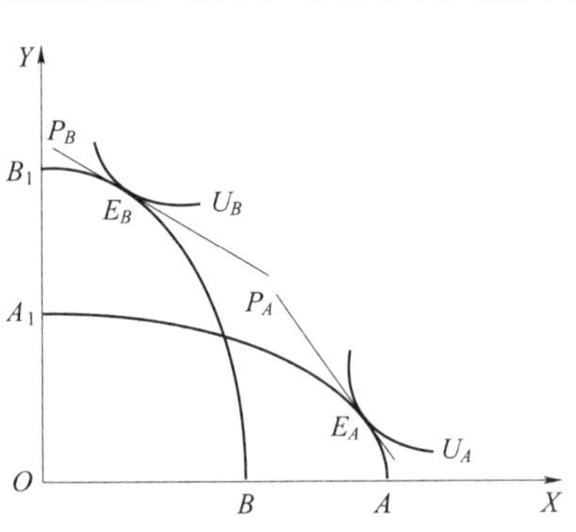

图4－6　需求偏好差异对国际贸易方式的影响

图4－6显示了两个国家消费偏好不同对国际贸易方式的影响。假定 A 国为劳动丰裕国，B 国为资本丰裕国，X 产品为劳动密集型产品，Y 产品为资本密集型产品，AA_1 为 A 国的生产可能性曲线，BB_1 为 B 国的生产可能性曲线。根据 H—O 定理，A 国在 X 产品的生产上有比较优势，B 国在 Y 产品的生产上有比较优势，如果发生贸易，则 A 国出口 X 产品，进口 Y 产品，B 国出口 Y 产品，进口 X 产品。

如果假定 A 国特别偏好 X 产品，B 国特别偏好 Y 产品，则 A 国的无差异曲线低且偏向于 X 轴，B 国的无差异曲线高且偏向于 Y 轴，如图4－6中的 U_A 和 U_B 所示。在这样的假定下，A 国 X 产品的国内均衡相对价格 P_A 却高于 B 国 X 产品的国内均衡相对价格 P_B，因此，自由贸易后，A 国将进口 X 产品，出口 Y 产品，B 国将进口 Y 产品，出口 X 产品，与 H—O 定理的结论正好相反。

因此，如果两国的需求偏好有很大差异，需求方面的影响甚至可能超过生产要素禀赋方面的影响，导致国际贸易的流向与 H—O 定理的结论正好相反。

（五）贸易壁垒说

H—O 定理是建立在完全自由贸易的假设之上的，而现实的国际贸易过程中却存在着大量的关税和非关税贸易壁垒。不少经济学家认为，“里昂惕夫之谜”其实是美国及外国的贸易壁垒造成的。出于政治集团利益的需要，美国劳工代表在国会中有强大的影响力，从而会使美国政策倾向于保护和鼓励劳动密集型行业产品的生产和出口，限制外国同类产品的进口，从而使美国的贸易方式变为出口劳动密集型产品，进口资本密集型产品，从而产生了“里昂惕夫之谜”。

“里昂惕夫之谜”是西方国际贸易理论史上的一个重大转折，它引发了人们对二战后国际贸易新现象、新问题的深入探讨，丰富和发展了新古典贸易理论，同时拓展了人们研究贸易问题的视野和范围，使当代国际贸易理论的研究更加接近于现实。

六、生产要素禀赋理论简评

赫克歇尔、俄林的生产要素禀赋理论被称为现代国际贸易理论的基础。他们既继承了传统的比较优势贸易理论，又有所突破，作出了新的贡献。首先，李嘉图用比较成本差异阐述了贸易互利性的原理，而俄林等人则进一步用生产要素禀赋差异解释了比较成本存在差异的原因，在理论上更加深入。其次，俄林把李嘉图的个量分析扩大为总量分析，不是单单比较两种产品的单位劳动耗费差异，而是直接比较两国生产要素总供给的差异，从一国经济结构中的资本、土地、劳动力等最基本的因素来解释贸易基础和贸易模式。最后，生产要素禀赋理论仍然属于比较成本理论的范畴，使用的是比较成本理论的分析方法，但是其分析更加接近经济运行的现实，从而增强了应用性。

同任何揭示经济运行规律的抽象理论一样，生产要素禀赋理论也有一定的缺陷和不足。首先，同古典贸易理论一样，要素禀赋理论也是建立在一系列假定基础之上的，如自由贸易、完全竞争、技术水平不变等，这些假设同经济现实存在很大差距，影响了该理论对贸易现实问题的解释力。其次，要素禀赋理论对各国要素禀赋所作的是一种静态分析，忽视了一国要素禀赋的可变性，可以认为短期一国的要素禀赋并不会发生大的变动，但是，随着技术进步，大量的新能源不断开发出来，长期内，一国的要素禀赋是不会永久固定不变的。再次，该理论排除了技术进步的影响，从而影响了理论适用的普遍性，技术进步对生产方式和生产率有很大的影响，甚至能改变一个国家的生产函数形式，从而影响产品的要素密集度，改变贸易格局。然后，该理论主要强调了要素的供给方面，而未对需求方面给予充分的重视。最后，该理论没有考虑政府在国际贸易中的作用，以及国际环境的影响。

第二节　斯托尔珀—萨缪尔森定理（S—S 定理）

H—O 定理的问世给关注国际贸易理论发展的经济学家以极大的思想启迪，之后相继出现了斯托尔珀（Stolper）—萨缪尔森（Samuelson）定理（S—S 定理）、要素价格均等化定理（H—O—S 定理）等理论成果。这些理论都是在 H—O 定理基础上进行的延伸和拓展，从而丰富了新古典贸易理论的内容。

一、斯托尔珀—萨缪尔森定理的基本内容

斯托尔珀和萨缪尔森在 1941 年发表的《贸易保护与实际工资》一文中提出了国际贸易对生产要素收入分配长期影响的斯托尔珀—萨缪尔森定理，该定理说明的是商品价格变化与要素价格、收入分配之间的关系。该理论可表述为：

在 H—O 理论的前提假设下，国际贸易一般会提高贸易国出口商品的相对价格，降低进口商品的相对价格，因此，长期来看，国际贸易最终将会提高贸易国相对丰裕生产要素的实际报酬，而降低其相对稀缺生产要素的实际报酬。即国际贸易会提高劳动丰裕国劳动报酬的实际购买力，降低资本报酬的实际购买力；提高资本丰裕国资本报酬的实际购买力，降低劳动报酬的实际购买力。

二、斯托尔珀—萨缪尔森定理的证明

在 H—O 定理的前提下（完全竞争市场假定），当一国的两个产品市场和两个要素市场同时达到均衡状态时，国内两部门的劳动者会有相同的名义工资率（W），资本所有者会有相同的名义利息率（R），并且各部门要素名义收入等于其边际产品价值，所以，

劳动的价格为：

$$W = P_x \cdot MPL_x = P_y \cdot MPL_y$$

资本的价格为：

$$R = P_x \cdot MPK_x = P_y \cdot MPK_y$$

其中，P_x和 P_y分别代表 X 产品和 Y 产品的绝对价格，MPL_x和 MPL_y分别代表 X 部门和 Y 部门劳动的边际产量，MPK_x和 MPK_y分别代表 X 部门和 Y 部门资本的边际产量。并假定 X 为劳动密集型产品，Y 为资本密集型产品。

劳动报酬的实际购买力为：

$$W/P_x = MPL_x, \quad W/P_y = MPL_y$$

资本报酬的实际购买力为：

$$R/P_x = MPK_x, \quad R/P_y = MPK_y$$

显然，劳动报酬的实际购买力取决于 X 部门劳动的边际产量和 Y 部门劳动的边际产量，资本报酬的实际购买力取决于 X 部门资本的边际产量和 Y 部门资本的边际产量。

贸易前，同种生产要素在两部门的名义收入都相等。贸易发生后，假定这个国家出口 X 产品（说明这个国家是劳动丰裕国），由于 X 产品的相对价格上升，短期内则会导致 X 部门劳动和资本的名义收入都有所增加，而 Y 部门的劳动和资本的名义收入下降。由于生产要素可在国内流动，收入的差异就会促使 Y 部门的生产要素流向 X 部门，引起生产要素的重新配置。由于假定 X 产品是劳动密集型产品，Y 产品是资本密集型，则从 Y 部门释放出来的资本由于不能被 X 部门充分吸纳而相对过剩，其价格随之降低。由于劳动和资本可以相互替代，在长期内，两部门的生产者都会使用更多的资本来代替

劳动进行生产，从而提高 X 产品和 Y 产品的资本密集度，因此会导致两部门劳动的边际产量（MPL_x，MPL_y）均上升，资本的边际产量（MPK_x，MPK_y）均下降。因此，长期来看，国际贸易会提高贸易国丰裕生产要素的实际购买力，降低稀缺要素的实际购买力。如果这个国家出口 Y 产品（说明这个国家是资本丰裕国），也可以得到同样的结论。

根据 S—S 定理，若作进一步的延伸，就可得到如下结论：国际贸易会提高该国丰富要素所有者的实际收入，降低稀缺要素所有者的实际收入。这一结论含有收入分配的重要含义：国际贸易虽然改善了一国的整体福利水平，但并不是对每个人都有利，国际贸易会对一国要素收入分配格局产生实质性的影响，这也揭示了各个国家中不同行业的利益集团对同一贸易政策采取不同态度的根本原因。

在 S—S 定理提出之后，美国经济学家罗纳德·琼斯（Jones，1965）提出了 S—S 定理的一个等价命题：若国际贸易引起一个国家丰裕（稀缺）要素密集型产品价格的上涨（下跌），则该国丰裕（稀缺）要素的价格也会上涨（下跌），而且后者上涨（下跌）的幅度还将大于前者。这种由于产品价格变动引起要素价格更大幅度变动的效应被称为“放大效应”。

专栏4-1

埃尔切事件

位于西班牙东南部阿利坎特省，人口约 20 万的埃尔切市，一直为欧洲的鞋业中心之一，鞋业作坊有六七百家之多，依靠发展制鞋业一度富庶。中国鞋商 1998 年才正式进入埃尔切市，由于中国产的鞋子款式、设计制作美观新颖，再加上价廉物美，在欧美很受普通百姓的欢迎。该市由华侨华人开的鞋业公司、制鞋工厂和仓库式批发零售商店已增至 60 多家。在西华人鞋商的销售额占当地的 20% 左右，很多西班牙商人也在大量进口并销售中国鞋，仅 2003 年西班牙就从中国进口鞋子 6 190 万双，占其鞋类进口总额的 47%，价值高达 2.2 亿欧元。以温州鞋为代表的中国鞋，2002 年才开始零星进入埃尔切市场，但是温州鞋进入埃尔切之后，以飞快的速度发展起来，已占到埃尔切鞋类批发量的 30%，对当地的制鞋工业形成了客观威胁。一部分规模小、技术落后的鞋厂由于缺乏竞争力纷纷倒闭。近 30 年来，该市制鞋工人失业率增长了 30%。

2004 年 9 月 17 日，西班牙东部城市埃尔切的中国鞋城，16 个货柜、价值约 800 万元温州鞋被当地不法分子烧毁，价值十多亿元的温州鞋也遭受着被焚烧的威胁。“烧鞋事件”如不尽快得以妥善处理，将严重影响当地中国人的人身财产安全，尚危及今后中国产品出口西班牙等欧洲市场。甚至有报道称，这是“西班牙有史以来第一起严重侵犯华商合法权益、野蛮排斥华人的暴力事件”。

中国鞋被焚事件惊动了埃尔切这座 20 万人口的西班牙小城。多数埃尔切市民对中国商人持同情态度，认为商业竞争不可以成为烧鞋的理由。埃尔切的 Casimir Gomez 先生说，这两天的烧鞋事件震动了该市。他还说：“中国鞋质量好，价格便宜，我每过一两个月就会带着妻子去逛一逛。商人之间的竞争应该采取正当手段，烧鞋的人非常不理智。”还有的市民愤愤不平地说：“烧鞋的行为真是愚蠢！”

案例评析：

在一系列假设前提下，李嘉图模型提出不仅所有的国家从贸易中获利，而且由于贸易没有影响收入的分配，每个个人的福利也都得到改善，那么国家间的相互贸易应是受人欢迎的。然而在现实中，贸易对国家内部的收入分配有着很大的影响，在一般情况下贸易收益的分配是非常不均等的。特定要素模型的分析表明，贸易会使出口部门特定要素的所有者受益，使与进口产品竞争部门特定要素的所有者受损，对流动要素的拥有者的影响是不确定的。

国际贸易对收入分配有着不均等的影响，原因有两个：第一，生产要素不能迅速地、无成本地从一个生产部门转移到另一个生产部门；第二，各部门对生产要素的需求有所不同——提高某一种产品的产量一般会减少对某些生产要素的需求，同时会提高对另外一些生产要素的需求。正是由于上述原因，也许某项贸易对一个国家来说整体上是有利的，但是它通常也会对这个国家的不少利益集团带来不利影响。

在本案例中，埃尔切的鞋商和鞋业工人可以看作与进口产品竞争部门特定要素的所有者。一方面，他们在与中国鞋商的竞争中缺乏优势而失业；另一方面，其在贸易中的损失不能有效的从其他途径得以解决，寻找新的工作或转行都是需要时间和成本的。对他们而言，其在贸易中是受损的。而对其国内的鞋类消费者而言，由于贸易的发生，进口鞋商的进入，导致竞争的加剧，使得他们可以以较低的价格购买鞋类产品，他们是贸易的受益者。因此，他们对烧鞋事件进行了严厉的指责。埃尔切纵火事件的发生正反映了贸易在一国范围内产生的收入分配效应。

在现实世界中，国际贸易的收入分配效应使得受损者和受益者同时存在，这也是为什么贸易自由化迟迟不能实现的重要原因之一。同时，这对于我们理解当代世界经济中贸易政策的指导思想也是非常关键的。

来源：张翔：“埃尔切纵火事件与中国的全球化”载于《21 世纪经济报道》，2004 年 10 月 14 日，第三版。

第三节 要素价格均等化定理（H—O—S 定理）

一、要素价格均等化定理的基本内容

S—S 定理揭示了国际贸易给一国不同生产要素实际收入带来的影响，与此同时，经济学家们也探讨了国际贸易对不同国家生产要素价格产生的影响，论证了国际贸易最终将导致不同国家的生产要素相对价格趋于一致的命题，即要素价格均等化定理（Factor Price Equalization Theorem），该定理是萨缪尔森（1948）在 H—O 定理的基础上推导而来的，因此，又称为 H—O—S 定理。

该定理可表述为：在 H—O 定理的基本假设下，长期来看，自由贸易不仅会使两国同质生产要素的相对价格趋于均等化，也会导致两国相同生产部门同质要素的实际报酬

趋于均等化。

二、要素价格均等化定理的证明

（一）两国要素相对价格均等化的证明

图4－7表示的是要素相对价格均等化的实现过程，横轴w代表劳动的相对价格，纵轴p代表X产品的相对价格，沿用数学证明过程中的假设。A（w_A，P_A）和B（w_B，P_B）分别代表A、B两国贸易前要素市场和商品市场同时达到均衡时劳动的相对价格和X产品的相对价格。

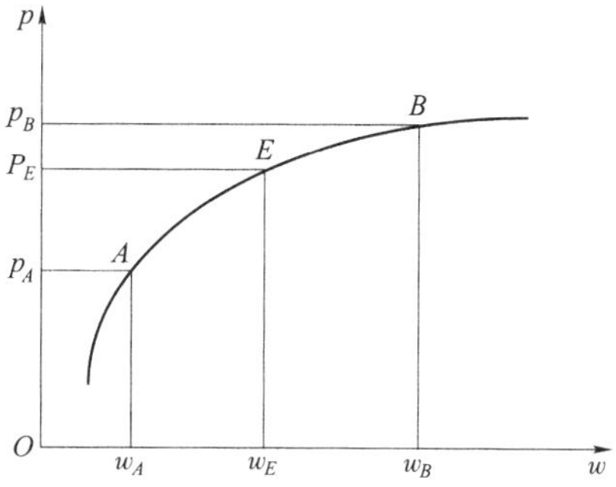

图4－7 要素相对价格均等化过程

开展贸易后，假设国际市场均衡点为E（w_E，P_E），显然有$P_A<P_E<P_B$，$w_A<w_E<w_B$。根据H—O定理，A国出口X产品，B国出口Y产品。对于A国来说，出口X产品必然会使X产品的国内相对价格P_A上升直至达到均衡相对价格P_E；另一方面，X产品相对价格的上升，会引起国内生产要素重新配置，X部门生产扩大，Y部门生产缩减，致使对劳动的需求相对增加，对资本的需求相对减少，从而导致国内劳动的相对价格相应上升，直至达到均衡相对价格w_E。即其均衡点由A点移到了E点。

同理，对于B国来讲，该国X产品的相对价格会下降，直到达到国际均衡价格P_E，劳动的相对均衡价格也会下降，直至达到国际市场均衡价格w_E，其均衡点也会由B点移动到E点。

这说明在H—O理论前提下，国际贸易最终会使两贸易国同质要素的相对价格均等化。

（二）两国相同部门同质要素实际报酬均等化的数学证明

假设X产品的生产函数为$Q_X=f(L,K)$（一次齐次函数），则根据欧拉定理有

$Q_X=MPL_X\cdot L_X+MPK_X\cdot K_X$，两边同除以L并提出因子$MPL_X$可得：

$$Q_X/L_X=MPL_X\cdot[1+(MPK_X\cdot K_X)/(MPL_X\cdot L_X)]$$

可求得劳动的边际产量为：

$$MPL_X=\frac{Q_X/L_X}{1+\dfrac{K_X/L_X}{MPK_X/MPL_X}}$$

A国X部门劳动的边际生产力为：

$$MPL_X^A=(Q_X^A/L_X^A)/[1+(K_X^A/L_X^A)/(MPK_X^A/MPL_X^A)]$$

B国X部门劳动的边际生产力为

$$MPL_X^B=(Q_X^B/L_X^B)/[1+(K_X^B/L_X^B)/(MPK_X^B/MPL_X^B)]$$

由于假定A、B两国技术水平相同，因此两国X部门劳动的平均产量相等，所以有

$$Q_X^A/L_X^A=Q_X^B/L_X^B$$

同时又由于规模报酬固定不变，可知两国X产品的要素密集度相同，即

$$K_X^A/L_X^A = K_X^B/L_X^B$$

由微观经济学知识可知，$W_A/P_X^A = MPL_X^A$，$R_A/P_X^A = MPK_X^A$，所以有

$MPL_X^A/MPK_X^A = W_A/R_A$，同理对于B国也有 $MPL_X^B/MPK_X^B = W_B/R_B$

又由于贸易达到均衡时，两国要素的相对价格相等，即 $W_A/R_A = W_B/R_B$，所以有

$$MPL_X^A/MPK_X^A = MPL_X^B/MPK_X^B$$

因此，$MPL_X^A = MPL_X^B$，即两国X部门劳动要素的实际报酬相等。

类似可以证明两国X部门资本要素的实际报酬也趋于相等。

同理，可证明两国Y部门劳动要素的实际报酬趋于相等，资本要素的实际报酬趋于相等。

因此，在H—O定理的基本假设下，长期来看，两国相同部门同质要素实际报酬将趋于均等化。

本章小结

1. 赫克歇尔和俄林突破了古典贸易理论的单要素生产假定，认为影响一个国家产品比较优势的因素除劳动生产率外，要素禀赋也非常重要，从而产生了从机会成本、要素丰裕度和要素密集度方面来解释国际贸易成因的要素禀赋理论，开创了国际贸易理论新古典分析的先河。H—O理论表明，劳动力丰裕国拥有生产劳动密集型产品的相对比较优势，应该生产并出口劳动密集型产品；资本丰裕国拥有生产资本密集型产品的相对比较优势，应该生产并出口资本密集型产品；两国分工生产和贸易，均可获得比封闭条件下更多的收益。

2. 在H—O理论的基础上，斯托尔珀和萨缪尔森在1941年提出了斯托尔珀—萨缪尔森定理（S—S定理），证明了国际贸易对贸易国生产要素收入的长期影响，即国际贸易最终将会提高贸易国相对丰裕生产要素的实际报酬，而降低其相对稀缺生产要素的实际报酬。这一结论含有收入分配的重要含义：国际贸易虽然改善了一国的整体福利水平，但并不是对每个人都有利，国际贸易会对一国要素收入分配格局产生实质性的影响。这也揭示了各个国家中不同行业的利益集团对同一贸易政策采取不同态度的根本原因。

3. 在H—O理论的基础上，萨缪尔森（1948）提出并证明了要素价格均等化定理（H—O—S定理），即在H—O定理的基本假设下，长期来看，自由贸易不仅会使两国同质生产要素的相对价格趋于均等化，也会导致两国相同生产部门同质要素的实际报酬趋于均等化。

思考练习题

1. 简述要素丰裕度和要素密集度。
2. 简述H—O理论的主要内容，并用数学方法证明。
3. 简述里昂惕夫之谜，并对其进行解释。
4. 简述S—S定理，并证明。

5. 简述 H—O—S 定理，并用数学方法证明。

6. 在成本递增的条件下，两国在下列情况下会从贸易中获得利益吗？请作图说明。

（1）相同的生产可能性曲线，但偏好不相同；

（2）相同的偏好，但生产可能性曲线不同；

（3）相同的偏好和相同的生产可能性曲线。

7. 近年来，以美国和欧盟为首的许多国家对我国纺织品进口都进行了严格的限制，请利用要素禀赋理论分析其原因，并对这一做法作出评价。

8. 美国的国内工资水平存在巨大差异。例如。东南部制造业工人的工资比西部海岸地区同行业的工资低 20% 。要素价格均等化理论为什么不能用来解释上述现象？

9. 据报道，某国的资本所有者要求他们的政府通过进口配额限制贸易。你从中可推断该国的相对要素丰裕度状况如何？为什么？

10. 近些年来，在各种场合，如世贸组织部长会议、七国首脑会议、国际货币基金年会等举办期间，很多人进行反贸易自由化的游行，请用所学的国际贸易理论说明为什么会出现这种现象？

第五章　现代国际贸易理论

学习目标

通过本章学习，了解现代国际贸易理论产生的经济社会背景，掌握现代贸易理论的假设前提和分析框架，并能够分析总结现代贸易理论和古典、新古典贸易理论的区别与联系。重点理解并掌握解释产业内贸易现象的垄断竞争贸易理论、寡头垄断贸易理论、需求偏好相似论和产品生命周期理论。

关键术语

产业内贸易　规模经济　垄断竞争　寡头垄断　重叠需求　产品生命周期

传统的国际贸易理论（主要指比较成本说和要素禀赋论）认为，一国应出口其生产上拥有相对优势的产品而进口其生产上处于相对劣势的产品，也就是说，贸易国出口和进口的必然是其国内不同生产部门生产的产品，不然就无法确定某种产品到底是处于相对优势还是相对劣势。因此，传统的国际贸易理论实际上是一种产业间贸易（Inter-Industry Trade）理论，它有效地解释了发达国家与发展中国家进行贸易活动和不同种类产品之间的交换。

但是，第二次世界大战之后，尤其是20世纪60年代以来，国际分工的广度和深度得到了空前的发展，国际贸易也出现了许多新的动向：第一，国际贸易地理方向发生较大变动，发达国家之间的贸易量大幅度增加；第二，同类产品之间的贸易量也大大增加，产业内贸易占全球贸易量的比重已达到60%以上；第三，知识密集型产品在国际贸易总量中的比重不断攀升；第四，跨国公司内部贸易普遍存在。国际贸易领域的这些新动向对传统的国际贸易理论提出了挑战，许多经济学家从不同角度展开研究，提出了能较好地解释当代国际贸易现实的新理论，主要代表人物有：美国经济学家保罗·克鲁格曼（Paul Krugman）、以色列经济学家埃尔赫南·赫尔普曼（Elhanan Helpman）、瑞典经济学家林德尔（S. B. Linder）、美国经济学家弗农（R. Vennon）等。他们打破传统贸易理论规模报酬不变和完全竞争市场的假定，以规模经济为基础，借助产业组织理论、市场结构理论、重叠需求理论以及市场营销理论等构筑了新的贸易模型，对现代国际贸易现象进行了解释。

二战后国际贸易的新变化实质上是产业内贸易的迅速增加，因此，这些新的贸易理论大都是用来解释产业内贸易现象的。本章主要介绍基于规模经济的贸易理论（外部规模经济贸易理论、垄断竞争贸易理论和寡头垄断贸易理论）、需求偏好相似理论以及新技术产品生命周期理论。

第一节 产业内贸易概述

产业内贸易是现代贸易实践新动向的主要表现，促进了现代贸易理论的形成和发展，这些新的贸易理论基本上都是针对产业内贸易现象进行解释的。因此，在学习新的理论之前，首先要对产业内贸易的基本知识有一个大致的了解。

一、产业内贸易的含义

产业内贸易（Intra-Industry Trade）是指一个国家或地区，在一定时期内，同一产业部门同时进出口同类产品的贸易类型。也就是说，这种贸易中的同类产品往往是双向流动的，比如，日本既向美国出口轿车，同时又从美国进口轿车的贸易形式。产业内贸易还包括中间产品的贸易，即某项产品的半成品、零部件在两国间的贸易。跨国公司兴起之后，国际贸易的很大一部分是在跨国公司的子公司与子公司、子公司与母公司之间进行的，这样可以避免很多市场风险，减少不确定性。在跨国公司的贸易中，零部件、半成品的交易非常普遍，这是一种内部化的产业内贸易。

事实上，产业内贸易的历史由来已久。1945 年，弗兰克尔（Frankel）就发现在人均对外贸易额度较高的国家中，存在着对同种商品的同时进出口。同年，海希曼研究贸易中的商品结构时发现，在 1925 年至 1937 年间，在国际贸易总额中制成品之间的贸易就占将近 20%。这种新的贸易现象在二战之后尤为明显，瑞典经济学家林德尔在 60 年代的统计调查中发现，在世界出口总量中，工业发达国家的出口量就占了 3/4，而这其中的 3/4 又是在工业发达国家之间进行的。产业内贸易的显性化和快速发展，成为贸易理论家和经济学家们关注和研究的焦点。

二、产业内贸易的分类

与产业间贸易相比，产业内贸易的内容更加丰富和多样化，其交易产品既有同质产品又有异质产品，既有劳动密集型产品又有资本密集型产品，既有初级产品又有高级制成品，既有标准化产品又有高技术产品，既有产成品又有半成品、零部件。

产业内贸易内容的丰富和多样化使其分类方法也日益多样化。按照传统的分类方法，根据交易产品是否同质，大体可以将其分为同质产品的产业内贸易和异质产品的产业内贸易两种类型。跨国公司兴起之后，一种新的分类方式随之产生：根据交易是否通过外部市场可将产业内贸易分为外部市场产业内贸易和内部市场产业内贸易。

（一）按交易产品是否同质划分

1. 同质产品的产业内贸易

同质产品是指那些价格、品质、效用、服务等都完全相同的产品，产品之间可以完全相互替代，需求交叉弹性极高，消费者对此类产品的偏好也完全相同。这类产品一般情况下是产业间贸易的对象，但由于市场区位、运输成本和季节因素影响等原因，也在相同产业中进行贸易。同质产品的产业内贸易主要有以下几种形式：

（1）国家间大宗产品的交叉型产业内贸易。如水泥、木材、玻璃和石油的贸易，这些产品的运输成本太高，那么使用国的理性选择就可能是从距离本国最近的国外生产地购买，而不会选择国内远距离运输。例如，西伯利亚地区如果需要大量钢材，从中国东北进口就比从处于欧洲地区的俄罗斯其他地区购买更为经济。

（2）经济合作或因经济技术因素而产生的产业内贸易。如我国一方面吸引外国银行在华投资，一方面又在其他国家投资建行。

（3）大量的转口贸易。转口贸易中进出口的是完全相同的产品，这些产品将同时反映在转口国的进口项目和出口项目中，形成统计上的产业内贸易，是一种特殊的产业内贸易。

（4）政府干预产生的价格扭曲。尤其是相互倾销，它会使一国在进口的同时，为了占领别国市场而出口同类产品，形成产业内贸易；在出口退税、进口优惠等政策条件下，企业往往会先出口得到退税，再进口以享受进口优惠，从而形成产业内贸易。

（5）季节性产品贸易。这是为了调节市场供求而在不同时间进出口相同产品的贸易形式。

2. 异质产品的产业内贸易

异质产品是指企业生产的产品具有区别于其他同类产品的主观上或客观上的特点。这种差别可具体表现在垂直差异（如质量性能差别、产品档次差别等）或水平差异（如规格型号差别、包装装潢差别、色彩、商标差别等）上。这些产品的要素投入具有相似性，但不能完全相互替代。这些产品之间具有一定的替代性，但不能完全相互替代，消费者对此类产品的偏好也不完全相同，大多数产业内贸易产品都属于这类产品。根据异质程度的不同，异质产品的产业内贸易主要有三种情况：

（1）使用价值完全相同，但生产投入极为不同的异质同类产品，这种产业内贸易可以用要素禀赋理论来解释，如美国的小麦和中国的小麦。

（2）生产投入极为相似，但使用价值极不相同的异质同类产品，这种产业内贸易可以用要素禀赋和产业内贸易理论共同来解释，如中国的大卡车和美国的小轿车。

（3）产品价值完全一样，生产投入又极为相似的异质同类产品，这种产品的贸易只能用产业内贸易理论来解释，如日本的小轿车和美国的小轿车。

对于同质产品的产业内贸易现象作出理论解释相对简单，往往是由一些特殊因素决定的，而对于异质产品产业内贸易的理论探讨则是产业内贸易理论的重点。

（二）按交易是否通过外部市场划分

按照国际贸易途径是否通过外部市场进行，产业内贸易可以分为通过外部市场进行的产业内贸易和通过内部市场进行的产业内贸易。

1. 外部市场产业内贸易

外部市场产业内贸易是指在没有跨国公司直接投资条件下，通过外部市场在独立的企业间进行的产业内贸易，这也是通常意义上的产业内贸易。这种产业内贸易主要分为两种情况：发达国家与发展中国家之间的产业内贸易和发达国家与发达国家之间的产业内贸易。

发达国家与发展中国家之间的产业内贸易反映的是要素密集度不同的产品间所进行的产业内贸易，往往表现为发展中国家生产并出口原材料等劳动密集型产品，而发达国家利用资本、技术优势对原材料等初级产品进行加工，经过加工的产品实质上就变成了资本密集型产品，发达国家再将这种资本密集型产品出口到发展中国家，这种形式的产业内贸易占产业内贸易总量的约30% ~40% 。

发达国家与发达国家之间的产业内贸易则反映了要素禀赋相似、生产结构相近、消费偏好相似的产业内贸易，如德国进口美国的汽车，同时向美国出口汽车，这种形式的产业内贸易占产业内贸易总量的约60% ~70% 。发达国家之间的这种产业内贸易主要是由规模经济效应、产品异质性以及发达国家之间高水平收入条件下的消费偏好相似等原因造成的。

2. 内部市场产业内贸易

内部市场产业内贸易是随着跨国公司的迅速发展而出现的，这种内部化交易可以给跨国公司带来很多优势：减少外部市场的不确定性，降低交易成本；有利于实现垂直一体化的规模经济；能够利用所有权优势赢得垄断优势，开发新产品，增加生产和销售，增强竞争力；利用东道国的区位优势，安排生产经营最佳结合点；利用跨国公司调拨价格，可以规避税负等。由于内部化市场可以带来种种利益，所以跨国公司内部的产业内贸易发展非常迅速，贸易规模也急剧扩大。

一般而言，内部市场产业内贸易的商品主要是中间产品，用来调剂余缺、获得低廉成本或规避税收，另一方面，跨国公司新研究开发的技术密集型产品等拥有垄断优势的高科技产品也在内部市场产业内贸易中占有很大比重，一般超过50% ，这主要是为了满足维护知识产权和商业秘密，以及降低外部市场交易不确定性的需要。

三、产业内贸易产生的原因

（一）产品的异质性是产业内贸易的基础

如果不同国家相同产业部门的产品要进行相互贸易，那么这些被相互交换的产品一般情况下不是同质产品，而是存在着广泛的产品差别，完全同质的产品没有必要去相互交换和贸易。产品的异质性特征就是产品的差别性特征，产品差别具体表现在同类产品的质量性能差别、规格型号差别、使用材料的差别、色彩及商标牌号的差别、包装装潢的差别、广告及售前售后服务的差别、企业形象与企业信誉的差别等等，这种差别正是产业内国际分工和产业内国际贸易的基础。

（二）需求偏好的相似性和多样性是产业内贸易的动因

产品的差别性只是为产业内贸易的发生准备了可能性条件，而产业内贸易的内在动力来自于不同国家需求结构的多样性和相似性，因此，产业内贸易理论与收入偏好相似理论是相互融通的。

人均收入水平是决定购买力水平和购买结构的重要因素。所以，国家之间人均收入水平差别越大，社会需求结构就差别越大，国家之间的产业结构和产品结构也差别越大，国家之间发生产业间贸易的可能性越大而发生产业内贸易的可能性就越小。国家之间人均收入水平越相近，社会消费需求结构也越相似，国家之间的产业结构和产品结构也越相似，发生产业内贸易的可能性越大而发生产业间贸易的可能性就越小。

需求偏好的相似性对于产业内贸易的发生仍然是必要条件而不是充分条件，充分条件在于消费需求偏好的多样性：人均收入水平越高，消费需求结构越复杂，从而要求产品差别的重要性越大，产品的细小差别都可能导致消费者的不满意而丧失市场。人均收入水平越低，消费需求结构越简单，国民对产品差别的重视程度不高，人们只追求产品的主要使用价值而对次要的产品差别不关心。由此可见，需求偏好的多样性既是产业内贸易的动因，也是产业内贸易的利益来源，这种利益主要是指不同的消费偏好得到了不同产品的满足，这是一种非经济收益。

（三）不同发展水平国家的需求重叠也是产业内贸易的原因

收入偏好相似解释了经济发展水平相近的国家之间进行产业内贸易的原因，但事实上，经济发展水平差异较大的发展中国家和发达国家之间也在进行产业内贸易，这是因为，经济发展水平不同的国家之间存在重叠需求。

发达国家有相当数量的中低收入者，发展中国家也有富裕阶层，二者的需求存在重叠的经济基础，这种重叠需求使得两国具有差异性的同类产品成为进出口品，从而产生了产业内贸易。这种需求的重叠程度越大，发生产业内贸易的可能性就越大。这种需求的重叠程度取决于经济发展水平，经济发展水平越高，分工越精细，异质产品生产规模越大，消费者需求越大，当两国的经济发展水平趋于一致、人均收入水平逐渐接近时，此时的产业内贸易就可以由需求偏好相似理论来解释了。

（四）内部规模经济是产业内贸易的主要利益来源

产业内贸易是以产业内的国际分工为前提的，产业内的国际专业化分工越精细越多样化，不同国家的生产厂家就越有条件减少产品品种和规格型号，在生产上越来越专业化，这种生产上的专业化有助于企业采用更加专业化更加高效率的生产设备，从而提高生产效率，降低成本。生产厂家之间分工越精细越多样化，一个工厂企业只生产一个品种或者一个规格的产品，只满足部分消费者的需要，这就越有助于减少生产企业之间的市场竞争程度。生产厂家之间的国际专业化分工越细，越有利于扩大生产规模，扩大市场规模，充分实现企业生产的内部规模经济效应。因为生产和市场的细分化虽然减少了国内消费者数量，但企业可以面对同类型的更大规模的国际消费者群体进行生产和销售，从而使从事国际生产和国际贸易的微观企业具有经济上的合理性和可行性，大家都可以赚钱，这说明企业内部规模收益递增是产业内贸易的主要经济利益来源，但是，为了充分利用企业内部规模收益递增效应，国际市场的开放化一体化是必要的基础条件。同时，这里也为我们提出了另一个值得思考的问题，那就是以产品差别、内部规模收益递增和需求多样性为基础的产业内贸易理论可能意味着在差别产品上进行完全国际专业化分工的可能性，这显然是对新古典贸易理论的一种反动。

企业内部规模收益递增作为产业内贸易的直接利益来源不是无条件的，它必须具备四个前提条件：每一个产业内部存在着广泛的差别产品系列；每一个产业内部存在着不完全竞争的国际市场条件，即差别产品的不同生产者之间存在着垄断竞争关系；每一个产品品种的生产收益随着生产规模的扩大而递增，如果生产者处于规模成本递增阶段就不行；国际市场的开放化一体化是必要的基础条件。

四、产业内贸易程度的测定

经济学家们常使用各种产业内贸易指数（Index of Intra-Industrial Trade 简称 IIT）来测度一个产业开展产业内贸易的程度。

（一）巴拉萨指数（Balassa 指数）

$$IIT_i = \frac{|X - M|}{X + M}$$

IIT_i 表示第 i 个产业的产业内贸易指数，X 和 M 分别代表该产业内产品的出口总额和进口总额，该指数表示的是该产业的净出口绝对值在该产业的进出口总额中所占的比重。显然 $0 \leqslant IIT_i \leqslant 1$，当 X 或 M 有一个为 0 时，$IIT_i = 1$，意味着该产业不存在产业内贸易，都是产业间贸易；而当 $X = M$ 时，$IIT_i = 0$，产业内的进、出口总额恰好相等，意味着该产业的产业内贸易达到最大。可见，该产业内贸易指数与产业内贸易程度成反向关系。

（二）格鲁贝尔—劳埃德指数（G—L 指数）

$$IIT_i = 1 - \frac{|X - M|}{X + M}$$

这是 1 减去巴拉萨指数之差，其含义是该产业的产业内贸易在该产业的进出口总额中所占比重。显然 $0 \leqslant IIT_i \leqslant 1$，当 X 或 M 有一个为 0 时，$IIT_i = 0$，意味着该产业不存在产业内贸易，都是产业间贸易；而当 $X = M$ 时，$IIT_i = 1$，产业内的进、出口总额恰好相等，此时产业内贸易达到最大，不存在产业间贸易。可见，该产业内贸易指数与产业内贸易程度成同向关系。

显然 IIT_i 指数的大小还在一定程度上与所界定产业产品范畴的大小有关，另外，贸易收支的不平衡也会导致 G—L 指数的失准。

当一个产业内的不同产品存在较大的不同质差异时，则可采用下面的算术平均法来计算其加总的产业内贸易指数（G—L 指数）：

$$IIT_i = 1 - \frac{\sum |X_i - M_i|}{\sum (X_i + M_i)}$$

而当要统计多个相近产业总体上的产业内贸易水平时，可采用下面的加权平均法来计算其加总的产业内贸易指数（G—L 指数）：

$$IIT = 1 - \frac{\sum |X_{ij} - M_{ij}|}{\sum (X_{ij} + M_{ij})}$$

产业内贸易指数为不同国家产业内贸易程度的度量和比较提供了有效的工具和方法，但是，在进行国家间的比较时，还要注意统计口径的可比性和产品具体特性，以及产业发展所处的阶段等因素。因为产业内贸易指数的大小主要受到三个因素的影响：一是与某种产业部门的产品特性有关，因为有些产业部门的产品生产和消费具有明显的地域性，难以发生大规模的产业内贸易；二是与该产业部门的成熟程度有关，高度发达成熟的产业部门容易发生产业内贸易，幼稚工业部门就难以发生产业内贸易；三是与产业部门的划分有关，如果产业部门的划分细致，产业内贸易的指数就比较小，如果产业部门的划分很粗略，产业内贸易指数就比较大。因此，在进行产业内贸易测定和比较时，应充分考虑以上因素。

五、产业内贸易理论的产生

产业内贸易理论的发展主要经历了20世纪70年代中期以前的经验性研究和70年代中后期以后的理论性研究两个阶段。

早期的产业内贸易理论研究多数源于实际观测与传统理论的背离。一些应用经济学家将经济一体化对贸易的作用同产业内贸易连在一起研究。如密契里对36个国家的五大商品进出口差异指数的计算表明，高收入国家的进出口商品结构呈明显的相似性，而发展中国家正好相反。巴拉萨用国际贸易分类标准体系对欧共体贸易商品结构的分析表明，欧共体制成品贸易的增长大部分是发生在分类体系划分的组内，而不是组间。以上经济学家的研究表明，经济一体化组织成员国之间贸易上升的主要原因在于：生产专业化和产业内部产品出口。林德尔则认为，产生这种现象的原因是由于这些国家的收入水平相近，进而对消费品或资本品的偏好相近造成的。“收入偏好相似论”从一国收入水平决定的需求方面来解释国际贸易流向，初步说明了发展水平一致或相近国家之间工业制成品贸易产生和发展的原因。

后期的理论研究以格鲁贝尔（Gruber）和劳埃德（Lloyd）为代表。格鲁贝尔和劳埃德等人在20世纪70年代中期发表了许多论文，对主要工业化国家进行了研究，提出了产业内贸易现象的详细证明。他们认为，产业内贸易是一种由各种复杂的原因所导致的一种复杂的贸易现象，技术差距、研究与开发、产品差异性和产品生命周期的结合，以及人力资本密集度的差异与收入分配差异的结合等都可能导致产业内贸易的发生。

之后，很多经济学家从其他不同角度研究产业内贸易的原因，如从地理、气候、政府政策、信息、运输费用等方面来解释产业内贸易成因，这些研究成果进一步丰富了产业内贸易理论内容。

第二节　新赫克歇尔—俄林模型

一、新赫克歇尔—俄林模型概述

新赫克歇尔—俄林模型（Neo-Heckscher-Ohlin Theory）也称为新要素学说，是尽可能符合赫克歇尔—俄林理论假设来解释产业内贸易的模型，最早是由法尔维（R. E. Falvey，1981）就垂直差异产品的产业内贸易进行研究而提出相关观点，后来进一步体现在法尔维和基尔茨考斯基（R. E. Falvey and H. Kierzkowski）提出的模型中。

法尔维认为，由于许多不同厂商生产质量不同的产品品种，且这些产品品种都没有规模效应，那么垂直型产业内贸易就可能发生。垂直型产业内贸易与经典的以要素禀赋为基础的产业间贸易有相似之处，资本相对充裕的国家出口质量高的物品，劳动力相对充裕的国家出口质量低的物品。

法尔维和基尔茨考斯基认为，即使不存在不完全竞争和收益递增，垂直型产业内贸易也会存在。在供给方面，假设每一个国家只有两个部门，其中一个部门生产的是一种同质性产品，另一个部门生产同种商品中不同质量的产品（这些商品在国家之间的贸易将是垂直型产业内贸易）。每一个部门都雇佣劳动力，资本的使用随着产品质量的不同而有所不同，高质量的产品体现了相对较高的资本/劳动比率。工资相对较低的国家在生产低质量产品上有比较优势，工资相对较高的国家在生产高质量产品上有比较优势（在这些国家，资本的价格相对较低）。在需求方面，假设两国消费者有相同的偏好，在相对价格一定的情况下，对不同质量产品的需求依消费者的收入而定：收入越高就越是倾向于消费更高质量的产品。由于分配不均，每一个国家都既有低收入的消费者，也有高收入的消费者，所以，每个国家都有对不同质量产品的需求。

二、新赫克歇尔—俄林模型的假设

现在先给出法尔维和基尔茨考斯基模型的相关假定：

（1）两个国家；两种生产要素：劳动和资本；两个产业；劳动是同质的，可以在两个产业间自由流动；资本不是同质的，是一种产业特定的要素，即资本不能在产业间流动，但可以在每个产业内部生产不同质量的产品间自由流动；两国的技术相同。

（2）法尔维为定义产品质量（垂直差异）引入了一个数值 α，产品质量越高，对应的 α 越大。进一步假设生产质量越高的产品，相应每单位劳动所需的资本数量越大。于是，就可以这样界定度量单位：生产质量为 α 的产品需要 1 单位的劳动和 α 单位的资本。

（3）在完全竞争条件下，对于任何质量而言，价格都等于单位产品的生产成本，以 W 表示工资率，以 R 表示资本的报酬，脚标 1 和 2 代表两个国家，有：

$$P_1(\alpha) = W_1 + \alpha R_1$$

$$P_2(\alpha) = W_2 + \alpha R_2$$

如果 $W_1 > W_2$，那么，国际贸易就会要求 $R_1 < R_2$（如果 $R_1 > R_2$，意味着国家 2 能以低于国家 1 的成本生产任何质量的产品，两国没有贸易的余地）。通过这一假定可以推出 $R_1/W_1 < R_2/W_2$，根据相对要素密集度的价格定义，于是可将国家 1 看作是资本充裕的国家，国家 2 则是劳动充裕的国家。

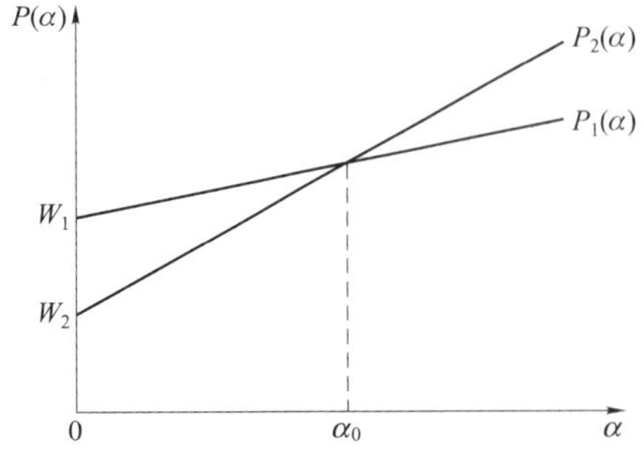

图 5－1 垂直差别与国际贸易

在 $R_1 < R_2$ 的情况下，必定有一定的质量子集，包含的产品其质量在国家 1 是以低于国家 2 的成本生产的，另一子集则相反。如下图（图 5－1：垂直差别与国际贸易），画出了两条由上述方程给出的线性价格—成本关系线，P_2 线要比 P_1 线陡峭，是因为 $R_2 > R_1$。对应于“边际”质量 α_0，价格在两国是相等的，即：$W_1 + \alpha_0 R_1 = W_2 + \alpha_0 R_2$。与此同时，国家 2 在较低质量的产品品种（即质量子集，$\alpha < \alpha_0$）上与国

家 1 相比有比较优势，而国家 1 在较高质量的产品品种（即质量子集，$\alpha > \alpha_0$）上有比较优势。

现在可以做一个合理的假设，即对质量较低的产品和质量较高的产品都有需求的两个国家中，在典型的、没有运输成本的自由贸易情形下，所考察的产业生产的产品必定存在国际贸易：国家 1 出口质量较高的产品品种到国家 2，并从国家 2 进口质量较低的产品。既然我们分析的是同一产业的产品，那么它们也就是产业内部的贸易。

还要说明的是，这样的贸易遵循赫克歇尔－俄林定理的结论，我们可以很容易的阐明这一点。如果给出对生产要素的报酬所做的假设，我们就会有 $R_1/W_1 < R_2/W_2$，它意味着，依照相对要素密集度的定义，与国家 2 比起来，国家 1 是资本丰裕的国家。那么，既然较高的 α 既要求较高的质量又要求较高的资本/劳动比率，我们将会观察到，国家 1 作为资本丰裕的国家将出口资本密集型产品，国家 2 作为劳动丰裕国，将出口劳动密集型产品。

第三节 规模经济与国际贸易

“规模经济贸易学说”是美国经济学家保罗·克鲁格曼（Paul Krugman）提出的，他认为，规模经济是产业内贸易的主要基础。该理论突破了传统理论中规模报酬不变的假设，以企业生产中的规模经济和世界市场的不完全竞争为基础，解释了第二次世界大战后增长迅速的工业国之间相同产业内的贸易现象。

一、规模经济的含义

规模经济（Economies of Scale）指由生产规模的扩大而导致的单个企业生产效率的显著改进或生产成本的大幅节约，它是规模报酬递增结果的货币表现。

如果我们假设企业的生产函数为 $Q = f(L,K)$（齐次生产函数），现在 L 和 K 的投入数量均扩大 $t(t > 1)$ 倍，即生产规模扩大 t 倍，则企业的生产函数为：

$$Q* = f(tL,tK) = t^k f(L,K)$$

k 决定了规模经济是否存在，如果 $0 < k < 1$，则表明厂商的生产函数是属于规模报酬递减的；如果 $k = 1$，则表明厂商的生产函数是属于规模报酬不变的；如果 $k > 1$，则表明厂商的生产函数是属于规模报酬递增的，即存在规模经济。根据规模经济的来源，人们又将规模经济分为马歇尔外部规模经济和张伯伦内部规模经济。

马歇尔外部规模经济（External Economies of Scale），这个概念由英国经济学家马歇尔首先提出，是指单个厂商由该行业生产规模的扩大（同类产业厂商数量增加和行业总体产量增加）所获得的生产成本的节约或生产效率的提高。

张伯伦内部规模经济（Internal Economies of Scale），也称垄断竞争，这个概念由美国经济学家张伯伦首先提出来，是指生产差异化产品的单个厂商由自身生产规模的扩大所获得的生产成本的显著节约或生产效率的大幅提高。

内部规模经济与外部规模经济虽然都能使企业的平均成本降低，但其产生原因和对市场结构的影响不同。

内部规模经济与外部规模经济产生的原因不同。内部规模经济在大企业中存在的较为普遍，这些企业一般是通过以下几个途径来获取内部经济效益，降低平均成本的：（1）细化分工，使工人在更大程度上实现专业化分工，提高劳动生产效率。（2）采用更为精密先进和专业化的机器设备，提高资本利用率。（3）扩大生产规模，将固定成本、研发费用等大范围地分摊到更多的产出上，降低单位成本。（4）提高经营管理水平和效率。通过大规模、高效率地生产，可以使各种生产要素得到充分利用，从而降低平均成本，赢得比较优势。一般情况下，内部规模经济产生的效益只有本企业可以享有，不具有外溢性。

外部规模经济主要是由于众多企业集聚在一起，可以实现经济信息、劳动力资源共享以及专业化分工带来的高效率生产等优势。具体来讲，这种外部规模经济产生的原因主要有三个：（1）企业集聚使同一产业的企业有可能享受到高效率、集中化、专业化劳动和公共服务，随着企业的集中，产业发展所必需的基础设施会越来越完善，同时还会带来人才的集中、专业服务的优化，从而提高生产效率、降低成本，获得规模经济效益，增加收入。（2）企业集聚增加竞争压力，促使企业改进生产技术，提高技术进步率，同时，企业在地理上的集中分布可以实现劳动力资源共享，企业也可以更加灵活高效率地选择和使用劳动力，也可以减少工人的失业风险。（3）企业集聚有利于信息共享和知识扩散，提高知识积累。这种外部规模经济现象在知识、技术密集型行业或者服务行业中表现得最为明显，在这些行业中，知识、技术传播具有很强的外溢性，使整个产业的所有企业都能共享，从而降低整个产业层次的平均成本。

内部规模经济与外部规模经济所对应的市场结构不同。存在内部规模经济的行业中，在经济资源总量和市场容量不变的假设下，随着企业产出规模的增大，行业内企业数量必然减少，此时，大厂商比小厂商更具成本优势，逐渐吞并小厂商，这就形成了不完全竞争的市场结构，而且大规模生产的潜在收益越大，市场的垄断性就越强，因为，强大的规模收益要求巨大的生产规模，这只有少数企业才能达到，市场可容纳的企业越少，垄断程度就越高。而外部规模经济则不同，在一个只存在外部规模经济的产业里，随着产业内企业数量的增多，企业的规模将难以扩大，充满了规模较小的小厂商，企业之间形成一种类似于完全竞争的状态。

二、规模经济与国际贸易

规模经济在现实生产中是广泛存在的，随着某种产品生产规模的扩大，其机会成本逐渐降低，由于生产可能性曲线上任一点切线斜率的绝对值代表的是X产品的机会成本（见图5-2），因此，随着X的增大，生产可能性曲线上点的切线斜率的绝对值将逐渐减小，故生产可能性曲线要凸向原点（机会成本递增时，其生产可能性曲线凹向原点），如图5-2所示。

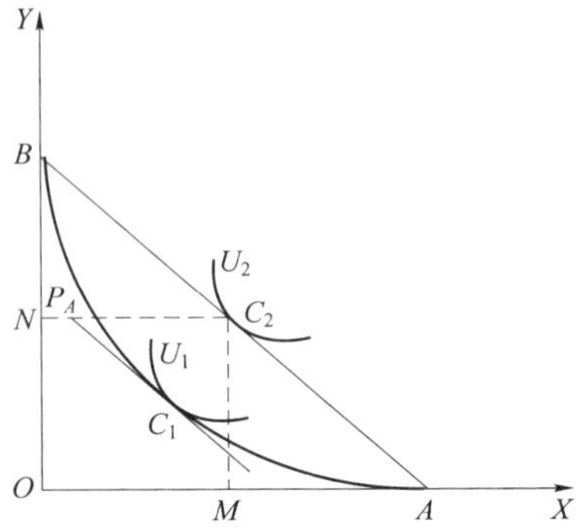

图5-2 规模经济与国际贸易

为简化分析，假定A、B两国拥有相同的生产技术和要素禀赋，同时生产 X、Y 两种产品（可以是同质产品，也可以是异质产品），这意味着两国的生产可能性曲线完全相同，两种产品的要素密集度相同；进一步假定两国消费偏好相同，即有相同的无差异曲线；两国在生产两种产品上同时具有同等程度的规模经济（可以是内部规模经济，也可以是外部规模经济）。

如图 5 -2 所示，在封闭状态下，两国拥有相同的生产可能性曲线 AB 和相同的相对价格 P_A，进而拥有相同的生产—消费均衡点 C_1 和相同的福利水平 U_1。由于两国生产两种产品同时存在同等程度的规模经济，这意味着如果两国分工只生产其中一种产品，都会由于产量的扩大而带来平均成本的下降。

开放经济下，假设 A 国完全分工生产 X 供给两国使用，B 国则只生产 Y 供给两国使用（因为两国规模经济程度相同，所以此处到底哪个国家分工生产 X 或 Y 产品是无关紧要的），即 A 国在 A 点进行生产，B 国在 B 点进行生产。再假定 AB 线斜率的绝对值为两国的均衡贸易条件，则 AB 线也就成了 A、B 两国的消费可能性曲线。显然，贸易后两国的消费均衡点为 C_2，两国的贸易三角形全等，即 $\triangle BNC_2 \cong \triangle AMC_2$，两国均达到了更高的社会福利水平 U_2，即通过国际分工和贸易，两国的福利水平均有所增加。

如果两国实行的是不完全分工，通过国际交换也能提高各自的福利水平，只不过福利水平提高的幅度没有完全分工时提高的大而已。

上述分析说明，即使两个国家的经济条件完全相同，只要存在规模经济，通过专业化分工也能导致两国的福利水平都有所提高。事实上，只要至少一国生产某种产品具有规模经济，其他经济条件也不必完全相同，就能通过国际贸易使双方获益，模型的假设只是为了简化分析。从贸易类型看，规模经济既可以解释产业间贸易，也可以用来解释产业内贸易。具有规模经济的两种产品，可以是同一产业部门的异质产品，也可以是不同产业的两种不同产品，若两种产品是不同产业的产品，则分工结果产生的就是产业间贸易，若是同一产业部门的异质产品，则产生的就是产业内贸易。

须指出的是，在其他条件相同的情况下，只要存在规模经济，不管是内部规模经济还是外部规模经济，生产可能性曲线都将凸向原点，都可能是产生国际贸易的重要原因。由于外部规模经济基本上还是以完全竞争为条件的，所以它对国际贸易的影响分析相对简单。但内部规模经济不同，它与市场组织结构紧密相关，且往往会导致不同程度的垄断，对内部规模经济的作用分析就需要根据垄断程度的大小，用不同的理论来解释。

专栏5-1

1964 年北美汽车贸易协定

1965 年以前，加拿大和美国的关税保护使加拿大成为一个汽车基本自给自足的国家，进口不多出口也少得可怜。加拿大的汽车工业被美国汽车工业的几个大厂商所控制。这些厂商发现，在加拿大大量建立分散的生产体系比支付关税要划算。因此，加拿大的汽车工业实质上是美国汽车工的缩版，大约为其规模的 1/10。

但是，这些美国厂商在加拿大的子公司也发现小规模带来的种种不利。一部分原因是在加拿大的分厂比其在美国的分厂要小；但重要的原因可能是美国的工厂更加‘专一”——集中精力生产单一型号的汽车或配件。而加拿大的工厂则不得不生产各种各样不同的产品，以至于工厂不得不经常停产以实现从一个产品项目向另一个的转换，不得不保持较多的库存，不得不少采用专业化的机器设备等。这样加拿大汽车工业的劳动生产率比美国的要低大约30%。

为了消除这些问题，美国和加拿大政府通过努力在1964年同意建立一个汽车自由贸易区（附有一些限制条件）。这一举措使汽车厂商得以重组生产：这些厂商在加拿大各子公司大力削减其产品种类。但是加拿大的总体生产及就业水平并没改变。加拿大一方面从美国进口自己不再生产的汽车型号，另一方面向美国出口加拿大仍生产的型号。在自由贸易前的1962年，加拿大出口了价值1 600万美元的汽车产品然而却进口了5.19亿美元的汽车产品，但是到1968年，这两个数字已分别成为24亿美元和29亿美元。换而言之，加拿大的进口和出口均大幅度增长。

贸易所得是惊人的。到20世纪70年代初，加拿大汽车工业的生产效率已可与美国的同行相媲美。

案例评析：

产业内贸易是指一个国家的企业或厂商只生产一种产品的一种或少数几种款式，从其他国家进口该类产品的其他款式。产业内贸易的产生是为了利用生产的规模经济。一国通过从事产业内贸易，能够在减少自产商品花色的同时却增加国内消费者所需要的商品种类。由于自产商品种类的减少，一国能在更大规模上从事生产，从而提高生产效率和降低成本。同时消费者也可从更广泛的选择中获利。

案例中美国和加拿大通过建立一个汽车自由贸易区，促进了两国汽车行业内贸易的发展。加拿大不再生产所有型号的汽车，只生产少数几种型号的汽车，然后从美国进口自己没有生产的型号的汽车，出口自己生产的型号的汽车。由于减少了自产汽车的型号，加拿大的厂商可以集中精力生产单一型号的汽车，由于规模经济其成本降低，效率迅速提高。几年之后，加拿大汽车工业的生产效率达到了美国的水平。

来源：保罗·克鲁格曼（Paul Krugman）. 国际经济学. 海闻，蔡荣，等，译，2002：133－134.

第四节　外部规模经济与贸易模式

外部规模经济对单个厂商而言是外部性的，但对整个产业来讲却是内部性的，它引起一国产业水平上的规模收益递增，由此产生国际间的成本差异，从而成为国际贸易的基础（对于知识密集型行业而言尤其如此）。

在规模经济与国际贸易的模型分析中，我们假定两个国家的各种经济条件完全相同，在这种条件下，分工模式是无关紧要的，不会影响整体福利的变化。但若两国要素禀赋或其他经济条件不完全相同，贸易模式的不同就会给世界福利带来不同的影响。

一、基本假设

（1）A、B 两个国家、X 和 Y 两种产品，且属于不同的行业。

（2）X、Y 产品行业不存在内部规模经济，但存在外部规模经济。

（3）A 国在 X 产品的生产上有外部规模经济，B 国在 Y 产品的生产上有外部规模经济。

（4）X、Y 产品市场是完全竞争市场，商品价格等于平均成本。

（5）两国消费偏好相同。

二、图形分析

如图 5－3 所示，横轴代表 X 产品行业的产量，纵轴 P 代表生产成本或绝对价格，AC_A 代表 A 国 X 产品行业的长期平均成本曲线，AC_B 代表 B 国 X 产品行业的长期平均成本曲线，在外部规模经济的作用下，随着 X 整个行业产量的增加，两国生产 X 产品的平均成本曲线均向下倾斜，且假设 AC_A 在 AC_B 的下方。D_W 代表 X 产品的世界需求，S_{WA} 和 S_{WB} 分别代表 A、B 两国独自生产 X 产品时 X 产品的世界供给曲线。

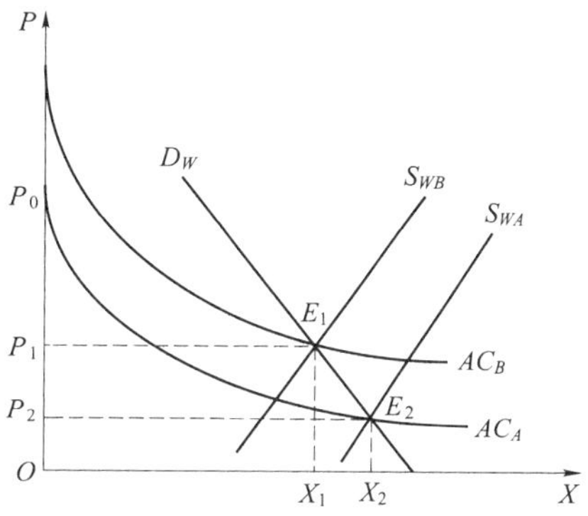

图 5－3　外部规模经济与国际贸易

（一）标准贸易模式的确定

在开放条件下，若 A 国完全分工生产并出口 X，则 X 产品的均衡价格、平均成本和均衡产量由该国的世界供给曲线 S_{WA}、世界需求曲线 D_W 和 A 国的长期成本曲线 AC_A 三条曲线的交点 E_2（X_2，P_2）确定。同理，若 B 国完全分工生产并出口 X，则 X 产品的均衡价格、平均成本和均衡产量由该国的世界供给曲线 S_{WB}、世界需求曲线 D_W 和 B 国的长期成本曲线 AC_B 三条曲线的交点 E_1（X_1，P_1）确定。显然，$P_1 > P_2$，$X_1 < X_2$，这意味着 E_2 点代表更高的消费和福利水平。这表明，在开放经济条件下，A 国生产并出口 X，B 国进口 X 就能使两国福利均有所提高。实际上，图 5－3 中两国长期成本曲线的位置意味着，在任何产量条件下，A 国总能生产出相对廉价的 X 商品。

同样的，若 B 国在 Y 产品生产上拥有类似 A 国的优势，B 国就可以生产并出口 Y 产品，参与世界贸易。这说明建立在外部规模经济基础上的专业化分工和国际贸易是可行的。

由于外部规模经济决定的市场环境近乎于完全竞争，两国同行业生产的又是同质产品，只要不同行业的产品存在外部规模收益递增，那么，每一个国家只重点发展一种产品和产业，然后进行自由贸易，贸易各方就都可以享受外部规模收益递增带来的好处。这说明，建立在外部规模经济基础上的国际贸易实际上是一种属于传统贸易理论框架内的产业间贸易（贸易产生的直接原因类似于斯密的绝对优势贸易理论，只不过这里的生产成本优势是由外部规模经济产生的，而不是由劳动生产率的差异产生的）。

（二）标准贸易模式的偏离

按上述分析确定的贸易模式确实能够有效利用各种市场和资源，提高世界福利水平。但事实并不总是这样理想，分工模式并不总是这样确定。现假设由于偶然的因素或历史原因，B国首先建立起了自己的X产业，那么，生产均衡点为E_1，均衡价格为P_1，均衡产量为X_1。由于B国已经建立了具有外部经济性的X产业，又由于A国的初始进入成本很高，为P_0，$P_0 >> P_1$，于是A国面临很大的竞争压力，以至于无法建立X产业。尽管A国比B国拥有更大的潜在规模经济优势，但由于B国率先生产带来的外部规模经济足以维持其自身优势，并不断积累和自我强化，甚至使之成为永久性优势，除非发生巨大的经济变革，否则A国无力扭转这种局面。

三、基本结论

通过以上分析，不难得出以下结论：

（1）外部规模经济可以导致专业分工和国际贸易。只要存在外部规模经济，每个国家专业化生产其优势产品并进行国际贸易，就能增进贸易各国福利，因此，外部规模经济是产生国际贸易的一个基础。

（2）外部规模经济导致的贸易模式是不确定的。对于存在外部经济的某种产业而言，其他条件相同时，若某个国家率先建立此产业，并大规模生产，那么该国生产该商品就能取得较低的平均成本，拥有比较成本优势，并不断强化积累这种优势。其他国家则会因为过高的进入成本而失去该产业。但是，我们无法确定某一产业最先在哪个国家建立起来，这完全取决于历史原因或者国家政策的扶持。所以，在外部经济现象存在并发挥作用的前提下，我们无法建立确定的贸易模式。

（3）外部规模经济可能会带来一国专业化分工模式的“锁定”与可能的效率损失。从动态化的视角来看，建立在外部经济基础上的专业化分工模式可能导致一个国家被“锁定”在某种已经不合理的专业化生产模式之中，形成一种恶性循环。当一个国家首先建立并大规模地发展了某种产业、获得外部规模经济时，它就会更廉价地生产并出口该种商品。无论这个国家将来的资源状况和技术状况如何变化，强烈的外部经济会巩固现有的分工和贸易模式。而且，该国也往往会全力维持其领先生产者的地位，即使其他国家已经具备了以更低成本生产这种商品的优势，它仍不会放弃这种历史优势，并竭力维护，其结果可能导致经济效率和经济福利的损失。正因为如此，保护贸易理论认为，如果一个拥有某种产业潜在优势的国家通过实施贸易保护主义政策使该产业迅速发展，并超过先前的生产者和出口者，以更低的生产成本供给世界市场，它就应该实施贸易保护主义政策，这正是保护幼稚产业理论的重要基础。

（4）由于外部规模经济决定的市场环境近乎于完全竞争，两国同行业生产的又是同质产品，只要不同的产品存在外部规模收益递增，每一个国家只重点发展一种产品和产业，然后进行自由贸易，贸易各方都可以享受外部规模收益递增带来的好处。这说明，建立在外部规模经济基础上的国际贸易实际上是一种属于传统贸易理论框架内的产业间贸易。

（5）虽然外部规模经济有时会导致不利的专业化生产和贸易模式，并且使这种分工和贸易模式固定化，但它依然能通过产业集中给世界经济带来好处。在其他条件都相同的情况下，如果世界不同国家在具有外部规模经济效应的不同产业部门能够进行专业化分工和自由贸易，世界可以从整体上变得更有效率和更加富裕，而且通过更多样化的分工和交换，各个国家可以消费更多种类的商品，扩大消费选择的范围。这就是说不具有内部规模经济效应的产业可以通过外部规模经济效应参与国际专业化分工和国际贸易，中小企业生产的产品同样可以进入国际市场。

第五节　垄断竞争与国际贸易：异质产品产业内贸易

内部规模经济对应着不完全竞争的市场结构，因此分析内部规模经济对国际贸易的影响时，传统的贸易理论框架已不再适用，必须考虑不完全竞争的市场结构和厂商行为。然而不完全竞争贸易理论并没有一个统一的理论框架，这主要是因为不完全竞争的市场结构过于复杂，既有垄断竞争、寡头垄断、又有完全垄断以及介于不同垄断程度之间的市场经济状态，不同的市场结构中厂商的行为会有很大差别，因此无法在一个统一的模型或理论框架内研究。本节以经济学理论中相对成熟的垄断竞争模型为基础讨论产业内贸易问题。

一、垄断竞争市场特征

（1）市场进入有一定限制，存在较低的进入壁垒。

（2）厂商数量有限多个。厂商数量少于完全竞争市场，但多于寡头和完全垄断市场，且随着行业垄断利润变化而调整。当存在垄断利润时，有新厂商进入，直至垄断利润为零；反之，垄断利润为负时，有厂商亏损退出，直至垄断利润为零。

（3）每个企业内部都存在内部规模经济。这意味着产出规模越大，平均成本越低。

（4）产品异质且种类繁多。各垄断竞争厂商出售的产品是有差异的，同类产品的差异性是进行同行业竞争和获得垄断利润的主要手段。这些产品之间有一定的替代性，但不能被完全替代，这意味着，当某种产品价格高于平均水平时，消费需求会减少，但不会减少到零，因为该产品不能被其他产品完全替代。

（5）产品的差异性使垄断竞争厂商在一定程度上可以控制产品市场价格。这意味着每个厂商面临的需求曲线都向下倾斜，因此，每个厂商都在某个品种上拥有一定的垄断力量，且其产品与其他厂商产品的差异性越大，其垄断力量就越强。

（6）消费偏好多样化。消费者认为可供选择的商品种类越多越好。

（7）每个厂商拥有的信息都是不完全的。

（8）产品种类不能无限制膨胀。虽然消费者的多样化偏好和厂商对垄断利润的追逐都会引发产品种类增加，但在规模经济的条件下产品种类不能无限制膨胀。因为市场规模是既定的，如果品种增加，就必须减小产量，规模经济就难以实现，平均成本也就无法降低。

从垄断竞争市场的特征可以看出，这种市场结构介于垄断和完全竞争之间。大量厂商的存在使其具有竞争的特征，控制价格的力量使其又具有垄断市场的特征，在垄断竞争市场上，垄断与竞争两种力量并存。

二、垄断竞争贸易模型

国际贸易能够扩大市场规模的思想成为垄断竞争模型在国际贸易中运用的基础。在具有规模经济的行业中，一国能生产的产品种类和其生产规模都受到该国市场规模的限制。但通过国与国之间的贸易，就能形成一个一体化的世界市场，显然世界市场比任何单个国家的国内市场都要大，因此，各国就能在一个更大的市场范围内从事某些产品的大规模的专业化生产，通过规模经济来降低生产成本，同时，通过进口自己不生产的产品来扩大消费者可消费商品的种类。

因此，要证明国际贸易能够降低商品的价格和增加商品的种类，只需证明，一个更大的市场能够导致较低的平均价格和更多的商品种类就可以了。

（一）模型的关键性假设

（1）假设一个行业由数家厂商组成，这些厂商生产有差异的产品，各厂商均是其特有产品的唯一生产者，但对其产品的需求却取决于同行业其他厂商生产的类似产品的数量及价格。

（2）每个厂商生产的是与竞争对手有差异的产品。也就是说，购买该产品的顾客不会由于微小的价格差异而去购买其他厂商的产品，产品的差异确保每家厂商在行业中对它所特有的产品拥有垄断地位。

（3）每个厂商都不考虑自己产品的价格对其他厂商价格的影响。也就是说，即使各厂商在现实中均面临着竞争，但在我们的模型中像一个垄断者。

（4）假定这一行业的所有厂商都是对称的，即行业中所有的厂商所面临的需求曲线和成本函数完全相同。

（5）每个垄断竞争厂商只生产一个品种的产品，那么厂商数量就和异质产品数量相等。

（二）市场规模既定下均衡的厂商数和均衡价格

1. 市场规模既定下厂商数和平均成本的关系

假定一个典型垄断厂商的需求函数①为：

$$Q = S \times \left[\frac{1}{n} - b \times (P - \overline{P})\right]$$

其中 Q 是某厂商的销售量，S 是行业的总销售量，n 是行业中的厂商数目，P 是该厂商产品的销售价格，$\overline{P}$ 是竞争者的平均销售价格，b 是用来衡量各厂商市场份额对其定价的敏感性参数。此需求函数说明，若行业中竞争者增多（即 n 增大）或自己的价格（P）提高，则该厂商的销售量就会减少；若行业中竞争者减少（即 n 减小）或竞争者的平均价格（$\overline{P}$）提高，则该厂商的销售量就会增加。

---

① Stephen Salop, "Monopolistic Competition with Outside Goods," Bell Journal of Economics 10 (1979), pp. 141—156。

由于模型中假定各厂商均对称，因而生产均衡时，它们制定的价格相同。此时，各厂商的产出也都相等，即 $Q = S/n$ 。

假定厂商的平均成本为：

$$AC = F/Q + MC$$

其中 AC 是某厂商的平均生产成本，F 是与厂商产量不相关的固定成本，MC 是边际成本，假定边际成本为一常数，即不随产量的变化而变化。

因此，生产均衡时，平均成本 $AC = F/Q + MC = n \times F/S + MC$

此式说明，在其他因素不变情况下，行业中厂商越多，平均成本越高。其原因在于厂商数越多，则每个厂商的产量就越小，从而平均成本就越高。厂商数 n 与平均成本之间的正向关系可用图 5－4 中的 CC 曲线表示。

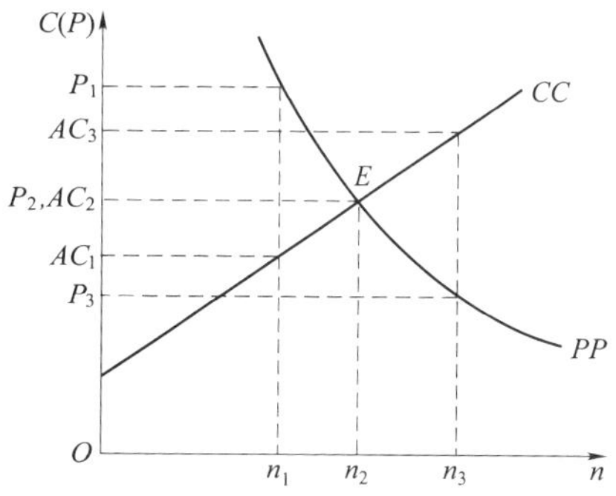

图 5－4　既定规模下垄断竞争市场的均衡

2. 市场规模既定下厂商数和价格的关系

由于我们假定每个厂商把其他厂商的价格作为既定价格，即它们没有考虑自己变动价格会引起其他厂商也改变价格，这说明 P 和 $\overline{P}$ 之间是相互独立的。因此，由厂商的需求函数 $Q = S \times \left[\frac{1}{n} - b \times (P - \overline{P})\right]$ 可得价格函数为：

$$P = (1/nb + \overline{P}) - Q/Sb$$

则边际收益为：

$$MR = \frac{dTR}{dQ} = P - Q/Sb$$

根据厂商利润最大化的原则（ $MR = MC$ ）有：

$$P = MC + Q/Sb$$

当所有的厂商制定同样的价格时，各自的销售量为 $Q = S/n$ ，将此式代入均衡价格函数 $P = MC + Q/Sb$ ，可得厂商数与各自价格之间的关系为：

$$P = MC + 1/bn$$

此式表明，行业中的厂商数（ n ）越多，则各厂商定的价格就越低，厂商数与价格之间的反相关系可用图 5－4 中的 PP 曲线表示。

3. 市场规模既定下均衡的厂商数和均衡价格

图 5－4 表明，向下倾斜的曲线 PP 表示行业中厂商越多，各厂商的产品定价越低，因为竞争越激烈。向上倾斜的 CC 曲线表明，行业中的厂商越多，每个厂商的平均成本越高，因为由于内部规模经济的作用，厂商销量的下降必然导致其生产成本的提高。

CC 曲线和 PP 曲线的交点 E 说明，此时，厂商的产品的价格（P_2）正好等于厂商的平均生产成本（AC_2），即每个厂商的利润都为 0，所以整个行业的利润也为 0，对应的厂商数为 n_2。如果厂商数量为 n_1，且 $n_1 < n_2$，则厂商的定价 P_1 会大于其平均生产成本 AC_1，厂商获得垄断利润，此时，会有新的厂商不断进入该行业，直到厂商数量增加

到 n_2，垄断利润为0。如果厂商数量为 n_3，且 $n_3 > n_2$，则厂商的定价 P_3 会小于其平均生产成本 AC_3，厂商出现亏损，此时，必然有厂商不断退出该行业，直到厂商数量减少到 n_2，垄断利润为0。因此，n_2 是该行业均衡的厂商数，P_2 是均衡价格。

（三）市场规模扩大情况下均衡的厂商数和均衡价格

上面讨论了在既定市场规模下垄断竞争市场达到均衡时均衡厂商数量和均衡价格的确定问题，下面我们来讨论，如果市场规模扩大了，那么当垄断竞争市场再次达到均衡时，该行业均衡的厂商数量和均衡价格如何变化问题，要解决这个问题，实际上是要确定市场规模扩大后 CC 曲线和 PP 曲线问题。

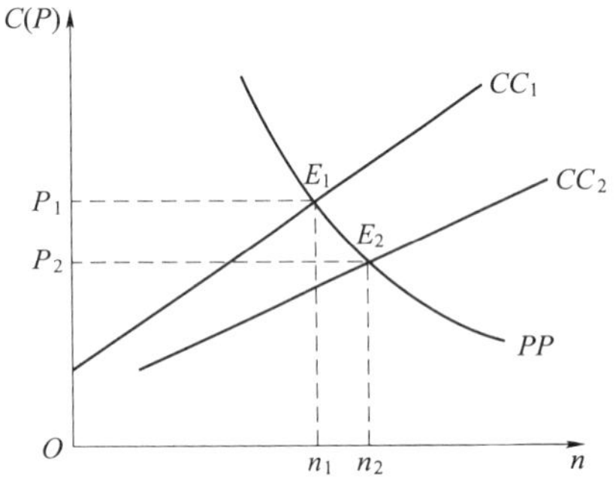

图5-5 市场规模扩大情况下垄断竞争市场的均衡

我们首先来确定市场规模扩大后的 CC 曲线。由均衡平均成本函数（CC 曲线函数）

$$AC = F/Q + MC = n \times F/S + MC$$

可知，对于给定的厂商数 n，随着市场规模 S 的扩大，平均成本就会下降，因为每个厂商的产量增加了。因此，市场规模扩大后的 CC_2 曲线必然位于原来 CC_1 曲线的下方，如图5-5所示。

市场规模扩大后的 PP 曲线。由均衡价格函数（PP 曲线函数）

$$P = MC + 1/bn$$

可知，市场规模 S 对该均衡价格函数没有影响，因此，市场规模的变化不会对 PP 曲线产生影响，即市场规模变化前后 PP 曲线不变，如图5-5所示。

显然，由图5-5可知，市场规模扩大后，当市场再次达到均衡时，该行业均衡厂商数量为 n_2，均衡价格为 P_2，也就是说，市场规模扩大后，厂商的数量增加了，产品的销售价格下降了，由于每个厂商只生产一种有差异的产品，因此，消费者可以以更低的价格消费更多种类的产品。

三、基本结论

以上我们证明了，市场规模扩大后，消费者可以以更低的价格消费更多种类的产品。因此通过国与国之间的贸易，各国就能在一个更大的市场范围内从事某些产品的大规模专业化生产，通过内部规模经济来降低生产成本和销售价格，同时，通过进口自己不生产的产品来扩大消费者可消费商品的种类，两国都可以从中受益。

这种贸易模式和贸易利益的存在完全是因为内部规模经济的作用，至于具体的贸易模式如何确立，哪些国家生产哪些品种的产品，是不能确定的，这需要考虑到规模经济的大小问题。

对于两国消费者来说，贸易后其消费品一部分由本国提供，一部分来自国外，这种贸易产品均是来自同一产业部门的产品，因此是一种产业内贸易。

第六节 寡头垄断与国际贸易：同质产品产业内贸易

本节将介绍垄断程度更高的一种市场结构——寡头垄断，及其对国际贸易的影响。在经济学理论中寡头垄断的典型形式是“古诺模型”——一种双寡头垄断形式，本节以古诺模型为例阐述开放条件下的双寡头国际贸易问题。

一、古诺模型基本假设

（1）两个规模既定的国家 A 和 B，且两国经济规模和要素禀赋相同。

（2）两国在某相同产业中，各自仅存在一个厂商（用 A 和 B 表示）。在封闭经济下该产业内的两厂商具有高度的内部规模经济（不考虑外部经济性），各国市场都是被单寡头垄断的，国内其他厂商不能进入该产业，而且生产要素不能跨国流动。

（3）两厂商生产技术相同，生产同一种产品，且完全同质，为简化问题，假设边际成本均为 0。

（4）两厂商面临相同的向下倾斜的需求曲线。

（5）两厂商遵循“古诺行为”，即同时进行产量决策，且依据对方的产量确定自己的产量。

二、封闭经济下一国单寡头垄断厂商的均衡

图 5-6 表示的是封闭经济下一国（以 A 国为例）单寡头垄断厂商的均衡，横轴代表产量，纵轴代表价格，假设 A、B 两国 A、B 厂商的最大产量为 Q^*，产品的最高定价为 P^*，MR_A为 A 厂商的边际收益曲线，P^*Q^* 为 A 厂商的需求曲线，其方程为：

$$P = P^* - \frac{P^*}{Q^*}Q$$

在完全垄断条件下，A 厂商按照 $MC = MR$（利润最大化）的原则确定均衡产量和均衡价格，追求垄断利润。由于假定边际成本为 0，则利润最大化的产量 $Q_A^E = Q^*/2$，利润最大化时产品销售价格 $P_A^E = P^*/2$。

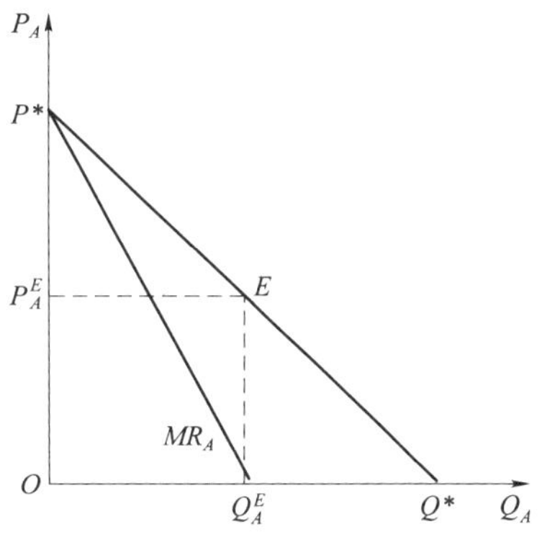

图 5-6 封闭经济下一国单寡头垄断厂商均衡

相应的对于 B 国的 B 厂商也有，利润最大化的产量 $Q_B^E = Q^*/2$，利润最大化时产品销售价格 $P_B^E = P^*/2$。

三、开放经济下双寡头垄断厂商的均衡

开放经济条件下，市场总规模扩大，两厂商可自由进入另一国市场，于是两国市场均变为双寡头垄断市场，每个国家市场上都有两个厂商 A 和 B，他们因提供同质产品而

存在竞争。但由于他们实力相当，谁也无法轻而易举地将对方挤出市场，只能通过猜测对方的产量来确定自己的产量，同封闭条件下的古诺模型（参见《西方经济学》）类似，两寡头厂商的博弈行为可以用反应曲线来表示，并最终确定均衡结果。

以 A 厂商为例，贸易后，A 国市场将变成一个双寡头垄断市场，对应于 B 厂商的每一个可能的产销量 Q_B，A 厂商在 A 国都有一个最佳销量 Q_A。据此我们可以求出 A 厂商在 A 国的反应曲线。

由厂商的需求函数 $P = P^* - \frac{P^*}{Q^*}(Q_A + Q_B)$ 可求得 A 厂商的总利润为：

$$\pi_A = PQ_A - 0 = P^* Q_A - \frac{P^*}{Q^*}(Q_A + Q_B)Q_A$$

A 厂商利润最大化的一阶条件为：

$$\frac{\partial \pi_A}{\partial Q_A} = P^* - 2\frac{P^*}{Q^*}Q_A - \frac{P^*}{Q^*}Q_B = 0$$

$$Q_A = \frac{Q^*}{2} - \frac{Q_B}{2}$$

此式即为 A 厂商在 A 国的反应曲线，它表示 A 厂商在 A 国市场上的最优产销量是 B 厂商在 A 国市场上销量的函数。可用图 5－7 中的 *AA* 曲线表示。

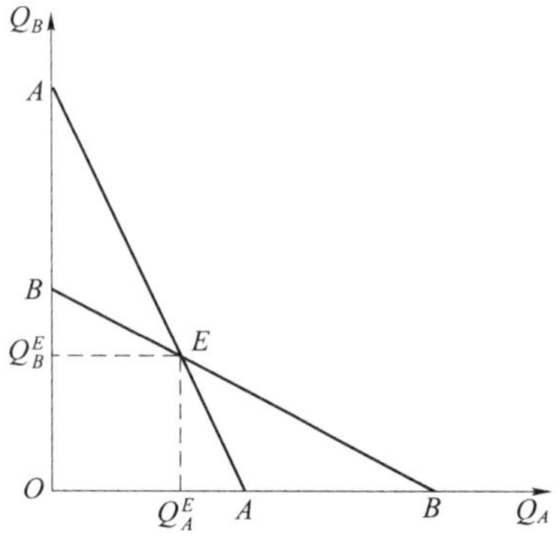

图 5－7 开放经济下双寡头垄断均衡

同理，我们可以求出 B 厂商在 A 国的反应曲线为：

$$Q_B = \frac{Q^*}{2} - \frac{Q_A}{2}$$

它表示 B 厂商在 A 国市场上的最优销量是 A 厂商在 A 国市场上的最优产销量的函数。用图 5－7中的 *BB* 曲线表示。

由 A 和 B 两厂商在 A 国的反应函数可求出两厂商在 A 国的最优产销量，即两条反应曲线的交点 E（Q_A^E，Q_B^E）为贸易后两寡头厂商在 A 国市场上的产销均衡点（见图5－7），分别为：

$$Q_A^E = Q_B^E = Q^*/3$$

同时，再利用需求函数可求得 A 国市场上这种产品的均衡价格为：

$$P^E = P^*/3$$

同理，可求得贸易后两寡头厂商在 B 国市场上的均衡产销量也为：

$$Q_A^E = Q_B^E = Q^*/3$$

均衡价格为：

$$P^E = P^*/3$$

因此，两国发生贸易后 A、B 两厂商的均衡产量分别为 $2Q^*/3$，相应的均衡售价为 $P^*/3$。

四、开放经济下双寡头垄断厂商均衡对社会福利的影响

贸易后和贸易前相比，两厂商的产量都增加了，即由贸易前的 $Q^*/2$ 增加到贸易后的 $2Q^*/3$，显然由于内部规模经济的作用，两厂商的生产成本都将下降。同时，贸易后产品的均衡销售价格也下降了，即由贸易前的 $P^*/2$ 下降到贸易后的 $P^*/3$。因此两国消费者可以以更低的价格消费数量更多的产品。一般情况下，消费者福利的增加要大于厂商垄断利润的减少，因此，通过贸易可以提高两国的净福利水平。

与垄断竞争贸易模型不同的是，由于两国提供的是完全同质产品，两国消费者的选择范围并没有扩大，但是消费者却可以享受由于打破完全垄断的市场结构而使产量增加、成本降低带来的利益。而且，引入国际贸易和一定程度的竞争之后，资源配置效率得以提高，这就是贸易的“竞争促进效应”。

第七节　需求偏好相似理论

瑞典经济学家林德尔（B · Linder）认为赫克歇尔—俄林理论适合用于解释初级产品，特别是资源密集型产品的贸易方式，不适合解释制成品，特别是资本密集型产品的贸易方式。因此，为了解释传统贸易理论同现代贸易实践之间的矛盾，他在 1961 年发表的 *An Essay on Trade and Transformation* 一书中提出了需求相似理论（The Theory of Demand Similarity）。需求偏好相似理论是从需求方面来解释产业内贸易成因的，从而在一定程度上也解释了基于规模经济的贸易具有不确定性的原因。

一、理论假设

需求偏好相似理论放弃了传统理论中消费者偏好相同的假设，从而在要素禀赋理论的基本前提下，加入了以下两条基本假定：

（1）需求偏好不同。假设一国之内，不同收入阶层的消费者偏好不同，收入越高的消费者越偏好奢侈品、高档品，收入越低的消费者越偏好生活必需品。

（2）有效需求重叠。假设不同国家的消费者收入水平如果相同，则其偏好也相同；且收入水平越接近，消费结构也就越相似。

二、理论内容

林德尔认为，一种产品是否生产首先取决于国内有效需求，其次才是国外市场的有效需求，厂商根据消费者的收入水平与消费结构的一致性来确定生产的内容和方向。任何一个国家的收入水平都是有差异的，对产品的有效需求档次也不一样，一般而言，一国对平均档次的商品需求量是最大的，平均消费品的档次就是该国的代表性需求，因此，厂商总是先生产平均档次的商品。在满足本国消费之后就要考虑出口，出口的对象国就是与本国人均消费水平相近的国家。两国的人均收入水平越相近，需求结构也就越相似，两国之间进行产业内贸易的基础就越雄厚。从而，林德尔的理论思路可以描述为：

国家之间的经济发展水平相似→国家之间人均收入水平相似→国家之间社会消费需求结构相似→国家之间的产业结构和产品结构相似→同类产品相互贸易的可能性。

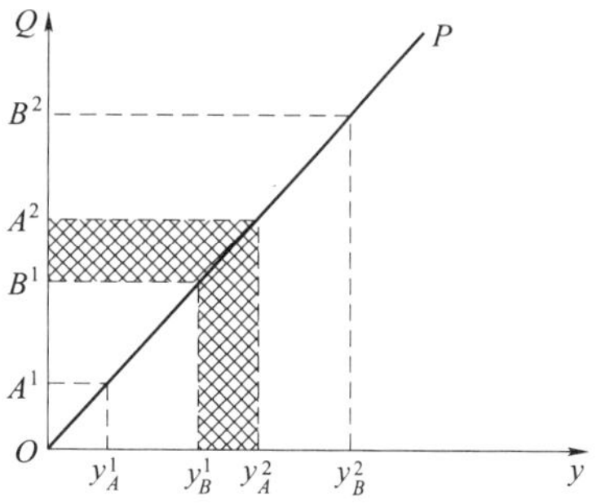

图 5-8 林德尔模型

图 5-8 对林德尔模型进行了描述。横轴 y 代表收入水平，纵轴 Q 代表商品的质量等级。收入水平越高，所需商品的质量等级也就越高，OP 线描绘了收入水平与商品质量等级的这种关系。

假设 A 国的个人收入水平区间为 [y_A^1，y_A^2]，所需商品的品质等级范围为 [A^1，A^2]，B 国的个人收入水平区间为 [y_B^1，y_B^2]，所需商品的品质等级范围为 [B^1，B^2]。对两国的消费者来说，落在各自有效需求范围之外的物品不是过于高档就是过于低劣，是消费者消费不起和不愿消费的。质量等级在 [A^1，B^1] 和 [A^2，B^2] 区间的商品只有来自本国的国内需求，不可能成为国际贸易商品，而质量等级在 [B^1，A^2] 区间的商品，在 A、B 两国都有需求（即重叠需求），是能够进行贸易的商品，所以，重叠需求是开展产业内贸易的基础。

林德尔的模型说明，两国的人均收入水平越接近，重叠需求的范围就越大，有相同需求的产品就越可能成为贸易品，产业内贸易的可能性就越大，该理论有效地解释了发达国家之间产业内贸易（尤其是制成品贸易）的普遍性和贸易量的巨大性。

林德尔还认为，发达国家与发展中国家之间的工业制成品贸易也取决于两国需求结构的重叠程度。因为发达国家也有中低收入阶层，发展中国家也有富裕人民，他们的需求层次和需求结构是会发生重叠的。这种重叠需求的程度决定了发达国家与发展中国家之间工业制成品的贸易流量和规模。因此，林德尔的需求偏好相似理论也被称为重叠需求理论。

三、理论简评

（1）需求偏好相似理论突破了其他国际贸易理论仅从供给角度研究贸易成因的局限性，侧重从需求角度探讨产业内贸易的基础，是对要素禀赋理论和其他产业内贸易理论的拓展和完善，同时也为贸易理论研究提供了新的思路和视角。

（2）需求偏好相似理论有效解释了第二次世界大战以来迅速发展的发达国家之间的产业内贸易现象，具有重大的理论和现实意义。

（3）需求偏好相似理论主要是针对工业制成品贸易的。林德尔认为，初级产品的生产和贸易主要是由自然资源禀赋不同引起的，其需求与收入无关；而工业制成品的品质和等级差异明显，其消费需求与收入水平有很大关系。所以，林德尔认为 H—O 理论只适合于解释初级产品，尤其是资源密集型产品的贸易方式，并不适合于解释制成品，尤其是资本密集型产品的贸易方式。发达国家之间制成品的贸易，以及贸易的种类、范围、流量等，则需要借助“收入偏好相似理论”来解释。

第八节 产品生命周期理论

在现代国际贸易中，知识密集型产品的贸易比重不断上升，但是，作为技术创新产物的知识密集型产品，总是在发达国家首先问世并出口，进口国随后模仿生产，而且随着产品标准化的提高，该产品的生产和出口逐渐由技术创新国转向模仿国。这一现象无论是在古典、新古典贸易理论，还是克鲁格曼的规模经济学说那里都得不到合理的解释。美国经济学家弗农（R. Vernon）（1966）在技术差距论（伯斯纳，1961）的基础上，将市场营销学中的产品生命周期概念引入贸易理论，突破以往的静态分析惯例，采用动态的分析方法，用产品生命周期理论对上述现象进行了解释。之后，基辛（Keesing）、克鲁伯（Gruber）、梅达（Mehta）、哈夫鲍尔（Hufbauer）、梅基（S·P·Magee）、斯特恩（Stern）和马斯卡斯（Maskus）等人对该理论进行了补充和验证。

一、产品生命周期理论的基本观点

1966 年，哈佛大学的弗农（R·Vernon）教授在《产品周期中的国际投资与国际贸易》一文中提出了产品生命周期理论的基本观点：在产品的整个生命期间，生产所需的要素是会发生变化的，因此在新产品的生产中可以观察到一个周期，即创新期、成长期、成熟期、标准化时期和生命晚期。

技术产品的生产和贸易之所以出现这种周期性变化，弗农认为其原因在于：各国技术进步的贡献不同。一种产品从生产到消费，需要经过诸多环节的不同投入，研究开发费用、资本、劳动投入、原材料投入、宣传促销费用、市场开发费用等等，产品随着技术的变化而更新换代，经历一次次的“生命”循环。在产品生命周期的不同阶段，各种要素投入的相对重要性也将发生变化。由于各国在要素投入上的比较优势不同，因此，会在产品生命周期的不同阶段体现出比较优势，从而生产并出口该阶段的产品，参与国际贸易。例如，如果在某一阶段，资本在某种产品的生产中占主导地位，那么资本丰裕国生产并出口此种产品就具有比较优势。

二、产品生命周期理论的图示分析

产品生命周期理论认为，能够进入国际贸易的新型工业化消费品都有一个生命周期，这个生命周期可以划分为五个阶段，在这五个不同阶段上，技术密集型产品的产品特性、国际生产区位和贸易格局各有不同的特点。如图 5－9 所示。

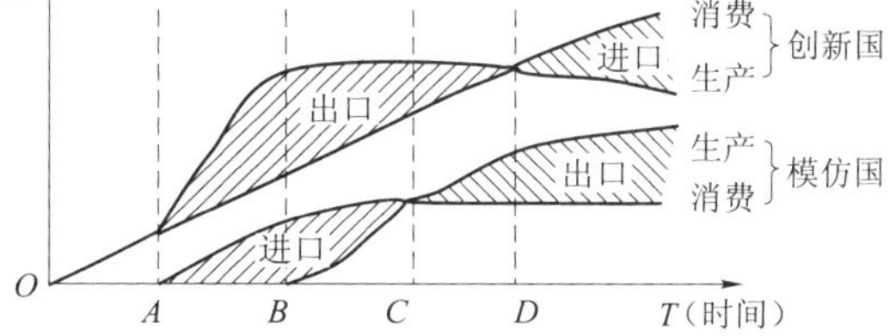

图 5－9 产品生命周期模型

第一阶段：技术创新期（OA 段）。技术密集型产品大都是在工业发达、科技水平较高的发达国家首先发明并投入使用，其初始目的主要是为了满足国内高收入阶层的特殊需要。在这一阶段，需要大量的研发费用和人力资本投入，生产技术尚不确定，产品设计没有定型，产量较低，没有规模经济效益，成本很高，一般在国内试产试销，而不出口。但厂商拥有该新产品的技术垄断优势。

第二阶段：新产品成长期（AB 段）。当新产品的生产技术、生产方法以及产品设计基本定型以后，即进入产品成长时期。这一阶段，技术创新国大规模生产并出口该产品，取得规模经济效益。此时技术创新国在国际市场上处于完全的技术垄断地位，其他国家尚不能生产只能依赖从创新国进口来满足需求，技术创新国拥有强大的出口竞争优势。

第三阶段：新产品成熟期（BC 段）。新产品和新生产技术在技术创新国已经完全定型，国内市场基本饱和，国际市场需求迅速扩大，创新国的出口量大幅度提高并达到最高点。由于生产技术相对成熟，技术扩散速度加快，新技术模仿国开始在国内生产并满足国内的市场需求，逐步减少进口量，直至进口为零，而创新国的出口量则在达到顶峰后开始下降。

第四阶段：标准化生产期（CD 段）。这一阶段，生产技术和产品实现完全标准化，技术优势在国际竞争中已经不再重要，取而代之的则是成本和价格竞争。此时新技术模仿国的生产规模迅速扩大，并且凭借其劳动成本优势或其他低廉成本优势开始向第三国市场出口新产品，并以其低廉成本逐步抢占技术创新国的市场，直至将其排挤出去。

第五阶段：产品生命晚期（D 点以后阶段）。技术创新国在生产供给方面的竞争优势已经完全丧失，开始完全依赖进口该种产品满足国内市场需求。技术模仿国则成为国际市场的主要出口供给者，并向创新国出口该种产品。这时候的国际生产区位和贸易格局已经发生逆转。

至此，这个贸易周期结束。但实际上，创新国在第二、三阶段又会开始新产品的创新与生产，这意味着下一个新的产品生命周期的开始。产品生命周期理论是一个动态化的经济理论，在一个新产品的生命周期中，制造这种产品的生产要素比例、各国的比较优势以及进口需求都会发生规律性的变化。

三、产品生命周期理论简评

产品生命周期理论在研究方法上突破了传统贸易理论短期静态分析方法，是一种典型的动态化国际贸易理论。该理论并没有排斥传统的国际贸易理论，而是对传统贸易理论的全面继承和发展，它借用了市场营销学的知识，把比较成本优势、比较技术优势、比较规模经济优势、生产区位变化、市场需求格局的影响等等众多因素纳入一个贸易理论之中，暗示了国际贸易格局的形成和演变是多因素综合作用的结果。该理论揭示的贸易格局变化特征也被许多新型工业产品的贸易发展历史证实是基本符合实际的。特别是它关于技术差别对贸易格局、比较优势、产业扩散的动态影响的分析，大大扩展和丰富了传统贸易理论。

现实世界中确实有许多工业产品经历了产品生命周期的五个阶段，例如，收音机、录音机、电视机、空调、电冰箱等。最近几十年来，新技术和新产品的更新换代和地理扩散的速度大大加快或者说周期缩短，使我们可以亲眼目睹一个个完整的产品生命周期。但是，这种趋势本身又引起了一个重要的理论问题，技术创新国取得新技术新产品的垄断优势越来越难，因为发达国家之间的科技开发能力差距不大，一种新技术新产品发明之后很快就会被技术模仿国迅速赶上，技术创新国要维持技术优势必须跑得越来越快，产业结构的调整速度也必须越来越快。落后的技术模仿国（发展中国家）与发达的技术创新国的技术差距越来越大，落后国家产业结构调整的代价也越来越大，因此，如何加快发展中国家的技术吸收能力和创新能力，缩小与发达国家的经济技术差距，是摆在发展中国家面前的一项艰巨任务。

本章小结

1. 二战以后，世界贸易发展出现了新的变化，即产业内贸易迅速增加，产业内贸易现象对建立在完全竞争和规模报酬不变假设基础上的传统国贸易理论提出了挑战。为了解释产业内贸易产生的原因，经济学家们打破传统贸易理论完全竞争市场和规模报酬不变的假定，以规模经济为基础，借助产业组织理论、市场结构理论、重叠需求理论以及市场营销理论等构筑了新的贸易模型，从不同的角度提出了各种产业内贸易理论，主要有：新赫克歇尔—俄林模型、垄断竞争贸易理论、寡头垄断贸易理论、相互倾销贸易理论、需求偏好相似理论和新技术产品生命周期理论。

2. 外部规模经济贸易理论说明，只要存在外部规模经济，每个国家专业化生产其有比较优势的产品并进行国际贸易，就能增进贸易各国福利，因此外部规模经济是产生国际贸易的一个基础。但要注意的是，建立在外部规模经济基础上的国际贸易实际上是一种属于传统贸易理论框架内的产业间贸易。

3. 新新赫克歇尔—俄林模型说明即使在完全竞争市场和不存在规模经济的情况下，也会发生垂直型产品的产业内贸易。

4. 垄断竞争贸易理论证明了内部规模经济是引起异质产品产业内贸易的重要原因。该理论表明，通过国与国之间的贸易，各国就能在一个更大的市场范围内从事某些产品的大规模专业化生产，通过内部规模经济来降低生产成本和销售价格，同时，通过进口自己不生产的产品来扩大消费者可消费商品的种类，两国都可以从中受益。

5. 寡头垄断贸易理论证明了内部规模经济是引起同质产品产业内贸易的重要原因。该理论表明，通过国与国之间的贸易，虽然消费者消费产品的种类没有变化，但消费者可以享受由于打破完全垄断的市场结构所导致的产量增加和产品价格下降带来的消费者福利的增加。一般情况下，消费者福利的增加要大于厂商垄断利润的减少，因此，通过贸易可以提高两国的净福利水平。

6. 需求偏好相似理论突破了其他国际贸易理论仅从供给角度研究贸易成因的局限性，侧重从需求角度探讨产业内贸易的基础。该理论认为，两国的人均收入水平越相近，需求结构也就越相似，两国之间进行产业内贸易的基础就越雄厚。

7. 新技术产品生命周期理论从技术进步角度来探讨产业内贸易产生的原因，作为一种典型的动态化贸易理论，该理论认为，一种产品在其生命周期的不同阶段是用不同的生产要素生产的，由于不同国家的要素禀赋不同，需求偏好也不一样，因此在其生命周期的不同阶段，产品就会在不同国家生产，从而导致贸易的产生。

思考练习题

1. 简述二战以后，国际贸易的新现象。
2. 试分析二战后，产业内贸易的发展及其原因。
3. 如何运用产品生命周期理论来解释产业内贸易现象？
4. 简述内部规模经济与外部规模经济，并解释各自产生的原因。
5. 简述垄断竞争贸易理论是如何提高贸易国的社会福利的。
6. 简述寡头垄断贸易理论是如何提高贸易国的社会福利的。
7. 简述出口倾销及其成功的三个条件。
8. 试比较分析垄断竞争贸易理论与寡头垄断贸易理论之间的异同。
9. 简述需求偏好相似理论与H—O理论的主要差别。
10. 简述外部规模经济贸易理论与H—O理论的主要差别。
11. 简述国际贸易理论的发展大体经历了哪几个阶段？
12. 试比较分析现代贸易理论与传统贸易理论之间的异同（从理论模型条件、贸易发生的原因、贸易格局的确定、国内不同利益集团的利益分配等方面进行比较）。
13. 试计算2007年我国食品制造业的产业内贸易指数（巴拉萨指数）。

第六章　经济增长与国际贸易

学习目标

通过本章学习，了解经济增长的类型，以及不同类型的经济增长对生产格局、贸易格局和福利水平的影响，重点掌握罗勃津斯基定理和贫困化增长理论。

关键术语

经济增长　要素增长　技术进步　罗勃津斯基定理　贫困化增长　贸易条件恶化

在古典和新古典贸易理论中，均假设短期内各国的要素禀赋和生产技术是给定不变的，但是，从长期来看，一国的要素资源数量是不断增加的，生产技术也在不断进步，这些变化必然会提高生产效率、促进经济增长，从而对生产格局、贸易条件和贸易流量产生重要影响。本章依次介绍要素供给增长和技术进步对经济增长的影响，以及经济增长对国际贸易的影响。

第一节　要素供给与经济增长

从动态的角度来看，一国经济中的资源数量是不断变化的，生产要素（劳动和资本）的供给量随时间的推移而不断增加，甚至可开采利用的自然资源也在增加。在技术不变情况下，生产要素供给的增长必然导致产出水平的提高，而产出水平的提高就是我们通常所说的经济增长。

一、要素供给增长与产出增长

产出水平的提高会使一国的生产可能性曲线（Production Possibility Curve, PPC）向外移动，但是PPC外移的程度和具体形状取决于各种生产要素的相对增长比例。

本章仍以两部门（X、Y）、两要素（L、K）为例，假设X是劳动密集型产品，Y是资本密集型产品，且X和Y产品的机会成本递增。用n表示劳动力增长比例，k表示资本增长比例。若 $n=k$，则表明劳动和资本的增长比例相同，称为要素的平衡增长；

若 n≠k，则称为要素的不平衡增长，其中，n > k 时，表示劳动增长比例大于资本增长比例，n < k 时，表示资本增长比例大于劳动增长比例。下面介绍要素供给增长对该国生产可能性曲线的影响。

（一）要素平衡增长与产出平衡增长

当劳动和资本增长比例相同（n = k）时，不会带来要素相对价格的变化，因此，在生产技术不变情况下，两种产品的要素密集度就不会发生变化，此时，若所有新增要素被充分利用，生产可能性曲线就会平衡向外移动，劳动和资本增长比例越大，外移的程度也就越大。如图 6 – 1 所示，内层曲线 PPC_0 表示要素增长之前的生产可能性曲线，外侧曲线 PPC_1 表示要素平衡增长后的生产可能性曲线。从原点出发的生产扩展线（如 OC）与两条生产可能性曲线交点处的切线斜率相等，这说明经济增长前后产品的相对价格也保持不变。

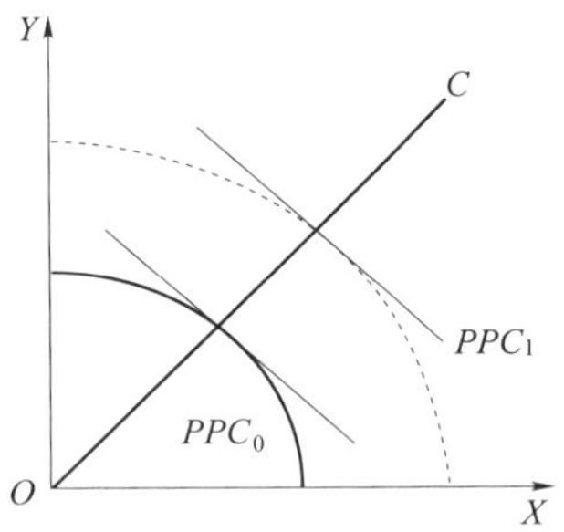

图 6 – 1　n = k 时的产出增长

（二）要素非平衡增长与产出非平衡增长

1. 劳动增长比例大于资本增长比例时产出的非平衡增长

当劳动增长比例大于资本增长比例（n > k）时，劳动的相对价格就会下降，两部门都会用更多的劳动替代资本进行生产，从而使 X 和 Y 的资本密集度较前都有所下降（K/L 减小）。尽管要素供给增加会导致两种产品的产量都增加，但是，劳动密集型产品 X 产量的增加幅度将大于资本密集型产品 Y 的增加幅度，所以，生产可能性曲线将在 X 轴的方向更大程度地向外扩展。如图 6 – 2 所示，PPC 由原来的 PPC_0 扩展为 PPC_1。

需要注意的是，当仅有劳动供给增加（n > 0），而资本供给完全没有增加（k = 0）时，Y 产品的产量也会增加，而不会维持原有的产量，即生产可能性曲线不会出现图 6 – 2 中 PPC_2 那种情况，这是因为劳动和资本是可以相互替代的，当仅有劳动增加时，Y 部门也会使用更多的劳动进行生产，产量也会扩大。

2. 劳动增长比例小于资本增长比例时产出的非平衡增长

当劳动增长比例小于资本增长比例（n < k）时，资本的相对价格就会下降，两部门都会用更多的资本替代劳动进行生产，从而使 X 和 Y 的资本密集度较前都有所提高（K/L 增大）。尽管要素供给增加会导致两种产品的产量都增加，但是，资本密集型产品 Y 产量的增加幅度将大于劳动密集型产品 X 的增加幅度，所以，生产可能性曲线将在 Y 轴方向更大程度地向外扩展。如图 6 – 3 所示，PPC 由原来的 PPC_0 扩展为 PPC_1。

同理，当仅有资本供给增加（k > 0），而劳动供给完全没有增加（n = 0）时，X 产品的产量也会增加，即生产可能性曲线不会出现图 6 – 3 中 PPC_2 的情况。

上述三种要素增长类型，都会增加产出，这在封闭条件下就意味着国民整体福利的提高。但在开放条件下却不一定，例如可能存在的“悲惨增长”，即经济增长了，自己国家的福利水平反而会下降。

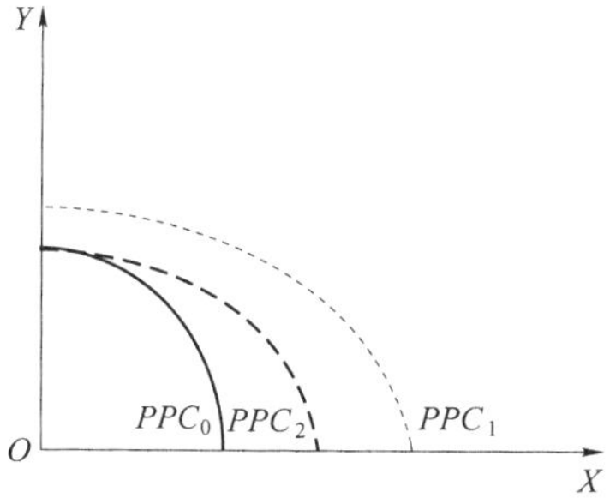

图 6－2　n＞k 时的产出增长

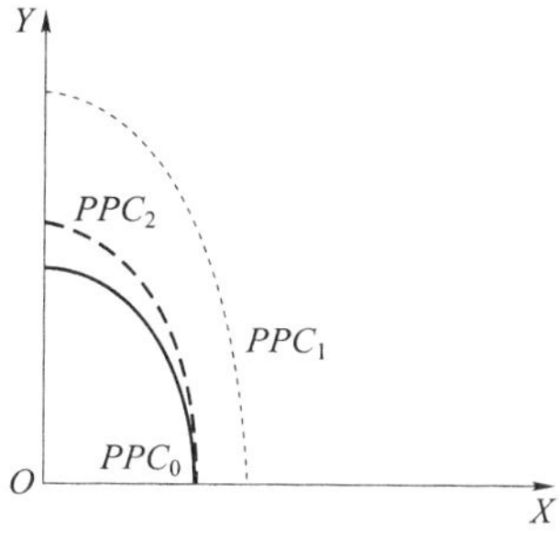

图 6－3　n＜k 时的产出增长

二、罗伯津斯基定理

罗伯津斯基定理考察了仅有单一要素供给增长时，一国均衡产出发生的变化。

（一）前提假设

（1）假设一国经济中仅有劳动和资本两种生产要素，X 和 Y 两个生产部门，且 X 是劳动密集型产品，Y 是资本密集型产品。

（2）生产技术既定，且要素相对价格给定不变，两种商品相对价格不变，这意味着两种产品的要素密集度不变。

（3）市场出清，消费结构与生产结构相适应。

（4）资源充分利用，包括新增要素。

（二）定理的基本内容

英国经济学家罗伯津斯基（T．M．Rybczyski）指出：在满足上述假设前提的基础上，一国某一种生产要素的单方面供给增加，会导致密集使用该要素的产品部门生产扩大，而密集使用其他要素的产品部门生产缩减。

（三）定理的证明

图 6－4 描述了一国仅劳动要素供给增加对该国两部门均衡产量产生的影响。假设初始状态下，该国的生产可能性曲线为 PPC_0，国内 X 产品的相对价格为 P_0，生产均衡点为 E_0（X_0，Y_0），PPC_1 为仅劳动要素供给增加后该国的生产可能性曲线。

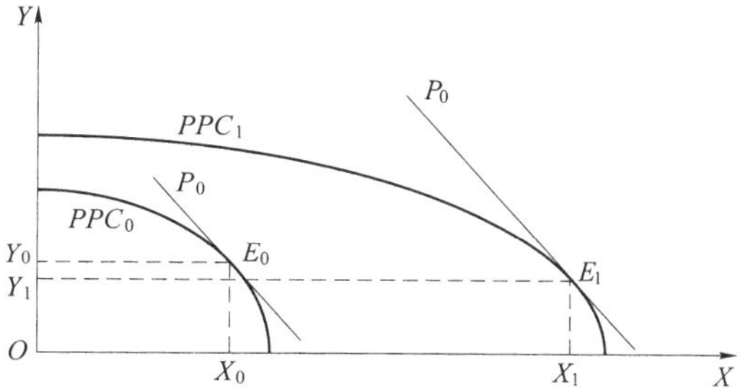

图 6－4　仅劳动要素供给增加条件下的罗勃津斯基定理

劳动要素供给增加后，要保持两生产部门的要素密集度不变，又要充分利用所有的生产资源，只能把新增的劳动供给都投入到劳动密集的 X 生产部门，这会使 X 部门的资本密集度变小，由于假定 X、Y 两产品的要素密集度不变，因此会使资本密集型 Y 部门的一部分资本和劳动按其要素密集度的比例流入 X 部门（资本和劳动按此比例流出保证了 Y 部门的资本密集度保持不变），直到 X 部门的资本密集度重新恢复到原来的水平为止，这意味着密集使用劳动要素的 X 产品部门生产扩大，而密集使用资本要素的 Y 产品部门生产缩减。如图 6－4 所示，劳动供给增加后，该国新的生产均衡点为 E_1（X_1，Y_1）。由于假定 X 产品的相对价格不变，且生产可能性曲线 PPC_1 较 PPC_0 在 X 轴上扩展的幅度大于在 Y 轴上的扩展幅度，因此，新的均衡点 E_1 所对应的 Y 的均衡产量 Y_1 必然小于 E_0 点所对应的 Y 的均衡产量 Y_0。

需指出的是，若劳动单方面增加了一倍，那么在罗伯津斯基定理的假定下，该国生产再次达到均衡时，劳动密集型 X 产品的产量将是最初产量的两倍还要多（$X_1>2X_0$）。这是因为 X 部门不仅吸纳了全部新增劳动，还吸纳了资本密集型生产部门中的劳动和资本，同时，又由于 X 产品的要素密集度不变，因此，当 X 部门劳动力流入量最终增加一倍多时，必然会使 X 的产量增加一倍多，此即琼斯（R. Jones）所称的要素供给单方面增长引起密集使用该要素产品生产扩张的“放大效应”。

同理，在资本要素单方面增长时，也会发生类似的变化，使资本密集型产品的生产扩大，而劳动密集型产品的生产缩减。

专栏6－1

“荷兰病”——罗勃斯基定理的典型案例

荷兰病的名称要追溯到 20 世纪 70 年代，在那以前，荷兰是一个以制造业为主的工业化国家。后来，荷兰在北海开发出了新的天然气资源。结果 20 世纪 70 年代发生了两次石油冲击导致油价上升，都给荷兰带来了意外的收入。但情况似乎对荷兰不利，因为荷兰越是增加天然气的生产，其生产出口产品制造业就越是萧条。由于天然气生产的迅速发展，工资和利润大幅攀升，挤压了传统制造业的人力和资本，使得传统制造业的成本上升，传统制造业的比较优势就逐渐丧失了。经济学家把这种现象叫做“荷兰病”。指的是资源产业在繁荣时期的膨胀往往以其他行业发展为代价的现象——高素质的劳动力和资本被吸引走，出口高额盈利使货币升值，从而削弱了出口行业在世界市场上的竞争力。荷兰病并不只出现在荷兰，后来的一些新开发了自然资源的国家（包括英国、挪威、澳大利亚、墨西哥、加拿大和中国的一些城市）好像都也感染上了类似的经济病状。

尼日利亚是一个典型案例。1973－1974 年，阿拉伯国家实行石油禁运后，世界市场上石油价格翻了两番；1979－1980 年，石油价格又涨了一倍，结果，1980 年末，石油贸易条件是 1972 年的 7 倍，这种“石油意外收入”占尼日利亚 70 年代和 80 年代初国内生产总值的 23%。这些意外收入全部成为政府支出，公共投资增加，公务员工资涨了一倍，国内通货膨胀加剧，实际汇率上升。到 1984 年，尼日利亚名义非石油出口下降了近 90%，呈现了典型的荷兰病症状。其中，农业受损最严重，出口量下降了2/3。

印度尼西亚也是分享石油意外收入的国家，但是印尼政府在整个飞速发展时期，力争收支平衡，控制住了通货膨胀；同时，印尼政府采取了政策将石油收益用于经济发展。首先，扩大了对农业的投资，包括资助灌溉系统，鼓励优良品种，改造农村医疗和教育设施，增加农业投入；其次，采取措施避免货币实际升值，维持其真实的水平，使非石油产品出口一直保持在7%的增长率。因此，印尼没有出现荷兰病症状。

另外，2012年3月加拿大媒体称本国也患上“荷兰病”，正面临着经济发展不平衡的问题。加拿大资源充沛的西部省份依靠出口石油、天然气和钾肥等自然资源较快地发展了经济。加拿大能源研究的一份报告显示，在未来至少25年内，加拿大的油砂行业在投资和税收方面的产出和贡献额总计将达到3.3万亿美元。西部省份的油砂工业将是加拿大经济增长的重要来源。然而加拿大东部地区的制造商和出口商因为加元升值导致成本上涨，进而削弱了在美国市场的竞争力。这又是荷兰病的典型症状。

从上述案例可以看出，荷兰病的治理机制本质在于以重税抑制暴利行业投资需求冲动，并且以轻税刺激制造业供给增加。可以对新的自然资源产业征税，然后将所征的税用于鼓励传统的产业，从而平衡产业发展，推动经济进步。

http://hi.baidu.com/klshoo/item/35386ee62f4edd3b4ddcaf97

http://intl.ce.cn/specials/zxgjzh/201203/05/t20120305_23129967.shtml

http://shixianjin.blog.163.com/blog/static/1703572472012014111752900/

据上述资料整理、编辑。

第二节 技术进步与经济增长

技术进步意味着一定的要素投入量可以生产出更多的产品，这和在技术不变时增加要素供给一样都能提高一个国家的产出水平，所以，技术进步也是经济增长的源泉，而且随着知识经济的到来，技术进步和技术创新在经济增长中的作用越来越大。

一、技术进步的类型

在要素相对价格不变的条件下，希克斯根据劳动和资本边际生产率提高的程度不同，将技术进步分为三种类型：中性技术进步、劳动节约型技术进步和资本节约型技术进步。

（一）中性技术进步

这是指某一生产部门劳动和资本两种生产要素的边际生产率以相同比例提高。在要素相对价格不变时，生产者不会调整要素投入比例，这意味着发生中性技术进步时，产品要素密集度不变，但其产量增加。

（二）劳动节约型技术进步

这是指某一生产部门资本边际生产率提高的幅度大于劳动边际生产率提高幅度。在要素相对价格不变的条件下，生产者将用更多的资本替代劳动，使得该部门产品的资本密集度上升，即生产既定产量的产品需要一定量的资本和更少的劳动，节约了劳动，因此，称该部门发生了劳动节约型技术进步。

（三）资本节约型技术进步

这是指某一生产部门劳动边际生产率提高的幅度大于资本边际生产率提高的幅度。在要素相对价格不变的条件下，生产者将用更多的劳动替代资本，使得该部门产品的资本密集度下降，即生产既定产量的产品需要一定量的劳动和更少的资本，节约了资本，因此，称该部门发生了资本节约型技术进步。

技术进步不同于要素增长，要素供给增长时，各个部门面临的条件是一样的，生产决策取决于生产者，而技术进步却有不易模仿性甚至保密性，因此，技术进步可能在不同的生产部门发生而且类型可能完全不同。关于技术进步对经济增长效应的分析要涉及两个部门、两种要素和三种技术进步类型的不同组合，这就使得技术进步对经济增长的影响更加复杂。在研究技术进步对经济增长的贡献方面，罗默、卢卡斯、斯文森等人的新增长理论对此进行了深入分析，该理论将技术变动内生化，研究了技术进步、经济增长及其与国际贸易的关系，有兴趣的读者查阅相关书籍，本节只介绍中性技术进步对经济增长的影响和作用。

二、技术进步与产出增长

假设只有两种生产要素（L、K）、两种产品（X、Y），且 X 是劳动密集型产品，Y 是资本密集型产品。

（一）中性技术进步与产出平衡增长

若一国 X、Y 两生产部门中都发生了同样的中性技术进步，即两部门中劳动与资本的生产效率等比例提高，此时，要素相对价格、要素数量和要素配合比例将保持不变，生产可能性曲线就会平衡向外移动，这种变化与要素等比例增长时的影响效果是一样的，都表现为产出的平衡增长。如图 6－5 所示，发生中性技术进步时，PPC 等比例外移，即由 PPC_0 移动到 PPC_1。从原点出发的生产扩展线（如 OC）与两条生产可能性曲线交点处的切线斜率相等，这说明经济增长前后产品的相对价格也保持不变。

（二）中性技术进步与产出不平衡增长

当一国仅有一个生产部门发生中性技术进步，而无论是 X 部门还是 Y 部门，都会造成产出的不平衡增长。如仅有 X 部门发生中性技术进步，则生产可能性曲线的外移偏向于横轴；若仅有 Y 部门发生中性技术进步，则生产可能性曲线的外移偏向于纵轴。

如图 6－6 所示，PPC_0 表示初始状态的生产可能性曲线，PPC_1 表示仅有 X 部门发生

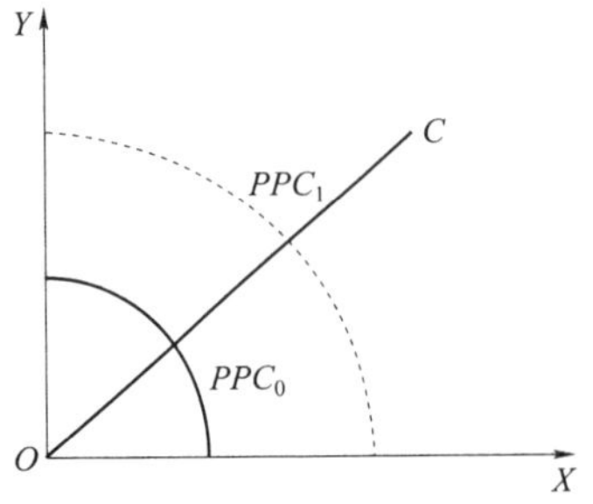

图 6－5　中性技术进步与产出平衡增长

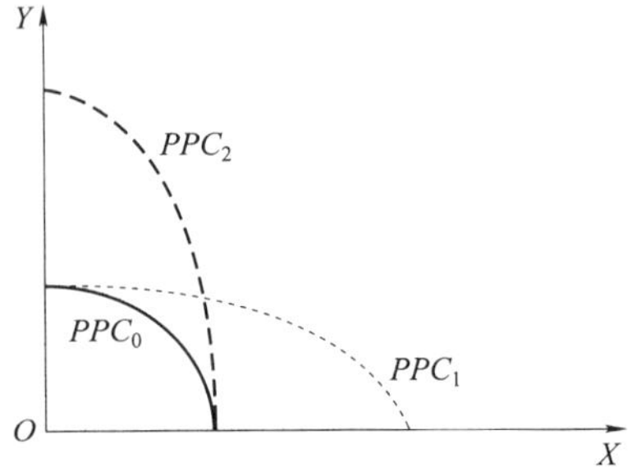

图 6－6　中性技术进步与产出不平衡增长

中性技术进步时的生产可能性曲线，PPC_2表示仅有 Y 部门发生中性技术进步时的生产可能性曲线。与要素供给不平衡增长导致的产出不平衡增长不同的是，中性技术进步使生产可能性曲线只在发生技术进步部门的方向向外扩张，而要素供给不平衡增长会使生产可能性曲线在两个方向同时向外扩张。

可见，技术进步会导致更高的生产可能性曲线，这在封闭条件下意味着国家整体福利水平的提高。

三、技术进步与均衡产出

（一）劳动密集型部门中性技术进步与均衡产出

图 6－7 描述了劳动密集型生产部门发生中性技术进步时对均衡产出的影响。设 X 是劳动密集型产品，Y 为资本密集型产品。技术进步前该国 X 产品的国内相对价格为 P_0，生产可能性曲线为 PPC_0，生产—消费均衡点为 E_0（X_0，Y_0）。若 X 部门发生了中性技术进步，此时生产可能性曲线仅在 X 轴方向上向外扩张，如 PPC_1 所示，并且扩张后的生产可能性曲线上每一点的切线都比原生产可能性曲线上纵坐标相同点处的切线更加平坦。若发生经济增长后 X 产品的相对价格不变，仍为 P_0'，那么新的生产—消费均衡点 E_1（X_1，Y_1）必定落在 E_0（X_0，Y_0）的右下方，即 $X_1 > X_0$，$Y_1 < Y_0$。这就意味着，当产品相对价格保持不变时，劳动密集型生产部门（发生技术进步的部门）的均衡产量扩大，而资本密集型生产部门（未发生技术进步的部门）的均衡产量缩减。

（二）资本密集型部门中性技术进步与均衡产出

图 6－8 描述了资本密集型生产部门发生中性技术进步时对均衡产出的影响。假设 X 是劳动密集型产品，Y 为资本密集型产品。技术进步前该国 X 产品的国内相对价格为 P_0，生产可能性曲线为 PPC_0，生产—消费均衡点为 E_0（X_0，Y_0）。若 Y 部门发生了中性技术进步，那么生产可能性曲线仅在 Y 轴的方向上向外扩张，如 PPC_1 所示，并且扩张后的生产可能性曲线上每一点的切线都比原生产可能性曲线上横坐标相同点处的切线更加陡峭。若发生经济增长后国内 X 产品的相对价格保持不变，仍为 P_0，那么新的生产均衡点 E_1（X_1，Y_1）必定落在 E_0（X_0，Y_0）的左上方，即 $X_1 < X_0$，$Y_1 > Y_0$。这就

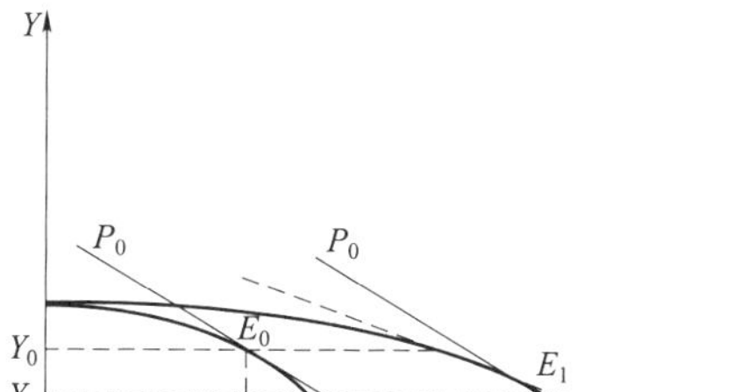

图 6－7　劳动密集型部门中性技术进步与均衡产出

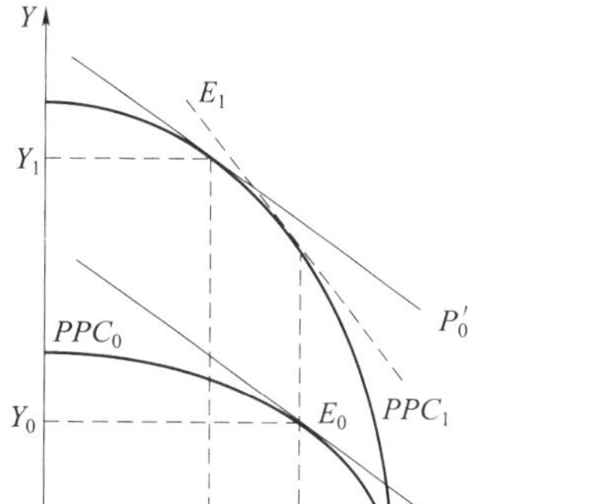

图 6－8　资本密集型部门中性技术进步与均衡产出

意味着，当产品相对价格保持不变时，资本密集型生产部门（发生技术进步的部门）的均衡产量扩大，而劳动密集型生产部门（未发生技术进步的部门）的均衡产量缩减。

总的来看，我们可以得出以下结论：在产品相对价格不变的假设条件下，劳动密集型生产部门单方面的中性技术进步会使劳动密集型生产部门的均衡产出扩大，而使资本密集型生产部门的均衡产出缩减；资本密集型产品部门单方面的中性技术进步会使资本密集型生产部门的均衡产出扩大，而使劳动密集型生产部门的均衡产出缩减。

第三节 经济增长与国际贸易

由前两节内容可知，无论生产要素供给增加还是技术进步引起的经济增长，都会使一国的产出水平提高，这在封闭经济条件下意味着国家整体福利水平的提高，但在开放条件下却不一定如此。在开放条件下，一国经济增长导致的生产扩张，尤其是产出的不平衡增长，除了影响贸易规模、贸易流向外，更重要的是，它还极有可能影响一国的贸易条件，造成经济增长福利的不确定性。

一、产出的平衡增长与国际贸易

平衡增长是指在两种产品要素密集度保持不变的条件下，两部门生产能力同时等比例提高的情况，在图形上表现为生产可能性曲线平衡向外移动，移动的距离取决于两部门生产能力提高的比例。经济平衡增长可能是由于劳动、资本两种要素同时增加了相同比例，也可能是由于两个生产部门都发生了同样的中性技术进步等，至于究竟是哪种原因造成的，并不重要，重要的是他们都造成了产出的平衡增长，从而对国际贸易的影响和作用是类似的。图 6－9 描述了平衡增长对不同国家国际贸易的影响。

图 6－9（a）描述了小国发生平衡增长后，其对外贸易的变化情况。初始状态下，该国的均衡贸易条件为 P_0，生产均衡点和消费均衡点分别为 S_0 和 C_0，该国所达到的效用水平为 U_0。小国发生平衡增长后，生产可能性曲线将平衡向外移动。由于该国是小国，产量增加后其贸易条件不变，因此当贸易再次达到均衡时，其国内的生产均衡点和消费均衡点分别为 S_1 和 C_1。显然，小国发生平衡增长后，两种产品的均衡产量和贸易量都增加，同时国民整体福利也达到更高水平 U_1。

图 6－9（b）描述了大国发生平衡增长后，其对外贸易的变化情况。初始状态下，该国的均衡贸易条件为 P_0，生产均衡点和消费均衡点分别为 S_0 和 C_0，该国所达到的效用水平为 U_0。大国发生平衡增长后，生产可能性曲线将平衡向外移动。但由于大国 X 产品的出口量占世界贸易比重很大，X 的大规模出口会导致该国的贸易条件恶化，即当贸易再次达到均衡时，其均衡贸易条件 P_1 会小于原来的均衡贸易条件 P_0，但由于产出增长带来的福利的增加大于贸易条件恶化带来的福利的减少，因此，该国的福利水平也达到更高水平 U_1。

可见，一般情况下，无论大国还是小国，只要发生经济的平衡增长，该国的贸易流量一定会扩大，同时该国的福利水平也会提高。须注意的是，大国的贸易条件会恶化，但恶化的幅度通常并不大。

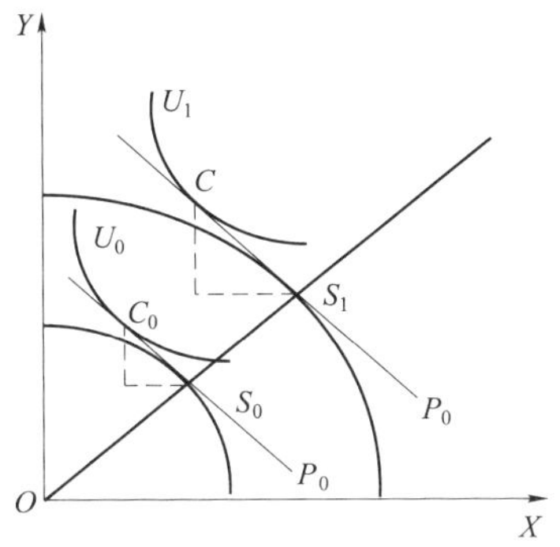

图 6 - 9（a） 小国平衡增长与国际贸易

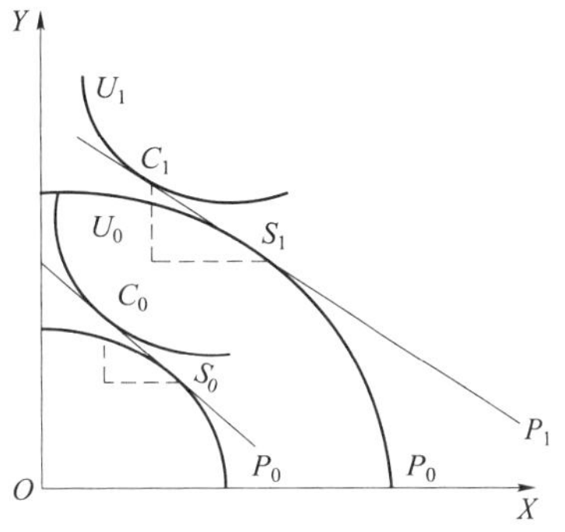

图 6 - 9（b） 大国平衡增长与国际贸易

二、产出的不平衡增长与国际贸易

产出的不平衡增长是指两部门生产能力发生了不同程度的提高，而使产出发生不平衡增长的原因除了生产要素的不平衡增长外，技术进步只在一个生产部门发生或者技术进步在两个部门发生但程度不同时，也会导致产出的不平衡增长。由于引起产出不平衡增长的原因较复杂，本章在介绍不平衡增长对国际贸易的影响时，不再区分导致不平衡增长的具体原因，因为我们研究的问题是不平衡增长对国际贸易的影响。

假设一国用劳动（L）和资本（K）两种要素生产劳动密集型产品 X 和资本密集型产品 Y，且 X 为该国的出口产品，Y 为进口产品。

初始状态下，一国的生产可能性曲线为 PPC_0，贸易条件为 P_0，生产均衡点和消费均衡点分别为 S_0 和 C_0，达到的社会福利水平为 U_0。此时如果发生不平衡经济增长，生产可能性曲线就会向外移动，移动方向可能偏向于出口部门 X（这可能是由于劳动要素相对供给增加造成的，也可能是 X 部门发生了技术进步造成的），也可能偏向于进口部门 Y（这可能是由于资本要素供给相对增加造成的，也可能是由于 Y 部门发生技术进步造成的）。

如果经济增长使出口部门产品生产规模扩大的比例大于进口替代部门产品生产规模扩大的比例而且两部门要素密集度的差异缩小，从而使该国的生产可能性曲线更加向出口部门方向外移，我们将这种经济增长称为出口扩张型经济增长。如果经济增长使进口替代部门产品生产规模扩大的比例大于出口部门产品生产规模扩大的比例而且两部门要素密集度的差异缩小，从而使该国的生产可能性曲线更加向进口部门方向外移，我们将这种经济增长称为进口替代型经济增长。

（一）出口扩张型经济增长与国际贸易

1. 贸易小国情况

图 6 - 10 描述了小国出口扩张型经济增长对该国国际贸易的影响。假定最初该国的生产可能性曲线为 PPC_0，贸易达到均衡时，生产均衡点和消费均衡点分别为 S_0 和 C_0，效用水平为 U_0。发生出口扩张型经济增长之后，该国的生产可能性曲线向偏向于 X 轴的方向外移至 PPC_1，由于该国是贸易小国，其贸易条件不会发生变化，仍为 P_0，如图

6－10 中虚线所示，当该国再次达到贸易均衡时，该国的生产均衡点和消费均衡点分别为 S_1 和 C_1。通过贸易三角形可以看出，该国的进出口量都增加了，贸易流量明显扩大。该国充分享受了经济增长和贸易带来的效用增加，达到更高的福利水平 U_1。

2. 贸易大国情况

图 6－11 描述了大国出口扩张型经济增长对该国国际贸易的影响。假定最初该国的生产可能性曲线为 PPC_0，贸易达到均衡时，生产均衡点和消费均衡点分别为 S_0 和 C_0，效用水平为 U_0。发生出口扩张型经济增长之后，该国的生产可能性曲线向偏向于 X 轴的方向外移至 PPC_1，由于该国是贸易大国，X 产品的大量出口将导致其贸易条件恶化。如图 6－11 所示，当贸易再次达到均衡时，新的世界均衡相对价格 P_1 将小于经济增长之前的世界均衡相对价格 P_0，在这种情况下，该国的生产均衡点和消费均衡点分别为 S_1 和 C_1。通过贸易三角形可以看出，该国的进出口量也都有所增加，贸易流量扩大，整体福利水平也有所提高，达到更高的福利水平 U_1，这一福利水平高于增长之前的水平 U_0，但却低于贸易条件不变时的福利水平 U_2，这主要是由于贸易条件恶化造成的福利损失。

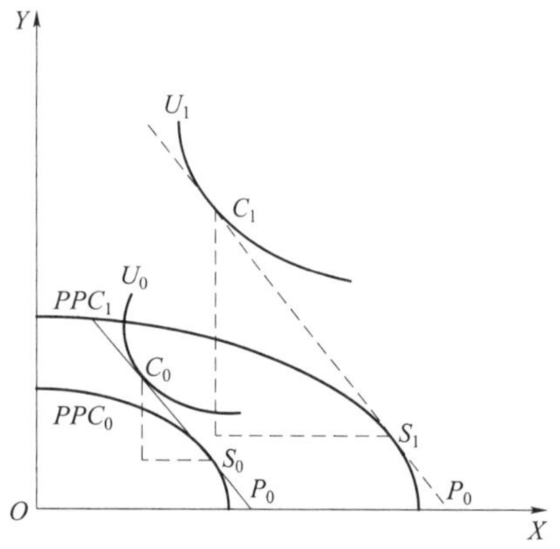

图 6－10 小国出口扩张型经济增长与国际贸易

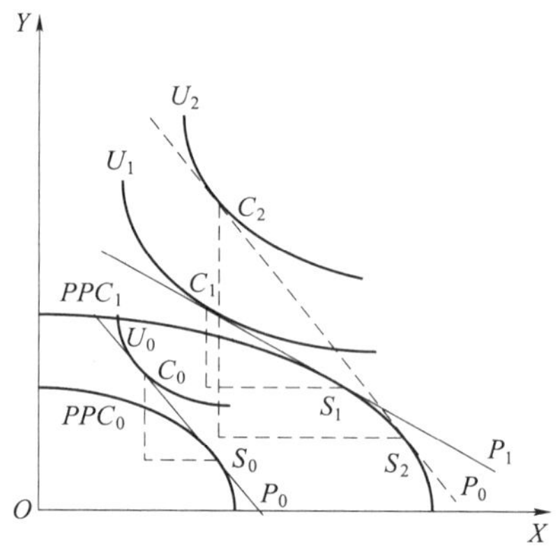

图 6－11 大国出口扩张型经济增长与国际贸易

显然，贸易大国发生出口扩张型经济增长时，其贸易条件会恶化，如果贸易条件极度恶化，使贸易条件恶化造成的贸易福利损失超过生产扩大带来的福利增加时，会造成该贸易大国总福利水平的下降，这种现象就是下一节要讲的“贫困化增长”。

（二）进口替代型经济增长与国际贸易

假设由于某种原因，一国发生了进口替代型的经济增长，引起了产出的不平衡增长，于是，生产可能型曲线向外移动，且偏向于纵轴。如图 6－12 所示，生产可能性曲线由 PPC_0 外移为 PPC_1。

1. 贸易小国情况

假设图 6－12 代表小国进口替代型经济增长对国际贸易的影响。该国发生进口替代型经济增长后，由于该国是贸易小国，所以，该国的贸易条件不会发生变化，仍为 P_0，如图 6－12 中的虚线所示，新的生产均衡点和消费均衡点分别为 S_2 和 C_2，该国进出口量减少，贸易三角形缩小，贸易流量下降。由于本国进口替代品生产能力的扩张，消费者可以消费更多的产品，该国福利水平由经济增长前的 U_0 提高到经济增长后的 U_2。

2. 贸易大国情况

假设图 6－12 代表大国进口替代型经济增长对国际贸易的影响。该国发生进口替代型经济增长后，由于其进口替代品产量的大幅度增加导致了进口量大幅度减少，使进口替代品的相对价格下降，该国的贸易条件得到改善，如图由原来的 P_0 变为 P_1，当再次达到均衡时，新的生产均衡点和消费均衡点分别为 S_1 和 C_1，贸易条件改善和产出的增长同时带来了福利水平的提高，使该国的福利水平由经济增长前的 U_0 提高到经济增长后的 U_1。

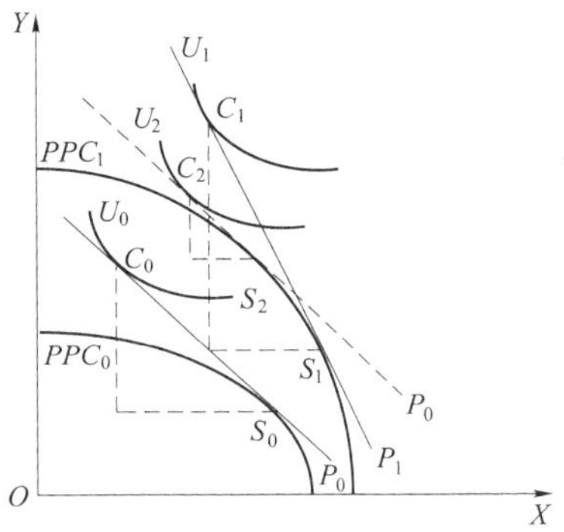

图 6－12　进口替代型经济增长与国际贸易

在进口替代型的经济增长中，有时可能会出现“比较优势逆转”的情况。如果一国稀缺要素出现大幅增长，或进口替代部门出现了大规模的技术进步，以致该国的进口替代品生产大规模扩张，当这种进口替代品的产量扩大到一定程度时，甚至会改变该国的比较优势，使其由原来该产品的进口国变为该产品的出口国，这就是“比较优势逆转”。

第四节　贫困化增长

一、贫困化增长

“贫困化增长”（Immiserizing Growth）是指，一贸易大国在开放经济下可能发生的一种偏向于出口部门的生产增长反而使该国福利水平下降的不幸经济增长，又称“悲惨增长”，或“巴格瓦蒂效应”。最初是由布雷维什和辛格提出，后来由印度经济学家巴格瓦蒂（1958）将贸易条件和经济增长联系起来研究。产生“贫困化增长”的原因在于：大国的出口扩张会导致贸易条件恶化。

图 6－13 描述了大国贫困化增长的情况。假定某国是贸易大国，出口 X，进口 Y，初始均衡状态下，贸易条件为 P_0，生产均衡点为 S_0，消费均衡点为 C_0，所达到的社会福利水平为 U_0。假设由于某种原因该国发生了出口导向型经济增长，即 X 部门产出大幅度提高，其生产可能性曲线向偏向于 X 轴的方向大幅度外移。由于该国是贸易大国，且 X 产品的出口大量增加，会导致国际市场上 X 产品的相对价格大大降低，即大大恶化了该国的贸易条件。如图 6－13 所示，当该国再次达到均衡时，其贸易条件 P_1 比起初的贸易条件 P_0 要小很多，生产均衡点为 S_1，消费均衡点为 C_1，所达到的社会福

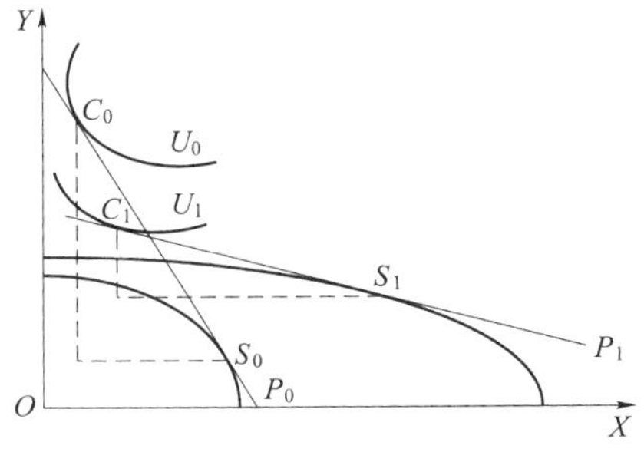

图 6－13　大国的贫困化增长

利水平为 U_1（$U_1 < U_0$）。

与初始状态下的生产—消费均衡相比，生产规模和 X 产品的出口量都增加了，但 Y 产品的进口量却减少了，该国的社会福利水平由原来的 U_0 降低到了 U_1，即该国的福利水平最终因经济增长而出现了下降，这就是“贫困化增长”，主要是由贸易条件恶化带来的贸易利益损失超过了生产扩张带来的福利增加造成的。

印度经济学家巴格瓦蒂针对发展中国家“贸易条件不断恶化”这一国际贸易现实，提出贫困化增长理论，其最初含义是，当一个国家（通常是发展中国家）传统出口产品（通常是初级产品）的供应量急剧增加时，它的国际市场价格趋于下跌，甚至跌到使这个国家受到损害的地步。巴格瓦蒂认为，贫困化增长大多发生在生产并出口初级产品的发展中大国，其出口量占世界该种产品出口总量的相当大比重，而且世界其他国家对该国这种初级产品的需求缺乏弹性，不会因价格下跌而大量进口，因而该产品大量生产并出口就将导致世界市场供过于求，价格大幅下跌。面对持续下跌的价格，发展中国家往往又缺乏结构调整的能力，强烈依赖于该产品的出口来支持经济发展，即使贸易条件极为不利也无法减少出口，甚至为保持足够的进口支付能力不得不继续扩大出口，最终导致出口量增加、贸易条件持续恶化，国民福利绝对下降的不良后果。

从巴格瓦蒂的论述中，不难发现，贫困化增长的发生需要同时满足一系列条件：增长主要发生在出口部门；经济增长国家为某种产品的出口贸易大国；贸易伙伴国对该国出口品的需求弹性非常低；该国的经济结构单一，国内经济发展严重依赖于该产品的出口，缺乏结构调整的能力等。例如，撒哈拉以南非洲的国家（通常指除了北非以外的国家），根据国际货币基金组织公布的数据，2008 年这些国家的商品和服务出口总值占当年 GDP 的 40.8%，约有 1/3 的国家超过 50%。在出口产品结构中，这些国家以石油、矿产品、木材、畜产和热带经济作物为主，某些国家的出口过于依赖一种或几种商品，像索马里的活牲口出口占其出口总值的 55%，博茨瓦纳的金刚石出口占其出口总值的 74%，尼日利亚原油的出口占其总出口的 90%。显然这些非洲国家经济结构单一，过多地依赖资源产品出口，其发生贫困化增长的可能性就很大。

有一些西方经济学家认为要同时满足上述条件是很困难的，因此贫困化增长发生的几率很小。但在现实经济中，贫困化增长确实曾经在许多发展中国家出现过。据国际货币基金组织统计，1997 年至 2008 年，撒哈拉以南非洲国家国内生产总值增长率平均为 5.8%，人均国内生产总值增长率为 3.7%。但在此期间，非洲的贫困发生率一直居高不下（约 50%），贫困群体有增无减。按照人均日收入低于 1.25 美元新国际贫困线标准衡量，撒哈拉以南非洲国家贫困人口数量反而由 1996 年的 3.5 亿增至 2005 年的 3.8 亿，即对于大多数非洲人口来说，并没有从经济增长中分享收益。不仅如此，一些发展中大国的贸易条件也在持续、全面地恶化。联合国 2000 年统计资料显示，1980 - 1999 年发展中国家的初级产品出口价格指数下降了 58%。一些经济学家如 Raul Prebisch（1959）、Hans Singer（1950）和 Gunnar Myrdal（1956）指出，长期以来发展中国家的贸易条件不断下降，程度之大已使他们处于竞争劣势。

进入 21 世纪，尤其是 2003 年以来国际市场上初级产品价格持续上涨，截至 2008 年 6 月，与 90 年代的平均水平相比，能源价格指数上升了 4 倍多，非能源价格指数上升了约2.5倍，上涨幅度远超过同期工业制成品价格的上涨，导致了大宗商品贸易条件大幅改善。根据联合国的数据，2000－2005年，发展中国家整体的贸易条件上升了5%，其中能源输出国的贸易条件上升了14%，而工业制成品输出国的贸易条件则恶化了9%，同期发达国家的贸易条件却无明显变化。这并不代表发展中国家已经脱离了贫困化陷阱，因为导致初级产品价格变化的原因可能是多方面的，包括消费偏好的改变、市场投机行为的增加、自然灾害，等等。由于这些因素具有不确定性，大宗商品价格往往具有相当大的波动性。因此，仅凭初级产品价格几年的上涨来作出发展中国家贸易条件改善的判断，是不够充足的。而且，各类初级产品的价格表现也是不一致。实际上，国际市场上初级产品的价格在2006年达到峰顶，此后已经开始转向下跌趋势。而且，至关重要的是，，技术水平才是最终决定一国在世界体系中地位的因素，技术水平越高的国家占领市场先机的可能性越大，获得贸易条件改善、实现经济增长几率越大。而发展中国家与发达国家之间的技术差距不但没有缩小反而在扩大，这就导致发展中国家贸易条件具有长期恶化的趋势。

专栏6-2

巴西——咖啡王国的悲惨性增长

16世纪60年代，南美大陆还在一片天然的沉寂中，土著居民在这片富饶而肥沃的土地上过着安乐如天堂般的生活。占地300多万平方公里的巴西占据了南美洲的主要部分。

1727年，葡萄牙籍军官帕赫塔诱惑法属圭亚那总督夫人以咖啡种子相赠，把咖啡传入巴西，但他在巴西北部的帕拉地区试种并不理想。直到1774年，比利时传教士在巴西南部气候较温和的里约山区试种，才获得成功。而19世纪后，由于国际市场糖价走低，南部的矿藏开采殆尽，咖啡才成为巴西最重要的物产，并在不到100年时间内，跃居为世界第一的咖啡生产大国。

从1822年9月7日独立到20世纪30年代，巴西一直是种植咖啡和橡胶的单一农业经济国家。在20世纪初，咖啡作为巴西的主要物产，是国家的经济命脉。在国际咖啡市场行情持续走高的刺激下，巴西人大量种植咖啡，甚至连小麦等粮食也依靠进口。大面积的种植使得生态平衡受到破坏，周期性的霜冻、旱灾和锈蚀病都在威胁着巴西生产。但这与咖啡生产过量相比，造成的灾害又算得了什么。20世纪初的几年，包括巴西和中南美洲许多国家的咖啡连年丰收，年产豆量突破2 000万袋大关，而当时，全球的咖啡年消费量不过1 500万袋。一时间，咖啡豆成为巴西人最大的灾难。但咖啡生产过剩显然不是咖啡灾难的全部，甚至不是主要原因，咖啡商人在国际期货市场的翻云覆雨才是罪魁祸首，以至于巴西政府在几次政府行为的“稳价政策”失败后，于20世纪30年代初，一举焚毁700万袋咖啡。到1937年，巴西焚毁的咖啡豆则高达1 700万袋，同年全球咖啡总消耗量不过2 500万袋。

如今，巴西咖啡生产量仍位居全球第一，但咖啡在全国生产总值中的比例却下降到10%左右，咖啡不再一手遮天，左右巴西人的经济命脉了。毕竟，对于一个国家而言，福利的改善完全倚仗某一种产品的国际市场，即便该产品生产极大地增长，也有可能陷入悲惨增长的境地。

根据 http://blog.sina.com.cn/s/blog_615cd52a01017uhl.htmlb 编辑

二、发展国家贸易条件的改善

国际贸易的竞争实质上是科技实力的竞争，只有不断地增强科技实力，提升产业结构，才能真正改善贸易条件。

（一）优化出口产品结构

虽然从整体上看，大多数发展中国家并不是大国，但许多国家却是个别初级产品的重要供给者，他们足以影响世界价格水平。这些产品生产和出口的扩张很有可能导致其贸易条件恶化，虽然不一定恶化到贫困化增长的程度，但确实会减少经济增长和国际贸易给发展中国家带来的利益。因此，要摆脱贸易条件持续恶化的不利困境，发展中国家应该努力改变单一的生产结构，分散出口产品种类，以减少国家财政对某种单一初级产品出口创汇的依赖性。同时实现产业升级，从原先的初级产品逐渐转向制成品出口，或者由劳动密集型产品向资本、知识密集型产品转变，加大技术投入、鼓励创新，超越技术障碍、缩小两者之间的技术差距，增加产品附加值，经济模式向多元迈进，提高本国的竞争力。

（二）提高出口产品档次

我们不能忽视经济增长对相对需求从而对贸易条件的影响。一般来说，消费者对生活必需品和初级产品的需求缺乏弹性，而对奢侈品和高级制成品的需求则富有弹性。经济增长通常会导致收入水平的提高，收入水平的提高则增加了消费者对奢侈品和高级制成品的消费需求，而对初级产品的需求几乎不会变化。而发展中国家出口的正是各种原材料、半成品等初级产品，以及某些生活必需品，随着收入水平的提高，各国（包括本国）消费者对这些产品的需求相对下降，而对高级制成品的需求相对上升。对发展中国家来讲，一方面，出口初级产品价格会因相对需求下降而下降；另一方面，本国对高级制成品的进口需求也在增加，这两种力量的作用使其贸易条件极度恶化。因此，发展中国家要改善贸易条件，还必须提高出口产品的技术含量，进而提高出口产品的需求收入弹性。

贫困化增长虽然在不少发展中国家曾经出现过，但这种现象并不是一种必然的增长结果，一般只发生在发展中国家经济发展的一定阶段，往往是在一国依靠出口初级产品换取外汇的经济增长初期。为摆脱贫困化增长和贸易条件恶化的困扰，这些国家往往会选择进口替代型发展战略，走上工业化发展的道路。

本章小结

1. 要素供给增长和技术进步都能导致该国的经济增长，但他们对一国生产可能性曲线的影响不尽相同。要素供给的平衡增长和两部门的中性技术进步都将导致生产可能性曲线平衡外移，要素供给的不平衡增长、要素节约型技术进步以及单部门中性技术进步都将导致生产可能性曲线不平衡外移。

2. 罗伯津斯基定理表明，在满足一定的假设前提下，一国某一种生产要素的单方面供给增加，会导致密集使用该要素的产品部门生产扩大，而密集使用其他要素的产品部门生产缩减。

3. 出口扩张型经济增长会导致小国贸易流量的扩大和福利的提高，而对大国而言，经济增长带来的净福利效应具有不确定性，有可能出现贫困化增长的现象。

4. 进口替代型经济增长会降低小国的贸易流量，提高国民福利，改善大国的贸易条件，并提高其福利水平。进口替代型经济增长发展到一定程度有可能出现“比较优势逆转”的情况。

5. 要促进发展中国家贸易条件改善和经济发展，应从优化出口产品结构和提高出口产品档次两方面入手。

思考练习题

1. 简述经济增长的主要类型，并说明各种经济增长对生产可能性曲线的影响。

2. 简述罗勃津斯基定理的基本内容，并给出证明。

3. 若一贸易大国的出口生产部门出现中性技术进步，会给该国的国际贸易带来怎样的影响？请画图说明。

4. 图示说明什么是出口贫困化增长，并阐述其产生的原因和现实意义。

5. 贸易小国稀缺要素的增长会给该国的国际贸易带来怎样的影响？

6. 发展中国家要摆脱贸易条件恶化的困境，应从哪些方面着手？

第七章　贸易保护理论

学习目标

理解贸易保护理论产生与发展的原因，了解保护幼稚产业理论、超保护贸易理论、进口替代贸易政策理论、战略性贸易政策理论、贸易保护的政治经济学分析、保护贸易政策的次优理论的基本思想和主要内容，掌握各保护贸易理论下的政策主张和实施条件。

关键术语

幼稚产业　中心－外围理论　战略性贸易政策　进口替代政策　次优理论

经济理论的作用首先在于为客观经济现象提供合理化的解释，其次是能够为现实的经济政策的选择、制定提供理论支持和指导。前面几章主张和支持自由贸易的主流贸易理论为国家间贸易产生原因与影响提供了有力的合理化解释，并且成为世界范围内自由贸易不断向前推进的理论基石。虽然自由贸易的观念早已深入人心，但在一国经济发展的特定阶段和特定时期，贸易保护的政策实践却从未绝迹，伴随着世界范围贸易自由化程度的快速提升，新的贸易干预和限制措施更是层出不穷。对此，国际经济理论同样需要为此提供合理化的解释，并且需要为贸易保护政策实践提供相应的支持和指导，这是推动贸易保护理论产生和发展的基本原因。本章将根据贸易保护理论的发展轨迹，分析介绍不同贸易保护理论的基本内容。

第一节　保护幼稚产业理论

保护幼稚产业理论是最著名最重要最具影响的贸易保护理论，也是解释后进国家实施贸易保护政策最重要的理论基础。所谓的幼稚产业（infant industry）是指后进的发展中国家那些处于发展的初期阶段，且尚处在成长期且具有较大发展潜力的产业或工业部门。如果完全实行自由贸易、自由竞争，那么发展中国家的幼稚产业部门很可能被发达国家同类优势产品的竞争所击垮，无法很快很好的发展壮大起来。但是如果政府对本国新兴幼稚产业部门予以短期的保护，在这些新兴产业部门发展壮大后，再取消保护，则可使本国实现更大的发展利益。保护幼稚产业理论的基本思想是由美国第一任财政部长亚历山大·汉密尔顿（Alexander Hamilton，1757－1804）提出，后来经过德国历史学派的先驱弗里德里希·李斯特（Friedrich List，1789－1846）发展，在其代表作《政治经济学的国民体系》（1841）一书中阐发，从而形成了系统的贸易保护理论。

一、保护幼稚产业理论产生背景

18 世纪中期英国最早开始工业革命，其工业产品竞争力大大超过世界其他国家和地区，因而对外贸易进程中开始逐步追求自由贸易，1846 年废除了《谷物法》，并于 1849 年生效，1854 年全部取消了《航海条例》对于外国商船从事英国贸易运输的全部限制，并且逐步解除了对殖民地贸易特惠政策和管制，取消了对外贸易垄断权，简化了关税法，减少了进口产品征税范围，降低了进口关税税率，完全废止了禁止出口的限制。但是，同期欧洲和北美其他国家经济发展相对比较落后，其中美国和德国工业革命开始比较晚，在 19 世纪初才开始起步，两国的生产力水平远远低于英国，两国工业规模较小，工业产品竞争力较弱，在国际和国内市场上受到英国优质、廉价产品的巨大竞争威胁。这使两国学者从本国经济发展实际出发，为了维护本民族长期经济发展利益，提出了代表本国利益的贸易保护理论。因此，美国的汉密尔顿和德国的李斯特提出了保护本国幼稚工业的保护贸易理论，成为解释发展中国家贸易保护政策实践的最坚实的理论基础。

汉密尔顿作为美国第一任财政部长（1789－1795），从维护工业资产阶级利益出发，1791 年向国会提交了《制造业报告》，指出了发展商业和制造工业的重要性，并阐发了政府干预经济，通过关税保护本国工业制造业发展的必要性和政策措施。汉密尔顿认为，在一国经济发展的早期阶段，政府要对本国幼稚工业的发展给予支持和帮助，要保护国内市场，以应对外来竞争所产生的威胁，扶植和培育本国新兴幼稚产业的发展，并提出了幼稚产业（Infant Industry）的概念。在汉密尔顿看来，美国当时的工业属于典型的幼稚产业，无法与英法等先进国家进行竞争，为了加快促进美国工业发展，政府必须进行干预，并且利用关税等贸易保护手段鼓励和促进幼稚工业发展，对于本国能生产但竞争力尚弱的产品进口实施严厉的进口限制，并主张对一切进口品征收高关税或限制进口的措施。为了通过实施政府干预和保护促进美国幼稚工业发展，汉密尔顿提出的具体政策主张包括：（1）通过向私营工业发放政府信用贷款为其提供发展资金；（2）利用高关税保护国内新兴工业；（3）对重要原材料出口进行限制，对国内急需的原材料进口实施免税政策；（4）向各类工业发放津贴和奖励金；（5）限制改良革新设备的出口；（6）为保护和提高商品质量，建立联邦检查制度。

汉密尔顿的经济政策主张对美国内外经济政策制定产生了重大而深远的影响。1789 年美国联邦政府首次颁布关税法令，进口关税税率很低，平均税率低于 8.5%。1816 年以前的关税征收的主要目的在于增加政府财政收入，虽然也对国内产业发展起到一定的保护作用，但保护强度相对较弱。1816 年美国提高了进口产品关税水平，税率提升至 30%，1928 年工业品进口关税税率进一步提高到 49% 的水平。受汉密尔顿影响，美国贸易保护措施的实施对美国幼稚民族工业的发展壮大起到了明显的促进作用，并促进了美国资本主义经济的发展，汉密尔顿的保护幼稚产业的思想为落后国家通过政府经济干预，进行经济自卫，从而与先进国家相竞争提供了理论积淀。李斯特的贸易保护理论正是在汉密尔顿思想的启发下提出的，并成为最具影响的贸易保护理论之一。

二、李斯特保护幼稚产业的理论基础

李斯特经济理论体系的核心是围绕对生产力的研究展开的，其幼稚产业保护理论正是以其生产力理论为基础提出的。李斯特认为："财富的原因与财富本身完全不同。一个人可以据有财富，那就是交换价值；但是他如果没有那份生产力，可以产生大于他所消费的价值，他将越过越穷。一个人也许很穷；但是他如果据有那份生产力，可以产生大于他所消费的有价值产品，他就会富裕起来。由此可见，财富的生产力比财富本身，不晓得要重要到多少倍；他不但使已有的和已经增加的财富获得保障，而且可以使已经消失的财富获得补偿。个人如此，拿整个国家来说，更加如此。"① 如何提高生产力，特别是德国工业生产力是李斯特保护幼稚产业理论关注的主要内容。一个国家的发展程度决定于它的生产力发展程度。② 一国对外贸易应着眼于通过贸易增进其财富生产能力，而不应仅仅考虑静态所获得的交换价值的好处，更要考虑到与国家现在、将来生存、发展相关的那些因素。

李斯特从他的生产力理论出发，反驳了以斯密为代表的主流贸易学派的价值理论，否认了斯密世界主义经济学对于诸如德国这样的落后国家的适用性，不同国家经济发展阶段和发展水平不同，所适用的经济政策的性质也将会有差异，而斯密的自由贸易学说忽略了各国经济发展的差异，仅仅是站在了英国作为先进国家的立场上，维护英国民族利益的政策主张，自由贸易的选择是不利于工业发展落后国家的。李斯特认为各国经济的发展按照从低级到高级的进程会经历五个阶段，分别是：原始未开化时期、畜牧业时期、农业时期、农工业时期和农工商时期。一国所处的经济发展阶段不同，应选择的贸易政策也将会有不同。李斯特所处的时期欧洲各国主要处于农业时期、农工业时期或农工商业时期的某个阶段。对于处于农业时期的国家来说，应实行自由贸易政策，允许工业品的自由进口，因为这有利于激发国内工业的建立和发展。对于处于农工业时期的国家来说，工业发展起步较晚，发展水平相对落后，与先进国家相比竞争力较弱，应该利用关税保护促进其尽快实现发展。对于处于农工商时期的国家来说，工商业发达水平很高，其产品国际市场竞争能力较强，因而可以在自由贸易环境中与国外的产品在国内外市场上展开竞争，因此应实行自由贸易政策。在李斯特看来，当时的英国已经处于农工商发展时期，因此可以实行自由贸易政策，但德国尚处于较低的农工业时期，应该实行保护贸易政策。

三、幼稚产业保护理论的内容

李斯特的幼稚产业保护理论以其生产力理论为基础，对贸易保护目的、保护对象、保护手段和保护的条件性作出了明确阐述：

---

① ［德］弗里德里希·李斯特．政治经济学的国民体系［M］．北京：商务印书馆，1983：118.

② ［德］弗里德里希·李斯特．政治经济学的国民体系［M］．北京：商务印书馆，1983：127.

（一）保护目的

李斯特认为落后国家利用关税保护本国工业发展的目的在于提高本国工业生产能力。以获得经济发展的长期动态增长利益。他指出："保护关税在初行时会使工业品价格提高；但是同样正确的，而且也为流行经济学派所认可的是，经过相当时期，国家建成了自己的充分发展的工业以后，这些商品由于在国内生产成本较低，价格是会低落到国外进口品价格以下的。因此，保护关税如果使价值有所牺牲的话，它却使生产力有了增长，足以抵偿损失而有余，由此使国家在物质财富的量上获得无限增进，而且一旦发生战事，可以保有工业的独立地位。"[①] 也就是说，只要牺牲眼前的短期利益，使一国未来能获得更大的长期动态利益，那么贸易保护就是值得的。

（二）保护对象

对于保护对象的选择上，李斯特也有作出明确规定，贸易保护主要针对工业部门进行。他指出："一切现代国家的伟大政治家，几乎没有一个例外，都认识到工业对国家财富、文化和力量的重大意义，有加以保护的必要。"[②] 在保护制度下使国内工业有了保障，国内市场由此获得的利益是人人可以自由享受的。[③] 并且，李斯特认为保护工业的发展，不仅无损于农业的发展，还会带来农产品价格、地租和地价的提高，并且使工人获得较高的工资。

即使对于工业的保护也并非针对所有的工业部门，李斯特认为应当对工业必需的消费用品给予充分的保护，对于生产高贵奢侈品的工业只需最低限度的照顾和保护，而对于先进复杂机器设备的进口应当免税，或只征收极轻的进口关税。因为消费用品的社会需求量较大，其工业品总值远大于奢侈品总值，这些工业的发展能够使大量天然的，精神的及个人的生产力活跃起来，并且这些工业的创办需要大量资本，这会对资本的大量蓄积产生鼓励作用，有利外国资本和其他先进要素流入国内。而奢侈品对于经济发展落后的国家来说，其在经济当中所占比重较小，且其生产需要的技术要求较高，这些产品的输入不仅不会带来明显的负面影响，其进口反而能够带动本国原料或一般工业的出口，如果对这类产品征收过高的关税，反而可能引起走私的发生来逃避高关税。对于落后国家来说，机器工业实际上是工业中的工业，对国外机器进口征收关税，实际上会限制国内工业的发展。

（三）保护手段

李斯特意识到虽然保护国内工业的手段和方法有很多，但是关税制度在效力上、应用上是最没有疑问的，因而主张对需要保护的幼稚工业采取关税保护的手段。并且对于关税保护的实施，李斯特认为应根据国内工业发展的推进逐步提高。因为："实行保护关税的目的总是在于为国家谋福利，但是工业就像树木一样，不能顷刻涌现，是要逐渐成长起来的，因此任何保护制度，如果仓猝之间，雷厉风行，突然隔断了原来存在的商业关系，就必然对国家不利。这类关税只应随着国内或国外吸引来的资本、技术才能和

---

① ［德］弗里德里希·李斯特．政治经济学的国民体系［M］．北京：商务印书馆，1983：128.
② ［德］弗里德里希·李斯特．政治经济学的国民体系［M］．北京：商务印书馆，1983：131.
③ ［德］弗里德里希·李斯特．政治经济学的国民体系［M］．北京：商务印书馆，1983：148.

企业家精神的增长比例而提高，只应当随着国家对于原来专供输出用的那些剩余原料与天然产物能够改由自己利用的进展比例而提高。”①

（四）保护的限制性规定

关税作为保护本国幼稚产业发展的有效手段，李斯特对关税保护的实施也有作出限制性规定。对于关税保护实施的期限不能无限期持续下去，一般情况下，最长保护期限不能超过 30 年，经过如此长时期的保护，如果国内的相关工业仍然不能发展起来，政府不应继续进行保护。关于关税的税率设定上，李斯特也有给出灵活性的建议：“要达到保护目的，对某些工业品可以实行禁止输入，或规定的税率事实上等于全部或至少部分地禁止输入，或税率较前者略低，从而对输入发生限制作用。所有这些保护方式，没有一个是绝对有利或绝对有害的；究竟采取哪一个方式最为适当，要看国家特有环境和它的工业情况来决定。”② 并且财政关税的征收应当有所节制，不可使输入和消费因此受到限制，否则不但将削弱国内生产力，而且将使增加税收的目的受到挫折。一般情况下，如果某些工业部门不能在比原来高 40% 至 60% 的保护税率建立起来，不能在 20% 至 30% 的保护税率的保护下持久存在，那么这些部门就缺乏保护的基本条件。

四、保护幼稚产业理论的发展

李斯特的保护幼稚产业理论在德国工业资本主义发展过程中发挥了积极作用。该保护理论的提出，确立了保护贸易理论在国际贸易理论体系中的地位，标志着从重商主义分离出来的国际贸易理论两大流派——自由贸易学派和保护贸易学派的完全形成。李斯特主张政府干预经济的政策主张具有现实的积极意义，对于落后国家对外贸易政策的制定具有一定的借鉴意义。但其对幼稚产业的选择标准上却存在含糊之处，之后的众多经济学者对此进行了深入研究，提出了不同的幼稚产业选择标准。

（一）穆勒标准

英国古典经济学家约翰·斯图亚特·穆勒（1806－1873）是自由贸易论的信奉者，但他赞成幼稚产业保护理论，他认为这个保护理论在满足一定条件下是可以成立的，并提出了判定幼稚产业的标准。根据穆勒的标准，当某一产业规模较小、其生产成本高于国际市场价格的时候，如果完全实行自由竞争，该产业必然亏损。如果政府给予一定时期的保护，使该产业能够获得发展所需要的环境和空间，该产业可能发展壮大，充分利用规模经济的好处，降低成本，进而最终可以完全面对自由竞争，并且获得利润，那么该产业就可以作为幼稚产业加以扶植。

穆勒标准实质上意味着，与其他国家的同类产业相比，保护国面对着一条更为陡峭的向右下方倾斜的平均成本曲线，在该产业发展的初期，保护国生产成本较高，但是随着产业规模的扩大和学习效应的积累，本国该产业技术水平提升更快，导致生产成本出现更快下降，在保护之初即可预见，未来本国该产业将发展成具有比较优势的部门，产业生产成本将会低于竞争对手，即使将来不保护，那么将来本国该产业也能够与国外产

① ［德］弗里德里希·李斯特．政治经济学的国民体系［M］．北京：商务印书馆，1983：264.
② ［德］弗里德里希·李斯特．政治经济学的国民体系［M］．北京：商务印书馆，1983：261.

业进行自由竞争。因此，穆勒标准强调的是将来成本上的优势地位。

（二）巴斯塔布尔标准

经济学家巴斯塔布尔（1855－1945）根据保护的成本与未来收益的比较，提出了判定幼稚产业的标准，一个产业是不是幼稚产业，不但要看其是否在将来具有竞争力，而且也需要比较该产业在保护发展后所获得的预期利润的贴现值与保护的成本后才能确定，只有在保护、培植现在产业所付出的社会成本不超过将来的利润的价值时，那么该产业的保护才是值得的，这样的产业才是幼稚产业。巴斯塔布尔的标准包含了穆勒标准，也较好地体现了李斯特的思想，它要求被保护的幼稚产业在经过一定时期的保护之后，不仅能够自立，而且能够补偿保护期间的损失。

（三）坎普标准

由于穆勒标准和巴斯塔布尔标准过于强调产业的内部规模经济和技术进步，而忽略了产业所处的外部环境以及外部规模经济的影响，因此，坎普综合了穆勒与巴斯塔布尔思想的基础上，提出了判定幼稚产业的坎普标准。

坎普认为，只有在具有穆勒－巴斯塔布尔标准的产业在受到保护的学习过程中所取得的知识和经验对国内其他企业具有外部经济时，保护政策才是正当的。一国新兴产业的建立和发展，面临较多的风险，如果先行企业在发展过程中所获得经验可以完全控制在企业内部，不使其他企业从中获益，这样先行企业的投资和风险能够通过利用新产业建立后的市场领先地位获得充分的补偿，因而无需政府给予特殊保护。但如果先行企业取得的经验产生了正向的外部经济，使产业内其他企业获得了技术或经验外溢的好处，那么先发企业前期的投资所承担的风险和成本可能无法得到充分补偿，这样企业将失去投资新兴产业的积极性，因而需要政府给予保护。可见，坎普标准更强调产业或企业的外部规模经济与幼稚产业之间的关系。

（四）小岛清标准

穆勒、巴斯塔布尔、坎普等人的标准主要是从企业角度探讨一种产业作为保护对象需满足的标准，而忽略了一国整体的经济发展这一宏观背景，在一定程度上背离了李斯特保护幼稚产业理论的核心。日本经济学家小岛清认为，在确定幼稚产业时，要从提高整个经济发展和社会福利水平的角度进行论证，要根据比较优势的动态变化，从国民经济的角度选择应该发展的幼稚产业。他提出的确定要发展的幼稚产业的具体标准为：（1）所保护的幼稚产业要有利于对潜在资源的利用，从而带动经济增长；（2）对幼稚产业的保护要有利于国民经济结构的动态优化；（3）保护幼稚产业要有利于要素利用效率的提高。小岛清指出，各种保护措施本身不可能具有促进经济发展的根本效果，但它们对贸易关系的干预，可以作用于市场、资本、技术和资源等因素，从而影响经济发展。

五、理论简评

李斯特的幼稚产业保护理论是对古典贸易理论主张国家间完全实行自由贸易主张的修正，有力地证实了落后国家在经济发展的早期或初期阶段政府干预经济并进行贸易保护的必要性与合理性，反映了经济后进国家独立自主发展民族工业的强烈愿望和正当诉求，标志着贸易理论发展进程中保护理论体系的形成。李斯特并非一味地主张自由贸易政策或保护贸易政策，而是考虑一国经济发展的实际情况进行的现实选择，并且贸易政策的选择也不是一成不变的，而是要根据经济发展的需要不断进行调整，短期的贸易保护不是根本目的，保护的最终目的是促进落后国家生产力的发展，如果幼稚保护的目标取得成效，这不仅有利于保护国本身，也有助于世界福利水平的提高。李斯特的政策主张对德国和美国贸易政策的制定产生了深刻的影响，相应政策措施的实施对德国和美国工业发展和资本主义经济发展起到了重要的推动作用，也能够为发展中国家制定符合本国实际的经济政策，特别是贸易政策提供一定的借鉴和启发。

李斯特贸易保护理论的局限也非常明显，这主要体现在两个方面：首先他对生产力内涵的界定过于宽泛，在他看来："基督教，一夫一妻制，奴隶制与封建领地的取消，王位的继承，印刷、报纸、邮政、货币、计量、历法、钟表、警察等事物、制度的发明，自由保有不动产原则的实行，交通工具的采用——这些都是生产力增长的丰富源泉。"① 其次，李斯特将其经济理论视作与斯密世界主义经济学相对应的国家经济学，过分强调国家对于经济干预的必要性和重要性，对于市场与政府干预的界限没有进行基本的区隔，某种程度上忽视了经济生产客观规律的普遍意义。

第二节　超保护贸易理论

超保护贸易理论的代表人物是英国经济学家凯恩斯（1883－1946），他的主要代表性著作是1936年发表的奠定了现代宏观经济学的理论基础的《就业、利息与货币通论》（简称《通论》）。凯恩斯的贸易学说正是以《通论》中关于追求对外贸易顺差的思想和乘数原理为基础，后在其坚定的追随者哈罗德和马克卢普的发展下产生的，该理论从投资乘数公式出发，推导出对外贸易乘数公式，用以说明和分析贸易差额对国民收入的影响，研究的重点是对外贸易差额的变动与收入增长的关系，企图使对外贸易成为刺激经济和扩大就业的有效工具。

一、理论背景

进入20世纪以后，资本主义经济发展进入到了垄断时期，主要资本主义国家出现了生产资本的高度积聚和集中，本国内部市场显得相对狭小，主要国家间对国外市场争夺日益激烈，而古典政治经济学派所主张的自由放任和自由贸易政策，使资本主义国家政府难以有效应对不断爆发的经济危机。尤其是1929－1933年波及资本主义主要国家的经济大危机的爆发，使资本主义经济深深陷入危机和萧条之中，自由放任的传统经济学信条受到批判，国家干预经济的思潮开始盛行起来，各国相继开始放弃了自由贸易政策，转而寻求实行贸易保护政策，并强化了政府对经济活动的政策干预。面对资本主义最严重的经济危机和极为糟糕的失业局面，早期信奉自由竞争的约翰·梅纳德·凯恩斯意识到资本主义自由经济并不能完美地自我调节、自由放任地带来经济复兴与繁荣，他

① ［德］弗里德里希·李斯特．政治经济学的国民体系［M］．北京：商务印书馆，1983：123.

指出，传统占主导地位的古典政治经济学派的各项假设只适用于某种特殊的情况，而无法适用于一般的情况，从而导致理论与事实的背离，应用起来非常糟糕，进而他在批判传统自由贸易理论的同时，对重商主义的部分思想观点给予了肯定与合理评价，因此它的贸易理论学说也被成为新重商主义。

二、理论内容

凯恩斯《通论》中并没有系统的阐发其国际贸易理论，而是将贸易与国内投资、就业以及经济增长结合起来，强调了贸易顺差的重要性以及一国进行贸易保护的必要性，其追随者哈罗德和马克卢普在其理论基础上作出了进一步发展。

凯恩斯在批评古典贸易理论的同时，肯定了重商主义的合理性。他在谈论马歇尔对重商主义的评价时指出：马歇尔在提到重商主义时，总不能算是毫不留情，但他从未尊重重商主义者之最中心理论，甚至没有提到过他们论证中之真理成分。[①] 凯恩斯认为重商主义追求贸易顺差的主张有其科学性是重商主义最高智慧的结晶，而古典贸易理论已经过时，因为其充分就业的假设在现实中很难存在，资本主义现实经济中存在大量失业，受边际消费倾向递减、资本边际报酬递减和流动性偏好陷阱等心理规律的影响，资本主义经济会出现消费和投资方面的有效需求不足，这是导致经济危机和失业出现的根源，要有效地应对危机、减少失业，政府有必要干预经济活动的运行，利用一系列政策措施来增加有效需求，而贸易顺差可以通过直接和间接的拉动增加国内的有效需求，缓和经济危机并增加就业。因而主张运用各种保护措施，以增加出口减少进口，争取实现一定的贸易顺差。

凯恩斯认为，一国的就业水平是由有效需求（社会商品的总需求价格和总供给价格相等的社会总需求）决定的。经济社会中存在三种失业状态：摩擦失业、自愿失业和非自愿失业，其中非自愿失业是政府必须解决的问题，在凯恩斯看来，产生非自愿失业的原因是社会有效需求不足。有效需求包括消费需求和投资需求两部分。消费需求主要取决于边际消费倾向，投资需求主要取决于边际资本效率和流动性偏好决定的利息率。由于消费倾向在短期内相对比较稳定，要实现增加就业的目标就必须从增加投资需求方面着手。因而，投资需求对有效需求的影响是很大的。投资需求又包括国内投资需求和国外投资需求（实际上是指净出口），国内投资需求主要决定于利息率，国外投资需求则与贸易收支状况相联系。而贸易顺差可以通过直接增加国外投资需求，间接影响国内投资需求的办法增加有效需求，解决失业问题，促进经济繁荣。“故在当时，政府当局关切贸易顺差实在是一箭双雕，而且也只有这个办法。当时当局既不能直接控制利率，又不能直接操纵国内投资之其他引诱，则增加顺差，乃是政府可以增加国外投资之唯一直接办法；同时，若贸易为顺差，则贵金属内流，故又是政府可以减低国内利率、增加国内投资动机之唯一间接办法。”[②]

同时，为了证明增加新投资对就业和国民收入的好处，凯恩斯提出了投资乘数理

① 【英】凯恩斯．就业、利息和货币通论［M］．北京：商务印书馆，1997：288.
② 【英】凯恩斯．就业、利息和货币通论［M］．北京：商务印书馆，1997：291.

论。他把反映投资增加和国民收入扩大之间的依存关系称为乘数理论，只要社会存在闲置生产资料和失业的劳动者，投资增加所引起的收入增加，并不限于增加的投资量，投资变动会使收入和产出的变动产生一种乘以倍数的扩大效果，这一扩大的倍数就是乘数。在凯恩斯乘数理论的基础上，马克卢普和哈罗德根据凯恩斯在通论中的贸易思想，引申出了对外贸易乘数论，一国出口或进口波动会对国民收入产生倍数效应，对外贸易乘数大小主要取决于边际进口倾向和本国的边际储蓄倾向，政府应当干预对外贸易，鼓励出口，限制进口，使贸易保持适度的顺差，从而可以实现国民收入的成倍增长。

根据这样的认识，凯恩斯及其追随者极力主张政府对经济生活的全面干预，实行贸易方面的保护主义。凯恩斯本人曾敦促英国政府彻底放弃自由贸易政策，通过实施保护关税制度、确保经济稳定增长。他指出，保护关税制度，一可以推动消费者增加对本国产品的消费以增加就业，二可以减轻本国国际收支逆差的压力。由于这种对外贸易政策与重商主义政策存在众多的相似性，因而也被称作新重商主义，它在保护的内容、范围、采用的保护手段等方面均大大超过了传统保护贸易理论，因而又被称作超保护贸易理论。保护的范围不仅针对幼稚产业，也要求保护国内高度发达或出现衰落的产业；保护方式由防御性保护转入进攻性保护，要求在抢占国内市场的基础上增加对国外市场的占有；保护的手段由传统的主要依靠关税转向了关税与数量限制并举的多样化保护；保护的目的不再是培养幼稚产业，提高本国产品竞争力，而是强调保护对增加国内投资、就业，进而是稳定国内经济增长的重要性。

凯恩斯虽然非常重视政府保护实现贸易顺差的重要性，但他对保护政策的实施作出了明确的限制性说明，贸易顺差并非越多越好，应把贸易顺差控制在一个程度合理的范围之内，否则过分追求顺差的努力将会带来多方面的不利影响：一方面，凯恩斯认为贸易是一种零和博弈，一国贸易顺差之所得恰是他国蒙受的损失，因为假使这种政策推行过火，会引起毫无意义的国际竞争，各国争取顺差，结果大家都受损；另一方面，过大的贸易顺差也会对一国内部经济造成重大的不利影响，因为，顺差导致贵金属货币流入国内，引起国内利率水平下降，如果利率太低则可能带来两方面不利影响，一是可能导致国内投资过度，带来国内物价和工资上升，引起本国产品生产成本增加，降低本国产品国际竞争力，结果追求顺差的政策带来了“物极必反”的逆差结果；二是资本在国家间可流动情况下，国内过低的实际利率可能引起资本在国家间的套利，也即资本由国内流向国外，过多的资本套利的发生可能抵消贸易顺差带来的贵金属内流。另外，凯恩斯主义所主张的贸易保护更强调经济萧条时期，政府对贸易的干预作用所实现的顺差，实质上依然是其“萧条经济学”的延伸，也是政府干预经济增加有效需求思想的应用。因此，凯恩斯看来，适度的贸易顺差对一国是有利的，但是重商主义不能推行过度。

三、理论简评

凯恩斯主义的保护贸易思想，把国际贸易作为影响整个宏观经济运行的重要变量，非常重视开放条件下本国与外部经济联系对国内经济增长和就业的影响，其强调保持贸易顺差和贸易乘数作用对扩大总需求及增加就业的重要性，这在经济未实现充分就业情况下，无疑是正确的，在存在大量失业并出现生产过剩的情况下，扩大出口，保持适度的顺差，可以刺激总需求的增加，减轻一国失业的压力，有利于实现经济的稳定发展，保证社会分配的相对公平。但是，如果经济达到充分就业的情况下，通过贸易保护追求贸易顺差，则会导致需求过度扩张，产生通货膨胀。另外，即使在非充分就业条件下，保护贸易政策的效果也是存在局限的，因为如果主要贸易国家均只从本国利益出发，实施贸易保护政策，鼓励出口，限制进口，各国之间的相互限制就会引发不断升级的贸易战，导致出现世界范围内贸易不断萎缩的“囚徒困境”。这些问题，反映了凯恩斯主义保护贸易理论的局限性。

第三节　进口替代贸易政策理论

发展中国家经济发展的任务决定了其贸易发展的目标要为其经济发展服务，二战后以拉美国家为代表的外围资本主义世界面临着实现工业化和经济发展的紧迫任务。在这种背景下，来自阿根廷的经济学家劳尔·普雷维什（1901－1986），对拉美国家早期进口替代工业活动概括升华的基础上，提出了旨在推动拉美国家工业化和经济发展的进口替代贸易政策理论，并成为指导拉美国家和其他发展中国家经济贸易发展的重要理论，对这些国家的工业和经济发展产生了重要而深远的影响。

一、进口替代政策的含义

进口替代政策又称进口替代战略，是指一国采取关税、进口数量限制和外汇管制等严格的限制进口措施，建立和发展本国的工业，以制成品的国内生产代替相应产品的进口，减少贸易逆差，改善国际收支，以实现工业化和经济增长。在19世纪晚期，一些拉美国家就开始意识到发展工业的重要性，并已尝试利用关税对一些本国可生产的工业品采取一定的保护，较早地表现出一定的进口替代性质。

进口替代战略的配套措施通常是工业制成品进口限制、本币币值高估及进口替代工业扶植和保护。进口替代战略的实施过程一般是这样：首先发展本国加工工业，如纺织品、鞋类、食品加工和普通家用电器等基本消费品，实现消费必需品的进口替代；然后发展中间产品生产，如各类半制成品，实行中间产品的进口替代；最后一步，发展重化工业产品生产，实现资本品的进口替代。由于发展中国家间经济发展水平差距较大，各国实行进口替代战略的重点也各有侧重。工业基础较弱的国家，一般从消费品进口替代开始，然后再依次向纵深过渡，并最终实现资本货物的进口替代。而那些工业基础较好的国家，则可以从更高的起点开始，逐步向资本货物替代进口发展。20世纪50年代初期拉美主要国家经济发展的实践基本反映了不同经济发展水平所决定的进口替代战略的差异，阿根廷、巴西、智利、哥伦比亚、墨西哥和乌拉圭等国奉行的是完全进口替代战略，已经进入耐用消费品、中间产品和资本品的高级进口替代阶段，秘鲁、玻利维亚和中美洲主要国家实施的是进口替代和初级产品出口相结合的政策，仍然处在替代生产非耐用消费品的初级进口替代阶段，而委内瑞拉和加勒比群岛的许多国家则依赖丰富的自然资源，执行初级产品出口战略，但也开始出现带有进口替代性质的工业活动（董国辉，2003）。

二、进口替代政策的理论基础

实施进口替代战略的理论依据主要来自发展经济学家的相关研究和探索，这得益于他们对发展中国家进口替代实践的直观观察和理论升华。总体来看，主张进口替代战略的理论依据主要体现在以下几个方面：

第一，进口替代战略是发展中国家摆脱旧的不公平国际分工秩序束缚，避免贸易条件恶化，实现工业化和经济发展的重要途径。这种观点的主要代表人物是阿根廷经济学家普雷维什，他以“中心－外围”论为基础，以对发展中国家相对于中心发达国家贸易条件恶化的经验分析为论据，提出了外围国家利用进口替代战略发展本国工业化的重要性和措施。

普雷维什的“中心－外围”的思想形成于20世纪40年代的早期，1949年他在向联合国拉丁美洲经济委员会提交的报告——《拉丁美洲的经济发展及其主要问题》中完整系统地阐述了他的“中心－外围”理论，他将资本主义世界划分为存在有机联系的两个部分，一个是生产多样化工业制成品的西方发达国家，一个是主要生产专业化初级产品的广大发展中国家，传统的比较优势理论贸易互惠性的分析不适用于发展中国家，因为基于比较优势的贸易利益更多地表现为静态利益，而规模经济、技术进步等动态利益则很少体现，所以主流贸易理论对发展中国家的经济发展不具太大的借鉴意义，甚至还可能导致出现“贫困化增长”的不利结果。普雷维什认为“中心”国家与“外围”国家分工地位的差异决定了他们所获贸易利益的不同，处于“中心”地位的发达国家，主要生产并出口工业制成品，在整个国际经济体系中居于主导地位，享有国际贸易的主要利益，并且分享了技术进步的主要好处；但是处于“外围”地位的发展中国家，主要生产并出口初级产品，他们在整个国际经济体系中居于依附地位，外围国家的发展很大程度上依赖于“中心”国家对“外围”国家出口产品的需求，在国际分工格局中获得了较少的贸易利益，并且很少能够分享到技术进步的好处，因此受到“中心”国家的控制和剥削。

普雷维什从发展中国家19世纪70年代至20世纪30年代间60多年与处于“中心”的英国贸易数据分析出发，发现发展中国家初级产品贸易条件呈恶化趋势，以19世纪70年代贸易条件指数为100算，到20世纪30年代，发展中国家贸易条件指数降至65左右，因此认为发展中国家应该改变过去把主要资源用于初级产品的生产和出口的做法，而应采取一定的保护措施，充分利用本国资源，自己生产制成品，努力发展本国的工业部门，逐步实现工业化。这样既可避免受“中心”国家的剥削，又可建立起国内独立的工业体制，从而从根本上摆脱在国际经济体系中的依附地位。普雷维什提出的“外围”国家实施的进口替代战略的具体政策措施包括：国家通过经济发展计划的实施对经济活动的适度干预是“外围”国家实现经济发展的必要条件；针对本国的幼稚工业有选择性地利用关税保护，或用进口限额、多重汇率等非关税保护来促进进口替代工业化的顺利进行；保护政策的实施不能降低经济效率，保护的程度应适当，并且保护水平应不断下调；主张与“中心”国家加强合作，主张“中心”国家对“外围”国家工业制成品出口实施普遍优惠制以降低或消除关税来使“外围”国家逐步消除保护政策；

进口替代需与鼓励本国制成品出口的政策结合起来实施。

第二，采取进口替代政策的另一个重要理论依据是某些发展中国家存在的二元经济结构。所谓的二元经济，是指在一个发展中国家内部，同时存在生产比较先进、工资水平相对较高且资本密集度较高的工业部门和发展相对较落后的传统农业部门。经济二元结构的存在导致市场无法正常运行，从而产生偏离自由贸易的市场失灵的出现，关税可能被用于保护运行效率更高的制造业部门。发展中国家的企业集团希望在政府的保护之下排挤来自发达国家的竞争，在本国市场上享有一定的垄断优势地位，并且整体经济发展水平的落后又需要本国的工业部门带动国民经济的发展。

第三，进口替代是工业化的主要动力。一些经济学家对发达国家经济发展历史的研究结果发现，基于进口替代的工业增长占工业总增长的很大比重，因而认为国内生产对进口的替代是工业化的强大推动力，对此，发展中国家也适用。世界银行前高级经济顾问钱纳里曾指出，在很多情况下，进口替代带来的经济增长因素占工业化的 50% 。另一位发展经济学家赫希哲指出，经济发展就是从最后的生产阶段不断向前进行进口替代的过程，即从最终产品到中间产品再到基础工业原材料的进口替代的工业化过程。

第四，进口替代是发展中国家扩大就业的有效途径。一些发展经济学家认为，通过限制进口实施的进口替代战略，因使国内需求转变为由国内供给来满足，从而能够刺激国内投资的增加、原有产业和企业规模的扩大，以及新产业、新企业的建立，相应地将增加更多的就业机会，进而吸引大量的剩余劳动力，扩大就业。

专栏7-1

进口替代政策的实践

就国别实例而言，巴西、阿根廷、墨西哥、智利等较大的国家则在工业化进程从“初级产品出口推动”向“进口替代”的转变中具有典型性。例如，在大萧条爆发以前，巴西就已经建立了一定的工业基础。据 1920 年的工业调查，巴西有工业企业 13 336 家，资本额为 181.5 万康托斯，就业人数 275 512 人。巴西当时的工业部门具有两个显著特点：(1) 主要以轻纺和食品等消费品生产为主；(2) 工业生产能力的扩大依赖出口收入的增加，特别是咖啡出口收入的增加。因此，这一时期的工业化活动基本上属于“初级产品出口推动”型。然而，大萧条戏剧性地改变了工业进程的这一性质。危机期间，巴西咖啡业出口价格下降了 62% ，出口收入由 1928 年的 4，74 亿美元减少为 1933 年的 1.8 亿美元。出口收入锐减的后果就是进口能力的下降与国内市场工业消费品的严重匮乏。为了满足国内市场的需要，一些早期的工业企业开始转向为国内市场生产工业品和消费品。与此同时，1930 年上台的代表新兴工商业资产阶级利益的瓦加斯政权还有意识地采取了一些措施来鼓励这种替代进口的活动。主要的措施包括建立国家管理外汇的制度，实行“外汇充公”的政策；取消各州之间的关税壁垒，统一国内市场；提高关税率，并颁布法令“禁止一切被认为处于生产过剩状态的工业部门的设备进口”等等。正是在这种措施的引导下，巴西国内出现了进口替代型工业活动的第一次高潮。1933 - 1939 年间工业生产的年均增长率为 11.2% ，进口系数从 1929 年的

11.3%下降到1937年的6.9%。1937－1938年与1919－1923年相比，在其进口构成中，消费品进口比重从20%下降到13.3%，资本品进口从11.5上升到23.7%。进口系数和进口构成的上述变化趋势表明，巴西这一时期的工业化活动具有很强的进口替代性质。

除了巴西以外，拉美早期进口替代工业化的另一个典型是阿根廷。19世纪后期，在洛佩斯－佩列格里尼学派的影响下，阿根廷很早就开始了发展工业的初步尝试，到20世纪初期以后，尤其是第一次世界大战期间，这种带有"进口替代"性质的工业活动在阿根廷变得更加普遍，因此工业部门获得了比较迅速的发展。以1950年的基数为100，阿根廷的工业生产在1914年为20.3，1918年为22.1，而到1929年就迅速上升到45.6。不过，工业部门的上述发展也并未从根本上动摇初级产品出口模式在阿根廷经济中的主导地位，其高达25%的进口系数表明，仍然有大量的工业消费品依靠进口。

在20世纪30年代的经济大萧条以后，阿根廷经济的这种格局才开始出现根本性的变化。1930年9月6日，以何塞·乌里武鲁和奥古斯汀·胡斯托等军人和文人贵族组成的联盟发动政变推翻了伊里戈政府，成立了政治上倾向于保守的政府。不过，这个保守派政府却在30年代期间推行了一系列带有明显进口替代性质的政策措施。而且值得特别指出的是，阿根廷政府这一时期的许多政策措施是与普雷维什密切相关的。对于这种相关性，美国经济学家约翰·威廉逊指出："普雷维什在指导20世纪30年代阿根廷中央银行实行的相当成功的非传统政策中发挥过主要作用，所以，他对进口替代额成功范例极为熟悉。"拉美学者费利佩·帕索斯更是明确地指出，"1930－1935年间，劳尔·普雷维什担任阿根廷政府的财政部副部长和政府的主要的经济顾问。从中央银行的成立的1935年起，他就担任了中央银行的行长、首席经济学家，成为重要的决策人物。在1930－1943年间，阿根廷的经济政策大多是在他的指导下制定和实施的，这也正是他应该得到成功赞誉的地方"。

从二战结束到20世纪50年代末期，是拉美国家实施进口替代工业化战略最为顺利的时期。在普雷维什和拉美经委会的积极努力下，大部分拉美国家开始进入"有意识的进口替代"阶段。也就是说，这时的进口替代已经改变了二战前的"自发性"，变成一种由各国政府有意识推行的经济发展战略。

（选自：董国辉．劳尔·普雷维什经济思想研究［M］．天津：南开大学出版社，2003：110、122－124.）

三、进口替代战略的实践及评价

二战后，以拉美为代表的许多发展中国家开始有意识地推进实施进口替代发展战略，从各国实施的政策来看，由于各国经济发展水平和所具备的基础工业条件的差异，大致可分为两类国家：一类是二战前具备了一定的工业发展基础，工业化发展水平相对较高的国家，一般侧重于先建立耐用消费品工业来替代相应产品的进口，这类国家以阿根廷、巴西、智利、哥伦比亚、墨西哥和乌拉圭等国为代表；另一类国家由于原有的工业基础比较薄弱，相应的进口替代首先是从非耐用消费品工业入手，这类国家以秘鲁、玻利维亚和委内瑞拉等为代表。各国进口替代的保护措施主要利用关税和非关税措施来达到限制相应产品进口，促进本国“幼稚工业”发展，经济发展水平和工业发展状况不同各国保护的重点和保护程度也表现出明显差异，对此我们可以通过对表7-1拉美各国的关税水平的比较得到印证，整体上看，拉美各国关税保护水平远高于当时发达的欧共体国家的关税保护程度。

表7-1　　1960年部分拉美国家名义关税保护水平（%）

国家	非耐用消费品	耐用消费品	半制成品	工业原材料	资本品	总的平均水平
阿根廷	176	266	95	55	98	131
巴西	260	328	80	106	84	168
智利	328	90	98	111	45	138
哥伦比亚	247	108	28	57	18	112
墨西哥	247	108	28	38	14	61
乌拉圭	23	24	23	14	27	21
欧共体	17	19	7	1	13	13

注转引自：董国辉：劳尔·普雷维什经济思想研究［M］．天津：南开大学出版社，2003：125.

进口替代政策的实施对于一些发展中国家的进口替代工业部门的发展起到了一定的促进作用。例如，二战结束的初期泰国只有一些碾米业、锯木业和采锡业，实行进口替代政策以后，到20世纪60年代该国已发展起了纺织、制糖、水泥、炼油工业和电器装配等产业。拉丁美洲大多数国家和亚洲的韩国、印度也都采取过进口替代政策。总体来看，实施进口替代的国家，其轻纺织业、钢铁工业和化学工业逐步发展起来了。例如巴西，在实行进口替代战略的时期，发展了本国的汽车装配和制造业、飞机制造业、钢铁工业；印度的重化工业也得到了较大的发展。在采取进口替代战略的国家中，出现了一些新兴的工业化或准工业化国家，如巴西、墨西哥、阿根廷、智利等。

但是在进口替代工业化的实施过程中，也出现了一系列的问题。对此，越来越多的经济学家对进口替代战略持否定态度，认为进口替代战略实施的结果，并未达到预期目标，甚至一定程度阻碍了一些国家工业和经济发展的实现。综合来看，进口替代战略面临的问题包括：

（1）进口替代工业主要面向国内市场，其发展难免受到国内市场相对狭小的限制，无法获得规模经济的好处。加上一些工业部门的生产率低下，造成生产成本较高，在国际市场上缺乏竞争力，难以扩大出口，放弃政府保护后很难获得独立发展，从而阻碍了进口替代工业的进一步发展。

（2）改善国际收支状况的目的未能实现。随着进口替代工业的发展，实施国国内生产所需要的生产设备和某些原材料、中间产品的进口相应增加，使该类产品的进口代替了国内消费品的进口，导致其结果不仅未能减少外汇支出，反而出现了国际收支的恶化，甚至个别国家出现债务危机。

（3）由于进口替代政策过于重视进口替代工业的发展，对基础设施以及农业等非进口替代部门重视不够，从而导致进口替代工业部门在政府保护之下的畸形发展，在资本和资源稀缺的情况下，造成资源配置效率低下，严重削弱了国家的发展后劲，阻碍了整体工业化进程的推进，使经济发展的目标受阻。

（4）导致收入不均现象加剧，贫富差距拉大。由于币值高估往往伴随着进口替代工业的发展，发展中国家出口的初级产品竞争力因价格提高而削弱，从而打击了初级产品部门，减少了低收入阶层的收入，进而扩大了资本所有者与低收入阶层的收入差距。

第四节 战略性贸易政策理论

战略性贸易政策理论是20世纪80年代初由詹姆斯·布兰德（James Brander）、巴巴拉·斯宾塞（Barbara Spencer）等人建立和发展起来，分析国家干预贸易的政策手段和影响的理论，它是不完全竞争国际贸易理论的一个应用，它的应用对象主要是发达国家。

一、战略性贸易政策理论的产生背景

战略性贸易政策理论是20世纪70年代以来，世界范围内产业结构和贸易格局发生重大变化，产业内贸易兴起，“新贸易保护主义”盛行的背景下产生的。二战以后，尤其是针对20世纪70、80年代的世界经济，古典经济学中用于支持自由贸易的经济分析开始显得越来越不切实际，因为贸易政策的经济分析由于多方面的原因发生了变化。

第一，贸易在美国经济中的地位和美国在世界经济中的地位发生了改变。二战后，美国的经济霸主地位不断巩固，但无论是对于美国还是世界来说，贸易的重要性都得到了空前提高，国际因素对美国的重要性发生了质的变化。20世纪60年代以前，美国制造业的生产和销售主要面向国内消费者，企业的竞争对手也主要面对的是国内的厂商，并且出口对于企业的重要性只居于次要地位，而外国厂商的竞争尚未对美国厂商构成威胁。但到20世纪80年代，情况发生了明显的改变，美国企业对出口的依赖大大上升，国内外市场上美国明显感受到来自欧洲和日本产品的竞争压力和挑战。这导致之前被视作纯国内性质的问题，可以通过开放条件下的干预贸易政策的制定和实施来对本国产生积极影响，例如在面对市场垄断所带来的超额利润，具有正外部性的创新和技术变革等问题时，贸易政策成为重要的影响因素。

第二，国际贸易自身的特征在不断发生变化，并对美国和其他国家产生了重要影响。二战后，国家的要素禀赋特征所决定的传统比较优势依然决定了国际贸易的基本模式：资本丰裕型国家主要出口资本密集型产品，劳动丰裕型国家主要出口劳动密集型产品。但是产业内贸易和产品内贸易规模的不断上升，对传统比较优势理论提出了严重挑战，基于国家特征的主流贸易理论无法对此作出合理化解释，这为基于规模经济的新贸易理论和政府通过贸易干预措施影响国内产业发展提出了新的需要。

第三，经济理论发展的新进展对从事贸易政策研究的经济学家产生了深刻的影响。20世纪70年代，产业组织领域不完全竞争理论研究的新突破，是导致贸易政策分析性

质发生改变的重要原因。传统贸易理论的分析是建立在虚拟的完全竞争市场基础之上的，产业内贸易的产生与发展对此提出了挑战，现实中的大量贸易明显是基于不完全竞争展开的。在不完全竞争的产业之中，厂商的战略选择受产业结构的影响，并且也会反过来影响到产业结构的决定。由于不完全竞争研究的不断突破，才使国际经济学家有了更多的分析工具可用来解决变化中的环境提出的新问题。总体来看，战略性贸易政策理论的产生既是对现实国际经济环境变化的适应，也反映了经济学领域知识的新发展。

二、战略性贸易政策的基本论点

战略性贸易政策理论认为，工业品的国际市场竞争是不完全的，工业品的生产存在规模经济，故一国政府可通过贸易保护和补贴、信贷优惠、国内税收优惠等国内政策保护和扶持那些承担巨大风险，需要大规模生产以获取规模经济效益，并能产生外部经济效应的高新技术产业和对本国未来发展至关重要的行业，以创造本国在这些产业上的竞争优势，获得大量的外部经济利益，为本国未来发展增强后劲。

战略性贸易政策理论的基本论点体现在两个方面：一方面，由于不完全竞争和规模经济以及对新企业进入障碍的存在，某些行业的企业可以获得长期利润，这些利润超出了它的生产成本，甚至超出了企业主的一般利润，政府的资助或帮助可能促进这些行业中的企业在国际竞争中，战胜外国对手取得成功。如果这些行业比其他行业更加有利可图，那么，政府帮助是获得超额利润或通常被称为“经济租金”的有效手段。另一方面由于市场对一些企业的外部经济效应缺乏必要的反应，这就需要政府的干预来予以纠正，其方法就是建立一种环境，在这种环境里，某些企业的行为可以给另外企业带来好处，从而推动国内其他企业甚至其他行业的发展。

专栏7-2

战略性贸易政策与印度软件业的发展

1. 印度软件业的状况

印度作为一个大的发展中国家，自 80 年代以来，信息技术一直是经济的增长点。根据印度软件与服务公司协会公布的统计报告，最近 6 年来，印度软件产业均以 50% 的年综合增长率增长，比世界软件业平均 20% 的增长速度高出了一倍多。1999 - 2000 年度产值达 59 亿美元，出口额为 39 亿美元，约占印度总出口额的 8.6%，在国际软件市场的占有率为 16.7%，仅次于美国。据美国麦肯锡咨询公司与印度软件和服务公司协会共同制定的未来 10 年信息技术战略联合研究报告，印度信息产业产值到 2008 年将达 870 亿美元，占 GDP 的 7.5%，可吸纳 220 万人就业，其中软件出口为 500 亿美元，占印度出口总额的 35%。

印度软件业的国内市场需求较小，软件业生产基本上是为了出口国际市场。目前，印度向 91 个国家出口软件，在信息产业最发达的美国，印度软件销售市场份额高达 60% 以上。在最近两年中，向欧洲的出口已经提高，同时巩固了其在日本、澳大利亚和西亚的市场份额，并致力于开发非洲、拉丁美洲和中国等市场。

软件技术几乎可以与所有的传统产业相结合，极大地推动了传统产业和装备水平的提高，促进产品的更新换代，提高产品附加值，大大提高劳动生产率，推动经济的快速发展。印度软件业的异军突起，将对经济发展产生重大影响。近年来，印度经济保持较高的增长速度，很大程度上得益于软件产业的发展。

表 7－2　　印度软件业的销售额和出口额（1993－1999）　　单位：百万美元

	1993/1994	1994/1995	1995/1996	1996/1997	1997/1998	1998/1999
国内	230	350	490	670	950	1 250
出口	330	485	734	1 038	1 750	2 650
小计	560	835	1 224	1 753	2 700	3 900

资料来源：Nasscom1999、2000。

2. 印度在软件业实施战略性贸易政策的主要内容

印度软件的产业化和国际化步伐如此之快，主要得益于政府在软件产业实施的战略性贸易政策：为软件产业的发展提供了必要的财力支持和基础设施建设扶持；对软件产业进行合理的规划和布局，重视对国际市场发展趋势的研究，为有效决策提供科学依据；提供资金支持，帮助企业开辟软件出口渠道。1985 年出任总理的拉吉夫·甘地倡导进行经济改革，推出了新经济政策。这位技术人员出身的年轻总理十分重视高科技和计算机产业，他提出的一个响亮口号是：到 21 世纪初印度要通过最革命的措施在电子和计算机工业方面赶上其他国家。政府鼓励从国外进口计算机及元件，引进先进的计算机技术，在国内推广计算机的使用，并大力扶持计算机软件的出口。政府还把 1989－1990 年度的计算机软件生产指标定为 1 000 亿卢比，其中出口指标 100 亿卢比。

1991 年 7 月初，面临空前国际收支危机的国大党拉奥政府出台了一整套大胆的经济改革政策，提出了“软件技术园区（STP）计划”，其主要目的在于通过提供优惠的政策和良好的设施及服务，推动园区内软件开发和出口企业的发展，帮助企业开拓国际市场，从而带动全国软件产业的发展。为了吸引国内外著名软件公司入园，印度政府为园区内的软件企业提供包括税收在内的优惠条件。

此后几届多党联合政府基本继承了拉奥政府的经济改革政策。特别是 1998 年 3 月上台的瓦杰帕伊政府，更是明确提出要大力发展信息技术和软件业，并把“努力使印度成为一个世界级的信息技术强国”作为“五项优先政策”之一。1998 年 11 月，瓦杰帕伊总理宣布，要通过在各种学校普及计算机教育来实现一场信息技术革命。1998 年印度政府组建了“国家信息技术特别工作组”，由国家总理任组长，制定了“印度信息技术行动计划”，提出了“信息产业超级大国”战略目标和发展软件业的 108 条措施，在税收、贷款、投资等许多方面为信息技术产业提供政策支持。

在一系列优惠政策的吸引下，美国 25 家大型电脑公司和跨国公司在印度设立了办事处或分公司。德国、日本、法国、韩国等国的大型跨国公司也都在印度设有分公司。目前，国际上几乎所有的主要软件公司都进入印度并建立了开发中心。同时，印度软件业除了对外出口，在人力、对外投资等方面也都有较快发展。

2000－2001 年度财政预算报告明确提出，政府要培育以知识为基础的创新产业，开拓信息技术、生物技术和药品等的创新潜力；在软件园注册和产品全部出口的软件企业，投产后 10 年免征所得税，进口计算机的关税从 20% 降至 10%；配件的关税率降低到 5% 至零。政府鼓励企业走向世界并发展成为跨国公司，规定在海外并购软件公司不超过 1 亿美元，通过股票收购不超过 5 亿美元自动核准，而并购其他公司自动核准的金额不超过 5 000 万美元。跨国公司向印度软件业投资可以 100% 控股。

在上述政策的推动下，十多年来印度的软件业才有了飞速的发展，这是战略性贸易政策在发展中国家应用的一个成功案例。软件业给印度带来广泛切实的改进，它使印度获得了在新经济中发展的信心，还带来了就业机会、收入和出口增长。透视印度软件业的发展，其他发展中国家特别是有较大可比性的中国应该从中获得许多有益的启示。

资料来源：摘自：杨长志：战略性贸易政策与印度软件业的发展 [J]. 国际经济评论，2002，7－8：63－64.

三、战略性贸易政策的基本理论主张

由于现实的市场并非完全竞争市场，不完全竞争市场结构和规模经济递增成为经济中的常态这种对传统自由贸易理论前提的背离，使市场本身运行结果往往处于“次优”的状况。因而，适当的政策干预有可能改进市场运行的结果，使自由贸易政策失去最优的地位。这里，适当的政策干预指的是政府战略性的政策干预，由于国际市场上，不完全竞争性质和规模经济的存在，市场份额对于各国企业来说显得尤为重要。国际竞争成为一场由少数几家企业参与的博弈，谁能占领市场，谁就能获得超额利润，根据贸易对手的行为调整自己的战略，可以达到本国经济福利的最大化。基于这样的认识，战略性贸易政策理论主要从两个方面提出其政策主张。

（一）利润转移论

在不完全竞争的市场（主要是寡头市场）条件下，纯经济利润（超过正常利润的部分）一般不为零，且市场均衡价格也不等于企业的边际成本。因此，政府适当的政策干预有可能通过影响本国厂商及其外国竞争对手的决策行为而转移一部分纯经济利润，也即经济租金，并减少市场价格与企业生产成本的差距，产生一定的反托拉斯效果，增进本国厂商和消费者的福利。具体的干预政策措施包括对本国企业发放生产补贴，对外国竞争产品征收进口税，而对本国消费者予以补贴等。

（二）外部经济论

企业创新和技术变革的正外部经济效应（正外部性）是战略性贸易政策主张政府干预产业或企业运行的另一个重要理由。所谓的正外部性是指某一产业发展的社会收益高于其个体收益，该产业的发展能通过基础创新的溢出带动其他产业的发展。战略性贸易政策发挥作用的关键是，任何外部效应均应局限于一国范围之内。如果外部效应一旦成为国际性的，一国政府对本国企业的补贴就失去了意义，因为外国企业也会部分或全部地受益，从而产生“免费搭便车”现象。因此，国家正确地选择目标产业，予以适当地支持，使其不断获得动态递增的规模效益，这在国际竞争日趋激烈的条件下是具有战略意义的。这方面的贸易政策往往要和产业政策相配合，才能达到预期效果，具体包括信贷优惠、国内税收优惠或补贴，对国内企业进口中间产品的关税优惠，对外国竞争产品征收关税等措施。

这样做的结果是，本国企业在政府的帮助下在国际竞争中获胜后，企业所得的利润会大大超过政府支付的补贴或其他成本。在这方面最著名的例子是美国波音公司与欧洲客车公司之间的竞争。进行这样的分析要有一些严格额的假设前提，如民用航空器市场的进入必须支付极高的入门费用，因此只有极少数厂商才能进入市场。一定程度上它们代表着一个国家产业的实力和国家形象。在现实世界中，波音公司和空中客车公司是飞机制造业中最大也是最主要的公司。

假设波音公司与空中客车公司都要决定是否将制造一种新飞机，例如波音 787 和空客的 A380。它们的生产技术和能力相近，而飞机生产又表现出典型的规模经济效应，产量越高生产成本越低，生产越少，生产成本越高，规模太小甚至可能产生亏损。由于需求有限，如果只有一家企业决定制造这种飞机，那么它的利润将是 100 万美元；但是如果两家企业都决定生产同种类型的飞机，那么市场竞争的结果将导致两家公司分别损失 5 万美元。具体的策略选择及对应的收益组合如表 7－3 中情况 1 所示。

表 7－3　政府干预前后市场竞争的策略选择及收益

1. 双方政府无补贴自发市场竞争情况下			
		空中客车	
		制造	不制造
波音	制造	空中客车 －5 波音 －5	空中客车 0 波音 100
	不制造	空中客车 100 波音 0	空中客车 0 波音 0
2. 欧洲国家对空中客车进行补贴的情况下			
		空中客车	
		制造	不制造
波音	制造	空中客车 5 波音 －5	空中客车 0 波音 100
	不制造	空中客车 110 波音 0	空中客车 0 波音 0

资料来源：Paul R. Krugman. Is Free Trade Passé? [J]. The Journal of Economic Perspectives, Vol. 1, No. 2, 1987, pp. 131－144.

如果欧洲各国采取战略性贸易政策，向空中客车公司提供 10 万美元的补贴，则空客只要生产特定机型产品，就会获得一定的利润。如果波音公司也制造这种飞机与之竞争，那么空中客车公司仍能保证获得 5 万美元的利润，但波音会产生 5 万美元的亏损；

如果波音公司不生产同种机型产品与之竞争，空客将获得110万美元的利润，具体的策略选择和收益如表7-3中情况2所示。这样，享受政府补贴的空中客车公司只要生产这种飞机，就可以获得利润；但波音公司如若坚持生产同种型号的飞机，则只会产生亏损。对于波音公司来说，比较不同策略选择的收益，理性的选择将是放弃生产相应与空客进行竞争的机型，退出竞争。这样，空客将获得110万美元的利润，在抵消了10万美元的补贴成本之后，补贴国在国际竞争中抢夺了100万美元的利润。

由此可见，政府的保护政策可以使本国企业在国际竞争中获得占领市场的战略优势，并最终使整个国家受益。要保证这一战略获得成功，必须满足一个前提，即：对手国政府不采取同样的扶持措施，并要求对对方的技术、管理以至成本、市场受益预期等的信息要有准确可靠的了解，否则，如果政府的支出远远高于了企业保护后的所得，或政府补贴达不到独占市场的目的，则会造成补贴的浪费。

战略性贸易政策理论是建立在规模收益递增和不完全竞争这两个现实前提基础上的，放弃了传统主流贸易理论规模报酬不变和完全竞争的假设。结果表明，自由贸易并不是最佳的政策，而政府成功实施贸易干预措施的结果，却可能帮助本国厂商从竞争者手中攫取额外的收益。

专栏7-3

光伏“双反”：不单纯的贸易角力

欧盟委员会分别于2012年9月和11月启动了对中国光伏产品的反倾销和反补贴调查。2013年6月初，27个欧盟成员国将对欧盟贸易专员卡洛?德古赫特提出的对中国光伏产品临时加征47.6%的反倾销税最终裁决。这起欧盟历史上金额最大的“双反”案件，不仅可能影响中国企业210亿欧元的对欧出口产品，甚至可能影响中国光伏产业的生死，由此引发了中国政府层面的强烈反应。李克强总理在瑞士访问时明确表态：欧盟的对华“双反”措施“损人又不利己”，中方坚决反对。

从表面看，中欧光伏战只是一起金额巨大的贸易博弈，但实质上并非如此。金融危机以来，全球主要经济体都在寻找类似互联网一样的新型技术，以带动全球经济从泥潭中拔出来，走向实质复苏。而在可能的新技术选项中，光伏产业和3D打印技术一样，具有与互联网类似的发展前景。特别是光伏，被视为“第三次能源革命”的关键。不夸张地说，谁在这样的技术应用中领先，谁就可能引领下一轮经济发展。因此，主要经济体都将光伏产业列为战略产业，并实施不同的扶持政策，而不会视之为一般性市场产品。

对光伏产业的重视程度，决定了这一领域的博弈强度。近年来，欧美纷纷对中国光伏产品发难，不能不说有这样的深层原因。光伏大博弈，不是自由贸易主义者与贸易保守主义者的对弈，而是对新技术的“卡位”之争。只不过，相对而言，美国自2009年起实现了“页岩气革命”，对于光伏产业的重视度降低，因此在光伏博弈中较为低调。而欧盟此次“双反”调查，则是借自由贸易为名，实施的一次反自由贸易制裁。同时将光伏产业视作战略产业，同样实施不同程度的扶持，何以中国的扶持政策就不合理?

显然，此次“双反”，目的并不单纯。

在2013年5月24日欧盟委员会实施的非正式投票中，包括欧洲最大的光伏产品生产国德国在内的18国反对向中国光伏产品临时征税，本身也反映出了欧盟成员国多数成员的立场：制裁中国产品，站不住脚。

无论此次欧盟“双反”案最终投票结果如何，中国企业是否会“脱险”，在看到光伏战背后原因的同时，还需要反思我们自己的行业政策。作为市场前景远大的产业，在诸多环节，都存在不少问题。从市场培育看，中国的战略性产业，不能捆绑到外部市场中。中国光伏产品超过60%出口国外，一旦外部环境有变，就易遭风寒。近年来中国光伏由盛而衰，就与外部市场环境恶化息息相关。此次欧盟“双反”事件进一步证明，战略性产业，更易受到人为“骚扰”；从扶持手段看，鼓励、投资战略性产业固然是应有之义，但更重要的是培育国内应用环境。很长时间以来，光伏产品不能并入电网，是导致光伏企业依赖外部市场的重要内因；从研发来看，战略性产业不能计近利而忘大局。中国光伏企业一度繁荣之时，多重视资本运营，而疏于技术开发，迄今为止，多晶硅提纯技术仍掌握在外人手里，中国光伏企业只能在下游“打工”。这种形态，实际上消解了光伏产业的战略意义。

可以说，中欧光伏战即使中国企业胜了，也难说是实质性胜利，而只是维护了现有欧洲市场。从最终诉求来看，从政府到企业，都需要作出与战略性产业相匹配的决策转变。有了这个起点，中国光伏产业，才可能真正繁荣，并对外部环境的种种挑战脱敏。

资料来源：中华人民共和国商务部网站，2013年6月4日。

第五节　贸易保护的政治经济学分析

贸易的政治经济学起源于对纯贸易理论无力解释现实中贸易干预政策存在性的困惑，它另辟蹊径地从收入分配的角度出发，引入公共选择（新政治经济学）理论的范式从政策决策过程的角度来探究贸易干预的水平、结构、形式和变化的（盛斌，2002）。贸易保护的政治经济学分析考察的是，主张自由贸易的主流贸易理论解释与各国现实贸易政策实践存在巨大鸿沟的原因在于，仅仅从苛刻的假设条件出发，把一国内部的不同利益群体视作一个统一的整体——国家或民族，且只考虑经济利益的情况下，得出了一国最优的贸易政策选择将会是自由贸易的结论。为填补主流贸易理论与现实之间的鸿沟，贸易保护的政治经济学分析成为国际贸易理论迅速发展的一个令人瞩目的领域。

一、贸易保护政策分析框架

贸易保护的政治经济分析是20世纪70年代，公共选择理论被引入贸易理论后才开始的。在分析贸易政策的现实政治意义的时候，并不存在使整个社会均受益的贸易政策，在各方利益诉求差异显著的情况下，不同利益群体追求的首先是自身利益的最大化，各方利益的相互作用会影响到政府贸易政策的选择，进而决定均衡的贸易保护状态。现实中的贸易政策通常并非取决于对国民福利的考虑，而是取决于各方利益角逐所达成的均衡。

与产品价格市场的供求决定相似，贸易保护的选择是由政治市场上对保护的需求和供给决定的。保护的需求来自特定的利益集团，而保护的供给则来自政治家和政府官员。从需求方面来说，那些从保护主义措施中获益的经济当事人会投资资源以影响其所偏好的政治决策。在贸易保护的政治经济学分析中，对特定保护政策的需求，既要存在与之相关的特殊利益及反映这些利益的特殊集团。这如同斯托尔珀－萨缪尔森定理所揭示的一样，国际贸易的开展将会使一国丰裕要素的所有者获益，却会使稀缺要素的所有者受到损害，从而代表稀缺要素所有者利益的集团就会产生对相关产品进口实施贸易保护和限制的需要。

保护贸易政策的需求方对相应政策的追求是由其追求贸易保护的成本和收益决定的。为了简化，我们可以利用关税率来衡量关税或非关税壁垒所反映的保护主义措施，关税率的高低反映的相应的贸易保护程度，且假设具体税率的设置低于禁止性关税的水平。如果保护贸易政策的需求方追求贸易保护所获得的收益高于其付出的成本，那么积极寻求贸易保护将是其理性的选择，并且保护贸易政策的需求方还将会根据追求保护的边际成本等于边际收益的原则，确定最优的保护程度。但如果追求保护的成本过高，无论设置什么样的关税率都无法保证获得为正的利润，那么保护贸易政策的需求方将失去追求保护的动机。

从保护贸易政策的供给角度来看，一国的保护主义措施是由政府决定的，政府对政策的偏好和制定政策的具体机制将会决定最终的保护措施。而政府对政策的偏好主要由政府的目标函数也即政府选择特定政策措施的目的决定。主流经济学假设政府是全民利益的代表，政府各项政策的目标在于实现全社会资源利用效率的最优化和社会福利的最大化。但在政策实践的现实过程中，政府追求的目标是多元的，在考虑经济目标的同时，政府还会考虑政治目标和其他社会目标。对于一个民主政体来说，任何一个政党所追求的最重要的政治目标就是要保证持续执政，维护政权的稳定性，政府对于政治、经济和社会目标的综合权衡将会决定其具体的贸易政策的选择。保护贸易的政治经济学分析中，特定保护措施的选择是特殊利益集团对其需求和政府供给相互作用的结果，在此基础上，产生了各种分析这种相互作用的模型。

二、贸易保护政策分析模型

在众多分析保护贸易政策的政治经济学模型中，中位选民模型、集体行动和有效游说模型以及竞选贡献模型是最具影响的。

（一）中位选民模型

中位选民模型假设政府由民主选举产生，自利的政治家追求的是其自身政治利益的最大化，任何一个参与竞争的政党在得到多数选民支持的情况下才可能获得执政机会。政府保护贸易政策的选择和制定，考虑的最重要因素是在竞争中是否能够得到绝大多数选民的拥护和支持。该模型假设存在两个相互竞争的政党，每个政党在竞选中都愿意承诺能使其竞选成功的任何条件，贸易政策以单一变量关税率 t 表示，不同特征的选民所偏好的贸易政策存在差异。这样，每个政党在决定贸易政策供给时将会选择尽可能满足中位选民的政策，那么中位选民所偏好的贸易政策所对应的关税税率将会是最可能被选举政党所选择的。

因为不同特征的选民受国际贸易的影响是存在差异的，因此他们对特定保护贸易政策的反应是不同的。对于熟练劳动力丰裕型国家来说，该国在熟练劳动力密集型产品生产上具有比较优势，该国将出口熟练劳动力密集型产品，进口非熟练劳动力密集型产品，熟练劳动力工资将会有上涨趋势，但非熟练劳动力报酬将会下降。因此非熟练劳动力全体会支持较高的关税税率，但是熟练劳动力群体更赞成较低的关税税率。假设根据不同熟练程度选民对关税税率偏好的不同，可以按照从低到高的税率进行排列，且赞成低税率的选民与赞成高税率的选民赞成以中位选民为中心呈对称分布，最低税率（t_L）的选民在最左边，赞成最高税率（t_H）的选民位于最右边，且 $t_L < t_H$，赞成中等税率（t_M）水平的选民位于中间，而中位选民所赞成的关税税率（t_M）将会是两党竞争关注的焦点。原因在于：如果某一个政党提出了较高关税税率 t_H，则另一个政党将会提出一个更接近于税率 t_M 但低于 t_H 的较低税率来争取大多数选民的支持；相反，如果一政党提出了一个较低的关税税率 t_L，另一个政党将会提出一个高于 t_L 且更接近 t_M 的关税税率来获得大多数选民的支持。从各党派的竞选利益出发，两政党最终选择的汇率水平将会是接近于中位选民所偏好的关税税率对应的贸易政策。

虽然中位选民模型一直是研究现实生活中政治决策的有用方法，但是在有关贸易政策制定的过程中，该模型并未作出比较令人满意的解答。因为根据该模型的预测，只有能够获得大多数选民支持的贸易政策才会得到政府的青睐，而消费者作为选民的最大主体，其最偏爱的自由贸易政策理应是政府最关注的，但现实中大量存在的进口限制措施显然表明了政府选择上的悖论。

（二）集体行动和有效游说模型

虽然中位选民模型是一个分析较为严谨的模型，但它却很难解释大量的贸易政策实践，究其原因在于忽略了政治过程中利益集团游说的作用。政府对具体贸易政策的选择（保护还是自由）并不是由相关利益集团人数的多少决定，而是取决于相关利益集团对政府游说的能力和效率，因此一种对绝大多数个体有利的政策未必能够得到政府的青睐而被选择。消费者作为一个整体虽然人数众多，但却如同一盘散沙，无法有效地团结起来对政府进行有效游说。因为对于每个消费者来说，虽然特定的保护措施的实施确实会降低其个人福利，但是若要联合其他消费者或独自游说政府消除保护政策，其要付出的时间、精力和金钱成本将会远远高于个人因为保护所发生的损失，因此，每个消费者都期望他人支付相应的成本去游说政府，而自己享受免费“搭便车”的好处，在集体行动方面，消费者人数越多，希望“搭便车”的人就越多，真正积极行动反对政府贸易保护的人却越少，反对政府干预的集体行动效率也就越低。

相反，一些直接受到进口威胁的利益集团，虽然人数规模不大，但由于可以有效地克服“搭便车”效应，并且因为人数规模小，组织成本比较低，形成一致性意见相对比较容易，因而能够组织起来形成强大的游说集团，来争取贸易保护政策的实施。即使在贸易保护措施损害到大多数消费者利益，甚至有损于一国整体福利的情况下，特定利益集团的有效游说活动却可能依然实现政府实施贸易保护的结果。这样，集体行动和有效游说模型对现实中的贸易政策实践提供了一种比较合理化的解释。

（三）竞选贡献模型

虽然集体行动理论对于现实保护贸易政策提供了一定的合理解释，但是保护贸易政策是政治过程的结果，大量的政治经济学分析模型中，一个典型的特征是将政治过程视作“黑箱”。20 世纪 90 年代著名经济学家格罗斯蔓和赫尔普曼提出了竞选贡献模型，对于利益集团影响贸易政策的机制进行了详细地阐释，他们将贸易政策视作一种政府出售、利益集团出资购买的特殊商品，政府在出售某种贸易保护政策时，在兼顾普通选民利益的基础上，重点考虑相关利益集团对特定贸易政策的利益诉求，而利益集团通过政治捐款来影响政府对贸易政策的选择。在民主国家一项成功的竞选需要大量的竞选经费作为支持，如果特定的利益集团对政治家的政治竞选给予了选举经费的支持，则该团体的政策诉求将会在政治家的贸易政策选择中得到反应，即使这项政策违背了大多数选民的利益，因为利益集团选举经费的支持帮助政治家赢得的选票可能会多于因采取不受欢迎的保护政策所失去的选票，因此政治家会通过牺牲部分选民福利的办法来换取竞选资金的支持。这样，组织良好的利益集团将得到有利于他们但牺牲部分或整体社会公众利益的保护贸易政策，竞选贡献模型较全面地反映了贸易政策政治决定过程中各种力量之间的相互作用。

第六节 保护贸易政策的次优理论分析

与微观经济学的基本分析方法和结论相一致，开放经济条件下的世界市场如果能够满足完全竞争市场的全部条件，那么各国根据各自比较优势所形成的生产和贸易均衡将会是一种帕累托最优状态，自由贸易的选择也将是最优的政策选择。但是现实经济远远无法满足完全竞争市场的苛刻假设，垄断因素、经济外部性和公共产品的存在使世界市场达不到完全竞争的状态，这将导致市场失灵的出现，而政府对微观经济活动的干预，可能实现纠正市场失灵，增进福利的结果，也就是政府的经济干预行为可以弥补现实经济与完全竞争模型假设之间的鸿沟，使经济达到或接近帕累托最优的状态。对此，李普西（R. G. Lipsey）和兰开斯特（K. Lancaster）（1956）创立的次优理论进行了分析，利用他们的次优理论分析保护贸易政策实施的原因和影响，可以很好地深化对保护贸易理论的学习和认识。

次优理论旨在说明，当现实经济由于非竞争扭曲或其他原因无法满足帕累托最优的全部条件时，找到一种最好也即次优的状态。次优理论的基本原理是，在不能全部满足完全竞争模型所要求的假设条件的情况下，即使政府的经济干预政策能够成功地弥补现实经济与完全竞争假设条件之间的差异，但干预政策的执行也仍然不能保证帕累托最优状态的实现，经济运行只能达到一种“次优”的结果。次优理论所引申出来的两个推论是：从纯粹演绎的角度看，并不能确定用一种对帕累托条件的违反来消除另一种违反会改进还是恶化目前的状况；消除一种违反帕累托的条件（除非只存在一种违反条件）并不能改善现在的状况，而进一步违反帕累托条件也不一定恶化目前的状况。

应用到保护贸易政策的选择上，次优理论认为，在一个存在非竞争格局、扭曲与各种对自由贸易实施限制的现实世界中，消除一种或多种限制并不一定意味着会实现增进福利的结果；相反，再引入一种或多种限制也不一定意味着福利状态会进一步恶化，它甚至会带来实际福利水平的增进，尽管这种次优仍是劣于帕累托最优的。

次优理论的思想可以用英国经济学家詹姆斯·米德（J. E. Meade）所给出的一个比喻来进行直观性说明。如果有一个人需要攀登群山中的最高峰，且最高的那座山峰被不同高度的群山所环绕着（攀爬路径如图 7－1 所示），在向最高点攀爬的过程中，他可能需要先爬上一些较低的山峰，然后再下山，下到连接处的低点后再继续攀爬。因此，这样的说法并不正确，爬山者为了到达最高点，应该始终向上爬。

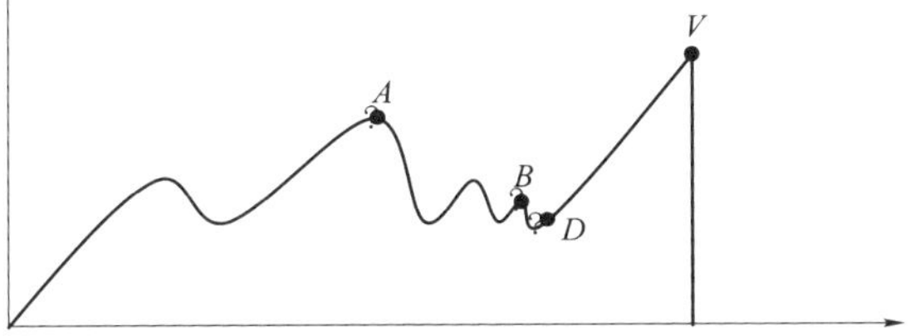

图 7－1　次优理论的直觉性图解①

在攀爬者攀登的过程中，如果到达 B 点后，发现存在一个不可逾越的峡谷阻碍了其向最高点 V 的攀登，例如图中的 D 点位置，那么对于登山者来说，他不应当停留在 B 处的高度，也不应继续朝着 V 点迈进，对于他来说一个较好的选择是返回到 A 处这样一个次高（次优）的位置。

如果将次优理论应用于保护贸易政策的分析，可以直接推出，在一个真实的经济世界当中，我们无法先验地判定保护主义究竟会恶化还是改善目前的福利状况，也无法确定向着自由贸易迈进的政策措施是否一定会改善一国的整体福利。同样，经济学家也很难断定，如同主流贸易理论所主张的那样，一定存在比实施贸易保护更好的政策，因为现实中，只有消除了全部违反帕累托最优的条件时，主流贸易理论的借鉴才是正确的。因此，次优理论对于保护贸易政策存在原因和影响的分析为现实经济中保护贸易政策实践提供了一定的合理化解释。

本章小结

经济理论的发展立足于为客观经济现象提供合理化的解释，并为现实的经济政策的选择、制定提供理论支持和指导。本章将根据贸易保护理论的发展轨迹，分析介绍了幼稚产业保护理论、超保护贸易理论、进口替代贸易政策理论、战略性贸易政策理论、贸

① 【意】贾恩卡洛·甘道尔夫．国际贸易理论与政策［M］．上海财经大学出版社，2005 年版，第 229 页。

易政策的政治经济学分析和次优理论的基本框架和内容。

思考练习题

1. 简述保护幼稚产业理论对于落后国家贸易与经济发展以及经济政策制定的借鉴意义。

2. 比较分析新重商主义与19世纪以前重商主义在贸易思想理论上的异同?

3. 进口替代贸易政策的理论基础是什么?

4. 试简单评析拉美国家进口替代政策实践的效果如何?

5. 简述战略性贸易政策理论的基本内容。

6. 贸易保护的政治经济学分析产生的理论背景是怎样的,基本贸易模型有哪些?

7. 次优理论是如何解释现实中的贸易干预和保护措施的?

第八章　关税壁垒

学习目标

在了解关税相关概念的基础上，理解并掌握进口关税的经济效应，特别是小国进口关税情形的分析，掌握进口关税分析的基本方法，了解关税结构的基本理论。

关键术语

关税　贸易小国　最优关税　有效保护率

第七章的保护主义贸易理论为现实经济中的贸易干预实践提供了很强的合理化解释，是研究贸易保护的系统分析框架。从广义上来看，贸易保护主义是指政府通过政策干预，导致某种商品的国内相对价格与世界市场自由贸易时相对价格发生背离的行为。政府的贸易干预措施主要通过关税和非关税措施来体现，无论是关税还是非关税壁垒的实施都会引起特定商品在一国内部的相对价格与世界市场相对价格的背离，导致开放条件下国内市场与世界市场的分割，从而降低世界范围内资源配置效率，使自由贸易的利益无法得到充分释放，正是从这个角度讲，关税和非关税壁垒措施构成了自由贸易的壁垒。前面几章我们对主流贸易理论的分析发现，无论是出口还是进口，自由贸易都会增加一国的福利，那么现实中各种各样贸易干预措施的实施对一国福利会产生怎样的影响呢？对此，我们将利用第七和第八两章的内容进行详细的解析，这种分析将会使我们得出与主流贸易理论相互补充的结论，自由贸易依然是能够保证各国获得最大福利的最优选择，各国应当实行自由贸易政策以提高本国的福利水平，对于现实中存在的贸易干预措施，应采取积极可行的政策加以限制进而努力消除。

本章我们在介绍与关税相关的基本概念的基础上，利用局部均衡和一般均衡分析方法考察关税的具体经济福利效应。

第一节　关税壁垒概述

一、关税的概念

关税（Tariff 或 Customs Duty）是一国海关对流入或流出该国关境的商品向其进出口商课征的一种税。关税的纳税主体是进出口商人，征税对象是进出入关境的商品

(Goods)。关税属于一种间接税，虽然是海关直接向进出口商征收，但最终将转嫁到国内外消费者或厂商身上，与其他税赋一样，关税具有强制性、无偿性和固定性的一般特征。

海关是设立在关境的国家行政管理机构，是贯彻执行本国有关进出口政策、法令和规章的重要工具。《中华人民共和国海关法（2000）》第二条规定了我国海关的具体职能："中华人民共和国海关是国家的进出关境监督管理机关。海关依照本法和其他有关法律、行政法规，监管进出境的运输工具、货物、行李物品、邮递物品和其他物品（以下简称进出境运输工具、货物、物品），征收关税和其他税、费，查缉走私，并编制海关统计和办理其他海关业务。"

关境是指执行统一海关法令且海关有权征收关税的区域。一般情况下，关境区域与国境区域范围是一致的，但在一些特殊情形下，可能出现关境小于或大于国境的情况。如果一国在其领土范围内设立有诸如自由港、自由贸易区、出口加工区、综合保税区等经济特区，则关境会小于国境。如果多个国家建立了关税同盟或更高级形式的区域经济一体化组织，则所有的成员国组成了一个共同的关境，适用统一的海关法规和海关税则，成员国之间彼此实行自由贸易，但对非成员国商品进出入共同边境时征收关税，这样关境将大于每一个成员国的国境。

二、关税的分类

关税根据不同的分类方法可以区分为不同的种类。

（一）根据征税对象的分类

根据关税的征收对象和征税产品的流向关税包括进口关税、出口关税、过境关税。

进口关税（Import Tariff）是进口国家的海关在外国商品进入本国关境，或者是从自由港、出口加工区、保税区、保税仓库进入本国关境时，根据海关税则对进口商所征收的一种关税。进口关税是最重要的一种关税，通常所说的关税壁垒指的主要是征收的进口高关税。由于各国经济发展阶段和产业技术发展水平的不同，各国间进口关税的税率差异显著，整体来看发达国家的进口关税水平较低，发展中国家的进口关税水平相对更高。进口关税根据同种商品来源国的差异，会设立不同优惠程度的关税税率，具体地可分为普通税率（General Rate）、最惠国税率（the Most-favored-nation Rate of duty）和普惠制税率（GSP Rate）。普通税率适用于与该国没有签订任何优惠贸易协定和最惠国贸易协定的国家或地区商品的进口；最惠国税率适用于与该国签订有最惠国待遇条款的国家或地区所进口的商品；普惠制税率适用于享受普惠制待遇的发展中国家的商品进口。三种税率间的关系是：普惠制税率最低，普通税率最高，而最惠国税率高于普通税率但低于普惠制税率。

与一般性的进口关税相区别，一国在征收正常进口关税的同时，有时还会因为某种特殊原因额外加征某种特定关税，我们称之为进口附加税（Import Surtaxes）。经过众多回合的多边贸易谈判，在各国进口关税水平不断下降的背景下，进口附加税的征收一般与特定非关税壁垒措施的实施有关，例如与反倾销、反补贴相关的反倾销税、反补贴等，对此我们将在下一章内容中详细介绍。

出口关税（Export Tariff）是出口国海关对本国商品输出境外时，对出口商征收的关税。征收出口关税会提高本国出口商品的国外售价，降低本国产品在世界市场上的竞争力，抑制本国出口的扩张，因此，绝大多数国家对本国出口的大多数商品均不征收出口关税。一般出口国出于特定的目的才会对出口的特殊产品征收，例如，保护国内的生态平衡和环境，改善出口产品贸易条件，防止跨国公司利用“转移定价”逃避所在地纳税等。

过境关税（Transit Tariff）是一国对于通过其关境的外国货物所征收的关税。该种关税的典型特点是征税国并非参与贸易双方的当事人，而是独立于进出口国的第三国。在世界经济发展的早期阶段，过境税曾是欧洲部分国家重要的财政收入来源，由于过境税的征收会阻碍商品的国际流通，影响本国运输服务业的发展和收入，19 世纪中期以后过境税的税率大大降低，其增加财政收入的意义不大。目前，大多数国家均不再征收过境税，而仅仅征收少量的准许费、印花费、签订费和统计费等，但过境货物在通过所在国关境时必须接受过境国海关的监管，按规定的路线通过，而不允许过境货物进入过境国的国内市场。

（二）根据征税目的分类

根据关税的征收目的来进行分类，关税可区分为财政关税和保护关税两种。

财政关税是为增加政府的财政收入为目的而征收的关税。对于经济发展相对落后的国家来说，关税作为财政收入来源的重要性相对更高，随着经济发展水平的提高，税源也将日益多元化，关税在财政收入中作用也将减弱。为了达到增加政府收入的目的，征收财政关税的商品一般具有以下几个特征：征税的进口商品国内不生产或没有同类替代品，是须从国外进口的商品；商品的进口数量和国内消费数量巨大；征税的税率一般不会太高，因为过高的税率会减少进口，可能会导致税收总量减少。

保护关税是为保护国内产业发展为目的而对进口商品征收的关税。对进口产品征税税率越高，则产品进口到国内市场之后市场售价也就越高，国外产品对国内同类产品的冲击也就越小。因此，保护关税的税率一般都比较高。

不同的国家其保护关税的具体目的有所差异，比如，不发达国家实施保护关税主要是为了保护本国幼稚工业的成长，而发达国家则主要是为了垄断国内市场获取垄断利润。保护关税的税率一般都比较高，有时高达 100% 以上，因为税率高，才会使进口的外国商品成本上升，竞争力下降，以此来达到保护本国生产的目的。

早在重商主义时期，欧洲国家重商主义实践中就开始把关税用作一种限制产品进口，保护国内市场和产业发展的工具，使关税具有了保护关税的性质，直到现在，绝大多数国家大量地使用关税作为削弱外来竞争的保护贸易措施，只有极少数发展中国家把关税作为财政收入的主要手段。

（三）根据征税方法的分类

根据海关实际征税过程中征税方法或征税标准的差异，存在多种具体形式的关税，其中最主要的两种形式为从量税（Specific Tariffs）和从价税（Ad Valorem Tariffs），在此两种主要征税方法的基础上，又衍生出选择税（Alternative Tariffs）和复合税（Compound Tariffs）。

从量税（Specific Tariffs）是对进口货物按照商品的重量、数量、容量、长度或面积等计量单位为标准计征的关税。例如石油原油的进口每吨征收 85 元的从量税。从量税的征收对象一般是大宗初级产品和标准化产品。从量税的税额与进口商品货物规模成正比，从量税额的计算公式为：

从量税额 = 货物数量 × 单位从量税

从量税在征收过程中，它的优点体现在这样两个方面：一是以进口货物数量单位为征收的基础，不考虑商品的价格、品质和规格，税额便于计算；二是单位商品的征税额度固定，对廉价低档商品进口的限制作用较强。按照从量税征税的缺点是：对于同一税目质量档次不同的商品征收相同的关税，存在税率上的不公平，对于高档高价商品的进口限制作用相对较弱，并且在进口商品价格上升的情况下，税额并不会提高。

从价税（Ad Valorem Tariffs）是以进口货物的价格为基础计征一定百分比的关税。例如《中华人民共和国进出口海关税则（2012）》规定对 20 座以上但不超过 29 座客运机动车辆的进口征收 25% 从价关税的最惠国税率。从价税一般适用于工业制成品。从价税与商品价格的涨落成正比关系。如果产品价格上涨（比如发生了通货膨胀），则从价税的保护程度和关税水平同步变动，特别是对高价格的制成品，其保护作用和从量税相比更有效；从价税的税率明确，便于比较不同国家的税率；从价税的税收负担较为公平，符合税收的公平原则；从价税的征收比较简单，对于同种商品可不必因其品质的不同再详细加以分类。

从价税额的计算公式为：

从价税额 = 货物价值 × 从价税率

混合税（Compound Tariffs)）又称作复合税，它是对同一进出口商品同时征收从价税和从量税。例如，我国《进出口海关税则》规定，磁带型广播级录像机的进口如果完税价格超过 2 000 美元/台，享受最惠国税率的产品每台将征收 3% 的从价税和 4 374 元的从量税。利用复合税征税时征税额的计算公式为：

复合税额 = 从量税额 + 从价税额

选择税（Alternative Tariffs）是对同一种进口商品同时制订有从价税的税率和从量税的税额，在具体征税时，海关根据需要选择一种较为有利的方式执行。限制进口时，可选择其中征税较重的方法，如需要鼓励进口，则可选择征税较轻的方法进行征税。

第二节 贸易小国进口关税的经济效应

进口关税一般是由进口商在外国商品运抵本国口岸后，向海关缴纳的税收，进口商缴纳的关税将计入到进口产品的成本当中去，最后会反映在更高的商品价格上，向本国消费者出售。由此，进口关税通过改变进口商品的价格使国内市场与国际市场发生了分离，价格的变动将引起进口国不同经济主体经济行为的变化，进而将会改变他们的福利状况，并导致进口国国内资源配置效率的变化和整体福利的改变。

在分析进口关税的具体经济效应时，由于进口国对进口产品世界市场价格影响程度的差异，我们要具体区分为贸易小国和贸易大国来进行分析。所谓的贸易小国是指一国在某种商品的贸易中，其进出口数量的变化不会引起该种商品世界市场价格的变化。该国就像是在完全竞争的市场一样，只是某种商品价格的接受者，而无法影响该商品的国际市场价格。贸易大国是指一国在某种商品的贸易中，其进出口数量的变化能够直接引起该种商品世界市场价格发生改变。和贸易小国相比，因为贸易大国进出口的变动可以改变特定商品的相对价格，因此进口贸易大国可能通过发挥本国对世界市场价格的影响力，获得增进本国经济福利的额外利益。本节我们首先采用局部均衡和一般均衡分析方法来分析贸易小国进口关税的经济效应。

一、贸易小国关税的局部均衡分析

进口关税的作用首先是引起进口商品国内价格的改变，造成进口商品国内市场价格与自由贸易时世界市场价格发生分离。通过改变价格，进口关税将引起国内市场同类产品需求与供给发生相应的变化，导致国内资源配置效率发生改变，并导致不同经济主体和本国整体福利发生改变。因此，这里首先利用局部均衡分析方法和工具来解析关税的具体效应。

（一）价格效应

我们假设进口产品与国内生产的同类产品完全同质，对进口产品征收关税首先会使进口产品和国内同类产品价格上涨，具体的作用机制和过程我们将通过直观的图形图 8－1 进行分析。其中，横轴和纵轴分别表示所考察商品的数量和价格，S 和 D 是该国国内进口竞争商品的供求曲线，E 为封闭条件下的供求均衡点。该国从世界市场进口某种产品，表明该国在该产品的生产上不具有比较优势，封闭条件下国内市场均衡价格将高于自由贸易时世界市场价格水平。由于我们这里分析的是贸易小国，在国际市场上将是该产品价格的接受者，自由贸易条件下，该国能够按照确定的世界市场价格 P_w 进口任意数量的产品，因此，自由贸易条件下，假设国际市场价格是 P_w，该小国面临着一条具有完全弹性的世界市场供给曲线 S_w。由于产品同质，自由贸易条件下，进口小国国内产品价格将会与世界市场价格 P_w 相同，在 P_w 的均衡价格水平，国内需求为 OQ_3，国内生产厂商愿意并且能够供给的产品数量为 OQ_2，国内市场供需缺口 Q_2Q_3 代表的数量通过进口来满足。

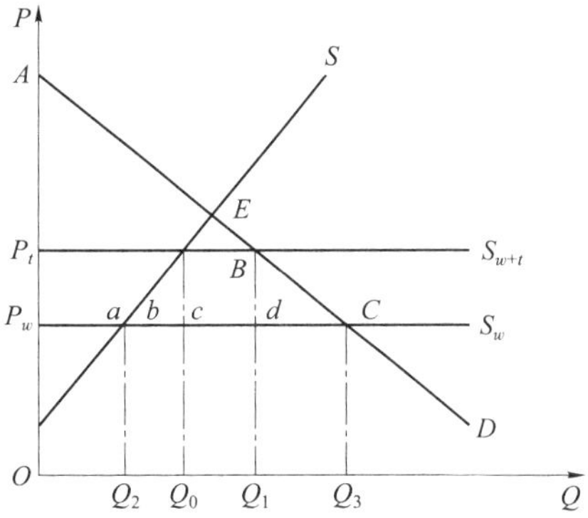

图 8－1　贸易小国的关税效应

假设贸易小国对进口产品征收金额为 t 的从量税，并且我们假设征税后进口产品价格水平依然是低于国内封闭条件下的均衡价格水平。由于贸易小国是产品价格的接受者，进口商在缴纳了进口税之后，在保证所获利润不变的情况下将会把增加的关税成本全部转嫁到产品价格当中，因此将会在世界市场价格加上关税成本的基础上向国内供给相应的产品，因此，征税后小国面对的世界市场供给曲线将由 S_w 向上平移至 S_{w+t}，所对应的价格水平 P_t将会是新的国内价格水平，且 $P_t = P_w + t$，进口关税导致进口国国内价格上涨的幅度刚好等于所征关税的水平。

（二）消费效应

一般来说，由于进口关税提高了国内价格水平，单位产品的消费本国消费者将支付更高的成本，为了保证整体效用的最大化，消费者将会减少对于相应产品的购买和消费，因此，消费者将按照更高的价格消费更少数量的产品，导致消费者剩余减少，消费者的福利下降。自由贸易条件下，进口国消费者能够按照 P_w的价格消费 Q_3数量的产品，但是征收关税之后则要在 P_t的价格水平消费 Q_1数量的产品，消费者剩余由大三角形 $P_w CA$ 面积所代表的收益下降为小三角形 $P_t BA$ 面积所代表的收益，减少的总量为图中 $a+b+c+d$ 的面积所代表的金额，这是消费者因为政府征收进口关税所发生的福利损失。

（三）生产效应

进口关税的生产效应实际上也体现了关税的贸易保护效应。因为征收关税之后，进口产品的国内售价提高了，进口国原本在同类产品的生产上不具有比较优势，封闭条件下国内均衡价格水平高于自由贸易时世界市场均衡价格水平。自由贸易条件下，因为国内外产品同质，较低的世界市场价格水平给本国生产商带来的巨大的竞争压力，使其只能在 P_w的价格水平向国内消费者提供 Q_2数量的产品。在征收进口税后，进口产品价格上升至 P_t，此时的价格水平虽然依然低于进口国封闭条件下的国内均衡价格水平，但对国内厂商造成的竞争压力却会减弱。由于和自由贸易相比，国内厂商可以在更高的价格水平销售生产的产品，因此国内厂商有动力生产并提供更多的产品，在更高的价格销售更多数量的产品提高了国内生产者的福利水平。如图所示，进口国生产者福利的改善体现为生产者剩余增加了梯形 a 的面积所代表的收益。

（四）贸易效应

进口国征税后，国内价格的提高降低了产品的总需求，却增加了本国生产商的产品供给，因而导致进口国产品进口数量的减少。自由贸易条件下，在 P_w的价格水平，国内需求为 Q_3，本国厂商的供给为 Q_2，国内供需缺口即为进口规模 Q_2Q_3，征收关税后，国内需求为 Q_1，本国厂商的供给为 Q_0，国内供需缺口为进口规模 Q_0Q_1，因此，进口总量减少了 $Q_2Q_0+Q_1Q_3$。虽然进口国进口规模下降了，但由于是贸易小国，其进口量变化不会影响世界市场价格，因而其进口价格水平不发生变化，在该国出口产品价格水平不发生变化的情况下，进口国的贸易条件不会发生变化。

（五）政府收入效应

征收关税拓展了政府的税源，有利于增加其财政收入，对于许多国家来说，征收关税的目的就是为了增加财政收入，即使政府是出于保护本国弱势工业的发展为目的，对进口产品征收关税同样能够增加政府的财政收入。自由贸易条件下，由于政府对进口产品不征收关税，因而不能直接获得相应的好处。在征收关税的情况下，每单位产品征收金额为 t 的从量税，在进口规模为 Q_0Q_1的情况下，政府可获得规模为矩形 c 的面积所代表的税收收益。可见，除了生产者，政府也是征收关税的受益者，这在一定程度上也解释了政府热衷于干预贸易的原因。

（六）收入再分配效应

进口关税的征收使一国内部消费者的福利受到了损害，但却增加了国内生产商和本国政府的福利，这实际上体现了实际收入由消费者向本国厂商和政府发生了转移，是一个收入再分配的过程。如图 8－1 所示，征收关税之后，消费者福利的损失体现为消费者剩余减少了 $a+b+c+d$ 的面积所代表的收益，其中面积 a 部分的福利损失以生产者剩余的形式转移给了本国的生产者，面积 c 部分的损失以关税收入的形式转移给了本国政府。

（七）整体福利效应

以上我们分别考察了进口关税对一国内部不同经济主体福利变动产生的影响，但国际贸易是在国家与国家之间开展的，具体的贸易政策也是由国家制定和执行的，因此征收关税对于一国经济福利变动的整体净效应是该国根本利益所在。

我们把关税对消费者、生产者和政府福利变化的影响综合考察，可以确定关税对进口国整体净福利变动的影响，其中：

消费者剩余变化：	$-(a+b+c+d)$
生产者剩余变化：	$+a$
政府关税收入变化：	$+c$

关税造成的整体净福利变化：$-(b+d)$

通过对各方主体净福利变化的综合考察可发现，征收进口关税降低了本国消费者的福利，增加了本国生产商和政府的福利，但是消费者所遭受的损失却超过了本国厂商和政府所获得的总收益，关税造成进口小国整体净福利下降了（$b+d$）的面积所代表的收益，这也即关税保护所产生的成本。其中，b 代表生产扭曲所造成的损失，d 代表消费扭曲所产生的净损失。生产扭曲源于关税所导致的国内相对价格与世界市场相对价格发生分离，该国将有限的资源用于增加本来不具比较优势产品的生产，而减少了本国具有比较优势产品的生产，造成了资源配置效率的下降。消费的扭曲是因为国内相对价格与国外相对价格相分离的条件下，消费者要按照更高的价格消费更少的进口产品所造成的。整体来看，贸易小国征收进口关税造成了本国总福利和自由贸易相比，出现了下降，小国最优的选择应实行自由贸易。

二、贸易小国关税的一般均衡分析

局部均衡分析让我们了解到小国征收进口关税产生的一系列经济效应，以及征税对国内不同经济主体和该国整体净福利变动的影响，得出了小国征收关税有损本国净福利的基本结论，并对征税造成福利损失的原因作出了初步解释。但是进口产品价格因征收关税发生的变化，影响的不仅仅是自身的供求变化，通过改变商品间的相对价格水平，它还会影响到其他商品的生产、贸易、消费，导致整体资源配置效率和社会福利发生相应的变化。对此，我们需要借助图 8－2 采用一般均衡分析方法进行进一步地探究。

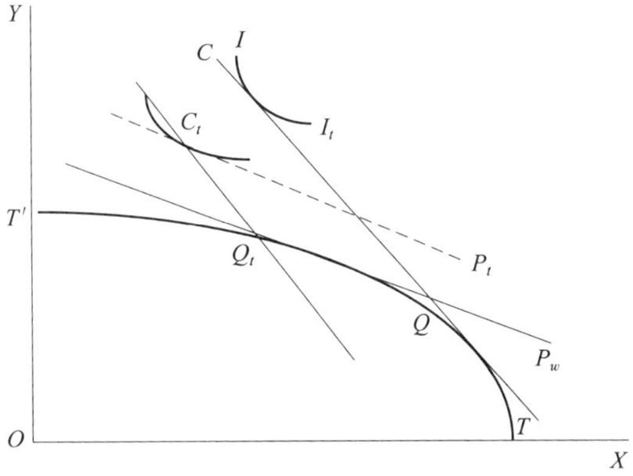

图 8－2　小国征收进口关税的一般均衡分析

假设所考察的某贸易小国同时生产 X 和 Y 两种产品①，TT'代表该国的生产可能性曲线，其中该国在 X 产品的生产上拥有比较优势，在 Y 产品的生产上处于比较劣势，开放条件下，该国向世界市场出口 X，并从世界市场进口 Y。自由贸易条件下，X 和 Y 产品的世界市场均衡价格分别为 P_x、P_y，在 $P_w = P_x/P_y$ 相对价格水平，该国的生产、消费和贸易达到均衡，其中生产均衡点位于 Q 点，它刚好是生产可能性曲线与相对价格线的切点，消费均衡点位于 C 点，它反映的是最高的消费无差异曲线与相对价格线的切点，过 Q 和 C 点的相对价格线（$P_w = P_x/P_y$）恰好可以保证小国的贸易达到均衡，并且相对价格线刚好是该国的预算约束线。

现在，假设小国政府对进口的 Y 产品征收税率为 t 的从价税，那么通过我们前面的局部均衡分析，我们知道小国内部 Y 产品的价格将上升至 $P_Y(1+t)$，小国内部 X 与 Y 商品的相对价格将变为 $P_t = P_X/P_Y(1+t)$，因而国内相对价格线变得更加平坦，但世界市场均衡相对价格水平 $P_w = P_x/P_y$ 并不会发生变化，征税后的国内相对价格线比国际相对价格线更平缓。X 与 Y 国内相对价格的变化直接导致两种商品生产状况发生改变，X 的产出减少，Y 产品的产出增加，生产均衡点由 Q 移动到 Q_t。

由于小国征收关税并不改变 X、Y 产品的世界市场价格，因此征税后小国的贸易条件并不会发生变化，国际交换条件仍然为 $P_w = P_x/P_y$，因此存在一条过新的生产均衡点 Q_t 的国际相对价格线，并且在保证该国贸易均衡的条件下，该国消费均衡点将落在这条相对价格线上。另一方面，国内消费者在选择消费组合时，面对的国内相对价格是 P_t，根据消费者效用最大化的条件，通过新的消费均衡点的社会无差异曲线在该点的切线斜率绝对值应等于 P_t，消费均衡点具体的位置由该国实际预算约束线的位置确定。国内生产要素的收益所产生的预算线为过 Q_t 的国内相对价格线，假设政府把对进口产品 Y 所征收的进口关税全部返还给本国消费者，则本国的实际预算线将会向上平移至过 C_t 点的国内相对价格线，此时国际贸易仍按自由贸易时国际市场均衡相对价格进行，而国内消费者则按征税后的国内相对价格来决定其最佳选择。和自由贸易时相比，对进口产

① 这里假设分析的国家在 X 产品和 Y 产品的贸易上均是贸易小国。

品征收关税导致消费者两种产品的消费数量减少，因而达到的福利水平低于了自由贸易时的水平，表明征收关税导致了进口贸易小国整体福利出现了与自由贸易相比的下降。

根据比较优势理论的分析，一国应专业化于本国具有比较优势产品的生产并出口该产品，减少本国不具有比较优势产品的生产并从世界市场进口，从而可以达到通过贸易增进福利的目的。我们一般均衡分析的结果表明，小国对进口产品征收关税所导致的该国生产和贸易的变化恰恰违背了比较优势理论的基本结论，所以导致小国资源配置效率的降低和本国整体福利与自由贸易相比的下降。这是因为小国征收关税减少了对进口商品的需求，在贸易条件不变的情况下，为了保证贸易平衡，该国出口规模也会缩小。征税是一种典型的违背比较优势战略的做法，因此造成世界整体福利的损失，这部分损失最终是征收关税的小国自己全部承担，本国整体福利水平下降。同样，一般均衡分析得出了与局部均衡分析相一致的结论：自由贸易是小国最好的选择。

第三节　贸易大国关税的经济效应分析

在对贸易小国征收进口关税进行局部和一般均衡分析的基础上，按照同样的方法可以分析贸易大国征收关税的具体经济效应，但由于贸易大国具有影响贸易商品世界市场价格的能力，这使大国征收关税与小国存在一些明显的不同，对此我们这里进行进一步分析。

一、大国进口关税的作用机制

假设我们这里的分析针对的是某一商品世界市场上的进口大国，该进口大国对进口产品征收关税，使该进口商品以及国内生产的同类该产品的国内价格上升，面对更高的市场价格水平，本国消费者对该种商品的总需求下降，而本国厂商生产并向本国供给的该产品增加，从而导致国内需求缺口减小，本国从世界市场进口下降。大国进口的减少导致该产品世界市场上的总需求减少，在国际市场供给不变的情况下，世界市场均衡价格水平下降，这样进口大国征收进口税后本国可以按照更低的价格进口该种产品，外国出口商分担了部分关税成本，进口大国国内产品价格上涨幅度小于征收的从价税税率，但征税后国内和国际市场价格差距正好等于所征关税。对此，我们可以利用图形来进行更直观的分析说明。

如图 8－3 所示，假设本国是 Y 产品的进口贸易大国，左图代表本国市场的供求状况，其中 S_d 和 D_d 分别为封闭条件下的本国的供求曲线，右图表示 Y 产品世界市场上的供求情况，S_w 和 D_{w0} 表示大国征税前世界市场供求曲线。由于本国国内市场均衡价格高于世界市场均衡价格水平，因此开放条件下，本国从世界市场进口 Y 产品，自由贸易环境下，Y 产品的均衡价格水平为 P_{w0}，本国进口数量为国内市场上的供需缺口 Q_1Q_4，也即 M_0 数量的 Y 产品。假设本国对进口产品征收金额为 t 的从量税，国内价格水平可能最初会上升到（$P_{w0}+t$）的水平，导致国内消费者需求下降但本国厂商供给大大增加，本国的进口需求降至小于 M_1 的规模，本国进口的减少使 Y 产品世界市场上的需求曲线发生向左的平移，由原来的 D_{w0} 移动到的 D_{w1} 位置，在国际市场供给不发生变化的情况下，世界市场均衡价格水平由 P_{w0} 下降至 P_{w1}，本国进口价格也降低为 P_{w1}，在降低的进口价格水平假设同样征收为 t 的从量税，则国内价格水平上升至 P_t 的水平，$P_t = P_{w1} + t$。和贸易小国征收关税相比，大国征税后国内价格上升的幅度更小，因为大国通过减少进口，降低了世界市场价格水平，使国外出口商承担了部分关税。

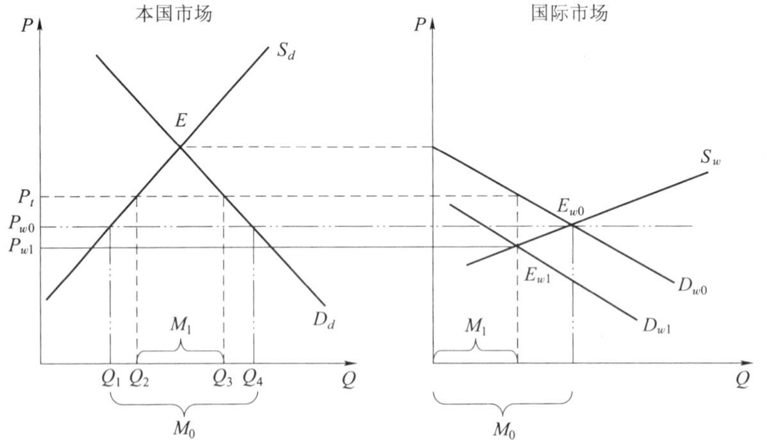

图 8-3 贸易大国征收关税后价格变化机制

二、大国进口关税的局部均衡分析

了解了大国征收关税的内在作用机制，下面对贸易大国征收进口关税所产生的经济效应进行局部均衡分析。由于大国关税的经济效应与小国存在极大的相似性，我们这里只针对其中的差异进行简单介绍。

作为进口贸易大国，进口关税的征收在降低了进口产品价格的同时一般会使国内同类商品价格水平上升，如图 8-4 所示，征税使国内价格水平由 P_{w1} 提高到 P_t 的水平，$P_t = P_{w1} + t$，国内均衡价格水平的提高降低了国内消费者的需求，增加了本国厂商的供给，消费需求由自由贸易时的 Q_4 降低至征税后的 Q_3，本国厂商供给由 Q_1 增加至 Q_2。征税导致国内供求缺口缩小，从而引起本国进口规模减小，进口量由自由贸易时的 Q_1Q_4 减少到征税后的 Q_2Q_3。由于进口产品价格下降，在本国出口产品价格不变的条件下，本国的贸易条件改善，意味着本国出口同样一单位商品可以换回更多数量的外国商品，这是贸易大国征收关税获得的一种额外利得。

大国征收关税对本国不同经济主体福利变动产生的具体影响为：消费者因为要在更高的价格消费更少数量的产品，消费者剩余减少了（$a+b+c+d$）四部分；生产者可以在更高的价格销售更多数量的产品，生产者剩余增加了 a 的部分；政府对每一单位进口产品征收金额为 t 的从量税，其财政收入增加了（$c+e$）的面积所代表的收益，本国消费者将因为进口关税而福利受损，本国生产商和政府则会获益。在不同主体经济福利变化的过程中，发生了两种性质的收入再分配：一种是发生在本国内部，体现为收入由本国消费者向本国生产者和政府的转移，其中 a 代表的收益由消费者转移给了本国生产

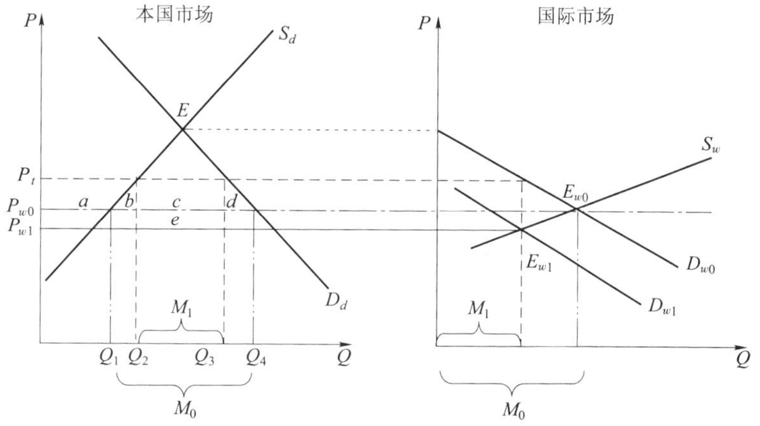

图 8－4　贸易大国进口关税的经济效应

者，c 代表的收益由消费者转移给了政府；另一种是发生在外国出口商和本国政府之间，体现为 e 代表的收益由外国出口商转移给了本国政府。

综合来看，大国征收关税对本国经济福利变动的净影响为 $(e-b-d)$，如果 $e>(b+d)$，那么征收关税增加了本国的净福利，如果 $e<(b+d)$，则征收关税减少了本国净福利。因此，与小国征税不同，大国征收关税存在改善本国福利的可能，这也为大国政府干预国际贸易提供了一定的理论支持。

三、大国关税的一般均衡分析

与小国情形的分析相同，大国对进口商品征收进口关税，同样会导致进口商品和国内生产的同类产品价格上升，并引起国内商品间相对价格水平的变化，使进口替代商品国内相对价格上升，导致国内资源在不同产品生产上配置结构的改变，从而产生资源利用效率方面的损失，降低本国的福利水平。但与小国征收关税的影响不同的是，大国进口品国内价格上升引起的生产扩张和消费减少导致了进口量下降，进而影响了世界市场均衡价格，造成进口品的世界市场价格下跌，在本国出口产品价格不变或上升的情况下，这将使大国的国际贸易条件改善，从而导致该国福利水平的提高。由此可见，大国征收关税的一般均衡分析要比小国复杂：一方面关税的保护会降低大国的社会福利水平；另一方面，其贸易条件的改善又会增进其社会福利水平。这两种反向的关税经济效应作用的结果使大国最终整体福利水平变化的方向具有不确定性，既可能降低总体福利水平，也可能提高总体福利水平。

（一）大国征收关税降低福利的情形

如图 8－5 反映了大国征收关税造成本国整体福利下降的情况。假定该国生产和出口 X 产品进口 Y 产品，同时假定该国是 Y 产品的进口贸易大国。

自由贸易条件下，面对国际均衡贸易条件 P_w 该国的生产均衡点为 Q 点，消费均衡点为 C 点。该国征收关税之后 Y 产品在国内市场上价格上升，故国内生产者面对比国际市场价格线 P_w 要平坦些的新的相对价格 P_t，由于该大国征收关税，进口的减少使 Y

产品的国际市场相对价格下跌，因此，国际市场价格线变为较陡峭的 P_w'。此时，国内生产点调整到 P_t 价格线与生产可能性曲线相切的 Q_t 点，此生产点和自由贸易情况相比，X 产品生产减少，Y 产品生产增加。征税后的消费点必然在 C_t 点。此点既满足了消费者按照国内相对价格比例选择消费，同时又满足了与生产品相分离的消费品是按照国际价格进行交换的，即 C_t 点相切于 P_t'，相交于 P_w'，且 C_t 点也正是 P_w' 与 P_t' 的交点。

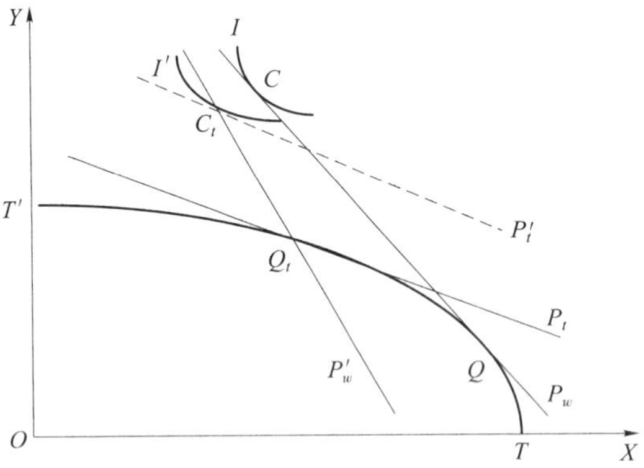

图 8-5　大国征收进口关税造成福利水平下降的情形

由于 C_t 点位于的社会无差异曲线 I' 低于自由贸易下的社会无差异曲线 I 所代表的福利水平，所以可得出结论，当贸易条件改善的程度较弱时，大国征收关税的净效应使其社会整体福利水平下降，因征收关税而遭受到了损失。贸易大国征收关税造成的社会福利净损失是关税的保护引起的资源配置下降的成本超过了贸易条件改善所产生的福利增长的结果。

（二）大国征收关税改善福利的情形

如图 8-6 所示，在同样的假设条件下，我们也可以直观地描述大国征收关税改善本国福利的情形。不同之处在于，这里的大国征收进口关税后贸易条件改善效应大于保护成本，最终带来了该大国整体福利水平的提高。由图中的情形可分析出，此大国对进口 Y 产品征收关税后，引起 Y 产品的相对价格上涨幅度不大。征收关税后的生产均衡点 Q_t 与自由贸易条件下的均衡点 Q 比较接近。因此，生产调整不大。其调整程度小于大国征收关税降低福利水平的生产调整程度。从而使关税的保护成本较小。但同时，该国征收关税后，进口的较小减少却使国际市场 Y 产品的相对价格大幅度下降。正如图中反映出来的，新的国际市场价格 P_w' 非常陡峭，使该国贸易条件得到了很大改善。在新的 P_w' 下，该国新的消费均衡点为 C_t 点。同前面的情况分析相同，该点是 P_w' 与平行于国内相对价格线 P_t 的交点，并且 C_t 点是在满足所在的社会无差异曲线 I_t 与

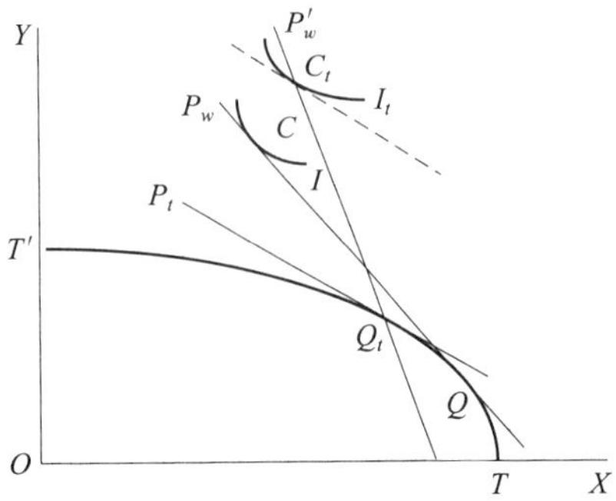

图 8-6　大国征收关税造成福利水平提高的情形

P'_w相切于C_t点。这表明C_t是在满足了两商品消费的边际替代率即等于国内相对价格的比例，同时又是在预算约束下所能达到的最大社会福利水平。因为C_t点所处的社会无差异曲线I_t高于自由贸易条件下社会无差异曲线I，所以，在这种条件下，征收关税使得大国的社会福利水平得以提高。这是关税的贸易条件正效应大于了贸易保护负效应的结果。

第四节 关税结构理论

作为反映一国进口保护程度的指标，进口关税水平通常是以一国的平均关税税率来表示，一国平均税率越高，进口产品征税后国内售价提高得越多，从而对国内同类产品的冲击越小，对本国市场和国内产品的保护程度越高。这里在介绍关税水平计算方法的基础上，分析关税的保护效果，以及贸易大国最优关税的确立问题。

一、关税的保护率

（一）关税水平的计算

测度一国关税水平的方法主要由两种：即简单算术平均法和加权算术平均法。

计算关税水平的简单算术平均法是指，以一国或地区税则中全部税目的税率加总之和除以税目总数的方法，其计算公式为：

$$t = \sum t_i/n$$

其中，t代表关税水平，t_i表示特定税目的税率；n表示税目的数量。

算术平均法计算的关税水平具有简单易行的优点，但也存在明显的缺点：没有考察特定产品进口权重大小对关税水平的影响，并且利用该方法计算的平均税率容易受到税目范围大小的影响，因此所计算出来的税率水平不能较为客观地反映该国关税水平。

另一种计算关税水平的方法是加权算术平均法，它是以一国各种进口商品的进口占总进口的比重作为权重，结合商品的税率加总计算得到平均税率的方法。具体计算公式为：

$$t = \sum t_i f_i$$

其中，t代表总体关税水平，t_i表示特定商品的税率；f_i表示某一关税率的进口商品占总进口商品的比例，$\sum f_i = 1$其总和等于1。

该种方法克服了简单算术平均法的不足，使测算的结果能够比较准确地反映一国的关税水平。

专栏8-1

“入世”降税承诺履行完毕

据介绍，我国自2002年起逐年调低进口关税。2002年大幅调低了5 300多种商品的进口关税，关税总水平由2001年的15.3%降低至12%，是“入世”后降税涉及商品最多、降税幅度最大的一年；2005年降税涉及900多种商品，关税总水平由2004年的

10.4%降低至9.9%，是我国履行义务的最后一次大范围降税；此后的几次降税涉及商品范围有限，对关税总水平的影响均不大。2006年7月1日，我国降低了小轿车等42个汽车及其零部件的进口关税税率，最终完成了汽车及其零部件的降税义务，我国汽车整车及其零部件税率分别由“入世”前的70%～80%和18%～65%降至25%和10%。

为继续履行加入世界贸易组织的关税减让承诺，我国自2010年起再次降低鲜草莓等6种产品的进口关税。继续对冻鸡等55种产品实施从量税或复合税，税率维持不变。调整后，我国关税总水平为9.8%。至此，我国加入世界贸易组织的降税承诺已全部履行完毕。

资料来源：世界贸易组织动态与研究，2010（1）：74.

（二）关税的保护率

关税的保护率指的是征收进口关税对本国经济的保护程度。无论出于什么样的目的，进口关税的征收都会对进口国的市场和产品发挥一定的保护作用，关税保护率是衡量一国实施关税措施对本国经济保护作用强弱的重要指标。关税保护率由名义保护率和有效保护率之分。

1. 名义保护率

名义保护率（Nominal Rate of Protection）是与自由贸易状况相比，征收关税使进口商品国内价格超过国际市场价格的百分比。一国对进口商品征收保护关税可以产生保护国内市场和国内生产的作用。总体来说，关税保护作用的大小取决于税率高低，在其他条件相同的情况下，进口税的名义税率越高，对于本国生产同类产品部门的保护程度也就越高，反之，其保护程度就低。名义保护率的计算公式为：

$$\text{名义保护率（}NRP\text{）}=\frac{P-P^*}{P^*}$$

其中，P^*为自由贸易世界市场价格；P是进口商品征税后的国内价格，即$P=P^*+T$。由于实际经济贸易过程无法确定自由贸易价格，大多数经验研究便将产品的国际价格作为P^*的值。

2. 有效保护率

名义关税税率在衡量关税对初级产品的保护程度上比较准确，但是当涉及工业制成品和国内生产同类制成品所需原材料进口时，情况就变得更为复杂，单单的名义保护率就无法准确地反映关税对国内经济的保护程度。尤其是经济全球化和国际分工由产业间向产业内发展的大背景下，中间产品贸易量大大增加，国际贸易商品很少完全是产自一个国家，很多情况下，产品生产需要引进投入和进口零部件，这更是对名义关税税率衡量的保护程度提出了一定的挑战。因此，将用于制成品生产的原料和中间产品投入上的关税因素考虑在内的有效保护率（Effective Rate of Protection），吸收了生产结构方面的信息，成为比名义保护率更为准确地测度保护程度的方法。

有效保护率是指征收关税之后，某种产品国内增加值超过该产品在自由贸易时增加值的百分比。有效保护率代表的是对进口成品和进口投入品同时征税对本国同类产品生产的有效保护程度，它的值不仅受进口成品名义关税率的影响，还受对国内生产所用进口投入品所征关税税率以及不同投入品在产品生产中所占比重的影响。简单的计算公式为：

$$有效保护率（ERP）=\frac{V-V^*}{V^*}\times 100\%$$

其中，V 表示某种产品自由贸易时的增加值，它等于商品价格减去投入原材料的价格；V^* 表示征收关税后相同商品在国内生产时的增加值，它等于征税后的商品价格减去国内生产投入的原材料价格。

计算有效保护率的具体实例如下：

假定在自由贸易下，某产品的世界市场价格为 100 元，其中投入成本为 50 元，则该产品自由贸易时增加值为 50 元。如果在本国生产，所有投入需要进口。假设对进口产品征税的税率为 20%，则这种产品在国内市场上的价格上升到 120 元。

（1）若进口投入完全免税，则国内增加值为 70（100×(1+20%)－50）元，则对这种产品国内生产的有效保护率为：

$$ERP=\frac{70-50}{50}=40\%$$

（2）若对进口投入品征收 20% 的关税，则中间投入品的国内投入价值上升到 60 元（50+50×20%），国内增加值变为 60 元（120－60），则这种产品国内生产的有效保护率为：

$$ERP=\frac{60-50}{50}=20\%$$

（3）若对该进口投入品征收 50% 的关税，则中间投入品的价格上升到 75 元（50+50×50%），国内附加值减少到 45 元（120－75），则这种产品的有效保护率为：

$$ERP=\frac{45-50}{50}=-10\%$$

不同情形下的例证分析表明，通过对制成品与进口投入品征收不同的税率最终实现的对国内生产的有效保护程度存在以下规律性的结论：（1）当最终产品的名义税率大于其中间投入品的名义税率时，对最终产品的有效保护率大于名义税率；（2）当最终产品的名义税率等于中间投入品的名义税率时，对最终产品的有效保护率等于名义税率；（3）当最终产品的名义税率小于中间投入品的名义税率时，对最终产品的有效保护率小于名义税率，当进口投入征税税率过高时，甚至出现负的保护率的情况。

当国内生产存在多种进口投入品或原材料，且不同种类的原材料、投入品所征收的进口关税税率以及它们的投入价值在生产中所占的比重不同时，相应有效保护率的计算更为复杂一些。相应的有效保护率的计算，可以按照如下公式求得：

$$ERP=\frac{T-\sum a_i t_i}{1-\sum a_i}$$

式中，T 表示该成品名义进口关税率；a_i 表示在未征税前原材料 i 的价值在该产品全部价值中所占的比重；t_i 表示原材料 i 的名义进口关税率。

通过对上式中 T、a_i、t_i 间数量关系的分析可得到如下具有启示性的结论：

如果 $a_i=0$，$EPR=T$，则意味着没有进口投入要素时，进口关税的有效保护税率等于名义税率；

如果 a_i、t_i值固定，则名义税率 T 越高，有效保护率 ERP 越高；

如果 T、t_i值固定，则 a_i值越大，有效保护率越高；

如果 $\sum a_i t_i > T$，则 $ERP < 0$，这种关税结构不利于对国内生产的保护，反而会削弱国内产品的国际竞争力。

有效保护率的以上分析表明，一国政府通过对不同进口品设置不同的进口关税税率，对国内生产所产生的保护效率是不同的，因此不仅要考虑名义税率的高低，还需考虑到生产结构和关税结构可能造成的影响。利用关税对国内市场的保护不仅依赖于较高的税率，还要有合理的关税结构和生产结构。理性的政府在本国关税结构的设计中一般会采取关税升级结构。所谓关税升级（Tariff Escalation）结构又叫瀑布式关税结构：即对原材料进口实行免税或只征收极低的关税，对中间产品征收较低的关税，对最终产品实行高关税率，从而使最终产品受到最充分的保护，关税升级结构能够使进口关税的实际保护率明显高于其名义保护率。大部分发达国家几乎都通过设立瀑布式关税结构来保护相关产业或产品的发展，即随着国内加工程度的延展，关税税率呈明显上升之势，国内加工程度则会不断加深，使有效保护率高出名义关税率就越多，如表 8-1 所示。

表 8-1　主要发达国家瀑布式关税结构（%）

产品	美国			欧盟		
	原材料	半成品	制成品	原材料	半成品	制成品
木材、纸浆、纸张、加剧	0	0.7	0.7	0	1.0	0.5
纺织品、布料	2.8	9.1	9.1	2.6	6.6	9.7
皮革、橡胶旅游用品	0	2.3	11.7	0.1	2.4	7.0
金属	0.8	1.1	2.9	0	1.2	2.8
化学用品、摄影材料	0	4.1	2.3	0	5.2	3.4
矿产品	0.6	1.3	5.3	0	2.4	3.7
鱼和鱼产品	0.7	1.7	4.0	11.2	13.3	14.1
产品	日本			加拿大		
	原材料	半成品	制成品	原材料	半成品	制成品
木材、纸浆、纸张、加剧	0.1	1.9	0.6	0.2	0.9	1.9
纺织品、布料	2.6	5.9	8.3	2.5	11.1	14.5
皮革、橡胶旅游用品	0.1	10.4	20.7	0.3	5.7	10.3
金属	0	1.0	0.9	0.1	1.7	5.2
化学用品、摄影材料	0	2.9	1.0	0	4.7	3.9
矿产品	0.2	0.5	1.8	2.7	1.0	4.4
鱼和鱼产品	5.2	10.4	7.9	0.6	0.3	4.6

资料来源：（美）Dominik Salvatore. 国际经济学［M］. 清华大学出版社，2004 年，第 209-210 页。

二、最优关税

从前面两节的分析我们可以看出，贸易小国征收进口关税只会导致本国净福利的下降，而对于贸易大国来说，征收进口关税导致本国贸易量减少，却获得了贸易条件改善的额外福利增进，因此关税对本国净福利变动的影响方向具有不确定性。如果贸易大国贸易条件改善的福利增进超过了因贸易量减小所造成的福利损失，这意味着贸易大国获得了超过自由贸易时的更高福利，从经济学上来看，那么贸易大国通过关税限制进口也就成为其理性的选择。如果贸易大国征收关税的净福利为正，那么理论上存在一个可以使大国征收关税的福利达到最大化的最优关税（Optimum Tariff）。

最优关税是指这样一种关税率，它使得一国贸易条件的改善所产生的福利增进抵消贸易量减少所产生的福利损失后的净福利最大化。具体可以参照图 8－7 作出简单分析。以横轴 T 表示大国征收的税率，纵轴 R 表示大国征收关税后的净福利所得，以自由贸易为起点，随着进口大国关税率的提高，其净福利所得会逐渐增加到最大值水平，此时的关税税率 T_1 即为最优关税，当关税率达到最优关税率水平后，关税率的进一步提高，其净福利将会逐渐下降，最终如果关税提高到 T_2，该国将不会有进口发生，此时的税率 T_2 为禁止性税率。因此，最优关税一定是处在零关税和禁止性关税之间的某一税率。

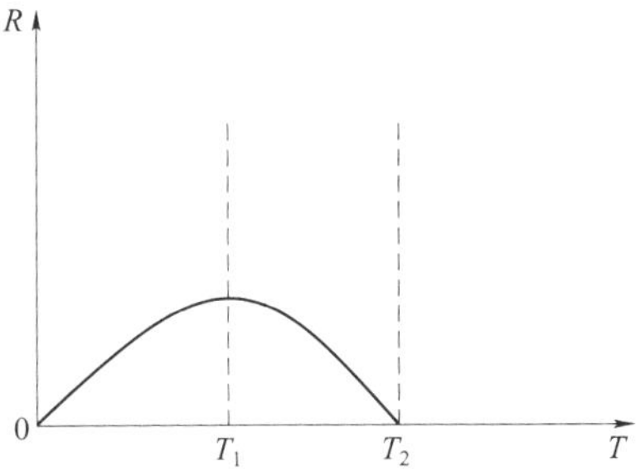

图 8－7　大国最优关税图示

从动态上分析，最优关税实际上是当进口贸易大国通过征税增加本国的净福利时，关税收入的一大部分是由外国生产者以降低出口价格的方式承担的，这部分收益可称为关税收益，如图 8－8 中的 e 部分的面积（左右图中 e 的面积完全相等）。同时，本国消费者会由于进口商品价格的提高产生消费者剩余的净减少，这可以视作关税损失，即图中 $b+d$ 部分的面积。

当在某一关税税率水平，关税收益大于关税损失的时候，进一步提高税率，会增加进口国的净收益；当在某一关税税率水平，关税损失高于了关税收益的时候，降低税率，会增加进口国的净收益。因此，理论上来看，最优关税是保证关税收益等于关税损失的税率，即最优关税率恰好使关税变化引起的额外损失等于额外收益。可用公式表示为：

$$M\frac{dP}{dt}-t^{*}P\frac{dM}{dt}=0$$

式中：M 表示进口商品数量，$\frac{dP}{dt}$是由于征收关税的税率变化所引起的商品国际价格的变动；$M\frac{dP}{dt}$就是关税变化所引起的关税收入的变化，也可以视作提高关税的边际收益；$\frac{dM}{dt}$表示税率变化引起的进口数量的变动；单位商品的税额 $t^{*}P$ 与$\frac{dM}{dt}$的乘积表示提高关税后由于贸易量的减少产生的税收损失，即提高关税的边际成本。

依据边际收益等于边际成本的原则可得上式，对其进行整理后得到：

$$t^* = \frac{M \times dP}{P \times dM} = \frac{1}{(dM/M)\ /\ (dP/P)}$$

其中，$(dM/M)/(dP/P)$ 表示国际市场对本国的出口供给价格弹性。令其等于 e_x，则可简化为：

$$t^* = 1/e_x$$

此式表示贸易大国征收最优关税率是外国向进口国供应进口品的出口供给价格弹性的倒数。

我们可以分析出，e_x实际就是图 8－8 中国际市场上 S_w曲线的弹性。如果 S_w曲线越陡峭，则 e_x越小，图 8－8 中的矩形 e 部分就越大，从而 $e-(b+d)$ 也就越大，最优关税率 t^* 也就越高。如果 S_w曲线越平坦，即 e_x越大，假如本国在此情况下，征收关税的税率较高，外国出口商会大幅度减少对该国的出口，从而引起国际市场的价格下降较少，外国就会承担较少的关税份额，关税的绝大部分由本国消费者承担，并且消费者净损失很大。因此，该国的最优关税就会很低。

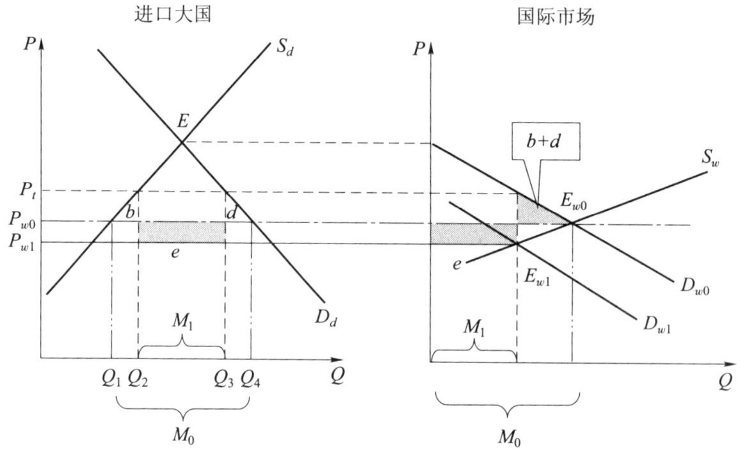

图 8－8　贸易大国进口关税的经济效应

当一国征收最优关税时，该国的贸易条件确实改善了，并最大化了本国的社会福利。但其贸易伙伴国的贸易条件却恶化了，福利水平将会下降。其贸易伙伴国将会采取报复行动，对自己的进口产品征收最优关税。这样，会使国际贸易量进一步下降。可以想象，关税报复的不断升级，最终迫使各国又会趋向于封闭经济状态，使国际贸易的利益丧失殆尽。因此，自由贸易仍是世界福利最大化和使本国福利最大化的理想状态。

同时，我们注意到，随着关税和贸易总协定（GATT）和世界贸易组织（WTO）主持的成员方的多个回合的贸易自由化谈判，各国关税被迫大幅度降低，甚至有些商品已降为零关税，并且予以约束。这实际上使最优关税的征收越来越成为不可能了。

本章小结

关税是各国贸易干预和限制的基本措施，构成了最基本的贸易壁垒，根据不同的标准，关税有多种不同的分类。关税的局部和一般均衡分析表明，贸易小国征收进口关税导致本国的消费者福利受损，生产者和政府受益，且整体福利水平因生产和消费扭曲而下降。贸易大国征收关税经济效应的特殊性表现在，关税引起的整体福利水平变化的方向具有不确定性，可能存在改善其整体福利的最优关税。关税结构的设置直接影响到其具体保护效果，瀑布型的关税结构能更好地达到有效保护本国市场的目的。

思考练习题

1. 从量关税与从价关税的主要区别体现在什么地方？

2. 贸易大国与贸易小国进口关税经济效应的差异具体表现在什么地方？

3. 进口关税税率越高是否意味着进口国政府得自关税的收入就越高，为什么？

4. 结合主流贸易理论的基本结论和关税经济效应的分析，对于贸易政策的选择可得出怎样的结论？

5. 假设一国汽车进口的关税税率为180%，国内同类型汽车制造商的成本结构和具体零部件进口税率水平位：

成本项目	钢板	发动机	轮胎
占汽车价格比重	20%	30%	10%
进口税率	60%	120%	30%

（1）试计算进口国汽车产业的有效保护率。

（2）如果钢板、发动机和轮胎的进口税率分别降至10%、30%和5%，再计算该国同类型汽车的有效保护率。

（3）联系以上计算结果，关于关税结构对有效保护率的影响，可得到怎样一般性的结论。

6. 假设某国为某一产品的进口贸易小国，该国市场相应产品的供给和需求可以分别表示为：

$$D = 2\ 000 - 0.2P \qquad S = 1\ 200 + 0.03P$$

假设国际市场价格为10 000元，请使用数字和图形分别说明以下问题：

（1）小国封闭条件下的国内均衡价格和产量？

（2）自由贸易条件下，该国汽车的产量和进出口量分别是多少？自由贸易对国内生产者和消费者福利变化产生了怎样的影响？

如果该国对进口汽车每辆征收3 000元的进口税，国内汽车的产量和贸易量发生了怎样的变化？

第九章　非关税贸易壁垒

学习目标

通过本章的学习，了解非关税壁垒的基本概念及其与关税的区别，掌握对几种主要非关税壁垒措施的分析方法和结论。

关键术语

非关税壁垒　配额　倾销　反倾销　补贴　反补贴　技术性贸易壁垒　绿色贸易壁垒

20 世纪 40 年代之后，经过关税与贸易总协定（GATT）和世界贸易组织（WTO）多回合关税减让谈判，目前各国关税水平普遍得到了大幅度削减，关税壁垒在一国通过限制进口实施贸易保护中的作用大大弱化。但在经济社会发展的特定背景下，不同的国家依然存在限制进口来保护本国市场的现实需要，为了能够达到特定的经济、政治甚至是社会目标，在关税壁垒不断弱化的条件下，各国开始越来越多地使用非关税壁垒措施来实施相应的限制和保护。对此，本章将针对非关税壁垒措施在国际贸易中应用的情况作出阐述。

第一节　非关税措施概述

一、非关税壁垒的概念

非关税壁垒（Non-Tariff Barriers，NTBs）是除关税措施以外的限入措施，具体来说，它是指一国政府为了调节、管理和控制本国的对外贸易活动，进而影响贸易格局和利益分配而采取的除关税以外的各种行政性、法规性措施和手段的总和。

从贸易政策工具发展演变的历史来看，早在重商主义时期，非关税壁垒措施就开始被用于奖出限入的贸易干预实践当中，只是由于世界经济发展的早期，各国普遍存在较高的关税壁垒，关税成为各国政府干预贸易的主要手段，虽然存在一些非关税壁垒措施，但它们在限制进口、鼓励出口中的作用相对较弱，只是与关税发挥限制性作用的同时起到了一定的辅助作用。20 世纪 30 年代资本主义世界经济大危机时期，西方主要发达国家在强化高关税壁垒在限制进口中作用的同时，曾一度高筑非关税壁垒，大力推行贸易保护主义。二战后，西方发达国家工业制成品的进口关税税率不断下降，关税的保护作用明显弱化，出于不同利益诉求的贸易保护开始越来越多地借助于非关税壁垒措施的实施，并且 20 世纪 70 年代开始，非关税壁垒措施逐渐成为主要发达国家实施贸易限制和保护的主要手段。

20 世纪 70 年代之后，非关税壁垒之所以能够成为发达国家贸易干预的主要手段，这是由以下几方面原因造成的：

第一，20 世纪人类社会在经历两次世界大战之后，在美国的积极倡导下，达成了《关税与贸易总协定（GATT）》这样一种事实上以贸易自由化为目的的临时性国际贸易安排，在 GATT 的努力下，经过多轮回合的多边贸易磋商与谈判，各国的关税水平大幅度地降低，部分工业产品甚至实行零税率。之后，各国在多边贸易体制允许的范围内，开始转向用非关税壁垒措施来限制进口，保护国内生产、市场或就业。

第二，战后各国经济发展的不平衡是导致非关税壁垒快速发展升级的根本原因。美国战后成为世界经济霸主，但随后日本和欧洲的恢复与崛起凸显出美国的相对衰落地位，尤其在 20 世纪 70 年代中期经济危机的冲击下，各国对世界市场的竞争尤为激烈，以美国为首的发达国家产生了对贸易保护更强的现实需要。

第三，20 世纪 70 年代中期以后，许多国家相继进行了产业结构调整，在支持和扶助本国先导产业和新兴产业加快发展的同时，各国依然存在对处于相对落后的夕阳产业给予照顾的需要，为保护各自的经济利益，主要国家纷纷采用非关税措施来达到奖出限入的目的。

第四，与关税措施相比，非关税壁垒措施自身的一些特征也导致了它的频繁使用。非关税措施本身具有隐蔽性，不易被发觉，而且在实施中往往可找出一系列理由来证明它的合理性，从而使受害国难以进行报复。

第五，各国在实施非关税措施上的相互效仿，也使这些措施迅速扩大。例如，美国、欧盟、澳大利亚和加拿大等曾是传统使用反倾销较多的发达国家，但 20 世纪 90 年代以后，发展中国家逐渐取代发达国家，成为国际反倾销的主力。

二、非关税措施的发展趋势

20 世纪 70 年代以来，非关税措施作为贸易干预的主要手段得到了迅速发展，与关税措施相比，非关税措施的保护方式更加多样化，适用的产业和产品范围更加广泛，保护作用更加直接、有效。与一些传统的价格、数量控制措施相比较而言，以满足环境要求和技术标准为代表的新型非关税壁垒措施更具名义上的合理性和实施形式上的合法性，从而进一步强化了其实施效果和实施范围。总体来看，近年来全球非关税措施的应用突出以下几方面发展趋势和特点：

第一，技术标准上升为主要的非关税贸易壁垒。随着人类社会科学技术的快速进步和发展，人们的物质生活水平不断提高，这使得各国消费者对产品和服务提出了更高的要求，因此各国政府以保护消费者、动植物安全为由，对进口产品的技术标准作出了特定的规定。无疑技术标准的制定有其一定的合理性，但由于各国的技术标准难以统一，因而存在被滥用的威胁，使技术标准在一国限制进口方面成为最为复杂的贸易壁垒，并常常使人难以区分其合理性。

第二，绿色壁垒成为新的行之有效的贸易壁垒。20 世纪 70 年代开始，可持续发展与环境保护成为全球经济发展日益关注的重要主题，在应对全球或地区性的环境问题面前，许多国家尤其是发达国家往往借环境保护之名，行贸易保护之实，使得绿色壁垒在限制产品进口方面被越来越频繁地适用。

第三，传统制度化的非关税壁垒不断升级。如反倾销的国际公共规则建立后，在制度上削弱了其贸易壁垒的作用，但频繁使用反倾销手段又使其演化为新的贸易壁垒。自 1904 年，加拿大首次通过反倾销立法以来，越来越多的国家开始以国内立法的形式将反倾销作为实施贸易保护的重要工具。目前世界上已有 100 多个国家制定了反倾销立法，反倾销的适用正呈现出全球性泛滥的趋势。

第四，政治因素的影响日益明显。贸易保护作为发达国家实现政治目的的重要手段，其实施的强度和频率经常受到政治因素的影响。部分发达国家甚至利用人权、劳工标准等形成带有政治色彩的贸易壁垒，大肆推销其国内人权标准，干涉别国内政。据不完全统计，非关税壁垒从 20 世纪 60 年代末的 800 多项已上升至 21 世纪初的 2 000 多项。在具体的实施过程中，多项非关税壁垒措施经常被结合起来使用，以达到强化限制进口的作用，例如进口许可证与配额，许可证与卫生检疫检验或技术标准相结合等。

三、非关税壁垒的特点

非关税壁垒在各国政府限制进口中的作用之所以不断强化，很大程度上这是与非关税措施自身的特点相联系的，与关税措施在限制进口中的作用相比，非关税壁垒措施具有以下典型的特征。

（一）限制进口的有效性

关税措施主要是通过扭曲市场价格，降低外来产品市场竞争力来达到间接限制进口的目的，在进口关税水平不断降低的背景下，关税在限制进口中的有效性在迅速下降，并且关税对于出口国的低价倾销和出口补贴导致的低价战略，在限制进口方面也面临局限。而一些非关税壁垒措施可以直接通过限制进口数量和进口金额来达到保护目的，例如进口配额、自愿出口限制等措施，另外一些非关税措施是依靠行政机制来限制进口，因而能更直接、更严厉且更有效地保护本国生产与本国市场。

（二）限制进口的隐蔽性

一国关税的税率和征收关税的程序一般都是通过法律的形式确定下来的，并且会对外公布，具有较高的透明度，国内外的进出口商比较容易获得相关信息。与关税不同，非关税措施既能以正常的海关检验要求和进口有关行政规定、法令条例的名义出现，又可以巧妙地隐蔽在具体执行过程中而无需作出公开规定，人们往往难以清楚地辨识和有效地应对这类政策措施，增加了反贸易保护主义的复杂性和艰巨性。

（三）限制进口的歧视性

关税通过双边条约或者多边贸易协定的有关非歧视条款的实施，对于签约成员国来说一般具有普遍适用性，所以较难贯彻歧视性目的。而一些非关税措施却经常可以针对特定国家以及特定国家的特定产品来实施，例如反倾销、反补贴和绿色贸易壁垒等措施经常会针对个别国家，这进一步强化了非关税措施的差别性和歧视性。

（四）限制进口的灵活性

关税是通过一定的立法程序制定的，它具有很强的政策延续性，很难经常性地做出灵活调整，并且作为WTO的成员国来说，各国关税还受到多边减税承诺的约束，成员国同种商品享受相同税率，这使关税在具体执行过程中也缺乏进行灵活调整的余地。而制定和实施非关税措施，通常可以通过行政程序来完成，制定的手续比较方便，制定的程序比较迅速，在限制进口方面，进口数量或金额的控制以及征收惩罚性附加关税时的税率确定上，进口国政府当局往往拥有较大的主动性，这使非关税措施在限制进口方面具有了更大的灵活性。

四、非关税壁垒的类型

鉴于各国贸易保护的现实需要和非关税措施在限制进口方面的特殊优越性，非关税壁垒的种类不断增加，纷繁芜杂的非关税壁垒措施构成了贸易保护的主要手段。根据不同的标准，非关税壁垒措施存在不同的划分类型和标准，我们这里仅介绍两种最常见的划分方法：

（一）根据影响方式和程度分类

参照20世纪80年代联合国贸发会议的划分方法，根据非关税措施在限制进口中影响方式及程度的差异，可将不同的非关税壁垒具体区分为直接影响性、间接影响性以及溢出或旁及影响性措施。所谓直接影响性非关税措施主要出于保护国内产业，为加强国内产业在国外市场上的竞争力，而针对外国商品进口所采取的限制和对本国出口进行限制或激励的措施，如配额、许可证、进口押金制等。直接影响性措施对贸易的限制作用较为明显，其作用的手段相对比较直接。间接影响性措施虽然表面上似乎是为其他目的而制定的，不存在对进口数量或金额的直接限制，但仍被怀疑隐藏地含有对进口限制的动机，如一些国家对进口产品在质量标准、广告数量、海关程序等方面的规定。溢出或旁及影响性措施是指虽然并非主要针对贸易而制定，但却不可避免地影响国内外商品间的竞争状况，从而对贸易开展产生相应影响的一些非关税措施。这方面的措施包括政府对某种或某类商品在生产、销售和分配方面的垄断，影响贸易的产业调整和地区发展政策，政府特定的国际收支调整政策措施、关税制度、国家社会保险制度以及折旧期限方面的差异，政府资助的防卫、航天和非军事采购引起的需求变动，国家标准和规定及做法的变动，国外运输费和国家批准的国际运输协定，结构成本等。

（二）根据作用机制进行分类

根据非关税壁垒措施影响贸易的作用机制来分类，具体可分为数量限制型与成本价格影响型非关税壁垒。前者是通过直接限制进口商品的数量或进口金额从而直接达到有效限制进口的目的，如配额、许可证、国内采购法规、国内含量规定等；后者是通过直接影响进出口商品或国内产品的成本进而削弱外国商品的竞争力来达到限制进口的目的。如运费差别待遇、海关估价做法、环境标准、劳工标准等。

表 9-1　　非关税措施分类表

<table>
<tr><th>影响程度
作用机制</th><th>直接影响</th><th>间接影响</th><th>溢出或旁及影响</th></tr>
<tr><td>控制数量</td><td>配额、许可证
自愿出口限制
进出口禁令
当地含量要求
混合规定
禁止性政府采购政策
直接影响贸易的投资措施</td><td>通讯工具限制
广告数量和市场限制
间接影响贸易的投资措施</td><td rowspan="2">产业和地区发展政策
特定的国际收支政策
税收制度的差异
国家社会保障制度
折旧期限的差异
国家订货的规模效应
国际运输协定</td></tr>
<tr><td>影响成本</td><td>进口附加税
反倾销措施、补偿关税
进口押金制
国内费用的差别待遇</td><td>海关估价
外汇管制
包装、标签规定
质量、卫生、环境标准
安全、劳工标准
报关程序
披露规定和行政指导
专业服务中的许可证、文凭销售证规定</td></tr>
</table>

资料来源：赵春明. 国际贸易学. 北京：石油工业出版社，2003。

综合考虑两类具体的分类方法，结合现实经济中最常见的非关税壁垒措施的各自特征，可以简单地作出如表 9-1 所示的总结性归纳。由于非关税壁垒措施种类的多样性和实施上的复杂性，非关税壁垒的效果较之关税壁垒来说更加难以度量，以下章节将介绍几种经济学研究中相对成熟的非关税壁垒措施的具体经济效应，通过与关税措施效应的比较，我们可以更深刻全面地理解非关税壁垒措施的特性和作用。

第二节　进口配额措施分析

一、进口配额的基本概念

进口配额又称进口限额，是一国政府在一定时期（如一年）内，对于某些商品的进口数量或金额加以直接限制，在规定的期限内，配额以内的货物可以正常进口，超过配额不准进口，或者征收较高的关税或罚款后才允许进口。作为进口国实施进口数量限制的主要手段之一，一般来说，一国配额确定的进口的数量会低于该国自由贸易时的进口水平，这才能发挥相应的限制进口的作用，并且这种限制进口作用的发挥通常以管理当局颁发进口许可证的方式来实现。从实施的过程中对进口的控制和限制程度来看，进口配额主要采用了绝对配额和关税配额两种形式。

(一) 绝对配额

绝对配额是指在一定时期内，对某些商品的进口数量或金额规定一个最高限额，达到这个数额后，便不允许进口。在具体实施过程中又存在两种方式：

1. 全球配额

此种方式的配额只规定一定时期内的进口数量，但不限制产品进口的来源地，对来自任何国家或地区的商品进口一律适用，为了防止国内进口商抢购配额内商品，导致无序的商品进口，主管当局通常结合进口许可证辅助形式按进口商的申请先后或过去某一时期的实际进口额发放一定的额度，直至总配额发放完毕为止。例如，意大利曾规定，自 1981 年 12 月 1 日至 1982 年 11 月 30 日，除皮鞋以外的各种鞋类进口的全球配额为 3 560 万双。

2. 国别配额

此种方式的配额是进口国家根据它与有关国家和地区的政治经济关系情况，分别给予一定时期内不同国家不同的配额，超过规定的限额不准进口。例如，2000 年美国对不同国家牛奶进口的国别配额分别为：澳大利亚浓缩牛奶 91 625 千克/年、丹麦浓缩牛奶 605 092 千克/年、德国脱水牛奶 9 997 千克/年、荷兰脱水牛奶 548 393 千克/年。

(二) 关税配额

关税配额是指在一定时期内，对商品的进口绝对数额不加限制，而对规定的配额以内的进口商品给予低税、减税或免税进口的待遇，对超过配额的进口商品则征收较高的关税或附加税。这种配额与征收关税直接相结合起来实施，使得非关税壁垒具有一定的灵活性。关税配额是关税和贸易总协定乌拉圭回合贸易谈判农产品协议对农产品贸易中非关税措施实施关税化的主要途径。

二、进口配额的经济效应分析

为了简化对进口配额经济效应的分析，我们这里以小国完全竞争情形的局部均衡分析来加以介绍。假设这里的分析对象为某一产品的进口贸易小国，且小国与进口商品相竞争的国内市场是完全竞争性的，不存在国内市场的垄断，即任何国内厂商不存在操纵国内市场价格的能力。另外，为了使配额发挥限制进口的作用，假设小国所设置的进口配额上限小于自由贸易时的进口规模，且配额内的商品免税进口。这样，进口配额的具体经济效应我们可以通过图 9－1 来进行直观分析。

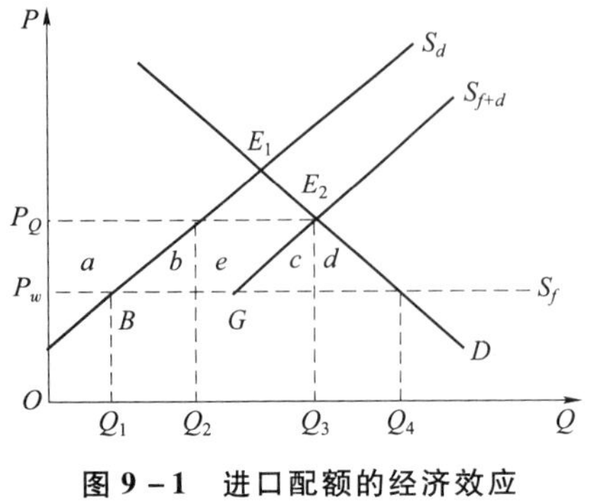

图 9－1 进口配额的经济效应

在图形中，横轴代表商品的数量 Q，纵轴代表商品的价格 P，S_d 表示小国国内总供给曲线，D 表示小国国内总需求曲线。自由贸易条件下，小国在该产品生产上不具比较优势，将从世界市场按照国际市场均衡价格 P_w 进口该产品，因为国内市场与国际市场是统一的，因此该商品的国际国内市场价格均等于世界市场均衡价格水平 P_w，在此价格水平，国内消费总需求数量为 Q_4，本国厂商愿意能够生产提供的产品数量为 Q_1，本国市场供需缺口通过进口来满足，因而自由贸易条件下该国的进口规模为 Q_1Q_4。

现在假设进口小国为了保护本国同类产品的生产和市场，对该进口商品实施进口配额，假定设置的配额上限为 Q_2Q_3，且 $Q_2Q_3 < Q_1Q_4$。这样，在 P_w 的价格水平，国内厂商的总供给加上进口配额的商品数量小于了国内消费需求总量，供不应求，导致小国国内市场价格不断上涨。实施配额以后，小国面对的总供给曲线 S_d 发生了水平向右的移动，移动的距离等于配额的上限规模 Q_2Q_3，也即 S_{f+d} 所代表的位置。当国内价格水平上升至 P_Q，小国本国厂商的供给数量加上进口配额的数量恰好等于国内总需求，此时小国的总供给曲线 S_{f+d} 与国内总需求曲线 D 相较于 E_2。实施配额后小国各项经济指标的变化为：国内总需求由 Q_4 下降至 Q_3，本国厂商供给由 Q_1 增加至 Q_2，进口规模由 Q_1Q_4 减少至 Q_2Q_3，国内价格水平由 P_w 上升至 P_Q。

实施进口配额以后，该进口贸易小国各利益群体经济福利的变化为：

（1）生产效应：由于国内价格水平提高，国内同类产品的生产得到了相应的保护，国内厂商的生产供应增加，国内厂商可以在更高的价格销售更多数量的产品，因而生产者剩余增加了图形中 a 的面积所代表的收益。

（2）消费效应：由于本国消费者要在更高的价格水平消费更少数量的产品，因而福利明显降低，具体福利减少了 $(a+b+c+d+e)$ 五块面积所代表的收益。

（3）贸易效应：由于实施了配额，本国进口规模由原来的 Q_1Q_4 减少到 Q_2Q_3，但由于该国是相应进口产品贸易小国，因此该国进口的减少不会影响世界市场价格水平，该国进口价格水平不变，贸易条件不会受到影响。

（4）配额的利润效应：由于实施配额后小国进口价格水平未变，但国内售价水平提高，因此获得配额内进口资格的进口商将获得更高的利润，其所获利润的增加为 $(c+e)$ 的面积所代表的收益。

（5）收入再分配效应：配额的实施使消费者福利下降的同时，使小国国内生产商和进口商的福利增加，因此发生了收入的再分配效应，原本属于消费者剩余的 a 转移给了本国厂商，属于消费者剩余的 $(c+e)$ 转移给了进口商。

（6）净福利效应：配额的实施使进口小国消费者福利恶化的同时，使生产者和进口商福利增加，但整体来看，小国净福利的变动为 $(c+e)+a-(a+b+c+d+e)$，即配额实施后小国的净福利损失为 $(b+d)$，其中 b 为生产扭曲产生的损失，它是小国低效率产品生产扩张引起的，d 为消费扭曲产生的损失，因为消费者由于配额的实施要在更高的价格水平消费更少的产品。

三、进口配额与关税的效应比较

通过局部均衡分析的结果来看，配额与关税的经济效应存在很多相似之处，例如都导致进口数量减少，国内售价水平提高，消费者福利受损，本国生产者获益等。但是在作用机制和效应上配额与关税依然存在较为明显的差别，具体表现在：

（一）作用机制的差异

从关税和配额的作用机制来看，两者存在明显的差异。虽然两种措施都可以限制进口，但配额主要是通过直接限制进口数量，导致国内供不应求，引起国内产品价格上升，进而造成相应生产和消费活动的改变和福利的变动。而关税则是通过征税首先引起进口国国内价格上升，进而导致消费、生产和贸易发生改变的。虽然关税和配额都会提高国内市场价格，但前者并不抹杀价格在调节进口中的作用，而后者却使价格机制调节进口的作用相对失效。另外，对于进口大国来说，实行进口配额和征收进口关税对进口产品国内价格升幅的影响不同，前者所引起的世界市场价格下降与进口国内价格的升幅无关，而后者所引起的世界市场价格的下降则会使进口国内价格的升幅有所减轻。这意味着对于进口大国来说，实行进口关税给其造成的社会净福利损失会略轻于进口配额。

（二）配额的限制作用强于关税

关税与配额对国内供求变动的影响是不同的。征收关税时，国内价格与国际价格的差距由所征关税的税率决定，国内价格上涨的幅度是固定的，当国内需求增加时，进口数量会随之发生相应改变，只要消费者愿意并且能够支付更高的价格，进口的数量可以相应增加。而在绝对进口配额下，进口量是被严格限定的，它无法随着国内需求的增加而上升，所以进口需求的增加只会导致价格更大幅度的上升，但进口量不发生改变。可见，配额导致国内价格上升的幅度具有不确定性，它对进口的限制作用要强于关税，其保护效果也更高。另外，关税的调整非常复杂，一般要经过国内立法程序来实现，但配额相对比较灵活，易于管理，一般通过行政程序即可调整和实施，这也强化了配额的限制和保护作用。

（三）财政收入与租值效应的差异

征收进口关税时，进口国政府可以获得相应的财政收入，也即是进口产品的价格收入部分，而免税配额的实施政府无法获得相应的财政收入，配额导致的进口产品溢价收入被进口配额持有者以“租”的形式获取。如果进口配额的分配机制不完善，进口商为了获得进口许可内的配额，可能会产生非生产性的寻租行为，这会造成社会福利的净损失。这样的话，配额造成的社会净福利下降将高于等价关税造成的净福利损失。

（四）配额会强化垄断

无论进口国国内市场是否存在垄断，征收关税以后，国内市场价格与国际市场价格的差异等于关税，国内市场价格仍然受到国际市场供求的影响，国内产业的市场竞争状态不会发生变化。而在实施配额时，如果国内市场存在垄断，当进口数量被限定条件下，国内垄断厂商将会利用其国内垄断地位，也即其改变供给数量影响国内市场价格的能力，按照利润最大化的原则，决定向国内市场供应商品的规模，此时国内市场价格与国际市场价格无关，这样配额将会导致进口国更大的福利损失。此时，配额的净福利损失将高于关税。

四、自愿出口限制的效应分析

自愿出口限制（Voluntary Export Restraints）是配额的一种特殊形式。即在一定的期限内，出口国在进口国的压力或要求下，对本国出口到某国的某种产品实施出口配额管制，导致进口国进口数量直接减少，或者是进口增速明显放缓的一种非关税措施。出口国之所以这样做，是为了避免进口国政府采取其他更严厉的贸易限制措施可能给本国产品出口带来的限制。自愿出口限制最早由美国运用于与其存在较大贸易量产品的主要国家，像对日本、韩国的汽车等产品上。例如，1981－1983年美国与日本之间的汽车自限协定把日本出口到美国的汽车数量限定在每年168万量，1984－1985年又把年出口配额增加到185万辆。

专栏9－1

中美就纺织品和服装贸易签署谅解备忘录

2005年11月8日，中国商务部部长和美国贸易代表在伦敦签署了《中华人民共和国与美利坚合众国政府关于纺织品和服装贸易的谅解备忘录》。至此，中美双方经过七轮磋商最终就纺织品问题达成协议。

商务部新闻发言人表示，中美纺织品协议将于2006年1月1日正式生效，于2008年12月31日终止。《备忘录》的签署将为双方企业创造稳定和可预见的贸易环境。

中美双方同意在协议期内对中国向美国出口的棉制裤子等21个类别产品实施数量管理，包括11个类别服装产品和10个类别纺织产品，其中16个类别为2005年一体化产品，5个类别为2002年以前一体化产品。

协议产品2006年基数基本上是2005年有关产品美国从中国的实际进口量，2007年和2008年基数均为上一年度全年协议量。

协议产品2006年增长率为10%～15%，2007年增长率为12.5%～16%，2008年增长率在15%～17%。

对协议外产品，美方将克制使用242段条款。美国对协议签署日之前因242段设限个案造成的卡关货物立即放行，不计入协议量。

该发言人同时表示，一体化后由于美方依据《中国加入WTO工作组报告书》第242段，频繁对中国纺织品实施限制措施，给两国纺织品贸易带来了极大的不稳定性，影响了贸易的正常、有序发展。中美两国业界强烈要求两国政府通过磋商达成协议，为两国业界创造稳定和可预见的贸易环境，维护双边经贸关系和发展大局。基于双方共同关切，中美两国政府在平等互利的基础上，经过七轮磋商，最终就纺织品问题达成了协议。纺织品问题的解决符合中美两国企业的共同利益，有利于推动双边经贸关系的平稳发展。

资料来源：世界贸易组织动态与研究，2005（12）：42.

出口国自愿限制出口配额的实施同样可以提高进口国同类产品的国内市场价格，特别是当自限协定中的产品与进口国同类产品并非完全替代时，进口国的价格提高效果将会更明显，并且这种进口国市场上的加价收益很容易被出口国企业拿走。与达成同样限制进口效果的进口关税相比，进口国丧失了关税收入，而出口国则变相获得了这种关税收入。与达成同样限制进口效果的进口配额相比，进口国丧失了进口配额租金，进口配额租金也被转移到了自限协定的出口国。

自愿出口限制的一个特点是，其一般只是针对某种产品最重要的出口国实施，而不是像关税和进口配额那样同时应用于所有向该国出口的国家。但这种只针对特定国家的歧视性措施容易刺激其他未受到限制出口国的出口。在利润的驱使下，不受限制的国家将会想方设法地扩大本国的出口，来抢占受限国出口下降所产生的市场缺口。例如，20世纪70年代，日本对输往美国的彩色电视机实施了自愿出口限制，为填补日本出口受限产生的市场缺口，其他国家向美国出口彩电数量出现迅速增加，尤其是中国台湾和韩国竞争产品的出口明显增加。

可见，对于进口国来说，自愿出口限制逊于进口配额的实施效果。因为实施进口配额时，配额租金留在了国内。而实施自愿出口限制却使租金被转移到了国外，而相比较而言，进口配额不如关税效果好，因为实施进口配额时，配额租金被配额持有者获取，而实施关税则使关税收入被进口国政府得到。

五、配额的租金分配问题

无论是进口配额还是出口配额，都涉及配额的分配问题。配额的获得者能够以较低的国际市场价格从国外购买到实施配额的商品，而该商品由于进口配额的限制，在国内市场会以更高的价格售出，因而，配额持有人会轻而易举地赚取丰厚的利润，该利润具有典型的租金特性。采用进口配额时，进口许可证的持有人获得了进口特权，并能够在国内高价销售配额商品，他们获得的加价收入被叫做配额租金。在评价进口配额的收益成本时，确定谁以什么方式得到租金是非常关键的，这将影响配额实施的具体经济效应。

（一）公开拍卖形式

对于配额的分配，政府可以通过公开拍卖进口许可证的形式销售出去，在此情形下，众多的进口商为获取进口许可证，将会展开相互竞争，只要众多的买方厂家不进行私下串谋，公开拍卖将会产生一个购买配额内进口许可证的价格，当达到竞争均衡时，进口许可证的价格将会等于进口产品世界市场价格与国内价格间的差异。这种分配配额机制的效果与等价进口关税的经济福利效应将会是相同的，拍卖配额的收入实际上就是政府获得的等价关税的收入。

（二）私下拍卖形式

如果进口配额不是通过公开形式拍卖，而是私下拍卖，则这样的分类机制将可能导致政府官员腐败的发生，政府官员将会把配额内的进口许可证发放给向他们行贿最多的进口商。这种行政管理系统的腐败会产生很大的社会经济代价甚至政治代价，配额租金在使进口商获得一定利润的同时，整个社会的净福利效应将会为负。

（三）固定受惠形式

固定受惠机制就是在没有竞争并且不需要协商的情况下，政府按照固定的比例，把进口配额的许可证免费分发给特定的进口商，由此而产生的配额租金被固定地受惠者获取，这是相对比较专断的分配方式。

（四）申请程序形式

政府还可能以一种非价格竞争的形式分配配额，常用的方法是特定的期限内，根据先来后到的次序向申请人发放进口许可证。同样，如果这样的机制比较完善，则该种方式造成的净社会成本会相对较低，否则，该种机制同样会滋生腐败，造成社会资源的不必要浪费。

专栏9-2

2013 化肥进口关税配额

2012 年 10 月 10 日，商务部发布了《关于〈2013 年化肥进口关税配额总量、分配原则及相关程序〉的公告》（简称《公告》）。《公告》提出，2013 年化肥进口关税配额总量为 1 365 万吨。其中，尿素 330 万吨；磷酸二铵 690 万吨；复合肥 345 万吨。

《公告》提出，2013 年化肥进口关税配额实行先来先领的分配方式。凡在工商行政管理部门登记注册的企业，在其经营范围内均可申请化肥进口关税配额。

其中，2013 年化肥国营贸易配额数量分别为：尿素 297 万吨，磷酸二铵 352 万吨，复合肥 176 万吨。国营贸易企业中国中化集团公司、中国农业生产资料集团公司在国营贸易总量内申请配额；2013 年化肥非国营贸易配额数量分别为：尿素 33 万吨，磷酸二铵 338 万吨，复合肥 169 万吨。非国营贸易企业中国化工建设总公司、华垦国际贸易有限公司在非国营贸易总量内申请配额；其他企业根据实际进口需要选择申请国营贸易配额或非国营贸易配额。

《公告》规定，2013 年起始数量以 2012 年起始数量为基础，按以下情况进行调整：（一）2012 年核销率在 80% 以上的企业，上调 40%；（二）2012 年核销率在 50% －79% 的企业，上调 20%；（三）2012 年核销率在 25% －49% 的，维持不变；（四）2012 年核销率在 25% 以下的，扣减 50%；（五）新申请企业：起始关税配额 2 000 吨。

资料来源：河南化工，2012（9）（上）：49.

总的来看，进口配额作为一种典型的数量限制措施，很大程度上抑制了市场机制在国际贸易中的作用，它与进口关税的限制进口作用相比更加严厉，导致的社会福利损失一般也更大，并且导致各国贸易壁垒的限制强度缺乏相应的可比性。因此，在世界贸易组织的框架中，宣布配额是非法的，而关税保护则是合法的。在世界贸易组织的贸易自由化框架下，配额正在被日益关税化，之后再通过谈判来不断降低关税水平，向贸易自由化迈进。经过 10 多年贸易自由化的努力，原来游离于世贸组织规则之外的纺织品贸易，于 2005 年取消了配额管理形式，迈出了贸易自由化的重要一步。

第三节　补贴与反补贴

一、出口补贴及其经济效应

政府干预贸易实施保护，除了体现在以关税和非关税措施限制进口外，还通过对本国出口行业的鼓励和扶持来实现，其中补贴（subsidies）政策在各国贸易政策工具的选择中占居重要地位。长期以来，各国政府为了促进国内经济的发展或满足其他政策的需要，同时更好地应对日益激烈的国际经济竞争，在不同的时期经常通过对不同的行业或产品实行补贴来刺激出口。根据世贸组织的定义，补贴是指一成员政府或任何公共机构向某一企业或某一产业提供财政捐助或对价格、收入的支持，结果直接或间接增加从其领土输出某种产品或减少向其领土内输入某种产品，或者因此对其他成员利益造成损害的政府性行为或措施。在具体的政策实践中，补贴的形式较为多样，其中最常见的方式是出口补贴和生产补贴。

出口补贴是政府对个别企业的出口提供的利益或补助，具体的方式可以是直接的现金支持，也可以是间接地降低出口成本的方式。直接补贴主要是针对出口商品的价格或收入进行补贴，价格补贴是政府对商品出口数量或价值给予一定金额的补贴的办法，例如，出口 100 美元补贴 10 元，或者出口一单位补贴 10 元的方式，还可能是一种价格支持措施，即由政府补贴出口产品国际市场与国内市场差价。收入补贴是指政府对企业出口产生的亏损进行的补偿。间接补贴是指政府或准政府机构利用优惠贷款、出口退税、无偿或低价为出口产品提供服务的方式向出口企业或部门提供支持，间接降低出口产品成本的措施。

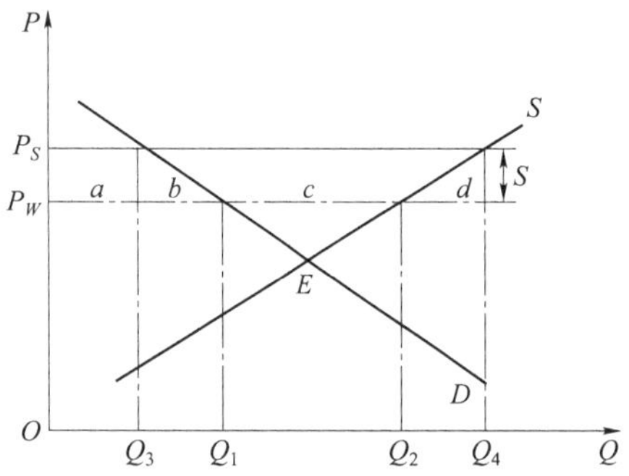

图 9－2　出口补贴的经济效应

出口补贴作为出口国政府干预贸易的手段扭曲了市场机制配置经济资源的主导作用，破坏了世界市场上不同国家企业间的公平竞争，会影响到经济利益的分配格局，并导致经济福利水平的变化，但同时也更容易刺激本国相应产品的出口。我们这里利用图 9－2 来以贸易小国为例分析出口补贴的具体经济效应。

假设存在一个在某种产品的生产上具有比较优势的贸易小国，开放条件下该国向世界市场出口一定数量的该种产品。在图中，以横轴 Q 表示商品的数量，以纵轴 P 代表商品的价格，D 和 S 分别表示出口贸易小国本国的供给曲线和需求曲线，自由贸易条件下，小国国内市场与国际市场相统一，价格水平均为 P_W，此时的价格水平高于小国封闭条件时的国内价格水平，在 P_W 的国际市场价格水平，小国国内需求量为 OQ_1，国内厂商愿意且能够供给的商品数量为 OQ_2，$OQ_2 > OQ_1$，供大于求的部分 Q_1Q_2 构成小国自由贸易条件下的总出口。

如果政府为了扩大出口，对单位出口商品提供金额为 S 的出口补贴，则出口商单位出口商品所获得的实际收入将是（$P_W + S$），也即图中 P_S 的水平。由于出口可获得更高的实际收益，所以如果国内产品售价低于 P_S 的水平，则理性的出口商不会向国内市场销售该产品，因此补贴之后，国内市场价格水平将会被提高到 P_S 的水平。因此，当国内市场实现均衡的时候，小国本国消费者和生产商面对的均衡价格水平为 P_S，在 P_S 这样一个更高的价格水平，小国的总供给上升到 Q_4，国内消费需求减少为 Q_3，在存在出口补贴的情况下，小国出口总量由自由贸易时的 Q_1Q_2 增加至 Q_3Q_4。由于分析的是贸易小国，故出口增加并不影响世界市场价格，小国依然按照 P_W 的价格向世界市场出口该产品，而国际市场与小国国内市场价格的差异恰好等于补贴的金额，出口补贴使小国国内市场与国际市场发生了分离，市场配置资源的机制被扭曲，这会产生一系列的福利影响。

出口补贴的具体经济效应表现在：

（1）本国消费者因补贴而福利受损。补贴使小国消费者要按照更高的市场价格水平消费更少数量的商品，因此消费者剩余减少了（$a+b$）的面积所代表的金额。

（2）生产者得到补贴而福利增加。得到出口补贴之后，出口小国生产者可以按照更高的价格或实际收益销售更多数量的商品，因此生产者剩余增加了（$a+b+c$）的面积所代表的金额。

（3）政府因支付补贴而福利受损。出口补贴刺激了企业的生产和出口的积极性，但也增加了政府的财政支出，政府为鼓励出口而支付的补贴总额为（$b+c+d$）的面积所代表的金额。

（4）整体福利受损。在国内不同经济主体福利变动的过程中，实际上发生了收入从消费者和政府向本国生产者的转移，我们通过加总各方主体的经济福利变动可以发现，出口补贴使小国整体福利下降了（$b+d$）的面积所代表的金额，其中 b 为消费扭曲产生的损失，d 为生产扭曲产生的损失。

出口补贴作为一项政府干预贸易的措施，扭曲了世界市场机制配置资源的主导作用，有损于补贴商品进口国的生产者和相同商品的其他出口国的利益。因而，作为一种不正当竞争手段是被 WTO 明确禁止的不公平贸易行为。

二、生产补贴及其经济效应

补贴的另一种重要形式是生产补贴，根据世贸组织的规定，出口补贴以外的补贴都属于生产补贴。生产补贴与出口补贴的区别在于前者是针对本国生产的全部的某种产品进行补贴，无论这些产品是在国内市场还是国外市场销售。具体措施包括政府对商业企业的资助、税收减免、低利贷款以及一些区域性的资助政策。虽然这种补贴并不以直接的出口导向为目标，但是由于补贴的存在，出口国生产企业降低了成本，提高了出口竞争能力，客观上起到了促进出口的作用。与对出口补贴的分析相似，这里利用图 9－3 来对生产补贴的经济效应加以介绍。

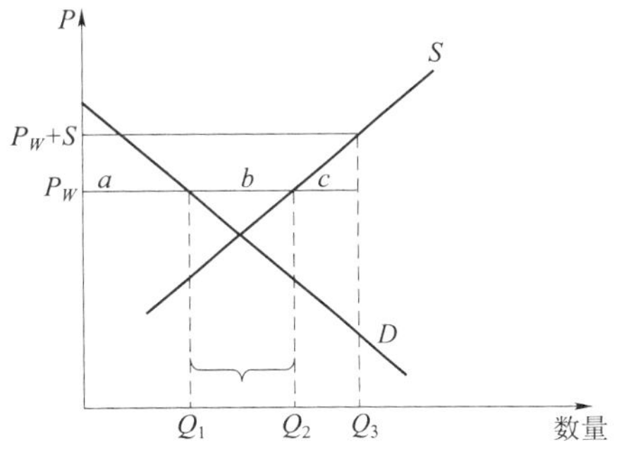

图 9－3　贸易小国生产补贴的经济效应

如图所示，某一贸易小国某种产品的国内供求曲线分别以 S 和 D 表示，自由贸易条件下国际市场价格为 P_W，该价格高于小国封闭条件下的国内均衡价格水平，此时小国国内生产供给总量为 Q_2，本国需求为 Q_1，供大于求，存在 Q_1Q_2 规模的出口。现在假设小国政府对该产品生产给予单位金额为 S 的生产补贴，则在该产品市场价格水平不变的情况下，生产商生产并供给单位产品所获得的实际收入由 P_W 提高到 P_W+S，保证厂商生产成本不发生变化，厂商实际收入的提高将鼓励企业有动力生产并供应更多的产品，因此厂商的产出由 Q_2 提高到了 Q_3 的水平。由于国际国内市场价格不变，企业将会把增加的产出用于出口，因此出口规模由 Q_1Q_2 增加至 Q_1Q_3。生产补贴的结果导致了国内消费者支付的价格与生产者得到的收益发生了分离，在供求曲线不发生改变的条件下，消费者的利益没有发生变化，而生产者的收益增加，出口商品的国内生产规模扩张，企业的出口数量扩大。

生产补贴的具体经济效应体现在：

（1）由于补贴前后，国内市场价格没有发生改变，本国消费者的消费支出和数量没有发生变化，因而消费者的福利不会发生变动。

（2）生产者接受生产补贴后，有更大的动力进行生产，更高的实际收益和更大的产出规模使生产者得到了双重利益，因而其福利增加，增加的福利体现为生产者剩余增加了（$a+b$）两个梯形的面积所代表的金额。

（3）由于政府要向生产的每一单位产品发放生产补贴，造成了政府补贴支出大大增加，补贴总额为（$a+b+c$）的面积所代表的金额。

（4）生产者福利增加的同时，小国政府补贴支出增加，而政府补贴中的（$a+b$）转化成了生产者的收益，生产补贴造成的整体净福利效应为负，也即带来了规模为 c 的面积所代表金额的净福利损失。与前面的出口补贴所造成的净福利损失相比，生产补贴的福利损失相对要小，原因在于，生产补贴并未导致本国消费扭曲的发生，而仅仅导致了生产扭曲的发生。因此，从整个社会的福利变化来分析，生产补贴要优于出口补贴，但是从政府的角度来看，生产补贴产生了更高的政府支出。

专栏9-3

对华反补贴发展趋势

2006 年年底，一件事情的发生，在平静的反补贴领域掀起了不小的波澜，至今未平。2006 年 11 月 21 日，美国商务部发出通知，应美国 New Page 公司的申请，美商务部对原产于中国、韩国和印度尼西亚的涂布纸进行反倾销和反补贴立案调查，这是美国首次对中国进行反补贴立案调查；2007 年 3 月 30 日，美国商务部宣布了对中国出口的铜版纸产品反补贴调查初步裁定结果，决定对中国适用反补贴法，并开始对中国出口美国的铜版纸产品征收临时反补贴税。这意味着，美国将立即对中国进口的铜版纸产品征收 10.9% 至 20.4% 的惩罚性关税，这是美国第一次对从“非市场经济国家”进口的产品征收反补贴税，改变了美国坚持了 23 年的不对“非市场经济国家”实施反补贴法的贸易政策；2007 年 5 月 2 日，美国商务部发布公告，宣布应申诉方申请并经审查，依法决定将于 2007 年 8 月 13 日对印尼、中国和韩国输美铜版纸反倾销反补贴案作出合并裁决。据美国商务部关于透露，由于本案情况复杂，美国商务部有可能进一步延期至 10 月 11 日作出裁决。另有专家指出，此案结果如何，取决于中美双方博弈的策略；2007 年 5 月 31 日，美国打破 20 多年来不对所谓“非市场经济国家”适用反补贴法的管理，而将此案的反补贴税提高到 99.65%，是自今年 3 月 30 日宣布对中国出口美国的铜版纸征收 10.9% ~20.4% 的初步关税之后采取的进一步措施。

表 9－2　　全球及对华反补贴案件统计

年份	1995	1996	1997	1998	1999	2000	2001	2002	2003	2004	2005	2006
国际案件	10	7	16	25	41	18	27	9	15	8	6	2*
对华案件	0	0	0	0	0	0	0	0	0	3		

资料来源：WWW. wto. org 及 www. cacs. gov. cn，其中＊为 2006 年上半年数据。

通过表 9－2 所列数据发现，2003 年之前，我国没有遭遇过反补贴调查，其主要原因在于：(1) 过去发达国家在开展反补贴调查时，一直将中国视为“非市场经济国家”，认为中国的原材料和劳动力以及制成品的价格是由政治因素而非市场因素决定的。而根据《中华人民共和国加入议定书》，中国在加入 WTO 后的 15 年内可以被视为非市场经济国家，即在 2016 年 12 月前一直作为非市场经济国家对待。基于这种认识，美国、欧盟等许多国家一般认为反补贴法不适用于非市场经济国家，所以没有对我国的产品实施反补贴调查。(2) 与反倾销相比，国际上反补贴调查发生数量较少。这是因为反补贴的技术要求高，程序复杂。(3) 作为政府行为，在调查中要涉及大量政府间交涉，被调查对象国政府提供给该国生产上的补贴的详细资料很难获得，同时还要考虑自身国家整体利益的平衡。因此，除非被调查对象国政府补贴行为非常明显，原则上各国一般不愿对他国进行反补贴调查。尽管如此，根据 WTO 规则，非市场经济地位并不能成为中国企业规避反补贴措施的保护伞。随着越来越多国家对我国市场经济地位的认定，遭遇反补贴的可能性也相应上升。自 2004 年以来，我国相继遭遇数次反补贴调查。例如加拿大对我国烧烤架反补贴调查案中，申请人和调查方认为中国存在着八种潜在的补贴。烧烤架反补贴案虽然以终止调查而结案，但调查机关还是认定我国和广东省实行的某些经贸促进政策属于可诉性补贴，这就为今后可能再发生的反补贴调查留下了伏笔，构成了潜在威胁。

资料来源：谢辉，李大武．对华反补贴的发展趋势及对我国的启示 [J]．国际贸易问题，2007 (12)：73－74.

三、反补贴措施

补贴作为出口国政府扭曲市场机制的行为，从理论上来说属于一种不公平竞争，面对出口国的不公平竞争，进口国政府可以利用反补贴措施予以矫正。如果外国政府对本国的进口商品给予了补贴，在市场上构成了对本国与进口相竞争产品的生产企业的不公平竞争，进口国政府为了维护本国的利益和公平竞争环境，有权对进口产品征收与补贴程度相当的关税。进口国为了抵消商品于制造、生产或输出时所直接或间接接受的任何奖金或贴补而征收的一种特别关税即为反补贴税。进口国对于接受补贴的进口产品征收反补贴税，虽然使本国消费者要为此支付更高的价格，进而导致其福利受损，但却会得到一般经济理论的有力支持。因为如果外国生产者在某种没有比较优势的产品生产上，仅仅因为接受政府补贴而成为了特定产品的出口者，那么这种补贴则会扭曲自由贸易环境下的商品流向，降低自由贸易下的资源配置效率。尽管进口国的消费者会因价格降低而受益，但整个世界的福利却会因此受到损害，而通过征收反补贴税可以使通过国际贸易实现的资源配置更有效率。

然而，各个国家出于国内政治、经济方面的考虑，经常出现滥用反补贴这样一种贸易救济措施，从而使反补贴成为一种典型的非关税壁垒工具。为了维护世界贸易中非歧视、自由、透明和公平竞争的秩序，世界贸易组织专门制定了《补贴与反补贴措施协定（Agreement on Subsidies and Countervailing Measures）》，来规范和统一各国的补贴政策及其行为。

《补贴与反补贴措施协议》将补贴分为三类：禁止的补贴、可申诉的补贴和不可申诉的补贴。

禁止性补贴通常被称为“红色补贴”，是 WTO 成员不得授予本国企业、产业，也不应维持的补贴，因为这种补贴会直接扭曲进出口贸易，具体包括两种情况：在法律或事实上，作为唯一或多种条件之一，以出口实绩作为条件而提供的补贴；将进口替代作为唯一或多种条件之一而提供的补贴。

可申诉补贴又被称作“黄色补贴”，是指在一定范围内允许实施，但如果在实施过程中对其他成员方的经济贸易利益产生了不利影响时，受影响的成员方可对其补贴措施提出申诉。具体的不利影响表现在：① 损害另一成员的国内产业；② 使其他成员享受在 1994 年《关贸总协定》中直接或间接获得的利益取消或减少，特别是根据 1994 年《关贸总协定》第二条约束性关税减让所产生的利益；③ 严重损害另一成员的利益。

不可申诉的补贴常被成为“绿色补贴”，是指不具有专向性的补贴，或虽具有专向性，但符合以下项中（a）和（b）或（c）中一切条件的补贴：（a）对企业或高等教育、科研机构在与企业合同基础上进行研究的资助，条件是：资助不超过工业研究费用75%，或竞争前开发活动费用的50%；（b）在成员的领土范围内根据地区发展总体规划并且不具有专向性地在适当区域对不利地区提供的资助；（c）改造现有设施使之适应由法律和/或法规所提出的新的环境要求而提供的资助，这些环境保护上的要求会对企业构成更大的限制和更重的负担。

如果一国对其出口产品给予了补贴，并且由此导致对进口国产业产生了实质性损害或者产生实质性威胁，或者对建立国内产业造成实质性阻碍，进口国可以发起反补贴调查，并通过征收反补贴税予以纠正。但实施反补贴措施，须满足三个条件：第一，证实存在补贴；第二，证实出口国的补贴对进口国同类产业或产品产生了实质性损害；第三，出口国的补贴与进口国国内的损害之间存在因果关系。但对进口产品征收反补贴税在金额上，不得超过这种产品在原产国或输出国制造、生产或输出时，所直接或间接得到的补贴额度。

第四节 倾销与反倾销

一、倾销

倾销与反倾销是一对存在紧密关联的贸易行为，是国际贸易政策实践关注的重要主题。倾销在国际贸易中的实践，早在重商主义时期就已被部分国家所使用，但直到工业革命带来大规模生产以后，当资本主义大生产需要以扩大市场来支撑之时，倾销才发展成一种较为普遍的做法。经济学家雅各布·瓦伊纳（1966）在《倾销：国际贸易中的一个问题》一书中，对倾销问题进行了系统的研究和分析，介绍了倾销的定义、分类、影响以及主要国家的早期倾销行为，为相关问题的研究提供了坚实的经济学理论基础。

如同倾销行为存在的争议性一样，倾销也没有形成一个一致性的定义。根据《反倾销协议》的规定，如果一项产品从一国出口到另一国，该产品的出口价格在正常的贸易过程中，低于出口国旨在用于本国消费的同类产品的可比价格，也即以低于其正常价值的价格进入另一国的商业，则该产品即被认为存在倾销。根据1994年《关贸总协定》的规定，判断倾销成立的正常价值的标准为：

（1）相同产品在出口国用于国内消费时在正常情况下的可比价格；

（2）如果没有这种国内价格，则以：

① 相同产品在正常贸易情况下向第三国出口的最高可比价格；或，

② 产品在原产国的生产成本加合理的推销费用和利润。

倾销利用不同的方法，可以区分为不同的种类，为了进行经济分析，最常用的分类方法是根据倾销的动机或意图，以及倾销的持续时间进行的分类，据此，可以把倾销分为三种类型：偶然性倾销、掠夺性倾销和持续性倾销。

偶然性倾销是指偶然发生的倾销，当一国生产者由于特定的原因出现暂时性产品库存积压，但是又不想以破坏国内市场的代价来销售积压商品，而采取的低价出口的行为。掠夺性倾销又叫短期倾销，是指出口商在一定时期内，以排挤竞争对手，侵占或垄断特定国家市场为目的而实施的低价倾销行为，一旦成功排挤了竞争对手，又会利用其垄断地位提高价格来获得更高垄断利润。持续性倾销也叫长期倾销，是指当出口商拥有一定程度的垄断力量，为了实现利润最大化，试图在国内与国外市场之间实施价格歧视，以低于正常价值的价格向国外销售其产品。三类倾销的具体动机如表9－3所示。

表9－3　倾销根据动机和持续时间的分类

动　机	持续时间
为处理偶然积压的存货	偶然或突发
出于无意	
为在某个市场维持一定的关系	
为在新市场发展贸易关系以及在买方中建立信誉	短期或间歇
为消除市场上的竞争	
为在倾销市场先发制人，组织形成竞争局面	
对进口倾销实行报复	
为使现有工厂设备保持充分开工，同时不降低国内价格	长期或持续
为获得更大规模生产的利益，同时不降低国内价格	
纯粹出于重商主义思想	

资料来源：雅各布·瓦伊纳. 倾销：国际贸易中的一个问题［M］. 北京：商务印书馆，2003：20.

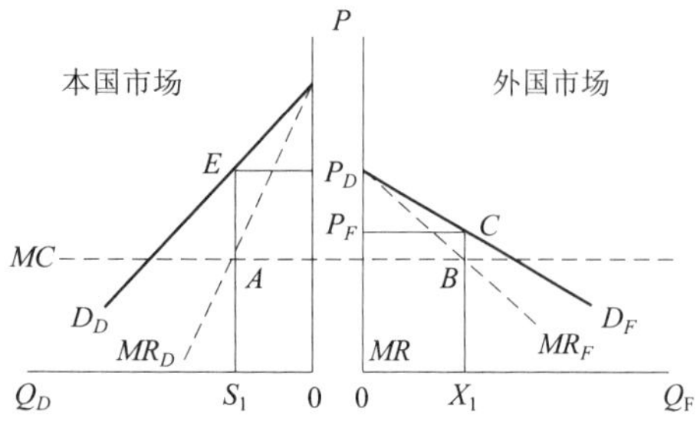

图 9－4 持续性倾销的经济理论基础

在市场经济环境中，持续性倾销是垄断竞争厂商的理性行为，是其追求利润最大化的结果，因此也是一种能够长期维持的倾销行为。实行长期性倾销，须满足以下三个条件：（1）市场是不完全竞争的，实施倾销行为的企业要有一定的市场控制力；（2）国内市场与国外市场是分割的，不存在产品由低价地区向高价地区转移套利的机会，例如国家间的运输成本、关税及非关税壁垒、不完全信息以及行政管制等因素有效地把国内外市场分割开来；（3）倾销企业在本国和外国市场上面临的消费者的需求弹性存在差异。满足这三个条件的基础上，倾销将会是追求企业利润最大化的理性选择。对此，我们可以通过直观的图形分析来加以理解。

如图 9－4 所示，左右两图分别代表本国厂商在本国和外国市场上的需求曲线 D_D、D_F，它们各自对应的边际收益曲线分别为 MR_D、MR_F，且假设企业供应国内外市场的商品生产的边际成本相等，且是固定不变的 MC。持续性倾销能够保证企业获利的原因在于，与竞争更为激烈的外国市场相比，厂商在国内市场面对着一条弹性更小，走势更陡峭的需求曲线，这就意味着，国内消费者的需求量不会随价格的上升而减少很多，但外国市场上消费者的需求则会因价格的同等幅度上升而减少更多。由此，厂商可以根据边际成本等于边际收益这一利润最大化条件，而决定在国内外市场上同种商品的价格。当国内外市场上，边际成本等于边际收益时，本国市场价格水平为 P_D，国内市场供给量为 S_1，国外相应的价格水平和供给分别为 P_F、X_1，此时，本国市场价格水平 P_D 明显高于外国市场上的价格水平 P_F，在国内外市场上实行价格歧视，也即对外实施倾销非但无损于企业的利益，而且可以保证其利润最大化的实现。可见，在满足特定条件基础上，持续性倾销行为是一种符合经济学理论但可能有违进口国法律的行为。

二、反倾销的目的和实施

如瓦伊纳所言：倾销。不一定是“不公平的”，但至少是值得质疑的竞争方式。所以为了抵消倾销引起的不公平竞争，反倾销手段在国际贸易中得到普遍运用。当出口商的价格歧视给进口国产业造成损害时，其产品在进口国将会遭到相应的制裁，即反倾销。同时，1994 年《关贸总协定》明确指出，倾销是一种不公平的贸易行为，应受到谴责，允许对其进行抵制，发起反倾销调查，甚至征收反倾销税。

在经济贸易实践当中，各国普遍利用反倾销来抵制出口国的倾销行为，主要是出于以下因素考虑的：第一，倾销可能导致进口国经济出现不稳定，而且可能成为垄断工具，例如加重社会失业，导致国内生产萎缩等问题；第二，进口国政府一般更关心本国生产者的利益而不是消费者的利益，并且，倾销导致的进口商品价格的下降还可能导致政府不愿看到的某种国内收入再分配的发生；第三，倾销可能导致不公平竞争。一般情况下，只有在进出口国的生产者效率相近且同样具有向下倾斜的需求曲线时，双方的竞争才被认为是公平，这样可能形成双方各自占据本国国内市场或双方依据产品差异分割市场的格局。但是，如果出口国的企业获得了政府补贴，就可以按低于平均成本的价格出口，既占有国内市场又占有进口国市场，如果出口国企业通过倾销充分利用了规模经济的好处，使其出口价格更低，甚至低于平均成本，同样可能夺取两国市场，获得“不公平”竞争的优势。

针对出口国的倾销行为，世界贸易组织和关贸总协定都允许其进口成员国采取报复措施。自20世纪70年年代开始，世界范围内的反倾销案例迅速增加，1980年全球反倾销案件仅为69件，到21世纪初全球反倾销案例高达371件（2001）年，虽然此后数量有所下降，但基本上每年反倾销案件也保持在200件以上。从反倾销针对的产品来看，遭受反倾销调查的产品种类越来越多，包括化工、金属、机械、纺织、服装、家用电器以及一些初级农产品等。从实施反倾销的国家来看，发达国家实施反倾销调查的整体数量一直居高不下，而越来越多的发展中国家也逐渐加入到实施反倾销的行列中来，全球反倾销呈现出被滥用的现象，以反倾销为名所实施的贸易限制和保护已经成为一种变相的非关税壁垒措施。

造成反倾销政策在现实中被滥用的原因有：第一，反倾销的定义较为灵活，所谓正常价值和对进口国国内工业造成的损害或损害威胁的衡量缺乏统一和明确的客观标准，因而为借反倾销之名行贸易保护之实提供了条件；第二，实行反倾销措施必然会产生限制进口、保护国内工业的效果。另外，与其他贸易保护政策相比，反倾销政策的实施具有如下两个优点：一是有可能带来进口国社会福利的净增加；二是进口国以受害者的姿态出现，不易招致贸易保护的指责。因此，反倾销政策受到各国政府的广泛青睐。

专栏9-4

反倾销：国际贸易中一个日益重要的问题

反倾销已存在了100年。在大多数时间里，面临的问题都远不像今天的样子。事实上，可以公道地说，在反倾销存在的大部分时间里，它几乎没有被视为国际贸易界的问题。在其早期的70年中，不但反倾销没有被广泛采用，而且使用反倾销手段的少数国家也没有广泛地征收反倾销税。然而，在最近的30年中，反倾销已经发展为GATT和WTO所建立的自由和公平贸易制度的主要障碍。

反倾销是一个问题吗？这种问题对于某些人来说有点奇怪。反倾销难道不是纠正倾销问题的政策吗？简短的答案是：“非也”。证据表明，倾销与反倾销税之间的关联是相当模糊的。在一个世纪以前，如果人们主张掠夺性倾销要比反倾销更像是一个问题，这似乎是有道理的。可是如今，这种说法不再成立了。经WTO批准使用的反倾销措施所引起的经济损害肯定要多于常人所认识到的经济上有害的倾销所带来的损害。如今，与经济意义深远的倾销相比，反倾销对于国际贸易来说是一个更大的问题（Miranda、Torres和Ruiz，1998；Shin，1998；Prusa，2000；Zanardi，2004，以及Blonigen，2003）。

打个比方，我主张药物（反倾销）本身要比其打算治疗的疾病（经济上有害的倾销）更有害。本文的目标之一就是要说明为何结果可能是这样。我的观点主要有两个方面。首先，存在反倾销的扩散问题。我们可以继续做这样的类比：服用的药物剂量超过任何理智的医生所开出的用于治病的数量；其次，也许更加令人不安的是，现代反倾销法被证明与经济上有害的倾销行为没有任何关联，它们仅仅是一种精心设计的保护主义。换言之，问题不仅是过量服用药物，而是服用的药物与其可能要治疗的病情根本没有关系。

反倾销应用的扩散问题表明，现在，更多的国家前所未有地在更多的产品上更频繁地使用反倾销措施。反倾销不再为高收入发达国家所独用，而是日益为中等甚至低收入国家所使用。至少同样令人担忧的是，这些新的使用国已经非常频繁地选择使用反倾销措施。在单位美元的进口中，新的反倾销使用国所提出的反倾销案件数目高达诸如欧美这样的传统反倾销使用国的 15 到 20 倍。

现代反倾销的基本原理分析说明，尽管花言巧语时常到处流传，但反倾销法不再与掠夺性乃至经济上有害的倾销有任何关系。包含在初期法律版本里的掠夺性意图条款早在 75 年前就被废除了。我们必须了解的最基本的教训是：现代反倾销与微观经济学所说的有害定价行为没有任何关系。这颇有讽刺意味——反倾销不涉及对经济上有害的倾销的限制，它仅仅是一种聪明的贸易保护主义。

资料来源：Thomas J. Prusa. Anti-dumping: A Growing Problem in International Trade, The World Economy, 2005, 28, (5), pp. 683 – 700. (转摘自《经济译丛资料》：反倾销：国际贸易中一个日益重要的问题，孔令强、刘莉，译. 2013 年第 1 期，第 33 – 34 页。)

为减少反倾销手段在现实经济中被滥用，关贸总协定和世界贸易组织曾经做了不懈努力，并且进行了不断地完善。1947 年的《关贸总协定》中就有关于反倾销的原则性规定，但由于内容比较笼统和模糊，难以对各国的反倾销行为形成有效的约束，反而给反倾销措施的滥用留下了不小的空间。“东京回合”多边贸易谈判对关贸总协定的有关反倾销的原则性规定加以具体化，制定了较为全面详细的反倾销规则，但仍然未能遏制倾销行为和反倾销措施的滥用。在关贸总协定的“乌拉圭回合”多边贸易谈判中，经过较长时期的艰苦努力，终于制定出了较为完善的反倾销协议，成为现今各国遵守的国际规则。

根据世贸组织的《反倾销协议》，实施反倾销措施必须同时满足以下三个条件：

第一，存在倾销。倾销是指一个产品的出口价格低于出口方旨在用于本国消费的同类产品的价格，在确定一个产品是否倾销时，必须比较该产品的出口价格与出口方的国内消费价格。如果前者低于后者，即被认为是倾销。但是，如果出口方国内市场销售行为不正常或者国内市场销售量较小时，倾销的确定不能根据出口价格和出口方的国内消费价格的比较，而应该把出口价格同以下两者之一进行比较：① 同类产品出口到第三国的可比价格；② 在进口产品生产成本加上一般费用、销售与管理费用和利润的基础上计算出来的推定价值。

第二，存在实质损害。实质损害是构成法律上倾销与采取反倾销措施的必要条件。实质性损害有三种表现，或是指对进口国国内产业的实质损害，或是指对进口国产业产生实质威胁，或是指对进口国新建产业产生实质阻碍。以下内容构成对国内产业的损害或受到损害的威胁：① 倾销进口大量增加，相对于进口国的生产或消费而言，或是绝对增加或是相对增加；② 进口产品的价格降低了国内同类产品的价格，或阻碍其价格的提高。

第三，倾销与损害之间存在因果关系。进口方如果要采取反倾销行动，除了证明一进口产品存在倾销行为和对国内产业存在损害之外，还必须证明倾销和损害之间存在因果关系，即证明进口国国内相同或相似产业的损害是由于进口产品的倾销造成的。

三、反倾销的经济效应

反倾销的一般做法是征收反倾销税，即在名义关税的基础上加征不高于倾销差价的额外进口关税。对于反倾销税的经济效应，这里利用9－5进行直观介绍。

假设一国对外国出口某种商品，数量为 OQ_2，价格为 OP_2，低于其国内售价。这引起进口国对其征收反倾销税 T，使出口国厂商的边际出口成本曲线由 MC 上移至 $MC+T$。在新的边际成本＝边际收入（即 $MC+T=MR$）的条件下，出口国的出口将减少：由 OQ_2减少到 OQ_1，出口价格由 OP_2上升至 OP_3，市场均衡点由 A 移至 B。对征收反倾销税的进口国来说，各经济主体的福利变动为：政府获得 $T \cdot OQ_1$（面积 C）的关税收入；消费者剩余减少，部分转化为生产者剩余，但此处仍产生了 $b+d$ 的净福利损失。所以，征收反倾销税的社会福利净效应，取决于 c 与 $b+d$ 的比较结果。为便于比较，我们把 c 上移，可得另一矩形 $P_1P_3 \cdot P_3B$ 的面积即 $a+b$。因为 c 中一部分与 b 抵消，c 与 $b+d$ 的比较可转化为 a 与 d 的比较，如果 $a>d$，则征税的净效应为正（净收益）；如 $a<d$，则为负效应（净损失）。结论是，征收反倾销税有可能提高进口国的社会福利。而且，它与一般进口税不同，即使是小国，也有可能从中受益。

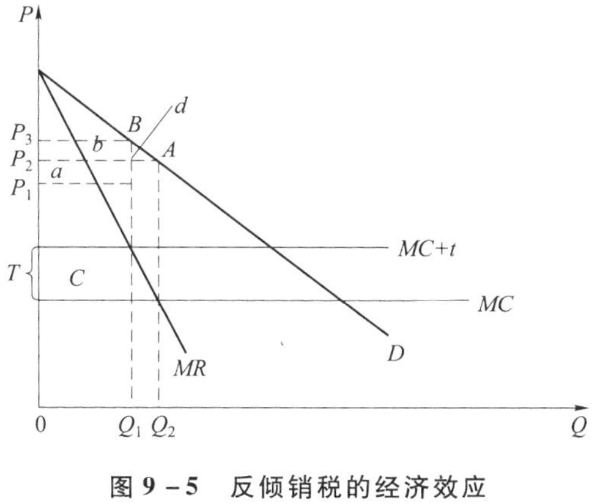

图9－5　反倾销税的经济效应

不过，从世界范围看，反倾销税将减少社会福利。出口国因实行反倾销税可从提价中获得额外收入 b，但要支付反倾销税 c，相互抵消后有数额相当于 a 的净损失。此外，出口国还将因出口减少损失 $OP_2 \cdot Q_1Q_2$的收入。所以，出口国的总损失（$a+OP_2 \cdot Q_1Q_2$）大于进口国可能的净收益（$a-d$）。综合两国净效应，世界福利的总损失为梯

形面积 Q_1BAQ_2。

需要指出的是，尽管征收反倾销税导致进口国的福利有可能下降，但从长期来看，如果进口国不对出口国的倾销行为作出反应，那么出口国的商品将很可能完全摧毁进口国的国内产业而获得垄断地位。这时，出口商将抬高出口价格（假定由 P_2 抬高至比 P_3 还高的价格），那么，进口国不仅要遭受国内产业被摧毁的损失，而且消费者也要付出比自由贸易时更高的代价。因此，如果从长远考虑，进口国征收反倾销税是十分必要的。

第五节 非关税壁垒的新形式

随着全球经济的不断向前发展，国际贸易环境的变化、人类对可持续发展的认识和对生命质量更高追求的内容也反映在国际贸易的政策实践当中，对于这些问题的关注与贸易限制结合在一起，构成了贸易政策实践当中现实的新型非关税壁垒。对此，本节介绍几种相对较为重要的形式。

一、技术性贸易壁垒（TBT）

（一）技术性贸易壁垒的概念

技术性贸易壁垒是指进口国对从外国进口的商品，强制性或非强制性确定商品某些特性的规定、标准和法规，以及旨在检验商品是否符合这些技术法规和确定商品质量及其适应性的认证、审批和实验程序所形成的贸易障碍。这类壁垒以技术面目出现，属于人为的、技巧性的，而不是实质上的自然科学意义上的技术。它实际上是一些发达工业国家，利用其科技上的优势，通过商品法规、技术标准的制定与实施，通过商品检验及认证工作，对商品进口实行限制的一种措施。它是一种无形的非关税壁垒，是国际贸易中最隐蔽、最难对付的非关税壁垒之一。

技术性贸易壁垒中的技术标准在开始时并不是以贸易障碍的面目出现的，在关税壁垒和其他非关税壁垒盛行的年代，各国也无需使用该措施来制造贸易壁垒。相反，这些技术标准和制度大都是为了本国消费者的利益而被提出并采用的，并对贸易发展起到了一定的积极作用。在国际贸易中规定产品应达到一定的标准，这有助于提高产品质量，保证产品使用和消费过程的安全，维护消费者的合法权益等。正是由于技术壁垒的出现，使得技术法规和标准在国际贸易中得到广泛地运用，对国际贸易商品质量也有了健全的评估体系，很大程度促进了国际贸易发展。

世界贸易组织的《技术性贸易壁垒协议》承认了技术性贸易措施存在的合理性和必要性，允许各国基于维护国家安全、人类安全和健康、动植物安全与健康、环境保护和防止欺诈行为等正当理由而采取技术性贸易措施。根据《技术性贸易壁垒协议》，技术性贸易措施可分为三类：即技术法规、标准和合格评定程序，并把符合《技术性贸易壁垒协议》原则的技术法规、标准和合格评定程序视为合理的，并允许使用，不构成贸易壁垒，而把不符合《技术性贸易壁垒协议》原则的技术法规、标准视为贸易壁垒，要求消除。由此可见，如果某些国家或厂商有意识地、有针对性地制定某些技术法规或技术标准，来限制其他国家或地区商品的进口，此时将构成技术性贸易壁垒。

（二）技术性贸易壁垒的形式

技术性贸易壁垒的框架体系主要包括技术法规与技术标准、复杂的合格评定程序、包装和标签要求、商品检疫检验规定等，各国技术性贸易壁垒主要有以下几种：

1. 严格、繁杂的技术法规和技术标准

技术法规所包含的内容主要涉及劳动安全、环境保护、卫生与健康、节约能源与材料等。相比较而言，工业发达国家颁布的技术法规种类更加繁多，尤其是近几十年来，随着贸易竞争的加剧，许多工业发达国家以保护本国消费者安全和健康、保护劳工的合法权益的名义，制定了许多有关安全卫生方面的法律，来限制特定商品的进口。

随着竞争的加剧，工业发达国家对于许多产品规定了极为严格的技术标准，有意识地利用相关的技术标准作为竞争的手段，把标准中的技术差异作为贸易保护主义的措施，有些标准的制定甚至使经过精心策划的，专门针对特定国家的产品。技术标准不仅在条文上可以对外国产品规定许多限制，而且在标准的实施上也可以设置重重障碍，以限制特定产品的进口和国内销售。其具体表现在以下方面：

（1）充分利用各国技术标准、法规的差异性设置障碍。例如，日本的法规和标准中只有极少数是与国际标准相一致，当外国产品进入日本市场时，不仅要符合国际标准，还要求与日本的标准相吻合，而且日本对很多商品的技术标准是强制性的，并通常要求在合同中体现，还要求附在信用证上，进口货物入境时要由日本官员检验是否符合各种技术性标准。比如，英国输往日本的小汽车，必须由日本进行检修，如不符合日本标准的规定，则要求英方在日本雇员检修，费时费工。

（2）技术标准要求过于严格，使发展中国家出口商品很难达到。发达国家凭借其经济、技术优势，制定出非常严格苛刻的标准，有的标准甚至让发展中国家望尘莫及。欧盟各国由于经济、技术实力普遍较高，因而各国的技术标准水平较高，法规较严，尤其是对产品的环境标准要求，让一般发展中国家的产品望尘莫及。以欧盟进口的肉类食品为例，不但要求检验农药的残留量，还要求检验出口国生产厂家的卫生条件；此外，欧盟理事会 92 - 5EEC 指令还对工作间温度、肉制品配方及容器、包装等作出严格的规定。

（3）有些标准经过精心设计和研究，是专门针对进口国家或商品而制定的，可以专门用来对某些国家的产品形成技术壁垒。例如，美国为了阻止墨西哥的土豆输入，对土豆的标准规定有成熟性、个头大小等指标，这就给墨西哥种植的土豆销往美国造成了很大的困难，因为要销往美国的土豆不能太熟就要收获，否则易烂，这样又难以满足成熟性的要求。再比如，我国是打火机的生产和出口大国，产品出口市场包括欧盟、美国在内的 30 多个国家和地区，2001 年仅浙江省出口打火机就达 9.13 亿只，出口金额 1.29 亿美元，占全国打火机出口的 49.9%，1994 年以来，欧美各国逐步通过了规定进口廉价打火机，特别是 2 欧元以下的打火机必须要符合防止儿童开启的安全保险装置的 CR 法案，这给我国的打火机出口造成了巨大的障碍。

（4）社会责任标准越来越受到发达国家的重视。1997 年由设在伦敦和纽约的英美非政府组织——经济优先领域理事会（CEP）制定的社会道德责任标准（Social

Accountability 8000，简称 SA8000），随后 CEP 设立了标准与认可咨询委员会（CEPAA），任务是跟踪、监督和审查新标准制定的进展情况。CEPAA 是 SA8000 认证组织的认可机构，也是社会责任标准的版权所有者。随着 SA8000 人不断修订和完善，该标准最终将会发展成为一个覆盖道德、社会和机会均等等范围很广的标准。目前 SA8000 只涉及人身权益以及健康、安全和机会平等等核心要素有关的初始审核。SA8000 的主要内容包括：童工、强迫性劳工、健康与安全、组织工会的自由与集体谈判的权利和歧视等。2004 年 5 月 1 日后，部分欧美国家开始对进口产品强制实行 SA8000 的认证，使看起来较合理合法的标准成为了一种新的贸易壁垒。实际上发达国家强制推行社会责任标准的主要目的，并非真正关心发展中国家的劳工待遇，而只是想通过实施 SA8000 提高进口产品的成本，来达到对来自发展中国家劳动力密集型产品进口的限制。

2. 复杂的合格评定程序

在技术法规的基础上推行合格认证制度，即借助合格证书或合格标志证明某项产品或服务是符合规定的标准和技术条件的活动。按照技术法规和标准的规定，对企业生产、产品、质量、安全、环境保护及其整个保证体系进行全面的监督、审查、检验，合格后授予国家或国外权威机构统一办法的认证标志。许多国家规定对影响人身安全和健康的产品实行强制性认证。这些产品未经政府授权的机构进行认证，未佩戴特定的认证标志，不准在市场上销售。例如，美国为了对商品的安全性能进行认证，设立了代号为 UL 的“保险商实验室”，外国 必须通过 UL 认证后才能顺利地进入美国市场。ISO 9000 系列标准在美国被等效采纳，美国标准协会开展了对第三方认证体系的认可、质量注册机构的认可和实验室计划的认可，进口商向美国市场销售某些产品时须向某些机构申请认可。

3. 商品包装和标签的规定

各国对包装和标签都有不同的规范和要求，而过于苛刻的要求和繁琐的内容，将增加出口商的成本，削弱其产品的竞争力，甚至有些特殊的包装要求可能使一些国家产品难以满足，从而阻止其出口。例如，英国法律规定，所有在英国销售的电热毯必须符合英国技术标准 3456 号的安全要求，标签上应说明人躺在床上时这种毯子是否可用，必须注明是盖毯还是床垫。法国一家公司生产的童装出口到奥地利，因未注明洗涤标志，运至奥地利国境时被海关卡主，不但商品无法报关进口，还需支付海关的存货费用。自 1987 年以来，我国每年被美国扣留的食品中，约有 25% 是由于不符合《美国食品标签法》的规定。美国食品和药物管理局要求大部分的食品必须标明至少 14 种营养成分的含量，仅仅是在这一领域处领先地位的美国制造商就为此每年要多支出 10.5 亿美元，由此可以想象其他落后国家出口商的成本压力，这对于一些技术条件落后的国家无疑是一种禁止性进口措施。

4. 复杂苛刻的动植物卫生检疫措施

这方面的规定和做法较为复杂。例如，日本对进口农产品、畜产品以及食品类的检疫防疫制度非常严格，对于入境农产品，首先由农林水产省下属的动物检验所和植物防疫所从动植物病虫害角度进行检疫，同时，由于农产品中很大部分将用作食品生产，在接受动植物检疫后，还要由厚生劳动省下属的检疫所对具有食品品性质的农产品从食品角度进行卫生检查。2002 年 1 月至 7 月，日本厚生省对从中国进口的蔬菜共检验 7 001 批次，其中有 36 件农药残留超标，占总检验量的 0.5%，从而中国质优价廉的蔬菜对日本蔬菜市场构成了强大的冲击。于是，日方采取分批检验的办法，并将检验费由原来的每批次 5 万日元提高到 80 万日元，导致进口通关放慢，进口蔬菜成本提高。由于蔬菜保鲜期短，繁琐的检验手续使菜质下降，价格提高，导致日本进口商陆续取消了大批对华订单，达到了利用技术壁垒实现贸易保护的目的。

二、绿色壁垒

（一）绿色壁垒的概念

绿色壁垒一般是指以保护自然资源、生态环境和人类健康为名，通过制定一系列复杂苛刻的环保制度和标准，对来自其他国家和地区的产品及服务设置障碍，限制进口以保护本国市场为目的的新型非关税壁垒。它是贸易保护与环境保护相结合的产物。在 WTO 的有关法律文本和相关的国际文献中，对于绿色壁垒的规定，多包含在技术性贸易壁垒的相关规定中，严格来说，它属于技术性贸易壁垒的一种特殊形式。

从生产角度来看，科技的进步使人类改造自然的能力大大提高，在促进人类社会快速进步、人们生活条件极大改善的同时，也对人类赖以生存的环境产生了明显的破坏。在现阶段，由于全球经济的快速发展和各国之间在经济竞争方面意识的加强，使得这种性质的环境破坏呈现进一步恶化的趋势，从而影响到了经济与社会的可持续发展。因此，环境问题成为全球关注的重要问题。与此有关的问题在国际贸易中得到了反映，这表现在与国际贸易有关的环保法规、标准、绿色标志等绿色贸易制度正在逐步形成。发达国家凭借其强大的技术实力和宣传攻势，在这些问题上表现为故意刁难和过于苛刻，成为限制产品进口的重要障碍。

从消费者需求的角度来看，在更高的生活水平下消费者出于追求身心健康的考虑，更加注重绿色消费的需求。从绿色食品到生态玩具，从生态时装到绿色交通工具，从绿色能源到绿色材料，从绿色生产到绿色市场……多种多样，应有尽有。在美国，新产品绿色产品所占比重 1990 年仅为 5%，到 1999 年则提高到了 80%。目前，德国、日本等发达国家所开发的新产品中，绿色产品均占 60% 以上。发达国家越来越多的消费者在产品消费时，开始越来越多地关注环保问题。在此情况下，各国纷纷按照本国制定的环境标准来对待他国商品的进口，有些标准确实是出于环境保护的目的，但却直接或间接地不利于他国产品的出口，构成了事实上的歧视和贸易壁垒。更为严重的是，各国从本国的情况出发，制定了有利于本国企业和出口商而不利于他国企业和出口产品的环境保护标准，直接构成了现实中的绿色壁垒有些发达国家要求其进口产品的环保标准，只有本国的企业能够达到，这样就起到了保护本国企业和市场，打击外国企业的目的。

（二）绿色壁垒的形式

在将环境与贸易问题挂钩以后，世界各国特别是发达国家制定并实施了大量的绿色贸易壁垒措施，其表现形式大致可归纳为以下几种类型：

1. 绿色关税制度

绿色关税制度是进口国以保护环境为理由，对一些污染环境、影响生态环境的进口产品除征收一般正常关税外，再加征额外的关税。这其实是一种进口附加税，又称为环境进口附加税。在1980年代联合国贸发会议所列的非关税壁垒清单中，进口附加税是被列为缺乏透明度和歧视性的非关税壁垒的措施。征收进口附加税的直接结果就是抬高了进口价格，降低了进口商品的价格竞争力，从而达到限制进口的目的。这种形式是绿色壁垒的初期表现形式，例如，1987年美国对加拿大、欧共体及墨西哥进口石油课征进口附加税的税率比同类产品高出3.5美分/桶。关贸总协定对此进行了仲裁，认为美国违背了GATT的非歧视原则。

2. 绿色配额制度

国际环保主义者主张，根据某一出口国某种产品环保实绩来确定其在本国市场上的销售配额，即按时期（如年、季度、月）分配给相关出口国输入本国该产品的最高数量。由于发展中国家受自身经济实力和技术实力的限制，很难在短期内提高其产品质量和环境技术标准，因此，这种做法构成了对发展中国家和各国中小企业的歧视和威胁。可见，作为非关税壁垒常用的数量限制措施的配额已经延伸到环境与贸易领域，但是这种主张直接违背了WTO关于废除数量限制的原则，因此该主张在实践上行不通，在理论上也站不住脚。

3. 环境许可证制度

环境许可证制度要求在取得许可证的基础上才能允许进口或出口，也就是在出口前获得了进口国的“预先通知同意”。这种做法源于《濒危野生动植物物种国际公约》等国际绿色规范。如该公约规定，对于不加保护有消失危险的野生动植物的贸易应受到严格的限制，在管理当局批准承认的出口许可证的基础上才允许出口，进口国只能在出口国颁发出口许可证的前提下才进口。一些国家据此实施绿色准入制度。

4. 禁止进口与环境贸易制裁

环境贸易制裁是绿色壁垒中极端严厉的措施，轻者实施禁止输入，重者则实施报复。国际上对违反环保规则采取强制性措施的案例非常之多。例如，（1）1980年至1990年泰国限制从美国进口卷烟；（2）1994年美国因台湾环保不力而援引培利修正案对台湾进行制裁，使台湾蒙受了超过1 000万美元的经济损失；（3）1996年10月8日，印尼、马来西亚、巴基斯坦和泰国以美国1996年4月19日修订并颁布的新版《濒危物种法第609条款实施细则》对外国构成歧视为由，联合向WTO争端解决机构提出上诉。因为“609条款”禁止从那些在捕捞虾时不使用“海龟排除器”的国家进口虾，印尼等四国宣称他们在捕捞虾时已经使用了本国技术保护海龟，无法接受强制性购买和使用“海龟排除器”的做法，并认为美国是在运用单边贸易措施，不符合世贸组织的规则。

5. 反绿色补贴与反生态倾销税

在企业污染治理方面，往往由于十分高昂的治理费用，使得一些发展中国家的企业和许多国家的中小企业在发展中举步维艰。在此情况下，可能需要本国政府采用专向性环境补贴来帮助其筹资治理污染，具体措施包括专项补贴，使用环境保护基金，低息优惠贷款，等等。按世贸组织修改后的《补贴与反补贴措施协定》的规定，这类补贴是“为促进现有设施适应法律和规章所规定的新的环境需求而给予的有关企业的资助”，它属于不可申诉补贴范围，因而为越来越多的国家和地区所采用。但这类补贴行为也引起一些进口国以其造成价格扭曲因而违反世贸组织自由贸易原则为由，征收相应的反补贴税，从而导致了围绕环保补贴问题而引发的贸易纠纷。20 世纪 90 年代，美国就曾以环境补贴为由对来自巴西的人造胶鞋和来自加拿大的速冻猪肉提出了反补贴申诉。

一些发达国家根据外部经济理论制定环境成本内在化制度，对来自于环保制度宽松国家的产品以“生态倾销”为名实行保护主义措施。环境成本内在化是绿色壁垒的重要理论基础。环境成本内在化以后，国际贸易中某些诸如资源密集型、绿色消费品的比较优势可能就会发生变化，甚至是逆转，进而导致一些国家的产品因此失去价格竞争力并退出世界市场。

环境成本内在化理论认为，某些生产、营销活动恶化环境资源，甚至造成跨国境或全球性环境问题（如酸雨、河流污染、气候变暖和异常），然而这些环境资产的价值在出口生产和国际贸易中往往被忽略不计。由于出口商品或劳务的价格不包含或不反映其全部环境成本，国际贸易的开展可能加重市场失灵而使环境更加恶化。因此，必须将这种由于市场失灵导致的消极外部经济效应“内部化”，即内在化到出口商品或劳务的真实成本中，以便促进资源的合理使用和环境的有效保护。另外，国家间环保标准的差异还可能改变资本流动的地域方向和行业流向，使资本由高环境标准国家和地区流出，投向一些低环境标准国家，以获取源于环保标准差异的比较优势。发达国家的一些企业和学者认为，由于环境标准不同造成的成本投入差异，使低环境标准国家的产品获得了不公正的成本优势和市场竞争优势，因此产生了低环境标准国家的生态倾销，本国政府应当征收生态倾销税，来予以抵制和校正。

本章小结

非关税壁垒（Non-Tariff Barriers，NTBs）是除关税措施以外的限入措施。本章介绍了非关税措施的概念、基本特点、主要类型及部分措施的经济效应，非关税壁垒的盛行是多种原因共同作用造成的，新时期非关税壁垒的应用表现出一些新的发展趋势。配额、补贴等主要非关税壁垒措施的经济效应分析表明，作为贸易限制和干预的非关税壁垒有损一国福利。

思考练习题

1. 进口配额与关税在限制进口保护本国产业和市场方面有什么异同？如果由本国生产与进口相竞争产品的厂商来选择，他们将倾向那种措施？

2. 参照大国进口关税的经济效应的分析方法，分析大国进口配额的经济效应。

3. 中国是近年来遭受反倾销调查最多的国家，试分析造成这种现象的深层次原因有哪些？

4. 反倾销正在被越来越多的国家用作限制进口的工具，成为一种最典型的被滥用的非关税壁垒措施，请思考其中的原因？

5. 请画图分析大国出口补贴对本国福利变动产生的影响。

6. 假设某一产品进口小国国内供给与需求曲线可分别表示为：$S = 0.5 * P$，$D = 250 - 0.5P$。

（1）假设世界单位产品价格水平为100美元，该小国对进口钢材征收40%的从价税，试计算征税对进口国各经济主体福利变动的影响。

（2）如果小国使用进口配额对进口钢材进行限制，且实施配额的效果等价于40%从价税的效应，试分析配额的具体福利效应是怎样的？

（3）假定由于收入增加，每一价格水平下，国内钢材需求量增加了50单位，那么新的需求曲线将会是怎样的？说明在征收40%的关税和实施配额情况下，需求变动对价格、国内产量和进出口的影响是怎样的？

第十章　国际区域经济一体化

学习目标

通过本章的学习，对国际区域经济一体化概念和发展有一个初步了解。掌握经济一体化的不同形式以及关税同盟理论。在此基础上，能够结合实际分析经济一体化对成员国及非成员国所造成的影响。

关键术语

区域经济一体化　自由贸易区　关税同盟　贸易创造　贸易转移　欧洲联盟　北美自由贸易区　东南亚国家联盟

以自由贸易理论为基础的贸易自由化采取了三种形式：单边贸易自由化、双边贸易自由化和多边贸易自由化。单边贸易自由化是单个国家或地区对来自于世界其他国家或地区的商品独立地实施降低或拆除贸易壁垒而不要求相互给与优惠的贸易自由化行为。双边贸易自由化是在两国或一个集团中，各个成员相互给与减少或拆除贸易壁垒的贸易自由化行为，又叫区域贸易自由化。多边贸易自由化是指在世界贸易组织的成员国之间相互降低贸易壁垒的贸易自由化的行为。

从 20 世纪 90 年代至今，区域经济一体化组织如雨后春笋般地在全球涌现，形成了一股强劲的新浪潮。在 WTO 的所有成员中，除蒙古国以外，其他都是一个或多个区域自由贸易协定的当事方；协定当事方之间的贸易额占到全球贸易总额的一半以上。此轮区域经济一体化浪潮不仅反映了经济全球化深入发展的新特点，而且反映了世界多极化曲折发展的新趋势。

第一节　国际区域经济一体化概述

一、国际区域经济一体化的概念

经济一体化有广义和狭义之分。广义的经济一体化是指世界经济一体化，即在世界各国经济之间彼此相互开放，形成一个相互联系和相互依赖的整体。狭义的经济一体化是指区域经济一体化（regional economic integration），即区域内两个或两个以上的国家或地区，在一个由政府授权组成的并具有超国家性质的共同机构下，通过制定统一的对内对外经济政策、财政与金融政策等消除国家之间经济贸易发展的障碍，实现区域内互惠互利、协调发展和资源优化配置，最终形成一个政治经济高度协调统一的有机体的这一过程。区域经济一体化的结果便是形成了各种形式的区域经济集团。

作为当今世界经济发展的一种新现象，区域经济一体化始终与关贸总协定和世界贸易组织所推行的世界经济一体化思想相伴相生，既矛盾又统一。其矛盾的一方面表现为：区域经济一体化是对世界贸易组织所倡导的世界经济一体化的一种对立，它直接导致了世界经济出现了一个个排他性的区域经济集团，加剧了世界经济的不稳定，成为贸易保护主义的一种新的综合表现形式。其一致的方面体现为：区域经济一体化和世界经济一体化一样均着眼于开放市场，取消贸易壁垒，提倡自由贸易。由于地区邻国之间利益共同点较多，谈判成本较低，行动机制更加灵活而加快了贸易自由化进程的步伐。并且随着商品、劳务、资金和劳动力统一大市场的出现，生产要素得以自由流动，资源配置得以改善。由此可见，国际区域经济一体化在阻碍世界自由贸易发展的同时，通过拓展地区内贸易和经济技术合作，又从另一个角度补充和推动了自由贸易。

二、国际区域经济一体化的形式

关于区域经济一体化形式的分类，根据研究的侧重点不同而有着不同的划分方法。按照参与一体化国家的经济发展水平差异，可将经济一体化分为水平一体化（horizontal integration）和垂直一体化（vertical integration）。水平一体化又称为横向一体化，它由经济发展水平相同或相近的国家所组成。目前存在的大多数经济一体化都属于这种形式，如中美洲共同市场（Central America Common Market-CACM）和欧盟等；垂直一体化又称为纵向一体化，它由经济发展水平不同的国家所组成，一般是发展中国家与发达国家构成，旨在形成优势互补。如北美自由贸易区就是由美国、加拿大（发达国）与墨西哥（发展中国家）所组成。

根据经济一体化所涉及的经济领域范围的大小，还可以分为部门一体化（sector integration）和全盘一体化（overall integration）。部门一体化是指在成员间的一种或几种产业（或商品）实行一体化。如1952年建立的欧洲煤钢共同体，1958年建立的欧洲原子能共同体等。全盘一体化是指区域内成员在所有经济部门中实行一体化。如欧洲经济共同体（欧盟），解散前的经济互助委员会等。

一种常用的分类方法就是根据贸易壁垒拆除的程度或一体化程度的高低将区域经济一体化分为优惠贸易安排、自由贸易区、关税同盟、共同市场、经济同盟和完全经济一体化等六种形式。下面对每一种形式进行分析。

（一）优惠贸易安排

优惠贸易安排（Preferential Trade Agreements，PTA）是指在实行优惠贸易安排的成员国间，通过协议或其他形式，对全部商品或部分商品规定特别的优惠关税。是经济一体化较低级和松散的一种形式。这种实例有1932年英国与其成员国建立的大英帝国特惠制。第二次世界大战后建立的“东南亚国家联盟（ASEAN）”，其成员国印度尼西亚、马来西亚、菲律宾、新加坡和泰国从 1977 年起实施特惠贸易安排协议，则是另外一个案例。不过由于优惠贸易安排的经济一体化程度较低，现在许多区域经济集团大多直接以自由贸易区为起点进行区域经济一体化安排。

（二）自由贸易区

自由贸易区（Free Trade Area，FTA）是指由签订了自由贸易协定的国家或地区组成的贸易区。在区内，各成员间废除了关税与数量限制，商品可在成员间完全自由移动，但各成员保持独立的对区外成员的贸易壁垒。例如 1960 年由英国、奥地利、丹麦、挪威、葡萄牙、瑞典和瑞士七国成立的欧洲自由贸易联盟（European Free Trade Association，简称 EFTA）；1961 年由阿根廷、玻利维亚、巴西、智利、哥伦比亚、厄瓜多尔、墨西哥、巴拉圭、秘鲁、乌拉圭和委内瑞拉 11 国成立的拉丁美洲自由贸易联盟（Latin America Free Trade Association，LAFTA）。

自由贸易区最重要的特征是在经济一体化组织内部相互取消商品贸易的障碍，实行自由贸易，成员经济体的厂商可以像在国内一样自由地输出输入商品。但同时其另一个特点表现为成员经济体仍可保持独立的对外关税结构。并按照各自的税目和税则对非成员方商品征收进口关税。在此，国际区域经济一体化组织内部的自由贸易并不妨碍各成员经济体针对非自由贸易区成员方（或第三国）采取的贸易政策。

对于自由贸易区商品的自由贸易遇到一个问题，就是如何防止非成员方的商品由成员方的低关税国“搭便车”地进入成员方的高关税税率国，从而造成较高关税成员税收流失和对外贸易政策的削弱。这一问题的解决是通过自由贸易区制定“原产地规则”的方法。“原产地规则”也称“货物原产因规则”。指一国根据国家法令或国际协定确定的原则制定并实施的，以确定生产或制造货物的国家或地区的具体规定。为了实施关税的优惠或差别待遇、数量限制或与贸易有关的其他措施，海关必须根据原产地规则的标准来确定进口货物的原产国，给以相应的海关待遇。原产地规则的主要内容包括原产地标准、直接运输原则和证明文件等。其中最重要的是原产地标准。一般原产地标准是实质性改变标准。是适用于确定有两个或两个以上国家参与生产的产品的原产国的标准。实质性改变又以加工增值标准居多。一般来说，商品价值的 50% 以上是在自由贸易区内部成员方完成即被视为原产地为一体化组织的，便可享受 0 关税的自由贸易待遇。

（三）关税同盟

关税同盟（Customs Union）是指两个或两个以上国家缔结协定，建立统一的关境，在统一关境内缔约国相互间减让或取消关税，对从关境以外的国家或地区的商品进口则实行共同的关税税率和外贸政策。

关税同盟的主要特征是：成员国相互之间不仅取消了贸易壁垒，实行自由贸易，还建立了共同对外关税。也就是说，关税同盟的成员除相互同意消除彼此的贸易障碍之外，还采取共同对外的关税及贸易政策。它避免了自由贸易区需要以原产地原则作为补充，保持商品正常流动的问题。在这里，代替原产地原则的是筑起共同的“对外壁垒”，从这个意义上看，关税同盟比自由贸易区的排他性更强一些。它使成员国的“国家主权”出让给经济一体化组织的程度更多一些，以致一旦一个国家加入了某个关税同盟，它就失去了自主关税的权利。现实中比较典型的关税同盟是 1958 年建立的欧洲经济共同体。

关税同盟解决了成员之间边境上的商品流动自由化问题，但当某一成员商品进入另一成员国境之后，进口成员方各种国内限制措施构成了自由贸易的障碍，因此，解决这一问题的最好办法是向更高层次的一体化形式迈进。

（四）共同市场

共同市场（Common Market）是指在成员内完全废除关税与数量限制，建立统一的对非成员的关税，实现了商品的自由贸易，同时还实现了服务、资本和劳动力等生产要素在成员间的完全自由移动。欧洲经济共同体（EEOC）在 1970 年已接近这一形式。

共同市场的建立需要该协议成员让渡多方面的权利，包括进口关税的制定权、非关税壁垒，特别是技术标准的制定权、国内间接税税率的调整权、干预资本流动权等。然而由于各成员经济有差别，统一的干预政策往往难以奏效，超国家的一体化组织的干预能力也是有限的，因此成员方之间生产要素自由流动的中介——货币的统一成为下一个一体化的目标。

（五）经济同盟

经济同盟（Economic Union）是指各成员在内部实行较多的共同政策而建立的经济联合体。在此同盟内，商品与生产要素可以完全自由流动，建立了共同的对外关税，成员制定和执行某些共同的经济政策和社会政策，并逐步废除这些方面的差异，使一体化的程度扩展到整个国民经济，从而建立起一个庞大的经济联合体。例如 1991 年的欧洲经济共同体，1991 年已解散的由前苏联与东欧一些国家组成的经济互助委员会。

经济同盟的主要特征是成员方在形成共同市场的基础上，进一步协调它们之间的财政政策、货币政策和汇率政策。一些超国家的机构如议会、中央银行等开始出现并行使职能。由于货币往往与财政政策、货币政策和汇率政策等宏观经济政策密不可分，当这些政策的协调达到一定程度，以致需要建立成员方共同使用的货币或统一货币时，这时经济同盟又称为经济货币联盟。

（六）完全经济一体化

完全经济一体化（Complete Economic Integration），又称为政治同盟（Political Union），是指成员方在实现了经济同盟的基础上，进一步实现经济制度、政治制度和法律制度等方面的协调，乃至形成统一经济体的一体化组织形式。这是区域经济一体化最高级的形式。

完全经济一体化的特征表现为形成了一个类似于国家的经济一体化组织。从过程上讲是逐步实现经济及其其他方面制度的一体化。从结果上看，完全经济一体化主要有两种形式：一是邦联制，一是联邦制。邦联制的特点是各成员方的权利大于超国家的经济一体化组织的权利，如今后的欧盟。联邦制的特点是超国家的经济一体化组织的权利大于各成员方的权利。联邦制的国际经济一体化组织类似于一个联邦制的国家。

优惠贸易安排、自由贸易区、关税同盟、共同市场、经济联盟和完全经济一体化这六种国际区域经济一体化的形式是处于不同层次上的组织形式，是按照它们让渡国家主权程度的不同，从低级到高级进行排列的。其总体的特点见表 10－1。虽然如此排列，但并不意味着低层次的经济一体化形式一定过渡到高一级的经济一体化组织形式。各成员方会权衡自己在政治经济上的利弊得失具体决定是发展还是停留在原有的形式上。

表 10－1　　区域经济一体化的形式和特点

形式＼特点	贸易壁垒是否取消	贸易政策是否对外统一	生产要素是否自由流动	经济政策和有关制度是否统一	是否含有政治上的融合
优惠贸易协定					
自由贸易区	√				
关税同盟	√	√			
共同市场	√	√	√		
经济联盟	√	√	√	√	
完全经济一体化	√	√	√	√	√

三、区域经济一体化的发展

最早的区域经济一体化可以追溯到 1241 年成立的普鲁士各城邦间的“汉撒同盟”。汉撒同盟是德意志北部城市之间形成的商业、政治联盟。该同盟 13 世纪逐渐形成，14 世纪达到兴盛，加盟城市最多达到 160 个。1862 年普鲁士等德国北部邦国在此基础上成立了“德意志关税同盟”，为 1870 年俾斯麦统一德国创造了有利条件。但是，真正意义上的国际区域经济一体化并成为现代经济重要经济现象的则是在第二次世界大战以后。二战后，区域经济一体化从萌芽、初创到发展、壮大，经历了几个时期的发展。与战后的国际经济与国际贸易形势相类似，区域经济一体化的发展也是坎坷不平的。

（一）萌芽与初创阶段

从二战战后到 20 世纪 60 年代初，区域经济一体化处于萌芽与初创阶段。在此阶段，各国受到第二次世界大战的冲击，国内经济处于恢复时期。世界范围内，虽然美国倡导贸易自由化，但在不同的地区，出于政治、经济等方面的考虑，各国却以种种方式保护着国内的经济与贸易，区域经济一体化的形成正是适应了这一形势的需要。1949 年 1 月，原苏联和东欧国家成立了经济互助委员会。1951 年 4 月，法国、联邦德国等六国在巴黎签订了（欧洲煤钢联合条约），决定成立煤钢共同市场。1957 年 3 月，上述六国又在罗马签订了《罗马条约》，条约于 1958 年 1 月 1 日起生效。1959 年 6 月，英国等七国在斯德哥尔摩举行部长级会议，通过了《欧洲自由贸易联盟草案》，并在 1960 年 1 月签订《建立欧洲自由贸易联盟条约》，条约于同年 5 月生效，条约签订国组建成“欧洲自由贸易联盟”于 1961 年，在美洲成立了拉丁美洲自由贸易联盟（LAFTA）与中美洲共同市场（CACM ）。

（二）大发展阶段

从 20 世纪 60 年代中期到 20 世纪 70 年代中期，国际区域经济一体化进入了大发展阶段。此时，西方资本主义国家的经济普遍得到了巨大的发展，一批新兴的工业化国家相继出现，发展中国家也纷纷采取各种措施促进国内经济的增长。世界经济出现了前所未有的繁荣，国际贸易也有了明显的进展，于是区域经济一体化也有了很大的发展与壮大。欧共体在这一阶段有了很大的发展，1973 年，英国与丹麦加入欧共体，极大地增强了欧共体的实力。在欧共体内部，1964 年建成共同农业市场，1968 年提前建成关税同盟，这些都标志着西欧的区域经济一体化的发展与壮大。另一方面，自 20 世纪 60 年代以来，发展中国家建立了 20 多个区域经济和贸易组织。其中，比较重要的有 1967 年成立的东南亚国家联盟（ASEAN），1969 年组建的安第斯条约组织（AP），1975 年创立的西非经济共同体（ECOWAS）等。这些发展中国家的一体化组织在局部地区进行着较为活跃的国际经济与贸易活动。

（三）停滞阶段

20 世纪 70 年代中期至 20 世纪 80 年代中期，世界资本主义经济处于“滞胀”时期，区域经济一体化也进入了停滞阶段。这十年中，欧共体内一体化进程缓慢，发展中国家的一体化也多遭挫折，20 世纪 60 年代创立的许多区域经济组织由此中断了活动，甚至解散。

（四）深化与扩大阶段

20 世纪 80 年代中期以来，世界政治经济发生了重大的变化。苏联的解体，东欧国家的剧变，从根本上解决了过去那种意识形态的对抗；美国经济与贸易地位的不断下降，迫使它一方面采取贸易方面的保护措施，另一方面也积极寻求区域经济一体化的帮助；日本经济地位的上升，日益要求在国际舞台上占有更重要的席位，因而也积极参与着地区间的经济合作活动；关贸总协定的谈判一度很不顺利，更促使各国寻找次优的自由贸易方式，即参与组建各种区域经济一体化组织。总之，进入 20 世纪 80 年代中期以后，区域一体化出现了高涨而动荡的局面，在世界内不断扩大与加深。其主要的表现有以下几个方面：

第一，欧共体在 1985 年 12 月通过“欧洲一体化文件”，决定于 1992 年底建成没有国界的“内部统一大市场”。1986 年 1 月，西班牙、葡萄牙正式加入欧共体。1990 年，德国统一，原民主德国自然成为欧共体一员。1993 年 11 月，欧共体演变为欧洲联盟。1995 年 1 月，瑞典、芬兰、奥地利加入欧盟。欧盟成为世界上最大的区域经济集团。

第二，美国参与区域经济一体化。1988 年 1 月，美国与加拿大签署《美加自由贸易协定》，协定从 1989 年 1 月 1 日起生效。1992 年 12 月，美国、加拿大、墨西哥三国正式签署（北美自由贸易协定），并从 1994 年 1 月 1 日起生效，从而使工业发达国家与发展中国家之间的区域经济一体化成为现实。1994 年 12 月，美洲除古巴之外的 34 个国家领导人参加“美国首脑会议”，决定成立美洲自由贸易区。

第三，日本积极参与亚太地区的经济合作活动。1989 年 11 月，日本、加拿大等 12 国在澳大利亚首都堪培拉举行部长级会议，成立亚太地区经济合作部长会议（APEC）。另外，日本还积极构想次一级的区域合作，如东亚经济圈、东南亚经济圈、东北亚经济圈、美日经济圈等。

第四，发展中国家的地区性经济贸易合作进一步加强。1993 年 1 月，东盟国家通过《新加坡宣言》、《东盟经济合作协议》、《共同特惠关税文件》，决定成立东盟自由贸易区，并在1995年7月吸收越南加入。南美洲的阿根廷、巴西、乌拉圭、巴拉圭提出在1995年1月成立“南美共同体”，并正在与智利和玻利维亚就参加共同体而进行谈判。加勒比海、非洲地区的区域经济一体化都有了不同程度的发展。

第五，随着苏联的解体，东欧的剧变，经济互助委员会于1991年6月28日解散。同时，独联体国家在实现经济一体化方面开始进入实质性阶段。1995年，白俄罗斯与哈萨克斯坦成立了统一关税同盟，并于1996年4月又签署了成立共同体的条约，规定在1997年前建立统一经济区。

进入21世纪的新世纪以来，国际区域经济一体化又掀起了一轮新的高潮。当前全球范围内区域经济一体化迅速发展主要依靠三条途径：一是不断深化、升级现有形式；二是扩展现有集团成员；三是缔结新的区域贸易协议或重新启动沉寂多年的区域经济合作谈判。

表10-2　　西欧战后贸易经济一体化大事年表

1947年	欧洲战后经济复苏的马歇尔计划（Marshall Plan）出台
1948年	建立欧洲经济合作组织（OEEC）以监管马歇尔计划的实施
1950年-1952年	比利时、荷兰和卢森堡建立比荷卢经济联盟
1951年4月18日	比利时、法国、联邦德国、意大利、荷兰和卢森堡等六国签订巴黎条约，成立了欧洲煤炭钢铁共同体（ECSC）
1955年6月2日	墨西拿会议（Messena Conference）重提“建设欧洲”
1957年3月25日	欧洲煤炭钢铁共同体中的六国签订了罗马条约，建立欧洲经济共同体（EEC）和欧洲原子能委员会（Euratom）。在1958年底到1968年中期逐步取消它们之间的进口关税，统一它们的对外壁垒
1960年	奥地利、丹麦、挪威、葡萄牙、瑞典、瑞士和英国等七国组成了欧洲自由贸易区（EETA），在1960年到1966年期间逐步拆除了贸易壁垒。芬兰、冰岛1970年作为准成员国加入
1967年	欧洲经济共同体、欧洲原子能委员会和欧洲煤炭钢铁共同体的机构合并
1968年7月1日	关税共同体完成
1973年1月1日	丹麦、爱尔兰和英国加入欧洲经济共同体，使共同体成员国增加为9个。
1973年到1977年	欧洲经济共同体九国之间及它们与仍留在欧洲自由贸易区的国家间的贸易壁垒被逐步拆除。同期，欧洲经济共同体与地中海地区的大多数非成员国达成了贸易优惠协议
1978年	欧洲经济共同体、欧洲原子能委员会和欧洲煤炭钢铁共同体合并为欧洲共同体（EC）
1979年	欧洲货币体制开始运行，它以欧洲货币单位为基础
1979年6月	欧洲议会首次由公众投票普选产生
1981年1月1日	希腊加入欧洲共同体成为第十个成员
1986年1月1日	葡萄牙和西班牙加入欧共体，使欧洲共同体的正式成员国增加到12个
1986年2月-1987年7月1日	欧共体的各成员国通过和颁布了统一欧洲法。该法规定，统一的市场并且规定，在欧洲委员会中实行投票加权的表决规则，不再实行全体一致原则

续表

1990 年 10 月 3 日	德国统一
1992 年 2 月 7 日	签订欧洲联盟条约（马斯特里赫特条约，Maastricht Treaty）
1993 年 1 月 1 日	建立统一的欧洲市场和欧洲经济区
1993 年 11 月 1 日	马斯特里赫特条约生效，建立欧洲联盟（EU）
1995 年 1 月 1 日	奥地利、芬兰和瑞典参加欧洲联盟
1996 年 3 月 29 日	关于修改《马约》的政府间会谈正式在意大利召开
1997 年 7 月	欧盟执委会通过了《2000 年纲领：走向一个更强与更广的联盟》，提出了欧盟第五次扩张计划
1998 年 6 月 1 日	欧洲中央银行成立
1999 年 1 月 1 日	欧元诞生。奥地利、比利时、芬兰、法国、德国、爱尔兰、意大利、卢森堡、挪威、葡萄牙、西班牙将欧元作为他们的官方货币
2000 年 1 月 15 日	政府间部长级会议在比利时召开，准备接受马耳他、罗马尼亚、立陶宛、斯洛维尼亚、拉脱维亚、保加利亚加入欧盟
2001 年 1 月 2 日	希腊成为欧元区的第 12 个成员
2002 年 1 月 1 日	欧元正式流通。与此同时，欧元区 12 国原有的货币不再使用
2002 年 10 月 19 日	爱尔兰举行全民公决，审批并通过了对实施欧盟扩大计划至关重要的《尼斯条约》。爱尔兰是欧盟十五成员国中，最后一个批准欧盟东扩计划的国家。至此，欧盟东扩的计划正式开始实施。（附历次欧盟扩张一览表）
2002 年 12 月 13 日	欧盟哥本哈根首脑会议宣布，已与波兰、匈牙利等十国达成全部协议，十国将于 2004 年 5 月 1 日成为欧盟的正式成员国
2004 年 5 月 1 日	马耳他、塞浦路斯、波兰、匈牙利、捷克、斯洛伐克、斯洛文尼亚、爱沙尼亚、拉脱维亚和立陶宛 10 个国家正式成为欧盟成员国
2004 年 10 月 29 日	欧盟 25 个成员的领导人在罗马签署了《欧盟宪法条约》
2007 年 1 月 1 日	罗马尼亚和保加利亚两国加入欧盟
2007 年 6 月	参加欧盟峰会的 27 国首脑在布鲁塞尔就替代《欧盟宪法条约》的新条约草案达成协议，从而结束了长达两年的欧盟制宪危机。新条约计划在 2009 年 6 月前付诸实施

第二节　关税同盟理论

关税同盟是区域经济一体化中比较成熟和稳定的一种形式，它对内实行贸易自由化，对外筑起统一的贸易壁垒，充分显示出贸易集团的内外有别的性质。关税同盟理论是以贸易创造效应和贸易转移效应来说明贸易集团的主要经济影响的。系统提出关税同盟理论的主要有美国普林斯顿大学经济学教授范纳（JaCob Viner）和李普西（K·G·LipSey）。1950 年，范纳在其名著《关税同盟问题》一书中鲜明地提出：关税同盟的经济效应在于贸易转移（Trade Diversion）和贸易创造（Trade Creation）所取得的实际效果，关税同盟理论应主要研究关税同盟形成后，关税体制的变更即对内取消关税，对外设置共同关税的问题及国际贸易的静态和动态效果。范纳的关税同盟理论使用的是局部均衡分析方法。在模型中，它假设世界上有 A、B、C 三个国家；A 国是主要的分析对象，B 国是和 A 国结盟的国家，C 国代表关税同盟外的国家。为分析简化，设 A 国是一个小国，它的进出口不会影响世界市场价格。按照范纳的说法，完全形态的关税同盟应具备三个条件：（1）完全取消各成员国之间的关税；（2）对来自成员国以外地区的进口设置统一的关税；（3）通过协商方式在成员国之间分配关税收入。

一、关税同盟的静态经济效应

关税同盟成立后，其影响表现为关税同盟成员之间的贸易增加和对原来关税同盟内成员和关税同盟外成员原有贸易格局的改变所导致的成员方经济福利变化。关税同盟的静态效应（Static Economic Effects of Customs Unions）主要是指贸易创造效应、贸易转移效应及其所带来的福利效应（Welfare Effect）。

（一）贸易创造效应

所谓贸易创造效应（Trade Creating Effect）是指缔结关税同盟后，因成员国之间相互减免关税而带来的同盟内部的贸易规模扩大与生产要素重新优化配置所形成的经济福利水平提高的效果。在此，贸易创造表现为由于关税同盟内实行自由贸易后，产品从成本较高的国内生产转往成本较低的成员国生产，从成员国的进口增加，新的贸易得以“创造”。其效果是：第一，由于取消关税，成员国由原来生产并消费本国的高成本、高价格产品，转向购买成员国的低价格产品，从而使消费者节省开支，提高福利。第二，提高生产效率，降低生产成本。从一国看，以扩大的贸易取代了本国的低效率生产；从同盟整体看，生产从高成本的地方转向低成本的地方，同盟内部的生产资源可以重新配置，改善了资源的利用。因此，贸易创造从生产与消费两方面提高了福利水平。

现在假设有 A、B、C 三国，共同生产某种商品，在建立关税同盟前，A、B、C 三国无贸易，A 国自给自足，AB 成立关税同盟后，内部实行自由贸易，对外执行共同关税。

在图 10－1 中，P 和 Q 分别表示该商品的价格和数量，D 和 S 分别表示 A 国对该商品的需求和供给曲线，E 表示该商品不进行国际贸易时的均衡点，P_A、P_B、P_C 分别表示封闭状态下，A、B、C 三国的该商品价格。假设 P_A 高于 P_C，P_C 高于 P_B，A 国从 B 国进口该商品。在没有成立关税同盟时，设单位产品关税为 $P_BP_B^1$，进口商品价格为 P_B^1。由于竞争的作用，国内产品也只能按 P_B^1 出售。在这种价格下，A 国的国内产量为 OQ_2，需求量为 OQ_3，二者的差额 Q_2Q_3 为 A 国从 B 国的进口量。为了进行后面的比较，这里还要考察 A 国的福利状态。在局部均衡分析中，A 国的社会福利由消费者剩余 MP_B^1N、生产者剩余 P_B^1HG 和关税收入 g 三者之和。

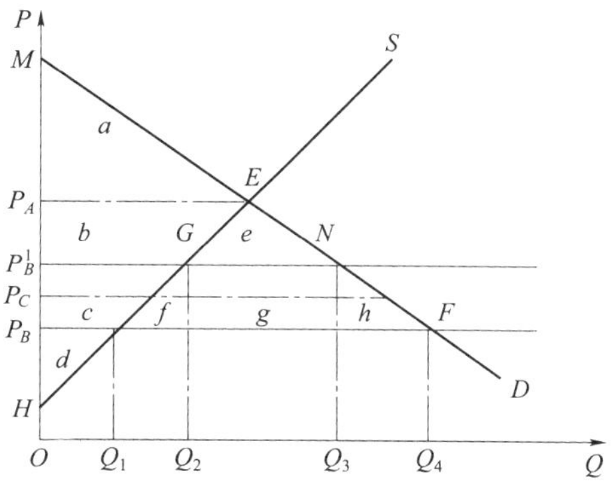

图 10－1 关税同盟的贸易创造效应分析

现在看看 A 国和 B 国结成关税同盟之后的情况。这意味着 A 国要取消对 B 国征收的进口关税，同时继续维持对C国的关税。这样，A国从B国进口的商品价格将从P_B^1降到P_B；在竞争中其国内价格也会下降到P_B。在这种价格下，A国的产量将由Q_2减少到Q_1，需求量将由Q_3增加到Q_4，二者的差额Q_1Q_4为它从B国的新进口量。Q_1Q_4大于Q_2Q_3，表现出关税同盟创造和扩大国际贸易的作用。同时，贸易创造还可以增加A国福利水平，它由消费者剩余$MPBF$与生产者剩余d两部分组成，其总福利比结盟之前增加了（$f+h$）。福利增加的基本原因是成本更低的B国在该商品国际分工中承担了更大的生产份额，A国则将资源转向自己有比较优势的商品生产，资源得到了更有效的利用。从另一个角度看，A国增加进口量对B国也有好处。B国可从扩大出口获得规模经济效益，使资源得到更充分利用，生产成本也相应下降。

关税同盟的贸易创造效应及其福利效应的大小主要取决于以下因素：第一，原有的关税水平越高，关税同盟使进口商品价格下降的幅度就越快，从而它扩大贸易量的作用便越大；第二，该国供给和需求弹性越大，同等量的削减关税对供给量和需求量的影响就越大，即它对扩大贸易量的作用便越大；第三，其他成员方的生产效率越高，即它的生产成本与该进口国的成本差距越大，取消关税对扩大贸易量作用便越大。第四，一国在参加贸易集团之前贸易自由化的程度越低，它参加关税同盟后贸易量的增加幅度就会越大；第五，成员方的经济结构越相似，关税同盟的贸易创造效应就越大。反之，如果该国与其他成员方有较大的结构差异，自己完全不生产某种进口商品，那么，取消关税只能从扩大需求量方面增加贸易量，关税同盟的贸易创造效应便会较小。

（二）贸易转移效应

贸易转移效应（Trade Diverting Effect）是指缔结关税同盟后，由于对内减免贸易壁垒，对外实行保护贸易而导致某成员国从世界成本最低的国家进口转向同盟内成本最低的国家进口所造成的整个社会财富浪费和经济福利水平下降的效果。在此，贸易转移表现为由于建立了关税同盟，成员国之间的相互贸易取代了成员国与非成员国之间的贸易，导致从外部非成员国较低成本的进口，转向从成员国较高成本的进口，发生“贸易转移”。其效果是：第一，由于关税同盟，阻止从外部低成本进口，而以高成本的供给来源代替低成本的供给来源，使消费者由原来购买外部的低价格产品转向购买成员国的较高价产品，增加了开支，造成损失，减少福利。第二，从全世界的角度看，这种生产资源的重新配置导致了生产效率的降低和生产成本的提高。由于这种转移有利于低效率生产者，使资源不能有效地分配和利用，使整个世界的福利水平降低。

由于这种转移有利于低效率生产者，使资源不能有效地优化配置，结果使整个世界的福利水平都降低了。因为在关税同盟缔结之前，每一国对来自任何国家的同种产品征收同等税率的关税，因而成本最低的国家就可获得贸易机会。而建立关税同盟后，则因受关税同盟制约，需首先转由向同盟内成员进口，倘若该成员出口商品成本不是世界上最低的，则不仅同盟中的进口利益受损，而且从世界范围看，也不利于生产要素和资源的优化配置，从而产生了消极的消费效应和消极的生产效应，导致福利水平下降。

在图 10-2 中，P、Q、D、S、P_A、P_B、P_C的含义与上图相同，E 表示该商品国内价格为 P_A时的均衡点。不过，这里假设 P_B高于 P_C。因此，在没有成立关税同盟时，A 国将从 C 国进口商品。设单位关税为 $P_CP_C^1$，则进口商品价格为 P_C^1。在进口竞争下，A 国企业生产的商品粮也只能按 P_C^1出售。在这种价格下，其国内产量将为 Q_2，需求量为 Q_3，二者的差额 Q_2Q_3表示它从 C 国的进口量。在这种情况下，A 国的福利总量由消费者剩余 MP_C^1N、生产者剩余 P_C^1GH 和关税收入（$a+b$）三部分组成。

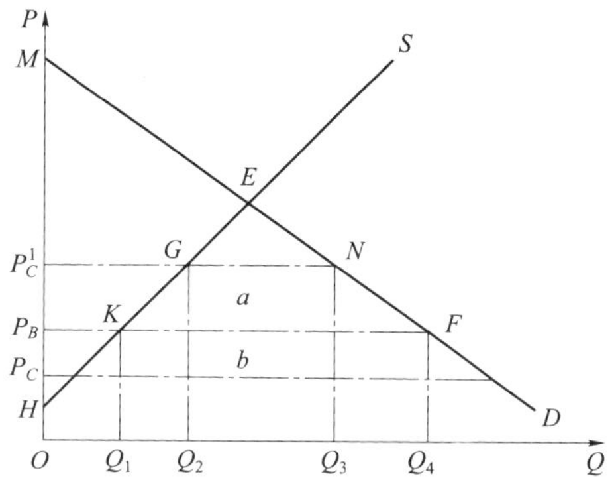

图 10-2 关税同盟的贸易转移效应分析

在 A 国和 B 国结成关税同盟之后，情况发生很大变化。由于 A 国取消对 B 国的关税，在 A 国市场上 B 国商品的竞争力可能超过 C 国，如果出现这种情况，A 国会将进口由 C 国转向 B 国。在 P_B这种价格下，A 国产量为 Q_1，需求量为 Q_4，进口量为 Q_1Q_4。Q_1Q_4大于 Q_2Q_3，这说明在贸易转移的同时，贸易量也有所扩大。在这种情况下，A 国的福利总量由消费者剩余 MFP_B、生产者剩余 P_BKH 两部分组成。我们可以看到贸易转移会使福利水平下降，由于进口由 C 国转向 B 国，A 国丧失了（$a+b$）这一部分关税收入。其中，a 部分转化为该国的消费者剩余，它还不属于福利的净损失。但是，b 部分关税收入是一种福利净损失，因为 B 国的成本高于 C 国，关税同盟助长了这种缺乏效率的资源转移。

贸易转移效应及其所造成的福利损失的大小主要取决于以下因素：（1）原有关税水平越低，关税同盟对非成员国的贸易歧视程度越低，由此而产生的贸易转移的可能性越小。（2）成员国在关税同盟建立之前的贸易往来越密切，贸易转移的余地便越小。（3）关税同盟的成员国越多，贸易转移的可能性越小。（4）成员国与非成员国之间的成本差异越大，贸易转移所可能带来的福利损失便越大。

（三）总体福利效应

对福利效应而言，不同国家的生产者和消费者并不是相同的。对于不同出口国来说，组成关税同盟后，高成本出口国出口增加，产量上升，贸易创造效应明显大于贸易转移效应，福利效应增加；而低成本出口国则会减少出口和产出，其福利也必然因贸易规模缩小而下降。对进口国来说，则会出现消费者福利改善，而生产者福利增加的现象，但其净福利是否增加，还取决于如下几个因素的影响：第一，进口国供需弹性的大小。进口国的供给价格弹性和需求价格弹性越大，其贸易创造减去贸易转移所带来的净福利效应就越大；第二，进口国原有的关税水平的高低。组成关税同盟前，进口国的关税税率越高，则组成关税同盟后，其贸易创造减去贸易转移所带来的净福利效应就越大；第三，高、低成本出口国出口价格的差别。两类出口国的价格越接近，则其贸易创造减去贸易转移所带来的净福利效应就越小。

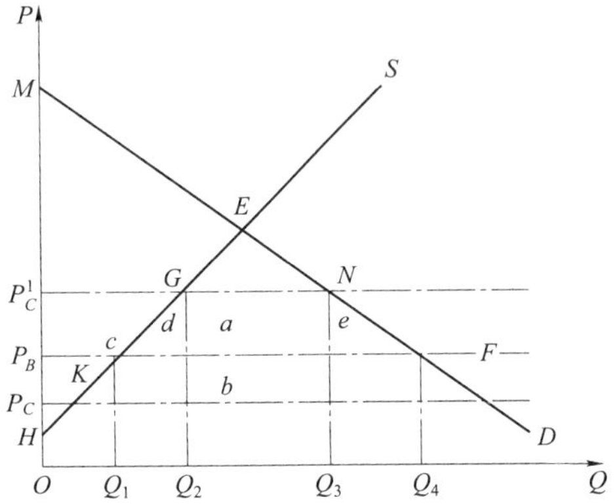

图 10－3 贸易创造和贸易转移的总体福利效应分析

如图 10－3 所示，进口国 A 国消费者剩余增加 $(a+e+c+d)$，生产者剩余减少 c。另外，原来从 C 国进口的关税收入 $(a+b)$ 现在因为改从同盟国进口而丧失。综合起来，关税同盟对 A 国的净福利效应 $=(a+e+c+d)-c-(a+b)=(e+d)-b$。

在此，$(e+d)$ 为贸易创造的福利效应。其中 d 表示因同盟内成本低（B 国）的生产替代了成本高（A 国）的生产而导致的资源配置效率的改善，e 表示同盟内废除关税后进口价格下降、国内消费扩大而导致的消费者福利的净增加；b 则表示贸易转移的福利效应。因贸易转移意味着同盟内成本高的生产替代了原来来自同盟外成本低的生产，故 b 表示这种替代所导致的资源配置扭曲，即贸易转移减少了 A 国的福利。这样，关税同盟对 A 国福利的净影响可表示成贸易创造的福利效应减少贸易转移的福利效应。加入关税同盟对 A 国是否有利，取决于贸易创造的福利能否抵消贸易转移的福利效应。

（四）次优理论与建立关税同盟的条件

范纳认为关税同盟的建立既可能增加也可能减少成员国和世界其他国家的福利，而这取决于产生关税同盟的环境，这就是次优理论（Theory of the Second best）。这个理论认为，

如果福利最大化最优所需要的条件不能全部满足，那么尽量满足尽可能多的条件是没有必要的，并且这样做通常会导致次优情况的发生。因此，建立关税同盟并不仅仅在成员国之间消除贸易壁垒，并不必然产生次优的福利状态。所以，要使关税同盟更可能产生贸易创造效应，增加福利，必须具备以下条件：

（1）成员国之间建盟前的贸易壁垒较高。则建盟后更可能创造贸易而非转移贸易。

（2）同盟成员国与其他国家间的贸易壁垒较低。则贸易转移的损失就小。

（3）建立同盟的国家数量多规模大。则产生低成本的可能性就大，发生贸易转移的可能性就越小。

（4）同盟间经济竞争的程度高于互补的程度。则更可能实行专业化分工，发生贸易创造。

（5）成员国之间的地理位置较接近。则运输成本不大可能成为贸易创造的障碍.

二、关税同盟的动态效应

从长期的角度分析，关税同盟还可能产生以下经济效应。

（一）增加出口效应

在前面分析关税同盟的静态效应时，只讨论了一个进口国加入关税同盟前后的福利影响和变化。实际上，在现实中，一国参加关税同盟不仅能够带来一定的商品进口量的

增加，还会带来出口的增加，对于一个希望参加关税同盟的成员方（特别是小国）而言，它加入的初衷往往不是关税同盟能给它带来多少进口的好处，而是看关税同盟能否增加其产品的出口市场。从动态角度来看，关税同盟将给成员方带来更多的出口机会，形成一种增加出口效应，从而带来更多的福利。

下面我们以图 10－4 对此进行阐述。其中 P、Q 的含义与上图相同，D_A、S_A、D_B、S_B分别表示 A 国、B 国的需求和供给曲线。不过，这里假设 A 国是一个出口国，而不仅仅是一个进口国，并假设 C 国的生产成本固定不变，在组成关税同盟之前世界价格为 P_W，等于 C 国的生产成本。在图 10－4 中，左半部分为 A 国的生产、消费和出口情况，右半部分为 B 国的生产、消费和进口情况。B 国对来自所有国家的进口商品一律征收关税，征税后的价格为 P_T。此时 A 国的出口为 fg，B 国的进口量为 ab。B 国的进口量中有一部分来自 A 国，从 A 国进口的数量为 ac，即 $ac=fg$，而剩下的部分则从 C 国进口，进口量为 cb。

但是，当 A、B 两国组成关税同盟后，由于 B 国对 A 国的进口商品免税而对 C 国的进口征收关税，故在 B 国国内市场上 A 国商品的价格要低于 C 国同样商品的价格，于是 B 国转而只从 A 国进口。而这时，B 国对进口的需求大于 A 国的出口供给（对应于 P_W），所以 B 国的出口商品价格要上升，出口扩大。当价格升至 Pu 时，A、B 两国的贸易达到平衡，A 国的出口等于 B 国的进口，即 $hi=de$。

由此可知，加入关税同盟对那些国内市场狭小的国家（如图中的 A 国）来说，可以利用区域内市场扩大出口，增加出口收入，达到带动经济发展的目的，具有很重要的现实意义。同时，加入关税同盟，对这些小国来说，也不失为一种对抗大国增强影响力的好的选择。

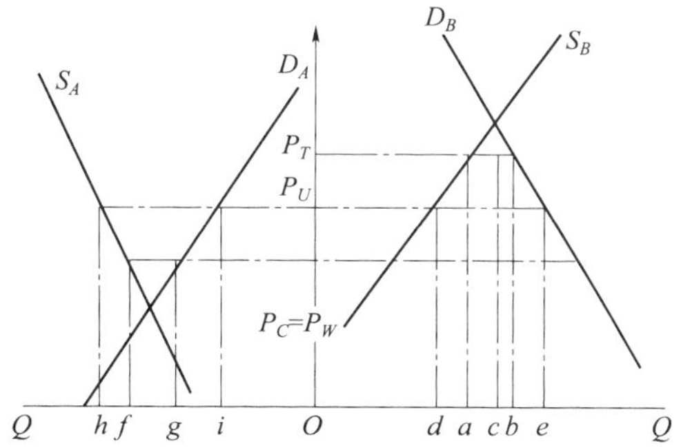

图 10－4　关税同盟的扩大出口效应分析

（二）规模经济效应

对那些国内市场狭小或严重依赖对外贸易的国家而言，建立关税同盟最大的动态效应是它能带来规模经济效应。关税同盟建立以后，在排斥非成员方进口的同时，也为成员方相互之间增加商品出口创造了条件。随着时间的推移，关税同盟的贸易创造效应会不断积累，从而会促进同盟内大市场的形成。所有成员方企业可以在扩大了的区域市场内增强对非成员方企业的竞争实力，并不断扩大生产规模，降低成本，获得规模经济效益。

规模经济效应的另一个好处是利用市场扩大的优势来刺激投资和应付越来越激烈的竞争。也就是说，随着关税同盟的建立，有可能刺激非成员国在关税同盟成员国内建立生产设施，以绕开强加在非成员国产品之上的歧视性贸易壁垒，这就是所谓的保税区或自由贸易区。

（三）促进竞争效应

经济学家西托夫斯基（T·Scitovsky）认为，竞争的加强是影响欧共体发展的最重要因素。他认为在关税同盟形成前，各成员国多已形成了垄断的市场结构，长期以来几家企业瓜分国内市场，攫取超额利润，阻碍技术进步。建立关税同盟后，由于成员国之间没有贸易壁垒，产品的自由流动可以打破垄断，激化成员国之间的竞争。如果关税较低，大公司为了抢占有利的竞争地位，不得不增加研究与开发投入，促进技术进步。小企业也会因此进行联合和合并，降低成本提高，生产效率。竞争的作用是显而易见的。在其他条件不变的情况下，竞争可以促进专业化分工程度的提高、生产要素和资源配置的合理化，以及生产效率的提高，从而可以使成员国乃至同盟整体的经济福利水平提高。

有一些学者对此持有异议，他们认为随着区域经济一体化的发展，贸易壁垒会消除，内部市场将扩大，人们将易于获取生产的规模经济，从而产生垄断，导致经济效率和福利下降。一般说来，区域经济集团的建立加强了市场竞争，摧毁了原来各国备受保护的市场，提高了市场的透明度，从而导致资源配置效率改善，增强了比较价格作为相对稀缺性指标的可靠性。即使在寡头垄断的市场结构下，在产品差异和规模经济存在的条件下，市场竞争也将限制或削减寻租、串谋等滥用非市场力量所带来的社会成本，并将刺激公司改组和产业合理化，推动先进技术的广泛使用，从而提高经济效率和增进社会利益。

（四）刺激投资效应

关税同盟成立后，成员国市场变成统一的大市场，具有如下刺激投资效应：第一，由于商品自由流通的范围得以扩大，大大加强了对成员国内部的投资者和非成员国投资者的吸引力，从而使企业投资增加，投资环境得到进一步的改善。因为同盟内投资的风险较小，并且其产品又有同盟内的大市场为保障，这会激发成员国之间的相互投资。第二，由于同行业竞争的加剧，为了提高竞争能力，厂商必须扩大生产规模，增加产量，降低成本。增加投资，更新设备，提高装备水平，改进产品质量，并研制新产品，以改善自己的竞争地位。第三，由于研究与发展的固定成本将在更广的市场范围内加以分散，统一的大市场还会提高创新的利润率，增加投资机会并促进规模经济的实现。第四，由于竞争引起的公司改组和技术改进也将进一步提高投资的和效率。第五，由于关税同盟成员方减少了从盟外的进口，迫使非成员方为了避免贸易转移的消极影响，绕到成员方内部直接进行投资设厂，就地生产和销售。同时，非同盟国为了绕过关税同盟的关税壁垒，瓜分关税同盟内的大市场，也会扩大对关税同盟国的投资，在当地直接生产和销售产品，或向同盟外销售产品。

（五）资源配置效应

关税同盟成立后，市场趋于统一，资本、劳动力、技术等生产要素可以在成员国自由流动，提高了要素的流动性。在要素价格均等化定律的作用下，技术、劳动力和资本从边际生产力低的地区流向边际生产力高的地区，从而人尽其才，物尽其用。并增加就业机会，提高劳动者素质。资源的优化配置还能促使企业家精神在关税同盟成员方之间传播和发扬，导致管理创新和制度创新。这些都将使生产要素配置更加合理，提高要素利用率，降低要素闲置的可能性，从而实现资源的最佳配置。

第三节 区域经济一体化的实践

一、欧洲联盟

欧洲联盟（European Union），简称欧盟（EU），总部设在比利时首都布鲁塞尔，由欧洲共同体（European Community，又称欧洲共同市场）发展而来的，主要经历了三个阶段：荷卢比三国经济联盟、欧洲共同体、欧盟。历经半个多世纪的发展，欧盟已成为当今世界一体化程度最高、综合实力雄厚的国家联合体，一个集政治实体和经济实体于一身、在世界上具有重要影响的区域一体化组织。大量事实证明，欧盟在国际关系中所起的独特和制衡作用，表明一体化与多极化进程并行不悖。

欧盟在经历半个世纪的内外整合后，以一体化的形式，积厚而发，通过一整套战略理念和行动参与，在国际舞台上发挥着越来越重要和独特的作用，客观上有力地推动了多极化的发展进程。

（一）欧盟成立的背景

两次世界大战给欧洲造成了一场空前的浩劫，几千万人在战火中丧生，各国人民受尽了战乱之苦。欧洲一批具有远见卓识的政治家认为，欧洲唯有联合才能避免重燃战火，才能在国际舞台上独立地发挥作用。在让·莫奈看来，当时的西欧只有两种选择：不在联合中自强，就得甘心情愿当二流国家。在让·莫奈的“西欧联合”思想影响下，当时一些明智的、有远见的政治家越来越意识到西欧联合自强的重大战略意义。欧洲一体化的具体原因如下：第一，欧洲认识到自身所处的不利地位。战后的欧洲不再是世界舞台的主角，其位置被美国与苏联代替。与这两个超级大国相比，欧洲是一个在军事上、政治上、经济上分割的小国集合。第二，反对战争的信念。经过两次世界大战，欧洲认识到必须保证安全和稳定，不能再成为战争的策源地。第三，把欧洲变得更自由、更富裕。面对美苏与欧洲的对峙，西欧国家深感联合的必要性，拟通过一体化建立一个“经济上发展，军事上强大，政治上稳定统一的欧洲”。

（二）欧洲一体化进程

1. 欧共体成立前的准备孕育阶段（1946－1967 年）

二战结束后，昔日的一流世界帝国变成了屈居美、苏之后的二流国家。为了重新找回自己的大国地位，欧洲主要大国都有了重新联合在一起共同发展经济的思想。1946 年，英国首相丘吉尔率先提出需要建立起某种类似于欧洲合众国的东西，这是欧洲一体化的最早构想。

1951 年，欧洲统一之父——让·莫内在设计欧洲煤钢共同体时也强调了欧洲统一的前景。从 1951 年开始至今，欧洲演绎着不断扩张和深化的历史。1950 年 5 月 9 日，法国外长舒曼发表声明（史称“舒曼计划”），建议法德两国建立煤钢共同体。1951 年 4 月 18 日，法国、联邦德国、意大利、荷兰、比利时和卢森堡在巴黎签订了建立欧洲煤钢共同体的条约，该条约于 1952 年 7 月 25 日生效。1957 年 3 月 25 日，这六个国家又签定了建立欧洲经济共同体条约和原子能共同体条约，统称《罗马条约》，该条约于 1958 年 1 月 1 日生效。欧洲经济共同体和欧洲原子能共同体是欧洲共同体的前身，也是欧共体成立的前期准备阶段。

2. 欧共体成立及其扩大阶段（1967 – 1993 年）

从 1967 年起，欧洲一体化的发展进程进入了一个新阶段，其标志是 1965 年 4 月 8 日，法国、联邦德国、意大利、荷兰、比利时和卢森堡签定了《布鲁塞尔条约》，决定将欧洲煤钢共同体、欧洲经济共同体和欧洲原子能共同体合并，统称为欧洲共同体。但《布鲁塞尔条约》于 1967 年 7 月 1 日才开始生效，欧共体才在真正意义上的成立。在其成立以后到 1993 年，欧共体 共经历了 3 次扩大。

第一次扩大：1972 年 1 月 22 日，欧共体迎来了第一批新成员，英国、丹麦、爱尔兰三国在布鲁塞尔签字加入，欧共体成员国增加到 9 个。

第二次扩大：1981 年，欧共体吸收希腊成为会员国，欧共体实现了成员国的第二次扩大。

第三次扩大：1986 年，西班牙及葡萄牙成为欧共体会员国，欧共体第三次扩大。同年，欧共体卢森堡首脑会议通过了《单一欧洲法令》作为《罗马条约》的附件。1991 年 12 月，欧共体与匈牙利、波兰和捷克斯洛伐克签署了“联系国”协议。三国获得了 10 年入围候补资格。

3. 欧洲联盟的成立及其扩大阶段（1993 年至今）

1991 年 12 月 9 日，在荷兰的马斯特里赫特举行了欧共体的第 46 次首脑会议，通过了《欧洲联盟条约》（简称《马约》），并于 1992 年 2 月 7 日由各成员国的外交与财政部长正式签署。《马约》的签署，把欧洲的一体化推向了一个新阶段。

欧共体由一个经济实体向经济、政治、防务实体的方向发展，使欧洲一体化在深度和广度上发生了质的飞跃。因此它被认为是《罗马条约》签订以来欧共体一体化进程中的里程碑。然而，欧洲的一体化进程并非一帆风顺。《欧洲联盟条约》虽于 1992 年 2 月正式签署，但是直到 1993 年 11 月 1 日才开始正式生效，宣告欧洲联盟的正式成立。欧盟成立后，其又经历了三次重要的扩大。

第四次扩大：1995 年 1 月 1 日，奥地利、瑞典和芬兰三国正式加入欧洲联盟，欧洲共同体成员国达到 15 个。1997 年 7 月 16 日，欧盟委员会又提出首批东扩名单，东扩的首批国家为：塞浦路斯、匈牙利、波兰、爱沙尼亚、捷克和斯洛文尼亚。1998 年，欧盟与以上 6 个国家开始入盟谈判。1999 年 1 月 1 日，欧洲统一货币——欧元启动，这再次表明欧盟扩大的趋势势不可挡。

第五次扩大：2002 年 10 月 9 日，欧盟委员会在布鲁塞尔正式公布 2004 年前欧盟东扩的 10 国名单——塞浦路斯、捷克、爱沙尼亚、匈牙利、拉脱维亚、立陶宛、马耳他、波兰、斯洛伐克和斯洛文尼亚。2004 年，欧盟完成了它的第五次扩大，成员国达到

25 个。

第六次扩大：2007 年 1 月 1 日，罗马尼亚、保加利亚加入欧盟。这时欧盟成员国共达 27 个，已形成了人口 4.89 亿，面积 432.2 万平方公里的“大欧洲”。然而，欧盟的扩大的势头并没有停止，在 2005 年 10 月，欧盟启动了与克罗地亚、土耳其的入盟谈判。同年 12 月，马其顿被接纳为欧盟候选国。2006 年 6 月，阿尔巴尼亚与欧盟签署了《稳定与联系协议》。

伴随着欧盟的六次扩大，其成员国的不断增加，经济也不断地飞速发展，欧盟最终成为了世界上最大的单一大市场，是经济区域化、集团化进程最快、范围最广、层次最高、成绩最大的区域组织。2011 年 6 月上旬克罗地亚加入欧盟的司法谈判获得成功，入盟谈判可画上句号。克罗地亚于 2013 年 7 月成为欧盟第 28 个成员。

（三）欧洲区域经济一体化的进程

欧洲一体化从一开始就跨越了自由贸易区阶段，于 1968 年 7 月 1 日实现了关税同盟，于 1993 年基本建成欧洲统一大市场，于 1999 年 1 月 1 日欧元顺利启动，首先在 11 个成员实现了货币联盟，目前正在建设和完善经济货币联盟的阶段，并在为实现政治联盟积极创造条件。

1. 关税同盟

欧盟是以关税同盟为起点，着手建立共同市场，并向经济与货币联盟这种经济一体化的最高形式发展的。因此，关税同盟是欧洲联盟得以存在和发展的基础。欧盟于 1968 年 7 月 1 日完成了罗马条约赋予的取消成员国之间的贸易限制和关税以及统一各国对外关税税率的任务，比原计划提前一年半建成了关税同盟。但是，欧盟成员国之间虽然取消了所有关税并建立了统一的共同海关税则，但在较长时间内成员国之间的海关手续和许多无形的壁垒仍阻碍着商品的自由流通。1994 年 1 月 1 日欧盟颁布了新的海关法，简化了海关程序和手续，统一了海关规则。

2. 统一大市场

1985 年 6 月米兰首脑会议期间，欧委会正式提出了关于建设内部统一大市场的白皮书，其中列举了 300 项具体措施，提出要在欧共体内部建立“无国界”的统一大市场，真正实行人员、商品、资本、服务的自由流通。1985 年 12 月，统一大市场白皮书得到理事会批准。为推进“白皮书”的实施，1986 年 2 月 17 日和 28 日分别在卢森堡和海牙举行的首脑会议签署了《单一欧洲文件》，提出了实施白皮书 282 项措施的具体计划和时间表，并提出最迟在 1993 年初正式建立统一大市场。另外，文件还对《罗马条约》进行了第一次重要修改，以“有效多数”取代“一致同意”作为统一大市场有关事务的决策程序，有效地便利了理事会和委员会建设统一大市场的努力。1993 年 1 月 1 日，欧洲统一大市场宣布基本建成，并正式投入运作。

3. 经济和货币联盟

1969 年 12 月，在法国总统蓬皮杜的倡议下，欧盟六个创始国举行首脑会议，作出了建立欧洲经货联盟的原则性决定，并于 1970 年提出了“维尔纳报告”（Werner Report），提出了在 10 年间分三阶段建立经货联盟的设想。但由于受 70 年代初美元危机和石油危机的冲击，这一努力没有成功，各国不得不谋求其他的货币合作途径以减少美元危机的冲击。1989 年以欧委会主席德洛尔为首的专门委员会再次提出了分三阶段建立经货联盟的报告，史称“德洛尔报告”。1989 年 6 月马德里首脑会议通过了该报告，欧洲经货联盟开始进入实质性建设时期。经货联盟第一阶段从 1990 年 7 月 1 日开始，其目标是要求成员国在欧洲货币体系的基础上进一步加强协调，取消国家外汇管制，促进资本流通，同时各成员国加入欧洲货币体系的汇率机制，缩小汇率浮动。第二阶段自 1994 年 1 月 1 日开始，在法兰克福成立欧洲货币局，进一步协调各成员国的货币政策并加强欧洲货币单位，确定统一的加入经货联盟的标准和时间表；第三阶段最晚于 1999 年 1 月 1 日开始，逐步取消欧元区成员国的货币，逐步推广欧洲单一货币，直至完全建立经货联盟。1999 年 1 月 1 日，欧洲经货联盟第三阶段正式开始，欧元开始在银行、外汇交易和公共债券等方面正式使用。

（四）欧洲一体化意义

欧洲一体化意义表现为以下几个方面：

在经济上强化了欧洲各国之间的经济关系，增强了欧盟对外的经济竞争力，提高国际经济合作水平，使国际经济竞争变得更加激烈。在政治上增强了欧盟各国在世界中的影响，强化了世界多样化趋势的形成与发展，有利于抑制美国搞单极世界图谋。在文化上使得欧盟各国文化上相互交融，有利于世界文化的传播与发展。在安全上强化了欧洲各国经济联系，使欧洲各国经济相互融合和渗透，总体看有利于维护世界和平与安全，但可能同时也可能增加了各国经济的风险。

二、北美自由贸易区

北美自由贸易区（North American Free Trade Area，NAFTA）由美国、加拿大和墨西哥 3 国组成于 1992 年 8 月 12 日就《北美自由贸易协定》达成一致意见，并于同年 12 月 17 日由三国领导人分别在各自国家正式签署。1994 年 1 月 1 日，协定正式生效，北美自由贸易区宣布成立。三个会员国彼此必须遵守协定规定的原则和规则，如国民待遇、最惠国待遇及程序上的透明化等来实现其宗旨，借以消除贸易障碍。自由贸易区内的国家货物可以互相流通并减免关税，而贸易区以外的国家则仍然维持原关税及壁垒。

（一）历史背景

一般而言，战后出现的关税同盟、自由贸易区等形式的区域经济组织，其成员国一般是经济水平相近的国家。从国际产业分工的角度分析，成员国之间多是水平分工方式，以达到较高层次上的竞争和互补关系。相比之下，北美自由贸易区由两个属于七国集团成员的发达国家和一个典型的发展中国家组成，它们之间在政治、经济、文化等方面差距很大。因此，北美自由贸易区是通过垂直分工来体现美、加、墨三国之间的经济互补关系，促进各方经济发展。因此，北美自由贸易区是发达国家和发展中国家在区域内组成自由贸易区的第一次尝试，其成败对于世界范围内的区域经济合作都有很大的意义。北美自由贸易区运行的基本模式是美国和加拿大利用其发达的技术和知识密集型产业，通过商品和资本的流动来进一步加强它们在墨西哥的优势地位，扩大墨西哥的市场；而墨西哥则可利用本国廉价的劳动力来降低成本，大力发展劳动密集型产品，并将商品出口到美国，同时还可以从美国获得巨额投资和技术转让以促进本国产业结构的调整，加快本国产品的更新换代，在垂直分工中获取较多的经济利益，三国之间密不可分的经济关系成为它们合作的纽带。因此，北美自由贸易区是南北经济合作的典型代表之一。

具体而言，一方面，20 世纪 80 年代以来，欧盟（前身是欧共体）经济实力日益壮大，亚洲的日本经济也急剧膨胀。在冷战结束后，世界形势的发展对美国出现了一些不利态势，美国已不可能再像以前那样单枪匹马地与对手进行竞争。美国必须创建以自身为核心的、能与其他经济集团和经济强国相抗的区域经济集团，以巩固美国的世界经济地位。美国因此对建立自由贸易区就拥有了巨大的动力和热情。另一方面，北美自由贸易区的建立也符合加拿大和墨西哥的利益。加拿大经济一直严重依赖于美国，原有的《美加自由贸易协定》已不能适应形势的变化。墨西哥作为经济相对落后的发展中国家，虽然由于一些历史原因曾长期拒绝与美国在经济上结盟，但 20 世纪 80 年代中期以来其国内不断恶化的经济形势使得与美国合作成为唯一的选择。总而言之，面对新的国际、国内形势，三国都以务实的态度调整了自己的经济发展战略，在克服了重重阻力之后最终签订了《北美自由贸易协定》。

（二）发展历程

关于建立北美自由贸易区的设想，最早出现在 1979 年美国国会关于贸易协定北美自由贸易区的法案提议中，1980 年美国前总统里根在其总统竞选的有关纲领中再次提出。但由于种种原因，该设想一直未受到很大重视，直到 1985 年才开始起步。

1. 美加自由贸易区的建立

1985 年 3 月，加拿大总理马尔罗尼在与美国总统里根会晤时，首次正式提出美、加两国加强经济合作、实行自由贸易的主张。由于两国经济发展水平及文化、生活习俗相近，交通运输便利，经济上的互相依赖程度很高，所以自 1986 年 5 月开始经过一年多的协商与谈判于 1987 年 10 月达成了协议，次年 1 月 2 日，双方正式签署了《美加自由贸易协定》。经美国国会和加拿大联邦议会批准，该协定于 1989 年 1 月生效。是世界上最大的自由贸易区。

《美加自由贸易协定》规定在 10 年内逐步取消商品进口（包括农产品）关税和非关税壁垒，取消对服务业的关税限制和汽车进出口的管制，开展公平、自由的能源贸易。在投资方面两国将提供国民待遇，并建立一套共同监督的有效程序和解决相互间贸易纠纷的机制。另外，为防止转口逃税，还确定了原产地原则。美、加自由贸易区是一种类似于共同市场的区域经济一体化组织，标志着北美自由贸易区的萌芽。

2. 北美自由贸易区的成立

由于区域经济一体化的蓬勃发展和《美加自由贸易协定》的签署，墨西哥开始把与美国开展自由贸易区的问题列上了议事日程。1986 年 8 月两国领导人提出双边的框架协定计划，并于 1987 年 11 月签订了一项有关磋商两国间贸易和投资的框架原则和程序的协议。在此基础上，两国进行多次谈判，于 1990 年 7 月正式达成了美墨贸易与投资协定。同年 9 月，加拿大宣布将参与谈判，三国于 1991 年 6 月 12 日在加拿大的多伦多举行首轮谈判，经过 14 个月的磋商，终于于 1992 年 8 月 12 日达成了《北美自由贸易协定》。该协定于 1994 年 1 月 1 日正式生效，北美自由贸易区宣告成立。

（三）《北美自由贸易协定》主要内容

《北美自由贸易协定》有关服务贸易规则的主要内容如下：

1. 国民待遇和最惠国待遇

各成员国在协定生效或生效后的一段时间内，要消除与国民待遇原则和最惠国待遇原则相抵触的限制服务贸易自由的措施。国民待遇是指向另一协定成员国服务提供者提供的待遇应不低于本国、省或州对本地服务提供者提供的待遇。最惠国待遇原则要求一协定成员国对待另一协定国服务提供者应不低于向任何一国服务提供者提供的待遇。此外，该章还规定了成员国不能以在该国设立代办处、代表处、分支机构及任何形式的企业，作为另一协定成员国服务提供者提供服务的前提条件。该协定要求成员国遵守上述原则的规定，在金融服务、陆地运输服务、投资、特种航空服务、专业服务和某些商业服务领域适用“禁止回退”原则，即所有的保留或例外只能朝着自由化方向发展，而不能更趋严格。

2. 市场准入

协定的核心原则之一国民待遇原则保证了来自另一成员国的服务提供者将与所在成员国的服务提供者享受同等待遇。这一规定使服务提供者在进入另一国服务市场时，有了更广泛的服务提供方式选择。要求每一成员国把在某一行业限制服务提供者数量或活动的非歧视性措施列明，任何另一个协定成员国均可要求对这些措施进行咨询以及就这些限制性措施的自由化及取消进行谈判。

3. 许可及证书

一成员国对其他成员国国民的许可和证书要求，不应构成对服务贸易不必要的壁垒。成员国对许可和证书的要求及核准应基于客观、公开的标准，以能够保证提供服务的质量为限，而不应苛加不必要的负担，从而构成对所涉服务的限制。协定还规定了相互承认许可证和证明的机制，但成员国并没有义务对另一成员国颁发的许可证予以承认。一旦成员国同意此种承认，该成员国即应给予其他成员国的服务提供者以出示证书的机会。此外，协定还以一个专门的附件对专业服务提供者的许可和证书作出规定。该附件规定了许可证和证书的申请过程，并对建立共同接受的专业标准和临时许可进行规范，放开对外国法律咨询服务许可以及对外国工程人员的临时限制。对此，协定还规定，对于外国的专业服务提供者只有取得东道国国籍或永久居留权才能被颁发许可证和证明这一措施，成员国须在协定实施后的两年内予以取消，否则另一成员国可保留或设置相应的要求和规定。

4. 政府采购

NAFTA 对每一成员国的联邦政府部门、机构及联邦政府企业所从事的采购规定了具体的约束纪律，为另一成员国的服务提供者打开了一成员国大部分政府采购市场。受政府采购规则约束的服务部门范围得到扩大，包括了一些在过境服务贸易中无法控制的服务部门，如电脑服务、工程咨询、建筑业等。

5. 争端解决机制

NAFTA 没有特别的服务贸易争端解决机制，服务贸易争端适用与其他类别一样的争端解决机制。协定的中心机构即由各国任命的部长或内阁级官员组成的贸易委员会，负责管理协定的执行，解决因协定适用和解释产生的任何纠纷。解决争议的途径有：协商、贸易委员会的调停、调解或其他方法、发起小组诉讼等。

6. 金融服务

NAFTA 对管理金融服务的政府措施进行约束。具体言之，应受此约束的措施包括：成员国对其他成员国金融机构维持的措施、对非成员国投资者在本国金融机构投资的措施以及跨境金融服务，包括银行、保险和证券服务方面有关的措施。但该套约束方法不适用于一成员国关于退休金计划或社会保障制度所采取的行动，或者为政府账户以及涉及政府金融资源的使用而采取的行动。

在非歧视性待遇原则下，每一国家对于在其境内营业的另一成员国服务提供者必须给予国民待遇，包括给予同等的竞争机会和国民待遇。在透明度原则下，要求各成员国在处理关于进入其国内金融服务市场的申请时要保证程序的公开、信息的及时提供，同时应尽可能事先公布该成员国将要采取的涉及另一成员国金融服务提供者的措施，并给予受影响的成员国评价此措施的机会。具体承诺和保留主要涉及墨西哥逐步开放其金融服务市场的承诺，也包括美、加有关金融服务的承诺和保留。

7. 陆地运输

NAFTA 专门规定了时间表，以期实现成员间陆路运输服务的自由化，统一陆运技术及安全标准。为了在北美陆运市场创造平等机会，协定规定逐渐取消三国跨国界陆运服务的限制。该条款的目标在于保证三国的陆运服务业将有充分的机会提高竞争力，避免在向贸易自由化过渡阶段被置于不利地位。

北美自由贸易区是一个以美国为核心的南北区域性经济组织，美国在北美自由贸易区内有着绝对的主导作用。美国不仅是北美自由贸易区的倡导者，而且是该自由贸易区的主导国，它在贸易区的运行中占据绝对的主导和支配地位。从贸易区内部的实力来看，美国占有 2/3 的人口和 90% 的经济实力，加拿大则仅有 7% 的人口和 8% 的经济实力，墨西哥虽拥有近 26% 的人口，但经济实力则不到 2% 。美、加、墨三国按工业化程度和发展水平分属三个不同的层次：美国属于第一个层次，加拿大属于第二个层次，二者均是发达的工业化国家；墨西哥则是第三个层次，为新兴的工业化国家。因此，无论从经济实力、工业化程度和发展水平等方面相比，美国都处于绝对的优势地位，自然对加拿大和墨西哥具有很强的制约力。

北美自由贸易区给美国在双边贸易、直接投资、技术转让及第三产业诸领域内提供控制和渗透加拿大和墨西哥的机会，从而在贸易区对内外事务上拥有了绝对的发言权。因而，从根本上说，北美自由贸易区的建立更多地体现出了美国的战略意图。但是，在另一方面，北美自由贸易区又给加拿大和墨西哥提供了难得的进入美国市场的机会，对于促进这两个国家的经济发展具有非常重要的作用，三国联合起来在国际贸易中的地位也随之大为增强。因此，北美自由贸易区在很大程度上是双赢的选择和结果。

三、东南亚国家联盟

东南亚国家联盟（Association of Southeast Asian Nations），简称东盟（ASEAN）。东盟的前身是马来西亚、菲律宾和泰国于 1961 年 7 月 31 日在曼谷成立的东南亚联盟。

1967 年 8 月 7 – 8 日，印度尼西亚、泰国、新加坡、菲律宾四国外长和马来西亚副总理在曼谷举行会议，发表了《曼谷宣言》，正式宣告东南亚国家联盟成立。东南亚国家联盟成为政府间、区域性、一般性的国家组织。1967 年 8 月 28 – 29 日，马、泰、菲三国在吉隆坡举行部长级会议，决定由东南亚国家联盟取代东南亚联盟。

（一）东盟的发展历程

东盟追求的宗旨是：本着平等合作的精神，通过共同努力来加速地区的经济增长、社会进步和文化发展；增进地区间的积极合作和相互援助，同国际组织和区域性组织保持紧密和有益的合作。东盟秘书处设在印度尼西亚首都雅加达。

2004 年 11 月，东盟领导人签署《万象行动计划》，正式将制订《东盟宪章》列为东盟的一个目标，以加强东盟机制建设。2005 年 12 月，东盟领导人签署《吉隆坡宣言》，并指定一个由 10 人组成的“名人小组”负责为宪章的制订提出建议。2007 年 1 月，东盟领导人确认了“名人小组”提出的关于制订《东盟宪章》的具体建议，同时签署了关于制订《东盟宪章》的宣言，并指定一个由 10 人组成的“高级别特别小组”负责起草宪章文本。2007 年 7 月，“高级别特别小组”向东盟外长会议提交宪章草案，同年 11 月 20 日，东盟领导人在新加坡签署《东盟宪章》。2008 年 12 月 15 日，《东盟宪章》正式生效。2007 年 11 月 20 日，参加第 13 届东盟首脑会议的东盟成员国领导人签署了对东盟而言具有划时代意义的《东盟宪章》。它是东盟成立以来第一份对所有成员国具有普遍法律约束力的文件。这一文件的签署是东盟在机制化和法制化建设上的重要举措，是建立东盟共同体的重要法律保障，是东盟的一个重要里程碑。2007 年东盟 10 国领导人还签署了《东盟经济共同体蓝图宣言》《东盟环境可持续性宣言》以及《东盟关于气候变化宣言》等重要文件，为东盟加快一体化建设，迎接未来挑战奠定了基础。东盟 10 国总面积约 447 万平方公里，人口 6.01 亿，是一个具有相当影响力的区域性组织。

作为一个重要的区域性组织，东盟在地区和国际事务中也发挥着越来越重要的作用。20 世纪 90 年代初，东盟率先发起东亚区域合作进程，逐步形成了以东盟为中心的一系列区域合作机制。其中，东盟与中日韩（10 + 3）、东盟分别与中日韩（10 + 1）合作机制已经发展成为东亚合作的主要渠道。此外，东盟还与美国、日本、澳大利亚、新西兰、加拿大、韩国、中国、俄罗斯、印度 9 国以及欧盟形成对话伙伴关系。

为了早日实现东盟内部的经济一体化，东盟自由贸易区于 2002 年 1 月 1 日正式启动。自由贸易区的目标是促进东盟成为一个具有竞争力的基地，以吸引外资；消除成员国之间关税与非关税障碍，促进本地区贸易自由化；扩大成员国之间互惠贸易的范围，促进区域内贸易；建立内部市场。2009 年 5 月 3 日，东盟 10 国和中日韩（10 + 3）三国财长在巴厘岛会议上就规模为 1 200 亿美元的亚洲区域外汇储备库的主要要素达成共识，并决心在 2009 年年底启动这一被称作“亚洲货币基金”雏形的多边货币交换机制。这一合作行动，对维护亚洲地区经济金融稳定具有重大意义，并将对改革和完善国际金融体系产生积极影响。

（二）东盟的成果

东盟始终致力于加强内部的团结与合作，增强自身实力。目前，东盟已日益成为东南亚地区政治安全、经济和社会文化合作的重要组织，并建立起一系列合作机制。

1. 政治安全领域

1976 年，东盟第一次领导人会议通过了《东南亚友好合作条约》（TAC）和《东南亚国家联盟协调一致宣言》两个重要文件，对东盟的组织结构、决策程序及成员国接纳等具体事宜作出了规定，确定了谋求地区和平与稳定的目标。自此，东盟作为一个国际组织的架构逐渐成形。1971 年，东盟外长特别会议签署了《和平、自由和中立区宣言》，为东盟国家赢得长期和平打下了基础。1995 年，东盟各国签署《东南亚无核武器区条约》，强调建立东南亚无核武器区是东盟建立和平自由中立区的重要因素，东盟共同安全意识得到加强。

2. 经济领域

1992 年东盟各国领导人达成共识，发表《新加坡宣言》，通过《有效普惠关税协定》和《加强东盟经济合作框架协议》，决定从 1993 年起的 15 年内建成东盟自由贸易区。1998 年，东盟决定将建成自贸区的时间提前到 2002 年。文莱、印尼、马来西亚、菲律宾、新加坡和泰国 6 个老东盟国家已于 2002 年将绝大多数产品的区内关税降至 0 ~5% 。但对新入盟国家降税时限有所放宽，越南将于 2006 年，老挝和缅甸 2008 年，柬埔寨 2010 年最终实现 0 ~5% 的关税目标。此外，在加强自身经济一体化的同时，东盟还积极协调各成员国对外经济政策，力争在亚太经合组织和其他国际经济组织中"用一个声音说话"，逐渐成为一个引人注目的地区经济力量。

3. 社会文化领域

东盟各国加强公共卫生、教育、文化等领域的合作，提高农村人口生活水平，增强东盟意识和认同感，促进各层次的社会融合。

随着自身实力的不断加强，东盟在国际和地区事务中发挥的作用日益重要。东盟与中国、美国、日本、欧盟、俄罗斯、澳大利亚、新西兰、加拿大、韩国、印度 10 个国家和组织建立了对话伙伴关系，并倡导和推动了东亚区域合作。1994 年，东盟在与对话国会议的基础上，发起召开了东盟地区论坛。同年 10 月，东盟倡议召开亚欧会议，促进东亚与欧盟的合作。1997 年，东盟与中日韩召开首次 9 +3 领导人会议（柬埔寨尚未入盟，东盟为 9 国）。1999 年，东盟倡议成立东亚——拉美合作论坛。2005 年，在东盟主导下，首届东亚峰会在马来西亚首都吉隆坡举行。

本章小结

1. 国际区域经济一体化也是贸易自由化的一种形式。是由两个或两个以上的国家或地区构成，在一个由政府授权组成的并具有超国家性质的共同机构下，通过制定统一的对内对外经济政策、财政与金融政策等消除国家之间经济贸易发展的障碍，实现区域内互惠互利、协调发展和资源优化配置，最终形成一个政治经济高度协调统一的有机体的这一过程。区域经济一体化的结果便是形成了各种形式的区域经济集团。

2. 根据贸易壁垒拆除的程度或一体化程度的高低将区域经济一体化分为优惠贸易安排、自由贸易区、关税同盟、共同市场、经济同盟和完全经济一体化等六种形式。优惠贸易安排是经济一体化较低级和松散的一种形式。而完全经济一体化则是指成员方在实现了经济同盟的基础上，进一步实现经济制度、政治制度和法律制度等方面的协调。它是区域经济一体化最高级的形式。

3. 区域经济一体化的发展经济经历了萌芽与初创阶段、大发展阶段、停滞阶段和深化扩大阶段。区域经济一体化理论以关税同盟理论较为成熟。关税同盟的静态效应主要是指贸易创造效应、贸易转移效应及其所带来的福利效应。贸易创造效应是指缔结关税同盟后，因成员国之间相互减免关税而带来的同盟内部的贸易规模扩大与生产要素重新优化配置所形成的经济福利水平提高的效果。贸易转移效应是指缔结关税同盟后，由于对内减免贸易壁垒，对外实行保护贸易而导致某成员国从世界成本最低的国家进口转向同盟内成本最低的国家进口所造成的整个社会财富浪费和经济福利水平下降的效果。关税同盟的动态效应有增加出口效应、规模经济效应、促进竞争效应、刺激投资效应和资源配置效应。

思考练习题

1. 什么是国际区域经济一体化？其发展原因是什么？
2. 国际区域经济一体化有哪些类型和特征？
3. 贸易创造效应的概念和其福利效应大小影响因素是什么？
4. 贸易转移效应的概念和其福利效应大小影响因素是什么？
5. 关税同盟有哪些动态效应？

第十一章　生产要素的国际转移

学习目标

通过本章学习，了解生产要素国际转移的背景和动因，重点掌握劳动和资本国际转移的经济效应分析及其对国际贸易的影响。

关键术语

生产要素的国际转移　劳动国际转移　资本国际转移　国际直接投资　跨国公司　垄断优势理论　内部化理论　国际生产折中理论

生产要素的国际转移是指劳动、资本等要素在国与国之间的转移。这种转移是由国际间生产要素禀赋的差异所引起的。在前面各章的探讨中有一个基本的假定前提，就是生产要素不能跨国转移。但事实上，除土地之类的自然资源外，劳动、资本等生产要素的国际转移是经常发生的。它们与国际商品转移之间存在着某种相互替代关系。例如，一个资本相对丰裕和劳动相对稀缺的国家，可以通过输出资本密集型产品和输入劳动密集型产品来实现资源的有效利用并增加国民福利，也可以通过资本输出和接受外来劳动达到同样目的。本章主要介绍劳动和资本生产要素的国际转移，另外，因为跨国公司是劳动和资本国际转移的一种重要载体，我们也将对跨国公司及其相关理论进行一定的论述。

第一节　劳动的国际转移

一、劳动国际转移概况

目前，劳动的国际间转移共有三种形式：第一是单纯的劳动输出。这些劳动者以有组织的或零散自发的形式离开自己的祖国，前往境外的国家或地区谋生，提供自己的劳务。他们中间，既有体力劳动者，也不乏各种专门人才。在一些第三世界国家，这种形式的劳动转移已经形成了较大的规模，对本国经济产生重大影响。第二种类型是对外工程承包，即有组织、成建制地向国外输出劳动。近二十年来，这种形式的劳动转移发展很快，很多国家都成立了专门的劳务公司，管理逐渐规范化。第三种形式是海外移民，这些移居者不仅在国外工作，而且正式在那里定居，成为永久性居民。虽然目前多数发达国家对于接受移民都做出了严格限制，但近年来以这种方式转移的劳动有增无减。

随着科学技术的发展和国际贸易的扩大，劳动国际间转移的规模不断扩大，已经形成了几个主要的劳动输出国家（地区）和输入国家（地区）。当前，主要的国际劳务市场有欧洲、北美、中东、以及非洲和拉丁美洲。在海外劳工中，既有普通劳动者，也有熟练和半熟练工人，还有一批高技术人才。

二、劳动国际转移的经济效应分析

为了简化分析，现作如下假定：

（1）两个国家（A 国和 B 国）；

（2）两种生产要素（劳动和资本）；

（3）劳动是同质的，可以在国际间自由移动且不存在移动成本；

（4）两国的劳动充分就业；

（5）生产一种同质的商品；

（6）两国之间不存在商品贸易。

如图 11－1 所示，劳动在国际间移动之前，A 国的劳动总量用 OA 的长度来表示，B 国的劳动总量用 $O'A$ 的长度来表示，两国的劳动总量 OO'固定不变，两国对劳动的需求曲线分别用 $P \cdot MP_{LA}$和 $P \cdot MP_{LB}$表示。

A 国的劳动总量是 AO，B 国的劳动总量为 AO'，那么当市场是完全竞争并且劳动可以自由移动的时，由于 A 国的工资水平 W_A低于 B 国的工资水平 W_B，A 国的劳动将向 B 国移动，以便获得更高的工资收入，劳动移动的最终结果会使两国的工资水平达到均衡，即停留在如图所示的 E 点（均衡工资可以用 W^* 表示）。

由此可知，在劳动转移之前，A 国的总产出水平为 $OMDA$，其中长方形 $OADW_A$的面积是 A 国劳动所有者的收益，面积 MDW_A代表的是资本所有者的收益。B 国的总产出水平可用面积 $NCAO'$表示，其中 $O'ACW_B$是劳动所有者的收益，面积 NCW_B代表资本所有者的收益。

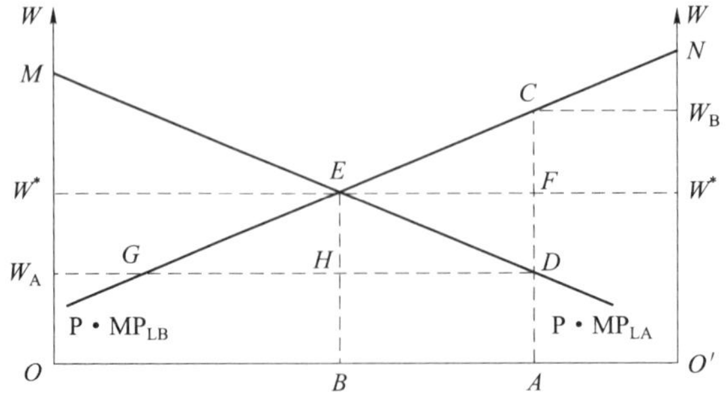

图 11－1 劳动移动的经济效益

劳动在国际间的转移使得 A 国中的劳动的边际产出提高，国民总产出水平变为 $OMDA+EDF$，其中面积 $OBEW^*$ 代表留在国内的劳动所有者的收益，面积 $ABEF$ 是移动到国外的劳动所有者所获得的收益，面积 MEW^* 则代表资本所有者的收益。而 B 国中的劳动的边际产出随着劳动的流入而下降，国民总产出水平为 $NCAO'+EFC$，其中劳动所有者的收益为 $O'AFW^*$，资本所有者的收益为 NEW^*。

劳动的跨国自由转移同样可以带来世界福利的净增长，在图中可以用三角形 ECD 的面积来表示世界总产出净增长的部分。对于 B 国来讲，国内原劳动的所有者的总收益由 $O'ACW_B$ 下降为 $O'AFW^*$，而资本所有者的收益则由 NCW_B 上升为 NEW^*。劳动自由转移后该国社会净福利增加了 CFE 的面积部分。同理，A 国资本收益由原来的 MDW_A 下降为 MEW^*，劳动所有者的收益从 $OADW_A$ 上升为 $OAFW^*$，劳动自由转移后该国社会净福利增加了 DFE 的面积部分。

因此，从以上模型分析可知，劳动在国际间的自由转移可以使要素在国家之间进行重新分配，从劳动丰富的国家流入劳动欠缺的国家，提高世界的总产出水平。投资国的劳动边际收益率提高了但资本的边际收益率则下降了，因此投资国的劳动所有者会主张劳动外流，资本所有者则持反对态度。劳动流入国则正好与之相反，资本所有者支持、劳动所有者则反对。

三、劳动国际转移的其他福利影响分析

在以上分析中，我们实际上已经假设了所有的劳动都是同质的。然而，对现实世界进行观察就会发现，劳动的转移不仅仅包含非熟练劳动的转移，更包含大量的受过高等教育或者经过培训的高质量的人才转移。而高质量人才的转移对世界福利的影响显然不同于非熟练劳动的转移所带来的影响。因此我们也需要考虑到这部分人员转移所带来的影响。

从 20 世纪五六十年代起，就有相当数量的科学家、工程师、医生、护士以及其他一些高技能的人员从发展中国家流入发达国家、从欧洲地区流入美国。举例来讲，在 20 世纪 90 年代初期，美国大学颁发的计算机科学博士学位一半以上都颁发给了国外出生的学生，而且他们中的大部分至今仍然留在美国工作。的确，越来越多的美国高科技产业，从半导体的研发到生命科学等要在全球市场上保持竞争优势越来越依赖各国科学家和工程师向美国的移民。这种高技能劳动人员的转移问题被人们形象的称为智力流失，而智力流失对于人才流失国的经济发展是相当不利的。另外，劳动的转移不仅给世界经济造成影响，也对两国的公共财政方面带来一定的影响。

首先，劳动国际转移对于输出国产生负的财政效应。转移到国外的劳动特别是高级知识分子一般都是年轻的成年人，而在他们转移之前却享受了多年由其他纳税人承担的公共产品和服务，特别是国家花费了很大一笔资金对他们进行教育或培训使之具备回馈祖国的能力。然而，当他们终于可以为社会工作并有能力成为纳税人的时候却移居国外为他国纳税。虽然看似他们的转移可以减轻本国公共财政及公共服务的负担，但实际上输出国不仅失去了移民所造成的未来各项税收，而且也损失了对劳动的前期投入成本。

其次，劳动的国际转移给输入国带来净收益。曾经有人提出，移民的劳动中有一部

分是非法移民，他们工资收入低，对输入国的税收贡献小，而高技能劳动流入时则拖家带口，大量没有劳动能力的老人和小孩只会增加公共财政的负担，因此劳动的流入对于输入国只能是净损失。而国际经济学家金德尔伯格则认为，转移的劳动主要以青壮年人口为主，虽然他们享受了输入国的公共服务和公共设施，但他们由于正处于一生中的工作高峰期，其为输入国所作的贡献以及所交纳的税款完全可以弥补因劳动的流入所带来的财政支出压力。因此，从一般意义上讲，特别是从短期的角度来考虑，劳动的国际转移对于输入国带来的是财政净收益。

第二节 资本的国际转移

一、资本国际转移的类型

当资本要素可以在国际间进行自由转移时，为了获得比较高的收益，实现利润最大化，投资者将进行对外投资，正是这种对外投资行为，使资本在国际间转移成为可能。我们也根据投资者在投资行为中对所投入的资金的实际运行过程是否具有足够的影响力和控制权，将资本的国际转移划分为对外直接投资和对外间接投资两大类型。

对外直接投资（Foreign Direct Investment，简称 FDI）指的是包括所有权与控制权的资本转移。根据国际货币基金组织的划分标准，其定义是："投资人在国外所经营的企业中拥有持续利益的一种投资，其目的在于对该企业的经营管理拥有有效的控制权。"对外直接投资的主要表现形式有：在国外建立自己的全资子公司、分支机构、附属机构、收购兼并当地的公司企业，或者与东道国共同创办合资企业等，根据许多西方国家的统计标准，通过购买外国企业的股票而拥有 10% 及以上的股权，也是对外直接投资的表现。

对外间接投资又称外国资产投资（Foreign Portfolio Investment），不涉及到所有权或控制权，即投资者不能直接操纵或者影响资金的实际运行过程，他们只关心投资的回报率。外国资产投资，即经济学家们通常所说的"金融资本"的移动，是指投资者对国外债券或股票的购买或持有的行为，投资者所进行的外汇套汇交易和投机行为以及投资者在国外银行的资金存款等均属于外国资产投资。

对于对外间接投资，主要归属于金融问题的研究，在此，本节主要介绍对外直接投资。

对外直接投资按照跨国公司对海外子公司拥有股权份额的程度，可分为合资经营与独资经营两种类型。其中，合资经营由投资国公司、企业和其他经济组织或个人同东道国的公司、企业或其他经济组织在东道国境内共同投资举办的企业，其特点是合营各方共同投资、共同经营、按各自的出资比例共担风险、共负盈亏。独资经营则指外资企业依照东道国有关法律在东道国境内设立的全部资本由外国投资者投资的企业，享有企业的全部所有权，并独立承担企业经营的全部责任和风险。

而按是否投资创办新企业的角度出发，对外直接投资可分为创建新企业与收购两种类型。其中，创建新企业也称绿地投资，是指在东道国建立新企业或新工厂。而收购则是指企业通过一定的程序和手段取得东道国某一企业的部分或全部所有权的投资行为。购买者一般可通过现金或股票完成收购，取得被收购企业的实际控制权。因收购能以最快的速度进入目标国市场，所以它一直是国际直接投资的主要形式之一。

二、资本国际转移的动因分析

在当今世界经济中，存在着大量的资本在国际间进行转移，而促进其转移的原因是多方面的，我们无法全面考虑产生这种现象的原因，仅提供几个不同的角度供大家参考。这些原因可以单独存在，也可能同时并存。

（一）追求利润最大化

追求高额利润，或以追求利润最大化为目标，这是资本在国际间转移的根本动机所在，是资本的天然属性，当在国外投资比在国内投资更有利可图时，资本必然流向国外。

（二）拓展市场空间

企业可以通过对外直接投资在过去没有出口市场的东道国占有一定的市场以开辟新市场；或者为了保护和扩大原有市场，当企业在对出口市场的开辟进行到某种程度之后，通过对外直接投资在当地进行生产和销售更为有利。

（三）寻求资源洼地

这类投资一是寻求自然资源，如开发和利用国外石油、矿藏以及林业、水产等资源，美国海外直接投资中相当大的比重就是在石油行业的投资。二是寻求劳动资源，利用国外廉价劳动以降低企业的成本。特别是如果生产过程是劳动密集型的，那么东道国相对富裕的劳动而导致的低工资会吸引对外直接投资。

（四）规避贸易壁垒

如果贸易限制使得国外企业难以在东道国市场上进行产品的销售，企业可通过向进口国或第三国直接投资，在进口国当地生产或在第三国生产再出口到进口国，以避开进口国的贸易限制和其他贸易障碍。

（五）分散投资风险

正像不能将所有的鸡蛋放在一个篮子里一样，企业为了避免在进行对外投资的过程中面临着种种风险，主要有经济风险（如汇率风险、利率风险、通货膨胀等）和政治风险（如政治动荡风险、政策变动等）。企业主要采用多样化投资方式来分散或减少风险，通过对外直接投资在世界各地建立子公司，将投资分散于不同的国家和产业，并尽量避免到政治风险大的国家投资，以便安全稳妥地获得较高的利润。为了吸引外来投资，加速经济的发展，东道国会向投资方提供各种优惠的政策。而企业被东道国政府的优惠政策所吸引而进行直接投资，不仅可以减少投资风险，降低投资成本，获得高额利润。因此东道国的优惠政策一般对对外国直接投资有着强烈的吸引力。

（六）转嫁环保风险

在环境日益恶化的今天，有些高污染行业也会通过对外投资将污染转移至其他国家。环境污染是威胁人类生存和经济发展的世界性问题，一些发达资本主义国家迫于日益严重的环境污染问题，严格限制企业在国内从事易造成污染的产品生产，从而促使企业通过对外直接投资，将污染产业向国外转移。这也是为什么化工产品、石油和煤炭产品、冶金、纸浆造纸这四大高污染行业在对外直接投资中所占比重相当高的原因所在。

总的来说，投资者关注的是如何把资源配置到不同的经济体中而获得的总体利益，除了因资金使用而获得的利息收益之外，直接投资者往往还可以获得管理费及其他各种收入。而资本在国际间移动的具体原因也跟不同的行业、不同的时期以及不同的投资者有关。

三、资本国际转移的经济效益分析

在现实经济中，资本在国际间大量的转移会对东道国、投资国的产出以及资本和其他生产要素的收益率产生各种各样的影响。在此，我们运用简单的微观经济学工具对这些影响作一下分析，其假设条件与前面分析劳动的国际转移时相同。为了简化分析，现作如下假定：

（1）两个国家（A 国和 B 国）；

（2）两种生产要素（劳动和资本）；

（3）资本是同质的，可以在国际间自由转移；

（4）封闭条件下不存在资本闲置；

（5）生产一种同质的商品；

（6）两国之间不存在商品贸易。

如图 11－2 所示，假设在初始的情况下，两国的资本总量 OO' 固定不变。两国对资本的需求曲线分别用 $P \cdot MP_{KA}$ 和 $P \cdot MP_{KB}$ 来表示。

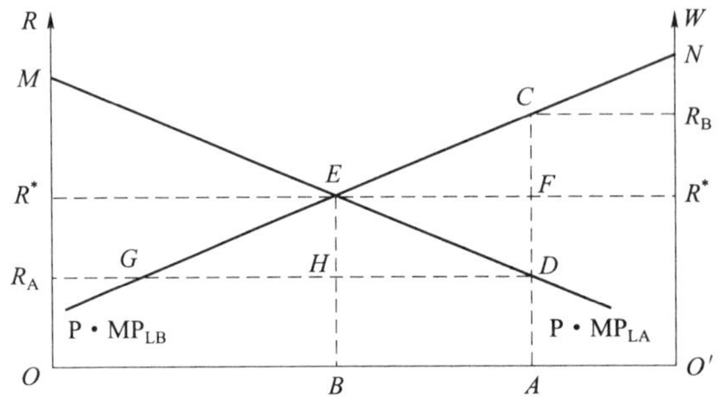

图 11－2　资本移动的经济效应

A 国的资本存量是 AO，B 国的资本存量为 AO'，那么当市场是完全竞争并且资本可以自由转移的时，由于 A 国的利率 R_A 低于 B 国的利率 R_B，A 国的资本将向 B 国转移，以便获得更高的资本收益，资本转移的最终结果会使两国的工资水平达到均衡，即停留在如图所示的 E 点（均衡利率可以用 R^* 表示）。

由此可知，在资本转移之前，A 国的总产出水平为 $OMDA$，其中长方形 $OADR_A$ 的面积是 A 国资本所有者的收益，面积 MDR_A 代表的是劳动所有者的收益。B 国的总产出水平可用面积 $NCAO'$ 表示，其中 $O'ACR_B$ 是资本所有者的收益，面积 NCR_B 代表劳动所有者的收益。

资本在国际间的转移使得 A 国中的资本的边际产出提高，国民总产出水平变为 $OMDA+EDF$，其中面积 $OBER^*$ 代表留在国内的资本所有者的收益，面积 $ABEF$ 是移动到国外的资本所有者所获得的收益，面积 MER^* 则代表劳动所有者的收益。而 B 国资本的边际产出随着资本的流入而下降，国民总产出水平为 $NCAO'+EFC$，其中资本所有者的收益为 $O'AFR^*$，劳动所有者的收益为 NER^*。

资本的跨国自由转移同样可以带来世界福利的净增长，在图中可以用三角形 ECD 的面积来表示世界总产出净增长的部分。对于 B 国来讲，国内原资本的所有者的总收益由 $O'ACR_B$ 下降为 $O'AFR^*$，而劳动所有者的收益则由 NCR_B 上升为 NER^*。资本自由转移后该国社会净福利增加了 CFE 的面积部分。同理，A 国劳动收益由原来的 MDR_A 下降为 MER^*，资本所有者的收益从 $OADR_A$ 上升为 $OAFR^*$，资本自由转移后该国社会净福利增加了 DFE 的面积部分。

因此，从以上模型分析可知，资本在国际间的自由转移可以使要素在国家之间进行重新分配，从资本丰富的国家流入资本欠缺的国家，提高世界的总产出水平。投资国的资本边际收益率提高了但劳动的边际收益率则下降了，因此投资国的资本所有者会主张资本外流，劳动所有者则持反对态度。资本流入国则正好与之相反，劳动所有者支持、资本所有者则反对。

四、外国直接投资对东道国的影响

（一）外国直接投资的潜在收益

外国直接投资作为全球化进程的主要动力不仅可以为东道国带来新的竞争机会，也带来潜在的生产力进步。我们在此列出外国直接投资对东道国可能带来的种种潜在收益，值得提出的是这些情况并非在任何情况下都会出现，而是需要针对不同东道国、不同情况进行分析。

正如我们在前面进行资本国际转移的经济效益分析时得出的结论，对外直接投资对东道国的最大贡献就是使东道国的产出水平上升。因为资本流入国一般来讲都是资本相对短缺的国家，外资的流入缓解了这种情况，增加了的资本要素供应与其他生产力要素结合起来投入生产势必会增加东道国的总产出。一方面，对东道国来说，跨国公司的直接投资不仅带来了新的设施，增加了东道国的资本存量，还主要是增加了东道国的就业、提高了工资水平。其中，工资水平的上涨是因为外国资本的流入提高了东道国国内劳动要素的相对稀缺程度，并且我们可以从前面的分析中看出一部分工资的上涨是从国内资本利润的再分配中获得的。而增加就业对于人口过多而导致劳动过度供给的发展中国家相当有吸引力。另一方面，外资的流入可以使东道国某些行业实现规模经济，特别是对于那些有一定的市场规模及技术特征能够实现规模经济但苦于资金不足的企业来讲，外资的注入可使其实现规模经济。一旦形成了规模经济，也有助于降低平均成本和国内市场价格，使东道国的消费者大大受益。

从财政效应来讲，对外资直接投资项目进行合理而有效的税收措施和税收监管制度，可以增加东道国的税收收入。这些增加的税收可以弥补东道国财政收入的不足，增加政府支出以及对发展项目的投入。当然这些取决于政府的税收政策，若政策不合理则会挫伤投资商的积极性而将资金撤出东道国。

从改善国际收支方面来讲，若外资注入的企业所生产的产品具有潜在的出口能力，则外国直接投资的增长可能导致东道国出口水平的扩张，出口创汇能力的增强，而使东道国有了额外的外汇收入用于资本设备的进口、偿还所欠国外的本金或利息。

同时，外资企业的进入会带来先进的技术、完善的管理系统等，这些技术知识和思想观念的外溢效应对于东道国来讲是一种无形的收益，能够明显地提高东道国的生产能力。另外，如果东道国内部存在着垄断性的行业，则随着外国直接投资的流入，出现了新的竞争者，可能有助于打破国内垄断性的产业结构，促进国内市场竞争，从而使该行业的产出扩大、价格降低。

（二）外国直接投资的潜在成本

虽然外国直接投资对东道国可能带来种种的潜在收益，但其所带来的一些潜在的成本也是不可忽视的，其中主要有：

首先，对外国直接投资的依赖性可能削弱东道国企业的竞争能力。虽然外资企业的建立给东道国带来了先进的生产技术，但是这种技术并非在东道国自由转移和扩散，而是受到外资企业的种种限制，因此先进的技术依旧只是集中于外资企业，这就拉大了外资企业与国内企业的技术差距，使得东道国对国外技术产生依赖性，如果东道国的自主研发能力比较欠缺，将导致东道国的企业竞争力越来越弱。

其次，外资企业通过偷税漏税、转移定价等不合理的手段获取高额利润可以使得东道国商品贸易条件恶化。其中，所谓转移定价，也即“转移价格”，指跨国公司内部母公司与子公司、子公司与子公司之间进行商品、劳务或技术交易时所采用的内部价格，它不受国际市场供求关系的影响，只服从于跨国公司的全球战略目标和跨国公司全球利益最大化目标。虽然外资企业的进入可以增加东道国的税收，但其通过各种手段躲避的税收和东道国给予其的优惠使其收益颇丰，但东道国的贸易条件却恶化了。另外，由于外资企业为了自身的利益，常常将市场内部化，从国外母公司或子公司进口原材料、中间产品等，而避开对东道国国内资源的使用，这就使得外资企业与东道国内企业联系减少，从而也难以带动国内经济发展。

再次，外资企业会通过向东道国资本市场借资金的方式来发展自己或筹集部分直接投资的资金，而国内的资金供给者通常会认为向这些企业提供资金支持的风险比较小，从而更愿意将资金提供给外资企业而不是当地企业，这一行为可以导致东道国国内的利率上升，从而通过挤出效应而减少国内的投资，资金也可能从更利于东道国发展的用途中转移出来。

又次，跨国公司作为直接投资的产物，它在东道国投资的行为动机就是为了实现公司利润最大化，而当跨国公司的投资目标与东道国的政策目标发生冲突时，跨国公司可能会凭借其强大的综合经济实力或者母国政府的支持，对东道国政治、经济施加种种影响来干预或控制东道国的政策实施。甚至，有时强大的外国投资者带有强烈的政治目的，用尽一切力量以各种方式试图架空东道国，从而威胁到东道国的经济政治安全。同时，外资企业优厚的薪酬待遇会吸引东道国优秀的人才到外资企业服务，这使得人才从当地企业渐渐向外资企业流失；外资企业有时也会凭其强大的优势在当地形成垄断，从而与东道国的民族工业展开不平等的竞争，使当地的民族工业受到严重损害甚至被兼并、倒闭。

总之，外国直接投资对东道国有利有弊，究竟是利大于弊还是弊大于利要根据不同的国家、不同的投资行业作具体的分析，各国政府需要根据自身的情况制定政策以更好地利用外资。

第三节　对外直接投资与跨国公司

对外直接投资，是资本国际运动的一种重要形式，它不仅涉及货币资本运动，而且涉及生产资本和商品资本的运动，而直接投资的结晶便是跨国公司。战后世界经济发展的一个最重要的特征就是跨国公司的产生和蓬勃发展。

一、跨国公司

跨国公司（Transnational Corporation；TNCs），又称多国公司（Multinational Enterprise）、国际企业 International Firm 等，最早起源于 19 世纪 60 年代，直至 1974 年，才经联合国经合理事会作出决议，统一采用“跨国公司”这一名称。尽管对公司早已有明确的定义，但对于跨国公司的精确定义却一直没有达成统一，人们总是从不同的标准和角度来定义它。

对跨国公司比较宽泛的定义认为，跨国公司是指在它们基地之外拥有或者控制着生产和服务设施的企业。也有人认为跨国主要是指发达资本主义国家的垄断企业，以本国为基地，通过对外直接投资，在世界各地设立分支机构或子公司，从事国际化生产和经营的垄断企业。

《联合国跨国公司行动守则》给出的定义是：跨国公司（TNC），是指一个企业，组成这个企业的实体设在两个或两个以上的国家，而不论这些实体的法律形式或活动范围如何；这种企业的业务是通过一个或多个决策中心，根据一定的决策体制经营的，因而具有一贯的政策和共同的战略；企业的各个实体由于所有权或别的因素有联系关系，其中一个或一个以上的实体能对其他的实体的活动施加重要影响，尤其是可以同其他实体分享知识、资源以及分担责任。

大多数的跨国公司都是采取股份有限公司的形式，跨国公司的具体组织，包括设在母国的母公司，设在东道国的子公司、分公司以及各种分支机构。其中，母公司（Parent Company）是跨国公司在母国（Home Country）登记注册的法人公司，子公司（Subsidiary Company）则是在东道国（Host Country）登记注册的法人公司。母公司通过在各东道国参股和控股活动来实际控制一些子公司，母公司通常要达到子公司 50% 的股票权才能使它们成为母公司的附属公司。子公司受母公司管理和控制，但它们有自己的名称和章程，按照母公司统一的全球战略进行自主经营、独立核算。

二、跨国公司投资的主要理论

第二次世界大战后，随着各国跨国公司的对外直接投资的迅速发展，各种有关跨国公司的理论应运而生，这些理论大多沿着三个方面展开：一是跨国公司为什么要到国外投资，即对外投资的目的分析；二是跨国公司应具备什么条件才能在当地企业的竞争中取胜，即对外投资条件和能力分析；三是跨国公司在何处进行海外投资最为有利，即跨国公司的区位分析。以下是有关跨国公司的比较有影响的几种理论。

（一）垄断优势理论

垄断优势理论，又称特定优势理论，是美国经济学家斯蒂芬·海默（Hymer）于1960年在其博士论文《本国公司的国际性经营：一种对外直接投资的研究》中首先提出来的，是以市场结构的不完全性为依据来解释国际直接投资行为，后经其导师著名的国际经济学家查尔斯·金德尔伯格（Charles Kindleberger）进一步完善后，使之成为研究跨国公司与对外直接投资最早和最有影响力的理论，通常被人们称为海－金传统（Hymer-Kindleberger Tradition），即垄断优势理论。

在该理论中，海默明确指出跨国公司对外直接投资的根本原因是利用由于不完全竞争市场所产生的企业特定优势对海外业务进行控制，充分利用自己具备的垄断优势，消除跨国竞争和国外经营所面对的种种不利而使企业处于有利地位并凭借其拥有的垄断优势排斥东道国企业的竞争，维持垄断高价，获得丰厚的利润回报。因此，垄断优势理论是以不完全竞争为基本假设前提，以垄断优势为中心的跨国公司对外直接投资理论。

海默认为完全竞争市场是一种理论状态，现实中更多存在的是不完全竞争市场，这也是跨国公司对外直接投资的理论前提。在完全竞争的市场上，市场所有参与者供应的商品均是同质的，相互间没有差别，生产要素在市场上自由转移且不存在市场信息不对称的情况，即市场参与者面对的市场条件均等，虽然有众多的卖者与买者，但其中任何人都无法影响商品市场价格的变化。在这种情况下，跨国公司对外直接投资并不会给自己增加优势和利益，企业也就不会产生对外直接投资。因此要解释对外直接投资就需要从不完全竞争的角度来分析。

在不完全竞争市场条件下，企业则有可能在国内获得垄断优势，并通过对外直接投资在国外生产并加以利用。跨国公司的垄断优势主要来自于对知识产权的占有、垄断，以及跨国公司的规模经济优势。其中，知识产权的特点是生产成本很高但一旦拥有该知识产权，则再次实施该知识或技术所要付出的边际成本很小，而不拥有该产权的企业为获取该知识却要付出相当高的成本。这就使得跨国企业可以通过将知识产权保持在企业内部对外进行直接投资来获取更大的利益。而处于规模经济的跨国公司，更可以通过企业大规模的生产，使单位成本递减或收益递增，从而产生价格竞争优势，使企业获得垄断势力，企业于是倾向于进行对外直接投资。

垄断优势理论作为最早系统解释对外直接投资的理论，它突破了传统国际资本转移理论的束缚，指出对外直接投资是以不完全竞争为前提的，垄断优势在对外直接投资中起到非常重要的作用，奠定了当代跨国公司与对外直接投资理论研究的基础，并对以后的各种理论产生了深远的影响。但是，该理论无法解释为什么拥有垄断优势的企业不能通过出口或转让技术许可证来代替对外直接投资获取利益。也无法说明一些并不比发达国家有更强的垄断优势的发展中国家企业为什么也在进行对外直接投资，而且有日益增多的趋势等。

（二）内部化理论

内部化理论也称为市场内部化理论，该理论是在 1976 年，由英国学者巴克利（Peter J. Buckley）和卡森（Mark C. Casson）在合作出版的《跨国公司的未来》一书中提出，后经加拿大学者拉格曼（Alan M. Rugman）等西方学者对其作了进一步的发展。提出了建立在垄断优势理论和科斯的交易成本理论基础之上的跨国公司内部化理论，用于解释对外直接投资动机及其决定因素。

所谓内部化，是指由于市场不完全，造成了中间产品交易的低效率，为了提高交易效率而把市场建立在企业内部的过程，即以内部市场取代原来固定的外部市场，把本来应该在外部市场交易的业务转变为在公司所属企业之间进行。当这种内部化过程跨越了国界，就形成了跨国公司的对外直接投资。

市场内部化形成主要有以下原因：（1）中间产品交易困难而产生内部化，这里的中间产品不仅包括通常意义上的原材料和零部件，更重要的是有大量的知识产权类的中间产品的存在，如专有技术、专利、管理及销售技术等。这些与知识有关的中间产品由于市场不完全，往往很难准确的定价，使市场交易发生困难，难以达成协议。比如买卖双方的讨价还价、缺乏可比价格的中间产品等。（2）为了拥有持续的垄断优势而将市场内部化。知识产权类的中间产品具有很强的垄断性和技术保密性，如果通过外部市场进行交易可能导致垄断技术优势迅速地扩散，而在企业内部进行则可将技术的控制权掌握在企业手中，保持持久的垄断优势。（3）外部市场交易成本过高而导致内部化。所谓的交易成本是指企业为了克服外部市场的交易障碍所需要付出的成本，一般包括市场上的签约成本、所有权转让成本等，由于中间产品的难以定价，从而使交易成本增加，当交易成本过高时，根据经济学家科斯的理论，当市场交易所需成本高于企业内部协调成本时，企业内部交易活动将取代外部市场交易活动。于是，跨国公司就倾向于通过对外直接投资开辟内部市场，将原本通过外部市场进行的交易转化为内部所属企业间的交易以降低交易成本。除此之外，逃避政府管制及税收，避开各种政治和经济风险也是跨国公司进行对外直接投资，将市场内部化的主要原因。

于是根据内部化理论，企业通过对外直接投资形成内部市场，在全球范围内组织生产与协调分工，既避免了外部市场不完全对其经营产生的影响，又有效地防止了技术迅速扩散，保护企业的知识财富。在不确定性不断增加的外部市场环境下，内部交易可以根据企业根据自己的需要进行内部资金、产品和生产要素的调拨，从而保证效益最优化。因此，内部化理论依然沿用市场不完全的假设，从内部市场形成的角度阐述了对外直接投资理论，对跨国公司的内在形成机理有比较普遍的解释力，和其他理论相比属于一般理论，大大推进了对外直接投资理论的发展。然而，内部化理论的不足之处在于其忽略了对影响企业运作的各种外部因素的分析，对跨国公司的国际分工和生产缺乏总体认识。

（三）国际生产折中理论

国际生产折中理论又被称为国际生产综合理论，是由英国著名的跨国公司专家、里丁大学教授邓宁（J. H. Dunning）在 1977 年撰写的《经济活动的贸易区位与多国企业：一种折中理论的探索》提出，邓宁教授认为，过去的各种对外直接投资理论都只是从某个角度进行片面的解释，比如工业组织理论、厂商理论、和金融理论，未能综合、全面地分析，因此需要用一种折中理论将有关理论综合起来解释企业对外直接投资的动机，即形成了国际生产折中理论。该理论认为一个企业必须同时具备三个条件才能从事境外直接投资：所有权特定优势、内部化优势和区位特定优势。

1. 所有权特定优势

所有权特定优势（Ownership Specific Advantage）又称垄断优势（Monopolistic Advantage），是指一国企业拥有或能够获得的他国企业所没有或无法获得的特定优势，主要包括技术优势、企业规模优势、组织管理优势、金融和货币优势等，邓宁认为所有权特定优势只是企业对外直接投资的必要条件，即企业开展对外直接投资必然具备上述所有权特定优势，但具有这些优势并不一定会导致企业进行对外直接投资。

2. 内部化优势

内部化优势（Internalization Advantage），是指拥有所有权特定优势的企业，为了避免外部市场不完全对企业所具有垄断优势的产品在转让中利益受损，而将企业优势保持在企业内部的能力。即指企业通过对外直接投资方式，把所有权优势经过内部市场转移给国外子公司，从而取得更多收益。但邓宁认为，内部化优势和所有权特定优势一样，也是企业对外直接投资的必要条件，但不是充分条件。

3. 区位特定优势

区位特定优势（Location Specific Advantage），是指跨国企业在投资区位上所具有的选择优势，即某一国外市场的投资环境相对于企业所在国市场在市场环境方面对企业生产经营具有的优势条件。主要包括：东道国丰富的自然资源、广阔的商品销售市场、低廉的生产要素成本以及当地政府为了吸引外资而实施的优惠政策等。邓宁认为，区位特定优势是企业对外直接投资的充分条件。

当一个企业同时具备了所有权特定优势、内部化优势和区位特定优势时，企业就可以进行对外直接投资了。邓宁国际折中理论借鉴和综合了以往海外直接投资理论的精华，较为全面地分析了企业发展境外直接投资的动因和决定因素。但是，其不足之处在于该理论将所有权、内部化、区位优势三种因素等量齐观，缺乏主次之分且无动态变化分析，这与形式多样、变化频繁的跨国投资实践是有较大差距的。另外其理论也不适用于那些并不具备独占性技术优势的发展中国家企业的境外直接投资行为。

（四）边际产业扩张理论

20 世纪 60 年代，随着日本经济的高速发展，其国际地位日益提高，与美国、西欧共同构成国际直接投资的“大三角”格局。然而，美国跨国公司对外直接投资的资料而归纳出来的理论无法解释日本跨国公司的对外直接投资行为。于是，日本一桥大学教授小岛清（K. Kojima）根据日本国情，在 1987 年发表的著作《对外贸易论》中提出了他的对外直接投资理论——边际产业扩张理论。

小岛清通过分析美国和日本对外投资情况后认为，美国企业的对外直接投资是从本国具有比较优势的行业开始的，其目的是垄断东道国当地市场，通过在海外设立子公司而把生产基地转移到国外，减少了母公司的出口，对本国经济产生了不利影响，违背了比较优势，因此属于“贸易替代型”对外直接投资，同时也不利于东道国经济的发展。

而日本企业对外直接投资则是从不具有比较优势的所谓"边际产业"开始的，即日本跨国公司的对外直接投资大多集中于那些已失去或即将失去比较优势的传统工业部门，属于"贸易创造型"投资，这些传统行业虽然不具备垄断优势，但很容易在海外找到生产要素与技术水平相适应的投资地点，获得的收益远远高于在国内投资，而它们拥有的适用技术在东道国当地具有较强的吸纳性，有利于东道国建立比较优势产业，增加就业和出口，促进东道国经济发展。

因此，小岛清认为境外直接投资应该从本国（投资国）已经处于或即将处于比较劣势的产业（可称为边际产业）依次进行。这些边际产业正好也是投资东道国具有比较优势或潜在比较优势的产业。而且两国可以在对外直接投资及其引致的贸易中互补并获得更大的收益。

该理论否定了垄断优势因素在境外直接投资中的决定作用，强调运用与东道国生产力水平相适应的标准化技术，来拓展国外市场。应该肯定，小岛清的理论比较符合日本20世纪60、70年代发展境外直接投资的实践，反映了这个后起的经济大国寻找最佳对外发展途径的愿望。但是，该理论无法解释日本20世纪80年代以来，许多大型企业纷纷加入了境外直接投资行列，越来越与美国方式趋同的现象。此外，该理论仅以日本的境外直接投资为研究对象，不能盲目用于指导发展中国家对外直接投资的实践。

第四节　国际要素转移和国际贸易的关系

一、要素转移与贸易的替代关系

（一）劳动转移与劳动密集型商品贸易的替代关系

劳动的自由转移会改变一国的资源配置。在资本不变的情况下，劳动输出国由于劳动的减少而使资本劳动比率（人均资本）上升，资本变得相对丰裕；而劳动输入国的情况则相反，劳动会由于外来移民而变得相对丰裕起来。这种资源配置的变化，对贸易会产生一定的影响。

在其他条件不变的情况下，A国向B国移民从而造成A国劳动减少，整个国家的生产能力下降。由于X是劳动密集型产品，劳动的减少会使X生产能力的下降大于Y生产能力的下降。作为劳动丰裕国，劳动的大量外流会造成劳动密集型产品出口产业的收缩，对生产和贸易的影响正好与出口扩张型增长相反，出口能力减弱。

另一方面，B国接收了大量外来劳动，而劳动密集型产品X的生产能力的扩大会超过Y部门，其结果类似进口替代型增长。无论是A国出口工业的收缩还是B国进口竞争部门生产能力的增长，都会造成两国之间劳动密集型产品贸易的减少。劳动输出国会减少生产和出口劳动密集型产品，而劳动接收国会在本国生产更多的劳动密集型产品从而减少对劳动密集型产品的进口。因此，国际劳动的转移在某种程度上起了替代劳动密集型产品贸易的作用。

在要素收入方面，关于劳动转移的福利分析中我们已知国际劳动转移也会造成A国工人的工资上升，B国工人的工资下降。这与“斯托尔珀—萨缪尔森定理”中B国与A国从事劳动密集型产品贸易的结果是一致的。因为根据斯托尔珀和萨缪尔森的分析，劳动密集型产品的贸易最终会使劳动密集型的进口国工人的工资降低，出口国工人的工资增加，在本模型中即A工人的工资上升，B国工人的工资下降。所以从对要素收益的影响角度讲，劳动的自由转移对自由贸易也有替代的作用，无论是劳动密集型商品的国际贸易还是国际间的劳动转移，都会导致各国内劳动收益与其他要素收益的差距缩小（斯托尔珀-萨缪尔森定理），导致各国间劳动收益的差距缩小（要素价格均等化定理）。

（二）资本转移与商品贸易的替代关系

跟劳动国际转移与劳动密集型商品贸易的关系一样，资本的国际转移对资本密集型产品的国际贸易也有替代作用。1999年诺贝尔经济学奖获得者、美国哥伦比亚大学教授罗伯特·蒙代尔（Robert Mundell）是最早研究国际贸易与要素转移之间关系的经济学家。他在H-O模型的基础上得出国际贸易与要素转移之间是替代关系的结论。他进一步推断，对国际贸易的阻碍会促进要素的转移，而对要素转移的限制则会促进国际贸易。二者都能实现商品价格均等化和要素价格均等化：即使要素不能转移，自由贸易除了使商品价格均等化外，也能使要素价格均等化；同样，即使无法贸易，要素的自由转移除了使要素价格均等化外，也会使商品价格趋同。

综合以上分析，蒙代尔认为在世界范围内有效配置资源，不需商品和要素同时自由转移，只要生产满足一定条件，商品或要素之一完全转移就可以了。

二、要素转移与贸易的互补与促进作用

生产要素国际转移和商品国际贸易之间的关系除了相互替代以外，在一定条件下还有互补和促进的作用。

（一）技术不同时要素转移对国际贸易的促进作用

马库森（Markuson，1983）改变了H-O模型中两国技术相同的假设条件，结果发现国际贸易与要素转移之间不仅存在替代性而且还存在互补关系。

在马库森的模型中，假设两国（B和A）之间要素禀赋相同但在生产技术上存在差距，假设两国都生产两种产品：Y和X。Y是资本密集型产品，X是劳动密集型产品。B国生产Y的技术比A国高，而A国生产X的技术高。B国具有生产Y的比较优势，A国有生产X的比较优势。两国发生贸易时，B国出口Y而A国出口X。

贸易后两国各自增加本国有比较优势产品的生产，从而造成各国不同要素回报率的差异。在B国，资本密集型Y生产的增加和劳动密集型X生产的减少，导致对资本相对需求的增加，从而资本收益率提高而劳动收益率下降。在A国，情况则正好相反，劳动收益率提高而资本收益率下降。这时，如果允许生产要素的国际转移，A国的资本就会流向B国，而B国的劳动就会流向A国。B国资本的增加和A国劳动的增加都会进一步加强各自的比较优势，更多地生产和出口本国具有比较优势的产品，进口本国没有比较优势的产品。要素转移增加了国际贸易，两者呈现互补关系。

（二）与技术关联的要素转移和国际贸易

在传统的要素转移分析中，人们通常把各国的资本或劳动看成是一种同质的要素，在各种不同的行业的生产中都可以使用。在这种情况下，资本从发达国家流向发展中国家，会使发展中国家资本稀缺的情况得到改善，有利于这些国家扩大资本密集型产品的生产。同样，当劳动从发展中国家流向发达国家时，会促进发达国家劳动密集型产品的生产，这种要素的国际转移会在某种程度上替代同类要素密集型商品的贸易。

但现实中国际资本转移的主要形式之一是外商直接投资（FDI），资本的转移不仅仅是货币资金的转移，而是与具体的技术和产品相联系的。劳动也不是同质的，可进一步分为有技能的工人和无技能的工人。当这些与技术关联的要素进行跨国转移时，往往会促进国际贸易的发展。这种与技术和产品关联的要素转移包括：发达国家劳动密集型产业向发展中国家的转移或对发展中国家劳动密集型产业的直接投资，发达国家对发展中国家资源产业的直接投资，发展中国家技术人才向发达国家的移民等。

1. 发达国家劳动密集型产业的转移

在传统的贸易理论中，发达国家在劳动密集型产品上失去比较优势后，资本会从劳动密集型行业转移到国内有比较优势的行业中去。但当资本允许在国际上自由转移时，发达国家从劳动密集型行业退出来的资本往往会投入到发展中国家的劳动密集型行业中去。外资的进入会使发展中国家的劳动得到更充分的利用，从而促进劳动密集型产业的发展。

资本在国际间的转移还会引起资本输入国的技术变动。许多发展中国家虽然劳动丰裕，但由于缺乏技术，即使是劳动密集型产品也往往无能力生产。而通过外资转移带来的技术转移，发展中国家把产品、技术和有效的管理机制等引进了国内，从而促进了劳动密集型产品的生产和出口。

这种带有特定技术和产品的国际资本转移不仅没有减少发达国家和发展中国家之间资本密集型产品的贸易，还促使发展中国家提高了其具有比较优势的劳动密集型产品的生产和出口，从而推动了南北贸易的发展。

20 世纪 60、70 年代的亚洲“四小龙”（韩国、中国台湾、新加坡、中国香港）和东南亚其他一些国家以及 20 世纪 80、90 年代的中国内地大量引进外资的结果就是促进了劳动密集型产品的生产和出口。1999 年底，中国“三资”企业的进出口产品数量已占全国进出口总额的近二分之一，直接出口额也已接近全国外贸出口总额的二分之一。

2. 发达国家对发展中国家资源产业的投资

许多矿产资源和能源是资本密集型产品，发展中国家往往因为缺乏资本和技术而无力开采，但矿产资源本身不能移动。在这种情况下，发达国家的资本投入到发展中国家的资源产业会促进这些产业的生产和出口。

3. 发展中国家向发达国家的技术移民

尽管劳动不能像资本那样自由转移，但许多发达国家对具有一定教育背景和知识技能的人还是采取了许多积极的移民政策。如美国的移民种类中就有“技术移民”一项，受过高等教育是一般技术移民的必要条件，对于某些有特殊才能或技能的人则可列入特殊技术移民。

在这种积极的吸引外国技术人才的政策下，世界高科技人才大量涌入美国，为美国的技术创新注入了源源不断的人力资本，提高了美国产品的科技含量，也增加了技术密集型产品的比较优势。另一方面，资本密集型产品的生产往往需要技术人员和熟练工人，发展中国家的技术移民也会使美国的资本得到更好地利用，推动美国资本密集型和技术密集型产品的生产和出口。

本章小结

1. 劳动力的国际流动是一个复杂的社会现象，它是多种因素作用的结果。劳动力要素的流动虽然比资本要素流动要少的多，但是劳动力流动的历史却很久远。消除因国内劳动力市场无法出清而造成的国内市场扭曲和各国工资水平不同所造成的国际市场扭曲可以获得更大的收益。

2. 在现实经济中，资本在国际间大量的流动会对东道国、投资国的产出以及资本和其他生产要素的收益率产生各种各样的影响。资本在国际间的自由流动可以使要素在国家之间进行重新分配，从资本丰富的国家流入资本欠缺的国家，提高世界的总产出水平。投资国的资本边际收益率提高了但劳动力的边际收益率则下降了，因此投资国的资本所有者会主张资本外流，劳动力所有者则持反对态度。资本流入国则正好与之相反，劳动力所有者支持、资本所有者则反对。

3. 第二次世界大战后，随着各国跨国公司的对外直接投资的迅速发展，各种有关跨国公司的理论应运而生，这些理论大多沿着三个方面展开：一是跨国公司为什么要到国外投资，即对外投资的目的分析；二是跨国公司应具备什么条件才能在当地企业的竞争中取胜，即对外投资条件和能力分析；三是跨国公司在何处进行海外投资最为有利，即跨国公司的区位分析。其中最有代表性的理论是垄断优势理论、内部化理论、国际生产折衷理论和边际产业扩张理论。

4. 国际贸易与要素流动之间存在着相互替代的关系，但在一定的条件下，两者还存在互补或相互促进的关系。发达国家向发展中国家的劳动密集型产业和资源产业的投资以及发展中国家向发达国家的技术移民都会进一步促进贸易的发展。

思考练习题

1. 对劳动力的国际流动效应进行分析。

2. 概述资本国际流动的动因，探讨在什么情况下，资本的国际间流动会替代商品在国际间的流动。

3. 在经济全球化的背景下，讨论跨国公司对世界资源配置的影响，以及跨国公司对我国经济的影响。

4. 在国际生产折衷理论的前提下，企业需要具备什么条件才能进行对外直接投资，并分析说明国际生产折衷理论的优缺点。

5. 简述要素转移与贸易的替代关系。

6. 简述要素转移与贸易的互补与促进作用。

第十二章　汇率与汇率制度

学习目标

了解汇率的概念、标价方法及分类，掌握外汇交易的原理、规则与汇率制度的分类及变革，并运用相关知识点对人民币汇率的变动及我国汇率制度的改革进行分析。

关键术语

外汇　汇率　直接标价法　间接标价法　掉期率　名义汇率　实际汇率　套汇交易　套利交易　汇率制度

第一节　外汇和汇率

一、外汇

外汇（Foreign Exchange）是国外汇兑的简称，有动态和静态之分，静态的外汇概念又有广义和狭义之分。

动态意义上的外汇是指人们将一种货币兑换成另一种货币，清偿国际间债权债务关系的行为。

广义的静态外汇泛指一切以外国货币表示的资产。在各国的管理法令中所沿用的就是这一概念。如我国2008年8月1日国务院第20次常务会议修订通过的《中华人民共和国外汇管理条例》第一章第三条规定："本条例所称外汇，是指下列以外币表示的可以用作国际清偿的支付手段和资产：（1）外国货币，包括纸币、铸币；（2）外币支付凭证或者支付工具，包括票据、银行存款凭证、银行卡等；（3）外币有价证券，包括债券、股票等；（4）特别提款权；（5）其他外汇资产。"

国际货币基金组织曾对一国国际清偿力项下的外汇所下的定义是："货币行政当局（中央银行、货币管理机构、外汇平准基金和财政部）以银行存款、财政部库券、长短期政府证券等形式所保有的、在国际收支赤字时可以使用的债权，其中包括中央银行之间与各国政府之间协议发生的不在市场上流通的债券。"实际上它已不是外汇的概念而是外汇储备的概念，因为除一国货币当局以外的个人和机构持有的外币资产也是外汇。

狭义的静态外汇是指以外币表示的，可用于进行国际之间结算的支付手段。因此，以外币表示的有价证券由于不能直接用于国际间的支付，不属于（狭义）外汇；同样外国纸币（如美元钞票）也不是（狭义）外汇，因为外国钞票只有携带回发行国，并贷记在银行账户上后，才能成为外汇。从这个意义上讲，只有存放在国外银行的外币资金，以及对银行存款的索取权具体化了的外币票据，才是外汇。具体来看，外汇主要包括以外币表示的银行汇票、支票、银行存款等。银行存款是狭义外汇概念的主体，这是因为各种外币支付凭证都是对外币存款索取权具体化了的票据，而且还因为外汇交易主要是运用在国外银行的外币存款来进行的。人们通常所说的外汇一般是专对狭义的静态外汇而言的。

按照不同的标准，可以把狭义外汇分成不同的种类：（1）根据是否可以自由兑换，外汇可分为自由外汇和记账外汇。自由外汇是指无需货币发行国批准，可以随时动用，自由兑换为其他货币，或向第三者办理支付的外汇。发达国家的货币就是自由外汇，他们取消了外汇管制或外汇管制较轻，符合 IMF 的第八条款的规定。记账外汇又叫协定外汇或清算外汇，是指未经货币发行国批准，不能自由兑换成其他货币或对第三者进行支付的外汇。记账外汇一般用于易货贸易，形式上也可以是某一自由外汇，但只能在签订了政府间清算协定的国家间相互开立的专门账户中使用。（2）根据外汇的来源和用途，外汇可分为贸易外汇和非贸易外汇。贸易外汇是指通过出口有形商品取得的外汇；非贸易外汇是指通过出口无形商品以及金融交易取得的外汇。（3）根据外汇管理的对象，外汇可分为居民外汇和非居民外汇。

所以，外汇要同时具备以下特征，才是真正意义上的自由外汇：第一，是以外币表示的外国金融资产。第二，是在国外能得到偿付的货币债权。空头支票、拒付的汇票不是外汇，在多边支付的情况下，在国外得不到偿付的货币债权（如国外债务人已破产）也不是外汇。第三，可以自由兑换成其他支付手段的外币资产。外币不等于外汇，如现在的人民币对外国来讲就不是外汇。

二、汇率

（一）汇率的概念

汇率（Exchange Rate）是两国货币之间的相对比价，或是一国货币以另一国货币表示的价格，也称汇价、外汇牌价或外汇行市。

（二）汇率的标价方法

汇率的标价方法有三种：直接标价法、间接标价法、美元标价法。

1. 直接标价法

直接标价法也称价格标价法，是指以一定单位的外国货币为标准，折成若干单位的本国货币来表示汇率的标价方法。在直接标价法下，汇率上升，说明单位外国货币所能换取的本国货币增多，外币变贵，本币变便宜；反之，外币变便宜，本币变贵。

2. 间接标价法

间接标价法也称数量标价法，是指以一定单位的本国货币为标准，折成若干单位的外国货币来表示汇率的标价方法。在间接标价法下，汇率上升，说明单位本国货币所能换取的外国货币增多，本币变贵，外币变便宜；反之，本币变便宜，外币变贵。

目前世界上绝大多数国家都采用直接标价法，只有英国完全采用间接标价法，原来美国也对所有国家采用直接标价法，从 1978 年以后才改用间接标价法。但由于历史的原因，美国仍对英国采用直接标价法，对英国以外的其他国家用间接标价法。能够采用间接标价法有其历史原因，是一国经济实力的象征。

3. 美元标价法

20 世纪 70 年代以后，由于境外货币交易的出现，离岸金融市场上多以美元为标准，折成若干单位的其他货币来表示汇率，这就是美元标价法。美元标价法下，汇率升降与美元价值成正比。

（三）汇率的分类

1. 基本汇率与套算汇率

一国货币与关键货币之间的汇率就是基本汇率。关键货币（key monetary）是本国对外经济交往中最常使用的主要货币。与其他货币之间的汇率可根据基本汇率套算出来，这种汇率就是套算汇率。

2. 买入汇率、卖出汇率与中间汇率

买入汇率又称买入价、出口汇率，是指银行买入外汇时所使用的汇率。卖出汇率又称卖出价、进口汇率，是指银行卖出外汇时所使用的汇率。报价银行通常采用双向报价，即同时报出买入价和卖出价，前一个数值小，后一个数值大。在直接标价法下，前面的为买入价，后面的为卖出价。在间接标价法下，前面的为卖出价，后面的为买入价。在外汇报价时，最小变动单位为 1 个基本点（Basic Point，常简记为 BP），它一般等于万分之一，即 0. 000 1 称为 1 点。中间汇率 =（买入汇率 + 卖出汇率）÷2，它常在新闻媒体对外公布汇率时使用。

3. 电汇汇率、信汇汇率、票汇汇率和现钞汇率

电汇汇率是以电报解付方式买卖外汇时所用的汇率。银行在使用电汇汇率卖出外汇时，将立即用电报通知国外分行或代理行将款项解付给收款人。

信汇汇率是以信函解付方式买卖外汇时所用的汇率。银行在使用信汇汇率卖出外汇后，将通过信函通知国外分行或代理行解付给收款人。由于这种解付方式时间较长，银行可以占用客户的在途资金，所以信汇汇率下购买的外汇相较电汇汇率时便宜。

票汇汇率是银行买卖外汇汇票时，即以汇票为支付工具进行外汇买卖时所使用的汇率。

票汇汇率下的外汇也比电汇汇率下的外汇便宜。汇票分为即期汇票和远期汇票，远期汇票适用的汇率比即期汇票的汇率还便宜。

现钞汇率中现钞买入价还要便宜，它在电汇汇率基础上扣除了钞票的运输费、保险费、邮程利息。现钞卖出价与其他形式汇率的卖出价相同。

4. 即期汇率和远期汇率

即期汇率又称现汇汇率，是买卖双方成交后，在两个营业日内办理外汇交割时所用的汇率。远期汇率也称期汇汇率，是由买卖双方事先约定，在未来一定日期进行外汇交割时所用的汇率。

远期汇率与即期汇率之间的差价称为掉期率（Swap Rate）或远期差价，有升水、贴水和平价三种情况。升水表示期汇比现汇贵，贴水表示期汇比现汇便宜，平价表示外汇价值不变。

以 d 表示贴水，p 表示升水，E_f表示远期汇率，E 表示即期汇率，则：

直接标价法下：$E_f = E - d$　　贴水

$E_f = E + p$　　升水

间接标价法下：$E_f = E + d$　　贴水

$E_f = E - p$　　升水

在直接标价法下，如果差价为前高后低，为外汇贴水，反之为外汇升水；间接标价法下则相反。

在远期汇率的分析中，还常常用到升（贴）水率和升（贴）水年率的概念，它的计算公式是：

升（贴）水率 = ×100%

$$升（贴）水年率 = \frac{E_f - E}{E} \times \frac{12}{t} \times 100\%$$

其中 t 为月数。

5. 名义汇率和实际汇率

名义汇率是指公布的汇率。

实际汇率的定义有许多种，这里介绍两种。

实际汇率 $e = EP^*/P$，其中 E 为名义汇率，P^* 为外国的物价水平，P 为本国的物价水平。

各国政府为达到增加出口和限制进口的目的，经常对各类出口商品进行财政补贴或税收减免，对进口则征收附加税，此时的实际汇率等于名义汇率与这些税收（补贴）的和（差）。

实际汇率 = 名义汇率 + （ − ） 附加税（财政补贴或税收减免）

6. 根据不同的汇率制度，汇率可分为浮动汇率和固定汇率

固定汇率在金本位制度下和布雷顿森林体系下普遍使用，它规定本国货币与它国货币之间维持一个固定比例，汇率只能在一定的范围内波动，通过官方干预来保证汇率的稳定。目前一些发展中国家仍在实行固定汇率。浮动汇率是本国货币与其他国家货币之间的汇率不由官方制定，而是由外汇市场供求关系决定，发达国家在布雷顿森林体系解体后普遍实行。依不同的浮动方式，浮动汇率还可以进一步分为自由浮动、管理浮动、联合浮动和钉住浮动等。

7. 根据外汇管制的程度，汇率可分为官方汇率和市场汇率

官方汇率也称法定汇率，是外汇管制较严的国家授权其外汇管理当局制定并公布的本国货币与其他国家货币之间的外汇牌价。官方汇率一经制定就很少变动，这虽然保证了汇率的稳定，但缺乏灵活性。市场汇率是外汇管制较松的国家外汇市场上进行外汇交易时的汇率，它由外汇市场上的供求关系来决定，官方不能规定市场汇率，只能通过买进、卖出外汇来干预汇率变化。

8. 从银行营业时间角度划分，汇率可分为开盘汇率和收盘汇率

开盘汇率又称开盘价，是每日的外汇交易开盘时买卖外汇的价格。收盘汇率又称收盘价，是每日的外汇交易收盘时外汇的成交价格。

第二节 外汇市场

一、外汇市场概述

（一）外汇市场的定义和分类

外汇市场是指进行外汇买卖的交易场所或网络，是外汇供给者、需求者和中介机构所构成的买卖外汇的交易系统。

外汇市场按组织形式可划分为有形市场和无形市场。有形市场有固定的交易场所，有统一的交易时间和交易规则，其交易都在交易所内进行。德国、法国、荷兰、意大利等国一直都在沿用这种传统的交易方式，由于这种方式只流行于欧洲大陆，因而被称为大陆体系。这种外汇市场的交易目的非常有限，主要用于调整即期外汇头寸，确定对顾客交易的公定汇率，不是外汇市场的主要组织形式。无形市场没有固定的交易场所，也没有统一的交易时间，买卖双方是通过电话、电报、电传等通讯工具进行交易的。英国、美国、加拿大、瑞士等国的外汇市场就是这种组织形式，因此又被称为英美体系，它是外汇市场的主要组织形式。

外汇市场按其经营范围不同，可划分为国内市场和国际市场。国内市场的外汇交易仅限于国内银行之间或国内银行与本国居民之间，不允许外国银行或其他机构参与，在市场上交易的货币也只有本币和少数几种外币。国际市场的特点是各国银行或企业按规定均可参与外汇交易，交易货币种类较多，交易规模较大，市场网络的辐射面较广。

外汇市场按买卖双方性质的不同可划分为外汇批发市场和外汇零售市场。外汇批发市场特指银行同业之间的外汇交易市场，包括同一市场上各商业银行之间的外汇交易，不同外汇市场上各商业银行之间的交易，中央银行与商业银行之间的外汇交易和各国中央银行之间的外汇交易。外汇零售市场是指商业银行与一般客户之间的外汇交易市场。

（二）外汇市场参与者

外汇市场参与者主要有以下四类：（1）外汇银行。它是外汇市场的主体，主要包括专营或兼营外汇业务的本国商业银行、在本国的外国商业银行分行和其他经营外汇买卖业务的本国金融机构（如信托投资公司）等。（2）外汇经纪人。是指为外汇交易双方介绍交易以获取佣金的中介人，主要任务是利用其已掌握的外汇市场行情信息和他们与银行之间的密切关系，向外汇买卖双方提供服务，撮合其顺利成交。（3）顾客。这些顾客是指与商业银行进行交易的一般客户，包括交易性的外汇买卖者，如进出口商、国际投资商、旅游者等；保值性的外汇交易者，如套期保值者；投机性的外汇交易者，如外汇投机商等。（4）中央银行。中央银行只与商业银行进行外汇交易，而不与一般客户进行外汇交易。在国际“游资”对本国外汇市场形成较大冲击时，中央银行常常入市进行干预，即在市场上外汇短缺时抛出外汇，在外汇供给过剩时买进外汇，以维持本国货币汇率的稳定。中央银行参与外汇交易会引起外汇储备的增减。

二、外汇交易

（一）即期外汇交易和远期外汇交易

即期外汇交易或现汇交易是指买卖双方成交后在两个营业日内办理交割的外汇交易。交割日期也称起息日。一般在第二个营业日办理交割，适用汇率为即期汇率。

远期外汇交易或期汇交易是指买卖双方成交后并不立即办理交割，而是按照所签订的远期合同规定，在未来的约定时间（以约定价格、约定数量）办理交割的外汇交易。适用汇率就是不同期限的远期汇率。

期汇交易的目的有两个，一个是套期保值，目的是回避汇率风险；另一个是投机，目的是获取差价，赚取利润。

（二）掉期交易

掉期交易是将货币相同、金额相同、方向相反、交割期限不同的两笔或两笔以上的外汇交易结合起来进行的外汇交易。也就是说，掉期交易是指在买进（卖出）某种外汇时，同时卖出（买进）金额相同但期限不同的这种货币。进行掉期交易的目的是为了回避汇率风险。

掉期交易的形式包括：即期对远期、明日对次日、远期对远期。

（三）套汇交易（汇率套利）

套汇是指利用同一时刻、不同外汇市场上的汇率差异，通过买进和卖出外汇而赚取利润的行为。它分为直接套汇和间接套汇。

直接套汇也叫双边套汇、两角套汇，是指利用两个外汇市场上某种货币的汇率差异，同时在两个外汇市场上一边买进、一边卖出该货币的交易行为。如：

纽约：\$1 = JPY100.00 – 101.25

东京：\$1 = JPY101.60 – 102.75

用100万美元套汇可获利 $100\times101.6\div101.25-100=0.3457$（万美元）。

间接套汇或三角套汇是指利用三个外汇市场上的汇率差异，同时在三个外汇市场上贱买贵卖赚取汇率差价的行为。

（四）套利（利率套利）

套利是指在两国短期利率出现差异的情况下，将资金从低（高）利率的国家调往高（低）利率的国家，赚取利息（汇率）差额的行为。

为回避资金在投放期间汇率变动的风险，投资者可将套利交易与掉期交易结合起来，这种进行外汇抛补以防汇率风险的行为，称为抛补套利（covered interest arbitrage），否则就是不抛补套利（uncovered interest arbitrage）。

例如：假如纽约的3月期国库券的年利率是12%，伦敦3月期国库券的年利率是8%，即期汇率是£1 = \$2.000 0，3月期远期汇率为£1 = \$2.001 0。

两国利差为年率（12% – 8%）= 4%；英镑升水年率 $=(2.0010-2.0000)\div2.0000\times(12/3)=0.2\%$，利差大于美元的贴水年率，可以套利（将资金从低利率国家调往高利率国家）。比如用10 000英镑套利可获利：

$$10000\times2.0000\times(1+12\%\times3\div12)\div2.0010-10000\times(1+8\%\times3\div12)=94.9$$

英镑。

假如3月期远期汇率为£ 1 = \$2.030 0，则英镑升水年率 = (2.030 − 2.000 0) ÷ 2.000 0 × (12/3) = 6%，美元贴水年率超过两国利差，此时将资金从低利率国家调往高利率国家不仅不会多得利息，还会由于美元贬值过多而发生亏损。

$$10\ 000 \times 2.000\ 0 \times (1 + 12\% \times 3 \div 12) \div 2.030 - 100\ 00 \times (1 + 8\% \times 3 \div 12)$$

$$= 10\ 147.78 - 10\ 400 = -252.22$$ 英镑。

但此时可将资金从高利率国家调往低利率国家，赚取汇率差异。比如美国一投资者利用10 000美元套利。则有：

$$10\ 000 \div 2.000\ 0 \times (1 + 8\% \times 3 \div 12) \times 2.030 - 10\ 000 \times (1 + 12\% \times 3 \div 12)$$

$$= 10\ 353 - 10\ 300 = 53$$ 美元

可见，当两国利差（年率）大于低利率货币的升水年率时，可将资金从低利率国家调往高利率国家套利；当两国利差小于低利率货币的升水年率时，可将资金从高利率国家调往低利率国家套利。后一种套利形式也称为汇率套利或时间套汇。

随着抛补套利的进行，获利的可能性将逐渐减小直至消失。原因有两个：首先，由于资金不断地从伦敦向纽约转移，伦敦的利率将会上升，而纽约的利率将会下降，于是两种货币的利率差异将会缩小。其次，即期市场上美元的买入会抬高美元的价格，远期市场上美元的卖出会降低美元的价格，于是美元远期贴水就会增加。随着两种货币利差的缩小和美元贴水的增加，净利润将减少到0，此时美元处于利率平价（interest parity）状态，即美元存款的正利差恰好等于其远期贴水（年率）。在实际生活中，抛补套利要求至少有0.25%的净利润，才会发生资本的国际转移。

专栏12-1

喝啤酒的国际之谜

在一个位于墨西哥与美国边境上的小镇里，存在着一种奇怪的通货现象。在墨西哥，1美元仅值墨西哥货币的90分；而在美国，1墨西哥比索（=100分）仅值美国货币的90美分。

一天，一个牛仔逛进了一家墨西哥小酒吧，要了一份10分钱的啤酒。他用1墨西哥比索付了账，并通过兑换找回了1美元，在墨西哥值90分。这位老兄喝完啤酒后，又逛过边境进了一家美国的小酒馆，又要了一份10美分的啤酒。他这次用刚刚找回的1美元来付账，通过兑换又找回了1墨西哥比索（在美国值90美分）。他不断地重复这个过程，整天开心地喝啤酒。他最后还是像开始时一样富有——拥有一个比索。

这种现象得以长期存在的必要条件是什么？什么条件可以使它停止？这种情况对美国和墨西哥的国内经济有什么影响？

【选自［美］彼得·林德特. 国际经济学. 经济科学出版社，1992：536】

（五）金融期货交易

金融期货（Financial Futures）是指以金融工具为交易对象的期货合约。金融期货因金融商品的不同分为外汇期货、股票指数期货和利率期货。

外汇期货是从20世纪70年代开始交易的，由于国际上普遍实行了浮动汇率制度，汇率开始大幅度波动，为开展外汇期货交易奠定了基础。外汇期货是为了适应各国从事对外贸易和金融业务的需要而产生的，目的是为了回避汇率风险。1972年芝加哥商业交易所推出第一张外汇期货合约，随后英国、澳大利亚等国相继开展外汇期货交易，使之成为一种世界性的交易品种。外汇期货交易的对象是自由外汇，交易者根据自己对某种货币未来走势的预测，作出买进或卖出某种货币的决定。外汇期货合约在币种、合约金额、交割月份、价格波动幅度等方面是标准化的。目前国际上外汇期货合约涉及的货币主要有美元、英镑、欧元、日元等。

股票指数期货是一种以股票价格指数为交易对象的期货，期货价格的涨跌以股票价格指数为基础，股票指数期货在期货市场进行交易，它与股票市场有密切的关系，但并不涉及股票本身的交割。

股票市场存在系统性风险和非系统性风险。非系统性风险可通过投资组合来回避，而系统性风险则不行。进入20世纪70年代以后，西方国家股票市场波动日益加剧，投资者规避股票市场系统性风险的要求越来越迫切。由于股票价格指数基本上能代表整个市场股票价格变动的趋势和幅度，所以，把股票价格指数改造成一种可交易的期货合约，利用它对股票投资进行套期保值，回避系统性风险，股票指数期货就诞生了。股票指数期货也是采用保证金形式，但采用现金方式结算，因为它没有实物商品可用于交割，只是在股票指数期货合约中把股票指数按点数换算成货币进行交易。股票指数期货合约用指数点数报价，价值是指数与一个固定数值的乘积。

利率期货交易是买卖标准化的特定金融证券合约的交易。世界上最早的利率期货是芝加哥商业交易所于1975年推出的美国国民抵押协会的抵押证期货。利率期货主要包括以长期国债为交易对象的长期利率期货和以三个月短期存款利率为标的物的短期利率期货。

利率期货有以下特点：第一，利率期货价格与市场利率成反比，即利率越高，债券期货价格越低，利率越低，债券期货价格越高。第二，利率期货的交割方法特殊。利率期货主要采取现金交割，也有少量的现券交割。现金交割是以银行的现有利率为转换系数来确定期货合约的交割价格。

（六）外汇期权交易

期权（options）又叫选择权，是一种权力合约，它给予持有者在约定的时间，或在此时间之前的任何交易时刻，按约定价格买进或卖出一定数量某种资产的权利。其中的资产称为基础资产，如股票、股票价格指数、期货、外汇等。期权合约在到期日、履行价、交易数量等方面都是标准化的。

根据期权市场的交易方向，期权分为看涨期权和看跌期权。看涨期权也叫买入期权，是一种在一定时间内按一定价格向该期权签发人买进一定数量基础资产的权利合约。看跌期权也叫卖出期权，是一种在一定时间内按一定价格向该期权签发人卖出一定数量基础资产的权利合约。根据行使权利的时间不同，期权可分为美式期权和欧式期权。期权的持有者只能在到期日行使权利的期权称为欧式期权。可以在到期日以前任何时间行使权利的期权称为美式期权。在交易所交易的大部分期权都是美式期权。

金融期权的基础资产是金融资产，它包括股票指数期权、外汇期权和期货期权等。世界上第一份股票指数期权是标准普尔100股票指数期权，它诞生于1983年3月，股票指数期权的基础资产是股票指数，其价值是通过期权的报价与乘数相乘后得到的，乘数一般为100，如股票指数期权的报价为1 100（股票价格指数），则该股票指数期权的价格为110 000元。股票指数期权在结算时必须采用现金方式，因为股票指数期权没有可以用于交割的基础资产，其基础资产是虚拟的，结算的盈亏是股票价格指数现值与履行价的差额与该期权的乘数之积。

第一笔外汇期权是1982年12月在费城交易所推出的，随后主要自由兑换货币的期权合约相继问世，外汇期权主要采用美式期权进行交易。

期货期权的基础资产是期货合约，期货看涨期权在发生交割时，购买者得到基础资产期货合约的多头，再得到当前期货合约价格与履行价的差额。期货看跌期权在发生交割时，购买者得到基础资产期货合约的空头，再得到履行价与当前期货合约价格的差额。

三、外汇市场的功能

（一）国际清算

国际经济交易需要债务人向债权人进行支付。如果债务人以债务国货币支付，那么债权人可能需要在外汇市场上将外币兑换成本币；如果债权人要求以债权国货币支付，则债务人就需要将本币在外汇市场上兑换成债权国货币再进行支付。由此可见，外汇市场为国际清算提供了便利。

（二）套期保值（Hedging）

套期保值是通过卖出或买入等值远期外汇，轧平外汇头寸来回避汇率风险的一种外汇业务。例如，对于进口商和出口商来说，由于汇率的变动，延期付款可能会给双方都带来风险，通过外汇市场进行套期保值即出口商卖出远期外汇，进口商买进远期外汇就可以回避汇率风险。

（三）套汇和套利

如前所述，交易者可以通过外汇市场的套汇和套利交易来获取利润。

（四）投机

外汇投机是投机者根据对未来汇率变动的预期，有意保持某种外汇的多头或空头，期望从汇率变动中赚取利润的交易行为。它的主要特征是投机者进行的外汇交易并没有相应的商业或金融交易背景。如果投机者判断正确就可以获取巨额利润，但判断失误时就会遭受重大损失。

第三节 汇率制度

一、汇率制度的类型

汇率制度（Exchange Rate Regime or Exchange Rate System）是指一国货币当局对本国汇率变动的基本方式所作的一系列安排或规定。按汇率管理方式划分，汇率制度分为固定汇率制度和浮动汇率制度。固定汇率制度（Fixed Exchange Rate System）是指现实汇率受平价（铸币平价或黄金平价）的制约，只能围绕平价在很小的范围内上下波动的汇率制度。浮动汇率制度（Floating Exchange Rate System）是指现实汇率不再受平价限制，随外汇市场供求关系变化而波动的汇率制度。

（一）固定汇率制度

自1816年英国率先实行金本位制，到1880年前后主要资本主义国家实行金本位制，实行固定汇率是一种标准作法。如在第一次世界大战前的几十年、20世纪20年代中期至1931年以及1945至1973年，世界各国主要实行固定汇率制度（有例外，如法国、墨西哥在1948年曾实行市场汇率，秘鲁1949年曾实行市场汇率，加拿大1950年也实行过市场汇率等），1973年以后世界主要工业国家实行浮动汇率制度，目前还有一部分国家仍在实行固定汇率制度。

固定汇率制度分为国际金本位制下的固定汇率制度和纸币流通条件下的固定汇率制度。

在国际金本位制下，黄金是本位货币，汇率由两国货币的含金量之比——铸币平价来决定，汇率的波动以黄金输送点为界限，各国在遵守“游戏规则”的条件下通过黄金的输出入自动调节国际收支。

纸币流通条件下的固定汇率制度（布雷顿森林体系下的固定汇率制度）是一种可调整的钉住汇率制，黄金和美元共同作为该体系的本位货币，美元和黄金挂钩、其他货币与美元挂钩是该体系的最大特点。该体系的汇率由金平价——两国货币所代表的含金量之比来决定，汇率的波动有人为制定的界限，需要时经IMF批准可调整金平价。这部分内容将在国际货币体系中详细介绍。

以上两种固定汇率制度存在一些共同之处，但也有一些本质的区别。他们的共同之处表现在：① 汇率是由两国货币的含金量或所代表的含金量之比来决定的。② 外汇市场的汇率水平相对稳定，围绕中心汇率在很小的范围内波动。他们的区别在于：① 金本位制下的固定汇率制度是自发形成的，汇率由铸币平价来决定，以自由兑换、自由铸造和熔化、自由输出入的原则保证汇率波动范围不超过黄金输送点。在布雷顿森林体系下，固定汇率制度是通过国际间的协议人为建立起来的，汇率是金平价，汇率是通过外汇干预、管制或国内经济政策等措施来保持稳定的。② 金本位制下，汇率不会调整，而在布雷顿森林体系下，在一国国际收支出现根本性失衡的时候，金平价经过IMF的同意可以调整。因此人们把布雷顿森林体系下的固定汇率制度称为可调整的钉住汇率制度。

（二）浮动汇率制度

1973 年 2 月，布雷顿森林体系崩溃，主要工业国纷纷实行浮动汇率制度。在浮动汇率制度下，一国货币不再规定含金量，不再规定汇率的波动幅度，货币当局也不再承担维持汇率稳定的义务。

浮动汇率制度有以下一些分类：

（1）按政府是否干预来分，浮动汇率制度分为自由浮动和管理浮动。自由浮动（Free Floating）又称清洁浮动（Clean Floating），是指货币当局对外汇市场没有任何干预，完全由市场供求关系来决定汇率。完全的自由浮动是不存在的。管理浮动（Managed Floating）又称肮脏浮动（Dirty Floating），是指货币当局对外汇市场进行干预，使市场汇率朝有利于自己的方向浮动。目前世界上实行浮动汇率制的国家大都采用管理浮动汇率制。

（2）按浮动形式，浮动汇率制可分为单独浮动和联合浮动。单独浮动是指本国货币不与外国任何货币发生联系，汇率由外汇市场供求关系来决定。如美元、日元就实行单独浮动。联合浮动是指在一个利益集团内部，各成员国内部之间保持固定汇率，而对集团外国家的货币统一实行共同浮动。1979 年 3 月 13 日，欧洲共同体九国布鲁塞尔会议达成的建立欧洲货币体系的协议正式生效。根据该协议，除英国外的 8 个共同体成员国都参加联合浮动集团，各成员国货币之间确立中心汇率，对集团外部国家的货币则采取同升共降的浮动汇率。

（3）国际货币基金组织还将汇率制度分为钉住汇率制度和弹性汇率制度。在钉住汇率制度下，一国货币与其他某一种或某一篮子货币之间保持比较固定的比价，即钉住所选择的货币。本国货币随所选货币的波动而波动，但相互之间的比价相对固定或只在小范围内浮动，幅度一般不超过 1%，被钉住的一般是主要工业国家的货币或特别提款权。目前，大部分发展中国家实行的是钉住汇率制度。按照钉住货币的不同，钉住汇率制度可分为钉住单一货币和钉住一篮子货币。在浮动汇率制合法化以后，许多国家实行钉住汇率制度。根据 IMF1994 年的统计，钉住美元的有 23 个国家，钉住法郎的有 14 个国家，钉住其他单一货币的有 8 个国家，钉住特别提款权的有 4 个国家，钉住其他一篮子货币的有 25 个国家。除了钉住汇率制度以外的其他汇率制度，包括浮动汇率制度，统称为弹性汇率制度。它的主要特点是本币汇率可在一定范围内自由浮动。目前，大部分工业国家实行的是弹性汇率制度。

联系汇率制度或货币局制度是一种特殊的钉住汇率制度，最具代表性的是香港的联系汇率制度。它由官方制定本国货币对外国货币的比价。由于本币与外币挂钩后形成依附关系，通常又称为“钉住”政策。该汇率制度具备以下一些特征：

① 将本币以某一固定汇率钉住美元或其他较稳定的货币。② 以货币局替代本国中央银行，并保持足够的外汇储备来支持本国货币的流通；在管制国家经济方面，中央银行原来拥有安排金融结构和决定银行利率的权利，实行货币局制度后，它将只负责监督和设立银行制度。③ 承诺本币与被钉住的货币只以此固定汇率兑换。④ 由本国货币的市场供求决定利率，如果国民或投资者抛售本币，利率将随之提高。

从历史经验来看，对于投资者信心大失、资本外逃，并造成本币价值狂跌的国家而言，该制度是比较有效的。货币局制度主要通过以下几个方面影响财政货币政策。

① 由于金融当局只许在拥有100% 外汇后盾的情况下才能印制和发行钞票，所以持有银行票据的人都保证可得到等值外汇储备的偿款。② 既然政府不能随意印发钞票，便须确保财政健全，并避免政府利用中央银行印发钞票，为赤字进行融资。③ 金融当局对汇率的裁决，可使市场汇率向联系汇率靠拢。这是因为当投资者放弃本币转向其他货币时，本国利率便随货币供应的减少而提高，最终会使投资者觉得持有本币更为合算。④ 固定汇率有助于促进贸易与投资，因为商家和投资者在计划投资时更为容易。

货币局制度也有一定的缺陷，主要表现在以下几个方面：

① 中央银行在货币供应和利率两个方面失去控制权，利率转由被钉住货币发行国来制定。② 政府不能利用汇率来调整外来因素对本国经济的影响，反之国内工资和物价却必须作出调整。如果价格变动迟缓，本国货币价值就可能被低估或高估。③ 当投资者抛售本币而造成利率上升，货币局便可能会给金融机构施加压力。对于银行体系脆弱的国家，它的风险可能相当严重。④ 正统货币局制度不能像传统的中央银行那样，对周转不灵的银行施以援手。

目前还存在几种汇率安排。有些国家实行的是爬行钉住，它是指在短期内将汇率钉住某种平价，但根据一组选定的指标频繁地、小幅度地调整所钉住的平价，实际上它是浮动汇率制。有的国家虽然也实行钉住某种货币，但允许现实汇率对中心汇率有较大的波动幅度，这种汇率安排也叫对单一货币有限弹性。比如从 1995 年 8 月到 1997 年 8 月，印尼盾波幅共调整 5 次，波幅 1995 年 8 月的 20 盾到 1997 年 8 月扩大到 150 盾。还有一些国家将爬行钉住与有限弹性的安排结合起来，即允许现实汇率在短期内对平价有较大的波动幅度，而且还对平价作经常性的调整，被称为可移动的波幅。

二、汇率制度选择理论

关于固定汇率制和浮动汇率制的优劣一直争论不休。关于汇率制度的选择，有两个影响较大的理论。

（一）汇率制度选择的经济论

由美国前总统肯尼迪的国际经济顾问罗伯特·赫勒提出，他认为，汇率制度的选择主要受经济方面因素制约，这些因素是：（1）经济开放程度；（2）经济规模；（3）进出口贸易的商品结构和地域分布；（4）国内金融市场的发达程度及其与国际金融市场的一体化程度；（5）相对的通胀率。赫勒认为，这些因素与汇率制度选择的关系是经济开放程度高、经济规模小、进出口的商品结构和地域分布集中的国家应实行固定汇率制或钉住汇率制。而经济开放程度低、进出口商品结构和地域分布分散、国内金融市场与国际金融市场联系密切、国内外通货膨胀率不一致的国家应实行浮动汇率制或弹性汇率制。实证研究表明，后一种情况关联度更紧密。

（二）汇率制度选择的依附论

它实际上是讨论发展中国家在实行钉住汇率制时应钉住哪种货币，它认为，发展中国家在实行钉住汇率制时，采取那一种货币作为“参考货币”即被钉住货币，取决于该国对外经济、政治关系的“集中”程度，即取决于经济、政治、军事等方面的对外依附关系。

东南亚金融危机爆发以后，又展开了关于汇率制度的讨论，IMF发表了一份报告，提出了影响汇率制度选择的5大因素，他们是：（1）经济规模和开放程度。如果外贸占GDP的比重大，汇率不稳定的代价就高，因此，经济规模较小，开放程度较大的国家最好实行固定汇率制。（2）通货膨胀率。如果一个国家的通货膨胀率明显高于其贸易伙伴，为防止其产品在国际市场竞争力下降，汇率需要有一定灵活性。相反，如果通货膨胀率差别不大，实行固定汇率制的麻烦就小一些。（3）劳工市场的灵活性。工资制度越僵硬，就越需要灵活的汇率来适应外部经济环境的巨大冲击。（4）金融市场发展程度。金融市场尚未成熟的发展中国家，实行浮动汇率制可能是不合适的。（5）资本的流动性。对国际资本开放程度越高，维持固定汇率制的难度越大。IMF在研究了发展中国家近20年来的有关情况后认为，任何汇率制度都不是万能的，且汇率制度与经济增长速度没有必然的联系，一个国家经济发展的快慢主要取决于总体的经济政策正确与否。

专栏12-2

人民币汇率改革

2005年7月21日，中国人民银行发布公告：经国务院批准，我国开始实行以市场供求为基础、参考一篮子货币进行调节、有管理的浮动汇率制度，人民币对美元升值2%，放弃了事实上实行多年的单一钉住美元的钉住汇率制度，我国的汇率制度改革迈出了重要的一步。

近年来，金融全球化是经济全球化的内在要求，同时又成为经济全球化的重要动力。综观几十年国际金融发展的历史，金融全球化已成为其最重要、最显著的特征，从整体上有力地推动了世界经济和国际金融的发展。

改革开放以来，人民币汇率制度经历了由单一固定汇率到官方汇率与市场汇率并存的双轨汇率制度，再到有管理的浮动汇率制度的演变。1994年汇率并轨以后，我国实行了以市场供求为基础的、有管理的浮动汇率制度。企业和个人按规定向银行买卖外汇，银行进入银行间外汇市场进行交易，形成市场汇率。并通过适当的管理，保持人民币汇率稳定。实践证明，这一汇率制度符合我国国情，为我国经济的持续快速发展，为维护地区乃至世界经济金融稳定作出了积极贡献。

1997年以前，人民币价值稳中有升，海内外对人民币的信心不断增强。但随着亚洲金融危机的爆发，为防止亚洲周边国家和地区货币轮番贬值使危机深化，我国作为一个负责任的大国，主动收窄了人民币汇率浮动区间。近年来我国经济持续平稳较快发展，经济体制改革不断深化，金融领域改革取得了新的进展，外汇管制进一步放宽，外汇市场建设的深度和广度不断拓展，为完善人民币汇率形成机制创造了条件。

近年来，我国经常项目和资本项目双顺差持续扩大，加剧了国际收支失衡。2012年底，我国外汇储备达到3.31万亿美元，而且对外贸易顺差继续扩大，贸易摩擦进一步加剧。推进人民币汇率形成机制改革，也是调整经济结构、缓解对外贸易不平衡、扩大内需以及提升企业国际竞争力、提高对外开放水平的需要。推进人民币汇率改革，势在必行，正当其时。

不过，人民币汇率的改革是一个长期渐进过程，并非在于一朝一夕。推进人民币汇率制度改革，要从我国的实际出发，考虑宏观经济环境，考虑企业承受能力，考虑金融改革的进度，考虑对国际贸易的影响，而且还要考虑对周边国家、地区以至世界经济金融的影响。与此同时，我国外汇市场建设不断加强，各项金融改革已经取得实质性进展；企业承受市场风险能力明显加强。这些因素汇聚成人民币汇率改革的较好时机，

本章小结

1. 外汇是国际汇兑的总称，有动态、静态和广义、狭义之分。广义的外汇是指人们将一种货币兑换为另一种货币，清偿国际间债权债务关系的行为；广义的静态外汇泛指一切以外国货币表示的资产；狭义的静态外汇是指以外币表示的可用于进行国际间结算的支付手段。汇率是以一种货币表示另一种货币的价格。其标价方法有直接标价法、间接标价法和美元标价法。

2. 外汇市场是进行外汇买卖的交易场所和网络。外汇交易形式主要有即期和远期外汇交易、套汇交易、套利交易、掉期交易、期货交易和期权交易等。外汇市场主要有国际清算、套期保值、套汇套利和投机等功能。

3. 汇率制度是指一国货币当局对本国汇率变动的基本方式所作的一系列安排或规定。按汇率管理方式划分，汇率制度分为固定汇率制度和浮动汇率制度。

思考练习题

1. 广义的静态外汇与 IMF 对外汇的定义的主要区别是什么？

2. 根据不同的划分标准，汇率可分为哪些种类？

3. 已知上海外汇市场即期汇率为 USD1 = RMB6. 561 0 – 50，3 个月期汇美元升水 50 – 60BP，计算美元的 3 个月远期汇率（包括买入价和卖出价）。

4. 假设纽约外汇市场即期汇率为 GBP1 = USD1. 567 0 – 90，伦敦外汇市场即期汇率为 GBP1 = USD1. 561 0 – 30，英国一投资者用 100 万英镑套汇，可获利多少？（不考虑交易成本）

5. 某日英国某银行对客户买卖现汇的挂牌价为：

GBP1 = USD1. 572 6 – 36

GBP1 = JPY120. 10 – 80

一家英国公司欲向该银行购买 1 000 万日元，问：

（1）如果该公司用本币购买，应付多少英镑？

（2）如果该公司用美元购买，应付多少美元？

第十三章　国际收支与国际收支平衡表

学习目标

通过本章学习，了解国际收支和国际收支平衡表的构成，重点掌握国际收支平衡表的构成项目，以及国际收支失衡对经济的影响。

关键术语

国际收支　国际收支平衡表　经常项目　资本项目　国际收支失衡

在前面贸易理论的学习中我们知道，如果一国与世界上其他国家进行经济往来，该国的福利水平和社会效率都会随之受影响。为了更加深入地理解开放经济下商品、资本、劳动力等生产要家跨越国界流动，我们需要对各种商品和生产要素的流动方向和数量有一个准确的计量。国际收支和国际收支平衡表就是衡量数量变动的重要工具。

本章首先介绍国际收支与国际收支平衡表的有关概念和内容结构，然后系统讲述开放经济下的国民经济核算和国际收支分析问题。

第一节　国际收支的概念

随着世界经济一体化的迅速发展，国与国之间的经济交往越来越多，一国对外往来会产生支付问题，由此导致国际收支及其相关问题。

国际收支（Balance of International Payments/ Balance of Payments）的概念起源于17世纪初期资本主义原始积累时期。当时，英国重商主义者托马斯·孟（Thomas Mun）认为货币（金银）是财富的基本形式，发展出口大于进口的国际贸易以输入金银货币各国贸易的永恒原则。因此，他把国际收支简单地阐释为一国的贸易收支差额，并提倡贸易差额论。18世纪后期，古典经济学派在欧洲占据统治地位，他们反对封建制度和重商主义的国家干预政策，主张经济自由。这使得19世纪成为资本主义自由贸易的黄金时代，国际贸易迅速发展。当时，由于多数国家实行金本位制，一国国际收支的平衡可以通过黄金自由输出输入而自动调节，故国际收支并未得到足够的重视。

第一次世界大战以后，各国经济受到战争的巨大摧残，金本位制随之崩溃。大量的战争赔款转移和大规模的国际短期资本流动使国际收支增加了新内容，特别是英国经济学家凯恩斯开放经济模型的提出使人们认识到，一国对外经济活动与其国内经济活动有着有机联系。至此，各国政府以及经济学家无论在政策上还是在实践上都开始重视国际收支的研究。

在两次世界大战之间，各国通行的国际收支概念是当年结清的外汇收支。这反映了当时黄金被纸币流通所代替，外汇已是国际贸易、国际投资和国际结算的主要手段这一经济现象。第二次世界大战以后，由于世界经济日益国际化，国际交往更加经常和广泛，贸易方式更加灵活，国际结算方式也更加多样，狭义的国际收支概念已不适用，随着国际交易的发展，逐步形成目前通用的广义的国际收支概念。

广义的国际收支是指在一定时期内，一国与其他国家之间所进行的各种经济交易的全部记录。它不仅包括商品与劳务、资本项目等收支，而且把全部国际经济交易都包括在内而不论其是否具有外汇收支。国际货币基金组织（IMF）对国际收支概念的解释是：在一定时期内，一个经济实体的居民同非居民所进行的全部经济交易的系统记录和综合。

为了准确把握这一概念，需要注意如下几点：

首先，国际收支是一个流量概念。所谓“一定时期内”是指一个报告期内，可以是一个月、一个季度或一年（通常以一年为一个报告期），人们通常所言国际收支总是针对某一特定报告期内所发生的国际经济交易及交往而言。

其次，国际收支是以经济交易及交往为基础（on transaction basis）的。早期狭义的国际收支概念曾被简单地理解为一国的贸易收支，这是因为当时的国际经济交易主要局限于国际贸易；后来，随着跨国投资的兴起，国际经济交易的范畴的扩大，国际收支也被进一步理解为一国的外汇收支，但这也只是扩大成一种以支付为基础（on payment basis）的国际经济交易概念，只涵盖了涉及外汇收支的国际经济交易；二战以后，由于补偿贸易等一些不涉及外汇收支的国际经济交易和各种单向转移类国际经济交往又日显重要，为便于一国全面掌握对外经济交易及交往的全貌，又产生了现代意义下的广义国际收支概念，并且得到了世界各国的普遍采用。因此，随着世界经济的发展和国际经济活动的拓展，国际收支的概念也随经济交易的发展从狭义发展到广义。

最后，国际收支一般是指发生在一国居民与非居民之间的经济交易及交往。因而判断一项交易及交往是否属于国际收支，就要考虑交易及交往双方的居民身份。一般而言，只有一国居民与其非居民之间的交易才属于国际收支的范畴。但也有一些例外，比如，为了统计一国官方国际储备在报告期内的变动情况，特别把一国中央银行与本国商业银行之间的外汇交易以及黄金的货币化或非货币化交易也纳入了国际收支的统计范畴；此外，现在按照IMF新出版的《国际收支手册》第5版，还把本国居民跟一些在外国做短期逗留的本国居民之间的跨国交易也纳入了国际收支的统计范畴。

在此，需要强调的是“居民”这一概念。居民和公民是两个不同的范畴，公民是一个法律概念，而居民则是一个经济概念。对此，IMF作了如下规定：自然人居民，是指那些在本国居住时间长达一年以上的个人，但官方外交使节、驻外军事人员等一律是所在目的非居民；法人居民，是指在本国从事经济活动的各级政府机构、非营利团体和企业。这样，跨国公司的母公司和子公司分别是所在国居民，但国际性机构如联合国、国际货币基金组织等均是任何国家的非居民。因此，他国的公民如果在本国长期从事生产和消费，也可能属于本国居民；而居民包括个人、政府、非营利团体和企业四类。

第二节　国际收支平衡表

为了更好地了解本国大量的、形式多样的国际经济交易，掌握对外经济交往的全貌，实现其宏观经济目标，就需要使用国际收支平衡表这一重要的分析工具。国际收支平衡表（Balance of Payment Presentation）是一种统计报表，它系统地记载一国（或某一经济体）在特定时期内与他国或地区所进行的各项经济交易和交往，并按复式簿记原理所编制的一种平衡报表。也就是说，国际收支平衡表是以国际收支的系统记录为依据，按照本国国情和经济分析的需要来设置项目（Items）和账户（Accounts），依复式簿记原理对各类交易进行的科学统计和汇总。

一、国际收支平衡表编制的基本原则与惯例

国际收支平衡表是按复式簿记（Double-Entry Accounting）的记账原则编制的。对外资产，包括实际资产和金融资产，持有额的减少被记入贷方（Credit Items），对外资产持有额的增加被记入借方（Debt Items）；对外负债的增加被记入贷方，对外负债的减少被记入借方。每一笔交易同时以相同金额进行借方记录和贷方记录，遵循“有借必有贷，借贷必相等”的会计学基本原理。

因此，在国际收支平衡表中，记入贷方的是一国货物、劳务的出口——即本国向国外提供实际资产，和资本流入——即本国对外金融资产的减少，或本国对外负债的增加；记入借方的是货物、劳务的进口——即本国从国外取得实际资产，和资本的流出——即本国对外金融资产的增加，或本国对外负债的减少。由此可见，国际收支平衡表贷方记录的是本国从外国取得收入的交易，借方记录的是本国向外国进行支付的交易。

对于一些单向转移的国际经济交易，比如捐赠、放弃资产、免除债务、财产继承、侨汇、年金、移民以及特别提款权的分配等等，由于没有对等的交易可以记账，这时为了坚持复式簿记原理而不得不人为地在国际收支平衡表中特别设置了一个特种项目——单向转移，来平衡它们，以满足复式簿记的记账要求，在原则上确保国际收支平衡表的借方总额和贷方总额相等，使其净差额为零。

此外，一些非对外交易及交往原因也可以引起一国的对外资产存量和负债存量的价值在报告期内发生变动，比如汇率变动、资产市场价格变动等，它们所引起的存量价值的变动在记账时显然也不能自动成双，如果要按照复式簿记原理来记载报告期内一国对外资产存量和负债存量的价值变动的话，也需要特别设置一个特种项目——对应项目，来平衡它们。但因为非交易及交往原因所引起的存量价值的变动本不应归入反映国际交易及交往的国际收支流量概念的范畴，而应当反映在有关对外资产及债务等存量概念的范畴（比如对外投资存量、对外负债存量、国际储备存量等）中，所以IMF新出版的

《国际收支手册》第5版所设计的国际收支平衡表的标准构成部分）中并未包含这一特别对应项目。

最后，需要强调的是，在国际经济交易中，签订买卖合同、货物装运、交货和付款等一般都是在不同日期进行的。那么，国际收支平衡表中记录的经济交易以什么日期为准呢？对此，IMF明确规定，国际收支平衡表的记录日期以物权变更日期为准，实际上就是以债权债务的发生时间为准。例如，在以延期付款方式进口货物后，由于欠了他国的款项，应借记进口并贷记短期资本；再如，某种劳务虽已提供，但在编制时期内尚未获得收入，则也应按劳务提供日期记录，把尚未获得的收入作为债权记录。

二、国际收支平衡表的基本内容

根据《国际收支手册》第五版的规定，国际收支平衡表分为经常账户、资本与金融账户和错误与遗漏账户三个部分。这样，一国的经济交易可按照性质的不同，分别记录于国际收支平衡表的经常账户、资本和金融账户。经常账户主要反映一经济体与其他经济体在货物进出口、服务的提供与引进以及经常性转移等涉外经济活动中形成的实际资源的转移情况，分为货物、服务、收益及经常转移四个子项。资本和金融账户主要反映金融资产在一经济体与其他经济体之间的转移，分为资本账户和金融账户两个子项，其中金融账户项下细分为直接投资、证券投资、其他投资和储备资产四项。此外，在国际收支平衡表中还设置了用以抵消统计偏差的净误差与遗漏项目。

（一）经常账户

经常账户（Current Account）是本国与外国交往中经常发生的国际收支项目，它反映了一国与他国之间真实资源的转移状况，在整个国际收支中占有主要地位。它包括贸易项目、服务项目、经常转移和收益四个子项目。

1. 贸易项目（Visible Trade Account）

又称有形贸易项目或商品项目，它是一国有形商品输出与输入的全部记录，是构成国际经济关系的实体。贸易收支不仅在经常账户中，而且在整个国际收支中具有重要的地位，其收入与支出的差额形成贸易顺差或逆差，进而影响经常账户的状况。若合计出入净差额为正，则为经常项目盈余，记入贷方；若合计出入净差额为负，则为经常项目赤字，记入借方。

在国际收支平衡表中，贸易收支统计数据的来源及商品价格计算的方式各国不尽相同。按国际货币基金组织规定，进出口统计一律以海关统计为准，商品价格一律按离岸价格（FOB）计算。但有些国家也对进口商品按到岸价格（CIF）计算，显然这两种不同的价格条件，在计算进出口总值时会发生一定的差额。例如进口商品以CIF计价，其中运费和保险费属于劳务方面的支出，这样产生重复入账，会影响国际收支表的精确性。

2. 服务项目（Service Account）

相对于贸易收支的有形收支，服务项目又称无形收支项目（Invisible Trade Account），它是一国对外提供劳务或接受劳务所发生的收支。具体包括如下一些子项目：

运输通讯收支。运费收支包括海陆空和旅客运费的收支；通讯方面，属于国际电报、电话、电传、卫星通讯等服务项目引起的外汇收支都记入劳务账户。

保险收支。凡本国居民向外国保险公司投保，则成为保险费的支出，外国居民向本国保险公司投保，则成为保险费的收入。

旅游收支。指本国居民到国外旅游或外国居民到本国旅游而产生的膳费、交通费等服务性费用的收支。

投资收益收支。指资本借贷或投资等产生的利息、收息、利润的汇回或汇出所发生的收支，因为它是对资本的经常性用途的支付，因此也列入经常账户。

其他劳务收支。如办公费、专利权使用费、广告宣传费、手续费、劳务进出口等项目的收支。

目前，服务收支的重要性日趋突出，不少国家的服务收支在该国的国际收支中占有举足轻重的地位，甚至超过了有形贸易收支。若这些服务的合计出入净差额为正，则记入贷方；若这些服务的合计出入净差额为负，则记入借方。

3. 经常转移（Current Transfers）

所谓经常转移是指所有非资本性的单向转移，根据主体与对象不同又分为私人转移和官方转移两大类。私人转移收支也被称为其他转移，包括侨属汇款、养老金、奖金、慈善团体捐款等；官方转移收支包括经济和军事援助、战争赔款、没收走私商品、政府间赠与、捐款等。在报告期内，所有经常转移的出入价值净合计差额称为经常转移差额，若被免于偿付与收入的合计净差额为正，则记入贷方；若被免于偿付与收入的合计净差额为负，则记入借方。

在此需要注意的是，经常转移与资本转移完全不同。资本转移包括在资本和金融项目之中，经常转移是发生在居民和居民之间的无等值交换物的实际资源或金融项目所有权的变更，而不管这种所有权的变更是否自愿。它不包括：固定资产所有权的转移；与获得或放弃固定资产相联系的资金转移；债权人减免的、不要求任何相应回报的债务；这些都包括在资本项目之下。

4. 收入（Incomes）

收入记录因生产要素在国际间流动而引起的要素报酬收支。它包括两类交易：支付给非居民工人的雇员报酬和投资收益两个细目。在此，雇员报酬是指一国居民个人在另一国或地区工作而得到的现金或实物形式的工资、薪水和福利；投资收益是指一国资本在另一国投资而获取的利润、股息、利息等。根据需要，投资收益还可以进一步细分为直接投资收益、证券投资收益和其他投资收益等。雇员报酬收入和投资收益收入记录在贷方，雇员报酬支出和投资收益支出记录在借方。所有要素报酬收入减去所有要素报酬支出，称为要素报酬收支净额。

（二）资本和金融账户（Capital and Financial Account）

资本和金融账户反映了一国与他国之间金融资产的转移，即国际资本流动，分为资本流出和资本流入。资本流出是指本国对外资产的增加，即本国居民对非居民所持行的索偿权（claim）的增加，或指本国对外负债的减少，即非居民对本国居民所持有的求偿权的减少；资本流入则是指本国对外资产的减少或本国对外负债的增加。如果资本出入净额为正，则为账户盈余，记入贷方；如果总出入净差额为负，则为账户赤字，记入借方。

进一步地，IMF 在《国际收支手册》第五版中认为，“资本和金融账户”应该划分为资本账户（Capital Account）和金融账户（Financial Account）两大部分。资本账户包括所有的单边资本转移，金融账户又可分为直接投资、证券投资、其他投资和储备资产四个部分。其中储备资产是一国中央银行或货币当局可以利用的用于平衡国际收支的全部资产，包括货币性黄金、在 IMF 的特别提款权（SDRs）、在 IMF 的储备头寸（Reserve Positions）、外汇以及中央银行或货币当局掌握的可用于平衡国际收支的其他资产。

资本项目。一般包括资本转移和非生产性、非金融性资产的获得或放弃两个部分。其中，资本转移包括：固定资产所有权的转移；与获得或放弃固定资产相联系的资金转移；债权人减免的、不要求任何相应回报的债务。在国际收支平衡表中，通常表现为政府部门的资本转移和其他部门的资本转移。非生产性、非金融性资产的获得或放弃主要指无形资产，如专利、租赁和其他转让性合同。该项目一般不包括土地，但有时可以包括外国使馆买卖的土地。在报告期内，如果合计出入净差额为正，则记入贷方；如果总出入净差额为负，则记入借方。

直接投资（Direct Investment）。是指本国投资者对非居民国企业的经营管理拥有有效的控制权。它可以采取直接在国外投资建立企业的形式，也可以采取购买非居民企业一定比例股票的形式，或采取将投资利润进行再投资的形式。在报告期内，如果总出入净差额为正，则记入贷方；总出入净差额为负，则记入借方。

证券投资（Portfolio Investment）。是指本国居民购买非居民政府的长期债券、非居民公司的股票和债券等。在此值得注意的是，当证券投资中拥有非居民国企业股权达到一定比例时就被视为直接投资，如 IMF 规定 10% 以上，我国则规定 25% 以上。在报告期内，若总出入净差额为正，则记入贷方；总出入净差额为负，则记入借方。

其他投资（Other Investment）。包括短期和长期的贸易信用、贷款（包括使用基金信用、基金信贷，以及与租赁金融有关的贷款）、货币和存款（包括可转移的存款和贷款股份）以及在直接投资项目中没有包括的其他应收款和应付款。报告期内，其他资产的出入净差额为正，则记入贷方；若合计出入净差额为负，则记入借方。

储备资产（Reserve Assets）。指一国货币当局作为应付国际收支需要而持有的资产，包括货币黄金、特别提款权、在 IMF 中的储备头寸，外汇资产（包括外汇现钞、存款和证券）及其他债权。国际收支发生逆差时，储备资产减少，记“+”号；国际收支发生顺差时，储备资产增加，记“-”号。

（三）净差错和遗漏

按照复式记账原则，如果不发生错误和遗漏（Net Errors and Omissions），国际收支平衡表的借贷双方净差额应该为 0，但在实际中并非如此。其原因主要有：① 在统计国际收支有关数据时发生的遗漏，如走私、民间货币收付、携带现钞出入境等官方监控以外的交易；② 资料来源和口径不同造成的误差，例如，商品进口的数据来源于海关统计，而货款的支付则是银行的记录，这样就会发生货币支付数据与进口商品价值的差异。为了解决这个问题，就在国际收支平衡表中人为地设立了一个平衡项目，即错误和遗漏项。当经常项目、资本和金融项目贷方总计超过借方总计时，错误和遗漏净额项目在借方记入这个差额数；相反，则在错误和遗漏净额项目的贷方记入这个差额数，以保证国际收支平衡表的平衡。

表 13－1　　国际收支平衡表的标准构成部分

Ⅰ. 经常账户
- A. 商品和服务
  - a. 商品
    - 一般商品
    - 用于加工的货物
    - 货物修理
    - 各种运输工具在港口购买的货物
    - 非货币黄金
  - b. 服务
    - 运输
    - 旅游
    - 通讯服务
    - 建筑服务
    - 保险服务
    - 金融服务
    - 计算机和信息服务
    - 专有权利使用费和特许费
    - 其他商业服务
    - 个人、文化和娱乐服务
    - 别处未提及的政府服务
- B. 收益
  - a. 劳工报酬
  - b. 投资报酬
    - 直接投资收益
    - 证券投资收益
    - 其他投资收益
- C. 经常转移
  - a. 各级政府的转移
  - b. 其他部门的转移

Ⅱ. 资本和金融账户
- A. 资本账户
  - a. 资本转移
  - b. 非生产性非金融资产的交易
- B. 金融账户

续表

a. 直接投资
本国对外国直接投资
外国对本国直接投资
b. 证券投资
资产
负债
c. 其他投资
资产
负债
d. 储备资产
货币黄金
特别提款权
在基金组织的储备头寸
外汇
其他债权

资料来源：《国际收支手册》第5版，中国金融出版社，pp. 43－48。

专栏13-1

编制国际收支平衡表

现在，我们尝试编制一国的国际收支报表。在现实世界中，像美国这样的国家在任何一个给定的年份内部都要发生数以百万计的交易。但我们不妨假定使用七项简单的交易就构成了某一年份的全部国际交易活动，我们一次为依据来编制BOP报表。

首先，我们在报表的T型账户中列出借方和贷方项目。左手一列括号内的数字表明了交易的次序。从这些分录出发，现在我们可以在表中编制出国际收支总报表，并对这一报表进行说明。

国际交易活动（A国）（单位：美元）

借方（－）		贷方（＋）	
(1) 海外短期私人资产的增加	－5 000	商品出口	＋6 000
(2) 商品进口	－12 000	外国在A国短期私人资产的增加	＋12 000
(3) 单方面转移支付	－1 000	商品出口	＋1 000
(4) 外国在A国短期私人资产的减少	－2 000	服务出口	＋2 000
(5) 外国在A国短期私人资产的减少	－2 500	得自海外的投资收益	＋2 500
(6) 海外长期资产的增加	－5 000	外国在A国短期私人资产的增加	＋5 000
(7) 外国在A国短期私人资产的减少	－800	外国在A国短期官方资产的增加	＋800
	－29 300		＋29 300

国际收支总报表（A 国）　　（单位：美元）

类别	
Ⅰ. 商品出口（+6 000+1 000）	+ 7 000
商品出口	−12 000
贸易余额（商品贸易差额）	− 5 000
服务出口	+ 2 000
服务进口	− 0
商品和服务余额	− 3 000
得自海外的投资收益	+ 2 500
对海外支付的投资收益	− 0
商品、服务于投资收益余额	+ 500
单方面转移所得	+ 0
单方面转移支付	− 1 000
经常项目余额	− 1 500
Ⅱ. 外国在 A 国长期资产的净增加（+）	+ 0
海外长期资产的净增加（−）	− 5 000
经常项目和长期资本余额（基本差额）	− 6 500
Ⅲ. 外国在 A 国短期私人资产的净增加（+）	
（+12 000+5 000−2 000−2 500−800）	+11 700
海外短期私人资产的净增加（−）	− 6 000
官方储备交易余额（综合差额）	− 800
Ⅳ. 外国在 A 国短期官方资产的净增加（+）	+ 800
海外官方储备资产或官方资产的净增加（−）	− 0
	0

专栏13-2

1999 年美国的国际交易

在详细考察了一个国家交易记账的例子，激起国际收支总报表的编制过程后，现在我们将列出美国在 1999 年的国际收支报表。详见下表。

1999 年美国的国际交易　　（单位：10 亿美元）

经常项目	
商品出口	+ 683.0
商品进口	−1 030.0
商品贸易差额	− 347.1
服务出口	+ 277.1
服务进口	− 197.5
商品和服务余额	− 267.5
得自海外资产的投资收益	+ 273.9
向外国人支付的投资收益	− 298.6
商品、服务与收益余额	− 292.3

单方面转移，净值	-	46.6
（政府 -17.2）		
（私人 -29.4）		
经常项目差额	-	338.9
资本与金融账户		
金融账户交易额，净值	-	0.2
美国官方储备资产，净值（增加，-）	+	8.7
除官方储备资产外的政府海外资产，净值（增加，-）	-	0.4
美国在海外的私人资产，净值（增加，-）	-	381.0
外国在美国的官方资产，净值（增加，+）	+	44.6
外国在美国的其他资产，净值（增加，+）	+	706.2
统计误差	-	39.1

注意：取整的缘故，各部分加总可能与总额不符。

资料来源：U. S. Department of Commence, Survey of current business, April 2000, p. 174.

关于该表要指出的第一点是，它并不完全符合我们上面介绍的项目分类。在过去大约 30 年的时间里，美国都要按类别二（长期资本账户）和类别三（短期私人资本账户）的格式列出金融账户项目。类别四（短期官方资产账户）本身也未直接列出，但能从表中推算出来。列示方法的这种改变意味着，在政府的出版物中仅能找到上述各种不同的差额中的商品贸易差额；商品和服务余额；商品、服务于投资收益余额；经常项目差额。在改变列示方法之前，还同时给出基本差额和官方储备交易差额的官方统计数据（但官方从类列出国金融项目差额）。尽管官方的美国数据与我们概念上的列示方法并不一致，我们仍能以一种合理的、与原来的列示方法一致的方式来讨论。

在表的最上端，你会注意到美国在 1999 年拥有 3 471 亿美元的巨额商品贸易赤字。第二次世界大战结束以来，美国传统上一致保持着商品贸易盈余，但从 1971 年开始，除了 1973 年和 1 975 外，美国每年的商品贸易都是赤字。

1999 年，服务贸易方面的盈余部分地抵消了商品贸易的赤字。服务盈余达到了 796 亿美元（2 771 亿美元的服务出口减去 1 975 亿美元的服务进口）。服务贸易中的重要项目包括旅游者的支出与收益、专利及许可费用、电信、银行业、保险业的收费，等等。得自海外资产的投资收益（2 739 亿美元）与向外国人支付的投资/要素收益（大部分是投资收益）（2 986 亿美元）相抵，结果大约是负的 250 亿美元。在整个第二次世界大战以后的时期内，投资收益的流出仅在 1994 年之后才超出了投资收益的流入。1999 年，商品和服务余额（ -2 675 亿美元）及商品、服务于投资收益余额（ -2 923 亿美元）的赤字都要小于商品贸易差额的赤字。

下面接着看表中的单方面转移项目，1999 年的净值是借方（或净流出）的 466 亿美元。当把这一赤字加到商品、服务与投资收益的赤字上去时，结果便是有史以来最大的、3 389 亿美元的美国经常项目赤字。

从经济意义上来看，净化账项目差额怎么能是负数呢？答案当然是，国际收支账户必须有一个数额与此相等的、可抵消这一赤字的资本与金融账户盈余，也就是外国资金的净流入。现在，我们来看看1999年的美国资本账户，以考察这一金融资本净流入的状况。

尽管美国官方的国际收支账户已不再按照类别二、三、四的形式系统性地列出各个金融资本流出的项目，但我们还是能从美国现行的国际收支账户中获得有用的金融信息。首先，现在该账户中有一项份额较小的资本账户项目（官方称其为“资本账户交易，净值”）。这一项目反映那些特殊的、一次完成的交易，如政府国际债务减免或移民的国际资产转移等，不包括典型的金融交易在内。余下的金融账户项目则代表我们所说的类别二、三、四，不过其中类别二与类别三的项目给合并给出，并为单独列示。先看看“除官方储备资产外的美国政府海外资产”与“美国在海外的私人资产”这两个标题。这些政府资产交易是指那些没有包括在我们类别四种的短期、流动资产的交易。美国私人资产一类则同时包括了长期和短期资产的购买与出售，它包括长期直接投资、美国队各种期限的外国证券的交易，以及美国银行和非银行企业所持有的对外国人的短期索偿权。和两个广义的标题实质上代表了“美国海外资产的增加”（流出）的借方金额，即类别二和三中非官方类的长期资本和短期资本之和。1999年，两项相加的结果为 -4 亿美元 -3 810 亿美元 = -3 814 亿美元的借方净值。

再看“外国在美国的其他资产”，它指的是外国人持有的美国资产的变化情况，但它同时也是长期流量和私人短期流量的总合。1999年，美国在这一项目上有着为数颇大的贷方净值7 062 亿美元。

最后，还剩下两个金融账户的项目，“美国官方储备资产”和“外国在美国的官方资产”。这些项目隶属于我们的类别四（短期官方资产账户）。“美国官方储备资产”项下，储备资产的净增长用负号表示（因为这一增长是个借方项目），净减少则用正号表示。在1999年，这一项减少了87亿美元。“外国在美国的官方资产”则表明外国货币当局使其在美国持有的资产数量增加了446亿美元。当我们把类别四作为一个整体来考察时，可得到 +533 亿美元（87 亿美元 +446 亿美元）。因此，由于采用了复式簿记得方法，美国从类别一到类别三的金融加总就应当是 -533 亿美元。也就是说，1999年的美国官方储备交易差额为赤字533亿美元。

美国的经常项目差额为 -3 389 亿美元，复式簿记意味着资本与金融账户合计必须达到3 389 亿美元，让我们检验下这一结论是否成立。我们已介绍过的金融账户项目和它们的借方净值或贷方净值如下（单位10亿美元）：

资本账户交易，净值	-0.2
除官方储备资产外的美国政府海外资产，净值	-0.7
美国私人海外资产，净值	-381.0
外国在美国的其他资产，净值	+706.2
美国官方储备资产，净值	+8.7
外国在美国的官方资产，净值	+44.6
合计	+377.9

这里，什么地方出差错了呢？为什么资本账户项目加总后得到的是 +3 779 而不是 +3 389 亿美元呢？

其原因在于，美国当局编制国际收支报表时所用的数据是不完全的。在复式簿记的框架内，会计师不能得到足够的信息对所有交易都登录两次。有关贸易的数据是从商品进入或离开美国时的海关记录中收集而得的，但有关贸易的融资方面和金融流量的数据却是由商业银行及其他一些机构提供的。有些交易活动既未作记录，亦未被纳入会计核算；走私和洗钱当然属于此类，但有部分合法交易也是如此。进一步地，经常账户各项和与此对应的金融账户中的资金流量在时间顺序上也并不总是准确地发生在同一日历年度。因此，会计上设置了一个特殊的类别，统计误差或错误与遗漏，以处理实际中出现的借方各项与贷方各项加总后在事实上不为零的情形。

在本例中，统计误差这一项的值为 -391 亿美元（一般认为，这一项反映了未被登记的短期金融资本流动，但未被登记的出口或许也包括在内）。把 -391 亿美元与金融账户的 +3 779 亿美元加总后，我们得到 +3 388 亿美元。它在理论上，与 -3 389 亿美元的经常项目差额相去不远了。

第三节　国际收支的分析

一、国际收支平衡与失衡

根据复式记账原理，国际收支平衡表的借方总额和贷方总额最终必然相等。当然这种平衡仅仅是一种会计形式上的总体平衡，在现实中，其中一些账户或项目一般总是存在局部借贷差额而难以平衡，只不过这些账户或项目的局部差额会被其余账户或项目的相反差额所抵消。因而，人们通常所说国际收支的盈余和赤字自然是针对国际收支平衡表中某些账户的局部差额而言的。那么，通常所说的国际收支平衡或失衡究竟是针对哪些局部账户，又为什么会特别关注这些特定账户及项目的收支平衡问题呢？

（一）自主性交易和补偿性交易

为了具体研究国际收支平衡和失衡的性质，可以把国际收支平衡表的经济交易分为两种性质不同的交易，自主性交易和补偿性交易。

自主性交易（Autonomous Transactions），也称非补偿性交易，是指一国居民自主发生的经济交易，通常是为获取国际间价格、国民收入或利率等收益而进行的各种交易活动。如商品、劳务的进出口、单方面转移支付、长期资本流动以及部分短期私人资本流动（如因利率变化引起的套利资本流动）等，这些交易有时也称为事前交易（Ex-Ante Transactions）。这部分国际收支的借方总值不一定等于贷方总值，这是引起国际收支失衡的主要原因。我们通常所说的国际收支平衡或失衡，实质上就是指自主性交易收支的平衡或失衡。调节性交易（Accommodating Transactions），也称为补偿性交易，是指一国为弥补自主性交易收支的差额而进行的各种交易活动。包括国际资金融通、资本吸收引进、国际储备的动用等，这些交易有时也称为事后交易（Ex-Post Transactions）。通过补偿性交易的调节作用，虽然能使国际收支的不平衡状态达到平衡，但有其局限性，因为补偿性交易充其量只能实现国际收支在会计上的平衡，而不能解决该国实体经济的失衡。尽管补偿性交易并不能解决一国实体经济的平衡，然后这种“补偿”却可以在一定程度上调节该国的汇率和国际储备。

为了分析的方便，一些经济学家通常在国际收支平衡表上的自主性交易与调节性交易之间加一条横线隔开，以示区别，因而自主性交易项目也被称为线上项目（Items above the line），而调节性交易项目则被称为线下项目（Items below the line）。线上项目主要包括经常项目和长期资本流动项目，其差额称为基本差额（Basic Balance），即自主性交易的收支差额；线下项目包括私人短期资本流动（因为其绝大部分是由经常项目收支引起的，属于调节性交易，因而为简单起见，特其全部划入线下项目）和官方短期资本流动，主要起调节性的平衡作用。基本差额加上短期资本流动差额称为总差额，这个差额最后靠官方储备的增减变动来平衡。可见，自主性交易所引起的基本差额是国际收支总差额的主体，因而它也是研究国际收支平衡与失衡的重点。

（二）几种常用的差额

按照上述的分析和国际收支平衡表的排列顺序，通常可以区分如下几个层次的国际收支差额概念：

1. 商品贸易差额（Trade Balance）

商品贸易差额是一定时期内一国商品出口总额与进口总额之差。如果出口大于进口则称贸易收支顺差，如果进口大于出口称贸易收支逆差，如果出口等于进口则称贸易收支平衡。

2. 经常项目差额（Current Balance）

经常项目差额是指一定时期内一国出口商品、劳务和单方面转移项目上的贷方总额与同期进口商品、劳务和单方面转移等借方项目总值之差。当贷方总值大于借方总值时，为经常项目顺差，反之则为经常项目逆差。经常项目差额是国际收支平衡表中最重要的收支差额，如果出现经常项目顺差，则意味着由于有商品、劳务和单方面转移的贷方净额，该国的国外资产净额增加，或者说经常项目顺差表示该国对外净投资。

3. 基本收支差额（Basic Balance）

基本收支差额是指一定时期内经常项目与长期资本项目借方总额与贷方总额之差。由于经常项目差额和长期资本项目流动主要受该国生产率长期变化、生产要素的有效配置、消费者偏好，以及预期资本利润率等基本经济因素的影响。因此，基本收支表示的是一国国际收支的长期趋势。基本收支逆差表示一国国际收支有长期恶化的趋势，它表示该国可能处于基本不平衡状态；顺差则表示该国的国际收支有长期加强的趋势。

4. 总差额（Overall Balance）

指在基本差额的基础上，再加上私人和官方短期资本项目差额以及错误和遗漏项目净额所形成的差额，这个差额最终由官方储备的增减来平衡，因而也称为官方结算差额。如果官方结算差额为顺差，则官方储备增加或官方对外国的流动负债减少；如果官方结算差额为逆差，则官方储备减少或官方对外国的流动负债增加。

专栏13-3

日本的贸易与经常项目盈余

二十世纪七十年到九十年代末，日本持续的巨额商品贸易盈余引起了极大的争议。

美国的决策者们和那些可能向日本出口的商人们都强烈地抱怨说，这些巨额盈余体现了日本经济的“封闭”特性以及日本经济中“不公平的”正式和非正式进口壁垒无处不在。下图体现了日本1977－1998年的贸易与经常项目差额。贸易差额在1979年还几乎为0（尽管在此之前是个正数）。至1994年，便开始急剧地上升到1 442亿美元的历史最高水平。经常项目差额在这段时期里倒是偶尔为负，并且为正时也总是小于同期的贸易差额，这反映了日本是一个服务净进口国，如运输，以及日本人在海外的旅游支出超过了外国人在日本的旅游支出。有趣的是，官方储备交易差额或综合差额在三分之一左右的年份里都是负的，或者说处于赤字状态，平均每年为＋90亿美元。经常项目的巨额盈余与官方储备交易项下小得多的盈余合在一起表明，有大量的私人资本从日本流出，且日本中央银行相对较少地干预外汇市场。

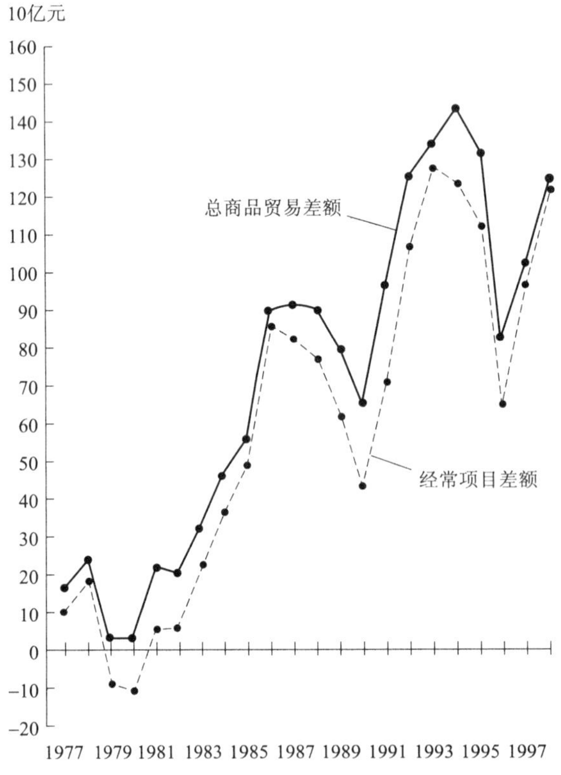

图13－1 1977－1998年日本的贸易与经常项目差额

日本对美国的双边贸易盈余从1985年起每年平均650亿美元，1999年为750亿美元。这一双边贸易盈余引起了美国的特别关注。美国的政策决策者们督促日本加快经济发展速度，因为收入提高能引致日本人更多地购买美国商品。美日之间进行了会谈，以达成明确的协议来采取措施削弱日本方面的盈余，并确定盈余削减的特定目标。但在1998年，日本已经从美国进口超过670亿美元的商品，这远远高于日本从任何其他国家的进口（中国排在第二位，370亿美元）。日本对部分国家（如澳大利亚、中国、印度尼西亚）的双边赤字还在继续。此外，由于其完全依赖于进口石油，从1989年起，日本每年对石油出口国的赤字都超过了190亿美元。

Source: International Monetary Fund, direction of trade statistics yearbook 1998 (Washington, DC), pp. 271 – 73.

二、国际收支失衡的原因

从账面看，国际收支平衡表的借方与贷方应当总是相等的。但事实上，一个国家商品的进口与出口、劳务的输入与输出、资本的流进与流出经常是不平衡的。每个项目的收支相抵后，总会出现一定的差额，如贸易收支差额、资本项目差额等，这些差额通称为局部差额。如收大于支，出现盈余，就称为顺差，顺差前冠以“+”号（国际收支平衡表里“+”号一般省略），支大于收出现亏空时，就称为逆差，逆差前冠以“-”号。复式记账规则只是使所有的局部差额汇总起来等于零，但并不消除每个项目的差额。国际收支失衡由于其内在原因的不同而可能具有不同的属性，一国政府必须认真分析造成失衡的具体原因来确定国际收支失衡的性质，并制定相应的政策予以调节。

一般地，根据国际收支失衡的性质可以将国际收支失衡分为长期性失衡和短期性失衡两种。

长期性国际收支失衡主要归咎于自主性交易。由于自主性交易在国际收支平衡中是一种最基本、最主要的组成部分，它代表一国对外收支规模和支付能力。无须利用补偿性交易的调节就可以实现国际收支的基本平衡，这意味着该国的国际收支通过自发的经济活动就能自动地达到平衡。反之，如果国际收支必须通过事后补偿性交易才能实现平衡，那么这种平衡也只是一种缺乏稳定基础的暂时性平衡。而且当通过事后补偿性交易来实现国际收支平衡时，必然在外汇市场形成对本国货币的过度需求或供给不足，造成汇率波动的预期，进而影响国际贸易或投资。

造成长期性失衡的原因主要是一国的经济结构问题。由于地理环境、自然资源、劳动力和技术水平等条件不同，各国应该依据比较利益原则生产、出口本国具有比较优势的产品和劳务，以维持国际收支的平衡。但是，由于国际产业结构和市场的变化，各国应该不断调整自己的经济结构，在国际贸易中寻找自己动态的比较优势，以优化本国的产业结构和贸易结构，否则就可能出现贸易赤字，造成国际收支长期失衡的不利局面。

在现实的国际经济活动中，一国的自主性交易在短期内并不一定每时每到都能达到平衡，因此就产生了国际收支的短期性失衡问题。所谓短期性失衡，主要考察一国的国际收支在短期内是否有赤字；换言之，就是考察一国的国际收支在短期内是否保持在合理的限度内，既无过多的逆差，也无过多的顺差。短期性失衡可能是由于客观原因如交易时间的差异引起的，也可能是由于主观原因引起的。例如，有些发展中国家为了引进外资，主动地保持一定的贸易逆差，通过超额进口，获得国外资源，促进本国经济的发展。在此，值得注意的是，这种经常存在的短期逆差不至于影响国际收支的长期平衡，必须将它控制在合理的限度内。因为流入的资本最终总是要流出的，而且流出量还会大于流入量，这就要求该国的经常项目盈余应该能够抵补资本项目的赤字以维持国际收支的平衡。所以，这种短期不平衡的限度应该体现在该国对外债务的还本付息的能力上。

造成一国国际收支短期失衡的因素有很多。例如：由于通货和利率变动所造成的货币性失衡，如果一国国内发生通货膨胀就会造成出口减少、进口增加和经常项目逆差；过量的外汇投机和资本冲击所造成的投机性失衡，如在经常项目已经出现顺差的情况下外国资本继续流入，将使一国资本流入量超过该国经济所能承受的限度；各国经济周期差异造成某国进出口结构失衡，如主要以某一国为出口市场的国家，当前者出现经济衰退、出口下降时，由于本国经济正处于增长，对进口需求反而增加，就会导致国际收支的结构性失衡；突发因素的冲击也会造成一国国际收支出现偶然性失衡，如海湾战争造成石油价格上涨，各国石油进口支出上升，对国际收支也会造成失衡压力。

总之，在进行国际收支分析时，账面上的平衡只是分析的起点，对于经济平衡也不应该局限在一时一刻的平衡。在现实经济生活中，平衡总是相对的，而且在绝大多数情况下，我们追求的平衡应该是基本差额的长期平衡。

三、国际收支失衡对一国经济的不良影响

一国的国际收支失衡特别是那些长期性失衡，无论是逆差还是顺差，都有可能对其经济造成不良影响。

长期性国际收支赤字会对一国经济产生严重的不良影响。例如，综合差额赤字会形成本币对外贬值的压力，如果该国货币当局为稳定本币汇率而大量动用其国际储备干预汇市，则不但会造成其国际储备的减少，影响到该国进一步对外融资的能力，而且还会引起货币供给的缩减，不利于该国的经济增长和充分就业；金融账户中的各投资项目赤字，则意味着该国的资本流出大于流入，也不利于其经济增长和充分就业；而贸易差额赤字，则不但意味着该国拥有的国外财富的减少，而且可能还意味着该国的产品缺乏国际竞争力，如果该国不能在引进外资弥补这一收支缺口的同时，有效地扩大出口（通过引进外资来提高生产效率、调整经济结构和产品结构以加强其产品的国际竞争力），就只能用限制和减少进口的办法来调整经济，这也不利于该国的经济增长和充分就业。

当然，如果一国国际收支出现长期或巨额盈余也会对其经济产生一些不良影响。比如，综合差额的长期或巨额盈余会形成本币对外升值的压力，本币升值则会降低该国产品在国际市场上的竞争力，而如果该国货币当局为稳定本币汇率而大量增加其国际储备，则又会引起货币供给的大幅增加，造成通货膨胀；又如，一国的贸易盈余过多则会造成其贸易伙伴国的贸易赤字过大，引起贸易摩擦，而不利于国际经济关系。当然，在现实中国际收支赤字对一国经济产生的不利影响要远远大于盈余所带来的不良影响，因而也更为人们所重视。

本章小结

1. 国际收支是一国在开放经济条件下，在一定时期内与其他国家所有经济交易及交往的系统记录，它是一个以经济交易及交往为基础的流量概念。国际收支平衡表则是依据一国的国际收支科学编制出来的复式簿记平衡报表，其“有借必有贷，借贷必相等”的复式簿记原理及其“借记入，贷记出”等一系列记账惯例常常使得缺乏会计学知识的初学者感到困惑和难以把握，需要通过大量的实例分析才能真正理解和灵活应用。

2. 国际收支平衡表则是指以借贷记账法系统规范地记录一国居民在一定时期内所从事的全部国际经济交往或交易的统计表格。IMF 制定的国际收支平衡表包括经常项目、资本与金融项目、错误和遗漏项目三大部分。

3. 所谓国际收支的平衡或失衡，人们在理论上是用自主性交易的平衡与否来定义之，但由于这一定义在实际运用时有着许多技术上的困难，因而人们实际上一般是根据分析的具体需要而采用各种不同的线上项目收支的平衡与否来定义之，其中最常用的几个指标是综合收支差额和经常账户收支差额。

4. 国际收支失衡由于其不同的原因而会具有不同的性质，有短期性的，也有长期性的，需要给以科学的辨析。而长期性的国际收支失衡，无论是顺差还是逆差，都会对一国经济造成不良影响。

思考练习题

1. 简述国际收支平衡表的记账原理和记账惯例。具体来说，本国商品和劳务的进口与出口，本国对外金融资产的增加与减少，本国对外负债的增加与减少，……分别各应记入贷方还是借方？

2. 请说明以下交易分别应如何记入我国国际收支平衡表和美国国际收支平衡表：

（1）我国 A 公司向美国 B 公司出口了 1 000 美元的商品，收到经后者承兑的 3 个月后付款的商业汇票；

（2）3 个月后，美国 B 公司按期向我国 A 公司付清了票款。

3. 请说明以下交易分别应如何记入我国国际收支平衡表和美国国际收支平衡表：

（1）我国央行购买了 1 亿美元的一年期美国政府债券，预计到期后可得固定利息 5 百万美元；

（2）债券到期后我国央行得到本息和 1 亿零 5 百万美。

4. 依下列国际收支简表回答问题：（单位：亿美元）

商品	-3.23
服务	-1.12
收益	-2.28
经常转移	-0.32
资本转移	0.17
直接投资	7.01
证券投资	-2.97
其他长期投资	4.56
其他短期投资	1.44
差错与遗漏	-3.84
官方短期借贷	-0.36
官方储备	0.94

（1）分别计算其经常账户差额、金融账户差额、基本差额和综合差额；

（2）该国的基本差额是顺差还是逆差？分析其成因。

（3）该国的国际储备是增加了还是减少了。

5. 所谓国际收支失衡的具体含义是什么？

6. 如何对国际收支失衡的性质进行分析？

7. 一国能否持久处于国际收支（综合收支或经常账户收支）赤字状态？为什么？

第十四章　汇率决定理论

学习目标

要求了解铸币平价理论、购买力平价理论、利率平价理论、汇率的货币模型以及资产组合分析模型的基本原理，运用相关知识点对人民币汇率的走势及对国内国际的影响进行分析。

关键术语

购买力平价理论　利率平价理论　汇率超调模型　资产组合分析模型

第一节　铸币平价理论

金本位制是以黄金为本位货币的货币制度，包括金币本位制、金汇兑本位制和金块本位制。金币本位制是最具代表性的金本位制。自 1816 年英国实行金币本位制开始，到 1879 年美国实行金币本位制，世界各主要国家大都独立实行了金币本位制。金币本位制具有自由铸造、自由兑换、自由输出入的特点。虽然它是自发形成的，但却为当时国际贸易的开展和世界经济的增长奠定了制度基础，它一直维持到第一次世界大战。

在金币本位制下，各国都规定了每一单位金铸币包括的黄金重量和成色，即含金量，两国货币的汇率可以用各自的含金量来折算。两国货币的含金量之比称为铸币平价，它是金币本位制下决定汇率的基础，这就是铸币平价理论。如在 1929 年大危机之前，1 英镑金币的重量为 123.274 77 格令，成色为 22K 金（24K 为纯金），含纯金 113.001 6 格令。美国 1 美元金币的重量是 25.8 格令，成色为 90%，含纯金 23.22 格令。则英镑和美元之间的汇率为：

$$1\text{ 英镑}=\frac{1\text{ 英镑含金量}}{1\text{ 美元含金量}}=\frac{113.0016}{23.22}=4.8666(\text{美元})$$

金币本位制下，银行券和金币一起流通并可自由兑换黄金，并存在两种并行的国际结算方式：利用汇票等支付手段进行非现金结算和以黄金进行结算。但人们更愿意持有银行券，因为持有银行券不仅可以生息，而且还可以避免因持有黄金而支出的保管费用，当时国际上 90% 以上的国际贸易都是通过英镑（银行券）来结算，英镑也成为各国主要的国际储备。但是，铸币平价只是金币本位制下决定汇率的基础，当时外汇市场上买卖外汇的实际汇率要受到外汇供求情况的影响，当市场对某一外汇的需求超过该外汇的供给时，该外汇就会升值；反之，当市场上对某一外汇的供给超过了该外汇的需求时，该外汇就会贬值。金币本位制下汇率的波动不是漫无边际的，而是围绕铸币平价上下波动，并以黄金输送点为界限。因为在黄金可以自由输出入的金币本位制下，当市场汇率对一国不利时，就可以不用支付外汇，而改用输出入黄金的办法来办理国际结算，它使得汇率被限定在很小的范围内波动。

金币本位制下汇率的波动范围即黄金输送点是根据进行国际贸易的两国间运送黄金的各项费用（运费、保险费、包装费、期间利息）确定的，当时运送 1 英镑黄金的费用为 3 美分，那么外汇市场上英镑与美元的汇率将被限定在 4.866 6 ± 0.03 的范围内。如果美国有国际收支逆差，英镑对美元的汇率超过 4.896 6，则美国人将选择用运送黄金到英国来清偿其债务；反之，当美国有国际收支顺差，英镑的供给增加，英镑对美元的汇率下降到 4.836 6 以下时，就会有黄金流入美国。由此可见，在美国，黄金输出点是其汇率波动的最高限，黄金输入点是其汇率波动的最低限。

第一次世界大战爆发以后，随着各国对黄金流动的管制，金币本位制宣告崩溃。一战以后，美国率先在 1919 年恢复了金币本位制，但英国、德国、法国等国家只能实行金块本位制或金汇兑本位制。金块本位制下不再允许本币自由兑换黄金，只能用本币兑换金块；而金汇兑本位制则禁止用本币兑换黄金，黄金也不允许自由输出入，黄金已不再具有流通手段和支付手段的职能，只发挥储藏手段的职能。此时虽然各国仍然规定本币的含金量，其货币汇率也由纸币所代表的含金量之比——黄金平价来决定，实际汇率受供求关系的影响围绕黄金平价而上下波动，但黄金输送点却由于黄金不能自由输出入而不复存在，汇率波动的幅度由政府制定和维持，并通过设立外汇平准基金来维持汇率的稳定，必要时可变动黄金平价。

在 1929 - 1933 年的经济危机期间，为转嫁经济危机，各国货币纷纷贬值，爆发了“汇率战”和贬值竞赛，金本位制彻底崩溃。此后各国货币汇率都开始浮动，经历了一个长达十几年的动荡时期，直到第二次世界大战结束。

第二节 购买力平价理论

购买力平价理论（The Theory Purchasing Power Parity，PPP）又称“PPP 理论”，是汇率理论中最具影响力的理论之一。早在 19 世纪，就有一些经济学家提出了购买力平价理论，1922 年古斯塔夫·卡塞尔在前人研究的基础上，对购买力平价理论作了系统的阐述。他在出版的《1914 年以后的货币与外汇理论》一书中提出了应以国内外物价对比作为决定汇率的依据。该理论强调经常账户对汇率的决定作用，将两国物价水平的变动与汇率的变动联系起来。

专栏14-1

恶性通货膨胀与购买力平价

第一次世界大战以后，胜利的同盟国要求德国偿还巨额的“赔款”。但赔款额之巨大，使得赔款的偿还差不多是毫无可能的，何况战争期间德国工业遭到严重的破坏。约翰·梅纳德·凯恩斯，当时是英国政府的经济顾问，也是那些警告过赔款数额过大的人之一。德国政府开始简单地印钞票，为履行部分财政义务筹集资金。

由此产生的流通货币量的增长与物价水平的上涨非常惊人。从 1922 年 1 月到 1923 年 11 月，平均价格水平以近 200 亿为因子增长。货币的价值狂跌不已，人们一拿到货币，能多快就有多快地拼命花掉。凯恩斯常说一个故事，德国人会一下子买两瓶啤酒，尽管其中一瓶会慢慢变温，因为他们担心若不这样，当他们要买第二瓶时，价钱已升高了。

【选自［美］斯迪格利茨著《经济学——小品和案例》，中国人民大学出版社 1998 年版，第 171 页。】

该理论是在“一战”以后，金币本位制崩溃，爆发了世界性的通货膨胀和国际货币体系出现动荡和混乱的背景下提出的。在金币本位制下，铸币平价是汇率的决定基础，但“一战”以后，金币本位制基本上已经崩溃，虽然有些国家恢复了金块和金汇兑本位制，但存在的基础大大削弱了。与“一战”以前的金币本位制不同的是，此时各国市场上流通的基本上都是不能兑换黄金的纸币，许多国家发生了恶性通货膨胀，因此原来的汇率决定理论已不适用，卡塞尔就是在通胀条件下来研究汇率决定问题的。其目的就是想为“一战”以后遗留的国际支付、战争赔款以及通胀问题的解决提供一个货币标准。

一、绝对购买力平价理论

购买力平价理论的基本思想是：人们之所以需要外汇是因为它在发行国有购买力，外国人之所以需要本币是因为它在本国有购买力，所以，对本币和外币价值的评价主要取决于两国货币购买力的比较。

购买力平价理论有两种形式：绝对购买力平价和相对购买力平价。

绝对购买力平价理论认为：在某一时点上，两国货币之间的汇率取决于两国货币的购买力之比。购买力是一国一般物价水平的倒数，假设 A 为本国，B 为外国，汇率标价方法为直接标价法，则绝对购买力平价可用公式表示为：

$$E=\frac{P_A}{P_B} \tag{1}$$

其中 E 为汇率，表示 1 单位 B 国货币折合若干 A 国货币，P_A 为 A 国的一般物价水平，P_B 为 B 国的一般物价水平。它实际上就是所谓的一价定律，即在自由贸易条件下，同一种商品在世界各国以同一货币表示的价格是一样的。例如某商品在美国价格为 10 美元，英镑与美元的汇率为 1 英镑兑换 2 美元，则该商品在英国的价格为 5 英镑。如果某种商品的价格不符合一价定律，在两国之间就会出现商品的套购活动，从而在两个国家对两种商品的供求关系发生变化，直到绝对购买力平价或“一价定律”成立为止。

卡塞尔对绝对购买力平价曾给出几点重要的解释：第一，购买力平价是现实汇率水平运动的趋势，尤其在自由贸易的情况下，这一理论更为有效。第二，当一国对进口和出口的管制程度基本相同时，绝对购买力平价仍然适用。第三，由于购买力平价是由两国货币的购买力决定的，因此在计算货币的购买力时，应以反映所有商品和劳务的总体价格水平为基础。它并不要求一价定律对所有商品都成立，只要它在某一商品上的偏差能与其他商品上的偏差相抵消就行了。

严格来说，购买力平价与一价定律是不同的，一价定律只适用于某一种商品，而购买力平价则适用于一揽子商品。如果一价定律正确，绝对购买力平价一定正确。但如果绝对购买力平价正确，一价定律却不一定正确。

实际上，在充分竞争的国际市场上商品的一价定律是使绝对购买力平价得以实现的经济机制。但绝对购买力平价总体上来讲是不正确的。原因如下：首先，它所给出的汇率只是使商品（和服务）贸易均衡的汇率，而不是使国际收支达到均衡的汇率。其次，商品（和服务）可分为贸易商品（和服务）与非贸易商品（和服务）。对像水泥和理发等这样的商品和服务来讲，是很难进行国际贸易的。由于各国的物价总水平既包括贸易商品（和服务）也包括非贸易商品（和服务），因此用绝对购买力平价也肯定得不到使贸易达到均衡的汇率。第三，由于运输成本和各种贸易壁垒的存在，那么一价定律包括绝对购买力平价就难以成立。

二、相对购买力平价理论

卡塞尔还提出了相对购买力平价理论，从动态角度考察了汇率的变动。相对购买力平价理论认为，汇率的变化取决于两国在某个时期内物价水平或货币购买力的变化，它是在绝对购买力平价的基础上提出的，用公式可表示为：

$$E_1 = \frac{P_A^1/P_A^0}{P_B^1/P_B^0} \times E_0 \tag{2}$$

其中 E_0 为基期的汇率水平，E_1 为报告期的汇率水平，P_A^0 为 A 国基期的物价水平，P_A^1 为 A 国报告期的物价水平，P_B^0 为 B 国基期的物价水平，P_B^1 为 B 国报告期的物价水平。它表示 A、B 两国货币的汇率取决于两国物价水平的相对变化。如果 A 国的物价水平相对于 B 国来说上升了，则汇率将上升，本币贬值；如果 A 国的物价水平相对于 B 国来说下降了，则汇率将下降，本币升值；如果两国的物价水平变动一致，汇率将会保持不变。例如，假设 A 国的物价水平上涨 10%，B 国的物价水平保持不变，则相对于基期来讲 A 国货币将贬值 10%。

根据绝对购买力平价理论，我们有：

$$\frac{E_1 - E_0}{E_0} = \frac{\dfrac{P_A^1}{P_B^1} - \dfrac{P_A^0}{P_B^0}}{\dfrac{P_A^0}{P_B^0}} = \frac{\dfrac{P_A^1 P_B^0 - P_B^1 P_B^0}{P_B^1 P_B^0}}{\dfrac{P_A^0}{P_B^0}} = \frac{P_A^1 P_B^0 - P_B^1 P_A^0}{P_B^1 P_A^0} = \hat{P}_A \times \frac{1}{\hat{P}_B} - 1$$

$$= \frac{\hat{P}_A - \hat{P}_B}{\hat{P}_B} \approx \hat{P}_A - \hat{P}_B = \pi_A - \pi_B \tag{3}$$

其中：$\hat{P}_A$ 为 A 国的物价指数，$\hat{P}_B$ 为 B 国的物价指数，π_A 为 A 国的通货膨胀率，π_B 为 B 国的通货膨胀率。上式表示两国货币汇率的变化率等于两国的物价指数之差或两国的通货膨胀率之差。公式虽然简单，含义却相当深刻。如果 A 国的通货膨胀率为10%，B 国的通货膨胀率为 5%，根据相对购买力平价理论，A 国货币相对于 B 国货币将贬值 5%（10% −5% =5%）。也就是说，一国货币的对内贬值必然会引起对外贬值。

相对购买力平价也可用外汇供求关系的变化来表述。

图 14 −1 中 F 和 D 分别表示在给定本国和外国物价水平条件下的外汇供给曲线（F）和外汇需求曲线（D）。最初的均衡汇率为 E_1，由 F_1 和 D_1 的交点 A 来决定。假定外国的物价水平不变，如果本国的物价上涨，会使进口增加，本国居民对外国货币的需求增加，需求曲线将向右上方移动到 D_2，本币贬值，D_2 与 F_1 的交点为 B，新的均衡汇率为 E_2，本币贬值将使出口增加，进口减少，直到外汇的供给和需求相等为止。如果外国的物价也上涨相同的幅度，将会提升本国出口商品在外国的竞争力，本国出口会增加，外汇供给会增加，外汇供给曲线将向右下方移动到 F_2，此时的均衡点为 C 点，均衡汇率为原汇率 E_1，本币汇率不变。假定本国物价水平不变，如果外国的物价上涨，则外汇供给曲线将向右下方移动到 F_3，汇率变为 E_3，本币将升值。

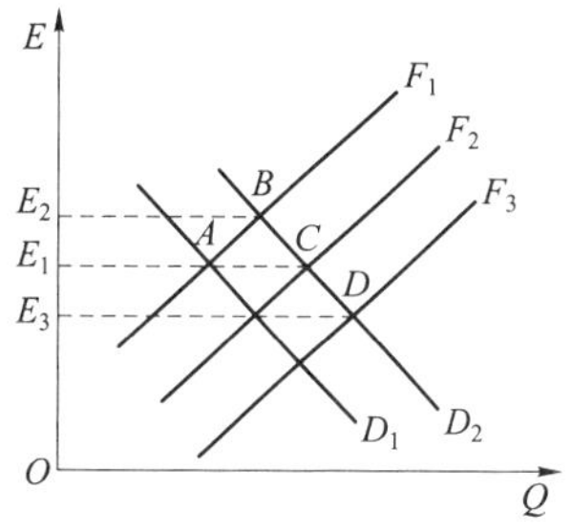

图 14 −1　外汇供求与购买力平价

与绝对购买力平价相比，相对购买力平价从理论上避开了一价定律的严格假设，考察了两国价格水平变动与汇率变动之间的关系，更具有现实意义。如果绝对购买力平价有效，则相对购买力平价也有效，但反之不一定成立。例如当存在运输成本和资本流动以及其他的贸易障碍时，绝对购买力平价就会无效。

专栏14-2

我国 GDP 被低估了吗?

按照 2004 年我国国家统计局公布的数据，2003 年我国 GDP 为 121 103.8 亿元人民币（按官方汇率折合约 1.4 万亿美元），人均 GDP 为 9 371 元人民币（按官方汇率约合 1 100 美元）。与此同时，世界银行和国际货币基金组织（IMF）也公布了我国经济发展的相关数据。世界银行 2004 年《世界发展报告》显示，按照名义汇率法计算的 2003 年我国 GDP 为 14 098 亿美元，人均 GDP 1 087 美元，与国家统计局公布的数据基本一致；而按照购买力平价计算的 2003 年我国 GDP 为 63 538 亿美元，人均 GDP 4 900 美元。另外，IMF 的估算结果显示，我国的人均 GDP 也远不止 1 100 美元。不同的计算结果导致了我国在整个国际社会的排名发生了重大变化。按照名义汇率法的计算结果，2003 年我国 GDP 位居世界第七，不到日本的 1/3；而按照购买力平价计算的我国 GDP 位居世界第二，仅次于美国，大约是日本的 2 倍。

为什么世界银行计算的以美元计值的我国 GDP 出现如此大的差异？原因就在于计算方法不同。

名义汇率法是在各国统计部门所公布的统计数字的基础之上，按照官方汇率将其折算为美元的一种方法。在布雷顿森林体系崩溃以后，多数国家实行了浮动汇率制度的情况下，为防止由于汇率波动带来的国民经济统计指标的无谓变动，世界银行采用了通过三年期汇率的平均值来平抑汇率波动的方法。其目的就是为了消除短期内汇率的波动，但实际效果并不十分理想。尤其是当某国货币处于长期的大幅度的升值和贬值时期，其局限性就更加明显。由于我国事实上采取了钉住美元的汇率制度，所以，美元和人民币的比价在2005年前的十年内变化很小。因此，按照名义汇率法估算的我国GDP，与国家统计局按当年平均汇率计算的GDP基本上是一致的。

购买力平价法是在国家之间相互比较时，由于各国物价水平不同，需通过一个价格折算因子将物价对GDP的影响消除。购买力平价法的估算方法有支出法（ICP方法）和生产法（ICOP方法）两种，这是与国民经济核算方法相对应的。世界银行也是通过对全球118个国家和地区各行业产品和服务价格体系进行广泛调查后按照国际通行的核算原则进行估算的，第二套排名的结果就是运用ICP法得出的比较结果。这种比较由联合国进行，凡是没有比较过的年份就用本国货币计算的GDP增长率外推，还有很多没参加的国家都是用这种方式推算出来的。我国没有参加ICP，世界银行的数据是根据任若恩和陈凯1986年的比较结果外推而来的。显然，相隔近20年的外推时间实在太长，世界银行估算的2003年我国6万多亿美元的GDP虽然令人振奋，但却实难令人信服，世界第二经济大国的地位更像是出于某种目的而强加的光环，而国家统计局计算的1万多亿美元的GDP又似乎难以服众，孰是孰非，一时还难以明断。

三、购买力平价的应用

20世纪20年代，英国政府按第一次世界大战前的金平价恢复了金块本位制，当时人们普遍预期英镑会升值，于是纷纷抢购英镑，很快使英镑的汇率从低于金平价10%上升到低于金平价2%。1925年，英国政府中的一些经济顾问试图用购买力平价测算当时英镑的升值是否正常，他们用批发物价指数计算的结果是：当时的实际汇率只高出购买力平价约2%～3%，不会对英国产生太大的不利影响。但凯恩斯认为用批发物价指数计算的结果可能存在较大偏差，因为批发物价中进出口产品的权重较大，而应该采用消费物价指数。他计算的结果是实际汇率高出购买力平价10%～12%，即英镑定值太高。英镑实际汇率的非正常升值必然会影响到出口，带来国际收支逆差，还会造成国内物价下降。后来英镑被迫贬值。事实证明凯恩斯是正确的，由于物价指数选择不当，1925年英国对购买力平价的应用失败了。

用相对购买力平价来测算人民币汇率问题，一直是国内外非常热衷而又极有争论的，下面是一些结果：1981年，美国的克拉维斯教授估算1975年的购买力平价为\$1 = RMB0.46，他估计的中国人均收入是745美元。1993年，《经济学家》杂志估算的购买力平价为\$1 = RMB1.5，由此计算出的1995年的中国人均GDP为3 200美元，GDP为38 489亿美元，成为仅次于美国的世界第二经济大国。1997年，易纲的估算结果是\$1 = RMB4.2，住房和服务方面的福利政策是推动人民币真实购买力上升的根本原因，如果排除非贸易品，只考虑贸易品，则1993年人民币的购买力平价为\$1 = RMB7.0，1994年人民币的购买力平价为\$1 = RMB7.3，1995年人民币的购买力平价为：\$1 =

RMB7.5。由此可以看出，当时的人民币名义汇率不是高估，而是被低估了，人民币升值是向其正常价值的回归。

经济学界为测试购买力平价的偏差程度，给出了实际汇率的形式：

$$e = E \times \frac{P_B}{P_A} \tag{4}$$

实际汇率是外国商品和劳务相对于本国商品和劳务的相对价格。显然，如果购买力平价理论成立，那么 e 应该等于 1。但验证的结果是实际汇率不仅变动大，而且具有持久的特征。对此偏差，卡塞尔认为购买力平价虽然是重要的汇率决定因素，但不是唯一的，其他因素也会影响现实汇率的变动。

四、对购买力平价理论的评价

购买力平价理论提出已有 80 年了，到目前为止它仍有相当强的生命力。它的重要之处在于揭示了汇率变动的长期原因，认为一国货币对内价值的变化必然引起对外价值的变化，并以国内外物价对比作为汇率决定的依据。对内贬值必然引起对外贬值，有其合理性。但是该理论也存在一些重大缺陷：第一，其理论基础仍是货币数量论，购买力与货币数量有关。第二，它假定所有商品都是贸易商品，忽视了非贸易商品的存在，由此导致了根据不同商品计算的购买力平价。巴拉萨认为，在发达国家非贸易和贸易商品与服务的价格的比值全面地高于发展中国家。可能的原因是：许多非贸易的商品和服务，其生产技术在发达国家和发展中国家是极其相似的（如理发），然而为使发达国家的劳动力停留在这样的职业上，就需要付出相对贸易商品和服务更高的报酬。所以发达国家非贸易商品和服务的价格就普遍高于发展中国家了。因为总的价格指数既包括贸易的又包括非贸易的商品和服务，而后者的价格不受国际贸易影响，且在发达国家相对较高，所以相对购买力平价容易低估发达国家货币的汇率水平，高估发展中国家货币的汇率水平。发展水平差异越大，汇率的扭曲程度越大。第三，忽略了贸易成本和贸易壁垒，因此套购活动难以成立，一价定律难以成立。第四，它过分强调了物价对汇率的作用，而忽视了汇率对物价的影响。第五，忽视了国际资本流动对汇率的影响，尤其是短期内实际汇率会偏离购买力平价。第六，各国的物价指数不同，基期不同，样本不同，使之难以进行比较。

第三节 利率平价理论

凯恩斯早在 1924 年就提出了利率平价理论。“二战”以后，特别是在欧洲货币市场诞生以后，离岸金融市场纷纷兴起，改变了传统的国与国之间的金融投资与借贷关系，国际资本流动出现了新的特点，并对汇率产生了更大的影响。在这样的背景下，爱因齐格提出了现代利率平价理论。它说明了远期（短期）汇率的决定基础。

一、利率平价理论的基本内容

利率平价可分为无抛补利率平价（Uncovered Interest Rate Parity，UIRP）和抛补的

利率平价（Covered Interest Rate Parity，CIRP）两种。在资本自由流动的条件下，当国外利率水平高于国内时，为赚取利差，投资者在即期外汇市场买入准备投资的外币，如果同时卖出远期外汇以回避汇率风险，则称为抛补套利；如果没有采取措施回避汇率风险，则是无抛补套利。在无抛补套利中，投资者实际上是假定未来的汇率不变或外汇会升值，是在进行外汇投机。

在资本完全自由流动的条件下，投资者的套利行为使国际金融市场上以不同货币计价的相似资产的收益率（资本的价格）趋于一致，这就是国际金融市场上的“一价定律”。

（一）无抛补利率平价

以 I_A 代表以本币计价的某资产的收益率，I_B 代表外币相似资产的收益率，E 是以直接标价法表示的即期汇率，E^* 表示将来某个时点（这里的期限与投资的期限相同）的预期汇率。不妨假定投资者拥有单位本币，在本国和外国（折算为本币）投资的本息和分别为（$1+I_A$）和（$1+I_B$）$\frac{E^*}{E}$。当$(1+I_A)>(1+I_B)\frac{E^*}{E}$时，在本国投资的收益高于在外国投资的预期收益，应在本国投资，会引起国际资本流向国内；当$(1+I_A)<(1+I_B)\frac{E^*}{E}$，在本国投资的收益小于在外国投资的预期收益，应到外国投资，引起国内资本流向国外；当$(1+I_A)=(1+I_B)\frac{E^*}{E}$时，则在任何一国投资均可，资本将不在两国之间流动。

如果在两国的资本收益率不相等，资本就会从收益率较低的国家流向收益率较高的国家，资本流出国的资本收益率将提高，而资本流入国的资本收益率将下降，直到两国的收益率水平相等为止，即：

$$(1+I_A)=(1+I_B)\frac{E^*}{E}$$

以 $\rho_s=\frac{E^*-E}{E}$表示未来预期汇率的变化率，

由于$\frac{E^*}{E}=1+\frac{E^*-E}{E}=1+\rho_s$

则$(1+I_A)=(1+I_B)\frac{E^*}{E}=1+I_B+\rho_s+I_B\times\rho_s\approx 1+I_B+\rho_s$

于是有：$\rho_s=\frac{E^*-E}{E}=I_A-I_B$

它就是无抛补套利的利率平价。其含义是本国货币的预期贬值（升值）幅度（或预期的汇率变化率）等于本国利率高于（低于）外国利率的差额。

（二）抛补的利率平价

抛补的利率平价理论的基本观点是：汇率的远期差价是由于两国利率差异引起的，资金将通过即期外汇交易从低利率国家流向高利率国家，同时再通过远期外汇交易换回原货币，在保证回避汇率风险的情况下赚取差价。由此会造成高利率国家货币在期汇市场上贴水，低利率国家货币在期汇市场上升水。同时高利率货币现汇升值，低利率货币现汇贬值，直至无套利机会为止。

仍以 I_A 代表以本币计价的某资产的收益率，I_B 代表外币相似资产的收益率，E 是以直接标价法表示的即期汇率，E_f 代表将来某个时点（这里的期限与投资的期限相同）的远期汇率。不妨假定投资者拥有单位本币，在本国和外国（折算为本币）投资的本息和分别为 $(1+I_A)$ 和 $(1+I_B)\dfrac{E_f}{E}$。抛补套利条件下的利率平价是：

$$(1+I_A)=(1+I_B)\frac{E_f}{E}$$

$$\rho_f=\frac{E_f-E}{E}=\frac{E_f}{E}-1=\frac{1+I_A}{1+I_B}-1=\frac{I_A-I_B}{1+I_B}\approx I_A-I_B$$

它说明远期外汇升（贴）水率 ρ_f 等于国内、外利率差。如果国内利率高于国外利率，则外汇升水，如果国内利率低于国外利率，远期外汇贴水，且升（贴）水率等于两国利差，它就是著名的利率平价表达式。在抛补套利中，套利者不仅要考虑利率差异带来的收益，而且还要考虑汇率变动所产生的收益变动，套利与掉期交易相结合就可以回避汇率风险。在外币利率高于本币利率时，套利的结果将使外币的即期汇率上升（外币升值），远期汇率下降（外币贴水）。随着抛补套利的不断进行，远期汇率与即期汇率的差额会不断扩大，直至利率平价条件成立为止。此时抛补套利活动停止，外币远期贴水幅度等于外国利率高于国内利率的幅度。

在资本完全流动的前提下，抛补的利率平价和无抛补的利率平价得出了一个相似的结论，即：如果一国的利率上升，并超过利率平价所要求的水平，该货币就应贴水（或预期贬值），反之，将升水（或预期升值）。

在有效的外汇市场上，如果不考虑交易成本和风险收益，抛补套利活动最终将使外汇市场处于均衡状态。所以利率平价理论不仅在理论上揭示了汇率与两国利差之间的数量关系，而且还分析了短期国际资本流动的规律。

如果已知即期汇率、期限 t（月数）和两国的利率水平，就可以通过下面的公式来计算升（贴）水量：

$$p(d)=E\times|I_A-I_B|\times\frac{t}{12}$$

然后可以结合即期汇率和升贴水情况来计算理论上的远期汇率。银行每日挂牌的不同期限的远期汇率就是根据该汇率再结合外汇市场上的供求关系得出的。

（三）国际费雪效应

通货膨胀对名义利率的预期效应称为费雪效应，它是由美国经济学家欧文·费雪提出的，因此，通货膨胀率与利率之间的关系式又称为费雪方程，它可以表示为：

$$r_A=R_A-\pi_A$$

其中 r_A 为 A 国实际利率，R_A 为 A 国名义利率，π_A 为 A 国通货膨胀率。

对外国（B 国）来说，费雪方程同样成立，即：

$$r_B=R_B-\pi_B$$

根据费雪假设，在各国不存在资本管制时，国际资本的完全自由流动最终必然导致两国的实际利率相等，即：

$$r_A = r_B \quad 或 \quad R_A - \pi_A = R_B - \pi_B$$

整理得：

$$R_A - R_B = \pi_A - \pi_B$$

它就是国际费雪效应，它说明两国的名义利率差等于两国的通货膨胀率的差。

结合利率平价条件，我们有：

$$\frac{E_f - E}{E} = R_A - R_B = \pi_A - \pi_B = \frac{E_1 - E_0}{E_0}$$

上式建立了购买力平价与利率平价之间的关系，它表明，在完全竞争与没有资本管制的条件下，升贴水率由两国预期的通货膨胀率之差（或两国的名义利率之差）来确定。假定从利率平价开始，某国的经济政策突然发生变化，比如引起人们对较高通货膨胀的预期，此时汇率（包括远期汇率和预期汇率）会立即进行调整，同时将导致名义利率上升，三者之间相互调整并达到新的均衡。

二、对利率平价理论的评价

利率平价理论自20世纪20年代被提出以后，就受到了西方经济学家的高度重视，因为它是从资本流动的角度来研究汇率的决定基础的。但该理论也存在一些缺陷。

第一，利率平价理论成立要求国际金融市场满足“一价定律”，而“一价定律”的适用性又要满足以下一些假定：① 国家之间资本能够完全自由流动，没有任何资本管制。② 存在有效的外汇市场，即存在一个有组织的即期和远期外汇市场。③ 没有交易成本。④ 本国和外国的金融资产可以根据到期的时间和风险完全替代。但是，现实世界中不仅有效的外汇市场没有普遍存在，而且许多国家实施的外汇管制正是导致利率平价出现偏差的主要原因。

第二，在利率平价的关系式中，并没有能够说明到底是利率平价决定汇率，还是远期汇率和即期汇率的差（掉期率）决定利率。也就是说，在利率平价的关系式中，并没有说明即期汇率、远期汇率和利率三个变量谁是内生的，谁是外生的，利率平价理论是一个汇率决定理论还是一个利率决定理论。虽然大多数人认为利率的差异是引起资本流动和外汇供求的重要原因，所以远期汇率是由利差决定的。但是当发生货币危机时，货币的预期贬值同样可以使本国的金融资产的收益率发生变动。它说明利率平价理论在定义上存在模糊之处，并未说明汇率决定的基础，只是解释了在某些特定条件下汇率变动的原因。

第三，忽视了利率结构问题。一国的利率结构是比较复杂的，影响因素也很多，如果两国之间的金融资产不具有完全的替代性，利率结构就会出现差异，利率平价就不可能成立。而且人们很难凭借名义利率的变动来迅速判断市场利率的变动是由实际利率的变化引起的，还是由通货膨胀预期的改变引起的。

第四节 弹性价格：货币模型 I

一、资产市场分析法与货币模型

货币模型是西方汇率决定理论中资产市场分析法的一个重要分支。资产市场分析法是从 20 世纪 70 年代中期迅速成长起来的汇率决定理论，与传统汇率理论强调贸易流量对汇率决定有着重要影响不同，该理论强调金融市场在汇率决定中的重要作用。由于金融资产价格变动频繁，所以它能较好地解释汇率的频繁波动。这一理论的产生与当时国际经济的两大时代背景密切相关。首先，1973 年布雷顿森林体系的崩溃，使浮动汇率制度取代了固定汇率制度，各国货币汇率开始了频繁且剧烈的波动。其次，从 20 世纪 60 年代开始的大规模的国际资本流动成为国际经济中一个新的特征。国际资本流动已脱离实物经济和国际贸易而独立存在，并对汇率产生了巨大的影响。资产市场分析法正是在这样的背景下产生和发展起来的。

与传统的汇率决定理论不同，资产市场分析法扬弃了流量分析法，而是强调金融资产市场的存量均衡对汇率的决定性作用。资产市场分析法具有以下 5 个基本观点：① 理性预期是决定汇率的一个非常重要的因素。投资者对某一变量未来值的主观预期等于以当前所有信息为条件的数学期望值。② 资产市场的均衡状态为资产供、求的存量相等。③ 汇率作为一种货币现象，也会受到实际（非货币）因素的影响，但这一影响必须通过货币需求的变化才能影响汇率。④ 汇率作为货币资产的价格，其波动与股票和债券等金融资产的价格变化具有相同的特征。⑤ 资本可完全自由流动，不存在资本管制。

货币法（Monetary Approach）和资产组合平衡法（Portfolio Balance Approach）是资产市场分析法的两个重要分支，区别在于资本替代性（Capital Substitutability）假定。货币法假定本国与外国债券之间有完全替代性，而资产组合平衡法则假定本国债券与外国债券之间不可完全替代，因此后者特别强调债券市场的作用。资产组合平衡法将在本章第六节中介绍。

货币模型分为弹性价格货币模型和粘性价格货币模型。粘性价格货币模型将在第五节中介绍。

二、弹性价格货币模型

弹性价格货币模型是现代汇率理论中建立最早也是最基础的汇率决定模型，主要代表人物有弗兰克尔、穆萨、考瑞、比尔森等。该理论是在 1975 年斯德哥尔摩召开的关于“浮动汇率与稳定政策”的国际研讨会上提出的。

货币主义者认为，汇率是两国货币的兑换比率，汇率的变化就是两国货币比价的变化，在不考虑各国货币市场的情况下去研究汇率，是很荒唐的。货币主义者把汇率看成是两国货币的相对价格，而不是两国商品的相对价格，强调货币供求在汇率决定过程中的作用，他们把货币数量方程式与购买力平价有机地结合起来，产生了基于货币供应量和实际产出的汇率理论。它的两个重要假定是：① 稳定的货币需求方程，即货币需求与某些经济变量存在着稳定的关系。② 购买力平价长期有效。

英国经济学家 A. Pigou 在 1920 年提出了著名的剑桥方程式，又称狭义货币数量方程式：

$$M = KPY$$

其中 M 为货币需求量，Y 为实际收入，P 为商品价格水平，K 为货币行为常数（它等于货币流通速度的倒数）。它表明一国的货币需求量与实际产出和价格乘积成正比。

外汇市场对利率变化似乎特别敏感，狭义货币数量方程式只考虑货币的交易性需求，而没有考虑货币的投机性需求，在货币市场上，持有货币的机会成本——利率也是影响资本供求的重要因素，因此货币数量论者将狭义的货币数量方程式进行了修正。一般来说，名义货币需求取决于实际收入 Y、商品价格水平 P 和名义利率水平 I，即实际货币需求 $L^D = L(I,Y)$，而实际的货币供给为 M/P。当货币市场达到均衡时，货币供给等于货币需求：

$$\frac{M}{P} = L(I,Y)$$

根据卡甘的货币需求函数，上式可以表示为：

$$\frac{M}{P} = Ke^{-\lambda I}Y^{\eta}$$

其中 η 为货币需求的收入弹性系数，λ 为货币需求的利率弹性系数，K 为常数，这里 e 为自然对数的底。不妨假定 $K=1$，并对上式两边求对数得：

$$\ln M = \ln P + \eta \ln Y - \lambda I$$

或：$m = p + \eta y - \lambda I$

其中：$m = \ln M$，$p = \ln P$，$y = \ln Y$

同样，外国也有类似的关系式：

$$m^* = p^* + \eta^* y^* - \lambda^* I^*$$

假定本国与外国的货币需求函数相同，即 $\eta = \eta^*$，$\lambda = \lambda^*$，则有：

$$m^* = p^* + \eta y^* - \lambda I^*$$

根据假定，购买力平价持续有效，所以：

$$\ln E = \ln \frac{P}{P^*} = p - p^* = (m - m^*) - \eta(y - y^*) + \lambda(I - I^*)$$

即：$\ln E = (m - m^*) - \eta(y - y^*) + \lambda(I - I^*)$ (1)

上式是弹性价格货币模型的基本形式，它建立起了汇率与两国的相对货币供应量、相对实际收入、相对利率之间的联系。

首先，考察在其他因素（本国的实际收入和利率水平，外国的货币供应量、实际收入和利率水平）不变的情况下，两国的相对货币供应量的变化对汇率的影响。如果本国的货币供应量相对于外国增加，则为了保持国内产品的竞争力，外币价格一定要提高，或者说本国的货币扩张将引起国内物价的同比例的上升，在外国物价保持不变的情况下，为维持购买力平价，将引起汇率上升，本币贬值；反之，将引起汇率下降，本币升值。

其次，考察其他因素不变时两国的相对实际收入水平的变化对汇率的影响。在任意的价格水平上，如果国内的实际收入水平提高，则对货币的需求也要相应增加。但是，在货币供应量和利率水平不变的情况下，为保持货币市场的均衡，国内越高的实际收入必然要求越低的物价水平。根据购买力平价，国内物价的下降作用到汇率上，将引起汇率下跌，本币升值。反之，将引起本币贬值。

在其他因素不变时两国的相对利率水平的变化也将对汇率产生影响。从（1）式可以看出，本国利率水平的相对上升将引起汇率上升，本币贬值；而本国利率水平的相对下降将引起本币升值。与利率平价理论的结论恰好相反。这是因为利率上升（下降）将引起投机性货币需求从而包括货币总需求下降（上升），导致国内物价的上升（下降），最终导致本币贬值（升值）。

下面考察通货膨胀预期对汇率变动的影响。由于名义利率 = 实际利率 + 通货膨胀率，假定国内外实际利率相同，并保持固定不变，则国内外名义利率之差就等于两国的通货膨胀率之差，于是（1）式就可改写为：

$$\ln E = (m - m^*) - \eta(y - y^*) + \lambda(\pi - \pi^*)$$

其中 π 和 π^* 分别为本国和外国的预期的通货膨胀率。可以看出，如果一国的货币供应量相对增长较快，预期通货膨胀率也相对较高，其货币贬值的幅度要比不考虑预期时大。

三、对弹性价格货币模型的评价

对弹性价格货币模型的批评主要集中在它的两个基本假定上。第一，许多研究表明，主要西方国家的货币需求函数与某些经济变量的关系极不稳定，所以以收入和利率为基础的货币需求函数不能全面反映实际的货币需求变化。第二，购买力平价理论的实用性自提出以来就受到了许多批评，在实行浮动汇率制以后它也一般是失效的。所以弹性价格货币模型就建立在非常脆弱的基础之上。后来的粘性价格货币模型和资产组合平衡模型部分地解决了上述问题。

第五节　粘性价格：货币模型Ⅱ

粘性价格货币模型是货币主义的现代汇率理论，它是在弹性价格货币模型的基础上发展起来的，主要是解决购买力平价短期内不能成立的问题。1976 年，美国麻省理工学院教授多恩布什在《预期与汇率动态》一文中首先提出了汇率超调这一思想，因此人们也常把粘性价格货币模型称为汇率超调模型，其后弗兰克尔、布依特和米勒等人的研究使这一思想有了进一步的发展。

市场汇率的实际波动程度比用弹性价格货币模型测算出的汇率波动幅度要大得多，这是因为弹性价格货币模型有许多严格的假设在现实中是无法满足的，特别是商品价格具有完全灵活弹性的假设，这是该理论不能满意地解释现实汇率变动的主要原因。

多恩布什的汇率超调模型的基本思想是：① 资产市场与商品市场对外部冲击的调

整速度存在很大差异，资产市场和商品市场并不是同时达到均衡的，汇率对冲击的反应较快，几乎是即刻完成的，而商品价格的反应迟缓，呈粘性状态，因此在短期内购买力平价不能成立。② 经过一段时间，当商品价格逐步调整到位后，汇率从初始均衡水平变化到新的均衡水平，因此长期来看购买力平价是成立的。③ 由于商品价格具有粘性，汇率对外部冲击作出了过度调整，即资产市场的迅速变动偏离了在价格完全弹性情况下调整到位后的购买力平价，这种现象称为汇率超调。这就是汇率在短期内更容易波动的原因，它解决了弹性价格货币模型在短期分析方面的不足。多恩布什还对价格反应滞后的原因进行了解释，他认为，相对于资产市场来说，商品市场缺乏及时准确的信息，以及商品市场自身的特性，使商品价格调整在一般情况下不可能像资产市场那样迅速，如生产成本的调整和工资的变动都需要相对较长的时间。

因此，多恩布什建立了一个粘性价格货币模型，该模型强调了短期内商品市场的价格粘性，这符合传统的凯恩斯主义理论；同时它又展示了货币模型的长期特性，解释了汇率从初始均衡状态到达新均衡状态的动态调整过程。图 14 - 2 对汇率超调的全过程进行了简要描述。

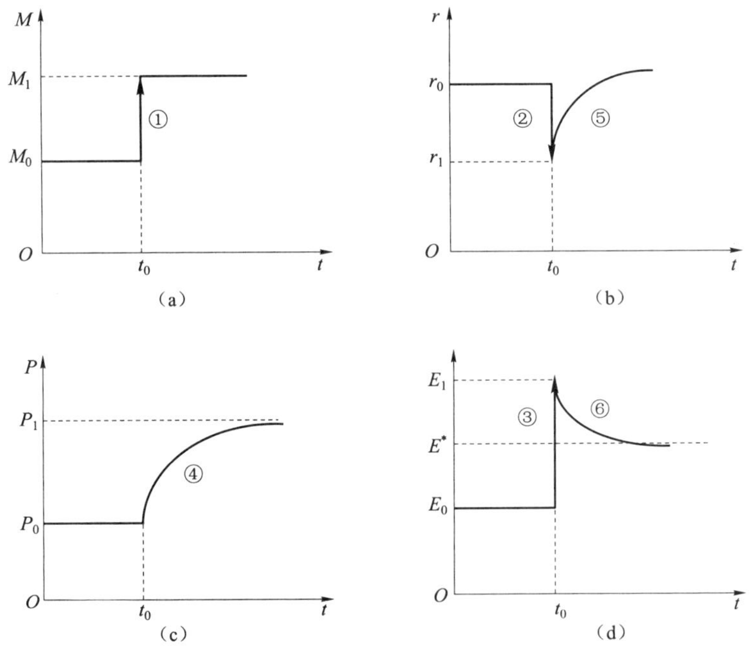

图 14 - 2 汇率超调

假定长期均衡汇率由购买力平价决定，初始状态为国内经济处于充分就业的均衡状态，国内利率与国外利率相同，均为 r_0，国内货币供应量为 M_0，对应的国内价格和汇率分别为 P_0 和 E_0。假定在时间 t_0，由于某种原因货币供应量由 M_0 增加到 M_1，见图 14 - 2（a），由于货币粘性，名义货币存量的变化即为实际货币存量的变化，则实际货币余额将在瞬间产生超额供给，如果要使货币市场出清，国内利率将下降，见图 14 - 2（b）汇率将贬值到 E_1，直接标价法下，见图 14 - 2（c），贬值幅度超过了长

期均衡汇率 E^*，这就是汇率对货币存量变化作出的过度反应，即“汇率超调”。

在汇率对货币供应量的增加作出初始超调之后，推动经济系统趋向长期均衡的力量开始发挥作用。国内利率降低和本币贬值的一个直接后果就是（国内外）对本国商品的需求增加，由于国内已经达到充分就业的产出水平，对国内商品的超额需求推动了国内物价的上升，见图 14－2（d），超额的货币供给也将导致通胀预期和利率上升，见图 14－2（b）。随着出口的增加和利率的提高，将使本币升值，汇率由 E_1 回落到长期均衡水平 E^*。与此同时，国内物价由 P_0 上升到 P_1，在国内产出固定不变的条件下，物价上涨的幅度与货币供应量的增长幅度相同。最终汇率、价格、利率、货币存量和产出重新达到均衡状态，但在新的均衡状态货币扩张将引起价格、（名义）汇率等名义变量的同幅度上升，而实际变量如实际汇率、实际货币供应量等则恢复到最初的水平，调整过程结束。

多恩布什的贡献主要在于总结了现实中的汇率超调现象，并在理论上首次予以阐述。该理论强调了资产市场在短期汇率决定中的重要作用，货币市场的失衡总会造成汇率的超调，而商品市场只是在长期内才会对汇率产生实质性的影响。多恩布什还认为，汇率在短期内不仅会偏离绝对购买力平价，而且还会偏离相对购买力平价。在汇率从短期均衡向长期均衡过渡的过程中，国内价格水平在上升，而汇率在下降，本币在升值，这一论断对于我们分析购买力平价学说和理解现实汇率的波动有一定的意义。另外，粘性价格货币模型还告诉我们：汇率的波动与国际上货币存量或货币政策的变化有很大的关系，并且汇率较货币政策具有更强的不稳定性。但是粘性价格货币模型也存在不足之处：① 它将汇率的波动完全归因于货币市场的失衡，否认商品市场的实际冲击对汇率的影响，有失偏颇。② 它假定国内外资产具有完全的替代性。而事实上，由于存在交易成本以及赋税待遇和风险的不同，各国资产之间的替代性还远远没有达到可视为一种资产的程度。

专栏14-3

人民币升值与物价上涨悖论

1994 年 1 月 1 日，人民币官方汇率与外汇调剂市场汇率并轨，开始实行以市场为基础的、有管理的浮动汇率制度。并轨时，官方汇率一次性下调幅度达 33.3%。但考虑到并轨前约 80% 的外汇收支活动已通过外汇调剂市场进行，当时人民币汇率的贬值幅度实际仅为 6.7%。并轨后，人民币汇率长期高估的状况得以改变，汇率水平趋于合理，从此改变了长期盘跌的走势。从 1994 年至 1997 年底，人民币对美元汇率升值了 4.8%。由于同期国内物价大幅度上升，人民币对美元汇率实际升值了 39%。

该如何从理论上解释人民币升值与物价上涨之间的悖论呢？

第六节　资产组合分析模型

前述的货币主义汇率理论假定国内外金融资产具有完全的替代性而完全回避了风险

对于投资的影响问题（对于汇率风险问题也通过假定投资者风险中性而回避了），然而在现实中，国外金融资产往往会比国内金融资产具有更大的风险，而且投资者一般是厌恶风险的，所以，国内外金融资产之间是具有一定不完全替代性的。为了解决这些问题，需要在理论上引入风险分析方法，从而各种资产组合均衡分析模型迅速发展起来了（包括汇率决定模型和国际收支调节模型），与之相关的研究文献很多，如麦金农和奥茨早在1969年就曾提出过有关理论；而布兰森则在托宾的货币模型的基础上，又独立提出了一个资产组合分析模型；之后艾伦和凯南、博耶尔、弗兰克尔和罗德里格斯、克鲁格曼，以及多恩布什、费雪等人也对该理论有进一步的深入研究，形成了多种形式的资产组合分析模型。资产组合分析模型的基本思想是：① 无抛补利率平价并不成立，投资者一般是厌恶风险和要求风险报酬的；② 国内外金融资产有着不同的风险，因而不是完全可替代，而是不完全可替代的——投资者是按照风险资产多样化的原则来安排其对各种国内外金融资产的需求比例的；③ 均衡汇率的基础是各种金融资产存量结构的均衡——短期均衡的汇率（和利率）只需取决于各金融资产市场的存量达到一致均衡，而长期均衡汇率（和利率）则需取决于三个金融资产市场的存量和贸易市场的流量达成全面一致均衡。

一个典型的资产组合分析汇率小国模型主要有以下一些前提假设：① 该国国民有三种可选择的金融资产：本国货币、本国债券和外国债券；② 该国实行自由贸易、资本自由流动和浮动汇率制，忽略一切交易费用并且国际金融市场是完全有效的；③ 外国对该国债券完全无需求，并且外国对该国的外国债券供给具有完全弹性；④ 国外金融资产存在较大风险，投资者按照风险资产多样化的原则有一组稳定的资产组合需求比例函数；⑤ 国内、外的价格水平和国民收入均固定不变，并且投资者的预期风险报酬、预期汇率和购买外国债券得到的利率等也都是给定的外生变量汇率的资产组合分析模型是在资本自由流动和浮动汇率制下的一个关于短期局部均衡汇率的比较静态分析-长期全面均衡汇率的动态分析模型。

下面，我们对这个资产组合平衡小国模型进行具体的说明和分析。设对本国国民的金融资产供给存量的总价值为（以下所有价值一概以本币计价）

$$W = M + N + E \cdot F$$

其中，M 为基础货币供给存量的价值；

N 为本国债券供给存量的价值；

$E \cdot F$ 为外国债券供给存量的价值（E 为直接标价的名义汇率，F 为外国债券供给的外币价值）。上式反映了对本国国民的金融资产供给结构，我们不妨令

$m_s = M/W$，代表基础货币的供给比例系数；

$n_s = N/W$，代表本国债券的供给比例系数；

$f_s = E \cdot F/W$，代表外国债券的供给比例系数，

则显然有 $m_s + n_s + f_s = 1$。

再用 r 和 r_f 分别代表购买本国债券和外国债券可得到的利率，$\rho^e = \dfrac{E^e - E}{E}$ 代表外币的预期升值率（这时，r 代表购买本国债券的收益率，$r_f + \rho^e$ 代表购买外国债券的收益

率)，并令

$m_d = m\ (r,\ r_f + \rho^e)$，代表社会公众对基础货币的需求比例函数（其中 m 与 r 成反向变动，与 $r_f + \rho^e$ 也成反向变动)；

$n_d = n\ (r,\ r_f + \rho^e)$，代表社会公众对本国债券的需求比例函数（其中 n 与 r 成同向变动，与 $r_f + \rho^e$ 则成反向变动)；

$f_d = f\ (r,\ r_f + \rho^e)$，代表社会公众对外国债券的需求比例函数（其中 f 与 r 成反向变动，与 $r_f + \rho_e$ 则成同向变动)，

则显然又有 $m_d + n_d + f_d = 1$。

注意，在本模型中，利率平价并不成立，而是假定 $r < r_f + \rho^e$，其差额 $\lambda = (r_f + \rho^e) - r$ 代表着购买外国债券的风险报酬。

一、金融资产市场局部一致均衡的静态分析

容易看出，在上述假定下，实现金融资产组合供需平衡的条件为

$$\mathrm{M}/(\mathrm{M} + \mathrm{N} + E \cdot \mathrm{F}) = m(r, r_f + \rho^e) \tag{1}$$

$$\mathrm{N}/(\mathrm{M} + \mathrm{N} + E \cdot \mathrm{F}) = n(r,\ r_f + \rho^e) \tag{2}$$

$$E \cdot \mathrm{F}/(\mathrm{M} + \mathrm{N} + E \cdot \mathrm{F}) = f(r,\ r_f + \rho^e) \tag{3}$$

注意，该方程组的三个方程式并不完全独立（根据约束条件 $m_d + n_d + f_d = 1$，由其中任意两个方程式都可以推导出第三个方程式)，所以这三条曲线必定会相交于一个公共点。也就是说，对于任意给定的一组外生变量（外国债券的利率 r_f、预期汇率 E^e，以及对本国国民的金融资产供给组合 M、N 和 F——为了简化问题，这里暂时将 F 作为外生变量看待)，从该方程组中任取两个方程联立就可以确定 2 个内生变量的短期均衡值 $(r_0,\ E_0)$。

下面我们借助几何图像来分析三个金融资产市场的局部一致均衡问题（因为这里只限于考虑对给定外生变量下三个金融资产市场的一致均衡问题，而未兼顾到同时实现贸易平衡问题，所以这里只是一个局部的非全面均衡分析)。参见图 14－3，图中横坐标 r 代表国内利率，纵坐标 E 代表汇率，则对于任意给定的一组外生变量，我们有

方程（1）所对应的货币供需平衡曲线 MM 为一条从左下方向右上倾斜的正斜率曲线。对于该方程来说，当国内利率 $r\uparrow$ 时，公众对本国货币的需求比例会下降（因为 m 与 r 成反向变动)，这会造成本国货币的供给过剩，此时。这意味着，$\partial E/\partial r > 0$，即曲线 MM 为一条从左下方向右上倾斜的正斜率曲线。

方程（2）所对应的本国债券供需平衡曲线 NN 为一条从左上方向右下倾斜的负斜率曲线。对于该方程来说，当国内利率 $r\uparrow$ 时，本国债券的需求比例会上升（因为 n 与 r 成同向变动)，这会造成本国债券的供给不足，此时，唯有 $E\downarrow$，使得本国债券的供给比例随之上升，才能保持本国债券市场的供需平衡。这意味着，$\partial E/\partial r < 0$，即曲线 NN 为一条从左上方向右下倾斜的负斜率曲线。

方程（3）所对应的外国债券供需平衡曲线 FF 亦为一条从左上方向右下倾斜的负斜率曲线。对于该方程来说，当 $r\uparrow$ 时，外国债券的需求比例会下降（因为 f 与 r 成反

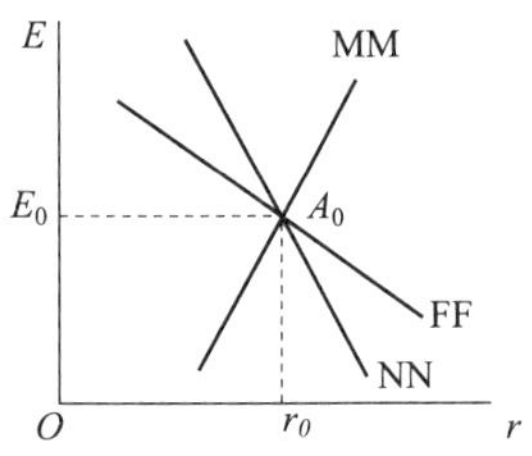

图 14－3　资产组合均衡汇率模型的短期均衡分析

向变动)，这会造成外国债券的供给过剩，此时唯有$E\downarrow$，使得外国债券的供给比例随之下降，才能保持外国债券市场的供需平衡。这意味着，$\partial E/\partial r<0$，即曲线 FF 亦为一条从左上方向右下倾斜的负斜率曲线。

这里，NN 曲线要比 FF 曲线更为陡峭，原因在于：公众对本国债券的需求比例对于利率变动的反应强度要大于对外国债券的需求比例对于利率变动的反应强度，而对本国债券的需求比例对于汇率变动的反应强度则又小于对外国债券的需求比例对于汇率变动的反应强度。

这三条曲线必定会相交于一个公共点 $A_0(r_0,E_0)$，它决定着三个金融资产市场实现短期一致均衡的利率 r_0 和汇率 E_0。

二、金融资产市场局部一致均衡的比较静态分析

下面分析外生变量变动（如资产供给存量变动）对均衡汇率的影响。资产供给存量变动会产生两种不同的效应对汇率发生影响：一种是资产供给存量结构变动会影响国内利率产生替代效应对汇率发生影响；另一种是资产供给总量变动会产生财富效应对汇率发生影响。

（一）单纯资产供给存量结构变动（央行公开市场操作）对均衡汇率的影响

资产供给总量不变而单纯资产供给存量结构发生变动的情况，一般是由于中央银行的公开市场业务所引起，它主要有以下两种基本途径。

1. 央行在国内债券市场上进行公开市场操作对均衡汇率的影响——比如央行向国内公众购买本国债券

这会引起 M 供给增加而 N 供给则等额减少（此时 W 保持不变），货币供给比例上升会导致 MM 曲线左上移；而本国债券供给比例下降则会导致 NN 曲线左下移；但 FF 曲线的位置则保持不变。这些意味着新的均衡点将会左上移：均衡利率会有所下降，而均衡汇率则会有所上升，参见图 14－4。从经济直观上来看，现金货币供给存量的增加和本国债券供给存量的减少会共同促使国内均衡利率下降，而国内利率下降所产生的替代效应则又会导致公众对外国债券的需求增加，从而使得均衡汇率上升。

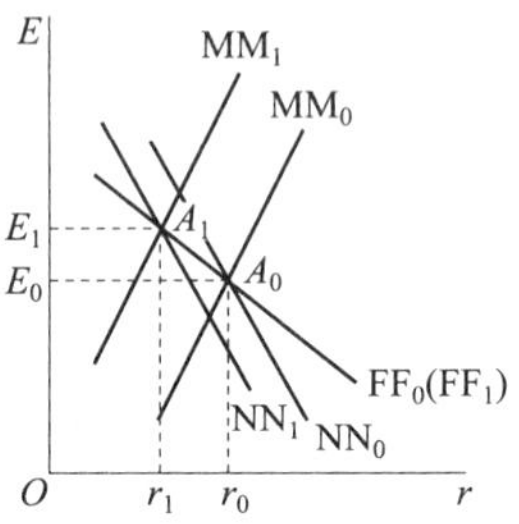

图 14－4　央行购买本国债券对均衡汇率的影响

2. 央行在外汇市场上进行公开市场操作对均衡汇率的影响——比如央行向国内公众购买外国债券

这会引起 M 供给增加而 E · F 供给则等额减少（此时 W 也保持不变），货币供给比例上升会导致 MM 曲线左上移；但 NN 曲线的位置则保持不变（因为 $n_s=N/W$ 保持不变）；而外国债券供给比例下降则会导致 FF 曲线右上移：均衡利率会有所下降，而均衡汇率则会有所上升，参见图 14－5。从经济直观上来看，现金货币供给存量的增加会

促使国内均衡利率下降，而国内利率下降所产生的替代效应则又会导致公众对外国债券的需求增加（并且外国债券供给比例的减少还会更进一步加强了外汇供给不足的缺口），从而使得均衡汇率上升。

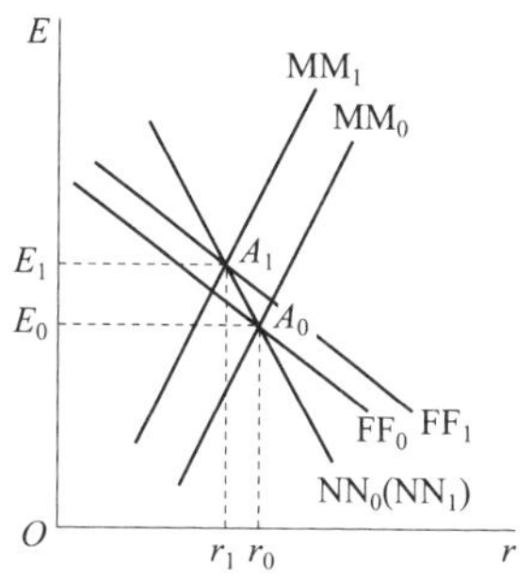

图 14－5 央行购买外国债券对均衡汇率的影响

（二）资产供给总量－结构同时变动对均衡汇率的影响

金融资产供给总量发生变动的情况，主要有以下两大途径。

1. 本国资产供给存量增加而引起资产供给总量－结构发生变动的情况

（1）央行通过购买政府新发行的本国债券来增加国内货币发行量及金融资产供给总量对均衡汇率的影响：

央行购买政府新发行的本国债券会引起 M 供给存量的增加（此时 W 会随 M 同步等额增加），导致货币供给比例上升——MM 曲线左上移；又会导致本国债券供给比例下降——NN 曲线左下移；还会导致外国债券供给比例下降——FF 曲线右上移。这些意味着新的均衡点将会左上移：均衡利率会有所下降，而均衡汇率则会有所上升，参见图 14－6。从经济直观上来看，现金货币供给存量的增加会促使国内均衡利率下降，国内利率下降所产生的替代效应和财富总量增加所带来的财富效应则又会共同导致公众对外国债券的需求增加，从而使得均衡汇率上升。

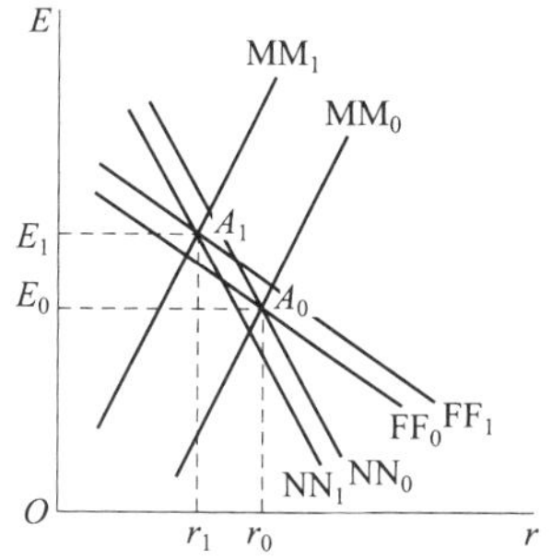

图 14－6 央行增发货币对均衡汇率的影响

（2）政府通过向公众发行本国债券来增加本国债券供给量及金融资产供给总量对均衡汇率的影响：

政府向公众发行本国债券会引起 N 供给存量的增加（此时 W 会随 N 同步等额增加），导致货币供给比例下降——MM 曲线右下移；又会导致本国债券供给比例上升——NN 曲线右上移；还会导致外国债券供给比例下降——FF 曲线右上移。这些意味着新的均衡点必定会右移，即新的均衡利率会有所上升；但此时新的均衡点却既可能是上移也可能是下移，所以新的均衡汇率既可能是上升，也可能是下降，还可能是保持不变，参见图 14－7。实际上，本国债券供给存量的增加会促使国内均衡利率上升，这是一点明确的；但是由于，一方面国内利率上升所产生的替代效应会使公众对外国债券的需求减少，给汇率带来一定的下沉压力，另一方面财富总量增加所带来的财富效应又会使公众对外国债券的需求增加，又给汇率带来一定的上浮压力，所以，这里汇率最终究竟是上升还是下降还需要进一步考查财富效应和替代效应二者孰强孰弱的问题：① 当财富效应较强时，新的均衡汇率将会上升，见图 14－7（a）；② 当财富效应较弱而替代效应较强时，新的均衡汇率将会下降，见图 14－7（b）；③ 当二者恰好相互抵消时，均衡汇率将会保持不变，见图 14－7（c）。

2. 外国债券供给存量变动（经常账户收支出现差额）而引起资产供给总量发生变

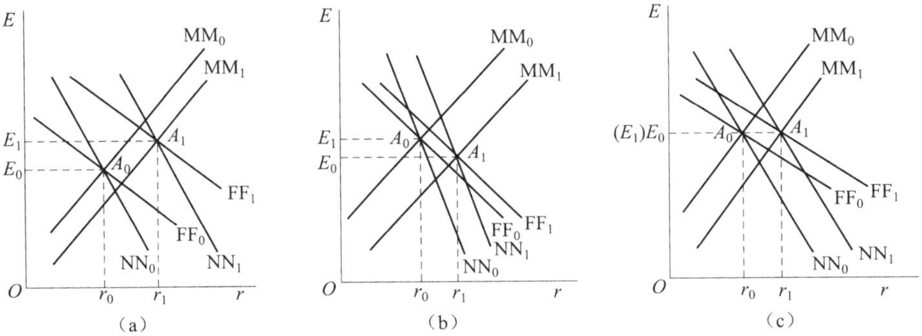

图 14－7　政府向公众增发本国债券对均衡汇率的影响

动的情况对均衡汇率的影响——比如经常账户收支出现盈余的情况

（1）在央行完全不干预外汇市场的情况下

经常账户收支出现盈余会引起（实际）E·F 供给存量的增加（此时 W 会 E·F 随同步等额增加），会导致货币供给比例下降——MM 曲线右下移；还会导致本国债券供给比例下降——NN 曲线左下移；但会导致外国债券供给比例上升——FF 曲线左下移。这些意味着新的均衡点必定会下移，即新的均衡汇率会有所下降；但此时新的均衡点却既可能是左移也可能是右移，所以新的均衡利率既可能是上升，也可能是下降，还可能是保持不变，参见图 14－8。实际上，外国债券供给存量上升带来了外国债券的超额供给，这会导致外国债券的价格下降——外币汇率下降（外币贬值），这一点是明确的；但是由于，一方面本国货币供给比例下降所产生的对货币现金的超额需求效应会给国内利率带来一定的上升压力，另一方面本国债券供给比例下降所产生的对本国债券的超额需求效应则又会给国内利率带来一定的下降压力，所以，这里利率最终究竟是上升还是下降也还需要进一步考查对货币现金的超额需求效应和对本国债券的超额需求效应二者孰强孰弱的问题：① 当对货币现金的超额需求效应较强而对本国债券的超额需求效应较弱时，新的均衡利率将会上升，见图 14－8（a）；② 当对货币现金的超额需求效应较弱而对本国债券的超额需求效应较强时，新的均衡利率将会下降，见图 14－8（b）；③ 当二者恰好相互抵消时，均衡利率将会保持不变，见图 14－8（c）。

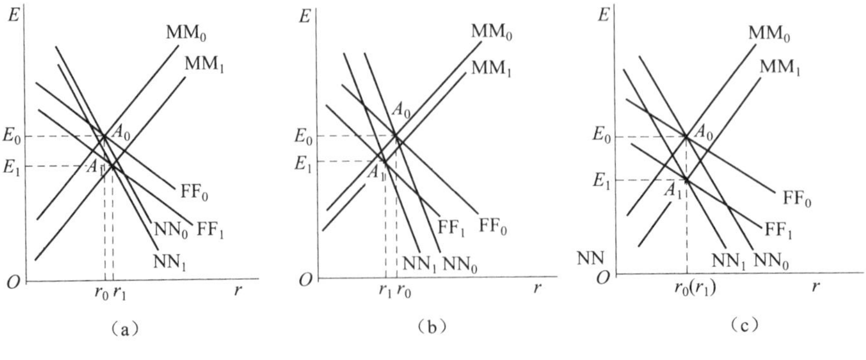

图 14－8　经常账户收支出现盈余（政府不干预外汇市场时）对均衡汇率的影响

（2）在本国央行干预外汇市场的情况下

则央行的干预还会进一步引起如前述“央行向国内公众购买外国债券”的公开市场操作的情形那样的均衡变动，可进一步参见图14－5，这里不再赘述；特别地，当央行完全购买经常账户的盈余，使得F保持不变而单纯M的供给存量增加时，这里的情形将会跟前述“央行通过购买政府新发行的本国债券来增加国内货币发行量和金融资产供给总量”而引起M增加的情形完全类同，仍可参见图14－6，这里也不再赘述。

三、金融资产市场－贸易收支实现全面一致均衡的动态分析

在以上分析中都是只考虑对于给定外生变量下（并将F作为外生变量看待时）三个金融资产市场存量的局部一致均衡问题，而未兼顾到贸易市场流量也同时实现均衡（指经常账户收支与前述的三个金融市场同时达到一致均衡）的全面一致均衡问题。对于任意给定的一组外生变量来说，其所确定的能使三个金融资产市场达到一致均衡的汇率，常常并不能同时使经常账户的收支也恰好实现平衡——这时的均衡汇率就只是一个局部均衡汇率。因为当经常账户收支还存在盈余/赤字时，意味着该国持有的外币资产（外国债券）F还会随之增加/减少，这会引起均衡汇率的继续跟进调整：根据前面的比较静态分析可知，当经常账户还存在盈余/赤字时，无论本国央行是否干预外汇市场，都会引起均衡汇率随之下降/上升（即本币升值/贬值），从而导致本国净出口减少/增加，起到削减经常账户盈余/赤字的作用，而在最终消除经常账户的盈余/赤字之前，这一动态的调整过程还会一直持续下去，直到最终实现金融资产市场存量和贸易市场流量的全面一致均衡为止——这时的均衡汇率才是一个全面的一致均衡汇率。这意味着，若要进行全面一致均衡分析，其实还需要进一步将F变量也内生化，这样，在贸易市场的流量也同时达到平衡之前，金融资产市场的局部平衡就还是一个不稳定的平衡，还会继续不断地自动进行内生调整，直至最终消除贸易市场的流量失衡实现全面一致均衡为止。

汇率的资产组合平衡模型彻底扬弃了传统的购买力平价和利率平价汇率理论过于教条地依赖套利机制而不考虑风险报酬以及只注重流量均衡分析等一系列缺陷，创造性地综合运用了风险－收益－资产组合存量结构均衡分析法，分别对金融资产市场的局部均衡汇率进行了比较静态分析，并对金融资产市场存量和贸易市场流量达成全面一致均衡汇率的趋势进行了动态分析，具有十分重要的理论意义和现实意义。尤其是它更好地解释了汇率的局部均衡和全面均衡趋势，并且它对央行进行公开市场操作以及政府发行债券等行为对于均衡汇率影响的分析，还为开放经济条件下选择和制定宏观经济政策和汇率调节政策提供了重要的理论依据。当然，该模型也还存在一些缺陷，比如，它假定该国有一组稳定的资产组合需求比例函数，长期来看这未必能符合实际；而它关于价格刚性和国民收入保持不变的前提假设，则也在一定程度上限制了它在应用上的有效性——在价格和收入等经济要素基本保持不变的时期里，它对于汇率的全面一致均衡趋势的分析尚能成立，但在价格和收入等经济要素显著不稳定或不断发生变化的时期里，它对于汇率全面一致均衡趋势的分析就会失效，尤其不适合分析严重通货膨胀时期的全面一致均衡汇率问题。

本章小结

1. 金本位制下汇率是由铸币平价决定的。铸币平价是两国货币含金量的比。

2. 绝对购买力平价理论认为，汇率是由两国货币的购买力决定的；而相对购买力平价认为，汇率的变化取决于两国在某个时期内货币购买力的相对变化。

3. 抛补的利率平价理论认为，汇率的远期差价是由于两国利率差异引起的，资金将通过即期外汇交易从低利率国家流向高利率国家，同时再通过远期外汇交易换回原货币，在保证回避汇率风险的情况下赚取差价。由此会造成高利率国家货币在期汇市场上贴水，低利率国家货币在期汇市场上升水。同时高利率货币现汇升值，低利率货币现汇贬值，直至无套利机会为止。

4. 货币模型分为弹性价格货币模型和粘性价格货币模型。弹性价格货币模型认为在其他因素不变的情况下，两国的相对货币供应量相对于外国增加，将引起汇率上升，本币贬值；反之，将引起汇率下降，本币升值。而两国的相对实际收入水平的变化对汇率的影响是：国内的实际收入水平提高，将引起汇率下跌，本币升值；反之，将引起本币贬值。两国的相对利率水平的变化对汇率产生影响是：本国利率水平的相对上升将引起汇率上升，本币贬值；而本国利率水平的相对下降将引起本币升值。

5. 多恩布什提出的粘性价格货币模型，强调了资产市场在短期汇率决定中的重要作用，货币市场的失衡总会造成汇率的超调，而商品市场只是在长期才会对汇率产生实质性的影响。而且，汇率在短期内不仅会偏离绝对购买力平价，而且还会偏离相对购买力平价。在汇率从短期均衡向长期均衡的过渡过程中，国内价格水平在上升，而汇率在下降，本币在升值，它较好地解释了现实汇率的波动。另外，粘性价格货币模型还告诉我们，汇率的波动与国际间货币存量或货币政策的变化有很大的关系，并且汇率较货币政策具有更强的不稳定性。

6. 资产组合平衡模型认为汇率是由所有金融资产（包括货币资产）存量结构平衡所决定的，存在投资风险意味着两国的利差等于汇率的预期变化加上随时间变化的风险报酬，该理论分析了当资产供给发生变化时均衡汇率是如何被决定的。由政府增发货币导致货币供应量增加，本币贬值。当政府增发债券弥补财政赤字导致本国债券供应量增加时，将导致汇率上升；而本国债券价格的下降会导致国内利率上升，导致汇率下降。当本外币债券的替代程度较低时，财富效应大于替代效应，本国债券供给增加的结果是汇率上升；反之，汇率下降。外国债券供应增加将导致汇率下降，本币升值。如果中央银行在国内货币市场上的公开市场操作是央行用本国货币购买本国债券，货币供给的增加将导致本币贬值。如果中央银行在外汇市场的公开市场操作引起外国债券和本国货币的互换，使央行用本币购买外国债券，货币供应量的增加也将导致本币贬值。

思考练习题

1. 为什么在外汇市场上，汇率调整会出现超调现象？

2. 请比较分析在不同的汇率理论中，价格、收入、货币供给、利率等变量对汇率变动的影响机制。

3. 假设中国和美国的消费物价指数（环比）为

	1998 年	2001 年	2004 年
中国	124.24%	116.90%	108.32%
美国	102.53%	102.82%	102.92%

1998 年初人民币汇率为 1 美元等于 8.3 人民币，2001 年末人民币汇率为 1 美元等于 8.27 人民币，试计算 2004 年末的人民币购买力汇率，并解释购买力汇率与实际汇率的差异。

4. 假设东京外汇市场上即期汇率为 USD1 = JPY100.50，日元 3 月期存款年率为 0.5%，美元 3 月期存款年率为 4%，计算美元的升贴水量，并计算 3 月期美元远期汇率的利率平价是多少？

5. 资产市场的交易者突然获悉美元利率不久将上升，假定当前美元存款利率和日元存款利率保持不变，试确定这一消息对当前美元/日元汇率的影响。

6. 假定 A、B 两国具有完全一致的初始特征，现在为了对进口进行限制，A 国采取关税措施，B 国采取配额形式。政策实施后，两个国家都出现了一致的、平衡的国内支出增长。请问对本币升值的影响较大。

第十五章 国际收支调节理论

学习目标

通过本章学习，了解国际收支失衡调节的主要原理和方法，重点掌握国际收支失衡调节的弹性分析法、乘数分析法、货币分析法，以及吸收分析法。

关键术语

国际收支失衡　弹性分析法　乘数分析法　吸收分析法

一国经济稳健与否，不在于经济永远处在均衡状态，而在于是否拥有灵活有效的调节能力。就国际收支调节而言，虽然有不同调节理论，但还是有基本原则的，其原则是：对于偶然的、周期性失衡可采用外汇储备进行调节；对于长期的、基本失衡则应采取货币贬值或调整经济结构等方法进行调节。国际收调节理论主要包括弹性分析理论、吸收分析理论、货币分析理论等。每种理论都有其自身的优缺点和使用情形，在实践中，应能准确地判断失衡的原因，进而才能采取正确的调节措施。

国际收支理论是国际经济学的重要理论，它随着经济形势的变化和思潮的更替而发生演变。最早对国际收支的系统分析可追溯到1752年大卫·休漠的“价格—铸币流动机制”。与当时古典学派倡导自由放任、反对国家干预的主张相适应，“价格——铸币流动机制”也反对重商主义的贸易主张，认为贸易盈余通过黄金的流入会导致本国物价水平的上升，随着本国产品竞争力和出口的减少，贸易盈余也会自动消失，因此政府无需调整国际收支。这种国际收支自动恢复均衡的思想一直支配着国际收支的分析，直到20世纪30年代，金本位制崩溃，各国的国际收支状况陷入极度混乱的局面，要求经济学家对国际收支进行新的理论探索。英国经济学家琼·罗宾逊和勒纳进一步发展了马歇尔的供求弹性局部均衡分析，系统地提出了国际收支“弹性论”。二次世界大战后，凯恩斯主义统治了西方经济学界。于是就有了马克卢普和梅茨勒将凯恩斯的乘数原理应用于国际收支分析，提出“对外贸易乘数论”。与此同时，亚历山大采用凯恩斯的宏观经济模式，提出了国际收支“吸收论”。随着货币学派的兴起，60年代出现了将货币主义封闭经济条件下的原理引申到开放经济的“货币论”。这些理论大大丰富了国际收支的理论分析，为货币当局调整国际收支的行为提供了重大的理论依据。

第一节 金本位制下的“铸币—价格流动机制”

一国国际收支发生失衡之后，有时并不需要当局立即采取措施来加以消除，因为经济体系中存在着某些机制，往往能够使国际收支失衡在某种程度上得到缓和，乃至自动恢复均衡。金本位制下的“价格——铸币流动机制”便是这样的一种自动机制。

金本位制下的国际收支自动调整机制就是大卫·休谟所提出的价格—铸币流动机制。在金本位制度下，一国国际收支出现赤字，就意味着本国黄金的净输出。由于黄金外流，国内黄金存量就会下降，货币供给就会减少，从而引起国内物价水平下跌。随着本国物价水平下跌后，该国商品在国外市场上的竞争能力就会提高，而外国商品在本国市场的竞争能力就会下降，于是出口增加、进口减少，这样，国际收支赤字就出自动减少或消除。同样，金本位制下，一国国际收支盈余也是不能持久的，因为黄金内流会扩大国内的货币供给，造成物价水平上涨。物价上涨不利于出口而有利于进口，从而使盈余趋于消失。价格—铸币流动机制的这种自动调节过程可用下图来表示。

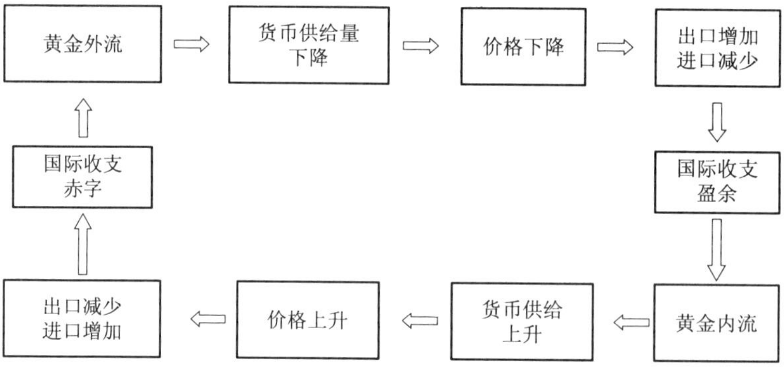

图 15－1 金本位下的国际收支自动调节机制

在纸本位制下，经济体系也可能存在一种自动调节国际收支的机制，我们称之为“货币——价格流动机制”。显然，“货币——价格流动机制”和“铸币——价格流动机制”的主要区别在于货币形态，在休谟的古典时代金铸币参与流通，而在现代则完全是纸币流通。不过，这两种机制作用的原理大体相同。

在纸币流通下，当一国国际收支发生逆差时（顺差情况正好相反），意味着本国对外支付大于收入，货币外流；在其他条件既定的情况下，本国物价下降，本国出口商品价格也下降，出口增加，贸易差额因而得到改善。“货币——价格流动机制”的自动调节过程可用下图来描述。

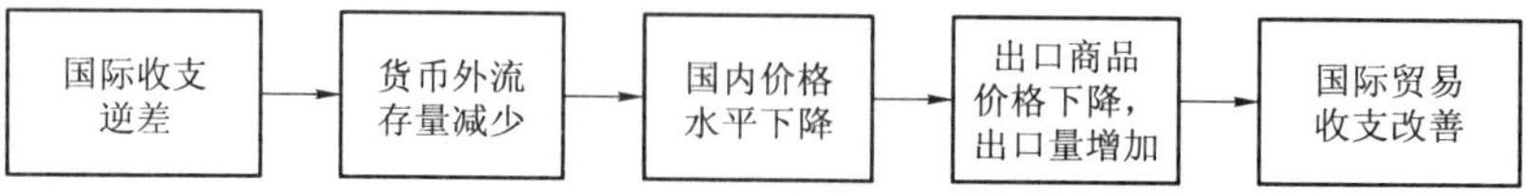

图 15－2 “货币——价格流动机制”对国际收支的自动调节过程

第二节　弹性分析理论

弹性分析法（Elasticity approach），研究的是在收入不变的条件下汇率变动对一国国际收支调整的作用。它不考虑国际资本流动，将商品劳务贸易收支等同于国际收支。它的基本精神是：汇率变动通过国内外产品之间，以及本国生产的贸易品（出口品和进口替代品）与非贸易品之间的相对价格变动，影响一国进出口供给和需求，从而作用于国际收支。

一、汇率与价格竞争力

弹性分析法强调相对价格在国际收支调整中的作用。相对价格是针对绝对价格而言的，指的是一种商品以另一种商品表示的价格；而绝对价格指的是一种商品以货币表示的价格，其变动与物价水平和物价指数相关。在弹性分析法中，所强调的相对价格有两类，一类是本国产品与外国产品之间的相对价格，另一类是本国生产的贸易品与非贸易品之间的相对价格。国内外产品之间的相对价格决定着一国产品的国际价格竞争力。如果本国产品用外国产品表示的相对价格上升，意味着本国产品变得相对昂贵、本国产品的竞争力相对下降。这样，在其他条件不变的情况下，国内外的居民就会增加对外国产品的需求，减少对本国产品的需求，从而导致本国出口数量减少、进口数量增加。同样的，如果本国产品用外国产品表示的相对价格下降，本国产品变得相对便宜，本国产品的价格竞争力相对提高，就会诱发国内外居民将需求由外国产品转向本国产品，从而带来本国出口数量增加、进口数量减少。

因此，汇率的变动直接影响国内、外产品之间的相对价格。如果用 p_d 表示本国产品的价格，p_f 表示外国产品的价格，e 表示汇率即单位外币可兑换本币的数额，那么外国产品与本国产品的相对价格 π 就可表示为：

$$\pi = \frac{p_d}{ep_f} \quad 或者 \quad \pi = \frac{\frac{1}{e}p_d}{p_f}$$

从上式可以看出，e 的上升即本币贬值意味着 π 的下降，本国产品相对外国产品比较便宜，将提高本国产品的对外价格竞争力。在 p_d 和 p_f 不便的情况下，e 上升意味着外国产品价格（ep_f）上升，本国居民将减少对进口品的需求；对于外国居民而言，e 上升意味着进口产品价格$\left(\frac{p_d}{e}\right)$的下降，将增加对进口品的需求。由此看来，本币贬值通过本国和外国产品相对价格的变化，将会提高本国产品的价格竞争力，使本国出口数量增加，进口数量减少。

二、马歇尔——勒纳条件

既然本币贬值能使本国出口数量增加，进口数量减少，那么本国货币贬值是否一定可以增加贸易净收入或改善本国的国际收支呢？答案是否定的。事实上，本币贬值的数量效应（增加出口，减少进口）尽管有改善一国贸易收支的倾向，但是本币贬值的相对价格效应（本国产品价格下降，外国产品价格上升）却有恶化贸易收支的可能。这样，本币贬值的进口、出口综合效应对贸易收支（或国际收支）的影响是不确定的。那么，到底在什么样的情况下本币贬值才能改善一国的收支呢？

对此，马歇尔（Alfred Marshall）和勒纳（Abba Lerner）、罗宾逊（Joan Robinson）等人作了具体的研究，并提出了著名的马歇尔－勒纳条件（Marshall-Lerner Condition），或马歇尔－勒纳－罗宾逊条件（Marshall-Lerner-Robinson Condition）。

在论证马歇尔－勒纳条件时，马歇尔、勒纳等人首先作了如下一些假定：

（1）假定该国经济最初处于均衡状态，国际收支（贸易收支）也处于平衡状态。

（2）不考虑国际资本流动，把国际收支等同于贸易收支。

（3）不考虑供给条件的局限性，假定所有贸易品的供给价格弹性均为无穷大。

（4）不考虑汇率变动的收入效应和价格效应等，假定收入水平、价格水平以及进出口需求均保持不变。

设 X 和 M 分别为实际出口量和实际进口量，Px 和 Pm 分别为出口品的本币价格和进口品的外币价格，e 为汇率（单位外币所能折合的本币数量），B 为以本币表示的贸易收支差额，则有

$$B = X \cdot Px - M \cdot Pm \cdot e \tag{1}$$

将（1）式两边同时（关于 e）取微分，可得

$$\begin{aligned} dB &= P_X dX - eP_m dM - MP_m de \\ &= M \cdot P_m de\left(\frac{e}{X} \cdot \frac{dX}{de} \cdot \frac{XP_x}{eMP_m} - \frac{dM}{de} \cdot \frac{e}{M} - 1\right) \\ &= MP_m de\left(\eta_x \frac{XP_x}{eMP_m} + \eta_m - 1\right) \end{aligned} \tag{2}$$

其中，$\eta_x = \frac{e}{X} \cdot \frac{dX}{de} > 0$ 为出口需求的价格弹性，因为本币贬值能促进出口数量的增加，所以 dX 与 de 的变化方向相同；

$\eta_m = -\frac{e}{M} \cdot \frac{dM}{de} > 0$ 为进口需求的价格弹性，因为本币贬值将促使进口下降，所以 de 与 dM 的变化方向相反。

因为假设初始状态是均衡的，即贸易收支是平衡的，即有 $B = XP_x - MP_m e = 0$，从而有 $XP_x = MP_m e$，即 $\frac{XP_x}{MP_m e}$，代入上式，可得

$$dB = MP_m de(\eta_x + \eta_m - 1) \tag{3}$$

根据此式可以得知（注意到 $M \cdot P_m > 0$），$\eta_x + \eta_m > 1$ 是当 $de > 0$ 时，能使 $dB > 0$ 的一个必要条件，亦即，$\eta_x + \eta_m > 1$ 至少是本币贬值能以提高贸易净收入的一个必要条件。

三、贬值的 J－曲线效应

弹性分析理论出笼后，在经济学界引发了一场“弹性热”。人们纷纷对本国的进出

弹性进行测度，试图弄清本国货币的贬值是否有利于改善本国的贸易收支。然而，出乎意料的是，在许多国家，即便是本国的进出口弹性符合要求，该国的国际收支并未得到改善，至少是并没有获得快速的改善。换而言之，即便一国的进出口符合 M－L 条件，然后在贸易实践中，该国的货币贬值并不能使得该国的国际收支获得迅速的改善。为了解释这一现象，经济学者马吉提出了贬值的“J－曲线效应”。

为了具体分析这一现象的原因，马吉（S·P·Magee）将贬值后贸易收支差额的变化划分为三个阶段。

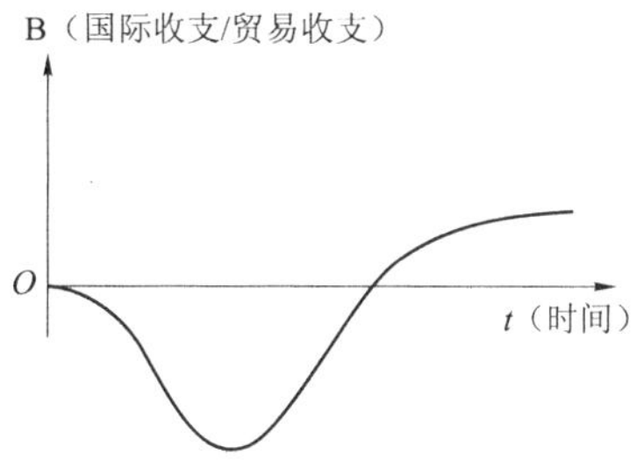

图 15－3 贬值的“J－曲线效应”

货币合同阶段

在第一个阶段货币合同阶段（Currency-Contract Period），由于贸易合同都是事先签订好的，所以在货币贬值开始的一段时期内，进出口的价格和数量都不会因贬值而改变。这样，以本币表示的贸易差额就取决于进出口合同规定的计价货币。在进出口以外币计价的情况下（大部分国家在贸易中都使用非本国货币的国际通货），这部分进口和出口的本币价格就会与贬值成同比例上升。如果贬值前进口支出大于出口收入，贸易赤字就会继续扩大。

传导阶段

在传导阶段（Pass-Through Period），贸易双方开始执行贬值后新签订的进出口合同。显然，新签订合同的进出口价格会因贬值而进行调整，但进出口数量却由于进出口的供求粘性还不会改变（生产函数/生产工艺的调整需要一个相对较长的时间）。此时，一方面由于进口本币价格上升而数量不会减少，以本币表示的进口支出就会增加；另一方面，出口品的外币价格往往以贬值的同样幅度下降，结果以本币表示的出口收入没有增加。因而，在贬值后的货币传导阶段，该国的国际收支还可能会继续恶化。

数量调整阶段

最后到达所谓数量调整阶段（Quantity Adjustment Period），随着供求粘性的逐步减弱（长期内生产函数可以调整），进出口的数量开始能够随着本币贬值的相对价格效应而作出较为充分的调整了，本币贬值使得出口增加、进口下降的数量效应开始显现，一旦马歇尔－勒纳条件得到实际满足之后，本币贬值的正面效应就开始发挥作用了，贸易收支差额也将开始走出低谷，并会随着调整力度的不断加强而逐步攀升。

因此，在本币贬值初期，贸易收支往往并不能得到改善反而可能会进一步恶化，一般要经过一段时滞之后才能逐步得到改善，呈现出先下降后上升的 J 型曲线，这便是贬值对贸易收支影响的 J－曲线效应（J-Curve Effect）。

四、对弹性分析法的评价

通过对弹性理论的分析，我们可以看到：第一，弹性分析明确提出改变汇率对改善一国对外贸易的作用是有条件的，不能无条件地说汇率下降就一定可以改善一国对外贸易，改善一国的国际收支，从而纠正了本币贬值一定具有可以增加贸易净收入作用的片面看法；第二，弹性分析法虽然是在 20 世纪 30 年代提出，但是它是基于浮动汇率这一思想基础之上的，因此直到现在都有一定的科学价值。

但是，弹性理论又存在着一定的局限性，这主要体现在如下一些方面：

第一，它忽略了国际资本流动，把国际收支等同于贸易收支，在当前国际资本流动已十分重要的情况下，这一局限性显然不容忽视。

第二，它假定贸易收支原来处于平衡状态，这大大限制了它的现实意义。在现实中，往往是由于贸易收支失衡时才需要采用汇率政策来予以调节的，不过好在放弃原贸易收支平衡这一假定实际上并不影响其理论结论。

第三，它假定所有贸易品的供给均具有完全弹性，这一假定在本国经济远离充分就业的情况下尚有可能近似成立，而在本已充分就业或接近充分就业的情况下，这一假定却是难以成立的。在充分就业状态下，本币贬值要能实现增加出口供给，必须通过将一部分生产资源从非贸易品部门向贸易品部门转移，把本已充分利用的生产资源进行重新配置才能得以实现，这显然是会严重制约了本国贸易品的供给弹性，使之弹性有限而绝不可能无穷大。

第四，作为一种局部均衡分析，它完全忽略了汇率变动的收入效应和一般价格效应，而只专注于汇率变动的相对价格效应对进出口的影响，亦显得过于片面。实际上，在非充分就业状态下，本币贬值在改善贸易收支的同时，是会启动贸易乘数使本国收入增加，并进而通过边际进口倾向而间接地对贸易收支产生负面影响的。对此，后来哈伯格等人又已通过引入本币贬值的收入效应的办法对马歇尔 - 勒纳条件的这一缺陷进行了局部改进。

另外，本币贬值还会直接影响到进口原材料、半成品及消费品等的本币价格升高，推动本国进口依赖型贸易品生产成本价格的上升。这将直接对增加出口供给和进口替代形成一定制约)，甚至还会进而推动本国价格水平的全面上扬。尤其是在充分就业状态下，本币贬值要能实现增加出口供给和削减进口需求的效果，还必须要通过国内贸易品相对于非贸易品的本币价格有所上升才能得以实现——这样才能诱发本已充分利用的生产资源从非贸易品部门向贸易品部门转移，实现资源的重新配置，此时，更将引发全面性的通胀压力直至形成新的均衡价格，这将间接地对增加出口供给和进口替代形成一定的制约。本币贬值的这种一般价格效应对其改善贸易收支的作用是会产生一定程度的负面影响的。

第五，作为一种比较静态分析，它完全无视也无法解释贬值对贸易收支影响的 J - 曲线效应。

专栏15-1

人民币贬值与我国的贸易收支

在开放的一体化经济条件下，各个国家都会思考如何调整本国汇率以改善本国贸易收支的问题，中国也不例外。自从改革开放以来，许多学者一直在进行人民币汇率的调整是否符合马歇尔——勒纳条件的实证研究。

大多数理论学者认为，人民币贬值并不满足马歇尔——勒纳条件。持这一观点的人认为，我国的进出口需求弹性比较小，以至于其弹性和很难大于1，因此人民币贬值对改善贸易收支的作用不大。他们的这一论断主要基于如下两方面的原因：一是结构性因素论；另一个是体制性因素论。结构性因素论认为，我国出口的商品，例如纺织品和服装品等，主要是初级产品和劳动密集型产品。这些产品在国际市场上竞争激烈，且需求弹性低。尤其是20世纪80年代以来，世界市场对初级产品的需求不断下降，需求弹性很低。此外，我国的主要出口品如纺织品、服装、鞋类、玩具等，往往被发达国家根据自己的需要通过技术壁垒、绿色壁垒、反倾销等手段而加以限制，从而人为地降低了这些产品的需求弹性。同时，从我国进口产品的需求结构看，有80%是各种生产资料，还有一部分是国外技术含量比较高的产品，这些产品的进口难以压缩，因而我国的进口需求弹性也比较低。体制性因素论者认为，1992年以来，尽管我国一直致力于市场化改革，但进展比较慢，例如我国对外贸易的主要经营者大多是国营企业，难以对商品价格作出迅速的反应和调整。

通过对1980－1989年期间的有关数据计算，在《人民币汇率研究》一书中，我国学者陈彪如教授认为：我国的进口需求弹性为－0.300 7，出口需求弹性为－0.724 1，两个弹性之和的绝对值为1.024 8，略大于1，勉强满足马歇尔——勒纳条件。这一结果表明：尽管人民币的汇率调整或贬值对改善贸易收支的作用效果不是十分明显，但仍然满足M－L条件；换而言之，我们可以使用汇率的变动来调节我国的贸易收支或国际收支。

当然，由于所选数据样本的时间不同，得到的结论自然会有很大的不同。尤其是，我国正处于市场化的进程中，市场因素起作用的程度决定了消费者和生产者对价格的反应程度。进入20世纪90年代以后，我国经济市场化的步伐逐渐加快，同时我国的出口商品结构和进口商品结构也发生了明显的变化，即由过去以出口初级产品为主转向以出口制成品为主。在制成品的出口中，机电产品和其他技术含量较高产品的比重也在逐渐增多。因此，随着我国市场化进程的加快、技术的进步和产业结构的调整，我国进口、出口产品的需求弹性都有一定程度的提高。这就意味着，我国可以使用汇率的手段来调节经济体系的运行。

尽管如此，当前我们仍然面临的一个重要课题是，在国际市场需求有限的情况下，一些产品的出口国可以通过货币贬值的方法来改善贸易收支，但是也会导致各国的竞相贬值，尤其是那些经济机构相似和出口地理方向大体相同的国家，例如东亚的一些出口加工国，从而又会抵消货币贬值对改善贸易收支的积极作用。

第三节　乘数分析理论

国际收支调节的乘数分析理论是运用乘数分析法（Multiplier Approach），又称收入分析法（Income Approach），是在汇率和价格不变的条件下，分析收入变动在国际收支调节中的作用。它的基本原理是，进口支出是一国国民收入的函数，自主性支出的变动通过乘数效应引起国民收入的变化，进而影响一国的进口支出水平，最后作用于国际收支。

一、乘数理论的假设前提

乘数理论的分析是基于如下一些基本假设基础之上的：

（1）不考虑国际资本流动，把国际收支等同于贸易收支。

（2）假定原来国内经济处于均衡状态（但贸易收支未必平衡）。

（3）假定价格水平保持不变。

（4）假定汇率固定。

二、乘数理论的分析框架

在开放经济条件下，四部门的凯恩斯国民收入方程为：

$$Y = C + I + G + X - M \tag{1}$$

乘数论假定，I、G、X 为外生变量，C 与 M 为内生变量，并且

$$C = C_0 + c \cdot Y \tag{2}$$

其中，C_0 为自发消费量，c 为边际消费倾向，$c \cdot Y$ 为收入的引致消费量；

$$M = M_0 + m \cdot Y \tag{3}$$

其中，M_0 为自发进口量，m 为边际进口倾向，$m \cdot Y$ 为收入的引致进口量。

将（2）和（3）两式代入（1）可得

$$Y = (C_0 + c \cdot Y) + I + G + X - (M_0 + m \cdot Y) \tag{4}$$

从而有

$$Y = \frac{1}{1 - c + m}(C_0 + I + G + X - M_0) \tag{5}$$

在上式中，自主性部分（$C_0 + I + G + X - M_0$）的变动构成了被乘数，受收入影响的诱发性部分则决定了乘数的大小。一般来说，对外贸易乘数$\frac{1}{1 - c + m}$小于封闭经济下的乘数（无 m 部分），但仍然大于1。这就意味着，C_0、I、G、X、M_0，这些自主支出的变动因为乘数效应都回带来国民收入的倍数变化。这既是四部门经济中凯恩斯主义有效需求管理的基本原理，也是乘数论者分析收入变动与国际收支调节的出发点。

在凯恩斯模型中，由于进口支出是一国国民收入的增函数，即随收入的增减而增减，因而贸易收支也就受收入的影响。在不考虑资本流动的情况下，一国国际收支就等同于贸易收支。于是有：

$$B = X - M = X - (M_0 + m \cdot Y) \tag{6}$$

将（5）代入（6）便有：

$$B = X - M = X - M_0 - \frac{m}{1 - c + m}(C_0 + I + G + X - M_0) \tag{7}$$

这就意味着，一国可以通过凯恩斯的需求管理政策来调整该国的贸易收支或国际收支。当一国出现国际收支赤字时，当局可以实施紧缩性财政、货币政策，通过降低国民收入，以减少进口支出，来改善国际收支。反之，当一国收支出现盈余时，当局可以实施扩张性财政、货币政策，通过提高国民收入，以增加进口支出，达到减少国际收支盈

余的目的。显然，收入变动调整国际收支的效果，取决于本国边际进口倾向（m）的大小，即进口需求弹性的大小和该国开放程度的高低。因为$\frac{\mathrm{d}M}{\mathrm{d}Y}=\frac{\mathrm{d}M}{M}\cdot\frac{Y}{\mathrm{d}Y}\cdot\frac{M}{Y}$，边际进口倾向 $m\left(\frac{\mathrm{d}M}{\mathrm{d}Y}\right)$ 刚好是进口需求弹性$\left(\frac{\mathrm{d}M}{M}\cdot\frac{Y}{\mathrm{d}Y}\right)$与反映一国开放程度的指标$\left(\frac{M}{Y}\right)$的乘积。由此可见，一国开放程度越高，进口需求弹性越大，紧缩性政策对国际收支改善的作用也就越大。

因此，进口和出口的变动，除了直接带来国际收支的变动以外（$B=X-M$），还会通过国民收入的变动（进出口与国民收入之间的函数关系，主要是进口），通过诱发作用进一步影响国际收支。

为了进一步准确地说明国际收支的变动，哈伯格（A. C. Harberger）等人还将弹性分析法和收入分析法结合起来，修正了贬值能改善收支的马歇尔—勒纳条件。修正后哈伯格条件（Harberger Condition）为：

$$\eta_x+\eta_m>1+m$$

修正后的哈伯格条件，因为考虑了贬值通过国民收入的变动对国际收支的影响，因而比马歇尔—勒纳条件更为准确。

以上分析的假定前提是考虑的对象是个小国，如果考察的对象是一个大国，即它的进出口供求对外国经济会产生不容忽视的影响，那么就必须将外国的响应效应（Foreign Repercussion）考虑进去。为了分析方便，我们考虑一个二国模型，即世界上只有 A、B 这两个大国。因此，A 国的出口正是 B 国的出口。假定起初 A 国出口增加，这意味着 B 国的进口也应是增加的。但是在两国模型中，随着 B 国进口增加和本国生产的减少，B 国的收入也会减少，因而可用的进口支出也就会减少。这样，最终会导致 A 国出口额的下降和收入的减少。因此，在存在国外响应效应的情况下，贸易乘数将会降低。

在考虑大国模型的国外响应效应之后，哈伯格条件还可以进一步修正为：

$$\eta_x+\eta_m>1+m+m'$$

上式中，m'为贸易伙伴国的边际进口倾向。这表明，在进出口供给弹性无限大的前提下，大国的进出口弹性和只有在大于（$1+m+m'$）的情况下，本币的贬值才能有效地改善本国的贸易收支或国际收支。

三、对乘数分析理论的评价

乘数论克服了弹性论仅就进出口而分析进出口（$B=X-M$）的局限性，根据凯恩斯主义乘数原理用近似一般均衡分析法进一步地考虑了贸易收支与国民收入之间的关系，这是一大进步。乘数论认为一国可以通过鼓励出口的政策来改善贸易收支，但由于出口主要取决于世界市场的需求，一国难以自主决定，所以乘数论的主要政策主张则是通过需求管理政策（这里主要是指财政政策）来调整一国的贸易收支。对于贸易收支逆差，一国政府可以通过紧缩性的财政政策来降低国民收入，以减少进口支出，改善贸易收支；对于贸易收支顺差，政府当局则可以通过扩张性的财政政策来提高国民收入，以增加进口支出，减少贸易盈余。这种通过财政政策来调整一国贸易收支的效果大小，取决于该国边际进口倾向 m 的大小——m 越大/小，财政政策对贸易收支的调控效果越大/小。

当然，乘数论也有自己的局限性，主要是：第一，它也忽略了国际资本流动，把国际收支等同于贸易收支。第二，它假定价格水平和汇率均固定不变，这些假定是为了应用乘数原理的需要，但因此也造成了它的严重局限性——不能分析通货膨胀条件下的贸易收支调节问题。

第四节　吸收分析理论

国际收支调节的吸收分析理论（Absorption Approach），又称收入 - 吸收分析法（Income-Absorption Approach），分析的是收入和支出在国际收支调节中的作用。其基本精神是，运用凯恩斯宏观经济理论来分析，在什么样的条件下一国的本币贬值政策才能达到增加收入或减少吸收，最终达到改善其贸易收支的目的。这一理论最初是由美国经济学家亚历山大（S·Alexander）及英国经济学家米德（J·F·Meade）在1950年代初期提出来的，随后又由马克卢普（F·Machlup）等人作过进一步的完善。

前面的弹性分析法只分析了在本币贬值的条件下，用局部均衡的分析方法分析了一国进出口相对价格以及贸易品和非贸易品相对价格的变化对国际收支的影响；而忽视了贬值（或汇率变动）对国民收入的影响。事实上，国民收入的变动，以及基于收入之上的支出变化，显然也会影响一国的国际收支。因此，弹性分析方法是片面的。

“二战”结束以后，世界经济进入快速发展的繁荣时期，通货膨胀成了主要资本主义国家面临的一个重要的课题。在此背景下，利用本币贬值来调节贸易收支赤字具有重大的局限性，显然，这一问题是作为局部均衡分析方法的弹性分析法和假定价格水平保持不变的乘数分析法所难以解决的问题。于是，国际收支调节的吸收分析理论就应运而生。

一、主要理论前提

亚历山大和马克卢普等人的吸收论隐含了如下几个重要的假设前提：

（1）不考虑国际资本流动，把国际收支等同于贸易收支。

（2）假定原来国内经济处于均衡状态，但贸易收支未必平衡。

（3）假定生产要素的转移机制平滑。

二、吸收论的基本框架

在吸收论者看来，一国国内的总支出亦即总吸收，$A=C+I+G$，将其代入开放经济条件下的凯恩斯主义收入方程

$$Y=C+I+G+X-M$$

便可得到：

$$Y=A+X-M \tag{1}$$

从而有：

$$B = X - M = Y - A \tag{2}$$

在此，B 为一国的贸易收支差额。此式说明，一国的贸易收支差额取决于国内总收入与国内总吸收之间的差额，通过此式，就可以用国内总收支差额的一般均衡分析来取代贸易收支差额的局部均衡分析问题了。对上式取全微分可得：

$$\mathrm{d}B = \mathrm{d}Y - \mathrm{d}A \tag{3}$$

通过此式我们可知，一国可以通过调节收入（Y）和吸收（A）来改善贸易收支——尽可能地增加收入或减少吸收，即在减少吸收的同时又不减少收入，或者是在增加收入的同时又不增加吸收。为此，一国如果采用本币贬值的政策以提高净贸易额（$X - M$），同时还要辅以紧缩性的经济政策以减少国内的吸收或支出（A）。因此，就需要研究经济紧缩和本币贬值怎样改变国内总收入和国内总吸收，尤其是本币贬值的总收入效应和总吸收效应。

亚历山大认为，本币贬值对于国内总吸收的总影响（$\mathrm{d}A$）可以分解成为直接影响（我们记为 $\mathrm{d}AD$）和间接影响（我们记为 $\mathrm{d}AI$）两部分。这样，便有 $\mathrm{d}A = \mathrm{d}AI + \mathrm{d}AD$，其中，$\mathrm{d}AD$ 是本币贬值对国内总吸收的直接改变，而 $\mathrm{d}AI = * \cdot \mathrm{d}Y$ 则是本币贬值通过改变国内总收入而间接导致的国内总吸收的引致改变（式中的 * 为对于收入的边际吸收倾向），于是有

$$\mathrm{d}A = \alpha \mathrm{d}Y + \mathrm{d}AD \tag{4}$$

但亚历山大在这里忽略了本币贬值通过改变国内总吸收而可能间接导致的国内总收入的引致改变问题，这样，将（5）代入（4）就可得到

$$\mathrm{d}B = \mathrm{d}Y - (\alpha \mathrm{d}Y + \mathrm{d}AD) \tag{5}$$

即

$$\mathrm{d}B = (1 - \alpha)\mathrm{d}Y - \mathrm{d}AD \tag{6}$$

这就是亚历山大吸收论模型的基本公式，由此可知，下述不等式

$$(1 - \alpha)\mathrm{d}Y - \mathrm{d}AD > 0 \tag{7}$$

这样，我们便得到了本币贬值改善贸易收支的充分条件（7）式，从此式左端第一项可以看出：

当 $0 < \alpha < 1$（即国内需求不是很热，新增收入中尚有一部分不被转化成引致吸收）时，一方面，本币贬值的正收入效应（如果本币贬值具有正的收入效应，即本币贬值具有能增加收入的作用的话）将具有正面的贸易收支效应（有利于改善贸易收支），但是其收支效应会因其边际吸收倾向而打一定的折扣——这里，其新增收入的边际吸收倾向（越小（引致吸收也就越少），其正收入效应的正面的收支效应就越强（有利于改善贸易收支的能力就越强）；另一方面，本币贬值的负收入效应（如果本币贬值具有负的收入效应，即本币贬值具有会减少收入的作用的话）将具有负面的贸易收支效应（不利于改善贸易收支），而且 * 越小，其负收入效应的负面的收支效应将会越强；

当 $\alpha = 1$（即国内需求很热，热到了能将所有新增收入全部转化为引致吸收的程度）时，本币贬值的收入效应将具有零收支效应（此时，本币贬值的收入效应不论其为正还是为负均不会影响或改变贸易收支）；

当 $\alpha > 1$（即国内需求严重过热，达到了将新增收入全部转化为引致吸收还不够的程度）时，一方面，本币贬值的正收入效应反倒会具有负面的收支效应，而且＊越大，正收入效应的负面收支效应将会越强；另一方面，本币贬值的负收入效应反而会具有正面的收支效应，而且＊越大，负收入效应的正面收支效应将会越强。

再由（7）式左端第二项可以看出：一方面，本币贬值的正直接吸收效应将会具有负面的收支效应；另一方面，本币贬值的负直接吸收效应将会具有正面的收支效应。

下面我们来进一步分析本币贬值的收入效应和吸收效应以及它们对贸易收支的影响。

1. 贬值的收入效应

本币贬值会使得本国出口品的相对价格下降，进口品的相对价格上升，这一相对价格效应会导致下述的一系列收入效应。

闲置资源效应

当一国原处于非充分就业状态时，闲置资源效应将使得本币贬值具有增产效应（将会增加就业和产量——出口量及进口替代量）而当一国原处于充分就业状态时，不存在闲置资源效应，本币贬值将没有增产效应（此时，按照亚历山大的分析，要想改善贸易收支，只有减少吸收一途）。

贸易条件效应

一般来说，本币贬值所引起的出口品外币价格的下降率会大于进口品外币价格的下降率，从而会恶化贸易条件，也就是说，本币贬值一般具有负的贸易条件效应（将会减少单位出口品所能换回的进口品）。

当一国原处于充分就业状态时，按照亚历山大的分析，由于不存在闲置资源效应，所以本币贬值将不会改变该国的产量，但由于贸易条件恶化，将会使该国的实际收入反而有所减少，也就是说，此时本币贬值的闲置资源效应和贸易条件效应将综合具有负的实际收入效应，从而当 $\alpha < 1$ 时也具有负面的贸易收支效应。

而当一国原处于非充分就业状态时，虽然存在闲置资源效应，本币贬值具有增产效应（可以增加出口量及进口替代量），但由于贸易条件恶化的作用，可能会在一定程度上抵消甚至超过增产效应的作用，从而使得本币贬值的闲置资源效应和贸易条件效应的实际收入效应的方向变得不确定（因而其贸易收支效应的方向也不确定）：比如，当出口供需都富有弹性，使得本币贬值的增产效应的作用足以抵消其负贸易条件效应而有余时，最终会呈现正面的实际收入效应，从而当 $\alpha < 1$ 时也具有正面的贸易收支效应；当出口供需都缺乏弹性，使得本币贬值的增产效应很弱，不足以抵消其负贸易条件效应时，最终则会呈现负的实际收入效应，从而当 $\alpha < 1$ 时也具有负面的贸易收支效应。

2. 贬值的吸收效应

这里再来分析一下本币贬值的一般价格效应，设 PA 为国内总吸收的价格指数，则

$$PA = \bar{\beta} \cdot P + (1 - \bar{\beta}) \cdot Pm \cdot R$$

其中，$\bar{\beta}$ 为国内总吸收中平均用于购买国内产品的比例，P 为国内非出口产品的本币价格水平，Pm 为进口产品的外币价格水平，R 为汇率（单位外币的本币汇价）。如果本币贬值未改变 Pm，本币贬值将导致进口产品的本币价格 $Pm \cdot R$ 上升，这会引起国

内资源向进口替代转移，还会推动进口依赖型国内产品生产成本的上升，此时，一般会带动国内产品价格水平 P 的相应上升，从而引起 PA 的相应上升，也就是说，在这种情况下的本币贬值往往具有一种正的价格效应，会引起国内价格水平 PA 的全面上升，从而导致下述的现金余额效应等一系列吸收效应。

现金余额效应

人们一般习惯于在手头维持一定数额的实际货币余额，因此，当国内价格水平上升时，人们往往会增加持有名义货币余额，这样，本币贬值的正价格效应会使得国内居民通过减少消费（这会减少直接吸收）或支取一定存款、出售一定资产（这有着减少流通货币供给，使国内利率水平上升的作用，从而会直接引起国内投资和消费的进一步减少）等办法来实现其维持一定实际货币余额的目的。因而，本币贬值正价格效应的现金余额效应一般具有负的直接吸收效应（有直接减少国内吸收的作用），从而有利于改善贸易收支。

收入再分配效应

本币贬值的一般价格效应（如果存在的话）还会对收入分配产生一定影响，有着一定的实际收入再分配效应，从而具有一定的吸收效应（会改变引致吸收的大小），本币贬值正价格效应所引起的实际收入转移主要有以下三种形式。

（1）价格水平的上升将使实际收入从名义收入固定者向名义收入相应增加者转移。由于名义收入固定者往往具有较高的边际吸收倾向，而名义收入能相应增加者往往具有较低的边际吸收倾向，因而这一收入再分配效应一般具有负面的引致吸收效应（使引致吸收变小）。

（2）价格水平的上升将使实际收入从劳动者的工资收入向厂商的利润收入转移。当厂商对未来投资的预期不看好或不太看好时，其边际吸收倾向一般要比劳动者低（此时它具有负的引致吸收效应，从而具有正的贸易收支效应），而当厂商对未来投资的预期看好或比较看好时，其边际吸收倾向则可能会比劳动者还高（此时它又具有正的引致吸收效应，从而具有负面的贸易收支效应），因而这一收入再分配效应所具有的引致吸收效应方向不确定（它究竟会使引致吸收变小还是变大要视厂商们的投资预期而定）。

（3）价格水平的上升还将使实际收入从纳税人向政府转移。在发达国家，一般认为政府的边际吸收倾向较低，因而这一税收转移效应一般具有负引致吸收效应（使引致吸收变小）。

总的来说，本币贬值正价格效应的收入再分配效应所具有的引致吸收效应方向并不十分明确，需要根据具体情况而定，但在多数情况下（即排除厂商对未来投资预期看好的情况以外），收入再分配效应一般具有使引致吸收变小的倾向——不过这引致吸收变小效应对贸易收支的影响方向还得要视原边际吸收倾向大小的不同而定。

货币幻觉效应

在价格水平上升时，人们往往会有一种短期货币幻觉，暂时减少消费支出（即使他们的货币收入与物价水平本是同步上升的）。因而本币贬值正价格效应的货币幻觉效应一般也具有负的直接吸收效应（有直接减少国内吸收的作用），从而有利于改善贸易收支。但货币幻觉效应只是一种暂时的短期效应，所以其作用相对不太重要。

通胀预期效应

在价格水平上升时，人们还往往会有一种对于未来的通胀预期，刺激人们反而加紧消费。因而本币贬值正价格效应的通胀预期效应又反过来具有正的直接吸收效应（有直接增加国内吸收的作用），从而不利于改善贸易收支。

由此看来，本币贬值正价格效应的吸收效应及贸易收支效应的方向并不确定，要综合看上述的四个效应的强弱。一般情况下，只要不发生严重的通胀预期，本币贬值的正价格效应常常会有利于造成负的吸收效应，从而有利于改善贸易收支。

三、对吸收论的评价

吸收论将一国国际收支的决定和变动与整个宏观经济状况结合起来分析，使人们得以摆脱弹性论机械地就进出口论进出口的分析局限，有助于人们对国际收支失衡和均衡性质的深入认识。同时，吸收论还克服了乘数论只考虑收入分析而忽略吸收分析的局限性，引入了价格变动因素，对充分就业条件下本币贬值政策对于改善国际收支的作用及经济影响做了全面分析，因而具有很大的现实意义。

吸收论认为，当一国处于充分就业状态时，由于不可能增加实际收入，因而只能用减少实际支出的办法来改善其国际收支。这意味着，在固定汇率制下，即便马歇尔－勒纳条件得到满足，当一国内部经济处于充分就业情况时，如果用贬值的办法来改善国际收支逆差，则需要以一定程度的通货紧缩为代价，因为国际收支逆差会造成一国基础货币供给减少；不然，如果政府当局同时辅以扩张信贷政策的话，则会由于其实际收入并不能增加，且实际支出又没有减少，而最终导致其用本币贬值来改善国际收支方法的失效。显然，这是吸收论的重要贡献。

因而吸收论主张，在固定汇率制下，当一国处于经济景气特别是过热（有严重通胀压力）时，可以采用公开本币贬值政策同时辅以适度紧缩的财政－货币政策来改善其国际收支逆差；而当一国内部处于经济均衡状态（既无失业压力，又无通胀压力）时，由于外部原因而造成了该国的国际收支逆差的话，如果该国既想改善国际收支又不想破坏原有的内部经济均衡，则按吸收论的看法，用公开本币贬值的办法是行不通的，此时似乎只有用进口管制，辅以适度扩张的货币政策（这是为了抵消因国际收支逆差而自动产生的紧缩作用）来改善其国际收支逆差了，而别无他途。当然事实并非如此，这只是吸收论在未考虑资本流动情况下的看法。后来，蒙代尔在考虑资本流动情况下，认为财政政策和货币政策具有相对的独立性，从而提出了一种政策搭配理论——无须用到管制政策也可以做到既不破坏国内经济均衡又能改善国际收支的调节理论（详见本书以后有关章节的论述）。

吸收分析理论也存在一定的缺陷及局限性：

第一，仍然把国际收支等同于贸易收支，而忽略了国际资本流动对于国际收支的影响。

第二，吸收论是建立在国民收入恒等式的基础上的，但并没有对收入和吸收为因、贸易收支为果的观点提供任何令人情服的逻辑分析。实际上，收入与吸收固然会影响贸易收支，但贸易收支也会反过来影响收入和吸收。

第三，在分析本币贬值对于收入的影响时，忽略了本币贬值的资源配置效应，认为在充分就业条件下，本币贬值不可能增加实际收入。实际上，如果一国原来是用直接管制政策来维持被高估了的本国币值及国际收支平衡的话，则其资源配置就可能被严重扭曲而大大降低其效率，这时，本币贬值政策辅以适当的放松管制政策是可以有效发挥其资源配置效应的——它会通过对资源的重新配置来提高其配置效率，从而实际增加该国的收入。

第四，在分析本币贬值对于吸收的影响时，忽略了本币贬值的替代效应，从而不能解释本币贬值是何以引起生产资源从非贸易品生产向贸易品生产转移的。

第五，吸收论是基于对单一国家模型的分析之上的，忽略了贸易伙伴国之间的相互影响。实际上，一国进出口的数量和价格势必会对其重要贸易伙伴国的经济发生重要影响，并反过来受到后者的影响。

虽然上述的种种缺陷使得吸收论自其诞生起就遭到许多批评，但这并不妨碍其对一些典型情况所具有的现实启示意义，并使其成为20世纪70年代出现的国际收支调节货币分析方法的启蒙。

第五节 货币分析法

20世纪70年代，西方主要资本主义国家的经济陷入“滞胀”的泥沼，货币主义取代了凯恩斯主义开始在经济学界盛行，并对国际收支调节理论产生了重大影响。60年代末期，哈里·约翰逊（Herry G. Johnson），雅各布·弗兰克尔（Jacob · Frenkel）和罗伯特·蒙代尔（Robert · Mundell）等人创立并发展了国际收支调节的货币分析理论。所谓国际收支调节的货币论（Monetary Approach），就是运用货币分析法来分析货币因素对一国国际收支的影响。在货币主义看来，国际收支失衡在本质上是一个货币问题，这与他们一贯主张“货币二分法”一脉相承。

与弹性论、乘数论和吸收论强调商品市场在国际收支调整中的作用不同的是，货币论强调货币市场在国际收支调整和均衡的作用。货币论是一种古老而又新兴的国际收支理论，具有悠久的历史渊源。“价格—铸币流动机制”就是最早的国际收支货币论，它揭示了金本位制度下国际收支通过货币供求的存量失衡，引起货币量和物价水平的调整而自动均衡的机制。20世纪60年代后期，新货币主义者将封闭经济条件下的货币主义原理引申到开放经济中来，从而发展了国际收支货币论。

对于国际收支平衡表的分析，货币论在两方面有别于传统的弹性论和吸收论：其一，传统理论仅注重经常账户交易，而货币论则将国际资本流动也作为考察对象，强调国际收支的综合差额，而非贸易差额，因为“二战”后随着西方国家经济复苏和对金融管制的日益宽松，国际间的资本流动问题已不可忽视；其二，传统理论注意对线上项目的分析，而货币论则主张从线下项目分析，自下而上地来说明国际收支，视线上项目差额为线下项目交易的结果，而不是相反。在货币主义者看来，线下项目交易即国际储备额的变动，进一步来看是货币市场均衡的结果。

一、货币论的主要理论前提

货币主义者是基于如下一些重要理论前提上而展开分析的。

（1）把一国的国际收支差额定义成其综合差额。

（2）贸易品的价格是由世界市场决定的，从长期来看，一国的价格水平和利率水平接近世界市场水平。

（3）从长期看，货币需求是稳定的，货币供给的变动不影响实物产量；一国的实际货币需求是收入和利率等变量的稳定函数。

二、货币论的基本内容

货币主义者认为，人们对实际货币金额的需求取决于实际国民收入和利率。用公式表达为：

$$M_d/p = f(y,i) \tag{1}$$

在上式中，M_d 为名义货币需求量，p 为一国的物价水平，y 为该国的产出，i 为利率。因而，该国的名义货币需求函数变为：

$$M_d = pf(y,i) \tag{2}$$

而在开放经济下，一国的货币供给函数为：

$$M_s = m(D + F) \tag{3}$$

在此式中，M_s 是一国的货币供应量，m 表示货币乘数（为了分析方便，我们假定它为常数例如 1)，D 是一国基础货币的国内供应部分，F 是该国基础货币的国外供应部分。这表明，在开放经济下，一国的货币供给不仅包括国内部分 D，还应包括国外部分 F（货币当局发行本币购入外汇被动创造货币）。

（2）和（3）式共同构成了货币论模型的基本公式，当货币市场达到均衡时，这两式应当相等，即有

$$M_s = m(D + F) = M_d = pf(y,i) \tag{4}$$

此即货币论模型的基本方程式。

因为

$$CA + KA + \Delta F \tag{5}$$

其中，CA 为经常账户差额，KA 为不含国际储备在内的资本和金融账户差额，ΔF 为国际储备差额，所以有，国际收支差额（综合差额）

$$B = CA + KA + = - \Delta F \tag{6}$$

此式与（4）式一起构成了货币分析理论的基本模型。

假定一国最初的货币市场处于均衡状态，$M_s = M_d$。此后，由于某种原因（如国民收入增加）导致货币的需求增加，增加的货币需求可以通过增加基础货币中的国内部分得到满足，也可以通道国际储备的增加来满足。通过国际储备增加来满足的条件是，本国的贸易收支以国际收支出现顺差。另一方面，在货币需求不变的情况下，D 的供应量增加将导致国际储备减少，其结果是国际收支出现逆差。

因此，在货币主义者看来，一国贸易收支或国际收支逆差实际上源于该国货币的过

度供给。当该国国内货币量供应过多时，国际储备资产减少或本国国际收支逆差是自动实现本国货币供给和需求重新达到均衡状态的内在机制。相反，一国国际收支顺差是因为该国对货币的过度需求，贸易收支顺差是实现这种货币供求平衡的内在机制。从这一角度来看，国际收支失衡的根本原因是一国国内货币供求的失衡。

由上可知，如果一国货币当局对国际收支失衡不采取任何调整政策，这种失衡可以通过货币供求机制自动消除，不可能长期存在。均衡的基本过程是：当 $M_s > M_d$ 时，国际收支出现逆差，一部分国际储备流出，于是该国基础货币（$D+F$）下降，这样，货币供给将以减少的基础货币额（即国际收支逆差额）的倍数下降，直到 $M_s = M_d$ 为止；当 F 减少时，M_s 将减少 $m \cdot F$ 倍，最终使 $M_s = M_d$。此时，由于货币供应降回到货币需求的水平，所以贸易收支或国际收支逆差消失。同理，当 $M_s < M_d$ 时，货币需求超过货币供应的部分，可以通过国际储备的流入加以调整。用公式表示就为 $M_d > m(D+F)$，此时，在 D 保持不变的情况下，F 增加使 M_d 增加 m 倍（mF），这种国际储备的流入只有当货币供给重新等于需求时才会停止，此时贸易收支或国标收支的顺差消失。

通过以上的分析，我们可以将货币论的基本思想总结如下：

（1）国际收支就是一种货币现象。

（2）国际收支逆差，实际上就是一国国内的名义货币供应量超过了名义货币需求量。由于货币供给不影响实物产量，在价格不变的情况下，多余的货币就会外流（货币外流），即表现为国际收支逆差。反之，当一国国内的名义货币供应量小于名义货币需求量时，在价格水平不变的情况下，短缺的部分就会由外国流人本国（货币内流），即表现为国际收支盈余。

（3）国际收支的调节过程实际上是实际货币余额（货币存量）对名义货币供应量的调整过程。当国内名义货币供应量与实际经济变量（国民收入、产量等）所决定的实际货币余额需求相一致时，国际收支就处在均衡状态。

下面，我们用货币主义的基本模型和理论来进行具体的分析。

三、固定汇率下的货币政策分析

货币论认为，在固定汇率制下，由于一国的货币需求是既定的，其货币供给必须或只能被动地适应既定的货币需求，即该国货币当局的货币供给政策只能被动地适应这一既定的货币需求。如果货币供给一时失当造成了货币供需失衡，则必将破坏原有的经济均衡，引起该国商品市场和国际收支的短期失衡以及国际储备的相应调整，而后者的失衡和调整又会自动地影响或纠正货币供给的失衡，迫使其重新恢复到既定的均衡水平上来，进而使得货币供需和内外经济也随之恢复到均衡的水平。因此，从长期来看，被改变的只是货币供给的来源结构，而均衡的货币供给总额却并没有改变。这意味着，在固定汇率制下，一国货币当局并无主动地制定其货币政策的自主权（这里主要指货币供给总额）。

为了具体说明货币主义的这一思想，假定一国最初处于均衡状态，假定初始的货币市场为 $M_s = M_d = pf(y, i)$。如果其他条件保持不变只发生了货币供给失衡，比如出现了 $M_s > M_d$，情况会怎样呢？这时，由于货币的供大于求，基于现金余额效应，人们会扩大投资和消费，因为实际供给保持不变，从而会引起商品市场上的需求过热超过实际供给能力，导致本币价格水平上升。价格水平的上升，一方面使得商品市场的需求降温重新回到既定的实际供给水平上，另一方面又会使货币需求也跟着暂时上升，短期偏离其既定的均衡值，同时还会使该国产品的国际竞争力下降，导致短期性国际收支逆差的出现。此时，在固定汇率的前提下，货币当局不得不抛售外汇来填补市场上的外汇需求缺口以稳定汇率，于是，它把原先超额供给的货币又收回去了，直至货币供给重新恢复到原来既定的均衡值。但此时，由于前期价格的上升已导致货币需求在短期内也随之上升，偏离了既定的均衡值，因而又会形成货币供不应求的局面。根据现金余额效应，人们又会缩减投资和消费，使得商品市场需求乏力，低于实际供给能力，于是本币价格水平又会重新回落直至恢复其购买力平价为止。价格水平的回落，一方面使得商品市场的需求重新升温再次恢复到既定的实际供给水平上，另一方面又会使得货币需求也随之回落，重新恢复到原来既定的均衡值，从而货币市场又恢复到既定的均衡状态，同时还会使该国产品的国际竞争力也重新得到恢复，使得国际收支也重新实现平衡，至此，货币供需和内外经济的一致均衡又得到了恢复。同理，如果出现 $M_s < M_d$，通过类似的分析不难得知，在固定汇率制下，短期内，货币紧缩具有改善国际收支的作用；从长期来看，市场的自动调节机制最终会使其重新恢复原有的均衡。

总之，货币论认为，在资本自由流动的固定汇率制下，长期来看，一国货币当局并无主动地制定货币政策的自主权。在货币主义者看来，如果货币需求未变而发生了国际收支失衡，其根源必定在于货币供给的短期失当，或是货币供给的失当引起了短期性的内外经济失衡（国内价格水平失衡与国际收支失衡）及货币供给来源结构的重组；从长期来看，市场力量必会自行将这些暂时性的经济失衡加以纠正，除了货币存量的来源结构变化之外，一切（货币供需和内外经济）自会恢复到其原来的均衡水平。

四、固定汇率制下的贬值政策分析

那么，在固定汇率制下，本币贬值会不会有益于本国国际收支的改善呢？

短期内，由于货币供给未变，该国国内的价格水平也不变，所以本币贬值会使本国产品的国际竞争力有所加强，国外产品的国内竞争力有所减弱，导致出口增加和进口减少，出现短期性的国际收支顺差（因为假定其原来是处于平衡状态的）。但是，长期来看，该国国际收支顺差的积累必然会形成本币升值的压力，为了维持规定汇率，该国货币当局不得不干预外汇市场，通过发行新的基础本币来买入外汇，这既导致了本国的国际储备增加，同时又增加了货币供给（直至其达到新的长期货币需求的既定均衡值）。而货币供给的扩张，又会产生现金余额效应，导致人们扩大实际投资和消费，使得商品市场上短期需求过热，从而引起国内价格水平上升（直至达到新的购买力平价为止）。这一方面使得商品市场的需求降温重新回到既定的实际供给水平上，另一方面又使得货币需求也相应上升到其新的既定长期均衡值，同时，本币贬值所形成的本国产品的竞争优势也随之消失，随着进出口的变化，国际收支也重新恢复了平衡。至此，货币市场和国内外经济又在新的汇率水平和新的价格水平上达到了新的长期均衡状态。

总之，货币论认为，在固定汇率制下，本币贬值在短期内能改善国际收支，但长期来看，市场的自动调节机制最终同样会使其恢复均衡，所以改善收支的作用也不能长期维持。但是，值得注意的是，贬值 $x\%$ 将会导致国内货币存量同比增加 $x\%$ 和新的国内均衡价格水平也同比上升 $x\%$ 的作用却是一旦形成就会长期存在下去（在新的长期均衡未被破坏以前）。

五、浮动汇率制下的货币政策分析

前面的分析是建立在这样一个假定的基础上的，即汇率是固定的，由官方加以维持，国际收支在官方的干预下实施调整。在本节里，我们分析汇率由市场决定时，在汇率浮动的条件下，贸易收支或国际收支是如何调整的。

在浮动汇率下，由于货币当局无须干预外汇市场，所以不妨设一国的国际储备为定数。这意味着该国综合国际收支将始终保持平衡，不会发生国际收支严重失衡问题，因为汇率的自由浮动会通过改变进出口而自动调节对外收支的平衡。因此，在货币论看来，无论是在固定汇率还是浮动汇率，经济体系的自动调节力量都会使得一国国际收支恢复均衡；但与固定汇率条件下不同的是，在浮动汇率制下，扩张性货币政策所造成的货币存量的增加会得到长期保持。这是因为，初期的货币供给过剩会通过现金余额效应使人们扩大消费和投资，因为实际产出未变，这将导致商品市场上的过度需求，从而引起国内价格水平跟随汇率同比上升，长期来看，国内价格水平的上升，一方面会最终消除前期的需求过热，使商品市场在新的价格水平上达到新的平衡，另一方面又会使国内货币需求也随价格上升并最终与扩张后的货币供给相平衡。

总之，货币论认为，在浮动汇率制下，如果一国的货币供给增加 $x\%$ ，那么在长期内，其汇率会同比上升 $x\%$ （即本币同比贬值 $x\%$ ），国内价格水平也将同比上升 $x\%$ ，而货币需求会随价格水平的上升也相应同比上升 $x\%$ 。这就就是说，在浮动汇率制下，名义货币存量是可以自主调节的（虽然对应于实际收入的实际货币存量并不能被人为调节），货币当局可以拥有货币政策的自主权。

六、对货币论的评价

货币论的唤起人们在国际收支分析中对货币因素的重新重视。自从凯恩斯主义统治西方经济学界以后，货币因素就被人淡忘了。凯恩斯主义在其国际收支分析中只强调实物因素，几乎没有涉及货币因素。国际收支货币论的兴起，使被遗忘的货币因素在国际收支调整中得到人们所应有的重视。货币分析法的主要贡献在于强调国际收支顺差或逆差将会引起货币存量的变化，从而影响一国的经济活动。它认为，在相当长的时间内，货币需求函数是相当稳定的，货币存量对收入保持一定的比例关系。随着收入的增长，货币需求也增加。在没有货币存量的增加来适应这一需求时，国际收支倾向于顺差（或者汇率上升）。这从历史资料来看是正确的。但它是一种长期理论，而在短期内，货币需求并不是稳定的。因此，货币供应量的变化一开始主要是影响货币流通速度而不是收入与支出水平。在政策主张上，货币主义不主张对国际收支失衡进行干预，而是依靠经济体系的自我调节机制来恢复平衡，因而也主张浮动汇率制度，这与其整个理论也是一致的。

当然，货币论也有它自身的缺陷则，这表现在：第一，它假定货币需求函数是相当稳定的。然而在短期内，货币需求往往是很不稳定的，也很难不受货币供给变动的影响。第二，货币论还假定货币供给变动不影响实物产量。事实上，货币供给变动后，人们不仅改变对国外商品和证券的支出，而且也会改变对本国商品和证券的支出，由此影响到国内产量的变化。第三，它强调一价定律的作用，由于垄断因素和商品供求粘性的存在，一价定律往往不能成立。

专栏15-2

马金对早期国际收支调节模型的评论

早期著名的国际收支调节模型为最近的方法提供了背景支持，其中的某些思想，至今仍十分有用。这些模型和方法的出现，是按照历史和经济思想的发展顺序逐一登场的。从中，我们可以越来越清晰地看到，关于国际收支的理论和政策重要性以及外汇调节流程的种种解释是如何伴随着国际金融体制的规则变化而不断演化的。

最初，古典的国际收支调节机制寻求在金本位下维持汇率稳定并达到收支平衡的动态机理的解释。放弃金本位制后，弹性分析法开始盛行，并在很大程度上受到了新古典主义局部分析法的影响，强调进出口价格的相对变化，并将汇率作为一种政策工具看待。在20世纪30年代末，即凯恩斯宏观经济学出现后，国际收支分析法再度流行，就像50年代出现的吸收分析法所反映的那样。布雷顿森林体系时代资本流动受到严格的汇率管制，各金融市场被有效分割，资本市场对国际利率的差异毫无反应。在这种环境下，宏观经济分析法发展起来了。因而这个时代的模型将固定汇率和资本不可流动作为前提假定，这样经常项目就成为了国际收支分析的重点，资本项目几乎被完全忽略了。这期间诞生的国际收支的货币分析法，与货币主义者强烈反对凯恩斯主义相关联。后者指出凯恩斯主义总是在封闭经济模型中过度强调总支出的作用而忽视了货币因素。

直到20世纪60年代，资本市场逐渐国际一体化之时，资本流动的重要性才被充分认识到，并被引入到凯恩斯主义者的蒙代尔－弗莱明模型中。该模型在20世纪70年代后一直占统治地位的开放经济的浮动汇率制下特宏观经济政策纳入分析，与在固定汇率制下的分析同样简单，因此广为流行。

本章小结

1. 国际收支调节理论是探讨一国国际收支失衡的原因及调节方式的理论，是构成国际经济学的重要部分之一。

2. 弹性分析法分析汇率变动对一国国际收支的影响，其关于本币贬值能否改善贸易收支取决于国际贸易之供求弹性的论断具有重大理论和现实意义。由于其未考虑国际资本流动问题，只是针对商品市场的局部均衡分析范式，只适用于远离充分就业的情况。

3. 乘数论和吸收论都是依托开放经济下的凯恩斯主义宏观经济理论来分析国际收

支问题，其中前者是用乘数分析法来分析收入对一国国际收支的影响，而后者则是着重用吸收分析法来分析本币贬值的吸收效应及其对国际收支的影响，特别是后者关于充分就业条件下本币贬值政策辅以货币紧缩政策对于改善国际收支的作用及经济影响的一般均衡分析具有重要的现实意义。

4. 随着资本流动性的加强，货币分析理论一改过去理论的传统做法，从货币的角度来考察国际收支失衡的原因。在货币主义看来，国际收支失衡仅是一种货币现象，长期内经济体系会自动趋于均衡，并主张对国际收支失衡不进行干预。

思考练习题

1. 试述国际收支弹性分析理论的基本精神和局限性。

2. 推导马歇尔－勒纳条件，并说明其经济学含义。

3. 简述本币贬值的 J－曲线效应。

4. 试述国际收支乘数分析理论的基本精神和局限性。

5. 修正后的马歇尔－勒纳条件有何不同，解释其原因。

6. 试述国际收支吸收分析理论的基本精神和局限性。

7. 吸收论认为本币贬值具体都会产生哪些吸收效应，它们各会对吸收产生什么影响？

8. 为什么一国采取本币贬值政策来改善其国际收支时往往要承担一定程度的通货紧缩为代价。

9. 简述吸收论的主要贡献和政策主张。

10. 试述国际收支货币分析理论的基本精神和局限性。

11. 试用货币论的小国模型分析，

（1）在固定汇率制下，紧缩性的货币政策何以会具有改善国际收支的短期作用，而又只能是短期有效；

（2）在固定汇率制下，公开贬值政策何以会具有改善国际收支的短期作用，而又只能是短期有效；

（3）在固定汇率制下，处于经济周期的不同阶段时，为改善国际收支赤字而采取货币紧缩政策与公开贬值政策的选择或替代问题；

（4）在浮动汇率制下，紧缩性的货币政策长期来看会导致什么结果？为什么？

12. 简述货币论的主要贡献和政策主张。

13. 试述国际收支失衡的调节政策体系以及各种政策的适用性和局限性。

第十六章　开放经济下的宏观经济政策管理

学习目标

通过本章学习，了解开放经济条件下宏观经济管理的主要原理和方法，重点掌握开放经济条件下宏观经济管理的三大分析工具，以及在不同政策环境下如何通过三大工具的搭配使用使经济从失衡恢复到均衡。

关键术语

开放经济　宏观经济政策　固定汇率　浮动汇率

开放经济条件下，一国经济与他国经济密切相关，各国之间的经济既相互依赖，又相互影响。因此，一国经济面临着对内和对外两方面的平衡问题。所谓内部平衡就是在国内经济运行中，保持物价和经济的稳定与增长，所谓的外部平衡就是保持国际收支的平衡。在现代经济条件下，政府应该通过经济政策维持经济的内外平衡，即内外经济的同时平衡。本章主要阐述开放经济条件下的宏观经济政策。

第一节　开放经济下宏观经济管理的目标与政策工具

一、开放经济下宏观经济管理的目标

布雷顿森林体系解体后，国际经济一体化的趋势日益明显，内外均衡的协调在一国经济中显得愈加重要，因而研究开放经济条件下的宏观经济运行非常必要。20 世纪 90 年代以后，越来越多的学者认为，伴随着各国经济开放程度的提高，开放经济条件下的宏观经济学已经成为宏观经济管理的同义语。

一般认为，在开放经济下条件下，一国所追求的经济目标主要有四个：① 经济增长；② 充分就业：③ 物价稳定；④ 国际收支平衡。其中，经济增长的目标是长期的，而且经济的增长也包含了充分就业的目标；因此从短期来看，政府宏观经济政策的目标主要是后三个，这三个目标从内外经济的角度看，又可以分成对内平衡和对外平衡两大

类目标。对内平衡是指一国内部经济要保持充分就业和物价稳定状态；对外平衡则是一国的国际收支处于平衡状态，既无国际收支的逆差，也无国际收支顺差。宏观经济管理的目标是：同时实现内部均衡与外部均衡。

二、宏观经济管理的政策工具

开放条件下，宏观经济均衡分析的基本模型是 IS－LM－BP 模型，该模型是在封闭经济的 IS－LM 模型中加入国际收支均衡曲线（BP 曲线）之后的扩展模型。这就意味着，与封闭经济模型相比，除了 IS、LM 这两大工具之外，BP 曲线也是政策分析的另一重要的工具。

（一）IS 曲线

IS 曲线表示产品市场实现均衡时国民收入与利率水平的关系。因此，IS 曲线上的每一个点都代表着一对能够使得商品市场实现供需平衡的利率（i）和国民收入（Y）的组合。

$$Y = C + I + G + (X - M) = A(Y, i) + CA(Y) \tag{1}$$

上式中，A 为国内总吸收，CA 为净出口。IS 曲线是一条从左上方向右下方倾斜的曲线，因为利率上升会降低投资需求（降低总吸收），从而导致收入减少。

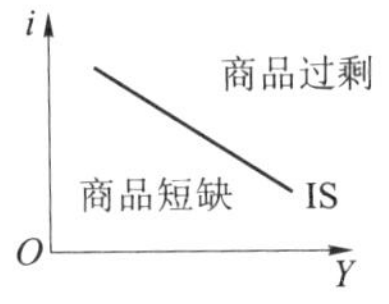

图 16－1　IS 曲线

如图 16－1 所示，如果一国经济的均衡点落在 IS 曲线的右边，表示该国商品市场的商品过剩；落在左边，则表示商品短缺。为了调节经济失衡，只能移动 IS 曲线；财政扩张和本币实际汇率贬值都会使 IS 曲线向右移动，因为，财政扩张和本币实际汇率贬值都会使自发性吸收增加，从而都会通过乘数效应引致国民收入增加，使 IS 曲线向右移动；相反，财政紧缩或本币实际升值则会使 IS 曲线左移。

（二）LM 曲线

LM 曲线表示货币市场均衡时国民收入与利率水平的关系。因此，LM 曲线上的每一个点都代表着一对能够使得货币市场实现供需平衡的利率（i）和国民收入（Y）组合

$$M = L(Y, i) \tag{2}$$

上式中，M 为货币供给，L 为货币需求。LM 曲线是一条从左下方向右上方倾斜的曲线，因为当收入增加时会提高货币需求，此时只有利率也随之上升才能维持货币需求保持不变和货币市场的供需平衡。

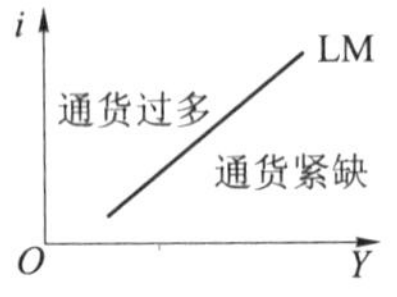

图 16－2　LM 曲线

如图 16－2 所示，如果一国经济的均衡点落在 LM 曲线右边，表示货币市场的通货紧缺；如果落在左边，表示通货过多。为了调节经济失衡，只能移动 LM 曲线。货币供给的增加会使 LM 曲线右移，货币供给的减少会使 LM 曲线左移；货币需求的增加会使 LM 曲线左移，货币需求的减少会使 LM 曲线右移。

（三）BP 曲线

BP 曲线，简单地说就是一条国际收支（综合收支）平衡曲线。BP 曲线上的每一

个点都代表着一对能够使得国际收支实现平衡的利率（i）和国民收入（Y）组合。

$$CA(Y)+KA(i)=0 \tag{3}$$

在上式中，CA为净出口，KA为资本的净流入。通常，BP曲线是一条从左下方向右上方倾斜的曲线，如图16－3所示。因为随着收入的增加，进口会相应增加，从而恶化净出口CA，此时一国只有相应提高利率以改善资本的净流入KA，才能维持其国际收支的平衡。而BP曲线的倾斜程度取决于国际间资本流动的利率弹性，其倾斜程度与该弹性成比，即弹性越大BP曲线越平；弹性越小，BP曲线越陡。换而言之，BP曲线的斜率就是资本流动对利率的敏感度，主要分为如下三种情形。

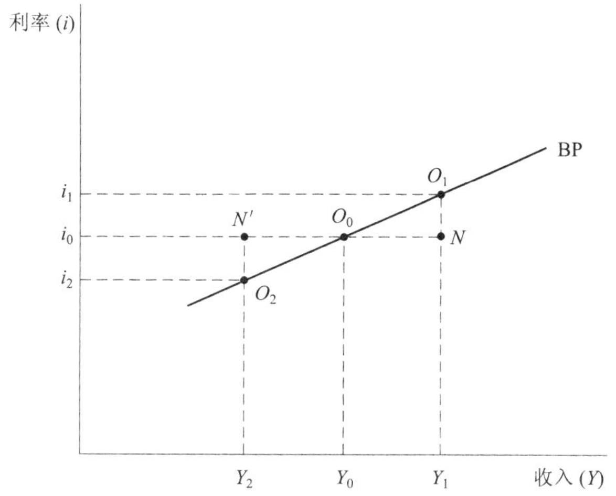

图16－3　BP曲线

（1）资本不完全流动。当BP曲线斜率为一有限正数时，表示资本不完全流动。资本不完全流动是指一国资本市场不完全开放，或资本流动由于受到信息、交易成本等因素的限制，使得本国利率与世界利率的差异只会带来有限数量资本的持续流动。在图16－4（a）中，BP曲线左上方的点表示国际收支处于顺差状态，而BP曲线右下方的点则表示国际收支处于逆差状态。在资本不完全流动情况下，本币实际汇率贬值会导致BP曲线右下移，因为，本币实际汇率贬值时，会导致净出口增加，从而形成国际收支出现顺差的压力，此时只有降低本国利率水平，才能刺激资本的净流出（或抑制资本的净流入），以抵消本币实际贬值所导致的国际收支顺差压力，从而保持国际收支平衡，这意味着BP曲线的右下移；而本币实际汇率升值，则会导致BP曲线左上移。

（2）资本完全不流动。当BP曲线垂直时，表示资本完全不流动。此时的BP曲线基本成为CA曲线，由于净出口基本上与利率无关，而主要与国民收入有关。所以CA曲线基本上成为一条垂线。在图16－4（b）中，BP曲线右方的点，表示净出口为负，因为右方的点代表的国民收入水平超过了维持经常账户平衡的水平，较高的国民收入通过边际进口倾向而扩大了进口；BP曲线左方的点则表示净出口为正。在资本完全不流动情况下，当本币实际贬值时，净出口得以改善，从而收入增加，CA曲线会向右移动；而当本币实际升值时，CA曲线则会向左移动。

(3) 资本完全流动。当 BP 曲线水平时，表示资本完全流动。此时，本国利率与世界利率水平相等，因为微小的利率差异都会立即带来巨额的资本套利活动而使利率迅速达成一致。资本的完全流动性意味着一国可以随时以世界利率借入或贷出任何数量的资本，这样对于任何水平的进出口差额都可以通过资本的迅速流动使整个国际收支保持平衡。在图 16－4（c）中，BP 曲线上方的点表示国际收支处于顺差状态，因为此时国内利率高于世界利率而带来大量资本流入；而 BP 曲线下方的点则表示国际收支处于逆差状态。在资本完全流动情况下，本币汇率的变动不会改变 BP 曲线的位置。

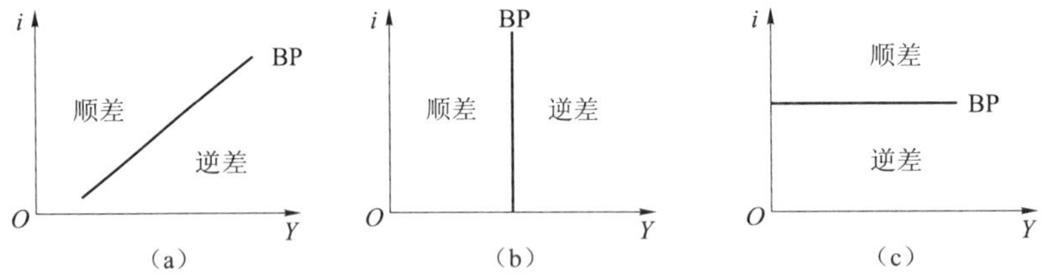

图 16－4 资本的流动性与 BP 曲线

三、一国经济均衡与失衡的状态

从上面的具体分析我们可以看出：IS 曲线代表一国产品市场的均衡状态，是一条从左上方向右下方倾斜的曲线，由一系列能使收入等于总支出的实际收入和名义利率组合点构成的；由于储蓄、进口支出、税收的下降或政府支出、投资及出口支出的上升所引起的预期自主支出的增加，会引起曲线向右移动；反之，储蓄、进口支出、税收的上升或政府支出、投资、出口支出的下降会导致曲线向左移动。LM 曲线代表一国货币市场的均衡状态，是一条从左下方向右上方倾斜的曲线，它由一系列能保持货币市场均衡的实际收入和名义利率的组合点构成；名义货币量的增加或价格水平的下降会导致曲线向右下移动；相反，货币存量的下降或价格水平的上升会导致曲线向左上移动。BP 曲线代表一国国际收支或外部均衡的状态，该曲线是一系列实际收入和名义利率的组合点，此曲线上的任何一点都满足经常账户余额与资本账户余额之和为零。

在封闭经济条件下，经济追求的目标是产品市场和货币市场的同时均衡，即一国的均衡状态落在 IS－LM 的交点上；在开放经济条件下，一国要保持内外的同时均衡，均衡点要落在 IS－LM－BP 曲线的交点上。显然，这种均衡是一种复杂的“刀刃游戏”(dance on the edge)。通常的情况是，一国经济均衡点总是偏离于 IS－LM－BP 交点的某一位置，处于非理想的均衡状态，即不是存在内部失衡问题，就是存在外部失衡的问题。

那么，一国经济偏离均衡状态时又会发生什么情况呢？

假定一国的 IS 曲线、LM 曲线和 BP 曲线的交点 E 为均衡点，偏离该点时，就会出现几种不同的情况。如图 16－5 所示，IS、LM、BP 三条曲线把 E 点以外的空间分割成六个区域，分别代表着六种不同的失衡状态。在现实中，根据一国对资本管制程度的不同，又可以将 BP 曲线进一步进行细分，由于既不存在完全的资本流动（BP 水平）也不存在完全的不流动（BP 垂直），因此我们看到的一般情况是各国允许资本流动的程度，即 BP 曲线倾斜的程度。图（a）和表 16－1 反映了 BP 曲线比 LM 曲线更为陡峭的情况，图（b）和表 16－2 则反映了 BP 曲线比 LM 曲线更为平坦的情况。值得注意的是，除了以上六种失衡状态之外，E 点又把这三条曲线分割成六段，而这些曲线上的点又分别代表着六种不同的局部均衡－失衡状态，读者可以自己思考它们分别处于什么状态。

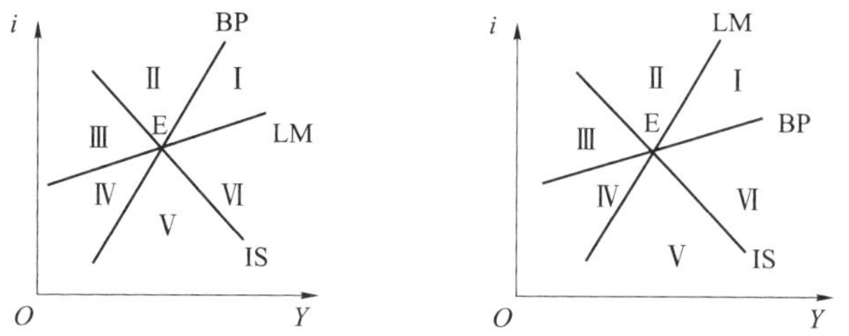

（a）　（b）

图 16－5　开放经济的均衡与失衡

表 16－1　开放经济的六种完全失衡状态（BP 曲线比 LM 曲线陡峭的情况）

区号	Ⅰ	Ⅱ	Ⅲ	Ⅳ	Ⅴ	Ⅵ
商品市场	商品过剩	商品过剩	商品短缺	商品短缺	商品短缺	商品过剩
货币市场	通货过多	通货过多	通货过多	通货紧缺	通货紧缺	通货紧缺
国际收支	逆差	顺差	顺差	顺差	逆差	逆差

表 16－2　开放经济的六种完全失衡状态（BP 曲线比 LM 曲线平坦的情况）

区号	Ⅰ	Ⅱ	Ⅲ	Ⅳ	Ⅴ	Ⅵ
商品市场	商品过剩	商品过剩	商品短缺	商品短缺	商品短缺	商品过剩
货币市场	通货紧缺	通货过多	通货过多	通货过多	通货紧缺	通货紧缺
国际收支	顺差	顺差	顺差	逆差	逆差	逆差

第二节　固定汇率下宏观经济政策分析

在这一部分中，我们将考察开放经济中汇率被固定时一国如何运用政策工具来实现内外目标的同时均衡。由于在固定汇率制与在浮动汇率制下，各国自主经济政策的作用各不相同，因此我们在下面的章节中紧接着就来考察浮动汇率制下一国如何运用政策工具来实现内外目标的均衡。尽管现在主要工业化国家都倾向于采用浮动汇率以追求本国货币政策的自主性，但除了少数发达国采用完全自由的浮动外，我们更多地看到的是，大部分国家都实行一定程度地固定制，或把它们的货币钉住其他的货币。这样，当这些国家实施货币与财政政策的时候，它们就无法回避固定汇率制对其经济政策可能产生的影响。

一、内外均衡的冲突与协调

20 世纪 70 年代以前，在布雷顿森林体系的维系下，世界上的大多数国家都采用某种程度的固定汇率制，以保持国际贸易和金融体系的稳定。然而，固定汇率也为各国的货币当局提出了一个挑战，即在放弃汇率政策工具的情况下，各国如何运用财政政策和货币政策来实现内外部标的同时均衡。这一节中，我们首先来了解早期经济学家们在此类问题上的探索。

（一）内外均衡的冲突

一国政策当局如何采用政策工具来同时实现内部、外部目标的同时均衡，曾是 20 世纪 70 年代以前理论界和实践界争论的热点。因为，如果一国采取固定汇率制，就意味着政策当局可运用政策工具的减少，只能运用财政和货币政策来同时实现内、外均衡这两个目标，这有可能造成内、外均衡的冲突，例如当实现外部目标需要扩张性政策时而内部目标却需要紧缩性政策，当实现外部目标需要紧缩性政策时内部目标却需要扩张性政策。因此，在固定汇率下，一国的政策当局常常陷入内、外均衡的两难中。1955 年，澳大利亚著名的经济学家斯旺（Trevor Swan）在阐述这个问题时，提出了著名的“斯旺图”。

如图 16－6 所示，图中纵轴表示实际汇率（$R=ep'/p$），e 为直接标价法的名义汇率，p'为国外价格水平，P 为国内价格水平。因此，R 上升意味着该国实际汇率贬值，可以由名义汇率贬值、国内价格水平下降，或国外价格水平上升造成。R 的变动同时也会造成该国产品在国际市场上竞争能力的变动，R 上升或本币贬值意味着该国产品国际竞争能力的提高，因而将改善该国国际收支（经常账户）。图中横轴为国内经济的总支出水平或总吸收水平，以 A 表示，即：

$$Y=C+I+G+(X-M)$$

由于吸收 $A=C+I+G$，就有 $Y-A=(X-M)$。

在上式中，Y 为国民收入，C 为消费支出，I 为投资支出，G 为政府购买支出，X 为出口，M 为进口。公式表明当国内吸收水平过高，超过总收入水平 Y 时，进口即超过出口，于是出现经常账户或国际收支逆差。

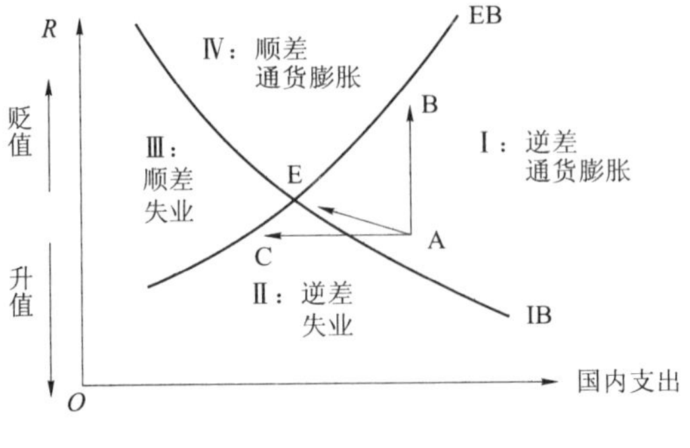

图 16－6 斯旺图

在斯旺图中，EB（External Balance Curve）曲线为外部平衡曲线，表示所有能够使国际收支经常账户保持平衡的实际汇率和国内支出水平 A 的组合点。EB 曲线向右向上倾斜，因为当实际汇率上升或本币贬值时，该国国际收支状况将改善，为了维持内外的平衡，国内吸收水平也必须相应提高，以便增加进口。所有 EB 曲线下方的点，均为经常账户逆差，即在现有的国内吸收水平，相应的实际汇率水平不足以保持经常账户的平衡；相应的，所有 EB 曲线上方的点均为经常账户顺差，即相应的实际汇率水平已经超过了保持经常账户平衡需要的水平。IB 曲线（Internal Balance Curve）为内部平衡曲线，即能够维持国内充分就业的所有实际汇率和国内吸收水平的组合。IB 曲线向右下方倾斜，因为如果该国实际汇率下降或升值，导致进口增加、出口减少，于是要维持充分就业就必须增加国内支出水平。所有 IB 曲线以上的均衡点均代表经济中出现通货膨胀，即在现有的实际汇率水平下，国内总支出水平超过了充分就业所需要的水平，导致了国内通货膨胀；所有 IB 曲线以下的均衡点均代表经济中存在通货紧缩或失业，即总支出水平不足以形成充分就业。

在上图中，EB 曲线和 IB 曲线将一国的经济均衡状态划分为四个区域，E 点为该国内、外同时均衡的均衡点，通过以上分析可知，E 点以外的区域分别代表：Ⅰ区存在逆差和通货膨胀；Ⅱ区存在逆差和失业；Ⅲ区存在顺差和失业；Ⅳ区存在顺差和通货膨胀。

假设一国经济最初由于某种原因在Ⅰ区的 A 点达到了均衡，因此该国经济既承受着通货膨胀压力，又存在经常账户的逆差。如果政策当局试图在维持汇率固定的条件下减少经常账户逆差，就需要采取紧缩性的宏观经济政策以减少国内支出，使经济状态向 C 点移动，这样旨在调节外部目标的政策结果却造成了严重的经济衰退和造成大量失业，又引起了内部的失衡。倘若放松汇率约束，政策当局以采取货币贬值的方法来解决逆差问题（扩大出口），使经济状态向 B 点移动，其结果是经济的均衡点将离内部均衡曲线 IB 越来越远，即经常账户逆差的解决要以国内更严重的通货膨胀为代价。

斯旺所提出的模型虽然简单，但是却非常明确地说明了仅使用一种政策工具，比如紧缩总支出水平或者货币贬值，要同时解决内部和外部均衡问题是不可能的。1951 年，英国经济学家米德（J. Meade）最早分析了这一政策现象，这便是著名的“米德冲突”（Meade Conflict）。米德在其著作《国际收支》中指出，在固定汇率制下，一国当局不能经常性地使用属于支出转换政策的汇率政策工具来调控其对外均衡，而常常只能用同属于支出变更政策的财政政策和货币政策来同时兼顾内、外均衡，这时，内、外均衡目标对于支出变更政策的要求存在着发生冲突的可能。在固定汇率制下，当一国发生国际收支赤字与失业共存的情况时，就会出现外部均衡目标要求采取紧缩的支出变更政策，而内部均衡目标却要求采取扩张的支出变更政策这样一种相互冲突的尴尬境况；或者当一国发生国际收支盈余与通胀共存的情况时，又会出现外部均衡目标要求采取扩张的支出变更政策，而内部均衡目标却要求采取紧缩的支出变更政策这样一种相互冲突的尴尬境况。因此，一国政策当局要想使用一种政策工具同时来解决两个目标，必然会陷入两难的境地中。1952 年，荷兰著名经济学家丁伯根（J. Tinbergen）继续分析了这一现象，他认为，要同时实现 n 个相互独立的经济目标，至少需要有 n 个相互独立的有效政策工具；若政策工具的数目多于经济目标的数目，则实现这组经济目标可以有多种政策工具搭配方案可供选择，并且其中当有一个较好的政策搭配方案。后来人们将其称为丁伯根原则（Tinbergen's Rule）。

在固定汇率下，为了解决“米德冲突”，斯旺认为要想实现内、外目标的同时均衡，政府当局必须同时以支出转换政策（汇率政策）和支出变更政策（财政－货币政策）的适当搭配来调整经济。这种思想随后被蒙代尔加以深化，并引入了资本流动的因素。

（二）有效市场分类与财政、货币政策的搭配

传统的观念认为，在固定汇率制下，国际间为维持汇率的稳定往往限制资本流动，国际收支平衡，正像斯旺等人的模型假设一样，指的就是经常账户的平衡，而忽视了资本流动的影响。然而，随着各国经济活动的加强，和各国资本流动的频率和规模的加大，各国不能忽视资本流动对内外均衡的影响。蒙代尔（Robert. Mudell）等人在放松资本流动约束下，进一步地研究了固定汇率下的内外均衡问题，并提出了著名的“政策搭配”思想。

在允许资本流动的固定汇率制下，此时的外部均衡应是综合收支平衡。蒙代尔认为，尽管财政政策和货币政策属于同一类的支出变更政策，但与传统思想不同的是，它们又具有相对的独立性和调节内、外目标的有效性。

首先，蒙代尔认为财政政策和货币政策实际上是具有一定的相对独立性。因为，紧缩/扩张的财政政策趋于降低/提高利率，而紧缩的/扩张的货币政策则趋向于提高/降低利率，所以同向操作的财政政策和货币政策对于利率的影响却是反向的，或者说反向操作的财政政策和货币政策对于利率的影响却是同向的，从而反向操作的财政政策和货币政策对于资本净流出的影响作用也是同向的（本币利率降低/提高会增加/减少资本净流出）。

其次，正因为财政政策和货币政策在调节内外均衡时，具有相对独立性，所以蒙代尔认为，它们的有效搭配将能解决内、外目标的冲突，具有一定的有效性。在允许资本流动的固定汇率下，货币政策对内相对失效，而财政政策对于调控内部经济目标却有较大影响力；货币政策对于外部均衡（综合收支）的影响作用却远远大于财政政策的影响作用。所以，根据有效市场分类原则，只要恰当地反向搭配财政政策和货币政策，是可以兼顾到内、外两个目标的。在此需要留心的是，只能把调控内部均衡的任务分配给财政政策来完成，而把调控外部均衡的任务分配给货币政策来完成。

下面，我们用图例来进一步阐述蒙代尔的政策搭配理论。

在图 16－7 中，横坐标表示政府支出（G），纵坐标表示利率（i）。IB 线代表内部长期均衡线，该线上的任意一点（GI，iI）都代表某一内部长期均衡状态（某一充分就业兼物价稳定状态）所对应国内总支出水平 GI 和利率水平 iI 的组合。IB 线为一条正斜率曲线，从左下方向右上方倾斜。这是因为，利率水平上升时将导致民间消费和投资支出的下降，形成经济紧缩的压力，此时，唯有相应提高政府支出水平以抵消总支出水平的下降趋势，才能消除紧缩压力，从而形成新的均衡状态；换言之，政府支出水平上升将形成通胀压力，此时，唯有相应提高利率水平减少民间消费和投资以抵消总支出水平的上升趋势，才能消除通胀压力，从而形成新的均衡状态。IB 线左上方区域内的任意一点（G，i）都代表某一非充分就业状态所对应的政府支出水平 G 和利率水平 i 的组合；IB 线右下方区域内的任意一点（G，i）则代表某一通货膨胀状态所对应的政府支出水平 G 和利率水平 i 的组合。

EB 线代表外部均衡线，该线上的任意一点（GE，iE）都代表某一外部均衡状态（某一综合收支平衡状态）所对应政府支出水平 GE 和利率水平 iE 的组合。EB 线也是一条正斜率曲线（从左下方向右上方倾斜），这是因为，利率水平上升时将导致资金净流出减少，并且其紧缩经济的作用还会使进口支出减少，形成国际收支顺差压力，此时，唯有提高政府支出以提高国内总支出水平才能增加进口以消除顺差压力，从而形成新的均衡状态；换言之，政府支出水平上升时会刺激国内总支出水平上升，导致进口增加，形成贸易逆差压力，此时，唯有提高利率水平才能减少资金净流出并减少进口，以消除逆差压力，从而形成新的均衡状态。EB 线左上方区域内的任意一点（G，i）都代表某一国际收支顺差状态所对应的政府支出水平 G 和利率水平 i 的组合；EB 线右下方区域内的任意一点（G，i）则代表某一国际收支逆差状态所对应的政府支出水平 G 和利率水平 i 的组合。

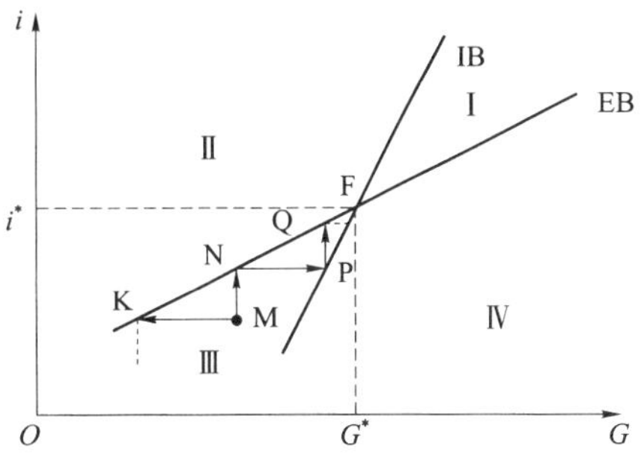

图 16－7 财政政策与货币政策搭配

尽管两条曲线的斜率都向上倾斜，但在蒙代尔模型中，IB 线将比 EB 线更陡峭，或者 EB 比 IB 更为平缓，因为货币政策的变化对外部均衡的影响要相对大于对内部均衡的影响。假设 F(G^*，i^*)点为一内外经济同时均衡点，如果利率水平提高了 Δi 的话，则为了保持内部均衡（即保持国内总支出水平不变），政府支出只需相应地增加 ΔG 以能抵消民间消费和投资支出的减少就可以了，这样新的内部均衡点为（$G^*+\Delta G$，$i^*+\Delta i$）；但考虑到国际资本流动时，利率的上升还将会引起资本净流出的减少，所以这时为了保持原有的外部均衡（即保持原来的国际收支水平不变），政府支出仅增加 ΔG 却是不够的（ΔG 只足以抵消民间消费和投资支出的减少），政府必须以更加强有力的财政扩张政策使得政府支出的增加 $\Delta G'>\Delta G$，诱发更多的进口支出以抵消资本净流出的减少，才能保持原有的外部均衡（即保持原来的国际收支水平不变），这样新的外部均衡点（$G^*+\Delta G'$，$i^*+\Delta i$）必然位于新的内部均衡点为（$G^*+\Delta G$，$i^*+\Delta i$）的右方（二者同时位于原 F（G^*，i^*）点的上方），这意味着 IB 线将比 EB 线更陡峭。显然此时 IB 线与 EB 线必然相交，它们的交点 E（G^*，i^*）代表着内、外经济长期一致均衡状态（充分就业、物价稳定兼国际收支平衡状态）所对应政府支出水平 G^* 和利率水平 i^* 的组合；IB 线与 EB 线将第一象限分为Ⅰ、Ⅱ、Ⅲ、Ⅳ四个区域，这四个区域分别对应着不同的内外经济失衡状态（见表 16－3），并且在Ⅰ、Ⅲ两个区域中会存在所谓米德冲突问题，需要正确搭配财政政策和货币政策才能同时兼顾内外均衡。

表 16－3 财政政策与货币政策的搭配

区域	Ⅰ	Ⅱ	Ⅲ	Ⅳ
内部经济状态	通货通胀	非充分就业	非充分就业	通货膨胀
对外经济状态	国际收支顺差	国际收支顺差	国际收支逆差	国际收支逆差
米德冲突	有	无	有	无
财政政策	紧缩	扩张	扩张	紧缩
货币政策	扩张	扩张	紧缩	紧缩

通过上面的分析，我们就可以进一步来分析蒙代尔的有效市场分类原则及其政策搭配问题。在允许资本流动的固定汇率制下，一方面，货币政策调节内部经济的作用会受到固定汇率这一政策取向的严重制约而难以有效发挥，而财政政策调节内部经济的作用则可以得到较为充分的发挥；另一方面，货币政策对于外部均衡（综合收支）的影响作用远远大于财政政策的影响作用——财政政策对于外部均衡的影响力较弱（因为紧缩的财政政策在减少进口支出的同时又会反向增加资本的净流出，扩张的财政政策在增加进口支出的同时则又会反向减少资本的净流出），而货币政策对于外部均衡的影响力较强（因为紧缩的货币政策在减少进口支出的同时还会同向大幅减少资本净流出，而扩张的货币政策在增加进口支出的同时还会同向大幅增加资本的净流出）。因此，应当且只能把调控外部均衡（国际净支出）的任务分配给货币政策来完成，而把调控内部均衡（国内总支出）的任务分配给财政政策来完成（参见表）。比如假定当前经济状况处于Ⅲ区 M 点上（处于非充分就业和国际收支逆差状态），此时就应当（也只能）用紧缩的货币政策来缩小国际收支逆差（先到达 N 点，向均衡点靠近），再用扩张的财政政策来增加就业（再到达 P 点，更加靠近均衡点），继续用紧缩的货币政策来缩小国际收支逆差（又到达 Q 点，进一步靠近均衡点）……这样，最终将收敛于 $F(G^*, i^*)$ 点，同时实现内、外均衡；但如果此时把财政政策和货币政策给搭配反了，即若反过来用紧缩的财政政策来解决逆差问题（这会先到达 K，更加远离了均衡点），再用扩张的货币政策来解决失业问题（这会再更加远离均衡点）……则这样继续下去就只会发散开来离均衡点 F 越来越远，内、外失衡将只会更加恶化。

专栏16-1

罗伯特·蒙代尔

罗伯特·A·蒙代尔，1932 年 10 月 24 日生于加拿大安大略的京士顿。1953 年他获得英属哥伦比亚大学学士学位，同年在华盛顿大学和伦敦经济政治学院进行研究生学习，并在 1956 年获得麻省理工学院的博士学位（如此之快!）。他曾执教于英属哥伦比亚大学、斯坦福大学、约翰霍普金斯大学的高级国际研究学院、麦吉尔大学、滑铁卢大学以及芝加哥大学。一直以来他还作为很多机构和组织的顾问发挥着积极作用，他担任过美国财政部、美洲开发银行、世界银行以及欧洲经济委员会的顾问，他同时也是非常令人羡慕的，因为除了它的专业工作之外，他还能有时间在位于意大利的住宅陪伴家人。

长期以来，蒙代尔教授研究兴趣广泛并极具影响力。他在很多经济学杂志上发表文章，还出版了一些重要的论著，如《国际货币体制：冲突与改革》、《国际经济学》和《货币理论：世界经济中的利率、通货膨胀与增长》。他对最有货币区理论作出了原创性的贡献。他的有关固定与可变汇率制下货币与财政政策的研究得到了广泛的运用，并影响到了实体经济政策的实施。此外，在国际贸易理论领域，他的有关要素流动的研究也具有创造性。他认为，从国际间商品流动影响要素相对价格的角度看，生产要素的流动与商品的流动可相互替代。进一步地，他还被认为是国际收支货币分析法的奠基人以及是供给学派的创始人之一（如果不是之父的话）。的确，蒙代尔在供给理论方面的研究是如此重要以至于同属该学派的亚瑟·拉佛尔曾写道（1999）："一直以来，蒙代尔先生的影响力可比凯恩斯，不同之处在于蒙代尔先生是对的。"虽然并不是所有的经济学家都同意这个观点，但对这位才华横溢的学者在经济学领域所作出的持久贡献大家并无异议。

蒙代尔教授在激励宏观经济学家要特别"站在国际经济学的角度来思考问题"这一方面发挥了重要的作用。如果蒙代尔没有倾力于国际经济学的研究的话，国际经济学也许将会与今天我们看到的大相径庭。他事业的成就（至少到目前为止）已为他赢得了 1999 年的霍贝尔经济学奖。

二、固定汇率下的一般均衡分析：加入 BP 曲线的模型

上一节中的有效市场分类和财政、货币政策搭配，最初是由蒙代尔、弗莱明（Fleming）等人提出的，因此也被称为"蒙代尔——弗莱明模型"（Mudell—Fleming Modell，简称 MF 模型）。早期 MF 模型的一个显著特征是，忽略了 BP 曲线的存在。在这一节中，我们将加入 BP 曲线，进行更为一般的均衡分析。

（一）固定汇率下的货币自动调节机制

作为讨论开放经济下政策分析的第一步，我们需要把 IS、LM、BP 曲线放在同一张图中，以便建立一个更为一般的均衡模型（见图 16－8）。在图中的 E 点，一国的货币市场、产品市场和国际收支相交于一点，内外均衡同时实现；三个市场同时均衡时，与此对应的收入水平为 Y_E，利率水平为 i_E。如果一国经济的均衡点落在 E 点以外，出现了失衡，或 E 点并不是该国意愿的均衡点，该国的政策当局应当如何进行政策调整呢？在分析这一问题之前，让我们先来看看固定汇率下 BOP 的自动调节机制。

为了说明固定汇率下的自动调节机制，让我们来分析当经济偏离均衡点 $E(Y^*, i^*)$（见图 16－9）时，经济的调整和恢复过程。如果外国的收入水平增加了，就有可能增加对本国的进口。本国出口的外生变化将会使 BP 曲线向右移动到 BP′的位置，此时需要一个更高的收入水平才能使本国的国际收支保持平衡。只要本国经济还留在原来的均衡 E 点，本国就会出现国际收支顺差。当然，因为出口的扩大会使 IS 曲线右移到 IS′的位置，因此均衡点移动到 $E'(Y', i')$。假如在该点本国经济还出现国际收支顺差，经济的调整过程仍然不会停止。因为在固定汇率下，政策当局为了维持汇率的稳定，就会购

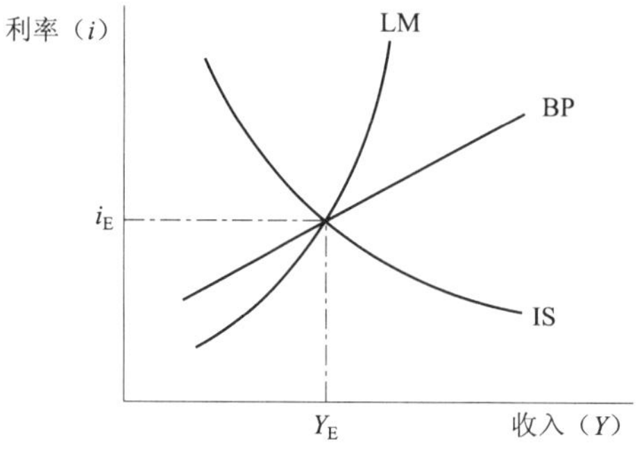

图 16－8　产品市场、货币市场、国际收支同时均衡的一般均衡模型

买多余的外币以避免本币的升值，这相当于扩张了本国的供给，导致 LM 曲线右移。这种自动的调整机制一直持续到国际收支出现均衡为止，一旦在某一位置例如图中的 $E''(Y'',i'')$ 点，IS、LM、BP 曲线重新相交时，均衡重新恢复。

在固定汇率制下，由于在钉住的汇率制下汇率是不能随意变动的，因此 Y 和 i 的结合必须位于 BP 曲线上，而无论是国际收支顺差还是逆差，都会使本国的货币供给发生相应的变动，因此这种调节机制也被称为自动的货币调整机制。

了解了 IS、LM、BP 相结合的一般均衡模型，以及固定汇率下 BOP 的自动调节机制，以下我们将运用这些政策工具进行更为广泛的分析。当一国经济偏离了均衡点，或者均衡的水平并非该国意愿的水平，该国的政策当局应该如何进行调节，调节的后果又当如何呢？

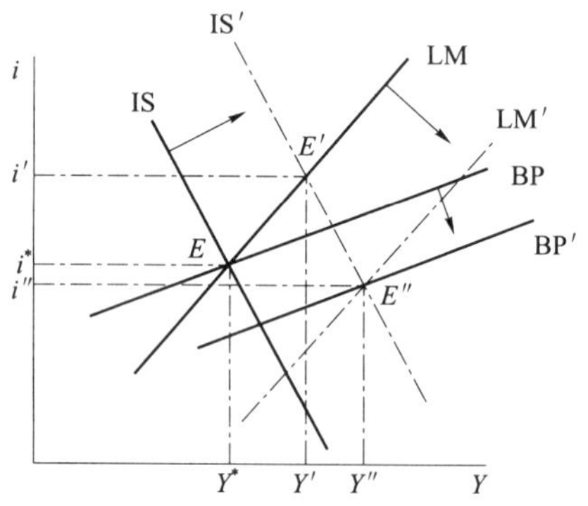

图 16－9　固定汇率制下的自动调节机制

以下，我们将以扩张性的政策分析为例进行说明，考虑到 BP 曲线的形状，又具体可以分为资本（完全）不流动，资本完全流动和资本不完全流动三种情况。考虑到资本（完全）不流动不符合现代经济现实，非常少见，在此主要讨论后两种情况。

（二）资本完全流动下的扩张政策分析

首先，我们来分析扩张财政政策的调节过程及运行效果。由于固定汇率和资本完全流动的限制，在图 16－10 中 BP 曲线成为一条不动的水平线，i_f 为世界市场的利率水平，$E(Y_E,\ i_f)$ 为初始均衡点。如果一国对此时均衡的水平并不满意，而采用扩张性的财政政策推动 IS 曲线逐渐右移，则会引起收入和利率的同时上升，尤其 IS 曲线在右移过程中和原 LM 曲线的交点 A 会位于 BP 曲线的上方，造成国内利率一时高于世界利率水平，在资本完全流动情况下，只要本国利率高于世界利率水平就立即会吸引大量外资流入，迅速引起国际收支失衡。在固定汇率条件下，该国货币当局为维持固定汇率会购进超额的外汇盈余，导致该国货币供给相应增加，从而即时带动 LM 曲线也跟随着 IS 曲线的右移而右移，显然这会加强原有财政政策的效力，进一步地促进国民收入的增长。如果财政扩张最终推动 IS 曲线右移到了 IS′的位置，则 LM 曲线也会跟随着最终右移到 LM′ 的位置（与 IS′曲线的交点最终落在 BP 曲线上），使得本国利率与世界利率持平（因为，在资本完全流动情况下，只要本国利率仍高于世界利率就会继续引起外资流入，调整就不会停止），这样，新的一致均衡点最终右移到了 $E'(Y'_E,\ i_f)$ 点。这说明在固定汇率和资本完全流动情况下，扩张的财政政策最终会带来国民收入的较大幅度提高，对一国收入的影响最大，最有效。

其次，我们再来分析扩张性货币政策的调整过程及运行效果。图 16－11 中 i_f 为世界市场的利率水平，E(Y_E，i_f) 为原均衡点。假如该国政策当局对均衡的水平并不满意，欲采用扩张性的货币政策以改变均衡的结果。这样，LM 曲线会逐渐右移，引起收入上升和利率的下降，尤其 LM 曲线在右移过程中和原 IS 曲线的交点 A 会位于 BP 曲线的下方，造成国内利率一时低于世界利率，在资本完全流动情况下，只要本国利率稍微低于世界利率水平就立即会引起大量资金外流和国际收支失衡。在固定汇率条件下，该国货币当局为维持汇率会抛售外汇以弥补外汇供给缺口，从而又导致货币供给迅速减少，很快就将其增发的货币又重新收回，使得 LM′ 曲线又重返原位，最终又恢复到原来的一致均衡点 E。这样，扩张性的货币政策不仅没使国民收入增加，反而在这一过程中使该国损失了国际储备。这意味着，当 BP 曲线具有完全弹性时，在固定汇率条件下，长期来看，一国货币当局并无增加货币供给的自主权，或者说是其货币政策最终完全无效。实际上，在短期内，固定汇率和资本完全流动的约束也使一国的货币政策对国民收入的拉动作用十分有限。

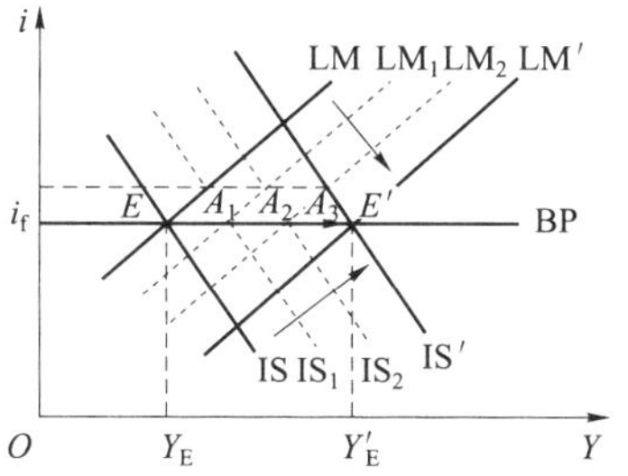

图 16－10　固定汇率下的扩张财政政策（资本完全流动）

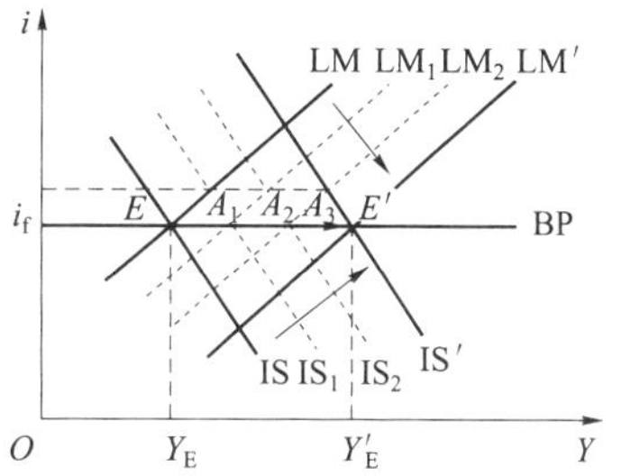

图 16－11　固定汇率下的扩张货币政策（资本完全流动）

（三）资本不完全流动下的扩张政策分析

为了说明资本不完全流动下各国政府对资本的管制，我们假定 BP 曲线比 LM 曲线更为陡峭，以表明资本在国际市场上的流动对利率不甚敏感的情形。

首先，我们来分析在这种情况下扩张财政政策的运行过程及政策后果。假定 E(Y_E，iE) 为该国初始均衡点。如果该国对这一均衡水平并不满意，欲采用扩张的财政政策来改变均衡结果。这样，扩张性的财政政策推动 IS 曲线右移到 IS_1 的位置，则由于 IS1 曲线和原 LM 曲线的交点 A 会位于 BP 曲线的右下方（处于较低的利率水平和较高的收入水平），从而会引起国际收支失衡。在固定汇率条件下，该国货币当局为维持固定汇率会抛售短缺的外汇，导致货币供给减少，从而使得 LM 曲线相应左移（这会在一定程度上削弱原有财政政策的效力，减小其对国民收入的影响力），直至 LM′的位置（与 IS′曲线的交点最终落在 BP 曲线上）为止，这样，新的一致均衡点最终右移到了 E′(Y'_E，iE′) 点。这说明在固定汇率和资本有限流动情况下，扩张的财政政策会带来国民收入一定程度的提高。

在此值得注意的是，财政扩张政策对国民收入影响力的大小，跟 BP 曲线的倾斜程度息息相关：（1）当 BP 曲线垂直时，财政扩张政策只会在短期内增加国民收入，长期来看，则最终将会完全失效；（2）但随着资本流动性的增强，财政政策对国民收入的影响力将会相应有所上升。

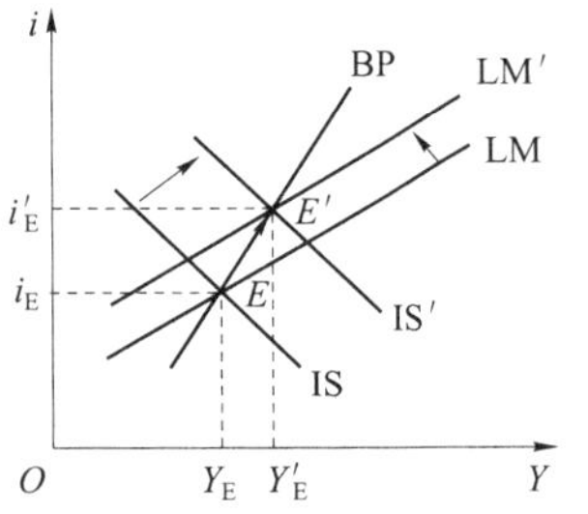

图 16－12　固定汇率下的扩张财政政策（资本不完全流动）

其次，我们来分析在这种情况下扩张货币政策的运行过程及政策后果。假定 E(Y_E, iE) 为一国初始均衡点。如果该国对这一均衡水平并不满意，欲采用扩张的货币政策来改变均衡结果。这样，扩张性的货币政策推动 LM 曲线右移到 LM′ 的位置，则会使得 LM′ 曲线和原 IS 曲线的交点 A 位于 BP 曲线的右方，引起国际收支失衡。在固定汇率条件下，长期来看，这必会导致国际储备外流和货币供给减少，从而使得 LM 曲线相应左移，直至其重新移回到初始位置为止，最终，新的一致均衡点右移到了 E′(Y'_E, iE′) 点。

上述的分析表明，在浮动汇率和资本有限流动情况下，长期来看，扩张的货币政策对于提高国民收入完全无效。而在短期内，货币扩张政策对国民收入影响力的大小，也跟 BP 曲线的倾斜程度有关：（1）当 BP 曲线垂直时（即资本完全不流动时），货币政策尚有一些短期效力，因为此种情况下，扩张的货币政策虽然也会导致官方储备和货币供给的同步减少，但不会导致资本外流，所以其扩张经济的短期效力较强。（2）货币政策的短期效力将会随着资本流动性的增强而递减。

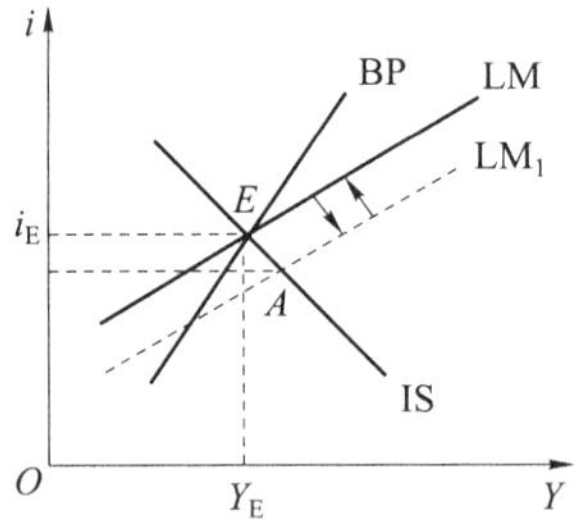

图 16－13　固定汇率下的扩张货币政策（资本不完全流动）

专栏16-2

固定汇率对阿根廷的影响

货币局（currency board）是一些国家在实践中采用的一种固定汇率制度安排。在这种汇率安排下，本国的货币与某种国际上接受的、稳定的、主要国家的货币建立固定汇率。进一步，该国的货币供给必须受制于该国持有的这种国际上可接受的货币的数量。只有在出口盈余，私人资本流入或两者同时出现使该国官方储备交易出现顺差，从而使这种国际货币的流入增加时，该国的货币供给才能扩张。相反，随着官方储备出现赤字，该国的外汇储备流出，该国的货币供给就要紧缩。这样，如若一国出现了快速通货膨胀，固定汇率制下的自动调整机制就会启动，由于货币局下本国币值与国际资产相固定，通货膨胀就能急剧减缓。

阿根廷便是通过货币局成功实现固定汇率的一个突出例子。在 20 世纪 80 年代，阿根廷通货膨胀严峻。例如，1989 年 6 月，消费物价指数比一年前上升了 1 471%。最终，到 1990 年 3 月，CPI 与 1989 年 3 月相比上升了 20 266%。实际 GDP 整体上也比 20

世纪 80 年代下降了 23%。

在这种惨重的经济状况下，阿根廷进行了一系列改革，包括贸易自由化，更加紧缩的财政政策，以及私有化。然而，最重要的是 1991 年的《自由兑换法》，这项法案旨在通过 1 兑 1 的固定阿根廷比索与美国美元的汇率来使货币创造摆脱政治需要。后来，1998 年阿根廷的通货膨胀率下降到 1%，人均实际产出在 1992 – 1998 年以年均 4.6% 的速度增长。这一经济成果的确是以放弃货币政策的独立性为代价来实现的，但显然，这可能这并不是一件坏事。尽管如此，货币局的安排一般也的确意味着，一旦诸如出口下降这类不可预期的冲击出现时，经济就将陷入紧缩，因为货币供给将减少，而在货币局制度下没有任何抵消这种紧缩的可能性。进一步，如果投资者怀疑这种汇率安排能否长期可维持，即使采用货币局制度也不能完全避免对该国货币的投机性攻击。事实上，有很多次当投资者要求获得风险收益以把资金留在阿根廷国内时，阿根廷的利率水平都超过了美元利率。

近几年来，阿根廷在寻找进一步（和最终的）放宽货币管制的措施，例如正在研究今后放弃比索而采用美元作为它的货币。用美国美元代替本国货币，由此进行的美元化（dollarization）措施，显然会使阿根廷放弃了其控制本国货币供给的可能性。阿根廷与美国可比资产的任何利差也将不复存在。对于该国而言，唯一保留下来的宏观经济政策工具只有财政政策了。

第三节　浮动汇率下的宏观经济政策

在上一节，我们分析了开放经济中，固定汇率制下经常项目和资本流动与一国经济政策运行之间的复杂关系。我们可以看到，货币政策在改变一国原有均衡水平方面是一项无效的政策；除了资本完全不可流动的情况外，财政政策在所有资本可流动的假定下都是有效的政策。从 20 世纪 70 年代以来，世界主要的贸易国都不再固定它们货币的汇率水平，“史密森协定”的达成实际上肯定了浮动汇率制。如果汇率可以自由浮动以维持的外汇市场均衡，中央银行就无需干预市场以消除对外汇的过度供给和需求了。因此，一国的政策当局又取得了对货币供给的控制权，且能够使用货币政策来达成其国内目标。这样，可变汇率制很明显地改变了政策环境和政策运行的效果。在这一节中，我们就来考察浮动汇率制下货币政策和财政政策的作用，并比较在不同资本流动程度下政策运行的效果。

一、汇率的变动与 BP 曲线的移动

在本节中，我们继续使用一般的均衡模型 IS – LM – BP 来考察浮动汇率制下一国经济政策的运行及其效果。与固定汇率制下的相比，分析上的唯一区别在于经济一旦偏离了 BP 曲线上的收入和利率水平的组合时，就会导致外汇市场上的不均衡，从而导致汇率进行调整，直至外汇市场重新恢复均衡。与此同时，BP 曲线也将移动，反映一个新的均衡汇率水平（请见图 16 – 14）。

由于汇率是可以变化的，对应于一个汇率水平就有一条特定的 BP 曲线，如对应于

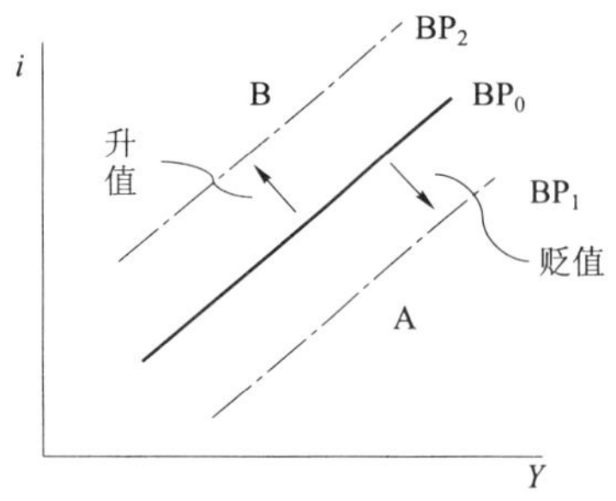

图 16－14 汇率变动对 BP 曲线的影响

初始的汇率 e_0，就有一条 BP_0 曲线。假定一国的经济均衡点落到了位于 BP_0 曲线下方的某一点，在这个区域，对应于所选择的任何一个收入水平，本国的利率水平都太低，以致不能维持国际收支的平衡。这样，在此汇率 e_0 下，该国出现国际收支逆差。然而，由于实行的是浮动汇率，当该国受到国际收支赤字的压力时，本币将贬值。这样，该国也就不会出现国际收支赤字，而是该国货币的贬值。因此，在图中的 A 点的国际收支不均衡，经常被看成是暂时的国际收支赤字，因为它将引发本币贬值，并使 BP 曲线移动到了 BP_1。这条位置更低的 BP 曲线意味着，在新的本币币值水平上，对应于任何一个给定的收入水平（由于本币贬值扩大了出口和减少了进口，从而使经常项目余额得到了改善）都有一个更低的利率水平（低利率会导致更多的净资本流出使资本项目恶化，这些资本流出刚好能抵消经常项目的增加）。这就意味着，在新的贬值了的本币汇率水平上，国际收支达到均衡时，与初始的 BP_0 曲线所代表的收入水平相比，任何一个给定的利率水平现在都对应着 BP_1 曲线上一个更高的收入水平。与此相反，如果经济的均衡点落在 B 点的收入和利率水平组合上，位于最初的 BP 曲线的上方，国际收支顺差将使本币升值，使 BP 曲线移动到 BP_2，重新达到均衡。

强调在浮动和固定汇率制下经济调整机制的不同是很重要的。在可变汇率制下，任何经济的不均衡都会导致汇率水平的变化和 BP 曲线的移动；而在固定汇率制下，对外的不均衡会导致货币供给水平的变化和 LM 曲线的移动。

（一）资本完全流动下的扩张政策分析

首先，我们来分析扩张性财政政策的运行及其效果。图 16－15 中，i_f 为世界市场的利率水平，$E(Y_E, i_f)$ 为初始均衡点。假如此时的均衡水平并非该国意愿的水平，该国想通过扩张财政政策来改变均衡的结果。此时，将会促使 IS 曲线逐渐右移，引起收入和利率的同时上升，尤其 IS 曲线在右移过程中和原 LM 曲线的交点 A 会位于 BP 曲线的上方，造成国内利率一时高于世界利率水平，在资本完全流动情况下，只要本国利率高于世界利率水平就会立即吸引大量外资流入，迅速引起国际收支失衡。在浮动汇率条件下，该国货币自动升值，从而恶化其贸易收支，又会自动促使该国 IS 曲线重新左移，直至移回到原始位置 IS。在这一过程中，本国利率与世界利率也会最终持平，因为在资本完全流动下，只要本国利率仍高于世界利率就会继续引起外资流入，调整过程就不会停止。这样，均衡点最终又会回到原来的位置 E 点。

通过以上分析我们可以看出，在浮动汇率和资本完全流动情况下，长期来看，扩张的财政政策会由于本币升值而对出口产生完全的挤出效应，最终并不能提高国民收入。实际上，在浮动汇率和资本完全流动的情况下，财政政策即使在短期内对国民收入的拉动作用也十分有限。

其次，我们来分析扩张性货币政策的运行及其效果。图 16－16 中 i_f 为世界的利率水平，$E(Y_E, i_f)$ 为初始均衡点。如果初始的均衡水平并非该国意愿的水平，该国欲通过扩张货币政策来改变均衡结果。扩张性的货币政策推动 LM 曲线逐渐右移，则会引起收入上升和利率的下降，尤其 LM 曲线在右移过程中和原 IS 曲线的交点 A 会位于 BP 曲线的下方，造成国内利率一时低于世界利率，在资本完全流动情况下，只要本国利率稍微低于世界利率水平就立即会引起大量资金外流和国际收支失衡。在浮动汇率条件下，这马上会引起该国本币自动贬值，随即初始该国出口增加，从而带动 IS 曲线也跟随着 LM 曲线的右移而右移（这会加强原有货币政策的效力，更加促进国民收入的增长）。如果货币扩张最终推动 LM 曲线右移到了 LM′ 的位置，则 IS 曲线也会跟随着最终右移到 IS′ 的位置（与 LM′ 曲线的交点最终落在 BP 曲线上）。在这一过程中，本国利率与世界利率也会最终持平，因为在资本完全流动下，只要本国利率仍高于世界利率，就会继续引起外资流入，调整过程就不会停止。这样，最后的均衡点最终右移到了 E′(Y'_E, i_f)。这说明在浮动汇率和资本完全流动情况下，扩张的货币政策最终会带来国民收入的较大幅度提高，对一国收入的影响最大，最有效。

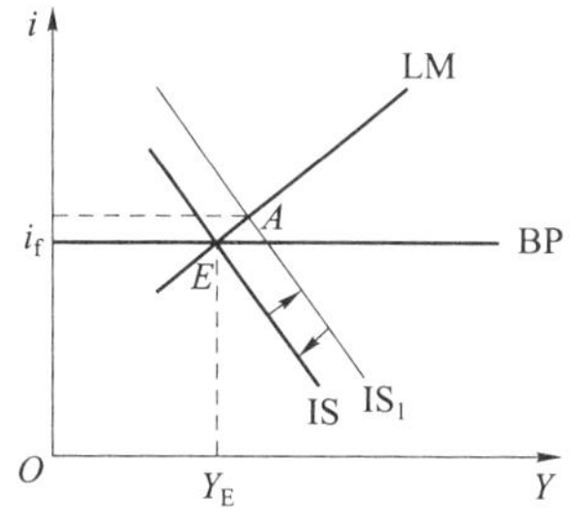

图 16－15　浮动汇率下的扩张财政政策（资本完全流动）

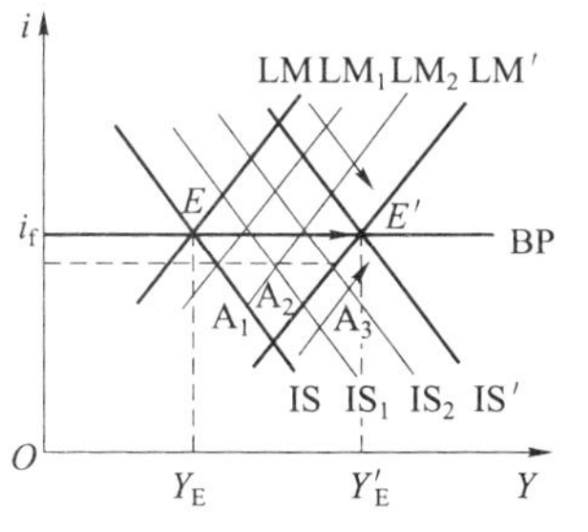

图 16－16　浮动汇率下的扩张货币政策（资本完全流动）

此外，通过与固定汇率下的政策运行效果相比较我们可知：在固定汇率下，货币政策对国民收入的影响长期来看总是无效的，其短期效力也会随资本流动性增强而下降（尤其在资本完全流动情况下，其短期效力也会十分有限）；而在浮动汇率下，货币政策对国民收入的影响无论短期来看还是长期来看，也无论资本的流动性如何，总是有效的，并且其有效性还会随着资本流动性的增强而上升（尤其在资本完全流动情况下，货币政策的效力达到最大）。实际上，这里有一个开放经济下经济政策选择的所谓“三元悖论”问题（impossible trinity）。所谓“三元悖论”，是指一国在开放经济下总是处于如下的一种经济政策选择的困境之中：只能在保持固定汇率、允许资本自由流动和拥有货币政策自主权三者之间取其二；或者说，上述三项经济政策不可能同时完全有效，其中任何一项政策有效性的加强总是要以另外一项或两项政策有效性的丧失或减弱为代价。

（二）资本不完全流动下的扩张政策分析

为了表明各国对资本流动的限制，我们假定 BP 曲线比 LM 曲线更为陡峭，以表示资本对利率不甚敏感的情形。

首先，我们来分析扩张性财政政策的运行及其效果。在图 16－17 中，假定 E(Y_E, i_E) 为一国经济的初始衡点。如果这一水平并非该国意愿的水平，如果采用扩张性的财政政策，会促使 IS 曲线右移到 IS1 的位置。由于 IS1 曲线和原 LM 曲线的交点 A 会位于 BP 曲线的右下方（处于较低的利率水平和较高的收入水平），发生了国际收支失衡。在浮动汇率条件下，该国货币自动贬值，贸易收支的改善又会推动 BP 曲线右移，而且同时还会推动 IS 曲线进一步右移，如果最终 IS 曲线右移到了 IS′ 的位置，则 BP 曲线最终将右移到 BP′ 的位置，使得 IS′、LM 和 BP′三条曲线相交于新的均衡点 E′为止。这样，新的一致均衡点最终右移到了 E′(Y'_E，i'_E) 点。

通过上述的分析可知，在浮动汇率和资本有限流动情况下，扩张的财政政策也会带来国民收入一定程度的提高。这里，财政扩张政策对国民收入影响力的大小，也跟 BP 曲线的倾斜程度，或资本流动的利率弹性相关：① 当 BP 曲线垂直时，即资本完全不流动时，财政扩张对国民收入的影响力最强；② 但随着资本流动性的增强，财政政策对国民收入的影响力将会递减；尤其在 BP 曲线比 LM 曲线更为平坦的情况下，财政扩张推动 IS 曲线右移后将会使后者与原 LM 曲线的交点位于 BP 曲线的左方，从而引起综合收支顺差和本币的自动升值，最终则会在一定程度上减少出口和抵消了财政扩张的效力——此即所谓本币贬值的“挤出效应”。

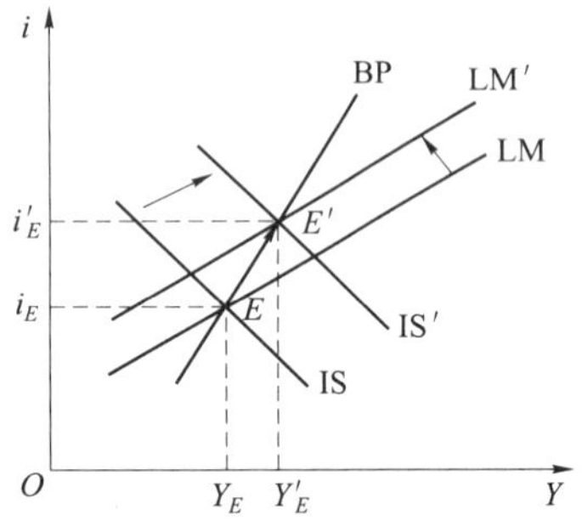

图 16－17　浮动汇率下的扩张财政政策（资本不完全流动）

其次，我们来分析扩张货币政策的运行及其效果。如果初始的经济均衡点 E(Y_E，iE) 所对应的均衡水平并非该国意愿的水平，我们来看看扩张货币政策的经济效果。扩张性的货币政策推动 LM 曲线右移到 LM′ 的位置，使得 LM′ 曲线和原 IS 曲线的交点 A 位于 BP 曲线的右方（处于较低的利率水平和较高的收入水平），发生国际收支失衡。在浮动汇率条件下，该国货币自动贬值，改善其贸易收支，从而推动 BP 曲线和 IS 曲线同时右移，直至它们分别移到 BP′和 IS′的位置，和 LM′ 曲线相交于新的均衡点 E′为止，最终，新的一致均衡点也右移到了 E′(Y'_E，iE′) 点。

在浮动汇率情况下，无论是长期来看还是短期来看，扩张的货币政策总是会带来国民收入一定程度提的高的。因此，在浮动汇率制下，货币政策总是有效力的。在此仍然需要强调的是，货币扩张政策对国民收入影响力的大小，也跟 BP 曲线的倾斜程度相关：① 当 BP 曲线垂直时（即资本完全不流动时），货币政策也在一定程度上有效，因为汇率的浮动，在一定程度上隔绝了外部经济的影响，从而在一定程度上确保了货币政策的有效性；② 货币政策的有效性还会随着资本流动性的增强而上升。

二、浮动汇率下的政策协调

通过上面对财政和货币政策的分析，我们得到的一般结论是：在浮动汇率制下，货币政策在影响收入水平时始终是一项有效的政策，而且资本的流动性越高，货币政策的作用就越大；而在资本有限或完全流动下，财政政策在浮动汇率制下的作用要小于在固定汇率制下的作用，这是由于支出转换作用削弱了财政政策效应，却增强了货币政策效应。因此，一国的

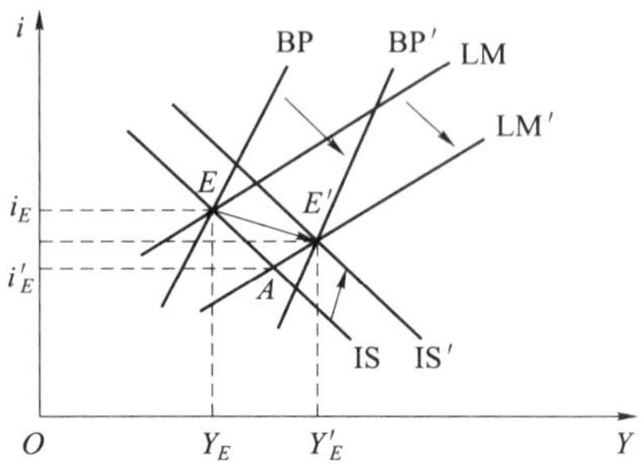

图 16－18　浮动汇率下的扩张货币政策（资本不完全流动）

政策当局可能会愿意以一种协调的方式来同时使用这两种政策工具，以达成其国内目标。货币政策、财政政策的协调运用，将使决策者在保证实现收入目标的同时，还能力争达成其他的目标，如利率目标、稳定汇率，或者出口部门、进口部门的水平，等等。

让我们通过图例来分析政府如何协调运用这两种政策工具，来实现国内的经济目标。假定该国初始的均衡点为（y_0，i_0），而政府意愿的水平为更高的（y^*，i^*）水平，但在扩张本国经济的过程中，政府并不想影响本国的汇率水平和价格水平。

为了说明财政、货币政策协调使用的好处，让我们先来看看政府首先单独使用其中一种的情形。图 16－19（b）表明了仅使用货币政策的情形。如果政府仅扩大货币供给（LM→LM′），本币会贬值（BP 曲线向右移动），这样贸易部门的净贸易额会增加（IS 曲线向右移动）。由于本币贬值（一条更低的 BP 曲线）导致新的均衡点必须位于 LM′曲线上，因此均衡利率将会低于 i^* 的水平，我们用 i'表示这个均衡利率水平，它位于 IS′、LM′和 BP_1 曲线的交点上。在这种情况下，由于 Y'小于 Y^*，i'小于 i^*，政府既定的两个目标都没有实现。除此之外，由于这一过程中汇率的变化会引起国内外相对价格的变化，因此本国的贸易部门，出口商和进口商都会受益，而非贸易部门则在经济的调整过程中受到损失。

图 16－19（a）则表明了政府单独使用财政政策的情况。

如果政府当局仅使用财政政策来试图达到 y 的水平的话，他们即使成功了，利率也会被拉到印的水半，如图 16－19（a），它显然偏离了 r 的目标。

仅用财政政策也很难使经济达到既定的 Y^* 水平，因为扩张的财政政策（IS→IS_{FP}）将导致国际收支出现盈余，使本币升值，BP 曲线向左移动。随着本币升值，将会导致口口减少、进口增加，IS 曲线左移回到 IS'_{FP}。这样，经济就移动到位于 LM 曲线上的一个新的均衡点上，即 IS'_{FP}和 BP_{FP}曲线的交点，它也偏离了政府既定的两个目标。因此，仅使用财政政策会带来一个过高的利率水平，而大多数情况下的收入水平都会低于意愿的 Y^* 水平。这表明，通过增加政府支出来达到扩张经济的意图，只会简单地把利率拉得更高。而且，在这一过程中，出口商和进口替代品的生产商将会受到损失，非贸易品部门则会获利。

图 16－19（c）表明了政府同时使用两种政策的经济效果。在该图中，同时使用扩张的财政、货币政策，即 LM→LM′、IS→IS′，使经济扩张到 Y^*，却避免了经济调整过程中的支出转换效果，从而使经济在（Y^*，i^*）点达到均衡。因为在经济的调整过程

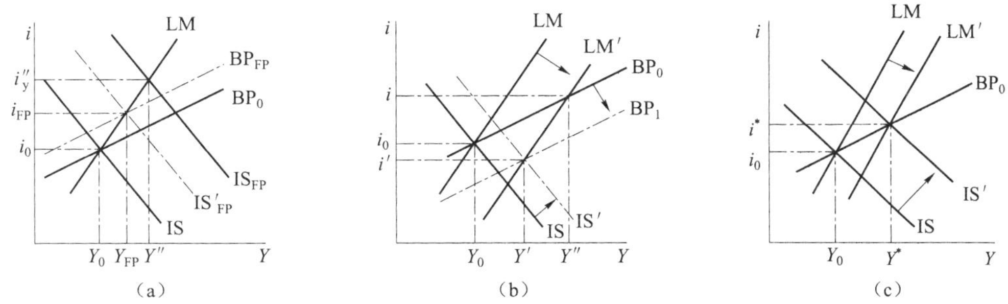

图 16－19　浮动汇率下的政策协调

中，汇率的稳定维持了相对价格的稳定。

第四节 可变价格、产出水平与宏观经济政策的调整

到现在为止，我们有关开放经济的政策分析一直是在一个小国模型的假定下展开。其中，一些隐含的主要前提是：(1) 一国的总供给完全取决于总需求，可以随需求的变化而迅速调整；(2) 国内、外价格水平均保持不变；(3) 世界利率水平保持不变，并且当资本完全流动时，本国利率水平完全取决于世界利率水平；(4) 一国经济政策的调整，或宏观经济的扩张与紧缩都不影响价格水平的变化；(5) 忽略了本国政策的调整对他国的影响，以及他国的反响效应。由于开放经济中价格水平的变化是经济活动的一个很重要的特征，因而考察对外部门与本国价格水平之间的相互影响就绝对必要了，因此在本节中我们将放松价格不变的条件来分析宏观经济政策的运行；而把政策调整的国际响应和协调留给更高级的教材来讲解。

首先，我们简单回顾封闭经济下国民收入的决定，然后再进一步讨论开放经济浮动价格下的 IS－LM－BP 模型分析问题（但在讨论中，始终忽略了经济开放对一国自然产出水平的影响），浮动价格情况下的财政政策效应和货币政策效应，以及促进经济增长和调节经济滞胀的宏观经济政策等问题。

一、封闭经济下国民收入的决定

我们首先来简单重温一下封闭经济中总需求曲线、总供给曲线以及均衡国民收入的决定。

（一）封闭经济的总需求曲线

所谓总需求曲线（Aggregate Demand Curve）是反映在给定货币供给、政府税收和支出条件下，一国消费、投资和政府支出需求总量与总价格水平之间关系的所谓总需求函数（Aggregate Demand function）的图像表达，常简称其为 AD 曲线。

总需求曲线的推导：我们知道，封闭经济中 AD 曲线的推导可以称之为对于总需求的 IS－LM 分析。因为对于每一个给定的价格水平 P，都对应着一条 IS 曲线和一条 LM 曲线，二者之间的交点代表着一对能够使得商品市场和货币市场同时实现供需平衡的利率（iE）和国民收入（YE）组合——而这里的价格水平 P 与国民收入（YE）的组合（YE，P）则又恰是总需求曲线上的一个点，我们可以利用下图来说明这一推导过程。

在图 16－20 中，上下两图的横轴 OY 都是代表实际收入，但上图的纵轴 Oi 是代表利率，而下图的纵轴 OP 则是代表价格水平：上图中的 IS 曲线和 LM_1 曲线及其交点 E_1（y_E^1，i_E^1）对应于下图中的价格水平 P_1，上图中的 IS 曲线和 LM_2 曲线及其交点 E_2（y_E^2，i_E^2）则对应于下图中的价格水平 P_2；当价格水平 P 从 P_1 上升到 P_2 时，其上图中的 LM 曲线相应地从 LM_1 上移到 LM_2，IS 曲线则不受价格水平 P 变动的影响而保持不变，从而两曲线交点的位置也从 E_1（y_E^1，i_E^1）左移到 E_2（y_E^2，i_E^2），其所对应的下图中总需求曲线 AD 上点的位置也相应从 E_1（y_E^1，P_1）左移到 E_2（y_E^2，P_2），……这样即可逐点描

出 AD 曲线。总需求曲线从左上方向右下方倾斜意味着一国消费、投资和政府支出需求总量与总价格水平成反向变动，价格水平越低，总需求量越高；价格水平越高，则总需求量越低。

货币供给变动对总需求曲线的影响：当政府采取扩张的（紧缩的）货币政策，使货币供给上升（下降）时，对应于同一价格水平的 LM 曲线将会相应下移（上移），IS 曲线则不受货币供给变动的影响而保持不变，从而两曲线交点的位置将会随之右移（左移）——这意味着同一价格水平的均衡收入将会增加（减少），即整个 AD 曲线都会随之右移（左移）。

政府税收或支出变动对总需求曲线的影响：当政府采取扩张的（紧缩的）财政政策，增加支出或减少税收（减少支出或增加税收）时，对应于同一价格水平的 IS 曲线将会相应右移（左移），LM 曲线则不受政府财政政策的影响而保持不变，从而两曲线交点的位置将会随之右移（左移）——这意味着同一价格水平的均衡收入将会增加（减少），即整个 AD 曲线都会随之右移（左移）。

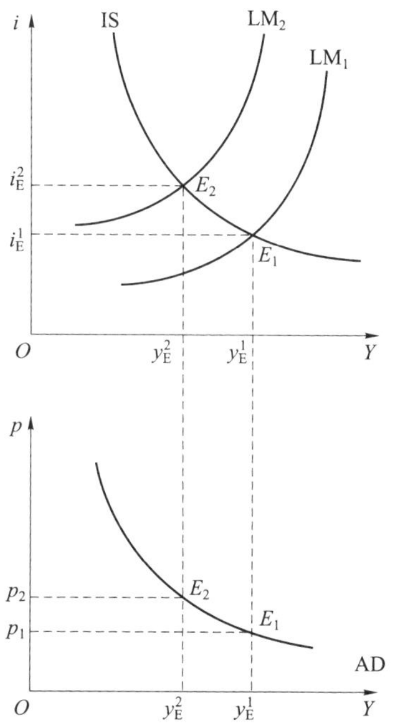

图 16－20　封闭经济下的需求曲线

（二）封闭经济的总供给曲线

所谓总供给曲线（Aggregate Supply Curve）是反映在给定生产要素资源和技术水平条件下，一国供给总量与总价格水平之间关系的所谓总供给函数（Aggregate Supply function）的图像表达，常简称其为 AS 曲线，它有长期总供给曲线和短期总供给曲线之分。

所谓长期总供给曲线（Long-run Aggregate Supply Curve）完全取决于经济中给定的有效资源和技术水平的自然产出水平（Natural Level of Output），而不受价格水平变动的影响，对于给定的有效资源和技术水平来说（即在不考虑经济增长或滞胀的情况下），其长期来看的自然产出水平是一个常数（我们以下一概记之为 YN），因而长期总供给曲线是一条垂直于 Y 轴的直线，通常简称之为 LRAS 曲线。

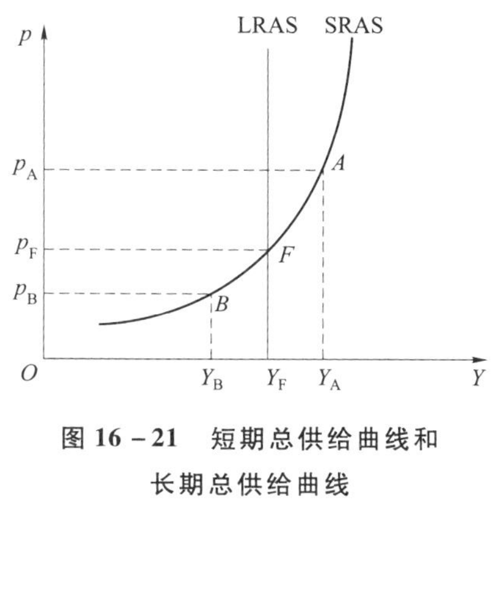

图 16－21　短期总供给曲线和长期总供给曲线

所谓短期总供给曲线（Short-run Aggregate Supply Curve）则是一条从左下方向右上方倾斜的曲线，通常简称之为 SRAS 曲线（参见图 16－21），这是因为，短期来看，较高（低）的价格会暂时导致较多（少）的产出，也就是说，短期产出水平常常会随着价格水平的波动而暂时偏离长期自然产出水平——由于信息和市场的不完善，常常会使得价格水平在短期内暂时偏离其长期均衡水平 PF 而上升到 PA（或下降到 PB），这会误导厂商们也随着暂时增加了（减少了）生产的投入和产出，形成一种短期的供给水平。

（三）封闭经济下总供需的短期均衡与长期均衡

了解了总供给和总需求曲线，下面我们利用图形来说明封闭经济总供需的短期均衡与长期均衡问题（在不考虑经济增长的情况下）。图 16－22 中 LRAS 曲线为长期总供给曲线，AD 曲线和 SRAS 曲线分别为原总需求曲线和原短期总供给曲线，这三条曲线原相交于长期均衡点 F（YF，PF）。如果现在总需求总发生一个自发性扩张，使得总需求曲线 AD 右上移到 AD′，这一新的总需求曲线 AD′ 与原短期总供给曲线 SRAS 的交点及长期总供给曲线 LRAS 的交点就会分别相应上移到 A（YA，PA）点及 E′（YF，PF′）点：首先，在短期内，总需求的自发性扩张会误导厂商们增加生产投入和产出，达到一个短期的供需均衡——在短期内，这会使该国经济从 E 点沿着 SRAS 曲线到达 A 点，价格水平会上升到 PA，产出水平也暂时偏离其长期均衡水平而增加到 YA；其次，长期来看，由于生产投入和产出水平一时超过了自然供给水平，必然会使得生产的成本要素价格水平迅速上升，这最终会迫使厂商们重又缩减生产的投入和产出并同时提高其产品价格水平以谋取最大长期利润——这会使得短期总供给曲线相应左上移，直至其移到 SRAS′ 的位置，恰好通过新的总需求曲线 AD′ 与长期总供给曲线 LRAS 的交点 F′（YF，PF′）为止，从而使该国经济又从 A 点沿着 AD′ 曲线到达 F′ 点，最终形成新的长期均衡。也就是说，当一国经济原处于充分就业的长期均衡状态时，总需求的自发性扩张，虽然会在短期内增加实际总收入，但长期来看，却最终并不能改变该国的长期自然产出水平或增加实际总收入。

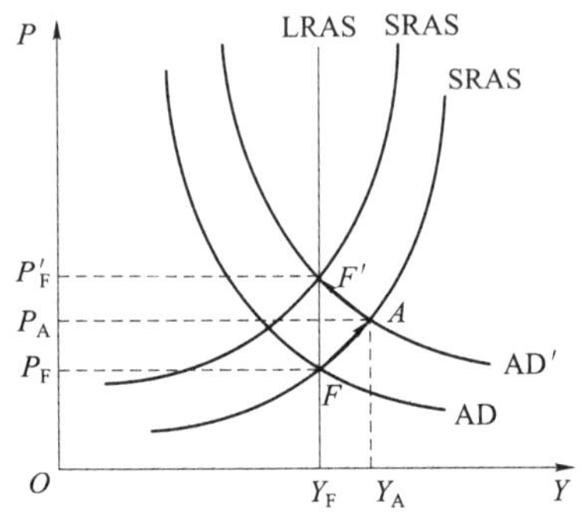

图 16－22 总供需的短期与长期均衡

二、可变价格下的 IS－LM－BP 模型

我们先进行开放经济下可变价格的一般均衡分析，然后再按照固定汇率和浮动汇率的不同情况对开放经济下的总需求进行 IS－LM－BP 分析，分别推导其总需求曲线。以下为方便起见，我们将各曲线一律用直线代替。

（一）可变价格下长期均衡的自动调节机制

1. 固定汇率下的货币－价格调节机制

固定汇率下的货币－价格调节机制分为两种情况：充分就业下和非充分就业下。

首先，让我们考察非充分就业下的情形，见图 16－23（a）。假定资本有限流动（在固定汇率制下，一般对于资本流动的管制较严，所以图中假定 BP 曲线比较陡峭），经济的初始状态 A 点（即 IS 曲线与 LM 曲线的交点）位于 BP 曲线的右下方，存在国际收支逆差，并且假定 A 点位于充分就业线 Y＝YF 的左侧，处于非充分就业状态。在固定汇率下，这必会引起政府干预外汇市场抛售外汇弥补外汇供给缺口以维持固定汇率，因而会导致本国货币供给的减少（此即固定汇率制下的货币调节机制）：首先，短期来看，它立即会使得 LM 曲线左上移，到达 LM* 的位置，通过货币供给减少的利率效应（利率上升引起外资流入）和收入效应（收入减少引起进口减少）消除国际收支逆差，达到一种非充分就业的短期均衡 E；然后，长期来看，本国货币供给的减少还会导致国内物价水平的下降（此即固定汇率下的价格调节机制）——这意味着该国货币的实际汇率贬值，假定马歇尔 - 勒纳条件得到满足，它又会使得 IS 曲线和 BP 曲线同时右移，分别达到 IS* 和 BP* 的位置（直至它们分别通过 LM* 曲线和充分就业线的交点 F）为止，通过本币实际汇率贬值的收入效应、相对价格效应和利率效应增加国民收入并保持国际收支均衡，最终达到充分就业的长期一致均衡点 F（YF，iF）。

总之，长期来看，固定汇率下的货币 - 价格调节机制会通过利率效应、价格效应和收入效应的共同作用缩小直至最终消除国际收支逆差并达到充分就业，达到充分就业的长期均衡点 F 时，其所对应的国民收入 YF 将大于原非充分就业的 A 点所对应的国民收入 YA（不过，按照凯恩斯主义的观点，市场的自动调节常常会停留在某个有效需求不足的一致均衡点而停滞不前，也就是说，市场的自动调节常常会在从 E 趋向 F 的中途停滞不前，因而此时常常需要借助政府的宏观经济政策来拉动有效需求以帮助或加速实现充分就业）。

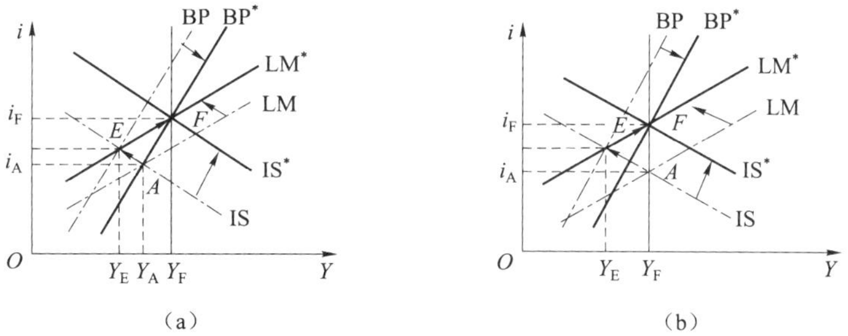

图 16 - 23 固定汇率下的货币 - 价格调节机制

其次，让我们再来分析充分就业的情况，见图 16 - 23（b）。仍假定资本有限流动，经济的初始状态 A 点（即 IS 曲线与 LM 曲线的交点）位于 BP 曲线的右下方，存在国际收支逆差，但这里假定 A 点位于充分就业线 Y = YF 上，本处于充分就业状态。由于此时的自动调整过程其实与前述的非充分就业情况下基本类似，所以我们这里不再赘述，留给读者自己思考。

2. 浮动汇率下的汇率 - 价格调节机制

浮动汇率下的汇率 - 价格调节机制也分为两种情况：充分就业下和非充分就业下。

首先，让我们来考察非充分就业的情形，见图 16 - 24（a）。假定资本有限流动（在浮动汇率制下，一般对于资本流动的管制较松，所以图中假定 BP 曲线比较平坦），经济的初始状态 A 点（即 IS 曲线与 LM 曲线的交点）位于 BP 曲线的右下方，存在国际收支逆差，并且假定 A 点位于充分就业线 Y = YF 的左侧，处非充分就业状态。在浮动汇率下，这必会自动引起本币名义汇率贬值（此即浮动汇率下的汇率调节机制）：假定马歇尔 - 勒纳条件得到满足，它会使得 IS 曲线和 BP 曲线同时右移，分别达到 IS* 和 BP* 的位置（直至它们同时通过 LM 曲线和充分就业线的交点 F）为止，在非充分就业情况下，我们不妨假定国内价格水平在达到充分就业之前始终保持不变，此时的名义汇率贬值等同于实际汇率贬值，这样，通过本币贬值的收入效应、相对价格效应和利率效应增加国民收入并实现国际收支均衡，最终达到充分就业的长期一致均衡点 F（YF，iF）。

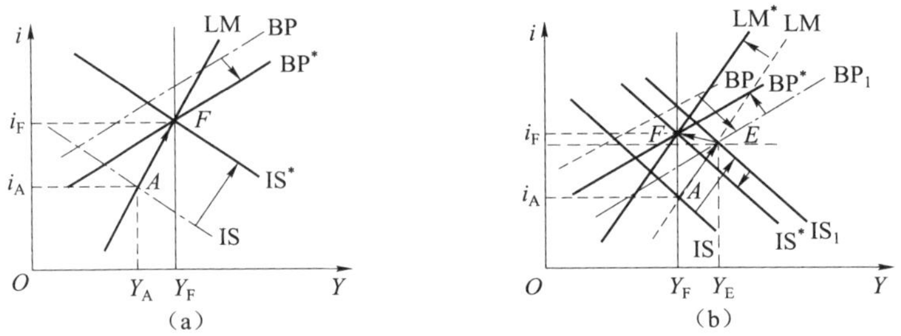

图 16－24　浮动汇率下的汇率－价格调节机制

其次，让我们再来分析充分就业的情形，见图 16－24（b）。仍假定资本有限流动，经济的初始状态 A 点（即 IS 曲线与 LM 曲线的交点）位于 BP 曲线的右下方，存在国际收支逆差，但这里假定 A 点位于充分就业线 Y = YF 上，本处于充分就业状态。在浮动汇率下，这同样会自动引起本币名义汇率贬值（此即浮动汇率下的汇率调节机制）：假定马歇尔－勒纳条件得到满足，短期来看，由于价格水平一时未变，从而 LM 曲线保持不动，这会导致本币实际汇率的超额贬值，使得 IS 曲线和 BP 曲线同时超调分别右移到 IS_1 和 BP_1 与原 LM 曲线共同相交于短期均衡点 E，通过本币（实际汇率）贬值的收入效应、相对价格效应和利率效应在短期内达到一种超充分就业的短期一致均衡状态；但长期来看，由于 E 点位于充分就业线的右侧，处于通货膨胀区内，因而时间长了必会导致国内价格水平上升（此即浮动汇率下的价格调节机制），这一方面会引起货币需求上升最终使得 LM 曲线左移到 LM^*，另一方面，又意味着本国货币的实际汇率重又回升，从而又会使得前期一度超调的 IS 曲线和 BP 曲线又同时左移最终回到 IS^* 和 BP^* 的位置（直到它们同时通过 LM^* 与充分就业线的交点 F）为止，这样，通过国内价格水平上升的货币余额效应和本币实际汇率升值效应又最终实现了充分就业的长期一致均衡状态 F（YF，iF）。

（二）开放经济下的总需求曲线

下面我们来推导开放经济的总需求曲线，可以利用图形来具体说明这一推导过程。

在图 16－25 中，上方图中的 IS_1 曲线、LM_1 曲线和 BP_1 曲线及三者的公共交点 E_1（y_E^1, i_E^1）对应于下方图中的价格水平 P_1——即 E_1 点为对应于价格水平 P_1 的一致均衡点；而上方图中的 IS_2 曲线、LM_2 曲线 BP_2 曲线及三者的公共交点 E_2（y_E^2, i_E^2）则对应于下方图中的价格水平 P_2——即 E_2 点为对应于价格水平 P_2 的一致均衡点。当价格水平 P 从 P_1 上升到 P_2 时，一方面意味着该国货币的实际汇率升值，这会使得上图中的 IS 曲线和 BP 曲线同时分别相应地从 IS_1 和 BP_1 左移到 IS_2 和 BP_2，并相交于 E_2 点；另一方面，价格水平上升又意味着该国货币需求的上升，又会使得 LM 曲线相应地从 LM_1 上移到 LM_2，直至后者恰好通过 IS_2 曲线与 BP_2 曲线的交点 E_2 为止（在固定汇率下和浮动

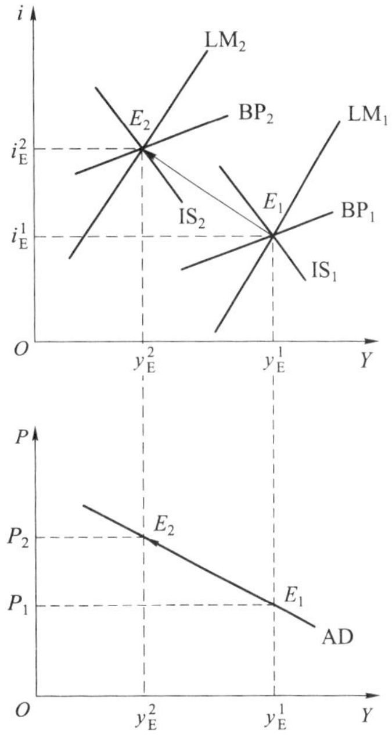

图 16－25　开放经济的总需求曲线

汇率下导致三条曲线最终相交于同一公共点的自动均衡机制有所不同，关于这方面的问题请参看第二节中一、（二）关于固定价格情况下的一般均衡分析），这样三条曲线交点的位置就从 $E_1(y_E^1, i_E^1)$ 左移到了 $E_2(y_E^2, i_E^2)$（而该点就是对应于价格水平 P_2 的一致均衡点），其所对应的下图中总需求曲线 AD 上点的位置也相应从 $E_1(y_E^1, P_1)$ 左移到了 $E_2(y_E^2, P_2)$，……这样即可逐点描出 AD 曲线。这一推导过程对于固定汇率和浮动汇率都有效，只不过固定汇率的自动均衡机制和浮动汇率的自动均衡机制有所不同而已（另外，固定汇率的 BP 曲线大多要比浮动汇率的 BP 曲线更为陡峭）。

显然，开放经济的总需求曲线仍然与封闭经济的情况一样，是从左上方向右下方倾斜，同样意味着一国消费、投资和政府支出的需求总量与总价格水平成反向变动，价格水平越低，总需求量越高；价格水平越高，则总需求量越低。

三、可变价格下的财政政策和货币政策分析

在本小节的讨论中，我们忽略经济开放政策对一国长期供给水平的影响，而且暂时假定一国的长期自然产出水平保持不变。另外，为简化问题，我们这里只讨论资本自由流动的情况，并且仅以扩张性的财政政策和货币政策为例来进行分析，而把紧缩性的情况留给读者自己思考。

（一）扩张性经济政策对一国总需求的影响

1. 财政扩张对一国总需求的影响分析

我们利用下图来帮助说明。图 16－26 中的 AD 曲线是一国原有的总需求曲线，E 点则代表该国在价格－财政支出水平为 P－G 时的一致均衡点（其中，P 为国内价格水平保持不变，G 为原财政支出水平）。如果财政支出水平扩张到 G′，则会直接冲击该国的国内商品市场，从而使得该国的 IS 曲线相应右移到 IS′，这会使得 IS′ 曲线和 LM 曲线交点位于 BP 曲线的上方，即造成国际收支失衡。

在固定汇率条件下，这必会引起该国货币当局为维持固定汇率而购进超额的外汇盈余，从而导致货币供给增加，最终使得 LM 曲线也相应右下移至 LM′（直至其与 IS′ 曲线的交点最终落在 BP 曲线上为止），也就是说，IS、LM 和 BP 三条曲线的公共交点最终右移到了 E′ 点（IS′、LM′ 和 BP 三条曲线的公共交点），而 E′ 点则代表着该国在价格－财政支出水平为 P－G′ 时的新的一致均衡点，这说明该国对应于新的财政支出水平 G′ 的总需求曲线将会右移到 AD′。

在浮动汇率条件下，这必会引起该国货币自动升值，从而恶化其对外贸易收支而抵消掉财政支出水平上涨所导致的综合收支盈余，以恢复其综合收支的原有平衡，使得

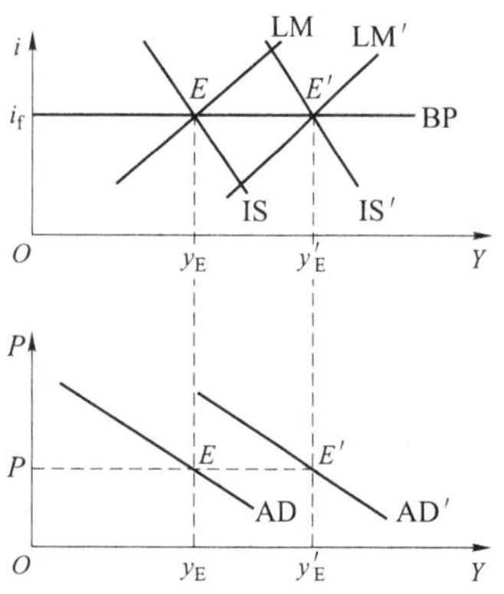

图 16－26　扩张财政政策对总需求的影响

IS′曲线重返原位恢复到原来的一致均衡点 E，这说明，E 点不但是该国在价格－财政支出水平为 P－G 时的一致均衡点，而且长期来看，汇率的自动调整还会使得 E 点还是该国在价格－财政支出水平为 P－G′时的一致均衡点，也就是说，该国的总需求曲线 AD 的位置会通过汇率的自动调整而不受财政支出水平变动的影响。这意味着，当 BP 曲线具有完全弹性时，在浮动汇率条件下，长期来看，一国政府用扩张的财政政策并不能增加总需求，或者说是其财政政策失效。

总之，在资本完全流动情况下，长期来看，财政支出扩张在固定汇率下会导致一国的总需求扩张；而在浮动汇率下却只会引起该国货币的自动升值却最终并不会改变其总需求。

2. 货币扩张对一国总需求的影响分析

在图 16－27 中，AD 曲线是一国原有的总需求曲线，E 点则代表该国在价格－货币供给水平为 P－Ms 时的均衡点，其中，P 为国内价格水平保持不变，Ms 为原国内货币供给水平。当政府采取扩张的货币政策，使国内货币供给水平上升到 Ms′时，LM 曲线将会相应右移到 LM′，这会使得 IS 曲线和 LM′曲线的交点位于 BP 曲线的下方，即造成国际收支失衡。

在固定汇率条件下，这必会引起该国货币当局为维持固定汇率而抛售外汇以弥补外汇缺口，从而导致货币供给减少，最终将其增发的货币又重新收回，使得 LM′曲线又重返原位恢复到原来的一致均衡点 E，长期来看，该国总需求曲线 AD 的位置最终将不会受国内货币供给水平一时性波动的影响。这意味着，当 BP 曲线具有完全弹性时，在固定汇率条件下，长期来看，一国货币当局并无增加货币供给的自主权，或者说是其货币政策无效。

在浮动汇率条件下，这却会引起该国本币自动贬值而改善其对外贸易收支，使 IS′曲线也相应右移至 IS′（直至其与 LM′曲线的交点最终落在 BP 曲线上为止），以恢复综合收支的平衡。也就是说，IS、LM 和 BP 三条曲线的公共交点最终右移到了 E′点（即 IS′、LM′和 BP 三条曲线的公共交点），而 E′点则代表着该国在价格－货币供给水平为 P－Ms′时的新的一致均衡点，这说明该国对应于新的货币供给水平 Ms′的总需求曲线将会右移到 AD′。

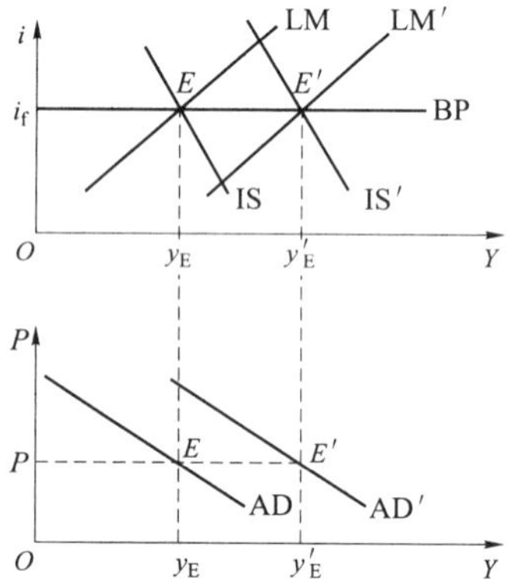

图 16－27　扩张货币政策对总需求的影响

总之，在资本完全流动情况下，长期来看，货币供给扩张在固定汇率下会为了维持固定汇率而不得不重新收回，最终并不会改变一国的货币供给水平和总需求；而在浮动汇率下则会导致该国货币的自动贬值和总需求相应扩张。

下面，我们将进一步分别深入探讨固定汇率时的财政政策效应和浮动汇率时的货币政策效应（因为通过以上讨论我们已经知道，财政政策在浮动汇率下失效，而货币政策则在固定汇率下失效），并且仍只限于讨论扩张性的财政政策效应和货币政策效应，而把紧缩性的情况留给读者自己思考。

（二）固定汇率下扩张财政政策的效应分析

这里，我们先讨论一国原处于充分就业的长期均衡状态时扩张的财政政策效应，然后再讨论一国原处于非充分就业的短期均衡状态时扩张的财政政策效应。

1. 充分就业的长期均衡状态时扩张的财政政策效应分析

在图 16－28 中，LRAS 曲线为长期总供给曲线，AD 曲线和 SRAS 曲线分别为原总需求曲线和原短期总供给曲线，这三条曲线原相交于长期均衡点 F（YF，PF）。如果此时该国政府采取扩张的财政政策来使总需求进一步扩张，则会使得总需求曲线 AD 右移（参见图：扩张财政政策对总需求的影响），不妨设其右移到了 AD′，这样后者与原短期总供给曲线 SRAS 及长期总供给曲线 LRAS 的交点就会分别相应上移到 A（YA，PA）点及 F′（YF，PF′）点。这时，在短期内，总需求的自发性扩张会误导厂商们进一步增加生产投入和产出，达到一个暂时性的供需均衡。在短期内，该国经济会从 E 点沿着 SRAS 曲线到达 A 点，短期均衡的价格水平会上升到 PA，产出水平则暂时偏离其长期均衡的自然产出水平而增加到 YA；但是，长期来看，由于生产的投入和产出水平一时超过了长期自然供给水平，必然会使得生产的成本要素价格水平迅速上升，这反过来又会迫使厂商们（对同一产品价格水平）缩减其生产的投入和产出（以谋取最大长期利润）——这会使得短期总供给曲线相应左上移到 SRAS′，直至后者恰好通过新的总需求曲线 AD′ 与长期总供给曲线 LRAS 的交点 F′（YF，PF′）为止，使得该国经济又从 A 点沿着 AD′ 曲线到达 F′ 点，最终又形成新的长期均衡——产品价格水平上升到 PF′，而国民收入则又恢复到其既定的长期自然产出水平 YF。也就是说，当一国经济原处于充分就业的长期均衡状态时，扩张性的财政政策，虽然在短期内会增加实际总收入，但长期来看，却最终只是提高了国内的长期均衡价格水平，（囿于该国的长期自然产出水平）而并不能长期增加其实际总收入。

2. 非充分就业的短期均衡状态时扩张的财政政策效应分析

在图 16－29 中，LRAS 曲线为长期总供给曲线，SRAS 曲线为原短期总供给曲线，后者与长期总供给曲线相交于 F′ 点，AD 曲线为原总需求曲线，它分别与长期总供给曲线和短期总供给曲线相交于 F 点和 B 点，而该国经济原处于非充分就业的短期均衡点 B（YB，PB）。如果此时该国政府认为有效需求不足而采取扩张的财政政策来刺激经济促使总需求扩张，则会使得总需求曲线 AD 右移（见图 16－26），当后者右移到 AD′ 恰好通

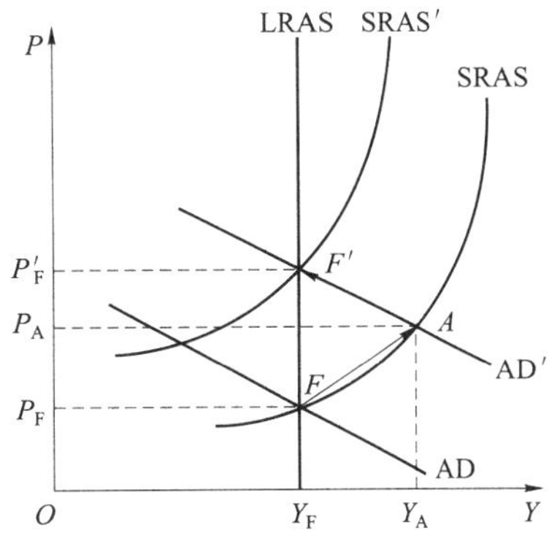

图 16－28　充分就业下的扩张政策

过原短期总供给曲线 SRAS 与长期总供给曲线 LRAS 的交点 F′（Y_F，$P_F{}'$）时，就会促使该国经济从 B 点沿着 SRAS 曲线迅速达到 F′ 点，加速该国实现充分就业的长期均衡——长期均衡的价格水平上升到 PF′，同时国民收入也达到其充分就业的自然产出水平 YF。也就是说，当一国经济原处于非充分就业的短期均衡状态时，采取扩张性的财政政策，会促使该国经济迅速达到其充分就业的长期均衡状态，但其又有着会造成该国长期均衡价格水平上涨的副作用。

实际上，如果此时（当该国经济处于非充分就业的短期均衡状态时）政府不采取扩张的财政政策来干预经济的话，则从长期来看，市场的自动调节机制也会自动使该国经济逐步达到其既定的充分就业的长期均衡点 F（YF，PF）。这是因为，当一国的生产投入和产出水平暂时低于其长期自然供给水平之时，会使得生产的成本要素价格也低于其长期均衡的价格水平，这时厂商们自然会有扩大生产的投入和产出以谋取最大长期利润的积极性——这意味着短期总供给曲线会逐步右下移到 SRAS′，直至后者恰好通过原总需求曲线 AD 与长期总供给曲线 LRAS 的交点 F（YF，PF）为止，这会促使该国经济从 B 点沿着 AD 曲线缓慢到达 F 点，最终实现充分就业的长期均衡——产品价格水平下降到 PF，而国民收入则达到了充分就业的自然产出水平 YF，只不过这一过程要花费较长的时间，但其又有着会降低该国长期均衡的价格水平的优点。

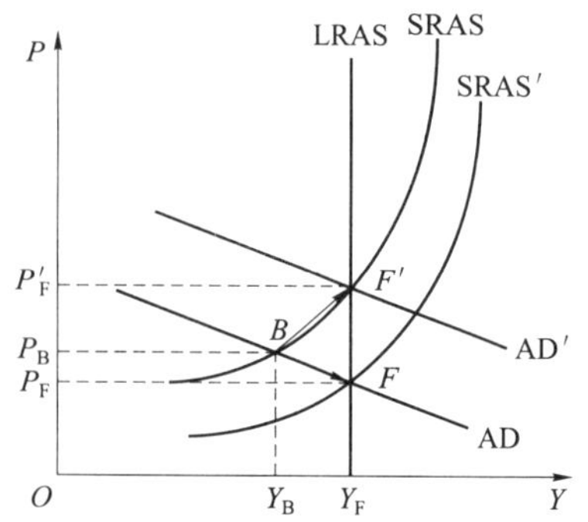

图 16－29　非充分就业下的扩张政策

（三）浮动汇率下扩张的货币政策效应分析

这里，我们仍然可以借助上述充分就业和非充分就业下的扩张政策两图，来讨论一国原处于充分就业的长期均衡状态和原处于非充分就业的短期均衡状态时使用扩张性货币政策的效应。因为，浮动汇率下扩张的货币政策有着跟固定汇率下扩张的财政政策相类似的会导致总需求曲线右移以及长期均衡的价格水平上涨的政策效应，而在一国处于非充分就业的短期均衡状态时，如果政府不干预经济的话，则浮动汇率下市场总供需的自动调整过程也与固定汇率时大致相同。由于二者的演变过程和图示说明都基本类似，所以我们这里就不再重复赘述了，而仅想着重指出二者之间的主要不同之处——固定汇率下财政扩张政策所造成的长期价格水平上涨这一不利于贸易收支的副作用是通过货币调整机制（货币需求随价格水平上升而相应上升，货币供给存量也随之相应上升，从而形成本币实际汇率的贬值）来间接消解的；浮动汇率下货币扩张政策所造成的长期价格水平上涨这一不利于贸易收支的副作用则是通过汇率调整机制（本币汇率的直接自动贬值）而直接消解的。

四、促进经济增长和调节经济滞胀的宏观经济政策效应分析

在本节以上的讨论中，我们始终假定了一国的长期自然产出水平保持不变：既没有考虑宏观财政/货币政策会对一国长期供给水平产生影响的问题，并且也没有考虑外生

环境因素的变化可能会对一国供给水平造成影响的问题。本小节我们将放宽上述假定，进一步讨论经济增长和滞胀的问题。

（一）促进经济增长的宏观经济政策

从中短期来看，虽然财政/货币政策的主要作用是影响总需求，但从长期来看，它们也可以影响总供给：比如，政府将扩张的财政支出用于基础建设、基础研究、改善教育等等方面，就不但会增加短期需求（使总需求曲线右移），而且长期来看还会促进经济增长（使总供给曲线右移）；又如，降低投资税收的财政政策或降低长期利率的货币政策等也有着促进经济增长（使总供给曲线右移）的长期作用。

我们利用图形来进行具体的分析。图 16－30 中 AD 曲线、LRAS 曲线和 SRAS 曲线分别为原总需求曲线、原长期总供给曲线和原短期总供给曲线，这三条曲线相交于原长期均衡点 F（YF，PF）。如果现在采取扩张的财政/货币政策来促使总需求扩张，则会使得总需求曲线 AD 右移到 AD′，后者与原短期总供给曲线 SRAS 及原长期总供给曲线 LRAS 的交点就会分别相应上移到 A（YA，PA）点及 F′（YF，PF′）点。

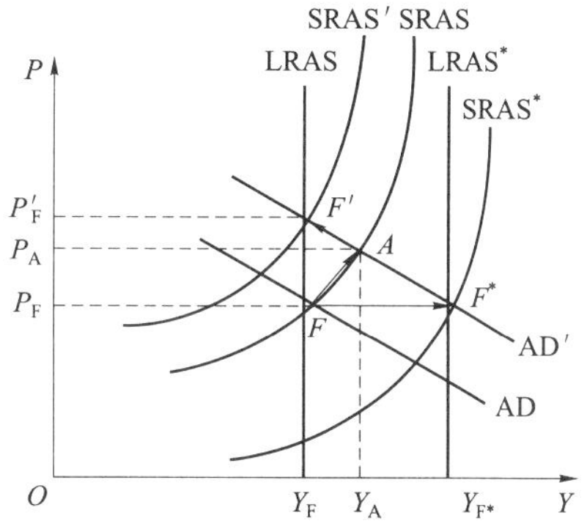

图 16－30　促进经济增长的经济政策

在不考虑经济增长的情况下：如前所述，在短期内，该国经济会从 F 点沿着 SRAS 曲线到达 A 点，产品价格水平会上升到 PA，产出水平也暂时偏离其长期均衡的自然产出水平而增加到 YA，但长期来看，由于生产投入和产出水平一时超过了自然供给水平，必然会使得生产的成本要素价格水平迅速上升，这又会使得短期总供给曲线相应左上移到 SRAS′，直至后者恰好通过新的总需求曲线 AD′ 与长期总供给曲线 LRAS 的交点 F′（YF，PF′）为止，从而使该国经济又从 A 点沿着 AD′ 曲线到达 F′ 点，最终的长期均衡价格水平会上升到 PF′，而实际国民收入则又恢复到原长期均衡的自然产出水平 YF。

但在考虑到扩张性财政/货币政策具有促进经济增长的作用情况下：长期来看，随着经济增长，长期总供给曲线和未来的短期总供给曲线都会有所右移，比如，分别右移至 LRAS* 和 SRAS* 处，并与 AD′ 曲线共同相交于一个新的长期均衡点 F*，这一新的长期均衡价格水平 PF* 必定低于 PF′，但其可能会高于/等于/低于原长期均衡价格水平 PF——其具体高低取决于旨在促进经济增长的扩张性财政/货币政策能使得长、短期总供给曲线右移幅度的大小（它们的右移幅度越大，新的长期均衡价格水平 PF* 也就越低，我们在本图中是假定 PF* ＝PF）；同时新的长期自然产出水平则增长到了 YF*，它显然应当高于 YF——具体能高多少则也取决于长、短期总供给曲线右移幅度的大小（它们的右移幅度越大，新的长期自然产出水平 YF* 也越高）。

（二）调节经济滞胀的宏观经济政策

第二次世界大战以后，分别在 1973 年至 1974 年间和 1979 到 1981 年间各发生过一次剧烈的石油价格上涨，使得所有石油进口国的生产成本都随之上涨，结果造成了一种前所未有的所谓经济滞胀（Stagflation）现象。

我们利用图 16－31 来具体分析一国政策当局消除滞胀的调整过程。图中 AD 曲线、LRAS 曲线和 SRAS 曲线分别为原总需求曲线、原长期总供给曲线和原短期总供给曲线，这三条曲线相交于原长期均衡点 F（YF，PF）。突发性石油价格飞涨所导致的生产成本上涨，首先会在短期内使得短期总供给曲线 SRAS 左移至 SRAS′处，它与原总需求曲线 AD 相交于新的短期均衡点 B，其短期价格水平 PB 高于原价格水平 PF，短期产出水平 YB 则低于原自然产出水平 YF，也就是说，在 B 点处发生了经济衰退与通货膨胀并存的现象，亦即所谓滞胀现象；然后，长期来看，石油价格上涨所导致的生产成本上涨，还会使得长期总供给曲线也相应左移到 LRAS′ 处，它与原总需求曲线 AD 相交于新的长期均衡点 F′——这意味着生产成本上涨导致新的长期自然产出水平下降到了 YF′（但它将高于短期均衡 B 点处的短期产出水平 YB），新的长期价格水平则上升到了 PF′（但它却低于短期均衡 B 点处的短期价格水平 PB），由于相对于新的长期自然产出水平来说，B 点处于非充分就业状况，这会使得生产的成本要素价格水平下降，从而最终使得短期总供给曲线又重新右移到 SRAS″ 处（恰好通过 F′ 点）为止，达到新的长期均衡，但这一自然调节过程需要较长的时间。

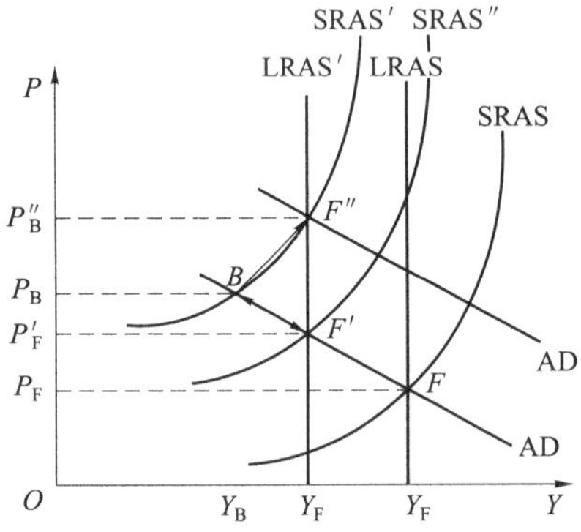

图 16－31　调节经济滞胀的宏观经济政策

此时，如果政府不能容忍这一旷日持久的自发调节过程，急于增加产出以尽快缓解就业压力，而采取扩张性的财政/货币政策来刺激经济，使得总需求曲线右移到 AD′处（它恰好通过短期总供给曲线 SRAS′ 与新的长期总供给曲线 LRAS′ 的交点 F″）的话，则 F″ 将成为新的长期均衡点，这一新的长期均衡点的产出水平与自发调节时相同（都是 YF′），但其长期价格水平 PF″ 则将远远高于自发调节时的长期价格水平 PF′——这是用扩张性财政/货币政策来刺激经济来加速调节过程所须付出的代价（为加快调节速度而不得不承担较高的通货膨胀率）。并且显然地，无论是自发调节还是上述的扩张性财政/货币政策调节最终都不能避免由于生产成本上涨所导致的长期自然产出水平下降的困境。

当然，石油价格上涨对一国国际收支的影响则具有很大的不确定性。一方面，石油价格上涨会由于对石油的需求缺乏弹性而导致进口支出增加，但自然产出的减少又会导致其他进口品的减少，因而油价上涨对贸易收支的影响取决于这两种互抵因素究竟谁更强；另一方面，如果石油输出国将其增加的石油收入投资于某个石油进口国的话，则又会改善后者的金融账户。所以，要考察石油价格上涨对一国国际收支的影响问题，只能根据各国的具体情况进行具体分析，而没有一个普适性的结论。

本章小结

1. 经常账户和净资本与金融账户的总余额等于官方储备的变动额。在固定汇率制下，总余额顺差会迫使货币当局增持储备资产，发行本币，以维持汇率稳定；相反总余额逆差则使货币当局减持储备资产，回笼本币。在浮动汇率制下，总差额直接影响外汇市场的供求和汇率波动，而不影响国内货币供给量。

2. 封闭经济下的 IS - LM 模型可以推广到开放经济下的 IS - LM - BP 模型，其中，代表国际收支平衡的 BP 曲线是一条从左下方向右上方倾斜的曲线，其左上方的区域为顺差区，右下方的区域为逆差区，本币的实际汇率贬值/升值会导致 BP 曲线右移/左移；在固定价格情况下，固定汇率的短期均衡调节机制是货币调节机制，浮动汇率的短期均衡调节机制是汇率调节机制。

3. 利用固定价格的 M - F 模型分析可知，在固定汇率制下，财政政策比货币政策对调节国民收入更为有效；在浮动汇率制下，货币政策比财政政策对调节国民收入更为有效。

4. 在开放经济固定价格和不考虑经济增长情况下，一国宏观经济管理的目标是同时实现长期内部均衡与外部均衡。所谓长期内部均衡是指无通货膨胀的充分就业状态，而外部均衡则是指国际收支平衡。但在固定汇率情况下，当失业与赤字共存或通胀与顺差共存时，会发生宏观经济政策在协调内、外一致均衡时的米德冲突。斯旺图提出了一个在不考虑资本流动情况下，放弃固定汇率，而科学搭配支出变更政策和支出转换政策来实现内、外一致均衡的政策协调方案；蒙代尔的有效市场分类原则则提出了一个在考虑资本流动情况下，可以保持固定汇率，而只需科学搭配财政政策和货币政策来实现内、外一致均衡的政策协调方案。利用 M - F 模型还可以进一步分析在不同汇率制度下促进充分就业的经济调节政策搭配问题。

5. 利用浮动价格的 IS - LM - BP 模型，可以进一步分析充分就业和非充分就业情况下长期均衡的自动调节机制（固定汇率的长期均衡调节机制是货币 - 价格调节机制，浮动汇率的长期均衡调节机制是汇率 - 价格调节机制）；还可以推导开放经济的总需求曲线。

6. 利用浮动价格的 IS - LM - BP 模型（以资本完全流动为例），还可以分析宏观经济政策对一国总需求的影响：长期来看，财政支出扩张在固定汇率下会导致一国总需求的相应扩张，而在浮动汇率下却只会引起该国货币的自动升值却最终并不会改变其总需求；货币供给扩张在固定汇率下最终并不会改变一国的货币供给水平和总需求；而在浮动汇率下则会导致该国货币的自动贬值和总需求相应扩张。另外，在浮动价格情况下，还可以利用总需求 - 总供给模型来分析，固定汇率下财政扩张政策在处于充分就业和非充分就业不同情况下的不同效应；浮动汇率下货币扩张政策在处于充分就业和非充分就业不同情况下的不同效应。

7. 在考虑到经济增长情况下，长期来看，扩张性的财政/货币政策是可以影响到总供给的——利用总需求 - 总供给模型还可以来分析促进经济增长的宏观经济政策效应；此外，还可以利用总需求 - 总供给模型来分析调节经济滞胀的自动均衡机制和调节经济滞胀的宏观经济政策效应。

思考练习题

1. 简述国际储备的构成和一国持有国际储备的意义。

2. 决定一国最佳储备量的因素有哪些？国际储备结构管理的目标有哪些？

3. 20世纪90年代，我国国际储备规模迅速扩大，成为世界第二大储备国，这引起了对我国应持有合理储备数量的讨论。结合世纪之交的国内外经济形势，请分析我国持有巨额储备是利大，还是弊大。

4. 试述BP曲线的含义，曲线斜率的含义，及影响曲线位置变动的因素。

5. 试用固定价格的IS－LM－BP模型，分别讨论固定汇率和浮动汇率下各自的短期一致均衡调节机制。

6. 试利用M－F模型分别比较固定汇率制下和浮动汇率制下财政政策和货币政策各自调节内部经济的效力。

7. 何谓开放经济下经济政策选择的“三元悖论”？

8. 何谓本币贬值的“挤出效应”？

9. 什么是丁伯根原则？什么是米德冲突？

10. 试利用斯旺图来说明如何搭配支出变更政策和支出转换政策来实现内、外一致均衡。

11. 什么是蒙代尔的有效市场分类原则？请绘图举例说明，在固定汇率下如何搭配财政政策和货币政策来实现内、外一致均衡。

12. 试利用M－F模型来分别说明固定汇率下和浮动汇率下促进充分就业的经济调节政策。

13. 试利用浮动价格的IS－LM－BP模型，分别讨论固定汇率和浮动汇率下各自的长期一致均衡调节机制。

14. 试利用浮动价格的IS－LM－BP模型推导开放经济的总需求曲线。

15. 试利用浮动价格的IS－LM－BP模型分析，在资本自由流动情况下，紧缩性财政政策和货币政策在不同汇率制度下对一国总需求的影响。

16. 试利用总需求－总供给模型分别分析，固定汇率制的充分就业和非充分就业状态下，扩张性货币政策的最终效应。

17. 面对1997年亚洲金融危机的冲击，我国实施了积极的财政政策和稳健的货币政策来调控宏观经济，试根据本章内容来分析这种政策组合的理论依据。

第十七章　国际货币体系

学习目标

通过本章学习，掌握国际货币体系的概念，了解国际货币体系的演进过程，掌握国际金本位制、布雷顿森林体系和牙买加协议内容。

关键术语

国际货币体系　金本位　布雷顿森林体系　特里芬难题　牙买加协议

第一节　国际货币体系概述

一、国际货币体系的涵义和内容

在开放经济中，一国的宏观经济政策既要实现物价稳定和充分就业的目标，又要同时实现国际收支平衡的目标。这需要综合运用货币、财政和外汇政策，由于开放经济下各国相互之间的内在依赖关系，使得一国的任何举动，都不可避免地要影响到它国，这就需要各国进行政策的国际协调。在协调的一系列问题中，有一些是实现内外均衡过程中最为基本的，如货币本位、汇率制度、国际收支的调节方式、国际清偿能力的供应等。各国必须按照某些共同的标准或根据某种协定对上述问题进行制度安排，这种制度安排即为国际货币体系。因此，我们可将国际货币体系简单定义为：支配各国货币关系的规则和机构，以及国际间进行各种交易支付所依据的一套安排和惯例。

一般来说，国际货币体系应包含以下五个方面的内容：

（一）世界及各国货币汇率制度的确定

汇率制度的确定是国际货币体系的核心问题。为了进行国际经济交往，各国都必须把自己国家的货币兑换成世界货币或具有世界货币作用的货币。这要求确定各国货币与世界货币的汇兑比率关系，并据此换算任何两国货币之间的汇兑比率关系，从而各国货币统一于一个世界货币体系之内。各国政府规定外汇汇率确定的依据，采用何种汇率，汇率波动的价限，调整和为维护汇率所采取的措施等，都属货币汇率制度的确定。

（二）货币的可兑换性

在国际支付中，一国货币兑换外币的可能性，能否自由兑换为任何国家的货币或某几个国家的货币。以及本币兑换外币的管理。

（三）国际收支的调节

这方面主要包括国际收支的概念和范围；国际收支失衡的调节；国际债权、债务结清的原则等。

（四）国际关键货币和储备资产

即国际中心货币由谁来充当；国际储备资产由谁（黄金、外汇、特别提款权）充当；一国应该保持多少为世界各国所普通接受的国际储备资产；一国应保持怎样的储备资产结构等等。国际储备资产的构成是国际货币体系的一项重要内容，一国只有具有一定的储备资产，才能保证正常的国际支付。

（五）国际金融事务的协商和组织

为保证体系的正常运转，监督各国行为，并适应世界经济发展对体系进行补充和调节，应付突发事件，需要建立相应的协商机制和组织。

从宏观角度看，一个健全的国际货币体系，应能够促进国际贸易的协调发展，能够促进国际资本较为自由的流动，以使资源在全球范围内能够更为有效地配置，让世界经济稳定地向前发展。因此，一种健全的国际货币体系应具备三个方面：调节机制、清偿能力和信心。好的国际收支调节机制是能够做到对国际收支失衡调节所付出的成本最低，同时各国包括收支顺差国和逆差国都能够公平合理地承担调节的责任，不发生关于应由谁承担更多责任的争执。清偿能力主要指广义国际储备的世界总额，它保持的数量应该与世界经济的发展速度相适应，既要避免清偿能力增长速度过快造成全球的通货膨胀，也要防止清偿能力不足导致世界经济陷入衰退，所以控制国际储备是稳定世界经济的一个重要因素，适当的储备水平则是保证融通资金和调节措施进行有效配合的数额。

二、国际货币体系的类型

国际货币体系最基本的分类是从货币本位及汇率制度这两个角度进行的。货币本位是国际货币体系的一个重要方面，它涉及储备资产的性质。国际货币储备可分为商品储备和信用储备两大类。根据储备性质可将国际货币体系划分为纯粹商品本位（如金本位）、纯粹信用本位（如不兑换纸币本位）和混合本位（如金汇兑本位）。从汇率制度来看，由于汇率在一切国际货币体系中均占据中心地位，可以根据汇率弹性的大小，划分各种不同国际货币体系。有以下几种类型：完全的固定汇率制、完全的浮动汇率制以及介于二者之间的可调整的钉住、爬行钉住和管理浮动制等。

国际货币体系是随世界经济的发展而不断演变的。不同的国际货币体系，意味着各国所要遵循的准则是不同的。国际货币体系的发展，则体现了在不同历史条件下，各国所要遵循的一些基本准则必须适应世界经济的发展。从时间先后看，国际货币体系大体上可以划分为三个阶段，即国际金本位制阶段，布雷顿森林体系阶段及现行的牙买加体系阶段。

第二节　国际金本位制

一、国际金本位简介

金本位制是以一定成色及重量的黄金作为本位货币的一种货币制度，黄金是货币体系的基础。在国际金本位制下，黄金充分发挥世界货币的职能，充当国际支付手段、国际购买手段和作为社会财富的代表，在国际上流通。

英政府于1816年颁布铸币条例，发行金币。首先采用以黄金界定货币价值的金本位制，随后，德国于1871年宣布实行金本位制，丹麦、瑞典、挪威等国于1873年也相继实行金本位制。到19世纪末，资本主义各国已经普遍实行了这一货币制度。金本位制主要经历了三种形式。

（一）金币本位制

金本位制在最初典型的形态是金币本位制，金币本位制的主要内容包括：① 用黄金来规定货币所代表的价值，每一货币都有法定的含金量，各国货币按其所含黄金的重量而有一定的比价；② 金币可以自由铸造，任何人都可按法定的含金量，自由地将金块交给国家造币厂铸造成金币，或以金币向造币厂换回相当的金块；③ 金币是无限法偿的货币，具有无限制支付手段的权利；④ 各国的货币储备是黄金，国际间结算也使用黄金，黄金可以自由输出或输入。从这些内容可看出，金币本体制有三个特点：自由铸造、自由兑换和自由输出人。由于金币可以自由铸造，金币的面值与其所含黄金的价值就可保持一致，金币数量就能自发地满足流通的需要，从而起到货币供求的作用，不会发生通货膨胀和货币贬值。由于黄金可在各国之间自由转移，这就保证了外汇行市的相对稳定与国际金融市场的统一，因此，国际金本位制是一种比较稳定的货币体系。第一次世界大战爆发以后，西方各国军费开支猛烈增加，纷纷停止金币铸造和价值符号的兑换，禁止黄金输出人，从根本上破坏了金币本位制赖以存在的基础，导致了金币本位制的彻底崩溃。

（二）金块本位制

金块本位制是一种以金块办理国际结算的变相金本位制，亦称金条本位制。在该制度下，由国家储存金块，作为储备；流通中各种货币与黄金的兑换关系受到限制，不再实行自由兑换，但在需要时，可按规定的限制数量以纸币向本国中央银行无限制兑换金块。可见，这种货币制度实际上是一种附有限制条件的金本位制。第一次世界大战以后，一些资本主义国家经济受到通货膨胀、物价上涨的影响，加之黄金分配的极不均衡，已经难以恢复金币本位制。当时除美国以外，其他大多数国家只能实行没有金币流通的金本位制。在金块本位制度下，货币单位仍然规定含金量，但黄金只作为货币发行的准备金集中于中央银行，而不再铸造金币和实行金币流通，流通中的货币完全由银行券等价值符号所代替，银行券在一定数额以上可以按含金量与黄金兑换。英国以银行券兑换黄金的最低限额为相等于400盎司黄金的银行券（约合1 700英镑），低于限额不予兑换。法国规定银行券兑换黄金的最低限额为21 500法郎，等于12公斤的黄金。中央银行掌管黄金的输出和输入，禁止私人输出黄金。中央银行保持一定数量的黄金储备，以维持黄金与货币之间的联系。

（三）金汇兑本位制

金汇兑本位制又称为“虚金本位制”，这是一种在金块本位制或金币本位制国家保持外汇，准许本国货币无限制地兑换外汇的金本位制。在该制度下，国内只流通银行券，银行券不能兑换黄金，只能兑换实行金块或金本位制国家的货币，国际储备除黄金外，还有一定比重的外汇，外汇在国外才可兑换黄金，黄金是最后的支付手段。实行金汇兑本位制的国家，要使其货币与另一实行金块或金币本位制国家的货币保持固定比率，通过无限制地买卖外汇来维持本国货币币值的稳定。

其特点是：国内不能流通金币，而只能流通有法定含金量的纸币；纸币不能直接兑换黄金，只能兑换外汇。实行这种制度国家的货币同另一个实行金块本位制国家的货币保持固定比价，并在该国存放外汇和黄金作为准备金，体现了小国对大国的依附关系。通过无限制买卖外汇维持金块本位国家货币的联系，即“钉住”后者的货币。国家禁止黄金自由输出，黄金的输出输入由中央银行负责办理。第一次世界大战前的印度、菲律宾、马来西亚、一些拉美国家和地区，以及 20 世纪 20 年代的德国、意大利、丹麦、挪威等国，均实行过这种制度。

由以上三种形式可知，金本位制并非在流通中只使用黄金，而是金币、可兑换的银行券以及大量有限清偿的辅币（铜或其他合金的小面额硬币及纸票）同时流通。但只有金币才能完全执行货币的全部职能。

二、国际金本位制的作用

（一）国际金本位制的积极作用

国际金本位制对世界经济的发展起了一定的作用，主要表现在以下几个方面。

（1）黄金是典型的世界货币，保证了这种制度的顺利运转，促进生产发展。在金本位制下，币值比较稳定，国际间债权、债务的结算采用黄金，由于黄金的自由输出入，国内外的金融市场具有良好的统一性，国际结算、金融往来相对稳定，促进了商品流通和信用的扩大。同时，它使生产成本较易于计算，生产规模和固定资本投资规模不会因币值变动而波动，促进了生产的发展。

（2）保持汇率稳定。由于各国货币都规定有含金量，各国本位货币所含纯金之比叫做金平价，它是各国货币间汇率的基础。各国货币按照单位货币所含纯金数量计算出来的兑换率称为法定平价。外汇市场的实际汇率往往环绕法定平价上下波动，但波动幅度很小，以黄金输送点为限。法定平价加黄金运送费用，即黄金输出点，这是汇价上涨的最高限度；法定平价减黄金运送费用，即黄金输入点，这是汇价下跌的最低限度。可见，由于黄金输送点的限制，汇率基本上是稳定的。汇率的相对稳定，可以保障对外贸易与对外信贷的安全，为国际贸易和资本流动创造有利条件。

（3）自动调节国际收支。在国际金本位制下，资本主义的国际收支是自发调节的。1752 年英国经济学家大卫·休谟（David Hume，1711 – 1776）在《论贸易平衡》中提出“价格 – 铸币流动机制”，认为在金本位制下国际收支具有自动调节的机制。在金本位制度下，一国国际收支出现赤字，就意味着本国黄金的净输出，由于黄金外流，国内黄金存量下降，货币供给就会减少，从而引起国内物价水平下跌。物价水平下跌后，本国商品在国外市场上的竞争能力就会提高，外国商品在本国市场的竞争能力就会下降，于是出口增加，进口减少，使国际收支赤字减少或消除。同样，国际收支盈余也是不能持久的，因为造成的黄金内流趋于扩大国内的货币供给，造成物价水平上涨。物价上涨不利于出口有利于进口，从而使盈余趋于消失。

其过程可图示如下：

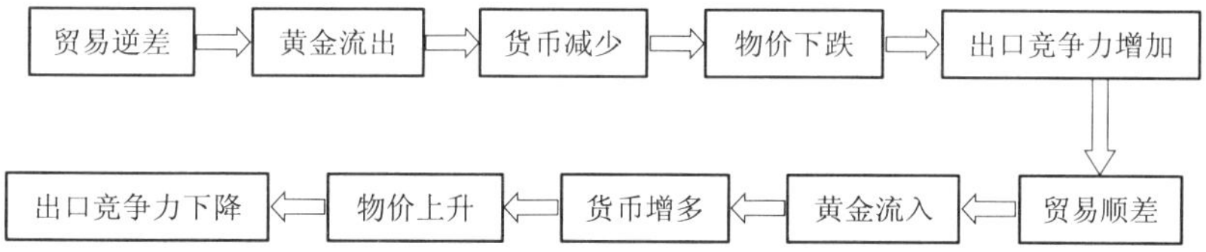

图 17－1　金本位下的国际收支自动调节机制

休谟的金本位制下自动平衡国际收支的理论否定了传统的重商主义时期认为只有维持贸易顺差，一国就能维持金银、财富积累的论断；同时也消除了各国对顺差一定会发生金银、财富永久性的流失的恐惧。该理论反映了资本主义自由竞争时期市场价格竞争的规律，满足了各国政府制定对外经济政策的需要，可以说" 价格－铸币流动机制" 说，开创了系统研究国际收支调节的先河，为当代国际收支调节理论奠定了一定的基础。

（4）促进国际资本流动。以国际收支逆差为例，逆差时，由于外汇的供应小于需求，本币汇率下跌。由于金本位制下汇率在黄金输送点之间变动，当本币汇率下跌至黄金输出点以下时，投机者就会预期本币的市场汇率必将回升，大量资金就会流入该国以获取汇率差价，这种资金的大量流入会改善该国国际收支状况；与此同时，由于黄金外流减少了作为发行准备金的黄金投量，从而减少了货币发行量，导致金融市场银根吃紧，短期资金利率上升。当国内利率高于国外利率时，也会吸引意在获取利率差价的资金流入，同样改善该国的收支状况。如一国发生国际收支顺差，将会出现相反的情形。可以看出，这种资金流动是一种稳定性的投机，它利于缩小汇率波动，加速国际收支恢复平衡。

（5）协调各国经济政策。在实行金本位制的国家，经济政策的首要目标是国际收支平衡和汇率稳定，对内平衡（物价稳定和充分就业）居于次要地位，服从外部平衡的需要。因而国际金本位制使这些国家有可能协调其经济政策。

由以上分析可以看出，国际金本位制下的协调机制具有自发性、对称性和稳定性的特点。这种调节不需要政府采取专门的措施进行干预完全靠经济的自发力量实现。又由于这种自动机制对国际收支盈余国和赤字国同时发挥效力，使两国都公平合理的承担责任。而黄金输送点的约束使汇率总处于较稳定状态，避免了汇率剧烈变动对经济的破坏性影响。

（二）国际金本位制的缺陷

传统的金本位制也并不是十分完善的。首先，金本位制盛行时期的国际货币秩序是一种金字塔形的格局，英国处于塔尖，为核心国家，一般国家处于外围低层。英国在19世纪国际货币体系关系中占统治地位。英国是最大的工业国，最大的工业品输出国和最大的海外投资国，伦敦是最重要的世界金融中心，英镑是世界上最广泛使用的货币。这使得英国控制了世界金融，其货币政策必然会影响到其他国家的货币金融关系。这种国际货币秩序给欧洲工业国家带来巨大利益，而损害了弱小国家的利益。这不可避免地要在国际货币秩序中引起严重的利益冲突和矛盾。

其次，国际金本位制本身存在着缺陷，主要在于三个方面：第一，为使上述自动调节机制发挥作用，各国应严格按照金本位制的要求实施货币政策，即各国应以黄金表示其币值；各国的黄金应不受任何限制地自由流出与流入；各国发行纸币应受黄金准备数量的限制。但实际情况要复杂的多，由于没有一个国际监督机制，国际收支顺差的国家可以将盈余冻结，以便获得更多的盈余，于是调节的负担全部落到逆差国家身上。加剧了其他国家的困难，又由于主要国家大多实行部分准备金制度，黄金流动会引起准备金数量的变化，如果存在剩余准备金，黄金的流动不会影响发行数量，物价也不致发生变动，使原有的自动调节机制完全失去了效力。第二，纠正国际收支失衡要求生产与贸易对价格作出的反应能有效地调整进出口，这要求价格具有完全弹性，从而可通过价格的灵活调整使经济总处于充分就业状态，以维持内部平衡。当内部平衡难以维持时，政府会转移注意力而放弃外部平衡的首要目标，使金本制的自动调节机制受到牵制。事实上，价格具备完全弹性这一假定也是不现实的。第三，金本位制要求世界黄金产量能符合经济发展对货币供给量的需要，因为货币数量的增长依赖于黄金数量的增长。当黄金增长满足不了世界经济发展和维持汇率稳定的需要时，这种体制就面临严峻挑战。同时，如果黄金占有格局不平衡，黄金存量过于集中极少数国家手中时，其他国家的金本位制也就难以维持。

从历史上来看，在金本位制形成后相当长一段时间内，世界黄金供应较为充分，各国也能够遵守金本位制的各项准则，从而促进了世界经济的发展。但随着条件的变化，各种矛盾逐渐显露，最终导致金本位制的崩溃。

三、国际金本位制的演变和崩溃

第一次世界大战前，随着资本主义矛盾的发展，国际金本位制开始受到冲击。一方面黄金的产量已跟不上世界经济的增长，另一方面黄金的占有格局也出现了严重的不平衡。一些国家为了准备战争，政府支出剧增，银行券发行日益增多，于是银行券兑换黄金越来越困难，破坏了自由兑换的原则。同时由于危机引起的资本抽逃，各国纷纷限制黄金的自由流动，使维持金本位制的一些必要条件逐渐遭到破坏。一战爆发后，各国停止银行券与黄金的兑换，并禁止黄金出口，金本位制遂宣告瓦解。

由于战争期间各国为筹措战争经费大量发行不可兑换的纸币，战后这些纸币大幅贬值，影响了世界经济的稳定性；同时各国实行自由浮动的汇率制度，汇价波动，原有货币体系的稳定性已不复存在。战后，各国开始着手恢复金本位制，但是由于黄金供应不足和占有不均的局面更趋严重，传统的金本位制已难以恢复。为了节约黄金的使用，1922年在意大利热那亚召开的世界货币会议建议采取金汇兑本位制或虚金本位制。这是间接使货币与黄金联系的本位制度，主要资本主义国家相继使用。除美国仍实行金本位外，英法两国则实行金块本位制，德国、奥地利、意大利、丹麦等30个国家则实行金汇兑本位制。同时地区性货币集团出现，英镑、美元、法郎成为储备货币。国际货币体系进入金汇兑为主、货币集团并立的阶段。

金汇兑本位制是金本位制的一种形式，其主要特点为：货币单位仍规定有含金量，但国内不流通金币，银行券当作本位币流通，银行券只能购买外汇，这些外汇可在外国兑换黄金；本国货币同另一金本位国家的货币保持固定比价，并在该国存放大量外汇或黄金作为平准基金，以便随时出售外汇来稳定外汇行市。金块本位制也是金本位制的一种形式，其主要特点为：金币仍是本位货币，但不流通，流通的是银行券；货币单位仍规定有含金量，但金币不能自由铸造；银行券只有在有特殊需要时才能按规定的限制数额作为起点向中央银行兑换。

在当时黄金不足的情况下，这种制度有其可行的一面，金块本位制可以节省国内的黄金，金汇兑本位制既可节省国内的黄金，又可节省国际上的黄金，仅从节约黄金来看是成功的。但是这两种货币制度下，由于金币退出流通，银行券的兑换受到限制，黄金也不能发挥自发调节货币流通的作用。都是削弱了的金本位制，很不稳定。由于货币用黄金越来越落后于世界各国对国际清偿能力的需要，许多国家的储备中有一定比例为与黄金有密切关系的主要货币。一旦发生国际收支逆差，一般先使用外汇储备，黄金则作为国际结算的最后手段。从而实行金汇兑本位制的国家的本位货币依附于美元或英镑，一旦英、美两国经济发生波动，必然波及这些国家。再者，金币退出流通，黄金不再起自发调节货币流通的作用，而银行券兑换黄金又受到很大限制，国际金本位制的可信性大为下降。原本对金本位的维持发挥积极作用的国际资金流动，反过来开始成为破坏金本位制的因素。因为，一旦国际收支出现逆差，由于担心政府无力维持金本价而将本币贬值，资金流入不但不会发生，而且会有大量的资本抽逃，进一步恶化国际收支状况。使金本位制更加难以维持。

可见，随着历史条件的变化，原有的金本位制的安排已不适应新的情况，而一战后在狭小的黄金基础上建立起的金汇兑本位制，具有更大的脆弱性，经不起冲击。经过1929－1933年世界经济危机的袭击之后，各国纷纷放弃金本位制，金本位制终于彻底崩溃。

国际金本位制崩溃的原因是多方面的，如国际政治局势的动荡，一战的爆发，各国对黄金的管制，以及短期资金的流动和世界经济危机的冲击等。但是最根本的原因是各国对金本位制各项准则的破坏。国际金本位制的自动调节机制虽然灵活有效，但不利于一国维持内部平衡，随着资本主义经济危机的尖锐化，各国为使国内经济不致因国际收支突然出现顺差导致通货膨胀，也不愿意突然因国际收支出现逆差导致经济紧缩，切断了黄金流出流入与国内货币供应的关系。破坏了金本位制的自动调节机制，也使金本位制难以维持下去。

国际金汇兑本位制崩溃后，正常的国际秩序遭到破坏，资本主义世界的货币金融便一直处于混乱状态，各国组成相互对立的货币集团（如英镑集团、美元集团、法郎集团等），加强外汇干预，实行竞争性贬值和外汇倾销，形成所谓“货币战”，对世界经济产生了非常不利的影响。大危机之后，英美法三国为了恢复国际货币秩序，于1936年9月达成“三国货币协定”，同意尽力维持汇价，减少汇率波动，稳定货币关系，终因第二次世界大战的爆发而很快就瓦解了。但是“三国货币协定”在制止外汇倾销方面取得了一定效果，而且对于各个主要国家通过国际合作谋求货币关系稳定的经验为以后布雷顿森林体系的建立起了一定的作用。

第三节 布雷顿森林体系

一、布雷顿森林体系的建立

第二次世界大战将近结束时，重建国际货币体系的工作被提到议事日程。两次大战之间国际货币长期的无秩序混乱局面对世界经济造成很大伤害，人们希望建立一个更加完善的国际货币体系，以结束这种混乱局面。1944年7月，44个国家的300多位代表出席在美国新罕布什尔州布雷顿森林召开的国际金融会议，讨论建立新的国际货币体系问题。

第二次世界大战使资本主义国家之间的实力发生了巨大的变化，英国在战争期间受到了巨大创伤，经济遭到严重破坏。工业生产大为缩减，出口锐降，1945年，英国对外债务高达120亿美元，黄金储备降至100万美元。美国取代英国成为世界经济的核心。战争结束时，美国的工业制成品占世界的一半，对外贸易占世界贸易总额1/3以上；对外投资激增，成为最大债权国；黄金储备占资本主义世界黄金储备的59%。雄厚的经济实力为建立美元的霸权地位提供了必要条件。在设计新的国际货币体系时，英美两国分别提出了各自的方案，即美国的“怀特计划”和英国的“凯恩斯计划”，这两个不同的方案，反映了美英两国经济地位的变化和争夺世界金融霸权的斗争。鉴于美国在政治上和经济上的实力，讨论的结果，通过了以“怀特计划”为基础的《国际货币基金协定》（又称布雷顿森林协定）和《国际复兴开发银行协定》，总称布雷顿森林协定，从而建立起布雷顿森林体系，确立了美元的霸权地位。

二、布雷顿森林体系的主要内容

布雷顿森林体系虽然是根据美国的设想而制订的，但也考虑到了战前金本位制、灵活汇率和政府管制所提供的经验。在本位制度、汇率制度、储备制度和国际收支调整制度方面做了相应的安排，并且确定了相应的组织形式。其内容主要包括以下几个方面：

（一）国际货币储备

这个体系是以黄金为基础，以美元作为最主要的国际储备货币，实行黄金——美元本位制。根据协议，规定美元与黄金挂钩。各国确认1934年1月美国规定的35美元折合一盎司黄金的官价，各国政府或中央银行随时可用美元向美国政府按官价兑换黄金。同时，为了维持这一黄金官价不受国际金融市场金价的冲击，各国政府需协同美国政府干预市场的金价。从而使美元等同黄金，成了世界金融活动所必须围绕的中心。而美元也取得了与黄金具有同等地位的国际储备资产的地位。

（二）固定汇率制度

布雷顿森林体系采用的是一种可调整的钉住汇率制，它规定国际货币基金组织的成员国货币与美元挂钩，即各国货币与美元保持稳定的汇率。各国货币与美元的汇率按照各自货币的含金量与美元的含金量的比较确定，或不规定本国货币含金量，而只确定与美元的汇率。这意味着各成员国之间的汇率是固定汇率。布雷顿协定规定：各国货币对美元的汇率一般只能在平价上下各1%的幅度内波动，各国政府有义务在外汇市场上进行干预活动，以保持外汇行市的稳定。只有在一国国际收支出现“根本不平衡”时，才允许贬值或升值。平价的任何变动都要经过基金组织的批准。但在实践中，在平价10%以下的变动可自行决定，若在10% ~20%之间，则需基金组织同意。由于整个货币体系是一个固定汇率的货币体系，平价的单方面变动显得比较困难。

布雷顿森林体系的上述内容又被称为“双挂钩”，即美元与黄金挂钩，其他各国货币与美元挂钩。

（三）国际收支调整

在国际收支调整机制方面，要求成员国对于国际收支经常项目的外汇交易不得加以限制，不得实行歧视性的货币措施或多种货币汇率制度。在20世纪30年代国际金本位制崩溃以后，各国都采取了严厉的外汇管制措施，损害了国际间的经济交流。实际上主要工业化国家在60年代前期大多完成了货币的可兑换性，而多数发展中国家和社会主义国家仍然实行外汇管制。除此之外，为平衡成员国的国际收支，也可采取国际货币基金组织提供的外币贷款及运用可调整的货币平价来进行。

（四）组织形式

国际货币基金组织是布雷顿森林体系最为重要的成果。它是一个永久性的国际金融机构，对货币事项进行国际磋商，以保证上述货币制度能够顺利执行。其宗旨为：促进国际货币合作；促进国际贸易平衡发展；提高就业水平；增加收入；避免成员国货币的竞争性贬值；向成员国提供所需要的临时性贷款；设法消除国际收支的严重失衡。

国际货币基金组织的职能主要有两个：一是提供贷款，当成员国出现短期性经常项目逆差而需要国际储备时，可用本国货币向基金组织按规定程序购买（即借贷）一定数额的外汇，并需在规定的期限内以购回本国货币的方式偿还所借用的款项。用于这种贷款的黄金和外汇由该成员国交纳的基金提供。二是可调整的货币平价。虽然布雷顿体系规定其成员国之间的汇率应保持固定，但是当该组织认为一国的国际收支处于“根本性不平衡”时，该国可调整其汇率。

虽然国际货币基金组织给国际协商与合作提供了适当的场所，但以美国为首的主要工业发达国家在很大程度上操纵和控制了基金组织，广大的发展中国家还没有获得应有的权力和地位。

三、布雷顿森林体系的特点与作用

（一）布雷顿森林体系的特点

战后建立起来的布雷顿森林体系，实际上也是一种国际金汇兑本位制度，它与战前的金汇兑本位制相比主要区别在于：（1）国际准备金中黄金和美元并重，而不只是黄金；（2）战前时期处于统治地位的储备货币为英镑、美元和法郎，而主要由英法美三国各自势力范围内的货币依附于这些通货。而战后的以美元为中心的国际货币体系却只有美元为唯一主要储备资产；（3）战前英美法三国都允许居民兑换黄金，实行金汇兑本位制的国家也允许居民用外汇向上述三国兑换黄金，不过条件苛刻而已。但战后美国只同意外国政府在一定条件下用美元向美国兑换黄金；（4）战后成立的国际货币基金组织是这一体系的最大特点，它成为这一体系正常运转的中心机构，有效地维护了国际货币秩序。这些特点一方面体现了美元作为中心货币统治国际金融的格局，也体现了战后货币体系稳定性的一面。

在以前的金本位制下，由于历史条件使然，内部平衡处于次要地位，政府也不需要过于干预经济。战后情况发生了变化，内部平衡目标的重要性日益加强，这要求国家更多的参与经济过程。战后的货币体系是以美元为中心的货币体系，美国居于主导地位，美国和其他国家的地位及权利义务也有较大的不同。在维持美元与其他货币之间的固定比价上，当美国出现国际收支逆差时，它可以以简单地输出美元的方式弥补逆差，而不必对本国经济进行调整，如出现逆差的是其他国家，它们只能向国际货币基金组织融通资金，但这种资金数量相对于需求来说是很少的，根本满足不了需要，而调整汇价又往往难以进行，这使得它们不得不对本国经济进行调整，加重了这些国家的困难。可见，战后货币体系下的调节机制是不对称的。

布雷顿森林体系也汲取了金本位制的一些优点，这表现在如下一些相似点上：（1）各会员国都要规定货币平价，这与金汇兑本位制下的金平价相似；（2）固定汇率，各国会员国汇率的变动限制在上下1%的范围内，这与金汇兑本位制下的黄金输送点相似；（3）国际储备。除黄金外，美元是主要储备，战前的金汇兑本位制下，黄金是主要储备，此外美元、英镑、法郎也是储备资产；（4）战后体系对外汇管制的废止，与金本位制下的自由贸易与自由兑换相似。

（二）布雷顿森林体系的积极作用

布雷顿森林体系的建立和运转对战后国际贸易和世界经济的发展起了积极的推动作用。

首先，该体系实行的是可调整的钉住汇率制度，汇率的波动受到严格的约束，使汇率相对稳定，这样在进出口、对外投资中易于匡算成本，为国际贸易和国际资本流动的增长创造了有利的条件。

其次，布雷顿森林体系中黄金作为主要储备资产，美元与黄金挂钩，有益于国际货币关系的稳定。一方面黄金仍发挥世界货币的作用，另一方面美元作为一种最主要的储备资产，等同于黄金，可作为黄金的补充。在战后黄金增长远远跟不上世界经济发展的形势下，美元的供应，有效地弥补了国际清偿能力的不足，解决了国际储备的短缺问题，也使人们对世界经济的发展抱有信心。

再次，该体系所具有的国际收支调节机制，对于各国经济的稳定和增长作出了贡献。国际货币基金组织对会员国提供的各种类型的短期和中期贷款，可以有效地帮助处于国际收支逆差的国家平衡国际收支，同时利用调节国际收支来调节国内经济的增长。

最后，作为金本位制的替代体系，布雷顿森林体系是对战前无序的国际货币关系的调整。国际货币基金组织的成立，使该体系更具组织性，有利于各国经济的平稳发展。

（三）布雷顿森林体系的缺陷

作为以美元一种货币作为中心货币的体系来说，也存在着严重的缺陷。因为美元为关键货币，美国对这一体系的运转就负有重要的责任，但美国在这方面存在着两难的处境，其他国家在维持固定汇率方面也存在着困难的抉择。

1. 特里芬难题

布雷顿森林体系是以一国货币作为主要储备资产的，这具有不稳定性。因为随着世界经济和国际贸易的发展，国际储备也要同时增加。要使该体系稳定运行，就必须提供足够的国际清偿能力，同时又必须保证美元与黄金的可兑换性，这是一组矛盾。因为要使其他国家获得美元，就要求美国处于逆差；如果美国长年处于逆差，必然引起美元的信用危机，美元与黄金的可兑换性就要受到威胁，人们信心不足，就会出现挤兑现象。美元的这种两难处境是美国耶鲁大学教授罗伯特·特里芬首先提出的，称为“特里芬难题”。

2. 他国的固定汇率制度与美元信用

布雷顿森林体系所实行的固定汇率制，对于稳定世界经济，促进国际贸易的发展是有积极作用的。但对于其他国家来说，维持固定汇率和保持国内经济稳定又是一组矛盾。当一国货币对美元的汇价浮动超过规定的 ±1% 的幅度时，该国就需要进行干预。若美元汇率下降，该国需要在外汇市场购进美元，调节市场供求，促使美元汇率上升。其结果是美国大量投放本币，激发通货膨胀。对于大多数国家来说，它们不愿牺牲内部平衡来履行对美元的义务。而且，在美元过剩的情况下，持有美元的国家如抛售美元，势必造成美元危机，如果保持，又将遭受贬值的损失，使其处于两难境地。

除此之外，美国利用美元特权获取利益，基金组织贷款对不同国家的分配不合理及固定汇率制限制了汇率弹性对国际收支的调节等方面也说明该体系存在着矛盾之处。随着时间的推移，布雷顿森林体系的种种缺点逐渐暴露出来，最终导致它的崩溃。

四、布雷顿森林体系的崩溃

由于布雷顿森林体系所固有的内在矛盾，其存在的过程，也就是这种矛盾不断发展、激化的过程。在该体系建立初期，由于战争破坏，除美国之外，其他主要资本主义国家均面临经济重建和恢复问题。此时美国黄金储备为 200. 8 亿美元，占资本主义世界 59%，1947 年达 246 亿美元，约占资本主义世界的 3/4。而工农业生产和出口方面美国更是一枝独秀，美国处于顺差而其他国家多处于逆差，其他国家无法从国际收支渠道得到美元，世界面临“美元荒”局面，国际货币基金组织的贷款远不能解决问题。为支援西欧经济恢复，美国于 1947 年出台了“马歇尔计划”，向西欧提供了约为 300 亿美元的无偿援助，以使西欧各国具有支付能力，促使美元回流，也维持了这一体系的正常运转。

随着西欧、日本经济的恢复，20 世纪 50 年代后半期世界各国就开始出现美元过剩问题，美国黄金储备外流，到 1960 年，美国的黄金储备额已低于它所欠的短期对外债务，人们对美元兑换黄金的信心发生动摇，导致美元危机爆发。

1971 年美国贸易出现逆差，黄金储备降为 102 亿美元，而短期对外债务高达 520 亿美元。爆发第三次美元危机，外汇市场上抛售美元、抢购黄金和其他硬通货的风潮比以往更加激烈。尼克松政府不得不于 8 月 15 日宣布“新经济政策”，停止美元兑换黄金；限制美国的进口，并对进口商品增收 10% 的附加税；压迫前联邦德国和日本等国实行货币升值，以改善美国的国际收支。在国际金融市场极度混乱的情况下，十国集团经过讨论达成一项协议，称为“史密森协议”，决定：美元对黄金的比价贬值 7.89%，从 35 美元等于一盎司黄金调整为 38 美元等于一盎司黄金，人为提高美国的黄金储备额；将汇率波动的允许幅度从原来的平价上下 1% 扩大到 2.25%，以增加货币制度的灵活性；一些国家的货币对美元升值；美国取消 10% 的进口附加税。

“史密森协议”只是对付美元危机的临时性措施，虽然勉强维持了固定汇率，但美元兑换黄金的中止已动摇了布雷顿森林体系的基础。同时它所确定的汇率并没有反映各种货币的真实力量，没有解决各国货币关系中的根本问题。1973 年初，美国政府宣布部分解除价格管制，通货膨胀大幅上扬，美元再次贬值，各主要货币再次浮动。布雷顿体系力图维持的美元与黄金自由兑换、各国实行固定汇率两大内容已不复存在，该体系最终土崩瓦解。

第四节 牙买加协议后的国际货币体系

一、国际货币基金协定的修订

布雷顿森林体系崩溃之后，国际金融形势动荡不安，重新建立、至少是改革原有的货币体系成为国际金融领域的中心问题。关于国际货币体系的改革的焦点集中在国际储备货币、国际汇率制度和国际收支调节三个方面，这些问题能否妥善安排，关系国际货币体系能否顺利运行。发展中国家和发达国家在这些问题上的意见存在着尖锐的分歧。

（一）国际储备

货币本位问题是国际货币改革最为关键的问题，布雷顿森林体系崩溃之后，应当实行什么样的货币本位，是美元本位、特别提款权本位或是金本位。事实是，黄金的货币作用已大为削弱，但并没有完全消失。早在 1965 年，法国就主张恢复金本位，但遭到美国的坚决反对，因为美元的不断削弱和黄金储备的大量流失，美国甚至提出取消黄金的货币作用。要使特别提款权成为主要的储备资产，在国际上虽没有异议，但各国的利益动机并不一致。美国要用特别提款权取代黄金的原来地位，并增强其国际清偿能力；西欧各国则欲削弱美元的储备作用；发展中国家则希望创设一种稳定的储备资产。实际情况是，几个大国的货币在国际储备中的地位已日益增强。

（二）汇率制度

由于固定汇率制度的瓦解，各国实行浮动汇率，外汇汇率的不稳定，造成国际金融动荡。各国基于自身情况，主张十分不一致。由于美元的实际购买力大为下降，美元定值偏高，所以美国主张浮动，这利于其扭转对外贸易逆差和改善国际收支；联邦德国也主张浮动，从而避免为维持固定汇率在发生抛售美元抢购本币时对本国经济的负面影响；法国、意大利则持反对态度，害怕浮动会加剧通货膨胀；发展中国家作为弱币国家，也反对浮动汇率，那将使它们的汇率难以稳定。最终形成一致的看法是追求汇率稳定但又有弹性的汇率制度。

（三）国际收支调节

国际收支涉及各国的根本利益，而国际货币基金协定对国际收支的调节机制没有作出明确的规定，所以各国在调节问题上长期争吵不休。国际收支逆差的原因，既有国内需求过旺、进口过多，也有国际价格体系不合理，贸易条件恶化等。实际上，国际收支应是一个有效的对称的调节过程，顺差国和逆差国同样负有保持国际收支平衡的责任。应是依靠国际储备、汇率弹性和内部政策三种措施结合的方式进行。

为对上述问题进行适当安排，改革原有体系，1971 年 10 月，国际货币基金组织理事会提出了修改《国际货币基金协定》的意见。1972 年 7 月 20 日，国际货币基金组织为在其组织机构范围内进行国际货币体制的改革，成立了“国际货币制度改革及有关问题委员会”，其成员共有 20 个，称为“20 国委员会”，其中既有美、英、法等发达国家，也有巴西、印度、墨西哥、扎伊尔等发展中国家。委员会从 1972 年 9 月开始活动，讨论国际货币改革的各个方面，由于双方利益差别较大，在国际收支调节、国际储备资产的管理和对发展中国家的援助等方面争执不休。经过近两年时间，才于 1974 年 6 月在华盛顿会议上发表了一份《改革纲要》。分为三个独立的部分：（1）“改革后的体系”，记录了委员会关于国际货币改革问题一致同意的讨论意见，指出未来国际货币体系发展的方向；（2）“立即采取的步骤”，列举了委员会一致同意的为改革国际货币体系应立即采取的步骤；（3）附录，记录了委员会讨论过程中尚未达成一致的十个问题。

二十国委员会认为，在国际货币体系今后的改革中，国际收支应是一个对称的过程，浮动汇率作为一种有用的方法在一定条件下应予以承认，汇率机制在调节国际收支方面发挥作用；各国共负责任，采用适当形式的兑换性，对国际收支不平衡进行结算；特别提款权应成为主要储备资产，降低黄金的作用；关于国际收支调节、货币兑换性和全球清偿能力的安排，应有一致性；促进实际资源向发展中国家流动等。完成纲要后，二十国委员会使命完成，遂告解散。

国际货币基金组织在 1974 年 9 月举行的年会上，决定成立一个专门研究国际货币制度问题的临时委员会，其成员包括基金组织中“份额”最多的 5 个和 9 个发展中国家及 6 个其他发达国家，仍是二十个国家。临时委员会成立后，开始考虑修订国际货币基金协定，在讨论过程中，黄金和汇率体系仍是争论的焦点问题，发展中国家强调汇率的稳定性，发达国家则强调汇率的弹性。1976 年 1 月，成员国在牙买加首都金斯敦举行会议，达成《牙买加协定》，4 月，国际货币基金组织理事会通过了以《牙买加协定》为基础的《国际货币基金协定》第二次修正案，从此国际货币体系进入一个新阶段。它实际上是以《牙买加协议》为基础的新的国际货币制度，也称之为牙买加体系。

二、牙买加体系的主要内容及特点

（一）牙买加体系的主要内容

牙买加协议继承了布雷顿森林体系下的国际货币基金组织，并加强了它的作用，而放弃布雷顿森林体系的双挂钩制度。牙买加协议的主要内容包括以下四个方面：

1. 浮动汇率合法化

各会员国可根据自己的情况选择汇率制度，但是国际货币基金组织要对会员国的汇率政策进行监督，缩小汇率波动的幅度，使汇率符合各国长期基本情况，确保汇率对币值的真实反映和对国际收支进行有效的调节，避免会员国操纵汇率来谋取不公平的竞争利益。

2. 黄金非货币化

废除黄金条款，黄金与货币彻底脱钩，不再是平价的基础，而让其成为一种单纯的商品，成员国的中央银行可自行按市价进行黄金的交易活动，取消成员国之间及会员国与基金组织之间须用黄金履行的义务。基金组织将其持有的黄金总额中的1/6按市价出售，其超出官价的部分成立信托基金，用于对发展中国家的援助，另外1/6按官价归还成员国，剩余部分根据总投票权85%作出的决议处理。

3. 扩大特别提款权的作用

特别提款权将在未来的货币体系中成为主要的储备资产，即特别提款权本位。成员国可以用特别提款权来偿还欠基金组织的债款，各成员国之间也可用特别提款权来进行借贷。同时增加基金组织的份额，从原来的290多亿特别提款权扩大到390亿特别提款权，增加34.48%。在增加总份额的同时，各成员国的份额也有所调整，前联邦德国、日本及某些发展中国家的份额有所扩大，美国的份额有所减少。

4. 扩大对发展中国家的资金融通

除出售黄金所得收益拨充“信托基金”，用于援助发展中国家外，还扩大信用贷款部分的总额，由占成员国份额的100%增加到145%，“出口波动补偿贷款”的份额从50%扩大到75%。

（二）牙买加体系的主要特征

从牙买加协议的上述内容可见对于布雷顿森林体系的改革主要在于黄金、汇率和特别提款权三点。牙买加协议签订后，国际货币体系基本上是在这个框架之内运行，但也没有完全符合其勾勒的方向。现行的牙买加体系大致表现出如下特征。

1. 国际储备资产多元化

虽然“牙买加协议”中规定未来的货币体系中应以特别提款权为主要储备资产。但是美元仍是主要货币，日元、德国马克的地位也在加强；黄金的货币作用被进一步削弱，但仍未退出历史舞台。官方储备明显多元化，美元由布雷顿森林体系崩溃时占各国官方储备的3/4强，降到20世纪90年代初的1/2弱，马克由7%升至近20%，日元则从0.1%升至近9%。20世纪90年代随着世界经济形势的变化，美元又有所上升，到近60%。特别提款权的重要性虽然明显，但从1971年至今却呈下降趋势，在非黄金国际储备中的比重1971年为6.75%，到1991年为3.06%。以美元为首的多种储备货币是主要特征。

2. 以浮动汇率为中心的多种汇率制度

牙买加协议实施后，全部发达国家均实行了浮动汇率制。美、日、加、澳、新实行单独浮动，欧共体国家大多实行联合浮动，其他国家则实行多种汇率制度。截至1997

年3月底，国际货币组织181个成员实行了9种汇率安排。这9种汇率安排可归纳为三大类：66种货币实行可调整的钉住汇率安排；16种货币实行有限的浮动汇率安排：99种货币实行更灵活的浮动汇率安排。

3. 国际收支的调节趋向多元化

牙买加体系对国际收支的调节主要用三种机制：利用浮动汇率机制、利用各国间利率差异调整及国际货币基金组织进行干预调节。国际货币基金组织除了贷款外，更多承担监督指导收支失衡国家进行调整。

牙买加体系的多种货币储备体系、浮动汇率制度和多因素的国际收支调节机制和布雷顿森林体系相比较有很大的进步，对推动世界经济的发展起了较大作用。多种货币储备体系克服了“特里芬难题”，某一种货币发生问题时，则其储备地位下降，较稳定的货币地位上升，当某国因持续逆差无力提供充足的清偿能力时，其他货币就会补充进来，形成多种货币共担风险的格局；以浮动汇率为主的多种汇率制度具有较大的灵活性，可适应一国、国家集团或世界经济的变化，特别是解决了一国宏观经济政策在保持内部平衡与外部平衡上的矛盾，避免了为保持汇率稳定而牺牲物价稳定、充分就业的目标；国际收支调整也具有更大的灵活性，使各个国家可根据实际情况采取更为适合的调节措施。

三、牙买加体系的运行及问题

从牙买加协议签订至今的三十年间，世界经济总体来看尚可，但动荡极为频繁和强烈。从20世纪70年代的能源危机、80年代发展中国家的债务危机到90年代的东南亚金融危机，体现了世界经济多变和发展不平衡性。牙买加体系在制度安排上的灵活性，使其适应性较强，在一定程度上符合世界经济动荡和多变的特点，自成立以来，运行平稳，表现在以下几个方面：

第一，世界经济运行良好，各国政策自立性加强。据国际货币基金组织统计，世界实际GDP在1979年至1998年的增长率达到3.4%，特别是发展中国家，取得较好成绩。世界经济所取得的稳定增长，更多得益于各国根据自身情况所制定的经济发展战略。在布雷顿森林体系之下，由于各国负有维持汇率稳定的义务，有时不得不牺牲内部平衡来实现这一目标。而在牙买加体系下，各国可以充分利用汇率调整及资金流动等条件来解决对外平衡，并可利用这些机制促进本国经济的发展。从这一点上来看，牙买加体系中将各国的内部平衡置于外部平衡之上的机制，是促进世界经济稳定增长的主要原因。

第二，国际经济交往得到迅速发展，国际贸易和国际投资不断扩大。自1973年实行管理浮动汇率制后，世界出口贸易从1972年到1982年10年间共增加了344%，到1992年10年间又增加了114%。70年代后半期全世界的年国际直接投资总额比60年代后半期增长了近300%。国际贸易的扩大与国际投资的增加与牙买加体系灵活多样的体制安排关系密切。储备资产的多样化有效解决了国际清偿能力不足的问题，汇率弹性使得各国可以快速地对内外平衡进行调整，经常帐户逆差可通过货币——价格机制使本币贬值而得到自动调整，同时吸引外资流入。

第三，牙买加体系具有较强的适应能力。20世纪70年代以来，世界经济中出现了几次较大的动荡。70 年代的能源危机引发了资本主义世界严重的经济危机；80 年代又爆发了世界性的债务危机，1994 年墨西哥爆发货币危机；1997 年爆发亚洲货币危机。几次危机期间，世界经济在经受动荡的同时，仍然维持了国际间的经济交往。汇率的巨大波动并没有造成全球性的经济衰退，其他国家也有可能在该体系的框架内采取有效的对外政策给予处于危机中的国家以有力的支持。体现了牙买加体系的适应性。

但是，在过去的运行过程中，牙买加体系也暴露出一些问题，说明该体系存在不完善之处，尤其在 90 年代后半期的亚洲金融危机中，这些缺陷表现得尤为明显。

首先，政府对开放宏观经济的调控乏力。由于大规模国际资金流动的存在而又缺少有效的资本监督机制，国际金融市场风险加大。出于政治、经济双重目的，西方国家急于将一些弱小的后市场国家纳入其市场体系，片面强调资本交易自由化的好处，没有认识到其易变性所招致的巨大损伤。浮动汇率确实可以对外部均衡问题进行自发调整，但片面认为汇率变动对开放经济产生的影响都是好的是不现实的。当一国遭受大规模短期流动资金袭击时，汇率浮动将超出经济所能承受的范围。这已为亚洲金融危机的事实所证实。

其次，尽管布雷顿森林体系崩溃之后，各国基本上都实现了储备资产多元化，但实际上，美元主导国际储备货币的格局并未从根本上得到改变，国际市场仍高度依赖美元。在国际贸易中，近半数的交易以美元为计价货币，美元又是国际金融市场中极为重要的交易货币。多数国家特别是发展中国家的汇率安排仍以美元为核心，美元汇率的变动很大程度上制约着这些国家的经济政策。

再次，牙买加体系缺乏能够独立执行经济政策的国际机构。国际货币基金组织无疑是牙买加体系最重要的国际机构，其宗旨是稳定国际汇价、消除妨碍世界贸易的外汇管制，通过提供短期贷款解决成员国的国际收支失衡问题。但由于基金组织在对贷款附加条件时片面强调受贷国内部管理的必要性，加重了这些国家的负担，实际上是要求逆差国进行单方面的调整，进一步强化国际收支调节的不对称性。例如：国际货币基金组织在对危机国家进行资金援助的同时，迫使其按照自己开的“药方”进行调整和改革，这些药方称为“华盛顿共识”，主要内容为：实行双紧的经济政策，提高利率；整顿金融机构，实行更严厉的破产法；采取更加审慎的监管规则；加速市场开放并迈向自由化，取消不平等的补贴等。危机中国家由于急需援助，不得不与国际货币基金组织合作，而忍受痛苦的经济紧缩和高失业率。

最后，这一体制灵活有余，稳定性不够，汇率波动较难控制，给世界经济带来一定不利影响。国际收支的调节在适应性增大的同时，明显缺乏制约能力，导致国际收支失衡现象无法解决，有些国家国际收支失衡问题日趋严重。

四、国际货币体系改革的方向

一种健全的国际货币制度必须具备几个条件：（1）以黄金为基础，从而保持货币体系的相对稳定；（2）国际储备应随国际贸易的增长而同步扩大，既要避免过多引起世界性的通货膨胀，又要防止过少导致国际清偿能力不足；（3）它必须有一个调节机构，以纠正各国国际收支的不平衡。布雷顿森林体系崩溃后，货币改革在上述三个方面都没有取得重大进展。国际货币基金组织《第二次修正案》中对有关黄金、特别提款权和汇率方面的修改，并没有正视上述问题，而只是对布雷顿森林体系瓦解后国际货币领域中一些事实的承认。由于一些根本问题没有得到解决，这个体系变得更加不稳定了。尽管牙买加协议后，国际货币体系从无序走向了有序，但面临的问题和有待改革的内容是相当多的，需要一个长期的健全过程。

对于国际货币体系改革所涉及的问题来看，汇率制度、货币本位和机构的健全是重要的方面。对于汇率体制，现行体系实行的是浮动汇率，认定的目标是既灵活又稳定，其实二者很难兼顾。总体看，稳定汇率、缩小汇率波动是各国的普遍愿望；由何种货币来充当体系的中心货币非常重要，一国货币作为基础货币已被理论和实践上证明是不可行的，黄金作为基础最能体现稳定性，但目前看来恢复金本位尚不具备条件，特别提款权本位能有效解决国际清偿能力不足的问题，但基金份额、特别提款权如何分配，目前份额过于集中，特别提款权的分配对发展中国家不利。

国际货币体系改革中发达国家和发展中国家既有一致的意见，也存在较大的分歧。一致的方面有：大家普遍承认，多边的货币合作和磋商是有益的；特别提款权作为一种储备资产，应保证全球储备增长并在今后的世界货币秩序中发挥更大作用；必须对国际间大量的短期资本流动加以控制；自由贸易，避免竞争性的汇率政策等等。但由于利益不同，双方在一些问题上仍是尖锐的对立，在发达国家中，美国与日、欧也有分歧，美国认为汇率应自主浮动，国际收支应由赤字方和黑字方共同负担，反对特别提款权的创设与分配与发展援助联系起来；日、欧希望汇率制度成为一种可调整的制度，关心货币的可兑换性，在特别提款权和发展援助的联系方面表现得较为灵活；发展中国家则赞成汇率的稳定，认为经济发展问题应引起足够重视，主张将特别提款权与发展援助紧密结合起来，希望建立国际货币新秩序。

总之，牙买加体系虽然存在不完善的地方，但作为一种制度安排，在一定程度上符合历史条件的需要。随着形势的进一步发展，牙买加体系存在的缺陷逐渐暴露出来，对这些缺陷的弥补应在其运行过程中加以解决，新的货币体系应在牙买加体系的基础上逐步产生。

本章小结

1. 国际货币体系是对国际间政策协调过程中的一些问题所进行的制度安排，其基本分类是从两个角度进行的：货币本位和汇率制度。从历史角度看，国际货币体系的形成有两种途径：一是通过经济自发形成一些国际准则，二是通过国际协调人为地在短时间内建立起来。

2. 国际金本位制是最初的国际货币体系，形成于 19 世纪 80 年代。其特点是黄金可以自由铸造，自由兑换，自由输出入。由于黄金是本位货币，决定了各国之间汇率的稳定性，在一定时期对世界经济的稳定和发展起了一定作用。

3. 布雷顿森林体系形成于二战后，这是建立在美元基础上的国际货币体系，其主要特点为双挂钩的可调整的钉住汇率制度。它结束了二战期间国际货币体系的无序状态，对战后世界经济的恢复和发展起了一定作用。但这一体系存在着根本缺陷，即特里芬两难。随着条件的变化，美元危机不断爆发，最终导致它的崩溃。

4. 牙买加体系成立于20世纪70年代，它是对布雷顿森林体系的扬弃，在加强了国际货币基金组织的作用的同时，放弃了布雷顿森林体系的双挂钩制度，实行多样化的汇率安排，这种灵活性在一定程度上适应世界经济的现状。

思考练习题

1. 什么是国际货币体系？其核心问题在于哪些方面？
2. 国际金本位制有哪些特点？这一体系下国际收支是如何实现自动调节的？
3. 试分析布雷顿森林体系的根本缺陷。
4. 在牙买加体系下，一国实现内外均衡的手段有哪些？

第十八章　区域货币一体化理论与欧洲货币体系

学习目标

通过本章学习，了解区域货币一体化理论的内容，以及欧洲货币体系的建立过程、发展现状和存在问题，重点掌握最佳货币区理论和欧债危机。

关键术语

最佳货币区　最佳货币区理论　欧洲货币体系　马斯特里赫特条约　欧元　欧债危机

所谓区域货币一体化，是指一定区域内的国家和地区在货币金融领域中实行协调与合作，形成一个统一体，并最终实现一个统一的货币体系。从全球来看，在世界经济一体化和区域经济一体化的大背景下，以欧洲货币体系为代表的区域性货币合作实践发展较快，尤其是欧洲货币体系和欧元（Euro）的诞生，更是在世界范围产生了里程碑式的影响，使得区域货币一体化从理论走向实践，逐步成为国际金融界的研究重点，并为国际货币体系进一步的改革提供有益的借鉴。

第一节　最优货币区理论

区域货币一体化在欧洲得到实践，最重要的理论依据是最优货币区（The Theory Optimum Currency Areas，OCA）理论。该理论中的“最优”主要体现在能够达到宏观经济政策最理想的效果，即物价稳定、充分就业和国际收支平衡。而所谓最优货币区，根据《新帕尔格雷夫经济学大辞典》的定义，是指一种最佳的地理区域，在这个区域内，一般的支付手段或是一种单一的共同货币，或是几种货币，这几种货币之间具有无限可兑换性，其汇率在进行交易时互相钉住，保持不变；但是区域内的国家与区域以外的国家之间的汇率保持浮动。这一概念首先是由美国经济学家罗伯特·蒙代尔（Robert. A. Mundell），在1961年发表的《最优货币区的一种理论》中提出，并对区域一体化做了最初的探讨。其后经麦金农（Mckinnon）、凯南（Kenen）、格鲁贝尔（Gruber）、科登（Corden）、石山（Ishiyama）、托尔和威利特（Tower & Willet）、滨田

(Hamada)、威尔伯格和威勒（Wilberg & Wieler)、诺伊曼和冯·哈根（Neumann & von Hagen)、德·格劳威和范哈弗贝克（De Grauwe & Vanhaverbeke)、贝尤米和肯格林(Bayoumi & Eichengreen）等学者的丰富，形成最优货币区理论。

最优货币区理论起源于对固定汇率安排和浮动汇率安排的争论，研究的问题主要是结合某种经济特征来判断一种汇率安排妥当与否，并以此说明在何种情况下实行固定汇率安排和货币同盟或货币一体化是最佳的。自 20 世纪 60 - 70 年代起，该理论开始围绕最优货币区建立的标准的讨论，这一时期的研究通常被称为传统最优货币区理论，其成果至今仍是学界用以判断一个区域是否为最优货币区的重要参考依据。

一、传统最优货币区理论

对于最佳货币区的评判标准，不同的学者有不同的观点，比较具有代表性的主要有蒙代尔的生产要素流通程度标准、麦金农的经济开放程度标准、凯南的产品多样化程度标准、明兹的政治因素标准、弗莱明的通货膨胀率相似程度标准以及因格拉姆的金融市场一体化程度标准。这些单一标准虽然遭到了一些学者的反对，但至少这些标准从多种角度对最优货币区的标准进行了探讨。概括来看，西方学者认为建立最优货币区的条件主要包括以下几个方面：

（一）生产要素的高度流动性

欧元之父的蒙代尔（1961）主张用生产要素的高度流动性作为确定最优货币区的标准。

他认为，需求转移是导致一国国际收支失衡的主要原因，比如 A、B 两个国家，需求由 B 国产品转向 A 国产品，则 B 国的失业会增加，A 国可能面对通胀压力。浮动汇率制下 B 国货币贬值将有助于减轻 B 国的失业，A 国货币升值则将有助于降低 A 国的通货膨胀压力。但如果 A、B 是同一个国家的两个区域，汇率变动无法同时解决 B 区的失业和 A 区的通胀。即浮动汇率只能解决两个不同通货区之间的需求转移问题，而不能解决同一通货区内不同地区之间的需求转移。因此，要在几个国家之间维持固定汇率并保持物价稳定和充分就业，就必须另有一个调节需求转移和国际收支的机制，这个机制只能是生产要素的高度流动。上例中，如果 B 区的失业工人能够自由流向 A 区并在那里实现就业，就能消除失业、降低通胀。

据此，蒙代尔认为浮动汇率制能有效解决两个不同通货区之间的需求转移问题，但却不能解决同一货币区内不同地区之间的需求转移问题，同一货币区内不同地区间的需求转移只能通过生产要素的流动来解决。这样，若要在几个国家之间维持固定汇率并保持物价稳定和充分就业，就必须要有一个调节需求转移的机制，而这个机制只能是生产要素的高度流动。

蒙代尔的要素流动性标准虽然为传统最优货币区理论作出了开创性贡献，但该标准还是存在一定的局限性，主要表现为蒙代尔忽略了生产要素自由流动的难度和效应。首先，劳动力自由流动的实现难度是相当大的，即便在一国之内都是如此，国家之间更可想而知。用劳动力流动作为国际收支的调节机制，当 B 国发生国际收支逆差时，要求劳动力从 B 国流动到 A 国，但因两国在气候、文化、语言、生活习惯和道德风俗等方面存在很大差异，实际上这种迁移很难完成。即便可以完成，由于迁移成本较高，迁移数量也不会太多，调节效应将存在较长时滞。而且，由于劳动力的跨国流动有很强的福利含义，所以它也是国际政治经济关系中很敏感的问题。所以在现实经济中，一般性劳动力的跨国流动受到种种国际利益关系的限制，通常是非常困难的。其次，国际资本的流动性取决于国际收支不均衡的性质、投资对经济活动的敏感程度及可允许的调节期限等一些因素，未必如我们所愿由 A 国流向 B 国，反而资本可能从 B 国流向 A 国，从而更加恶化 B 国的失业和 A 国的通货膨胀。最后，世界经济的不平衡性是客观存在的，生产要素的高度流动反而可能使货币同盟中的富国愈富，穷国愈穷。因为劳动力的外迁往往会造成流出国家的总需求减少，从而产生新的失业。

（二）经济的高开放度

美国经济学家罗纳德·麦金农（1963）从各国物价普遍具有稳定性的假设出发，提出用经济的“开放”程度作为划分最优货币区的标准。他将经济社会所生产的商品，分为“可贸易商品”（tradable goods）和“非贸易商品”（no tradable goods）两类，可贸易商品在社会总产品中所占的比重是判断一国的经济开放程度的合理指标。该比重越高，经济就越开放。经济开放程度高的国家对外实行浮动汇率时，如果对本国商品的国际需求下降，本国货币对外贬值，从而引起本国出口价格商品下降和进口商品价格上升。由于经济开放，国内民众的生活对进口的依赖性较大，因此，进口商品价格上升的结果是引发国内价格的全面波动，推动国内非贸易商品价格也随着上升。这时如果要限制非贸易商品价格的上升，本国实行紧缩政策，就将引起需求下降和失业增加。更重要的是，由于经济开放国家在货币贬值后，人们的“货币幻觉”程度大大降低，会相应的要求增加工资，从而引起生产成本的增加，通过贬值来增加就业的初衷难以实现。据此，麦金农得出结论：浮动汇率对开放经济体来说，是低效能的。一些相互贸易关系密切的地区之间，应组成一个共同的货币区，在区内实行固定汇率。同时他认为，如果用一国外贸部门的规模来衡量其开放度，则在各种进出口商品价格弹性既定条件下，一国开放度越大，其通过汇率变动改善贸易逆差的效果就越小，因为外贸部门越大意味着越缺乏国内替代，因此，在高开放度的国家也不宜采取浮动汇率制度。麦金农认为，一些贸易关系密切、经济开放度高的国家间，应实行固定汇率安排，组成共同货币区。

麦金农的理论在现实经济中有一定的合理性。但该理论也存在一定的局限性：首先，世界物价普遍稳定的前提缺乏理论依据。因为即使在 20 世纪 60 年代中期以前世界物价相对稳定的局面下，发达国家也可以通过固定汇率向外传通货膨胀和经济不稳定性，麦金农以此为前提进行的分析及得出的结论缺乏普遍的适用性。其次，该理论的分析重点偏重贸易账户，忽略了资本账户，即忽视了资本转移对一国汇率制度和国内经济的影响。最后，该理论只适用于经济高度开放的小国，如果这一小国的贸易伙伴为几个小国并形成货币同盟，或是较为依赖一个大国而货币盯住大国，那么麦金农标准是有益的。但是，如果贸易伙伴分散为几个大国且货币间相互浮动，则麦金农的开放度标准就失去意义。

（三）产品多样性的程度

美国经济学家彼得·凯南（1969）提出，应以产品多样性的程度作为衡量最优货币区的标准。他假设国际收支失衡的主要原因是宏观经济的需求波动，在单一品种商品的出口需求下降时，一个具有产品多样性的国家，国内就业不会受到太大影响；相反，产品多样性程度较低的国家，这种下降会直接影响国际收支，进而要求汇率变动来维持原有就业水平。因此，产品多样性程度高的国家适宜实行固定汇率制和组建货币区。凯南认为，产品多样化给一国经济提供了一种抵御各种风险的“隔离器”，并将它看作一个货币同盟参与国应该具备的特征。

凯南提出的多样化标准从微观层面上揭示了作用于不同部门的供求冲击会因贸易结构的多样化而相互抵消，但是如果冲击来自宏观层面上，且导致对所有产品的需求同时同方向减少，多样化的产品结构作为最优货币区标准的适用性就大打折扣了。同时，凯南的理论忽略了国际货币的主动性权利（迫使别国采取符合本国愿望的行为的能力）在汇率安排中的作用；忽视了资本移动对货币被动性权利（一国不受别国制约的能力）的影响，未考虑到国内经济比世界经济具有更大不稳定性的情况。

（四）国际金融高度一体化

詹姆斯·伊格拉姆（1973）提出用国际金融高度一体化作为最优货币区的一个标准。他认为，一个区域内各国国际收支的不平衡，与资本的流动有关，尤其同缺乏长期证券交易有关。如果国际金融市场存在着高度的一体化（尤其是资本市场），就不需要通过汇率变动去实现外部均衡，只要国际收支失衡导致利率发生小幅变动，便可以引起足够的均衡性（非投机性）资本流动，从而汇率的变动就可避免。另一方面，金融一体化也可以加大成员国居民相互持有金融产品，实现金融资产的跨国组合。当一国面临负面冲击时，虽然本国居民的收入水平会降低，但同时却可以通过在其他国家的资产收益得到补偿，这种财富累积效应会平滑各国居民的财富和收入水平，从而增强对不对称冲击的抗震力。那么，在国际金融高度一体化的区域内，保持固定汇率就是可能的。

国际金融高度一体化标准的局限性在于忽视了经常账户，只强调了资本的流动；而且资金融通未必是国际收支调节的有效机制，因为现实世界里，即便是货币同盟内，顺差国也不愿意无休止的向逆差国提供融资。

（五）政策一体化

爱德华·托尔和托马斯·威莱特（1970）爱德华·托尔和托马斯·威来特（1970）认为，一个具有不太完善的内部调节机制的货币区能否成功，关键在于成员国对通货膨胀和失业增长的看法以及对两个指标之间交替能力的认识是否具有合理的一致性，一个不能容忍失业的国家是难以同另一个不能容忍通胀的国家相处的。因此他们主张应以“政策一体化”作为最优货币区的标准。

该标准也存在不足，主要是现实世界中政策合作困难重重，而且即便建立起超国家、统一的央行和统一的财政制度，各国的国际收支失衡问题也未必能够得到解决，部分发达国家长期存在非常不发达的地区足以说明这一点。

（六）通货膨胀率的相似

1970－1971 年，哈伯勒和弗莱明提出用通胀率的相似性作为确定最优货币区的标准。他们认为，国际收支失衡的原因是各国发展结构不同，工会力量不同，货币政策不同，所引起通货膨胀的离散趋势，它除了造成经常账户和长期资本账户失衡外，还会引起短期资本的投机性移动。因而，通胀率的差异是国际收支失衡和汇率波动的主要原因。如果区域内各国通胀率趋于一致，就可以避免汇率的波动。该标准的主要缺陷在于通货膨胀未必是国际收支失衡最经常、最主要的原因，而国际收支逆差往往是由国际货币发行权的滥用、各国经济结构差异、劳动生产率差异、利率差异、通胀率差异等因素共同作用的结果，仅以通胀率作为最优通货区的标准是缺乏依据的。

综上所述，所谓最优货币区的标准问题其实就是组成货币联盟或实行固定汇率制的条件或要求。在传统最优货币区理论看来，汇率变动无效，即使有效也没有必要（因为有生产要素的高度流动或产品多样化及通胀率相似标准），因而主张实行共同货币。对于这些观点，后来的经济学家们无论同意与否，都给予了很高的评价，如著名的经济学家保罗·格鲁夫（De Grauwe，1990）认为，传统最优货币区的研究方法作为第一步仍然是非常有用的，而且可能是更为基础的一步。它引发了人们对固定汇率制与浮动汇率制更为深入地思考，使人们更清醒地认识到，二者都是存在于市场摩擦条件下的次优选择，证明了市场一体化的措施（如金融资产、生产要素及商品市场的一体化）作为价格——工资弹性的不完全替代，只是在调节对外失衡方面要比浮动汇率更有效。不仅如此，传统最优货币区理论对货币联盟的形成条件做了有益的探索，对灵活汇率不能很好调节国际收支的问题提出了深刻的见解，并为后来从成本－收益角度对货币联盟进行研究准备了充分条件。

二、现代最优货币区理论

20 世纪 70 年代以后，当传统最优货币区的单一指标分析法表现得越来越脱离各国汇率政策和货币改革的实际时，最优货币区理论也随之走入了低谷。20 世纪 80 年代末开始，随着欧洲经济一体化进程的不断加快，最优货币区理论也开始重现活力。与传统最优货币区理论相区别，学术界把这一阶段的研究成果称为现代最优货币区理论。现代最优货币区理论主要包括：侧重于对一国加入最优货币区成本和收益进行的分析和适应宏观经济学的发展，从理性预期、菲利普斯曲线变化等方面对最优货币区可能带来的福利和损失进行重新评价。

（一）克鲁格曼的单一货币区成本收益分析

一国加入货币区既有成本又有收益，一国在作出决策时，需要考虑的因素内容因国家的不同、因素的不同、时期的不同而不同，因而要制订一个完全统一的标准是很困难的。克鲁格曼构造一个图形来说明其选择。前提假设是：（1）货币区规模越大，区内价格水平的稳定性与可测性就越高；（2）货币区内固定汇率的承诺有保证；（3）货币区内各国市场联系越紧密，加入货币区的收益越高。首先用 GG 曲线来表示该国加入货币区的收益大小取决于该国与通货区的经济一体化程度。加入通货区的货币效率收益等于加入者所避免的汇率浮动所带来的不确定性、复杂性和结算与贸易成本的损失。一体化程度可以用该国与货币区成员国之间的贸易量以及要素自由流动程度来表示。通常，两者之间的贸易量越大，生产要素的自由流动程度就越高。如图 18－1 所示，横轴代表参加国与固定汇率区的经济一体化程度，纵轴代表参加国的货币效率收益。GG 曲线斜率为正，表明该国与这一地区的经济一体化程度越高，获得的货币效率收益就越大，两者是正相关的关系。

其次，用 LL 曲线来表示一国加入实行固定汇率制的通货区所产生的经济稳定性损失与参加国和该区经济一体化程度之间的关系。这种损失或成本主要是加入通货区必须放弃运用汇率和货币政策来保持国内产出和就业稳定的自主权。

如图 18 - 2 所示，横轴代表参加国与固定汇率区的经济一体化程度，纵轴代表参加国的经济稳定性损失。LL 曲线的斜率为负，表明随着经济一体化程度的加深，加入固定汇率区遭到的经济稳定性损失就越小，两者呈负相关的关系。因为经济一体化程度越高，要素和商品流动越顺畅，在该国发生衰退时，借助通货区要素的自由流动以及贸易的带动，失业等问题的解决会快一些。

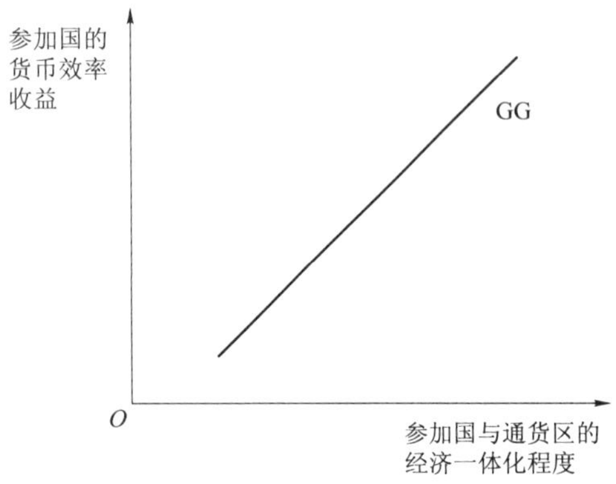

图 18 - 1　GG 曲线

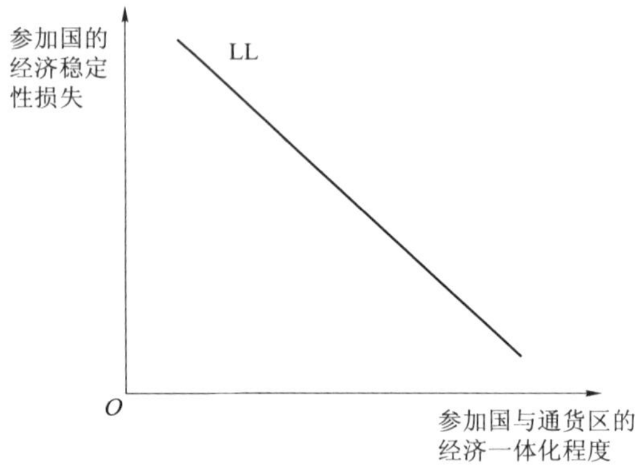

图 18 - 2　LL 曲线

随后，将 GG 曲线和 LL 曲线结合起来，说明一国如何决定加入通货区的。如图 18 - 3所示，曲线 GG 与曲线 LL 的交点对应的横轴坐标是 θ_1。当参加国与通货区的经济一体化程度高于 θ_1 时，参加国得到的货币效率收益大于经济稳定性损失，该国应参加通货区。反之，当参加国与通货区的经济一体化程度低于 θ_1 时，加入通货区的产出和就业损失要比所获得的货币效率收益大，则不应参加通货区。θ_1 是一国是否参加固定汇率区与固定汇率区的经济一体化程度的临界点。

图 18 - 3 表明一国经济环境的变化会影响其加入通货区的选择。比如，一国由于某种原因使 LL 曲线右移到 LL′曲线的位置，则 θ_1 移到 θ_2 的位置，即在同一经济一体化水平上，曲线 LL′上的产出与就业不稳定性损失就大于 LL 曲线。该国若加入固定汇率区就必须让其与固定汇率区的经济一体化程度高于 θ_2 才可行。

GG - LL 模型说明：如果各国之间的贸易和生产要素流动性很大，那么实行固定汇率制度对各成员国都有益处。该模型是分析最优货币区的有力工具，但是它仍存在一定的局限性。因为这一模型未能包含影响最优货币区的所有因素，忽略了经济结构的相似性、财政政策的一致性等因素；同时它只考虑了加入通货区的成本与收益，未能比较加入通货区的净收益与独立发行货币的净收益的大小，而后者才是一国决定加入通货区、进行货币制度变迁的主要动力。

（二）成本转换相关理论

随着人们对 OCA 成本和收益认识的深入，对其分析也开始转向更现实的方面，产生了较具代表性的“网络外形与转换成本”理论和俱乐部理论。

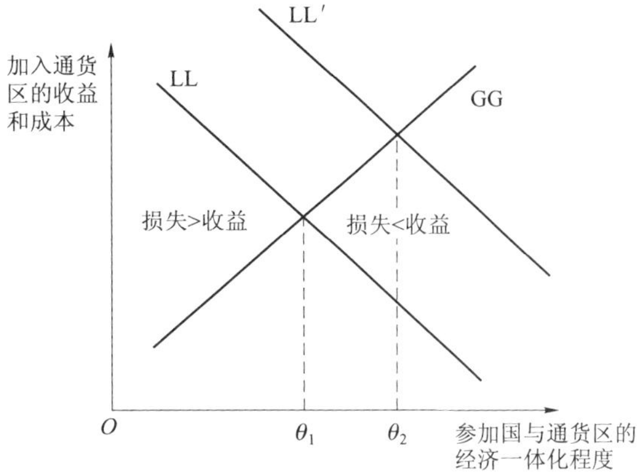

图 18－3　是否加入通货区的决策

“网络外形与转换成本”理论认为，货币为其使用者提供了一个“网络外形”，货币的具体价值与网络内用户的数量正相关。但是，由于历史环境和不确定因素的影响，特别是向新货币过渡的较高昂的“转换成本”，使人们在新货币的使用上普遍存在“惰性”，因此，由自主发行货币到加入货币联盟是一次货币制度的重大变迁，其动力来自于成本和收益的对比以及对政治因素的考虑。成本收益对比分析包括两方面：一是自主发行货币的成本与收益。二是加入通货区后的成本与收益。虽然从计量上难以具体计算，但是各国可以通过对这些成本与收益的对比分析，作出本国的判断，决定是否加入货币联盟。如果以 W 表示各国加入货币区的意愿程度，R_1 表示自主发行货币的净收益，R_2 表示加入货币区的净收益，只要 $R_2 \geqslant R_1$，则 $W \geqslant 0$，从理论上看本国加入货币区就是可行的。W 的大小与符合货币区标准的程度正相关，符合标准程度越高，W 越大，即加入通货区的意愿越强。另外，还要根据大小国的情况分别考虑。大国要考虑对货币联盟的控制权，小国则更多地考虑货币的稳定与调整成本；此外各国决定实行这一货币制度变迁时，政治因素也起着重要作用，特别是在加入通货区与自主发行货币的具体成本和收益相近时，政治因素起决定作用。

最优货币区的俱乐部理论是由克里曼科（Mikhail Klimenko，1998）首先提出来的。他认为，加入最优货币区的成本和收益具有不可测量性。最优货币区的形成具有公共物品性质，其收益会随区域协调政策困难的显现、成员国的增加、区域货币安排协调机制效率的复杂化而递减，这是事先无法观察到的，这导致最优货币区的成本和收益具有高度的不确定性，类似于俱乐部的创立和崩溃。根据这一理论，最优货币区俱乐部成员的门票是随着入门的先后顺序而递减的，统一货币的创始国将为统一货币的诞生付出巨大代价，同时也将成为区域内的“俱乐部设施”—— 统一货币的最大受益者，享受到货币有用性上升所带来的巨大收益；后来加入俱乐部的成员国为此所付出的成本较创始国要小得多，同时他们从统一货币所获得的收益也因货币区成员国数量的不断增多而减少。此外，统一货币自身的稳定也将因货币区的拓展而带来一系列的问题包括成员国经济发展差异的拉大、政策协调能力的递减、后续成员的趋劣性等而面临更大的压力，最终俱乐部共同设施（统一货币带来的便利）将随着成员国的不断扩展而耗竭。

三、最优货币区理论的新进展

20 世纪 90 年代后，理论界对货币区问题的探讨开始打破单纯由政府进行主观设计的惯例，转向更加重视市场的作用，从而使最优货币区理论的研究有了一个更加开阔的视野。

（一）自由放任思潮

与传统最优货币区理论在货币安排问题上过于强调国家干预主义的思维不同，20 世纪 90 年代，以科恩（B. Cohen，1997）为代表的一批经济学家更加注重私人部门的自由选择权和自由放任思潮。他们认为，传统最优货币区理论假定政府可以准确计算出一国参与共同货币区所产生的成本和收益，从而可以选择最适合自己的汇率制度，并且假定各国货币是截然分开的，由各国政府自行决定。如此一来，似乎整个世界的货币选择只有两种：要么采取完全浮动的汇率制度，要么加入到最优货币区安排中去。这种情况反映出 20 世纪 90 年代以前最优货币区理论的分析，是以政府设计为中心的，完全忽视了市场机制和私人部门对最优货币区的自发选择权。

J. Masson 和 P. Mauro（1999）将科恩的研究进一步深化，他们指出在最优货币区安排中，应重视一个普遍存在的现象——“跨界货币使用”。所谓跨界货币使用，包括货币国际化和货币替代两个方面。货币国际化是指国别货币被当作国际货币来使用，即直接充当价值储藏手段、官方储备以及货币当局进行干预的工具。货币替代是指一国居民在本国范围内大范围的使用某种外国货币作为价值储藏以及支付手段。通过这种全球范围的竞争，一些国家的货币将最终被淘汰，而另一些国家的货币则将合并形成新的货币区，即最终私人部门的自发选择也将通过反格雷欣法则而导致由市场运行决定的最优货币区出现，这是一种无须法律制度化的仅仅由货币的主导范围而不是领土边界界定的最优货币区。

（二）最优货币区理论的模型化和实证分析

随着国际区域货币一体化的迅猛发展，最优货币区的理论研究也开始朝模型化和实证分析两个方面演进。巴尤米（1992）、里斯（1997）、贝恩和多克奎尔（Beine & Docquier，1998）

运用一般均衡模型对早期 OCA 思想进行了分析，模型的基本特征是遵循蒙代尔的物价、工资刚性假定来分析面临对称性冲击时不同经济体在浮动汇率和固定汇率两种情况下的调节作用。除了建立理论模型外，越来越多的学者开始利用动态方法对货币区成员国经济之间的互动性和相关性进行评估和实证研究，其中布兰查德和夸恩（Olivier Jean Blanchard & D. Qrah，1989）首创用自向量回归方法来研究总需求和总供给扰动的动态效应，测定冲击和商业周期的不对称性。后来，众多经济学家都运用此方法来研究估测成员国经济之间的冲击相关性，以此来考虑是否应构建货币区或加入货币区。他们的结论侧重于同时发生的冲击相关性，把动态因素包括了进去，有利于对其进行更深入地分析。

（三）最优货币区指数（Optimal Currency Area Index，OCAI）理论

OCAI 是巴尤米和艾臣格林于 1997 年首先提出的，用于判断某个国家是否符合加入货币联盟的条件。其理论依据是："凡影响一个国家作出是否加入货币区决策的变量，一定会影响其双边汇率（无论名义还是实际），即影响汇率变动和政府对汇率制度选择的经济因素相同。"① 因此，识别出影响双边汇率波动的因素，就能间接识别影响各国对汇率稳定性的潜在偏好因素及权重。在实际运用中，该理论主要是利用汇率波动高低来衡量成员国间组成货币区的综合成本，方法是首先建立解释双边汇率波动的回归方程，按照最优货币区理论和汇率决定理论设定解释变量，通过回归明确哪些解释变量有效，然后根据回归模型，输入解释变量数值（或趋势值），得到一个双边汇率波动的预测值，该值被称为 OCAI。最后，根据 OCAI 的大小来判断哪些国家适合组成货币区，或顺序排列出适合同特定国家组成货币区的国家，计算出的 OCAI 越小，表明国家间的经济差距越小，相对说来也就越适宜组成货币区。总的来说，OCAI 克服了传统理论的单一分析标准在实证检验面前所遇到的"没有一个国家可能拥有成为货币联盟理想成员国应具备的所有特征，而且众多指标并不能正式地相互权衡"的困难，"增强了对 OCA 标准检验的可操作性"。

综上所述，关于最优货币区标准的讨论以及决定是否加入通货区的成本收益分析，都是围绕更好地解决一国内部平衡与外部平衡的关系展开的，都在努力减少两者之间的矛盾。随着世界经济实践的发展，20 世纪 90 年代以来最优货币区理论也在不断充实、发展、完善，逐渐把宏观经济学的新观点和计量方法引入最优货币区的分析，使最优货币区的理论体系更加完整、完善。

第二节　欧洲货币体系

作为最优货币理论较为成功的实践结果，欧洲货币体系逐步向单一货币演进，这是国际货币安排有益的尝试。通过观察分析欧洲货币体系的演进过程以及产生的利弊，能够为未来国际货币制度的改革和发展提供丰富的借鉴和启示。

欧洲货币体系的演进过程，是欧洲货币一体化由松散的、低层次货币合作向紧密的、有序的、高层次逐步推进的过程。按照货币一体化的发育程度，欧洲货币体系的演进大致经历了三个时间阶段：

一、欧洲货币体系的建立

（一）欧洲货币体系的形成

欧洲货币体系（European Monetary System，EMS）的建立始于 1979 年，它的起源和雏形则是 20 世纪 70 年代开始的欧洲经济和货币同盟。

20 世纪 60 年代初，欧洲共同体的决策机构建议成员国货币之间实行固定汇率制，但是在实践中，欧洲货币一体化只是形式上的开始，并没有取得实质性进展。到了 60 年代末，欧共体已经建立了关税同盟，共同农业政策也取得重大成效。但是，美元危机

① Bayoumi T, B Eichengreen. Exchange Rate Volatility and Intervention: Implications of the Theory of Optimum Currency Areas [J]. Journal ofInternational Economics, 1998, 45 (12): 191 - 209.

严重地冲击着欧共体经济，汇率动荡、货币投机极大地影响了欧共体的进一步发展。为了应对美元危机带来的负面影响，1969 年 3 月欧共体决定正式实施经济货币同盟计划（EMU），首次提出了建立欧洲货币联盟的概念。随后由卢森堡首相兼财政大臣魏尔纳（Werner）为首的一个委员会开始审议这项工作，并提交了“魏尔纳报告”。该报告提出用 10 年时间分三阶段实现从稳定汇率到统一货币的过程，具体包括：逐步收窄汇率浮动区间，直至相互固定汇率并最终实行单一货币；建立欧洲合作基金并将其逐步发展成超国籍的中央银行；各国将货币主权最终移交给一个经济决策中心，统筹财政及经济决策。《魏尔纳报告》首次以官方文件的形式提出在欧洲实现单一货币和建立共同的中央银行，也因此被历史赋予了极高的评价。然而，受当时欧洲经济一体化的深度所限以及由第一次石油危机所引发的货币危机的影响，《维纳尔报告》的观点显得过于超前，这决定了它不可能被整体实施。

1971 年 2 月 9 日，共同体六国部长会议通过一项从 1971 年至 1980 年的 10 年过渡时期内建立货币同盟的协议，分三个阶段实现联盟的目标：第一阶段从 1971 年初至 1973 年底，主要目标是缩小成员国货币汇率的波动幅度，着手建立货币储备基金，以支持稳定汇率的活动，加强货币与经济政策的协调，减少成员国经济结构的差异；第二阶段从 1974 年初至 1976 年底，主要目标是集中成员国的部分外汇储备以巩固货币储备基金，进一步稳定各国货币间的汇率，并使共同体内部的资本流动逐步自由化；第三阶段从 1977 年初至 1980 年底，共同体将成为一个商品、资本、劳动力自由流动的经济统一体，固定汇率制向统一的货币发展，货币储备基金向统一的中央银行发展。1973 年 3 月，“蛇形浮动”开始，4 月建立“欧洲货币合作基金”，6 月建立和使用“欧洲计算单位”，但是 1974 年法国离开联合浮动机制，经济货币联盟实质已停顿。经济危机是欧共体成员国无法保持货币政策的协调。直到 1977 年 10 月，欧共体执委会主席罗伊·詹金斯又提出复兴欧洲经济和货币联盟的建议，货币联盟计划才得以重回发展轨道。在他的宣传和推动下，联邦德国总理施密特和法国总统德斯坦达成一致。1978 年，在欧共体首脑会议上各国达成协议，决定 1979 年 1 月 1 日起成立欧洲货币体系，后因联邦德国同法国在农产品贸易补偿额制度上发生争执，延迟到 1979 年 3 月 13 日才正式成立，其目的是制止汇率的剧烈波动，促进共同体国家经济的发展。最初参加的有法国、联邦德国、意大利、荷兰、比利时、卢森堡、爱尔兰和丹麦 8 个国家，虽然英国暂不加入，但英格兰银行却按规定的比例认缴黄金和美元储备，参加了欧洲货币基金，希腊则于到 1985 年参加。随后 1989 年 6 月，西班牙宣布加入欧洲货币体系，1990 年 10 月，英国也宣布加入，使欧洲货币体系的成员国扩大到 11 个。

（二）欧洲货币体系形成的原因

欧洲货币体系的形成，主要是由于四方面的原因：

（1）共同体各国经济一体化发展的要求。一方面，生产国际化促进了共同体各国经济的相互依赖关系。例如 1979 年共同体内部贸易占其出口贸易额的 53.7%，总额达 3 080 亿美元。在这种情况下，汇率的不稳定，将直接损害共同体各国之间的经济关系；另一方面，为了巩固关税同盟和共同体农业政策所取得的成果，保证各国能有效地协调经济政策，从而进一步推动欧洲经济一体化的发展，也需要各国在货币金融领域进行紧密合作。

（2）西方国家国际收支出现严重不平衡的情况。20世纪70年代以来，由于世界性通货膨胀持续发展，石油价格一再上涨，西方国家的国际收支严重失调。在共同体内部，除联邦德国外，其他成员国经济一体化的进程受到阻挠。

（3）金融形势变化的困扰。1977年，美元危机再度爆发，冲击着各国货币汇率的稳定，因而共同体各国需要建立区域性货币集团，抵御美元波动的影响，并加强在国际金融方面同美国分庭抗礼的地位。

（4）共同体内部相对有利的经济条件。西欧主要工业国家之间一直存在着紧密的联系，各国的经济发展比较接近，政策要求趋向一致，从而推动了在货币金融领域的协调与结合。

（三）欧洲货币体系的主要内容

欧洲货币体系主要有三个组成部分：欧洲货币单位（European Currency Unit，ECU）；欧洲货币合作基金（European Monetary Cooperation Fund，EMCF）；稳定汇率机制（Exchange Rate Mechanism，ERM）。

1. 欧洲货币单位

欧洲货币单位是“篮子货币”，类似于特别提款权，其价值是欧共体成员国货币的加权平均值，每种货币的权数根据该国在欧共体内部贸易中所占的比重和该国国民生产总值的规模确定。以这种方式计算出来的欧洲货币单位具有价值稳定的特点。该计算方法也决定了在ECU的组成货币中，德国马克、法国法郎和英镑是最为重要的三种货币，其中又以德国马克所占的比重最大，马克汇率的上升或下降，对欧洲货币单位的升降往往具有决定性的影响。例如，1979年ECU中各国的货币权数见表18－1，根据规定，ECU中的成员国货币权数每5年调整一次，但若其中任何一种货币比重的变化超过25%时，则可随时对权数进行调整。

表18－1　欧洲货币单位中各国货币的货币系数（1979年）

国家货币	德国马克	法国法郎	英国英镑	荷兰盾	意大利里拉	比利时法郎	爱尔兰镑	丹麦克朗	卢森堡法郎
权数	33.0%	19.8%	13.3%	10.5%	9.5%	9.2%	1.2%	3.1%	0.4%

欧洲货币单位的作用主要有三种：（1）作为欧洲稳定汇率机制的标准。成员国在确定货币汇率时，以欧洲货币单位为依据，其货币与欧洲货币单位保持固定比价，然后，再由此中心汇率套算出同其他成员国货币的比价；（2）作为决定成员国货币汇率偏离中心汇率的参考指标；（3）作为成员国官方之间的清算手段、信贷手段以及外汇市场的干预手段。ECU作为一种综合性的国际货币单位，其用途较为广泛。例如，1981年4月欧洲议会开设了ECU面值的债券。有些国家还开办了ECU面值的旅行支票、人寿保单，ECU的期权、期货交易等等。但是，ECU毕竟不是一种实体货币，只是一种记账单位，主要还是由官方使用，用于编制共同体的统一预算，规定农产品的统一价格，计算对发展中国家的援助等。

2. 欧洲货币合作基金

为了保证欧洲货币体系的正常运转，欧共体还于1979年4月设立了欧洲货币合作基金，集中起成员国各20%的黄金储备和20%外汇储备，作为发行欧洲货币单位的准备。由于各国储备数量以及美元和黄金价格处于变动之中，该基金每隔一段时间便要重新确定其金额。欧洲货币合作基金的主要作用是向成员国提供相应的贷款，以帮助它们进行国际收支调节和外汇市场干预，保证欧洲汇率机制的稳定。欧洲货币合作基金给成员国提供的贷款种类因期限而有所不同：极短期贷款，期限最短的45天以下（含45天），由基金作出安排，只向稳定汇率机制参加国提供，没有贷款限额；短期贷款，通常为9个月以下，用于帮助成员国克服短期国际收支困难，贷款总额度为140亿ECU；中期财政贷款，期限为2~5年，用于帮助成员国解决结构性国际收支问题，接受贷款的国际要遵循基金所提出的关于改进经济和货币政策的一些条件，总额度110亿ECU。

3. 稳定汇率机制——具有双重预警机制的汇率安排

欧洲货币体系规定，成员国之间实行固定但可调整的汇率，对外部货币实行联合浮动的汇率，从而形成一种固定汇率与浮动汇率相结合的汇率体系。这种汇率安排，通过两种机制来稳定成员国间的货币汇价：

（1）平价网体系（parity grid）。参加国都规定本国货币同欧洲货币单位的中心汇率，并在双边的基础上，确定各参加国相互间货币的中心汇率，各国货币只允许在中心汇率上下各2.25%的幅度内波动，意大利里拉较弱，波动幅度可扩大到中心汇率上下各6%。在这一机制中，各国货币对ECU的汇率被称为中心汇率，由中心汇率求得的各成员国之间的货币汇率被称为双边中心汇率。对于这种汇率，每个成员国都有义务加以保证和维持。这些双边中心汇率如果列出表来，就形成类似格子或网状的结构，故被称为“平价网体系”。所谓平价就是指稳定的汇价关系，不得随意改变。

（2）货币篮子体系（Currency Basket）。确定成员国货币对欧洲货币单位的中心汇率，再计算每种货币对这一中心汇率所允许的最大偏离幅度。各成员国货币汇率的波动一旦超出最大偏离幅度，干预就必须实施。这个“偏离界限”（Divergency Threshold）是：

$$0.75\times(\pm 2.25\%\text{ 或 }6\%)\times(1-\text{该国货币在 }ECU\text{ 中的权重})$$

在这一货币篮子中，所占权数越大，其被允许波幅就越小。“偏离界定”实际上是一条干预警戒线，当汇率达到波动幅度规定的界限时，成员国必须进行干预，因此它提供了官方在外汇市场上进行干预的指标，所以叫做“同欧洲货币单位相联系的偏离指示器”（ECU Related Divergence Indicator），它发挥“早期报警器”的作用。

因而，最大允许波幅和偏离临界值的双重限制，形成了欧洲货币体系具有双重预警机制的汇率安排。当一种货币超越“偏离临界点”时，有关国家政府应采取纠正措施。有三套干预办法，一是通过各中央银行间的相互贷款以干预外汇市场，即抛出强币以减轻对强币的压力，吸收弱币以加强对弱币的支持；二是在国内实行适当的货币政策和财政政策，如弱币国家提高利率，紧缩银根，而强币国家则降低利率，放宽信贷；三是改变中心汇率作为最后的一着，即在干预难以奏效的情况下，各国就必须重新确定中心汇率，以免整个体系崩溃。截至1987年，中心汇率已经调整过11次，1987－1992年没有进行过调整。

（四）欧洲货币体系的成就

总的来说，20 世纪 80 年代 EMS 运行良好，不仅有效保证了各国汇率的稳定，而且由于各成员国引进了德国中央银行的信誉作屏障，大大减轻了国内通货膨胀的压力，也促进了成员国间的经济趋同。具体来说，欧洲货币体系主要发挥了如下作用：

1. EMS 稳定了欧共体成员国之间的汇率，促进了区内经贸的发展

EMS 的建立大大降低了各国货币之间的波动率，增强了成员国抵御国际货币冲击的能力。据资料显示，就在 EMS 建立的第一年，各成员国货币对 ECU 的年平均波动率由之前（1973－1978 年）的 5.2% 下降为 1.9%。汇率的稳定减少了外汇风险，有利于成员国之间贸易和投资的扩大。据统计，从 1978 年到 1990 年，欧共体成员国内部的相互出口占欧共体国内生产总值的比重，由 11.8% 上升至 14.4%，汇率稳定所起的作用功不可没。

2. EMS 加强了欧共体成员国之间经济发展的同步性和政策的协调性

保持汇率的基本稳定，仅仅依靠汇率的干预机制是不够的，必须要成员国之间在短期和中期经济政策的协调，这样才有利于欧共体的整体利益，实现共同发展。据资料显示，在 1979～1987 年间，欧共体成员国的主要经济指标大部分都互相接近，国内生产总值年增长率差异由 1979 年的 15.2 个百分点，下降为 1987 年的 8.7 个百分点；消费物价增长率差距由 11.2% 下降为 5.2%，等等。这些指标趋同的变化说明欧洲货币体系中汇率的稳定与经济指标的趋同，是互为因果、相辅相成的。

3. EMS 为欧洲货币一体化的进一步推进奠定了基础

由于欧洲货币单位的汇率稳定，风险较小，利率较低，其使用范围不断扩大。欧共体公共服务事业的结算业务，逐步摆脱美元，改用 ECU；欧共体与其他欧洲国家跨国公司之间的成本核算、业务往来也越来越多的使用 ECU；贸易交往中也越来越多的以 ECU 为计价单位。1986 年德斯坦（法国前总统）和施密特（前联邦德国总理）在联合声明中指出，“欧洲货币单位的进展将为 1992 年建立欧洲共同体统一的国际市场奠定稳定的基础，并将有助于实现欧洲的政治统一。”

综上所述，EMS 在 20 世纪 80 年代发挥了重要作用。但是 90 年代以来欧洲货币体系的第二阶段并不顺利，特别是 1990 年东西德统一后发生了很大改变。东西德统一后，德国与欧共体其他成员国间的经济差距进一步扩大，经济周期的不同步性也日趋明显，在这种情况下，其他成员国依旧以德国货币政策马首是瞻的调控行为就蕴藏了很大的货币风险。1992 年，国际上发起了针对 EMS 的一系列投机行为，英国、意大利一度退出汇率机制，欧盟甚至不得不把汇率机制参加国之间双边汇率波幅的限制扩大到 ±15%，这实际上等于取消了汇率机制。

专栏18-1

1992 年欧洲货币危机

欧洲货币单位先天就孕育着一定的矛盾。欧共体成员国的实力不是固定不变的，一旦变化到一定程度，就要求对各成员国货币的权数进行调整。虽规定每隔五年权数变动

一次，但若未能及时发现实力的变化或者发现了未能及时调整，依靠市场自发地进行调整就会使欧洲货币体系爆发危机。

1992年9月中旬，欧洲货币市场上发生了一场二战后最严重的货币危机，其根本原因就是德国实力的增强打破了欧共体内部力量的均衡。当时德国经济实力因东西德统一而大大增强，尽管德国马克在欧洲货币单位的绝对份额不变，但由于马克对美元汇率升高，马克在欧洲货币单位中的相对份额不断提高。而英国和意大利经济则一直不景气，增长缓慢，失业增加，他们需要实行低利率政策，以降低企业借款成本，让企业增加投资，扩大就业，增加产量，并刺激居民消费以振作经济。但德国在东西德统一后，财政上出现了巨额赤字，政府担心由此引发通货膨胀，导致习惯于低通膨胀的德国人产生不满，爆发政治和社会问题。因此，通货膨胀率仅为3.5%的德国非但拒绝七国首脑会议要求其降息的要求，反而在1992年7月把贴现率升为8.75%。这样一来，过高的德国利息率引起了外汇市场出现抛售英镑、里拉而抢购马克的风潮，致使里拉和英镑汇率大跌。

对德国利率的提高首先作出反应的是北欧的芬兰。芬兰马克与德国马克自动挂钩，德国提高利率后，芬兰人纷纷把芬兰马克换成德国马克，到9月芬兰马克对德国马克的汇率持续下跌。芬兰央行为维持比价不得不抛售德国马克购买芬兰马克，但芬兰马克仍下泻不停，芬兰央行的德国马克有限，在9月8日芬兰政府突然宣布芬兰马克德国马克脱钩，自由浮动。芬兰马克与德国马克的脱钩成为这场货币危机的导火索。

英法政府深感问题的严重，建议德国降低利率，但德国认为芬兰马克脱钩微不足道，拒绝了英法的建议。德国央行行长施莱辛格在9月11日公开宣布，德国绝不会降低利率。货币市场的投机者获得这个消息后就把投机的目标肆无忌惮地转向不断坚挺的德国马克。9月12日，欧洲货币体系内一直是软货币的意大利里拉告急，汇率一路下挫，跌到了欧洲货币体系汇率机制中里拉对马克汇率的最大下限。在这种情况下，虽然意政府曾在7日和9日先后2次提高银行贴现率，从12%提高到15%，同时还向外汇市场抛售马克和法郎，但也未能使局势缓和。9月13日意政府不得不宣布里拉贬值，将其比价下调3.5%。

到了此时，德国政府才出于维持欧洲货币体系的运行而作出细微的让步，于9月14日正式宣布贴现率降低半个百分点，由8.75%降到8.25%，这是德国五年来的第一次降息。德国的这一举动受到美英法的高赞赏，但为时过晚，一场更大的风暴在伦敦外汇市场上刮起。就在德国宣布降息的第二天，英镑汇率一路下跌，英镑与马克的比价冲破了三道防线达到1英镑等于2.78马克。英镑的狂跌使英国政府乱了阵脚，于16日清晨宣布提高银行利率2个百分点，几小时后又宣布提高3个百分点，把利率由10%提高到15%。一天2次提高利率在英国近代史上是绝无仅有的。英国作出这种反常之举的目的是要吸引国外短期资本流入，增加对英镑的需求以稳定英镑的汇率。但是，市场的变化是微妙的，一旦信心动摇，大势已成，汇率变动趋势就难以遏制了。

从1992年9月15日到16日，各国央行注入上百亿英镑的资金支持英镑，但也无济于事。16日英镑与马克的比价又由前一天的1英镑等于2.78马克跌至1英镑等于2.64马克，英镑与美元的比价也跌到1英镑等于1.738美元的最低水平。在一切机关用尽之后，9月16日晚上，英国财政大臣拉蒙特宣布英国退出欧洲货币体系并降低利息率3个百分点，17日上午又把利率降低2个百分点，恢复到原来10%的水平。

意大利里拉在13日贬值之后，仅隔了3天又一次在外汇市场上处于危机，马克对里拉的比价再次超过了重新调整后的汇率下浮的界限，意政府为了挽救里拉下跌花了价值为40万亿里拉的外汇储备终未奏效，只好宣布里拉退出欧洲货币体系，让其自由浮动。

欧共体财政官员召开了长达六小时的紧急会议后宣布同意英意两国暂时脱离欧洲货币体系，西班牙比赛塔贬值5%。从1987年1月到1992年9月，五年多时间内欧洲货币体系的汇率只进行过一次调整，而在1992年9月13日至16日，三天之内就进行了二次调整，可见这次欧洲货币危机的严重性。

二、欧洲货币体系的发展

（一）欧洲货币联盟的初步形成

20世纪80年代中后期，全球经济一体化的浪潮下，欧洲货币一体化进程明显加快。1988年，欧共体委员会确定了分阶段实现经济与货币联盟的目标。次年6月，由委员会主席德洛尔提交的《欧共体经济与货币联盟》的报告（也称“德洛尔报告”）获得通过。该报告提出从1990年7月1日起分三阶段实施欧洲货币联盟，第一阶段重在消除残存的各国间关于货币交换、资本转移的限制，促使各国在经济和预算政策方面更紧密的合作，加强各国中央银行的紧密合作，在经济方面实现统一大市场，在货币方面实现金融活动自由化和货币政策一体化；第二阶段重在推进共同货币发行筹备工作，建立中期经济目标计划；第三阶段由统一的中央银行发行统一的货币。并明确提出要创建“高一级的货币决策中心”，并要求各成员国逐步让渡货币主权。此外，“德洛尔报告”还将财政趋同作为一个重点内容并对各国的财政指标作出了具体规定。该报告虽然没有明确提出在货币联盟内部必须有单一的货币，但把单一货币看作“货币联盟的一个自然和理想的进一步发展”，并提出建立一个欧洲中央银行体系（European System of Central banks，简称ESCB）的设想。

由于成员国对“德洛尔报告”的反应各不相同，为实现欧洲经济和货币联盟，推进欧洲统一，欧共体的首脑们又于1991年12月齐聚荷兰小镇马斯特里赫特，正式签署了欧洲经货联盟与政治联盟条约草案——《马斯特里赫特条约》（以下简称“马约”），并于1993年11月正式生效。该条约由《政治联盟条约》和《经济与货币联盟条约》组成，对《德洛尔报告》中有关建立欧洲货币联盟的具体实施步骤进行了修改，并为加入欧洲货币联盟的国家制定出可操作的标准，对于欧洲货币联盟的发展是具有里程碑意义的重要步骤。自此，欧共体被称为“欧洲联盟”（EU，以下简称欧盟），欧洲货币体系向欧洲货币联盟迈进。

（二）《马约》的主要内容

1.《马约》对货币联盟进程的安排

《马约》对欧洲联盟做了前所未有的详尽规定，还将“德洛尔报告”所确定的工作任务进一步具体化为：

第一阶段：1990 年 7 月至 1993 年底，奠定初步基础。主要任务是减少现存的差异、完成内部统一大市场，加强成员国的货币政策和汇率政策协调，实现成员国间资本的自由流动，并实施多边年度加盟计划，以达到低通货膨胀、低财政赤字、金融稳健、汇率稳定等《马约》规定的目标，尽可能减少中心汇率的调整，争取使所有成员国参加欧洲汇率机制。

第二阶段：1994 年 1 月至 1998 年底，建立健全组织结构。主要任务是进一步协调各国货币政策，建立欧洲货币局，并适应性的发挥管理共同货币政策的功能，完成各成员国货币政策合作到共同货币政策实施的转换，为欧洲中央银行的建立及欧元的最终实施做准备。

第三阶段：自 1999 年 1 月 1 日开始，进入欧元过渡期。进入这一阶段，完全一体化的统一市场实现，欧洲中央银行充分发挥其功能，独立的制定货币政策，决定对外部货币汇率的干预，管理官方储备，为共同的货币交易准备技术、制定规则。主要任务是各成员国把经济货币决策权移交给欧洲联盟，建立欧洲中央银行，正式实行单一货币政策。各国原有货币将作为欧元的辅助货币流通一段时间，2002 年 7 月 1 日，各国原有货币退出流通领域，欧元成为欧洲货币联盟内的唯一法定货币。

2. 《马约》对进入单一货币体系成员国的要求

为保证欧元区成员国的经济能够逐步靠拢，《马约》同时还确立了入围必须达到的趋同标准：即各成员国的通货膨胀率不能高于最低 3 个国家的 1.5%；各国货币相对于其他成员货币的汇率波幅小于 2.25%；长期名义利率不能超过通货膨胀率最低 3 个成员平均水平的 2 个百分点；政府总赤字不能超过国内生产总值的 3%；政府总债务不能超过国内生产总值的 60%。同时，由于不同成员国对这一标准尤其是对共同财政纪律的松紧褒贬不一，为切实保证趋同标准被有效执行，防止“突击达标”后患，在德国的倡议下，各国经反复磋商，又于 1996 年在都柏林高峰会议上达成了《稳定与增长公约》（以下简称《稳约》）。该公约规定了对成员国违反财政纪律的惩罚措施和制裁方法，即当成员国出现超过国内生产总值 3% 的财政赤字时，该成员国必须提供证据说明超标准财政赤字的出现是由诸如自然灾害或经济衰退这样的非常事件造成的。经济衰退的标准是实际国内生产总值下降幅度至少达到 0.75%，否则超标准赤字的出现将被认为是违反财政纪律。如果有关成员国不能证明超标准财政赤字的出现是由非常原因造成的，理事会将对其提出纠正建议。如果该成员国不能迅速采取纠正行动，在最迟 10 个月内将受到制裁。

在此基础上，1997 年 10 月，欧盟 15 国外长又签署了另一个具有重要意义的文件——《阿姆斯特丹条约》（以下简称《阿约》），它包括“欧洲第二汇率机制”（即 ERMⅡ，又称欧洲汇率机制Ⅱ）、《稳约》和《欧元的法律地位》三个文件，这一公约的签署不仅为未来欧元的稳定提供了法律保障，而且为其发展扫清了技术性障碍。

1999 年 1 月 1 日欧元正式面世，在 3 年过渡期内，即到 2002 年 1 月 1 日以前，其只相当于一种准平行货币，即作为账面货币与各成员国本国货币同时运行，同时欧元区内各国之间的汇率锁定不变，并且银行间的大额结算开始使用欧元。2002 年 1 月 1 日欧元纸币和硬币投入流通，7 月 1 日后，欧洲德国、法国、意大利、荷兰、比利时、卢森堡、西班牙、葡萄牙、爱尔兰、奥地利、芬兰和希腊的货币终止流通，欧元开始真正成为欧元区 12 国唯一的法定货币。

三、欧洲单一货币体系的运行

历经近半个世纪欧洲人的不懈努力，欧元终于水到渠成。被誉为“欧元之父”的诺贝尔经济学奖获得者蒙代尔曾说：“欧元的重要性在于：它具有改变国际货币体系权力结构的巨大潜力，有可能成为另一种国际记账单位和储备货币而挑战美元”。欧元正式投入运行之后，随着欧盟东扩、西进的步伐，截至 2012 年底，欧盟成员国扩大至 27 个，使用欧元 EUR 的国家数量增至 17 个。除了原来的 12 国以外，增加了斯洛文尼亚（2007 年 1 月 1 日加入）、塞浦路斯与马耳他（2008 年 1 月 1 日加入）、斯洛伐克（2009 年 1 月 1 日加入）、爱沙尼亚（2011 年 1 月 1 日加入）五国。在欧洲主权债务危机爆发之前，应该说欧元已成功运行了 10 年，并已获得了稳定的国际地位。下面我们从欧元的实际运行情况来了解欧元的表现。

（一）欧元启动后十年的运行态势

自 1999 年 1 月 1 日欧元作为账面货币问世特别是 2002 年正式流通以来，欧元汇率虽表现得起伏波动，但总体呈上升之势。根据欧元汇率的变化情况（见图 18－4），可以将其大致分为四个阶段：

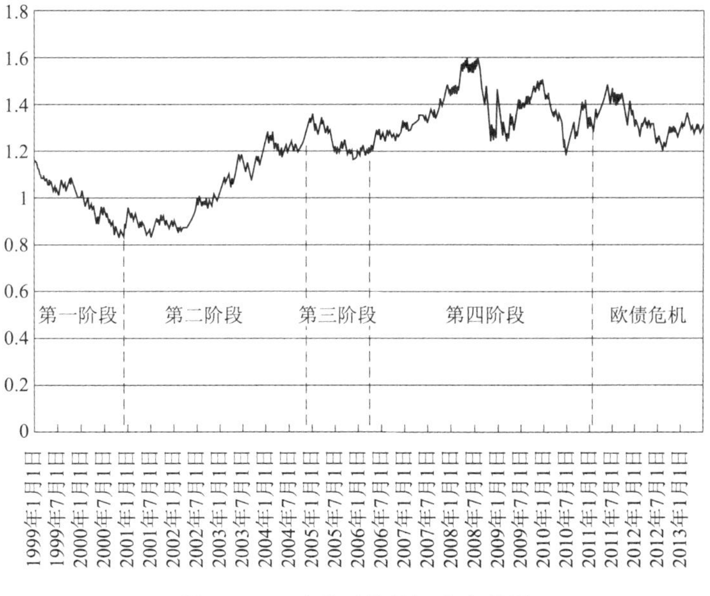

图 18－4　欧元对美元汇率走势图

第一阶段（1999.1－2002.2），欧元汇率总体呈下滑之势。1999 年 1 月 1 日，欧元对美元以 1∶1.167 开盘，之后便一路飙升至 1∶1.183 的高点，然而正当人们期待其继续有上佳表现时，欧元却告别了短暂的风光旋即下跌，12 月 2 日欧元汇率跌破了 1∶1.0 关口后从此一蹶不振，其间只有过几次微弱的反弹。2000 年 9 月 20 日，欧洲央行与美联储、日本央行联手干预，也未能救其于颓势之中。10 月 26 日，欧元汇率又跌至

1∶0.823 的历史新低，较开盘时跌幅超过 30%。之后便一直在这一区间徘徊，直至 2002 年才有所转机。

第二阶段（2002.2－2005.2），欧元走向升值周期。2002 年初，欧元汇率还在 1∶0.856的低位徘徊，可是进入 2 月份后，欧元却突然挥别了“跌跌不休”的历史，比价开始一路上扬，并在 7 月 15 日一举突破了 1∶1 的关键点。之后的欧元汇率一直稳中有升：2003 年 5 月攀升至 1∶1.19，超过了起始价位；2004 年 11 月 28 日又创下了 1∶1.371的历史记录；到 2005 年初，与 2000 年 1∶0.823 的最低价位相比，欧元已累计升值 62.3%。

第三阶段（2005.2－2006.3），欧元再次走跌。这一阶段，受到美国经济快速增长和美联储执行强势美元政策以及《欧盟宪法条约》在法国、荷兰的全民公投中相继失利①等众多不利因素的影响，美元对欧元汇率开始走强。从 2005 年 2 月起，欧元汇率从 1∶1.325 1 的价位一路下行，5－6 月短短两个月便狂跌了 10%，12 月初累计跌幅达 14.8%。2006 年 3 月末，欧元又跌至 1∶1.213 8 的新低。欧元经历了一年左右的贬值周期。

第四阶段（2006.3－2009.11），欧元再度步入升值周期。2006 年 3 月起，受美国次贷危机爆发的影响，欧元重新进入了升值的快车道。3 月末，欧元汇率从 1∶1.213 8 开始一路上行，12 月末，报收于 1∶1.318 7 的高价，升值幅度达 8.6%。2007 年的欧元更是风光无限，接连创下历史新高，欧元对美元升值幅度一度达 13%，接近 1∶1.50 的水平。空中客车公司等欧洲大企业甚至威胁要将部分生产转移出欧元区，以维持竞争力。年末虽经打压，下跌近 600 点，但全年涨幅依然维持在 13% 左右。到 2008 年 7 月欧元对美元的汇率已上涨至 1.575 8。

2008 年 9 月，雷曼兄弟宣布破产，引发全球金融动荡，欧元区金融业遭受的消极影响更为严重。出于对全球经济和欧洲经济衰退的恐慌心理，人们开始抛售欧元而抢购避险货币——美元，欧元兑美元的汇率从 2008 年 7 月的 1.575 8 急剧下跌至 2008 年 11 月的 1.272 1。2008 年 11 月，美国政府采取第一轮量化宽松政策，宣布在接下来的 8 个月内购买 1.725 万亿美元的美国国债，出于对美元通货膨胀的担心，美元开始大幅贬值，欧元进入升值轨道。欧元对美元的汇率从 2008 年 11 月的 1.272 1 上升到 2009 年 11 月的 1.492 1。

上述欧元十年的汇率走势，反映出欧元作为一种重要的国际货币而问世，已经融入世界经济的大循环，并已获得了稳定的国际地位，在国际金融舞台上扮演着越来越重要的角色。

（二）欧元的历史作用

欧元的成功启用给世界经济带来了重大影响，其诞生具有重大的意义。欧元在推动欧洲经济的进一步融合，深化欧洲经济一体化进程，提升欧元区整体经济实力，打破国际货币体系中美元的霸权地位等方面作用显著。

1. 欧元的诞生助推了区域经济增长

单一货币的诞生推动了欧元区内的竞争，同时随着市场一体化，也产生了规模经济。根据国际货币基金组织公布数据，欧元区作为一个整体，在 1998－2008 年间，欧元区平均经济增长率为2.28%；同期欧元区的失业率则10.6%降低至7.1%；另外，自欧元诞生以来，欧元区每年职位创造的增长也非常强劲，10年来共创造出1 570万个新就业岗位，而在欧元流通前9年新增就业岗位仅为500万个。但欧元区内平均劳动生产率在欧元诞生后有所下降，从过去的1.5%下降到了0.77%，这主要归因于意大利经济增长的放缓。尽管欧元区的劳动生产率增长疲弱，但是由于消除了汇率的不稳定因素，推动了贸易投资的更加开放，使一些国家可以更加有效地从事专业化，提高了单位投入的产出水平。

2. 促进了金融一体化和金融发展

欧元的诞生推动了欧洲货币联盟内部的资本流动，刺激了对跨境金融服务的供给与需求，通过推动金融一体化，增强了欧元区应对经济外部冲击的能力。首先，欧洲货币联盟促进了欧元区市场中非担保的货币市场和衍生性产品的发展，欧洲货币联盟成立后，银行间利率和欧元区银行间同业拆借利率呈下降趋势，非担保市场的迅速一体化，使欧洲央行在初期就取得了公信力；其次，欧洲货币联盟促进了政府债券市场的一体化，欧元区政府债券市场不仅成为政府融资的主要来源，同时也为其他金融产品提供了定价基准；最后，单一货币为股票市场的跨境交易提供了竞争优势，促进了跨境零售银行业务的迅速成长和跨境银行的并购，并催生了一系列银行保险集团的诞生。

3. 消除了贸易壁垒，推动了贸易和跨境投资

单一货币和单一市场的形成降低了交易成本，与过去开设多个货币账户相比，货币兑换费用、银行费用以及货币管理费用减少，汇率波动以及相关的货币风险弱化；同时，单一货币下增加了不同国家之间商品套利机会，从而促进了贸易发展。在加入欧洲货币联盟后，成员国在欧元区内以及与世界其他地区的贸易都有明显增长，对外贸易总额占欧元区国内生产总值的比重从最初的1/4提高至2008年的1/3，外国直接投资占GDP的比重从过去的1/5提高至1/3。据分析，欧元对欧元区成员国之间贸易增长的推动作用在5%～15%之间，对欧元区内外国直接投资的增长效应在14%～36%之间。

4. 削弱了美元的霸权地位，使国际货币体系呈现出两强格局

欧元自1999年诞生后，基本保持了物价稳定。根据国际货币基金组织数据显示，欧元自启用以后的10年来，欧元区的年平均通货膨胀率仅为2.1%，比10年前的年均3.3%的通货膨胀率有较大回落，实现了欧洲央行的稳定币值的核心目标。因此，在国际市场上欧元的地位显著上升。十年来，使用欧元的国家不断增多，除了欧元区内国家增加至17个以外，还有摩纳哥、圣马力诺和梵蒂冈以及中部和西部非洲的13个经济共同体国家（原来与法郎挂钩），欧元区成立后当然沿用同欧元挂钩的制度。根据对欧元和美元挂钩的地理分布研究，全球40多个经济体（以小型经济体为主）将欧元作为汇率稳定货币，而这些经济体与欧盟存在着经济或地理上的密切关系，而将美元作为汇率稳定货币的经济体约有60个。另外还有一些经济体（如俄罗斯和中国）根据一篮子货币进行汇率管理，其中以美元与欧元为主要构成。并且，欧元还扮演着第二大国际储备货币的角色。根据国际货币基金组织数据统计，欧元资产在发展中国家外汇储备中所占的比重已由1999年的19.7%增长到2010年的30%；全球外汇储备中的欧元占比从1999年的17.9%上升至2011年的25.7%。在国际结算中，欧元还提供了一种能够替代

美元的结算货币选择，伊朗、俄罗斯等国先后宣布接受欧元计价的石油交易。欧元结算量的上升就必然导致美元结算量的下降，结算量就是定价权，美元结算量的比重下降意味着美国在国际市场上定价权的流失。总之，流通十年来，欧元在国际金融市场所占份额不断增加，已成为第二大国际货币，对美元的霸主地位构成了直接而有力的挑战。

综上所述，作为"一个市场，一种货币"理论最伟大的实践，欧元取得了迄今为止国际货币史上最伟大的成就，它不仅使欧洲货币合作迈上了一个新的台阶，有力地推动了欧洲政治一体化的进程和大欧洲的建设，使国际货币体系更为多元化。更为重要的是，欧元改变了人们对浮动汇率和货币区的思维方式，将为国际货币体系的进一步发展起到借鉴作用。

第三节　欧洲债务危机

欧元问世以来，国际地位和影响不断提高。然而，其面临的问题也随之增多，诸如老成员国经济持续低迷、欧洲央行统一货币政策处于两难境地、各成员国财政赤字超标、政治一体化进程的缓慢以及广大民众对一体化态度的转变等，都成为欧元模式前进中的障碍。特别是在2008年次贷危机的影响和波及下，以2009年12月希腊主权债务危机爆发为序幕，欧元区长期存在的体制性缺陷和内部社会经济的结构性问题集中爆发，欧元区经济陷入债务危机的泥潭。主权债务危机对欧元区的经济稳定、政策选择和制度安排以及全球经济的复苏都提出了严峻挑战。

一、欧洲主权债务危机的演进

所谓主权债务，是指主权国家以国家信誉作担保，通过发行债券等方式向国际社会所借的款项。由于主权债务大多是以外币计值，向国际机构、外国政府或国际金融机构借款，因此，一旦这些国家的信用评级被调低，就会引发主权债务危机。

（一）欧债危机的起源

早在2001年，希腊为了加入欧元区，请美国投行高盛为其设计出一套可以掩盖其超标负债率的"货币掉期交易"方式。通过这桩交易为希腊政府隐蔽了一笔总额高达10亿欧元的公共债务，在账面上完全符合《马约》对欧盟成员国财政赤字的规定，为当前这场危机的爆发埋下了"隐患"。2008年为应对全球金融危机，希腊等欧盟成员国为了刺激经济，纷纷大量举债，政府债务急剧扩张。2008年10月，希腊政府为了帮助希腊银行渡过全球金融危机的冲击，承诺为其提供至多280亿欧元的救市资金，并且希腊财政部长声称此项援助计划对政府赤字不会产生任何影响。但是到了2009年10月初，希腊新任首相乔治·帕潘德里欧宣布，其前任隐瞒了大量的财政赤字，2009年希腊财政赤字占国内生产总值的比例预计为12.7%，公共债务占国内生产总值的比例为113%；远超欧盟《稳定与增长公约》规定的3%和60%的上限；更为糟糕的是，据欧盟统计局公布的数据显示，希腊财政赤字所占国内生产总值的比重为13.6%[①]，随即引

① 王东. 全球主权债务危机不断蔓延［J］. 国际融资，2010（6）.

发市场恐慌。希腊国债的收益率和 CDS（信用违约互换）价格急剧上升。三家国际信用评级机构——标准普尔、惠誉和穆迪相继下调了希腊主权信用评级。主权信用评级被频繁调低，导致希腊政府在市场上的借贷成本大幅上升，举债更加困难。而 2010 年又是希腊政府偿还到期债务的集中时期，希腊政府至少需要寻求 540 亿欧元才能满足其资金需求。由此希腊陷入了有史以来最严重的债务危机，并引起其他欧元区国家的恐慌。希腊的债务危机正式爆发，并迅速向欧元区其他国家扩散。

（二）欧债危机的蔓延与扩散

希腊发生了主权债务危机之后，投资者开始担心西班牙和葡萄牙等一些债台高筑的欧元区成员国的经济状况。市场的担忧并非空穴来风，希腊不是唯一出现财政状况恶化的国家，葡萄牙、西班牙、爱尔兰和意大利也都面临着财政赤字和公共债务超标问题。欧盟统计局公布的数据显示（见表 18－2），2009 年欧元区成员国财政赤字占国内生产总值的比重名列前几位的国家分别是希腊、爱尔兰、西班牙和葡萄牙，这些国家的财政赤字比重均超过 8%，尽管意大利的赤字比重为 5.4%，但其公共债务占比高达 115%。一场波及多个欧元区国家的债务危机开始不断发酵和蔓延。

表 18－2　欧元区主要国家财政赤字及负债水平

国家	2009 年		2010 年	
	财政赤字/GDP	政府负债/GDP	财政赤字/GDP	政府负债/GDP
希　腊	15.4%	127.1%	10.5%	144.9%（修正后）
爱尔兰	14.3%	65.6%	32.4%	96.2%
西班牙	11.1%	53.3%	9.2%	60.1%
法　国	7.5%	76%	7%	82.5%
葡萄牙	10.1%	83%	9.1%	93%
意大利	5.4%	115%	4.6%	119%
德　国	3.0%	73%	3.3%	83.2%
欧元区	6.3%	79.3%	6.2%（修正后）	85.4%（修正后）

资料来源：欧盟统计局公布数据。

紧随希腊之后陷入债务危机的是爱尔兰。次贷危机爆发之前，爱尔兰经济由于巨大的房地产泡沫和金融服务业的支撑而实现了年均 5%～11% 的高速增长。2008 年金融危机爆发后，爱尔兰房地产价格大幅下跌，整个国家 1/5 的 GDP 遁于无形。2010 年 9 月 30 日，爱尔兰政府宣布，因救助本国五大银行最高可能耗资 500 亿欧元，预计 2010 年的财政赤字会骤升至 GDP 的 32%，公共债务将占到 GDP 的 100%。消息一公布，爱尔兰国债收益率随即飙升。11 月 10 日，爱尔兰国债收益率升至欧元诞生以来的最高水平，债务形势告急。11 月 21 日，爱尔兰政府终于正式向欧盟和国际货币基金组织请求提供救助，至此，欧元区主权债务危机烽烟再起，爱尔兰正式沦为第二个希腊。

继希腊和爱尔兰之后，葡萄牙也陷入债务危机的泥潭之中。早在 2010 年 4 月，葡萄牙已经显现出债务危机的苗头，国际信用评级机构标准普尔在下调希腊主权信用评级的同时，将葡萄牙的主权信用也下调了两个等级，理由是葡萄牙面临的财政风险大幅加剧。截至 2010 年底，葡萄牙公共债务占 GDP 比重为 93% ，财政赤字占比高达 9.1% 。2011 年 4 月，葡萄牙 10 年期的国债收益率已经升至 9.127% ，创下该国加入欧元区以来的新高。与此同时，葡萄牙将有至少 90 亿欧元的债务到期。在失业率上升、债务评级下调、银根匮乏、融资困难等经济问题之后，葡萄牙政府不得不向欧盟寻求救助，成为继希腊和爱尔兰之后第三个寻求援助的欧元区国家。

随着债务危机的升温，债务危机开始从欧元区外围国家向核心国家扩散。截至 2011 年底，意大利政府债务占国内生产总值比重高达 120.7% ；而西班牙预算赤字占国内生产总值的比重高达 9.4% ，债务占 GDP 比重由 2010 年的 61.5% 升至 69.3% 。2011 年 8 月，意大利和西班牙 10 年期基准国债收益率已升至超过 6% 的历史高点。由于希腊、爱尔兰与葡萄牙的国债市场规模占欧元区国债市场总规模的比重仅为 7% ，而西班牙与意大利的相应比重高达 35% （法国又占 20% ），表明欧债危机已经由欧元区的局部债务危机演变为整体债务危机。其中，西班牙成为向外寻求援助的第四个欧盟国家。

西班牙的债务占 GDP 比重在欧元区并不算高，但是，2008 年源于美国的次贷危机导致欧元大幅贬值，从 2008 年 6 月到 2008 年 11 月，欧元/美元跌幅达到 22% ，欧元资产价值大幅下跌，资本开始逃离西班牙，西班牙的房产泡沫随之破裂。持有大量房地产相关资产的西班牙银行业的坏账率开始急剧上升、资本不足、流动性缺乏。政府开始银行业实施救助，进而导致西班牙政府债务大幅上升。同时西班牙地方政府拥有过高的权力，不受财政紧缩的约束，乱花财政款项更给西班牙的债务危机火上浇油。2011 年西班牙 9.4% 的赤字中，地方政府造成的赤字约为 1/3。到 2012 年中，已经有 7 个自治区向中央政府请求财政救助。为了更好地进行银行业重组、使银行能够给企业和个人发放贷款，促进经济发展，西班牙政府 2012 年 6 月 9 日正式向欧盟申请金融援助，以重组其千疮百孔的银行业。

之后，塞浦路斯危机爆发。塞浦路斯加入欧元区之后，由于很低的税率，同时与俄罗斯签订了内容极其优惠的避免双重征税的双边协议，来自俄罗斯的资金大量涌入该国的银行体系，导致塞浦路斯的银行总资产规模急剧膨胀，高峰时超过了该国 GDP 的八倍，银行业也同时成为塞浦路斯的支柱产业，对 GDP 的贡献超过 40% 。当塞浦路斯的银行存款大大超过其本国实体经济的需求时，储户的资金需要寻求新的投资途径。而此时他们作出了一个错误的选择——希腊，塞浦路斯的银行购买了大量的希腊债券，包括希腊国债和希腊银行的债券。后来随着希腊债务危机的爆发，塞浦路斯银行持有的大量希腊债券大幅贬值，本金损失幅度高达 80% ，塞浦路斯三家最大银行的不良资产比率超过 18% 。此外，塞浦路斯不仅对希腊债务的风险敞口巨大，而且由于经济萎缩和失业率创新高，银行的不良贷款率也出现上升。在此次危机之前，三大评级机构中的标普和穆迪就已经将其信用评级降至垃圾级，而惠誉也在 2012 年 6 月 25 日将其长期主权信用评级下调至垃圾级，信用评级的大幅下调导致其在国际金融市场上的融资能力不足。根据测算，塞浦路斯债务占国内生产总值比率约是 87% 。如果没有援救，那么这一比例将上升至不可持续的 140% 的水平。而拯救该国银行的资金至少是 100 亿欧元，相对于 GDP 只有 180 亿欧元的小国来说，使用 100 亿欧元来救助银行，远远超过了塞浦路斯能力范围。无奈之下，塞浦路斯于 2012 年 6 月正式向欧盟、欧洲央行和国际货币基金组织三大巨头申请援助。

二、欧债危机产生的原因

欧债危机的产生绝不是偶然的，它是复杂多变的外部因素和长期隐藏的内部因素共同耦合撞击导致的。

（一）外部原因

1. 美国次贷危机的影响

从某种程度上说，欧元区主权债务危机是美国次贷危机的延续和深化。美国次贷危机引发了全球金融危机，导致欧元区经济增长率从 2007 年的 2.8% 下降到 2009 年的 -4.1%，失业率上升至 9.4%。为避免经济的深度下滑、维护金融市场的稳定，欧洲各国都不同程度的实施了扩张性的财政政策并向金融体系注入了大量资金，用于增加银行的流动性和银行债务担保。这一做法在刺激经济、增加流动性的同时也造成了欧洲各国普遍债台高筑，而欧洲中央银行的宽松货币政策提供的充足流动性与低利率环境为各成员国的债务融资带来了极大的便利，从而使各国政府公共债务和财政赤字急剧增加。根据欧盟统计局数据显示，2008 - 2011 年间，欧洲总体债务水平从 69.4% 攀升至 82.5%，其中金融危机的刺激政策和金融支持政策使债务水平提高了约 1/4 ~ 1/3。这为债务危机的爆发埋下祸根。

2. 国际评级机构的助推

国际信用评级机构助推了债务危机的扩大和升级。从 2009 年 12 月国际三大信用评级机构相继调低希腊的主权信用评级，到随后的几个月里，国际信用评级机构又以希腊政府融资困难为由再次下调了希腊的主权信用评级，希腊政府的融资环境加剧恶化。正当欧盟准备救助希腊之际，国际信用评级机构又对爱尔兰、西班牙等欧元区国家实施了降级警告和调低信用评级的行动，造成市场对欧元区更加恐慌，导致希腊债务危机的进一步深化，并加速向欧元区其他国家蔓延，这种恶性循环同时也给欧盟和国际货币基金组织的救援增大了难度。随后两个月里，三大评级机构又对欧元区发起轮番“轰炸”，已接受欧盟救助并处于经济调整期的希腊、爱尔兰和葡萄牙三国的主权信用评级均被降至“垃圾级”。评级机构的干扰已经深入到了欧元区的核心国家。特别是进入 2012 年后的 1 - 2 月间，三大国际信用评级机构先后下调欧元区多个国家的主权信用评级，这一举动令市场再度陷入极度恐慌之中，导致债务危机的继续恶化。

3. 国际投资机构与对冲基金的放大

国际投资机构与对冲基金的投机炒作放大了危机的传染效应。早在 2001 年，希腊政府为加入欧元区，与美国投资银行高盛公司共同合谋利用签署货币互换等衍生性金融商品，为希腊政府成功地掩饰掉一笔高达 10 亿欧元的公共债务，使账面上完全符合《马约》对欧盟成员国要求的标准，其结果是希腊以未来更高的负债换取了 2001 年较低的债务和赤字率。高盛公司深知希腊通过这种手段进入欧元区很可能在未来因为支付能力不足而面临债务危机的风险。于是在希腊债务问题没有暴露之前，高盛公司大量购进希腊债务的 CDS（信用违约互换），然后在市场上大肆“唱衰”希腊的支付能力，并大量抛售欧元，从而引发市场对欧元区的恐慌，导致希腊和欧元区的 CDS 疯涨，最终将 CDS 在涨至最高点时抛出以牟取高额利润。与此同时，国际上一些著名的对冲基金也开始在市场上大举沽空。由于希腊债务危机始终没有找到更好的解决方法，这让对冲基金沽空欧元的热情更加高涨。在投资银行和对冲基金的大肆炒作和大量抛售下，欧元对美元的汇率一路下跌，而希腊等欧元区成员国的信用违约掉期价格翻倍上涨。投机活动加剧了市场的动荡，并进一步放大了危机的传染效应。

（二）内部原因

主权债务危机实际上是欧元这一货币体系的危机，外在的力量仅仅是欧债危机的诱发因素，真正导致欧债危机爆发的还是欧元区存在的体制性缺陷和欧盟内部社会经济的结构性缺陷等深层次原因。

1. 统一货币与分散财政的制度性缺陷

财政政策与货币政策是一个国家调控宏观经济运行的两大重要手段，两者必须互相协调、密切配合，产生合力，才能实现对经济运行的有效调控。欧元区主权债务危机的爆发充分暴露出欧洲货币联盟的制度性缺陷，即统一货币与分散财政的矛盾冲突。欧元区建立了欧洲中央银行，实行了统一的货币政策，但是没有建立欧洲统一的财政机构，各成员国仍然实行各自的财政政策。根据《马约》规定，加入欧元区的国家必须将制定货币政策和货币法律的权利上交给欧洲中央银行，同时保证价格稳定、财政可持续、汇率稳定、利率趋同等四项标准。这样一来，欧元区国家拥有统一的货币、中央银行以及货币政策，财政政策却由各成员国分而治之。对于完全丧失独立货币政策的欧元区国家，财政政策就成为促进经济增长、应对危机的唯一调控手段。尤其在经济遭遇不利冲击的情况下，成员国因丧失独立的货币政策而无法通过货币贬值、降息等手段刺激经济，唯一的政策空间就是扩大财政支出、增加预算赤字。欧元的启动及欧元区金融市场一体化的发展，使欧元区各成员国的融资范围扩大，融资成本相对降低，各国政府可以以较低的成本举借到大量资金，较以前更容易累积债务；统一货币和分散财政的欧元区体制使各成员国不再担心赤字政策的实施会对本国的货币和物价的稳定造成不利影响，财政预算有着难以遏制的赤字倾向。财政自律的缺乏和放松，将给欧元区和欧元的稳定留下隐患。

2. 欧元区的经济结构失衡

根据 OCA 理论，最优货币区是建立在生产要素完全自由流动的基础之上的，即生产要素在区域内的流动可以替代汇率弹性对国际收支的调节作用，从而稳定区域内的就业水平和物价水平，因此要素流动性是最优货币区的基础性条件。同时还需要考虑各国的经济开放程度、经济发展水平、进出口贸易的商品结构和地域分布、金融市场深度和广度以及其与国际金融市场的一体化程度、通货膨胀率。但是，不管是从要素自由流动还是其他指标看，欧元区成员国的经济周期、经济结构以及劳动生产率和单位劳动力成本等宏观经济指标都存在较大差异，各国产品和劳务价格的竞争依然存在，经济上的异质性仍然十分明显。尤其是劳动力这一重要的生产要素尚未能全部自由流动，因此造成了货币区内成员国资源无法实现最优配置，这也是欧元区和欧盟在经济结构和政策取向上难以趋同的主要原因。这种“先天缺陷”决定了即使各成员国严格遵守《马约》的规定，也无法从根本上消除欧元区目前经济发展水平的非均衡性以及经济结构、经济体制的差异性，进而决定欧元区难以成为最优货币区。

研究欧元区的经济发展模式，会发现欧元区里外围国家负债较重，核心国家向外围国家出口并向外围国家贷款。债务危机最严重的“欧猪五国”在地缘上、资源上均无特殊的优势，更无领先的技术创新优势，在这种情况下，出口在很大程度上被德、法等强国所垄断。同时，德国的私人储蓄率偏高，在国内难以找到合适的投资机会，德国银行就将手中的资金贷给希腊、西班牙、爱尔兰等国家。据国际清算银行的数据显示，希腊、葡萄牙和西班牙 90% 的外债（包括公司债和主权债）为德国和法国银行所持有；欧元区陷入债务危机的国家约有 2 500 亿美元国债为德国银行所持有。这些情况就导致欧元区外围国家，因劳动生产率偏低、出口竞争力偏弱而成为核心国家传统的出口市场；又因外部资金的涌入推高了工资和物价水平，削弱了产品竞争力，造成实际收入下降。外围国家为维持本国的实际收入水平便继续向德国银行借入资金以确保国内的消费水平，如此循环，最终导致欧元区内部的经济结构失衡逐步累积加大，最终便会以债务危机的形式爆发。

3. 高福利制度和僵化的劳动力市场

随着欧洲区域一体化的全面加速，欧洲的大多数国家都建立了以高福利为特征的社会保障体系，其福利名目种类繁多，如社会福利金、生活补助金、住房补助金、创造就业基金、再训练和继续教育基金等，几乎覆盖了社会生活的各个方面。这种社会保障制度对于促进欧盟经济的发展，保障国民生活水平的不断提高以及社会的稳定都发挥了巨大的作用。但与此同时，高昂的社会福利支出不仅扩大了财政支出，也推高了政府的债务水平，形成了高税收和高成本的恶性循环，降低了劳动力市场的资源配置能力，使成员国在经济全球化的竞争中逐渐失去了区位优势。特别是以希腊、葡萄牙为代表的一些经济发展水平较低的国家，在工资、社会福利、失业救济等方面逐渐向德国、法国等发达国家看齐，支出水平超出国内产出的部分越来越大，滋生的“懒人”越来越多，社会生产效率逐渐降低。在税收支撑不足的情况下，社会福利支出和政府公共开支导致政府财政收支的缺口越来越大，欧元区国家的财政状况多呈现入不敷出的窘境。欧盟目前的平均社会福利支出已占到 GDP 的 30% 左右，远高于美国（16.3%）和日本（19.1%）。过高的福利待遇不仅造成了社会资源的巨大浪费，降低了国民的工作意愿，实体经济停滞不前，而且还挤占了教育、科研等方面的资金投入，最终导致科技创新乏力、劳动生产率低下、经济增长缓慢。高福利和高赤字已成为制约欧盟成员国经济发展的一大障碍。

同时，由于语言、文化传统和生活习惯等方面存在着较大差异，加上社会联系和教育问题等因素的影响，在欧盟内部成员国之间，劳动力这一重要的生产要素在区域内难以实现完全的自由流动，特别是欧盟内部普遍存在的工资刚性和过于优厚的社会福利也限制了劳动力的自由流动，增大了以生产要素的自由流动来调节经济的难度；再加上工会组织强大的保护力等因素使得欧洲的劳动生产率提升困难。

4. 金融稳定与危机防范、救助机制的缺位

欧元区存在的根本问题在于，欧元区并不具备构建最优货币区的条件，各成员国之

间存在着巨大的经济差距。在欧元区既缺乏应对国际性危机的有效政策工具，又没有建立起行之有效的危机预警机制和应对危机的救助机制，这种机制性缺位在希腊主权债务危机中充分显露出来。早在2009年希腊主权债务危机爆发之前，欧元区国家的财政赤字和政府负债超标问题已表现十分明显，但由于欧盟没有建立相应的债务危机预警机制，从而导致了希腊的主权债务危机在没有采取任何防范措施的情况下爆发了。之后欧盟一直持观望态度，迟迟没有提供援助。直到2010年3月18日，欧盟才意识到希腊债务问题的严重性，商议救援。这在客观上延误了救助危机的最佳时机，给市场带来较大的担忧和恐慌，放大了危机的传染效应，从而导致了危机迅速向财政状况不佳和政府负债较重的欧元区国家扩散和蔓延，致使希腊主权债务危机演变成欧元区主权债务危机。同时，在金融监管方面，由于欧盟缺少必要的监控与防范制度，给了国际评级机构、国际投资机构及对冲基金以投机炒作的可乘之机，造成危机在短时间内迅速恶化。

三、欧债危机的负面影响及解决途径

（一）欧债危机的负面影响

1. 欧债危机引发了金融市场动荡

一方面，欧债危机导致在欧债危机蔓延的过程中，欧猪五国国债的信用等级下调与收益率上升将造成持有这些债券的金融机构遭受巨大的账面损失，甚至破产倒闭。2011年10月底，已经有218年历史的美国期货交易商明富环球（MF Global）因投资63亿美元欧洲国债失利而向法院提交破产申请。明富环球是全球市场上颇具影响力的衍生品及期货经纪商之一，也是美国政府指定的全球22家美国国债一级批发商之一，这是首家因为欧债危机而倒下的美国大型金融机构。另一方面，欧债危机导致欧元汇率持续下跌。在希腊债务危机爆发后的短短两个月的时间里，欧元对美元汇率一度从2009年12月1日的年中高点1.509 4快速跌至2010年2月5日的1.367 8，跌幅高达9.38%。2010年2月9日，欧元空头头寸已增至80亿欧元，创历史最高纪录。据芝加哥国际货币市场数据显示，2010年2月23日，外汇投机者在一周时间内增持的美元多头仓位总和创下自2008年9月16日当周以来的最高水平，对冲基金做多美元和沽空欧元的目的性已十分明显。接下来的几个月，主权债务危机开始蔓延至葡萄牙、西班牙等欧元区国家，随着这些利空消息的不断传出，投资者对欧元的信心跌至谷底，并迅速在外汇市场上反映出来，大规模抛售欧元，使得欧元走势不断出现下行。

2. 债务危机冲击危机国经济增长

由于债务危机增加了危机国的融资成本、损害国际贸易，并通过消费与投资的下降、全要素生产率的降低等渠道来影响产出。因而，债务危机会对危机国经济的增长产生较大冲击。有研究表明，债务危机对经济的影响既显著且持久（Furceri &Zdzienicka，2011）。短期内，债务危机的爆发会导致产出增长率降低6个百分点；中期内，债务危机的爆发在8年后会导致产出降低10个百分点。欧元区17国GDP增速在2009年跌至-4.3%的谷底，2010年反弹至1.9%。受欧债危机恶化影响，2011年欧元区GDP增速回落至1.5%，2012年欧元区GDP大约收缩0.4%，失业率从7月份的11.4%上升到11月份的11.8%，出现了1999年以来的最高失业率。2013年欧元区整体仍看不到经济复苏的态势，一季度 GDP 下降 0.2%，欧盟整体则下降 0.1%。欧元区外围国家的经济增长更为疲弱。例如，希腊在 2009 年至 2012 年的 GDP 增速分别为 -3.3%、-3.5%、-6.9% 与 -6.0%。这反映了为获得欧盟与 IMF 的贷款援助，欧元区外围国家承诺的财政紧缩措施进一步恶化了短期经济增长前景。

3. 债务危机加剧了危机国的政治动荡

欧洲五国在 2011 年无一例外地经历了政府更迭。仅在 2011 年 11 月中旬，希腊、意大利与西班牙政府就如走马灯般轮番更换。其中最著名的是，在被国会否决了实施财政紧缩的提案后，葡萄牙首相苏格拉底愤而辞职；在宣布进行全民公决是否进行财政紧缩未果后，希腊首相帕潘德里欧黯然辞职；在承受来自德国总理默克尔的强势压力下，意大利总理贝卢斯科尼无奈下台。新上台的政府均表示要遵守欧盟领导人峰会与欧洲议会的决议，通过实施财政紧缩与加快结构调整来尽快摆脱危机。

4. 欧债危机影响其他国家的经济增长

欧洲债务危机分别通过国际贸易、资本流动、利率等渠道影响其他国的经济增长。例如，欧债危机造成欧元区进口需求萎缩，这会影响其他国家的出口增长。特别是贸易关系紧密的国家，诸如美国。欧盟是美国的第一大贸易伙伴，其经济的衰退和下滑无疑会导致某些美国企业（美国 500 强企业有近 14% 的业务收入来自欧洲）的盈利水平下降，再加上欧元兑美元的汇率走低，美元的升值也直接影响到美国对欧盟的出口。华尔街投资银行高盛预测，因欧洲经济影响，将使美国经济增长减少 1%。另外，欧债危机也会影响到我国的出口。欧元区是我国最大的出口市场，对欧元区的出口占到中国总出口的 17%、中国 GDP 的 5%，贸易额度的下降势必影响我国的经济增长率。同时，欧洲银行业是全球贸易融资的重要提供者，欧洲商业银行的信贷收缩导致全球贸易融资规模同比下降，贸易量萎缩。

在资本流动方面，欧债危机造成的欧洲银行去杠杆化将导致大规模撤资，资金逃离会引发全球资本市场的风险，债务危机对全球金融市场的冲击力将被放大数倍。在利率方面，相关研究表明，大型发达经济体政府债务上升 1 个百分点，会导致新兴市场国家与其他发达国家的长期实际利率上升 10 个基点（Alper & Forni，2011），一些中东欧国家（捷克、匈牙利、土耳其等）将遭受较大冲击。

（二）欧债危机的解决途径

外援与自救是应对这场主权债务危机的两大主要手段。自 2010 年希腊主权债务危机爆发以来，欧盟及国际货币基金组织联合推出了高达 7 500 亿欧元的救助机制，以期挽救希腊、防止危机继续扩散至其他欧元区国家，并实施了各种应对措施，包括提供紧急救援贷款，欧洲央行进入二级市场购买成员国国债，降息等。还筹划成立覆盖整个区域的“欧洲稳定机制”（European Stability Mechanism，ESM），于 2012 年 10 月 8 日正式启动，欧盟永久性救助基金代替了临时性的欧洲金融稳定机制，在严格的条件下为成员国提供金融救助，并保持受助国国债的可持续性，同时提高受助国从金融市场自筹资本的能力，以确保欧元区的稳定。所有的这些救助措施以及大量的救助资金，都是在为应对主权债务危机而争取必要的缓冲和调整时间，并不能解决危机的根本问题。欧元区能够走出债务危机的关键还在于果断地采取自救，即实施紧缩政策，严控公共债务和财政赤字水平，这也是债务危机国在应对危机过程中的职责所在。在欧元区主权债务危机阴影的笼罩下，欧盟各成员国纷纷推出了严格的财政紧缩计划，直接削减公共债务和财政赤字。但是财政的紧缩延缓了经济复苏、拖累了经济增长。一方面，大幅度削减财政支出、减少投资，会导致经济增长乏力，使得欧洲脆弱的经济复苏变得更加坎坷；另一方面，大规模的财政紧缩使多个欧盟成员国的福利支出减少，直接影响居民的消费预期，从而减低了消费对经济的拉动作用；另外，严格的财政缩减政策还引发了罢工、社会利益集团分裂等各种社会问题的恶化，影响了欧洲社会的稳定，进而对经济复苏造成不利影响。根据国际货币基金组织的一项研究显示，紧缩政策将在未来两年内使经济增长速度减慢 2.5 个百分点，并让全球失去 3 000 万个工作机会；摩根斯坦利公司认为，欧元区国家若削减相当于1% GDP 的财政支出，在第一年将减少 0.9% ~1.3% 的 GDP，第二年将减少 0.5% ~1.6% 的 GDP。尽管紧缩政策的实施难免会拖累经济复苏，还会引发政治风险，导致社会的阵痛，但这是欧元区要彻底摆脱债务危机、加强财政自律所必须付出的代价。

从根本上说，欧盟要走出危机，必须进行结构性改革。所以应该将短期救助与中长期改革并重，即短期上要强化救助机制，进行有序的债务重组，建立欧元区退出机制；中长期要针对欧元区存在的制度性缺陷进行改革，健全和完善财政纪律约束与惩罚机制，强化金融监管和财政巩固的有效性；同时加强欧元区经济治理，大力实施结构性经济改革，培育新的经济增长点，提高欧元区尤其是南欧国家的经济竞争力；还要继续推进欧洲一体化进程，深化欧盟的合作领域，建立宏观政策协调机制，尤其要强化财政政策与货币政策的协调运作；扩大政治合作范围，建立财政联盟。

四、欧元区的未来

欧元区在改革中艰难前行，债务危机的发生使欧元区存在的诸多制度性缺陷和结构性矛盾凸显出来，能否解决这些长期累积的制度性和结构性问题将是决定欧元未来走向的关键。其实许多专家和学者在预测欧元未来时所持有的观点都有一个前提条件，那就是在欧盟及各成员国不能采取更多有效的解决措施的情况下，欧元及欧元区将面临着解体的结局。毋庸置疑，解决债务危机将面临着诸多挑战：成员国之间经济发展的不平衡状态、货币政策与财政政策的协调统一、国际竞争力的下降以及劳动力市场僵化等问题，都不是一朝一夕能够解决的，这需要成员国之间以及成员国内部在政治上达成共识，并愿意承担改革所带来的各种风险和代价。对欧洲而言，联合已经成为欧洲政治的传统，改革虽然艰巨，但却是维护欧元区长期稳定和发展的必由之路。从长期看，欧元区很可能在危机的逼迫下，在缓慢、曲折和痛苦的结构改革中艰难前行。

本章小结

1. 传统最优货币区理论提出以生产要素流通程度、经济开放程度、产品多样化程度、政治因素、通货膨胀率相似程度以及金融市场一体化程度作为判断最优货币区的评判标准。现代最优货币区理论中，克鲁格曼认为一个国家是否愿意加入汇率区是由加入后的货币效率收益和经济稳定性的损失两者共同决定的。GG—LL 图反映了以上两个因素与加入国和固定汇率区经济一体化程度之间的关系。只有经济一体化程度超过了特定值，加入固定汇率区才对加入国有利。

2. 欧洲货币体系创建于1979年3月，是一个以欧洲货币单位为核心，以汇率运行机制为主体，以信贷体系为辅助手段的区域性可调整固定汇率制度。欧洲货币体系的建立保证了各国汇率的稳定，起到了促进区内经贸发展、加强成员国经济发展同步性和政策的协调性、推进一体化进程的历史作用。

3. 欧元诞生后的10年中，对美元汇率稳中有升。欧元的运行助推了区域经济增长，使一些国家可以更加有效地从事专业化，提高了单位投入的产出水平；推动了欧洲货币联盟内部的资本流动，刺激了对跨境金融服务的供给与需求，促进了金融一体化和金融发展；消除了贸易壁垒，降低了交易成本，推动了贸易和跨境投资的发展；削弱了美元的霸权地位，使国际货币体系呈现出两强格局。

4. 欧债危机是指在2008年次贷危机的影响和波及下，以2009年12月希腊主权债务危机爆发为序幕，欧元区长期存在的体制性缺陷和内部社会经济的结构性问题集中爆发，爱尔兰、葡萄牙、意大利、西班牙等欧盟国家陷入主权债务不能如期偿还的危机中。欧债危机的产生与外部诱因和内部缺陷有关。

5. 欧债危机的爆发对世界经济产生了较大影响。一方面，欧债危机引发了金融市场动荡，加剧了危机国的政治动荡，制约了危机国的经济增长；另一方面，债务危机还影响了世界其他国家的经济增长与复苏。从根本上说，欧盟要走出危机，必须将短期救助与中长期改革并重，即短期上要强化救助机制，进行有序的债务重组，建立欧元区退出机制；中长期要针对欧元区存在的制度性缺陷进行改革。

思考练习题

1. 最优货币区理论的主要观点是什么？一国加入固定汇率区会产生哪些收益和成本？根据收益—成本分析，一国在什么情况下选择加入固定汇率区？

2. 欧洲货币体系的主要内容是什么？

3. 欧洲债务危机形成的原因是什么？

4. 密切关注欧债危机的发展动向，试析各种救助措施的利弊。

参考文献

1. ［英］Thomas Mun. 重商主义论. 周宪文，译. 台湾银行经济研究室编印，1972.
2. ［英］亚当·斯密. 国民财富的性质和原因的研究. 北京：商务印书馆，1979.
3. ［英］大卫·李嘉图. 政治经济学及赋税原理. 北京：商务印书馆，1976.
4. 约翰·穆勒. 政治经济学原理：下卷. 北京：商务印书馆，1991.
5. ［美］Dominick Salvatore . 国际经济学. 北京：清华大学出版社，1998.
6. ［意］G. 甘道尔夫. 国际经济学. 北京：中国经济出版社，2001.
7. ［美］迈克尔·波特. 国家竞争优势. 北京：华夏出版社，2002.
8. ［美］保罗·克鲁格曼，茅瑞斯·奥伯斯法尔德. 国际经济学. 4 版. 北京：中国人民大学出版社，1998.
9. ［美］保罗·克鲁格曼. 克鲁格曼国际贸易新理论. 北京：中国社会科学出版社，2001.
10. ［英］大卫·格林纳韦. 国际贸易前沿问题. 北京：中国税务出版社，2000.
11. ［美］保罗·克鲁格曼. 战略性贸易政策与新国际经济学. 北京：中国人民大学出版社，北京大学出版社，2000.
12. ［德］李斯特. 政治经济学的国民体系. 北京：商务印书馆，1961.
13. ［阿根廷］劳尔·普雷维什. 外国资本主义——危机与改造. 北京：商务印书馆，1990.
14. ［英］凯恩斯. 就业、利息和货币通论. 北京：商务印书馆，1983.
15. ［美］阿普尔亚德. 国际经济学. 北京：机械工业出版社，2003.
16. ［美］彼得·林德特. 国际经济学. 北京：经济科学出版社，1992.
17. 陈家勤. 当代国际经济学新理论. 北京：经济科学出版社，2000.
18. 程惠芳. 对外直接投资比较优势研究. 上海：上海三联书店，1998.
19. 冯宪中. 新编国际经济学. 上海：复旦大学出版社，2005.
20. 赫国胜，杨哲英，张日新. 新编国际经济学. 北京：清华大学出版社，2003.
21. 华民著. 国际经济学. 上海：复旦大学出版社，2002.
22. 胡永刚. 贸易模式论. 上海：上海财经大学出版社，1999.
23. 姜波克. 国际金融学. 北京：高等教育出版社，1999.
24. 刘力. 内撑外开：发展中大国的贸易战略. 大连：东北财经大学出版社，1999.
25. 刘力，陈春宝. 国际贸易学——新体系与新思维. 北京：中共中央党校出版社，1999.
26. 任列. 贸易保护理论与政策. 北京：立信会计出版社，1997.

27. 盛晓白. 新编国际贸易教程. 北京：中国审计出版社，2000.
28. 佟家栋. 国际贸易学——理论与政策. 北京：高等教育出版社，2003.
29. 吴建伟. 国际贸易比较优势的定量分析. 上海：上海三联书店，上海人民出版社，1997.
30. 王新奎. 国际贸易与国际投资中的利益分配. 上海：上海三联书店，上海人民出版社，1995.
31. 王普光，等. 关税理论政策与实务. 北京：对外贸易教育出版社，1993.
32. 杨圣明. 中国关税制度改革. 北京：中国社会科学出版社，1997.
33. 尹翔硕. 发展中国家贸易发展战略研究. 上海：复旦大学出版社，1995.
34. 尹翔硕. 国际贸易教程. 2 版. 上海：复旦大学出版社，2001.
35. 朱立南. 国际贸易政策学. 北京：中国人民大学出版社，1996.
36. 赵春明，仲鑫，朱廷珺. 非关税壁垒的应对及运用. 北京：人民出版社，2001.
37. 赵春明. 国际贸易学. 北京：石油工业出版社，2003.
38. 赵春明. 国际经济学. 北京：机械工业出版社，2007.
39. 朱孟楠. 国际金融. 厦门：厦门大学出版社，1999.
40. 薛敬孝，等. 国际经济学. 北京：高等教育出版社，2005.
41. 张幼文. 价值增值论——国际经济分析的价值理论. 上海：上海社会科学院出版社，1995.